CONTRATOS
DE SERVIÇOS
EM TEMPOS
DIGITAIS

CONTRIBUIÇÃO PARA UMA NOVA TEORIA GERAL
DOS SERVIÇOS E PRINCÍPIOS DE PROTEÇÃO DOS
CONSUMIDORES

Diretora de Conteúdo e Operações Editoriais
JULIANA MAYUMI ONO

Gerente de Conteúdo
MILISA CRISTINE ROMERA

Editorial: Aline Marchesi da Silva, Diego Garcia Mendonça, Karolina de Albuquerque Araújo Martino e Quenia Becker

Gerente de Conteúdo Tax: Vanessa Miranda de M. Pereira

Direitos Autorais: Viviane M. C. Carmezim

Assistente de Conteúdo Editorial: Juliana Menezes Drumond

Analista de Projetos: Camilla Dantara Ventura

Estagiárias: Ana Amalia Strojnowski, Bárbara Baraldi, Bruna Mestriner e Mirna Adel Nasser

Produção Editorial
Coordenação
ANDRÉIA R. SCHNEIDER NUNES CARVALHAES

Especialistas Editoriais: Gabriele Lais Sant'Anna dos Santos e Maria Angélica Leite

Analista de Projetos: Larissa Gonçalves de Moura

Analistas de Operações Editoriais: Alana Fagundes Valério, Caroline Vieira, Damares Regina Felício, Danielle Castro de Morais, Mariana Plastino Andrade, Mayara Macioni Pinto, Patrícia Melhado Navarra e Vanessa Mafra

Analistas de Qualidade Editorial: Ana Paula Cavalcanti, Fernanda Lessa, Thaís Pereira e Victória Menezes Pereira

Designer Editorial: Lucas Kfouri

Estagiárias: Bianca Satie Abduch, Maria Carolina Ferreira, Sofia Mattos e Tainá Luz Carvalho

Capa: Lucas Kfouri

Líder de Inovações de Conteúdo para Print
CAMILLA FUREGATO DA SILVA

Equipe de Conteúdo Digital
Coordenação
MARCELLO ANTONIO MASTROROSA PEDRO

Analistas: Gabriel George Martins, Jonatan Souza, Maria Cristina Lopes Araujo e Rodrigo Araujo

Gerente de Operações e Produção Gráfica
MAURICIO ALVES MONTE

Analistas de Produção Gráfica: Aline Ferrarezi Regis e Jéssica Maria Ferreira Bueno

Assistente de Produção Gráfica: Ana Paula Evangelista

Dados Internacionais de Catalogação na Publicação (CIP)
(Câmara Brasileira do Livro, SP, Brasil)

Contratos de serviços em tempos digitais : contribuição para uma nova teoria geral dos serviços e princípios de proteção dos consumidores / Claudia Lima Marques...[et al.]. -- São Paulo : Thomson Reuters Brasil, 2021.

Outros autores: Ricardo Luis Lorenzetti, Diógenes Faria de Carvalho, Bruno Miragem
Bibliografia.
ISBN 978-65-5614-521-1

1. Consumidores - Leis e legislação - Brasil 2. Consumidores - Proteção 3. Consumo 4. Contratos 5. Livre comércio 6. Livre mercado 7. Tecnologia digital I. Marques, Claudia Lima. II. Lorenzetti, Ricardo Luis. III. Carvalho, Diógenes Faria de. IV. Miragem, Bruno.

21-65088 CDU-347.44:381.6(81)

Índices para catálogo sistemático:
1. Brasil : Contratos e consumidores : Direito 347.44:381.6(81)
Cibele Maria Dias - Bibliotecária - CRB-8/9427

CLAUDIA **LIMA MARQUES**
RICARDO **LUIS LORENZETTI**
DIÓGENES **FARIA DE CARVALHO**
BRUNO **MIRAGEM**

CONTRATOS DE SERVIÇOS EM TEMPOS DIGITAIS

CONTRIBUIÇÃO PARA UMA NOVA TEORIA GERAL DOS SERVIÇOS E PRINCÍPIOS DE PROTEÇÃO DOS CONSUMIDORES

- 1ª EDIÇÃO BRASILEIRA
- BASE TEÓRICA NA LEGISLAÇÃO BRASILEIRA E ARGENTINA

THOMSON REUTERS
REVISTA DOS TRIBUNAIS™

CONTRATOS DE SERVIÇOS EM TEMPOS DIGITAIS
CONTRIBUIÇÃO PARA UMA NOVA TEORIA GERAL DOS SERVIÇOS E PRINCÍPIOS DE PROTEÇÃO DOS CONSUMIDORES

Claudia Lima Marques
Ricardo Luis Lorenzetti
Diógenes Faria de Carvalho
Bruno Miragem

© desta edição [2021]

THOMSON REUTERS BRASIL CONTEÚDO E TECNOLOGIA LTDA.

JULIANA MAYUMI ONO
Diretora Responsável

Av. Dr. Cardoso de Melo, 1855 – 13º andar – Vila Olímpia
CEP 04548-005, São Paulo, SP, Brasil

TODOS OS DIREITOS RESERVADOS. Proibida a reprodução total ou parcial, por qualquer meio ou processo, especialmente por sistemas gráficos, microfílmicos, fotográficos, reprográficos, fonográficos, videográficos. Vedada a memorização e/ou a recuperação total ou parcial, bem como a inclusão de qualquer parte desta obra em qualquer sistema de processamento de dados. Essas proibições aplicam-se também às características gráficas da obra e à sua editoração. A violação dos direitos autorais é punível como crime (art. 184 e parágrafos, do Código Penal), com pena de prisão e multa, conjuntamente com busca e apreensão e indenizações diversas (arts. 101 a 110 da Lei 9.610, de 19.02.1998, Lei dos Direitos Autorais).

Os autores gozam da mais ampla liberdade de opinião e de crítica, cabendo-lhes a responsabilidade das ideias e dos conceitos emitidos em seus trabalhos.

CENTRAL DE RELACIONAMENTO THOMSON REUTERS SELO REVISTA DOS TRIBUNAIS
(atendimento, em dias úteis, das 09h às 18h)
Tel. 0800-702-2433
e-mail de atendimento ao consumidor: sacrt@thomsonreuters.com
e-mail para submissão dos originais: aval.livro@thomsonreuters.com
Conheça mais sobre Thomson Reuters: www.thomsonreuters.com.br
Acesse o nosso *eComm*
www.livrariart.com.br
Impresso no Brasil [06-2021]
Profissional
Fechamento desta edição [10.05.2021]

ISBN 978-65-5614-521-1

À amizade argentino-brasileira e a ciência do direito, que nos une na luta incansável por uma sociedade mais justa e solidária para todos.

Os AUTORES

AUTORES

Claudia Lima Marques

Professora Titular da Faculdade de Direito da Universidade Federal do Rio Grande do Sul. Diretora da Faculdade de Direito da UFRGS (2020-2024). Pós-Doutora pela Universidade de Heidelberg, Alemanha (2003). Doutora em Direito "summa cum laude" pela Universidade de Heildelberg, Alemanha (1996). Mestre em Direito Civil e em Direito Internacional Privado pela Universidade de Tübingen, Alemanha (1987) e Especialista em Direito Comunitário Europeu pela Universidade do Sarre (1988). Em 2018 recebeu o título de Doutora *Honoris Causa* pela Universidade de Giessen, Alemanha. Foi Professora visitante da Universidade de Paris I (Pantheon-Sorbonne), 2006; e da Universidade de Savoie (Chambery, Franca), 2018. Foi Professora da Academia de Direito Internacional de Haia (The Hague Academy of International Law/ Académie de droit international de La Haye), ministrando o curso "Protection of the Weaker Party in Private International Law – Consumers, Small Business and Non-Profit-Making-Activities", 2009. É Diretora da International Association for Consumer Law/ Association Internationale de Droit de la consommation, (Bruxelas, Bélgica), e *Chair* do Comitê de Proteção Internacional dos Consumidores da International Law Association (Londres, Reino Unido). Também é Diretora da Deutsch-Lusitanische Juristenvereinigung (Associação Luso-Alemã de Juristas), (Berlim, Alemanha) e membro da Académie Internationale de Droit Comparé/ International Academy of Comparative Law (Paris, França). Foi Presidente Nacional do BRASILCON – Instituto Brasileiro de Direito e Política do Consumidor, entre 1998 e 2000 (Brasília/DF), e da Associação Americana de Direito Internacional Privado – ASADIP (Assunción, Paraguai), entre 2010-2012. Foi Delegada Brasileira nas negociações para a CIDIP VII (OEA) sobre proteção dos consumidores e Relatora-Geral da Comissão de Juristas do Senado Federal para a Atualização do Código de Defesa do Consumidor (2012). É Diretora da *Revista de Direito do Consumidor*, do BRASILCON, publicada pela Editora Revista dos Tribunais (São Paulo), e Coordenadora brasileira da Rede Alemanha-Brasil de Pesquisas em Direito do Consumidor (DAAD-CAPES). Como conferencista, no Brasil e no exterior (Argentina, Uruguai, Peru, Colômbia, Canadá, Estados Unidos, França, Alemanha, Suíça, Bélgica, Finlândia, Portugal, Nova Zelândia, Áustria, Países Baixos e Japão), tem mais de 300 artigos e trabalhos científicos publicados na Alemanha, Argentina, Brasil, Canadá, Espanha, China, Estados Unidos, Holanda, Uruguai, Portugal e Suíça.

Ricardo Luis Lorenzetti

Ministro da Corte Suprema de Justiça da Nação Argentina. Advogado e Doutor em Ciências Jurídicas e Sociais pela Faculdade de Ciências Jurídicas e Sociais da Universidade Nacional do Litoral de Santa Fé. Representante do Honorável Senado da Nação Argentina perante a Jurisdição do Ministério Público da Nação Argentina, foi Presidente da Corte Suprema. Professor catedrático de "Contratos Civis e Comerciais" e diretor da "Pós-Graduação em Direito de Danos" da Universidade de Buenos Aires. Diretor acadêmico da "Pós-graduação em Direito das Sociedades" e da área do Direito Privado do Doutorado da Universidade Nacional do Litoral. Membro do 'Governing Committee of the Global Judicial Institute on the Environment', 'Goodwill Ambassador for Environmental Justice in the Americas' da OEA, 2016; Membro da 'Environmental Justice Commission of the Ibero-American Judicial Summit'; Co-Presidente do "International Advisory Council for the Advancement of Justice, Governance and Law for Environmental Sustainability, United Nations Environment Programme, Membro do 'Steering Committee of IUCN -International Union for the Conservation of Nature'. Recebeu vários prêmios e o título de doutor honoris causa da UFRGS, Porto Alegre, Brasil e da Universidade Nacional de Cajamarca, da Universidade Garcilaso de la Veja-Lima, da San Pedro de Trujillo, no Peru e na Argentina, das Universidades de Cuyo-Mendoza, La Matanza-Buenos Aires, Salta, Córdoba, UNS-Bahía Blanca, Jujuy, UNT-Tucumán, UNN, Resistencia--Chaco e UNL-Santa Fé. Autor de mais de trinta livros e mais de trezentos artigos científicos publicados em diversos idiomas. No Brasil publicou: Fundamentos do Direito Privado, Ed. RT, 1998; Comércio Eletrônico, Ed. RT, 2004; Teoria da Decisão judicial, Ed. RT, 2009; Teoria Geral do Direito Ambiental, Ed. RT, 2010; A Arte de Fazer Justiça, Ed. RT, 2015.

Diógenes Faria de Carvalho

Pós-Doutorado em Direito do Consumidor pela Universidade Federal do Rio Grande do Sul (UFRGS). Doutorado em Psicologia (Economia Comportamental) pela Pontifícia Universidade Católica de Goiás (PUC Goiás). Mestrado em Direito Econômico pela Universidade de Franca (UNIFRAN). Diploma de Direito Europeu pela Universidade de Savoie Mont Blanc (Chambéry – França). Professor Adjunto da Universidade Federal de Goiás (UFG), da PUC Goiás e do Instituto de Graduação e Pós-Graduação (IPOG). Professor Permanente no Mestrado em Direito Constitucional Econômico do Centro Universitário Alves Faria e Faculdade Autônoma de Direito em São Paulo (UNIALFA/FADISP). Professor Colaborador no Programa de Mestrado em Direito Agrário (PPGDA/UFG) da Universidade Federal de Goiás. Palestrante em eventos no Brasil e no exterior, valendo destacar passagens pela Holanda (Universiteit Van Amsterdam), Austrália (University of Sydney), Inglaterra (Brunel University London – Law School), Portugal (Associação Portuguesa de Direito do Consumo), Espanha (Universidade de Barcelona), Argentina (Programa de Intercâmbio para Corte Suprema de Justicia de La Nación Argentina, Universidad Nacional Del Litoral (Santa Fe) e Asociación Civil de Usuarios Bancarios Argentinos de Mar Del Plata), Peru (ASADIP – Lima), Canadá (Université du Québec à Montréal), China (Universidade de Direito de Macau – China), Israel (Universidade de Haifa) e Alemanha (Universidade de Heidelberg e Universidade Luís Maximiliano de Munique). Membro de comitês científicos e revisor de dezenas de periódicos especializados nacionais e estrangeiros. Foi consultor da república da Alemanha, representada pelo Ministério Federal da Cooperação Econômica e Desenvolvimento, representada pela Agência da G.I.Z. (Deutsthe Gesellschaft Fur Internationale Zusammenarbeit) no Brasil, no ano de 2018, para uma análise da eficácia de políticas públicas ou da real efetividade da defesa do consumidor no Brasil a partir de teorias contemporâneas e a cooperação acadêmica entre Brasil e Alemanha. Presidente do Instituto Brasileiro de Política e Direito do Consumidor (BRASILCON) no biênio 2018/2020. Advogado.

Bruno Miragem

Professor Associado da Faculdade de Direito da Universidade Federal do Rio Grande do Sul (UFRGS), nos cursos de graduação e no Programa de Pós-Graduação em Direito. É Doutor em Direito (2007) e Mestre em Direito (2004), pela UFRGS, onde também obteve o título de Especialista em Direito Internacional (2002). Na mesma instituição, coordena o Grupo de Pesquisa CNPq ˜Direito Privado e Acesso ao Mercado: funções do direito privado para o desenvolvimento sustentável˜ e o Núcleo de Estudos sobre Direito e Sistema Financeiro: direito bancário, dos seguros e mercado de capitais. Recebeu em 2013 e 2016 o Prêmio Jabuti de Literatura, da Câmara Brasileira do Livro, pela autoria da melhor obra publicada na área do Direito. Foi Presidente Nacional do BRASILCON – Instituto Brasileiro de Direito e Política do Consumidor, entre 2014 e 2016 (Brasília/DF). Foi Expert da Delegação Brasileira nas Nações Unidas para a Revisão das Diretrizes de Proteção Internacional dos Consumidores, em 2015 (Genebra, Suíça). É membro da Deutsch-Lusitanische Juristenvereinigung (Associação Luso-Alemã de Juristas) e do Comitê brasileiro da *Association Henri Capitant des amis de la culture juridique française*, bem como do Instituto Brasileiro de Política e Direito do Consumidor, e do Comitê Brasileiro da Associação Internacional de Direito dos Seguros (AIDA). Autor de mais de uma centena de trabalhos publicados e conferências realizadas no Brasil e no Exterior (Argentina, Uruguai, Chile, Peru, Itália, Espanha, Alemanha, Áustria, Suíça, Portugal, Estados Unidos da América e China). Advogado e parecerista.

APRESENTAÇÃO

Claudia Lima Marques

O instituto do contrato, expressão máxima do autorregramento da vontade pelos particulares, é conceito que se encontra em transformação.[1] A ideia de contrato vem sendo moldada, desde os romanos, tendo sempre como base as práticas sociais, a moral e o modelo econômico da época. O contrato é o instrumento de circulação das riquezas das sociedades, hoje é também instrumento de proteção dos direitos fundamentais, proteção dos mais fracos,[2] realização dos paradigmas de qualidade e de segurança no mercado.[3] Na sociedade atual ou pós-moderna[4] não há tema mais importante em Direito dos Contratos do que o dos serviços. O Código de Defesa do Consumidor bem demonstrou esta importância, pois de certa forma um dos motivos de seu avassalador sucesso e utilização na prática foi justamente a renovação da teoria geral dos contratos ao impor uma aproximação quase igualitária dos regimes das obrigações de dar e de fazer[5] preparando o Brasil para o século XXI.

Em 2005, tive a honra de publicar, na Argentina, com o grande mestre Ricardo Lorenzetti uma obra intitulada "Contratos de Serviços aos consumidores" (Ed. Rubinzal, Santa Fé). Animáva-nos a coincidência

---

1. Veja, por todos, a sua monumental obra, LORENZETTI, Ricardo Luis. *Tratado de los contratos*. Buenos Aires: Rubinzal-Culzoni, 1999-2000. t. I, II e III.
2. Veja MARQUES, Claudia Lima; MIRAGEM, Bruno. *O Novo Direito Privado e a proteção dos vulneráveis*. 2. Ed., São Paulo: Ed. RT, 2004, p.11.
3. LORENZETTI, Ricardo Luis. *Teoria de la decisión judicial – Fundamentos de Derecho*. Buenos Aires: Rubinzal-Culzoni, 2006, p. 455.
4. Veja MARQUES, Claudia Lima. *Contratos no Código de Defesa do Consumidor*, Ed. RT: São Paulo, 2019, p. 153 e seg.
5. Veja-se: MARQUES, Claudia Lima. *Contratos no Código de Defesa do Consumidor*. São Paulo: RT, 2019, cit.; MIRAGEM, Bruno. Direito das obrigações. 3ª ed. Rio de Janeiro: Forense, 2021, p. 82.

no pensamento e a necessidade de se avançar para uma teoria geral dos contratos entre nossos dois países. A obra, apesar de ser composta de artigos autônomos, foi muito bem recebida pelos colegas, justamente porque Ricardo Lorenzetti a dividiu em uma parte geral, intitulada da teoria geral do contrato e dos serviços e, uma segunda parte, dedicada à análise dos serviços de saúde, bancários e financeiros e dos serviços na Internet.

Em 2015, entrou em vigor na Argentina o novo Código Civil y Comercial, promulgado em 7 de outubro de 2014. Obra de uma Comissão de Juristas, presidida por Ricardo Lorenzetti (decreto 191/2011), colocou em vigor na vizinha Argentina muitas das ideias principais do livro de 2005. No momento que a obra prepara-se para festejar seus 15 (quinze) anos, pensamos que seria útil atualizar a primeira parte da obra e republicá-la, complementando com as pesquisas sobre consumo e o mundo digital, tão caro à Ricardo Lorenzetti, do colega de Universidade Federal do Rio Grande do Sul, Bruno Miragem e sobre boa-fé, do Pós-Doutorando da Universidade Federal do Rio Grande do Sul, colega e amigo Diógenes Faria de Carvalho, atual Presidente do BRASILCON, o qual ficou também responsável pela tradução dos textos de Ricardo Lorenzetti para o português. Assim, mais do que uma releitura da parte teórica da obra organizada outrora, trata-se de um livro novo e atualizado, considerando de um lado, no Brasil, a Lei da Liberdade Econômica no Brasil, o Marco civil da Internet, a Lei Geral de Proteção de Dados e os projetos de atualização do CDC e, de outro, o novo Código Civil e Comercial da Nação Argentina. Isto, sem deixar de observar, as principais ideias e textos originais, a partir das traduções do livro de 2005, agora com a atualização das regras citadas, o que agradecemos muito à Diógenes Carvalho, idealizador do livro e aos colegas argentinos que revisaram os originais.

Nesta nova versão não analisamos mais contratos de consumo em espécie (saúde, bancários, na internet, time-sharing), mas sim queremos analisar o novo paradigma digital nos contratos em geral e assim contribuir para uma nova teoria geral dos contratos de serviços, mais adaptada aos desafios atuais do Direito Privado. Muita coisa ocorreu, inclusive a pandemia de COVID-19 neste meio tempo, valorizando os serviços e o meio digital. Dividiremos assim os textos em duas partes, uma primeira intitulada 'Fundamentos', procurando contribuir para uma nova teoria geral dos contratos de serviços e para o desenvolvimento da proteção dos consumidores, especialmente com a atualização do CDC, frente ao superendividamento, a pandemia de COVID-19 e o PL 3515,2015. E uma segunda dedicada ao estudo de alguns dos desafios atuais dos contratos de serviços e à análise do paradigma digital. Esta segunda parte nos permitirá procurar convergências entre o CDC, o CC/2002 e a Lei de Liberdade Econômica no princípio da boa-fé, uma reconstrução da função social dos contratos em geral e da autonomia privada. Assim como, realizar uma análise do paradigma tecnológico e do mercado de consumo digital, da nova noção de fornecedor-'gatekeeper' do consumo compartilhado e da economia das plataformas, dos chamados serviços simbióticos ou produtos e serviços inteligentes e por fim dos contratos de longa duração, sem deixar de sugerir modificações nos Projetos de Lei 3515,2014 e 3515,2015, de atualização do CDC, que esperamos logo possam ser aprovados no Parlamento.

A pergunta-guia desta segunda parte seria identificar o 'game changer'[6] dos contratos de serviços ou do consumo digital, isto é o ponto de mudança paradigmático: seria a presença do 'gatekeeper' das plataformas digitais ou o novo intermediário-fornecedor-controlador da relação de consumo? Seria a economia de compartilhamento e os seus novos modelos de contratos não mais voltados para a propriedade e, sim, para o uso no tempo ou pontual dos produtos? Ou seria a inteligência artificial, conectando produtos e serviços e lhes dando novas funcionalidades e introduzindo novos riscos, inclusive no compartilhamento 'intrínseco' de dados a todo tempo. Ou o paradigma digital[7] será enfrentado por princípios tradicionais como o da boa-fé, da função social dos contratos, da autonomia dos mais fracos e da proteção da confiança legítima? Seria o tempo e o princípio da manutenção do vínculo, na esperança de continuidade que só será

---

6. A inspiração vem da obra de Djurovic, M., & Micklitz, H.-W. Internationalization of Consumer Law: A Game Changer. New York, NY: Springer Nature, 2017.

7. A inspiração vem da obra de ARTZ, Markus; GSELL, Beate. (Hrsg.) *Verbrauchervertragsrecht und digitaler Binnenmarkt*, Tübingen: Mohr, 2018.

abalada pela exceção da ruína, e do princípio da boa-fé nestes contratos cativos de longa duração, que muitas vezes são 'existenciais'[8] para os mais vulneráveis, este 'game changer'?

Esperamos que este livro 'novo' e revisitado possa encontrar eco positivo e contribuir para a evolução do pensamento jurídico frente aos desafios do mundo digital. Para tanto contamos com textos de um dos mais profícuos e instigantes autores sobre este fenômeno, Ricardo L. Lorezentti.[9] Assim o livro inclui também um artigo sobre a reconstrução da autonomia privada em homenagem a este grande colega argentino.

Ricardo Luis Lorenzetti é reconhecido pelo seu pensamento sistemático e profundo, bem como pelos estudos dos contratos de serviços, redes contratuais e contratos eletrônicos. Este brilhante autor latino-americano estuda o contrato de serviço não apenas em sua estrutura interna ou singular, ou seja, entre as partes e como um negócio jurídico singular e de interesse meramente individual, mas em sua estrutura sistêmica ou externa (no contexto social e econômico como operação singular de uma rede de contratos, complexa e plural, de um determinado mercado de produção, de distribuição ou do mercado de consumo). Esta visão é renovadora e útil hoje no Brasil até os dias de hoje, pois ajuda a visualizar o conjunto e o sistema necessariamente coerente – como um "todo construído", um "todo" científico que é o Direito Privado[10] –; justamente em tempos de tópica exacerbada e de individualismo exegético, conservador em excesso, que parece recusar no novo Código Civil de 2002, justamente a sua

---

8. A noção de contratos existenciais, também usada no Brasil, é aqui inspirada da obra de NOGLER, Luca; REIFNER, Udo (Ed.). *Life Time Contracts – Social Long-term Contracts in Labour Tenancy and Consumer Credit Law*, The Hague, Eleven Int. Publ., 2014. Veja também os 'Princípios dos contratos sociais de longa duração – Contratos para a existência: contratos de trabalho, de locação e de crédito ao consumidor (European Social Contract – EUSOCO)' in RDC.
9. Veja, por todos, o pioneiro livro de LORENZETTI, Ricardo Luis. *Comercio electrónico*, Buenos Aires: Abeledo-Perrot, 2001, com tradução publicado no Brasil pela Ed. RT.
10. Veja o nosso livro MARQUES, Claudia Lima; MIRAGEM, Bruno. *O novo direito privado e a proteção dos vulneráveis*. 2. ed. São Paulo: Ed. RT, 2014.

maior potencialidade de dar respostas atuais e justas aos problemas dos contratos de Direito Privado, que são as suas cláusulas gerais. Como se observará, os textos de Ricardo Lorenzetti, na tradução de Diógenes Carvalho, se partem do direito argentino, encaixam-se perfeitamente nos desafios vivenciados pelos profissionais também no Brasil e serão comparados com textos sobre o direito brasileiro.

Assim, o livro traz uma base teórica para uma teoria geral dos serviços na legislação brasileira e argentina, em especial no lado brasileiro no que concerne a proteção dos consumidores e o CDC. Ricardo Lorenzetti contribui com sua famosa proposta de teoria sistêmica dos contratos, assim como com nota sobre as regras sobre os contratos de consumo presentes no código Civil e Comercial da Nação Argentina, em que foi o Presidente da Comissão Redatora. Em seguida, traz uma parte histórica dos contratos de serviços, que será confrontada com os desafios do mundo digital. Ao final se estuda a noção de contratos de longa duração, o tempo, a cativididade e a confiança no mercado. Na obra não constam observações finais, pois foi concebida em temas e estudos de desafios atuais para o Direito. O livro conclui com uma bibliografia geral de todos os artigos, cuja organização agradeço à Doutoranda Maria Luiza Targa e aos alunos de meu Grupo de Pesquisa CNPq 'Mercosul, Direito do Consumidor e Globalização'.

Agradeço a possibilidade de publicar esta obra a convite da Editora Thomson Reuters Revista dos Tribunais, o que muito me honra, e fico engrandecida pela presença da teoria e do brilhantismo de Ricardo Lorenzetti, autor que admiro profundamente e que tenho certeza – se já não o fazem – todos admirarão após a leitura de seus belos capítulos. Agradeço ao querido amigo Bruno Miragem pela bela e instigante contribuição à obra, e em especial, agradeço as traduções, a organização e coautoria do professor goiano Diógenes Carvalho, Presidente do Brasilcon e grande companheiro de luta pela atualização do CDC, que foi a verdadeira alma da elaboração deste livro no Brasil.

A todos, o meu muito obrigado e boa leitura!

Profa. Dra. Dr. h. c. Claudia Lima Marques, UFRGS

SUMÁRIO

AUTORES 7

APRESENTAÇÃO – Claudia Lima Marques 11

PARTE I
FUNDAMENTOS PARA UMA NOVA TEORIA GERAL DOS SERVIÇOS E PRINCÍPIOS DE PROTEÇÃO DOS CONSUMIDORES

1. **PROPOSTA DE UMA TEORIA SISTÊMICA DO CONTRATO** 27
   Ricardo Luis Lorenzetti
   I) Introdução 27
       1. O alargamento do horizonte de análise 27
       2. Enfoque contratual, sistemático e institucional 31
   II) Perspectiva contratual 33
       1. O contrato como ato jurídico bilateral 33
       2. As obrigações nucleares 33
       3. Os deveres colaterais 34
       4. As garantias: evicção, vícios, de segurança, funcionalidade. Direito do Consumidor 36
       5. Os encargos 38
       6. A distribuição de riscos do contrato 39
          A) A importância atual dos riscos da contratação ... 39
          B) Os princípios de distribuição do risco 41
          C) Os riscos do contrato e sua distribuição justa, conforme o modelo do negociador racional 44
       7. A responsabilidade enfocada no interesse do credor 45
   III) O contrato como processo 47
       1. Período pré-contratual – pós-contratual e vínculos de longa duração 47
       2. Reciprocidade dinâmica nos contratos de longa duração 48
       3. A desmaterialização do objeto: contratos relacionados 50
       4. A dimensão temporal na teoria da empresa e do consumo 51

IV) Perspectiva Sistemática 52
   1. Relações entre as partes: elementos e deveres sistemáticos 53
   2. Relações da rede com os consumidores 53
V) A perspectiva institucional 54
   1. A relação entre as instituições e o contrato 54
      A) A atividade agrária 54
      B) Atividade industrial e os serviços 54
      C) Securitização e pressupostos institucionais 55
   2. A análise neoinstitucional 57
   3. A perspectiva institucional do direito privado 59
   4. O desmonte institucional: todo o sólido se desmancha no ar ... 60

2. **REVISANDO A TEORIA GERAL DOS SERVIÇOS COM BASE NO CÓDIGO DE DEFESA DO CONSUMIDOR EM TEMPOS DIGITAIS** ... 63
   Claudia Lima Marques
   1. Introdução: Serviços e "servicização" em tempos digitais 63
   I. Conceito e estrutura interna das relações jurídicas de serviços 73
      A) Noções preliminares 74
         1. Exame no plano da existência e elementos da relação 74
         2. Conceito de serviço e fornecimento de serviço no CDC ... 76
      B) Elementos internos da relação jurídica de serviço: uma introdução 80
         1. A obrigação envolvendo serviços, a "servicização" e o mundo digital 80
         2. Serviços como categoria contratual no Código de Defesa do Consumidor 88
   II. Elementos estruturais externos nas relações de fornecimento de serviços 90
      A) Sujeitos e objetos das relações jurídicas de serviços 91
         1. Os consumidores 91
            1.1. A superação do *status* de terceiro na relação, o novo *status* de consumidor e do não profissional/"prosumer" 91
            1.2. Relativização do efeito apenas *inter partis* dos contratos de serviço face aos novos "consumidores": nova força vinculativa do fornecimento de serviços 102

2.	Fornecedores	106
2.1.	Cadeia de fornecimento de serviços e os novos "fornecedores", os *gatekeepers* (os "guardiões do negócio"): organização, controle, marca, cativadade e a nova pós-personalização	106
2.2.	A responsabilidade do grupo ou cadeia de fornecimento de serviços: teoria unitária da responsabilidade contratual e extracontratual	114
B)	Objeto da relação jurídica de serviço no CDC	117
1.	Objeto múltiplo e conexidade de prestações nos serviços complexos: os serviços em si, a "servicização" e a conexão com produtos digitais "inteligentes" ou com serviços "incluídos"	117
2.	Materialização dos fazeres: a aproximação de regime das obrigações de fazer e de dar no CDC	127
C)	Finalidade/Garantia	128
1.	Finalidade da relação de serviço: causa, expectativas legítimas e remuneração direta ou indireta dos serviços	129
2.	Garantia: prevalência da execução específica e uma nova visão do adimplemento	135
D)	Forma: formalismo informativo e um novo controle formal da vontade do consumidor	138

Considerações finais 140

3. **NOTA SOBRE OS CONTRATOS E A PROTEÇÃO DOS CONSUMIDORES NO CÓDIGO CIVIL E COMERCIAL ARGENTINO** 143
   Ricardo Luis Lorenzetti
   1. A fragmentação do tipo geral dos contratos e a proteção dos consumidores 144
      1.1. Extensão da regulação 144
      1.2. Definição de relação e contrato de consumo 145
      1.3. Implicações práticas do método adotado 147
      1.4. Formação do consentimento 148
      1.5. Regime especial 150
      1.6. Cláusulas Abusivas 150
   2. Contratos relacionais 157
   3. Título Preliminar 158
      3.1. Razões para a existência de um Título Preliminar 158
      3.2. Textos 161

4. **NOTA SOBRE A PANDEMIA COVID-19, OS CONTRATOS DE CONSUMO E O SUPERENDIVIDAMENTO DOS CONSUMIDORES: A NECESSIDADE DE ATUALIZAÇÃO DO CDC** 163
   Claudia Lima Marques e Bruno Miragem
   Introdução 163
   I. A pandemia de Covid e os impactos nos contratos de consumo 165
       1. Contratos de consumo e a impossibilidade de cumprimento ... 166
       2. Incerteza de cumprimento dos contratos ou de utilidade da prestação 171
       3. Expectativa legítima de cumprimento, a responsabilidade do fornecedor e o necessário diálogo das fontes 176
   II. O superendividamento do consumidor e a necessidade de atualização do CDC 184
       1. O fenômeno do superendividamento dos consumidores e o Projeto de Lei de atualização do Código de Defesa do Consumidor 186
       2. A atualização do CDC frente a Covid-19: bases para a prevenção do superendividamento e o combate ao assédio de consumo ... 190

5. **BREVE EVOLUÇÃO HISTÓRICA DO CONTRATO DE SERVIÇOS (COM ESPECIAL ATENÇÃO AO DIREITO ARGENTINO)** 197
   Ricardo Luis Lorenzetti
   I)   Modelos históricos do contrato de serviços 197
        1. O contrato de serviços como relação jurídica real: "a locação de serviços" 197
        2. O contrato de serviços como relação jurídica familiar: o emprego doméstico 199
        3. O contrato de serviços como relação jurídica dominial: o "recurso da empresa" 199
        4. O contrato de serviços dependente: o contrato de trabalho 200
   II) Costumes e finalidade econômica do contrato 201
   III) A divisão entre trabalho dependente, serviços e empreitada 202
        A) A tese tripartida 203
        B) A tese bipartida 204
        C) A aproximação entre locação de empreitada-obrigação de resultados locação de serviços-obrigações de meios 205
        D) Os serviços como trabalho autônomo 207
        E) A distinção entre o contrato de trabalho, de serviços e de empreitada 209

IV) O serviço dependente: o contrato de trabalho 209
   1. A dependência 209
   2. A colaboração autônoma e dependente 213
   3. A distinção na jurisprudência 214
V) O serviço autônomo: locação de serviços e de obra 216
   1. O serviço é um fazer com um valor específico e não um dar.... 216
   2. O serviço como atividade intangível 218
   3. A noção de obra 218
      A) A noção de resultado como produto da atividade 218
      B) A noção de obra como bem reproduzível 220
      C) A noção de obra como resultado 220
      D) A noção de obra como execução técnica 221

PARTE II
DESAFIOS ATUAIS DOS CONTRATOS DE SERVIÇOS E DO PARADIGMA DIGITAL

6. **OS SIGNIFICADOS DA BOA-FÉ NOS CONTRATOS DE SERVIÇOS MASSIFICADOS: CONVERGÊNCIAS ENTRE O CDC, O CC/2002 E A LEI DA LIBERDADE ECONÔMICA** 225
   Diógenes Faria de Carvalho e Claudia Lima Marques
   Introdução 225
   I. Da Boa-fé subjetiva à boa-fé objetiva 232
   II. Os contratos de serviços a consumidores: boa-fé no CDC e no CC/2002 depois da Lei da Liberdade Econômica 243
      A) A exigência de boa-fé no CDC e no CC/2002 após a Lei da Liberdade Econômica em interpretação histórica 244
      B) Os contratos de serviços aos consumidores e o dever de cooperar (dever de boa-fé e lealdade) 247

7. **FUNÇÃO SOCIAL DO CONTRATO COMO LIMITE DA LIBERDADE DE CONTRATAR E A CONFIANÇA LEGÍTIMA NO RESULTADO EM TEMPOS DIGITAIS** 257
   Claudia Lima Marques
   Introdução 257
   I. Função social dos contratos de consumo: limite da liberdade de contratar? 260
      A) Função social do contrato antes da Lei da Liberdade Econômica... 261
      B) Utilizações da função social pela jurisprudência: acesso, interpretação e manutenção do contrato de consumo 267

II. Função social dos contratos de consumo e o princípio da confiança: a necessária evolução para a proteção da confiança dos consumidores 279
    A) Cláusulas penais e de retenção, revisão e frustração do fim do contrato com vulneráveis 281
    B) Função social atuando na determinação do conteúdo da liberdade de contratar e seus impactos transubjetivos 288
III. Observações finais: a importância da proteção da confiança legítima em tempos digitais 300

8. NOVO PARADIGMA TECNOLÓGICO, MERCADO DE CONSUMO DIGITAL E O DIREITO DO CONSUMIDOR 305
Bruno Miragem

1. Introdução 305
2. Os novos modelos de oferta e contratação 311
    2.1. O comércio eletrônico 311
    2.2. O fornecimento por plataforma digital 313
    2.3. Contratos inteligentes (*Smart contracts*) 321
3. Os novos produtos e serviços 325
    3.1. Bens digitais 325
    3.2. Internet das coisas 329
    3.3. Inteligência artificial 334
4. Repercussão do novo paradigma tecnológico sobre os direitos do consumidor 341
    4.1. Aproximação das categorias de produto e serviço 343
    4.2. Novos riscos tecnológicos e os regimes de responsabilidade do fornecedor 348
    4.3. Novos métodos de solução de conflitos (Resolução de disputas on-line) 350
5. Considerações finais 356

9. A NOVA NOÇÃO DE FORNECEDOR NO CONSUMO COMPARTILHADO: UM ESTUDO SOBRE AS CORRELAÇÕES DO PLURALISMO CONTRATUAL E O ACESSO AO CONSUMO 359
Claudia Lima Marques

I. Introdução 359
II. A nova noção de fornecedor na economia do compartilhamento 365
    A) O fornecedor na economia do compartilhamento: o "guardião de acesso" (*gatekeeper*) 366

  B) O modelo *peer to peer* (P2P) e o papel de consumidor e de fornecedor aparente de produtos e serviços 369
III. Pluralismo contratual no consumo compartilhado e acesso ao consumo 373
  A) Pluralismo de "vínculos" compartilhados-conexos e o acesso a serviços e produtos 373
  B) A cadeia (escondida) de fornecedores e a solidariedade no consumo compartilhado 379
IV. Observações finais 387

10. **"SERVIÇOS SIMBIÓTICOS" DO CONSUMO DIGITAL E O PL 3.514/2015 DE ATUALIZAÇÃO DO CDC: PRIMEIRAS REFLEXÕES** 391
Claudia Lima Marques e Bruno Miragem
1. Introdução 391
I. O que são estes novos "serviços simbióticos" ou inteligentes? 395
  A) Os novos "serviços simbióticos"/"objetos" do consumo digital 397
  B) Do necessário diálogo das fontes na interpretação e na aplicação das normas ao consumo digital 404
II. O Projeto de Lei 3.514/2015 de atualização do CDC para o mundo digital diante da nova economia das plataformas e a inteligência artificial 409
  A) O diálogo das fontes do CDC com a LGPD: da "opacidade" à transparência de dados diante da inteligência artificial 410
  B) O PL 3.514/2015 de atualização do CDC e os desafios do consumo digital hoje 415
Consideração final 423

11. **CONTRATOS DE LONGA DURAÇÃO** 425
Ricardo Luis Lorenzetti
I) A problemática dos contratos de longa duração 425
II) Elementos tipificantes 429
  1. Contratos de execução imediata e dilatada 429
  2. Contratos de longa duração 430
  3. A duração no objetivo e nas obrigações 432
  4. Período pré-contratual de longa duração: práticas comerciais abusivas 434
III) A dinâmica de cumprimento 435
  1. Reciprocidade dinâmica nos contratos de longa duração 435
  2. Julgamento da reciprocidade dinâmica 437

  3. Adaptabilidade e teste de equivalência.................................. 438
  4. A regra moral: duração justa e duração útil............................ 439
IV) A modificação das obrigações em curso de execução..................... 440
  1. O requisito da determinação do objeto e da prestação............ 440
  2. A nulidade da modificação unilateral....................................... 441
  3. Modificação ajustada a um *standard* objetivo......................... 442
  4. Modificações por excessiva onerosidade posterior.................. 442
V) A extinção.. 443
VI) Casuística 443
  1. Modificação do preço: preço imposto por provedores............ 443
  2. Modificações na lista dos prestadores na medicina pré-paga... 444
  3. A relação preço-mudança-tecnológica na medicina pré-paga.... 445

12. CONTRATOS CATIVOS DE LONGA DURAÇÃO E A EXCEÇÃO DA RUÍNA: TEMPO E BOA-FÉ, CATIVIDADE E CONFIANÇA............. 447

Claudia Lima Marques

Introdução 447
1. A noção de 'contratos cativos de longa duração' e seus elementos: catividade, tempo e conexidade 451
  A) A 'catividade' ou dependência: o 'cocontratante' cativo no tempo 452
  B) Conexidade no tempo e as lições do direito comparado: contratos relacionais, grupos de contratos, contratos conexos ou coligados.. 460
2. A noção de 'exceção da ruína' nos contratos cativos de longa duração e a jurisprudência brasileira 473
  A) Contratos cativos de longa duração e a manutenção do vínculo: o limite é a exceção da ruína... 473
  B) As regras do CDC quanto à exceção da ruína e a visão da jurisprudência do e. STJ sobre os 'contratos cativos de longa duração' 479
Observações finais 487

BIBLIOGRAFIA GERAL 489

PARTE I
Fundamentos para uma nova teoria geral dos serviços e princípios de proteção dos consumidores

1

PROPOSTA DE UMA TEORIA SISTÊMICA DO CONTRATO

Ricardo Luis Lorenzetti

Sumário: I) Introdução. 1. O alargamento do horizonte de análise. 2. Enfoque contratual, sistemático e institucional. II) Perspectiva contratual. 1. O contrato como ato jurídico bilateral. 2. As obrigações nucleares. 3. Os deveres colaterais. 4. As garantias: evicção, vícios, de segurança, funcionalidade. Direito do Consumidor. 5. Os encargos. 6. A distribuição de riscos do contrato. A) A importância atual dos riscos da contratação. B) Os princípios de distribuição do risco. C) Os riscos do contrato e sua distribuição justa, conforme o modelo do negociador racional. 7. A responsabilidade enfocada no interesse do credor. III) O contrato como processo. 1. Período pré-contratual – pós-contratual e vínculos de longa duração. 2. Reciprocidade dinâmica nos contratos de longa duração. 3. A desmaterialização do objeto: contratos relacionados. 4. A dimensão temporal na teoria da empresa e do consumo. IV) Perspectiva Sistemática. 1. Relações entre as partes: elementos e deveres sistemáticos. 2. Relações da rede com os consumidores. V) A perspectiva institucional. 1. A relação entre as instituições e o contrato. A) A atividade agrária. B) Atividade industrial e os serviços. C) Securitização e pressupostos institucionais. 2. A análise neoinstitucional. 3. A perspectiva institucional do direito privado. 4. O desmonte institucional: todo o sólido se desmancha no ar.

I) Introdução

1. O alargamento do horizonte de análise

A teoria jurídica[1] parece não ter recebido a enorme quantidade de conhecimentos que os cientistas têm elaborado em outros

---

1. O presente ensaio se fundamenta na teoria jurídica, isto é, não estuda as proposições normativas como tais, senão o que é dito acerca delas; concretamente, trata-se de uma análise teórica baseada no pragmático. O direito como linguagem é suscetível de uma análise sintática (conexão dos signos entre si), ou semântico (conexão do signo com o sentido), ou pragmático (que examina o contexto situacional em que o signo é utilizado). Correlativamente, no Direito podemos falar do nível sintático-formal,

campos.² O grau de complexidade social e teórica exige hoje do jurista a utilização de ferramentas múltiplas e plurais capazes de captar o pluralismo de fontes, regras e valores próprios da pós-modernidade.³

A doutrina que trata da denominada "parte geral" do contrato tem se mostrado particularmente austera na Argentina, já que se concentra apenas no estudo do consentimento, objeto, causa e efeitos⁴. Desse modo, a figura do contrato está "diminuída", porque se estudam umas poucas obrigações principais ou essenciais⁵: está *congelada*, no sentido de que toma forma ou consolida-se de uma vez e para sempre, desde que se aperfeiçoa o consentimento, permanecendo imutável frente às mudanças; está *isolada*, posto que é indiferente ao que ocorre ao redor, porque o mercado opera como pressuposto ou circunstância⁶, sem que exista uma ligação entre o público e o privado.

---

que se ocupa dos conceitos e das regras do sistema (teoria das normas, conceitos, lógica deôntica). Logo, a análise semântica, isto é, dos significados, que corresponde ao que faz tradicionalmente a dogmática jurídica, e finalmente o pragmático, isto é a função geradora, criativa e transformadora da linguagem, ao que corresponde a teoria da decisão jurídica, da legislação, da argumentação, da justiça, a filosofia prática.

2. O déficit é particularmente acentuado em nosso país, onde não se utilizam conceitos ou ferramentas técnicas, como a teoria dos jogos, das decisões, a eleição racional e outras de uso freqüente nos juristas "formadores de opinião" em outras latitudes, como os norte-americanos. A investigação científica atual não pode prescindir dessa bagagem.

3. Conf. JAYME, Erik, "Osservazioni per una teoria postmoderna della comparazione giuridica", Rivista Di Diritto Civile, 1997, nun 6, Cedam, Padova.

4. Dentro desta linha pode-se encontrar os estudos clássicos no direito argentino: MACHADO, "Exposición y comentario del Código Civil Argentino". 2ª ed., Bs. As., La Jouane, 1899. v. IV; SALVAT, R., "Tratado de derecho civil argentino. Fuentes de las obligaciones. Contratos", Bs. As., LA LEY, 1946. v. 1; ARIAS, J., em "Contratos civiles. Teoría y práctica", Bs. As., Cía. Argentina de Editores, 1939. V. 1; SEGOVIA, L. "El Código Civil de la República Argentina con su explicación y crítica bajo la forma de notas". Bs. As., Cony. 1981, T. I, BORDA, Guillermo, "Tratado de Derecho Civil-Contratos", 7ma de. Actualizada, Abeledo Perrot, Bs.As., 1997, REZZONICO, L. M., "Estudio de los contratos en nuestro derecho civil". 3º de. Bs. As., Depalma 1967. v. 1.

5. Por exemplo, na compra e venda se estuda a obrigação de dar uma coisa em troca do pagamento do preço.

6. Por exemplo: no contrato se estuda a cláusula abusiva, no mercado a posição dominante; no contrato o vício de consentimento, no mercado a transferência informativa

No direito brasileiro, tais características se alteraram com a edição do Código Civil Brasileiro de 2002, como já o fizera também o CDC de 1990.

O contrato expandiu seu conteúdo, já que são poucos os vínculos em que se estudam somente as obrigações nucleares ou principais – proliferando os deveres secundários de conduta – chamadas obrigações acessórias, pré-contratuais, pós-contratuais, garantias e encargos. De fato, hoje a maioria das lides e conflitos tem como base estes novos deveres, que bem mostram uma "acessoriedade típica", apresentam uma "substancialidade prática"[7], o que é posto em destaque pela doutrina mais atual[8].

O contrato se "descongelou" e mostra uma vitalidade enorme, desde quando começam as tratativas, até a sua extinção; o vínculo se reformula, se adapta, se alonga no tempo, dando lugar aos fenômenos de longa duração.[9]

---

e a distribuição assimétrica de informação. A teoria jurídica deve proporcionar uma ferramenta que permita coordenar ambos os níveis.

7. Queremos dizer com isso que, apesar de na descrição do tipo legal estes deveres ocuparem lugar subalterno, na realidade prática são essenciais. A leitura das sentenças judiciais é uma boa mostra disso; praticamente não existem sentenças em que não se faça referência à boa-fé, aos deveres de informação, segurança, proteção à ordem pública.

8. Conforme ALTERINI, Atilio, *Contratos Civiles, Comerciales y de Consumo*, Abeledo Perrot, Bs.As. 1998; STIGLITZ, Ruben, *Contratos civiles y comerciales*, Abeledo Perrot, 1998; MOSSET ITURRASPE, J., "Contratos", ediciòn actualizada, Rubilzal y Culzoni; BELLUSCIO, A. C. y ZANNONI, E.A. "Código Civil y leyes complementarias", Bs. As., Astrea, 1986. v.5 y 6, SPOTA, A. "Instituciones de derecho civil: Contratos". Bs. As., Depalma, 1979; GHERSI, Carlos, "Contratos Civiles y Comerciales", Astrea, Bs.As; GAMARRA, Jorge, "Tratado de Derecho Civil Uruguayo", T. III, v.I y 2, Fundaciòn de Cultura Universitaria, Montevidéu, 1992; No direito brasileiro: AMARAL, Junior Alberto, "Proteção do consumidor no contrato de compra e venda", São Paulo, RT, 1993; GOMES, Orlando, "Contratos", Forense, Rio, 1975, *Transformações gerais do direito das obrigações*. São Paulo: RT, 1980; e ULHOA COELHO, Fábio, "Codigo comercial e legislação complementar anotados", Saraiva, 1997.

9. Conf Morello, Mario, "Contrato y proceso", Abeledo Perrot; MORELLO, Augusto, "Los contratos: respuestas sustanciales y procesales a plurales cambios y emergencias", LL:25.8.98. ALTERINI em op cit, apresenta uma extensa evolução do período pré-contratual, o pré-contrato, a modificação e o pós-contrato.

A contratação renunciou a seu isolamento: não é mais habitual que se apresente só, senão vinculada a outros contratos, formando redes, "pacotes" de produtos e serviços, surgindo necessariamente a noção de "operação econômica", que se vale de vários contratos como instrumentos para sua realização, o que nos leva ao estudo das "redes contratuais".

Finalmente, o incremento da complexidade social entrelaça a ação racional individual com as instituições, de um modo estreito, o que torna imprescindível o enfoque institucional[10].

Tudo isso nos leva a alargar o horizonte de análise da teoria contratual, concebendo-a como um sistema[11]. O que define um sistema é uma organização autorreferente de elementos inter-relacionados de um modo autônomo; a autorreferência, a auto-organização, e a autorregulação homeostática são características do sistema, no sentido de que sua ordem interna é gerada a partir da interação de seus próprios elementos, que se reproduzem a si mesmos, são funcionalmente diferenciados, e buscam uma estabilidade dinâmica.

---

10. A perspectiva contratual tem como pressuposto o individualismo metodológico, próprio da teoria da eleição racional, e também da escola de análise econômica e a teoria dos jogos. Esta base forneceu poderosas ferramentas para a teoria contratual, mas mostrou suas limitações no aspecto da ação coletiva e no marco institucional, precisamente porque não se ocuparam disso. Atualmente, há um interesse renovado por esses estudos, na medida em que, como veremos, têm uma enorme influência como contexto de atuação do indivíduo.

11. A teoria sistêmica difundiu-se no campo das ciências. Desde o enorme avanço que produziram no campo da biologia, ao introduzir a noção de sistemas autopoiéticos (Maturana, Humberto y Varel, Francisco, "Autopietic Systems, Illinois), até a mesma noção na informática (Wiener), na antropologia (Levy Strauss, Claude, "Antropologia estructural", Eudeba, 1977), a autorreferência linguística dos processos cognitivos (Neurath), a ordem fundada na flutuação de estruturas dissipativas dos processos não reversíveis (Proigogine), a circularidade lógica das estruturas matemáticas (Godel), a autorregulação homeostática dos sistemas (Bertalanfy), os processos de auto-organização dos processos sociais (Hayek). É necessário atualizar a ciência jurídica em relação a estas mutações epistemológicas. Nesse sentido, Canaris é um modelo de jusprivatista com formação jusfilosófica (CANARIS, Claus Wilhelm, "Pensamento sistemático e conceito de sistema na ciência do direito", Trad. António Menezes Cordeiro, 2ª ed. Fund Calouste Gulbenkian, Lisboa 1996).

No plano jurídico, assinala Teubner[12] que existem subsistemas sociais e econômicos específicos que interatuam com o contrato e que nos põem frente a um panorama mais amplo que o derivado das regras produzidas pelo consentimento. O contrato é concebido como uma relação social juridicizada, que o vincula com seu meio envolvente. Através das normas jurídicas indeterminadas parte do conteúdo do contrato, é que são gerados três níveis: o *nível das relações pessoais ou de interação*; o *nível de mercado ou institucional*; e o *nível societário*, que envolve a relação com os outros subsistemas sociais.

Uma aproximação teórica desse tipo permite diferenciar os níveis de análise, estabelecer os pontos de inter-relação, e explicar o funcionamento de um instituto dentro de um campo mais amplo, com o qual interage.[13] Em seguida, apresentaremos um esquema de nosso enfoque, mostrando seus aspectos principais.[14]

2. Enfoque contratual, sistemático e institucional

A teoria contratual admite três níveis de análise e perspectiva dentro deles:

A) <u>Contratual</u>: seu objeto é o contrato como ato jurídico bilateral.
- A perspectiva interna estuda: a) os elementos: o consentimento, o objeto e a causa; os caracteres, a forma, a prova, a interpretação

---

12. TEUBNER, Gunther, "O direito como sistema autopoiético", Fund Calouste Gulbenkian, Lisboa, 1989, pag 236. Também CANARIS, Claus, "Pensamento sistemático e conceito de sistema na ciência do direito", Fund Calouste Gulbenkian, Lisboa, 1996.
13. As regras de um contrato têm aspectos que somente se explicam no sistema em que está inserido, e se adaptam permanentemente, como explicamos mais adiante ao ver a troca dos contratos agrários. Muitas técnicas são geradas, mas seu desenvolvimento só se alcança quando há regras institucionais (ver securitização, mais adiante). Em um contrato há obrigações que se explicam porque estão unidas a outras (por exemplo, as obrigações de um concessionário de dar serviço pós-venda a um adquirente que comprou o veículo em outro concessionário), dando lugar a obrigações sistemáticas. Há um fenômeno de "migrações de sentido" e de "intertextualidade" entre os diferentes níveis (esses termos são utilizados na musicologia e na literatura para explicar fenômenos similares no plano da linguagem).
14. Utilizamos o esquema porque a evolução completa exigiria um livro e não um ensaio.

e a qualificação; b) os efeitos: as obrigações, deveres colaterais, garantias, encargos, riscos; c) a responsabilidade por não cumprimento.
- A perspectiva temporal estuda o redimensionamento dos elementos, efeitos e responsabilidade no período pré-contratual, pós-contratual e os vínculos de longa duração.
- A perspectiva externa estuda o contrato como situação jurídica. Não o vê como relação obrigacional entre dois sujeitos, senão desde a perspectiva dos terceiros que devem respeitá-lo e sofrer seus efeitos, o que dá lugar a novos campos: a proteção extracontratual do contrato[15], o redimensionamento do efeito relativo para apreciá-lo como uma hipótese de oponibilidade de nível diverso.[16] O objeto de estudo não é o ato jurídico bilateral, nem regras institucionais, senão posições jurídicas.[17]

B) *Sistemático:* Seu objeto é analisar os grupos de contratos e sua configuração em sistemas com finalidades supracontratuais.
- A perspectiva interna estuda as relações entre as partes: o objeto como operação que envolve vários contratos; a causa sistêmica; o nexo associativo; as obrigações sistemáticas.
- A perspectiva externa analisa os efeitos das redes frente a terceiros.

C) *Institucional:* seu objeto de estudo são as regras institucionais[18], para fornecer a sua funcionalidade (incrementar a eficácia e a eficiência

---

15. Conf. DE LORENZO, Federico, "La protección extracontractual del contrato", LL.1998-E-921.
16. Este tema tem sido muito estudado, sobretudo no campo da responsabilidade por produtos, onde o princípio do efeito relativo dos contratos caiu para imputar aos contratantes por danos causados a terceiros.
17. Aprofundamos esta distinção em "Las normas fundamentales de Derecho privado", cit. De Lorenzo cita o caso "Torello" (SCBA, E.D.173.328), no qual uma empresa reclama contra o terceiro que causou dano a um empregado seu; há aqui uma obrigação jurídica extracontratual causada por um fato ilícito (entre o causador do dano e o empregado-sofredor do dano) que lesa uma posição jurídica contratual (entre o empregado lesado e o empregador).
18. Ampliamos este conceito em nossa obra "Las normas fundamentales de derecho privado", Rubinzal y Culzoni 1995.

da contratação) sem deterioração de seu entorno econômico (direito de competência) e social (impacto ambiental, urbanístico, social), sob a regra de um desenvolvimento sustentável[19].

O relacionamento entre níveis apresenta vantagens práticas[20] e teóricas[21] que não desenvolveremos neste trabalho, onde nos limitaremos a mostrar cada um desses níveis mais próximos, destacando alguns dos aspectos mais interessantes e recentes.

II) Perspectiva contratual

1. O contrato como ato jurídico bilateral

A perspectiva interna estuda: a) os elementos: o consentimento, o objeto e a causa; os caracteres, a forma, a prova, a interpretação e qualificação; b) os efeitos: as obrigações[22], deveres colaterais, garantias, encargos, riscos; c) a responsabilidade por não cumprimento.

2. As obrigações nucleares

As obrigações nucleares do contrato são aquelas vinculadas diretamente ao cumprimento do objeto. Canaris as denominou "deveres de prestação", porque estão destinadas à promoção dos interesses de

---

19. O "standard" normativo de "desenvolvimento sustentável" é muito útil para entender as relações de direito-limite, aplicável não somente à fronteira que abastece a questão ambiental, mas também a outros limites da propriedade empresarial, como se assinala no texto.
20. O advogado atuante aprendeu, antes que o teórico, a relacionar os três níveis: um contrato de empresa se redige tendo em conta estratégias negociais que envolvem muitos contratos e normas institucionais: impositivas, ambientais, responsabilidade, trabalhistas.
21. Permite, por exemplo, aprofundar temas como a "incoerência" sistêmica do ordenamento e as ineficiências econômico-sociais que isso gera; muitas tipologias contratuais não se desenvolvem ou o fazem a um alto custo justamente por essa razão.
22. Sobre obrigações: ALTERINI- AMEAL- LOPEZ CABANA, "Derecho de obligaciones", Abeledo Perrot, Bs. As., CAZEAUX-TRIGO REPRESAS, "Derecho de Obligaciones", Lep; COMPAGNUCCI DE CASO, "Derecho de obligaciones", Astrea. Sobre contratos ALTERINI, "Contratos", Abeledo Perrot, MOSSET ITURRASPE, "Contratos", Rubinzal; LOPEZ DE ZAVALIA, "Teoria de los contratos", Zavalia.

prestação, distinguindo-as dos deveres de proteção, que estão vinculados aos demais bens das partes.[23]

As obrigações nucleares expressam o interesse cuja satisfação se persegue por intermédio do contrato e por isso são, geralmente, objetos de livre negociação, ao ponto que, ainda que no direito do consumo não são suscetíveis de declaração de abusividade[24]. As obrigações nucleares estão vinculadas à definição típica do negócio e a suas características principais: por exemplo, na compra e venda, as obrigações nucleares das partes são as de dar uma coisa, a cargo do vendedor (arts. 746 e ss. do Código Civil e Comercial Argentino), e a de dar soma de dinheiro (arts. 765 e ss. do Código Civil e Comercial Argentino), a cargo do comprador. Ambas as obrigações são recíprocas (art. 966 do Código Civil e Comercial Argentino), o que sustenta a exceção de não cumprimento contratual (art. 1031 do Código Civil e Comercial Argentino), cláusula resolutória (arts. 1087, 1088 e 1089 do Código Civil e Comercial Argentino), a excessiva onerosidade (art. 1091 do Código Civil e Comercial Argentino).

Podem existir numerosas obrigações acessórias (art. 856 do Código Civil e Comercial Argentino) e pactos que modificam os efeitos normais do contrato (arts. 1163 e ss. do Código Civil e Comercial Argentino).

3. Os deveres colaterais

As partes têm deveres secundários de conduta[25] de informação, custódia, colaboração, todos derivados do dever de cumprir de boa-fé (art. 961 do Código Civil e Comercial Argentino).

---

23. CANARIS, Claus, "Norme di protezione, obblighi del traffico, doveri di protezione", Rivista Critica del Diritto Privato, 1983, A.I, dezembro, p. 802.
24. No direito comunitário europeu, a exposição de motivos da Diretiva 13/93/CEE, sobre cláusulas abusivas, refere que "a apreciação do caráter abusivo não deve referir-se nem a cláusulas que descrevam o objeto principal do contrato nem a relação qualidade-preço da mercadoria ou a prestação; que na apreciação do caráter abusivo de outras cláusulas poderão ter-se em conta, não obstante, o objeto principal do contrato e a relação qualidade-preço".
25. Utiliza-se o nome de "deveres secundários de conduta", ou "deveres colaterais", ou "deveres laterais", indistintamente.

Os deveres colaterais nascem com a ideia de alargar o plexo obrigacional[26]. Em sua primeira formulação, devida a Staub, em 1902, se advertia que o não cumprimento do contrato não podia se limitar somente às hipóteses de mora e impossibilidade, e que se devia contemplar a noção de cumprimento defeituoso, incluindo-se as hipóteses de execução defeituosa e violação dos deveres laterais.

Também na doutrina alemã se atribui a Stoll a menção dos denominados deveres de proteção, que são laterais, e que tem em vista defender as partes de todas aquelas intromissões danosas em sua esfera de vida.

Os deveres colaterais não são obrigações em sentido técnico, senão deveres derivados da boa-fé. Sua existência abarca o período pré-contratual, contratual e pós-contratual. Distingue-se entre: deveres secundários de finalidade negativa, cuja função é impedir as invasões arbitrárias na esfera íntima do sujeito (dever de segurança), e deveres secundários de finalidade positiva, cujo propósito é possibilitar o cumprimento da prestação: colaboração, informação.

O não cumprimento desses deveres dá lugar tanto à tutela inibitória como ressarcitória, e neste último caso pode originar uma responsabilidade com imputação objetiva ou subjetiva, segundo os casos.

São deveres colaterais, ou secundários, os de informação, proteção, custódia, conselho, colaboração, não concorrência, lealdade.

É importante assinalar que os deveres colaterais cumprem uma função de assegurar um curso eficiente à negociação contratual, favorecendo um cenário de ganho mútuo. Na Convenção sobre compra e venda internacional de mercadorias[27], introduz-se regras de comportamentos cooperativos, que se impõem a quem está em melhor condição de levá-los até o fim. Por exemplo, a concessão de um prazo gratuito para o cumprimento, que o comprador deve dar ao vendedor;

---

26. A bibliografia atual é inumerável. Entre as formulações teóricas de maior vulto conf.: CANARIS, op cit, LARENZ, Karl, "Derecho de Obligaciones", Trad. Santos Briz, Rev Der Priv, Madrid, 1958. Na doutrina mais atual: DE AGUILAR VIEIRA, "Deveres de proteção e contrato", Rev dos Tribunais, São Paulo, ano 1999, v. 761, p. 69; LIMA MARQUEZ, op cit; ALTERINI, op cit, STIGLITZ, Contratos cit.

27. No direito brasileiro, a mencionada convenção foi promulgada pelo Decreto 8.327/2014.

a adoção de medidas para receber a mercadoria, a de colaborar com o pagamento, etc. Também é relevante a censura de comportamentos auto contraditórios, que provém da proibição genérica e específica de solicitar o cumprimento e a resolução do contrato. Finalmente, há uma estrutura de incentivos destinados a evitar comportamentos especulativos. Assim, por exemplo, a exigência que se caracterize um não cumprimento (ou inadimplemento) essencial para dar causa à resolução (art. 25) desmotiva as partes a especular sobre o inadimplemento de menor importância (ou irrelevantes), em relação aos deveres estabelecidos no contrato.

4. *As garantias: evicção, vícios, de segurança, funcionalidade. Direito do Consumidor*

O surgimento das garantias contratuais e legais, tanto nos vínculos entre empresas como nos contratos de consumo, significaram uma prolongação da expectativa de cumprimento.

A questão está tratada nas obras referidas à teoria geral do contrato[28], sob a denominação geral de garantia de indenização, que compreende tanto a evicção como os vícios ocultos[29], o que permite dar um sentido não somente à ineficácia do contrato e às indenizações, senão também à obrigação de indenizar, procurando a conservação do vínculo e a obtenção do fim perseguido. A garantia de indenização é um gênero conceitual que abrange: 1) – a garantia de evicção; 2) – os

---

28. Conf.: MOSSET ITURRASPE, Jorge, "Contratos", cit pag; ALTERINI, "Contratos civiles..." cit; STIGLITZ, Ruben, "Contratos..." cit; LOPEZ DE ZAVALIA, "Contratos..." cit.

29. ALTERINI, "Contratos...", cit., pag 544. Trata-se da tese adotada nos Códigos Chileno: "a obrigação de saneamento compreende dois objetos: amparar o comprador no domínio e posse pacífica da coisa vendida e responder dos defeitos ocultos desta, chamados vícios redibitórios" (art. 1837), e Peruano: "há lugar a saneamento nos contratos relativos a transferência da propriedade, a posse e o uso do bem" (Art 1484 CC), o que obriga o transmissor a "responder frente ao adquirente pela evicção, pelos vícios ocultos do bem ou por seus próprios atos, que não permitam destinar o bem transferido à finalidade para a qual foi adquirido ou que diminuam seu valor" (Art 1485). LOPEZ DE ZAVALIA, ("Contratos-Parte general", cit, p. 484, nota 1) assinala que a obrigação de saneamento faz-se efetiva em dois casos: evicção e vícios redibitórios.

vícios redibitórios; 3) – a indenização que permite que o adquirente exerça a ação de cumprimento, solicitando ao fiador que aperfeiçoe o título ou corrija seus defeitos (art. 730 inc. "a", do Código Civil e Comercial Argentino), ou que o indenize dos danos sofridos (art. 730 inc. "c", do Código Civil e Comercial Argentino). Estas garantias são efeitos naturais dos contratos onerosos e, portanto, existem, apesar de não terem sido estipuladas (art. 1037 do Código Civil e Comercial Argentino).

As garantias tendem a se ampliar.

No campo do Direito Comercial, as garantias de fonte contratual têm-se expandido como uma forma de diferenciar-se em um mercado de produtos homogêneos, como acontece com as garantias pós-venda. Tem-se assinalado, no Direito Comercial, que o vendedor assume uma garantia de funcionalidade, consistindo em que a coisa seja apta para seu destino, o que significa que deve ser "funcional, útil, que cumpre ou serve para o que foi concebida (funcionamento, projeto, desenvolvimento, estrutura)"; a funcionalidade completa-se com os adicionais imprescindíveis ou legalmente obrigatórios (v. gr., em automóveis, o estepe, cintos de segurança) que devem distinguir-se dos elementos adicionais contingentes ou chamados "opcionais". "O comprador tem direito a poder utilizar a coisa na sua plenitude, dada a função para a qual tenha sido criada"[30].

---

30. ETCHEVERRY, "Derecho comercial y económico", cit, T. I, pag 47. No direito argentino as coisas devem ser aptas para o uso que ordinariamente têm, posto que do contrário há um vício redibitório, que se apresenta quando há um defeito que a torna "imprópria para seu destino" (art. 1051 CCC). No direito anglo-saxão é tradicional a garantia implícita de que a coisa sirva para seu propósito particular ("fitness por particular purpose") contemplada no art. 2.315 Uniform Commercial Code. Conf. HONNOLD-REITZ, "Sales Transactions: domestic and internacional law", N.York. 1992, pag 56.

A aptidão para os usos a que, ordinariamente, destinam-se mercadorias do mesmo tipo, reflete o que pode esperar um razoável comprador nas mesmas circunstâncias e aplica-se tanto às vendas específicas como genéricas. Na venda internacional esta aptidão está vinculada a "comercialidade" entendida como a suscetibilidade de revenda das mercadorias adquiridas (Conf. MORALES MORENO, Antonio Manuel, "La compraventa Internacional de Mercaderias", Dir. por Luis Diez Picazo, Civitas, 1998, pag. 300). Trata-se de um *standard* que pode ser muito impreciso se as partes

No direito do consumidor as garantias são muito frequentes[31]. Pela Lei 24.999/1998, que alterou a Lei de Defesa do Consumidor argentina (Lei 24.240/1994) consagra-se a garantia na venda de coisas móveis não consumíveis cujo objeto são os defeitos ou vícios de qualquer tipo, ainda que tenham sido ostensivos ou manifestos ao tempo do contrato, que afetam a identidade entre o oferecido e o entregue, e seu correto funcionamento.

5. Os encargos

O encargo é uma conduta que se impõe a um sujeito em seu próprio benefício, de modo tal que o não cumprimento acarreta a perda do mesmo. Diferentemente da obrigação, não é coercível, já que não adjudica nenhuma pretensão à outra parte. Somente o titular do encargo tem ante si uma opção: ou cumpri-lo, obtendo o benefício, ou deixar de fazê-lo, perdendo-o.

Os encargos contratuais estabelecem condutas que tem uma finalidade informativa, ou de melhora do funcionamento da relação jurídica; são incentivos que se impõem às partes para um comportamento que não possui caráter obrigacional. O maior uso que lhe

---

não se encarregaram de fixar regras determinadas do usa da coisa vendida. Há de distinguir-se os usos normais da coisa e aqueles que o comprador, pessoalmente, pensava em lhe dar. Os critérios para fixar o conteúdo dos usos normais objetivos devem atender ao estabelecido pelas partes, nas expectativas de confiança criadas, nos usos. Para estabelecer um uso subjetivo, será especialmente relevante o fato de o comprador ter dado conhecimento ao vendedor do destino que daria à coisa (motivos determinantes).

31. BERGEL-PAOLANTONIO, "Anotaciones sobre la ley de defensa del consumidor", ED.22.11.93. PICASSO, Sebastian, Wajntraub, Javier, "Las leyes 24.787 y 24999- Consolidando la protección del consumidor", JA. 14.11.98. No direito brasileiro: LIMA MARQUEZ, Claudia, "Contratos no Código de Defesa do consumidor", 2ª ed., Ed. Rev. Dos Tribunais, São Paulo, 1995, p. 99 y ss; MUKAI, Toshio, em "Comentários ao código de proteção do consumidor", Saraiva, 1991, pág 8; BARBOSA MOREIRA, José Carlos, "Tutela jurisdicional dos interesses coletivos ou difusos", publ. em "Temas de direito processual", 8va serie, Rio do Janeiro, 1984, p. 195; PELLEGRINI GRINOVER-BENJAMIN-FINK-BRITO FILOMENO-WATANABE--NERY JUNIOR-DENARI, "Código Brasileiro de Defesa do Consumidor", Forense, 4ª ed.1995, RODRIGUEZ, Silvio, "Direito Civil", Parte Geral, V.1, São Paulo, Ed. Max Limonad, 1964, pag. 119.

é dado, atualmente, está relacionado com a adjudicação eficiente de informação.

O caso mais conhecido é o contrato de seguro[32], no qual os encargos relacionam-se com a conservação de um direito, o qual se perde por caducidade caso não se cumpra o comportamento; a opção que tem o sujeito, então, é manter o direito, realizando o comportamento exigido, ou perdê-lo pela decadência do mesmo.

6. A distribuição de riscos do contrato

A) A importância atual dos riscos da contratação

Na época da codificação, ao se contratar sobre coisas presentes, existia somente o risco de sua perda ou deterioração; com o desenvolvimento econômico transfronteiriço, o problema se agravou com a perda de controle sobre a coisa, em consequência do transporte.

Na atualidade, os riscos nos contratos são muitíssimos mais complexos.

Nos contratos financeiros, há riscos derivados do não cumprimento, das trocas de moeda e do risco-país. Situações que antes não eram consideradas de risco agora o são, porque existe tecnologia para a sua medida e cálculo previsível, como ocorre, por exemplo, com o risco político, que dá origem às taxas de risco-país. Os investimentos em países ou lugares distantes, onde a outra parte é anônima, requer a medição do risco de insolvência, o que é facilitado pelas auditorias e avaliações de risco, o que dá lugar às qualificações de bônus e uma enorme quantidade de categorias que representam o nível de risco existente.

---

32. Os encargos de origem legal, que impõe-se ao tomador, são denunciar o sinistro e fornecer informação relativa a sua verificação (art. 46, Lei 17.418), denunciar o agravamento do estado de risco (art. 38 idem), denunciar a pluralidade de seguros (art. 6º, idem), realizar uma conduta razoável para não agravar o dano (art. 72) não abandonando os bens afetados pelo sinistro (art. 74 idem), ou fazendo gastos de salvamento (art. 73 idem). O segurador tem como encargo principal a de pronunciar-se sobre o direito do segurado (art. 5º idem). Conf. STIGLITZ, Ruben, "Derecho de Se Seguros", Abeledo Perrot, Bs.As.

Nos projetos de grande complexidade, onde se encontram muitas variáveis e contratos conexos, é necessário estabelecer medidas de risco em todos eles: riscos do projeto, do transporte, financeiro e político.

Os riscos estão vinculados ao empreendimento e à esfera de atividade de cada uma das partes, mas por meio do contrato podem ser transferidos. Na contratação em redes há uma profunda transferência do risco das empresas organizadoras da rede para as integrantes; assim ocorrem nas redes médicas, nas franquias e nas concessões. No contrato de consumo há uma notória transferência de riscos para o consumidor. Na etapa pré-contratual há uma importante questão relativa ao risco da negociação[33].

O estudo dos riscos contratuais abrange numerosos aspectos.

Em primeiro lugar resulta a questão se é ou não previsível, em função do conjunto de informações disponíveis pelos contratantes. As partes fazem um cálculo jurídico[34] ao iniciar a prestação, em que possui papel fundamental o cálculo do risco e o benefício que obtém da mesma: se os contratos são executáveis rapidamente ou não, qual é o regime das hipotecas, quais são os montantes indenizatórios reconhecidos judicialmente, e também se poderão ou não provar e que custo terá isso. Esse cálculo integra a ação de qualquer pessoa física ou jurídica que inicia uma atividade[35] e faz parte da conduta racionalmente orientada.

Em segundo lugar, surge o tema da legitimidade do acordado, principalmente no direito do consumidor, porque a cláusula abusiva desordena a distribuição justa dos riscos.

---

33. Sobre o problema dos riscos em matéria de responsabilidade pré-contractual, ampliamos em: "La responsabilidad precontractual como atribución de los riesgos de la negociación", Rev. La Ley, 5 de abril de 1993.
34. Sobre la influencia de este cálculo en la teoria de la acción ver SOLER, Sebastián, "Las palabras de la ley", Abeledo Perrot, Bs.As.
35. Na contratação internacional conseguiu-se mensurar, nem sempre bem, este denominado "risco país", que se estabelece mediante uma série de variáveis, entre as quais o componente jurídico é importantíssimo. Sobre a segurança jurídica como previsibilidade econômica ver ALTERINI, Atilio, "La inseguridad jurídica", Abeledo Perrot, Bs.As. 1993.

B) Os princípios de distribuição do risco

A doutrina distingue entre:

1. O risco da coisa como objeto do direito de propriedade: Ela pode se deteriorar ou se perder, provocando uma diminuição patrimonial fortuita que o proprietário deve suportar. Este tema é regulado pelo direito real de domínio e não oferece dúvida alguma.[36]
2. O risco da coisa, conteúdo da prestação em uma obrigação de dar coisas certas: Este risco pesa, em princípio, sobre o credor, se a coisa se perde ou se deteriora sem culpa do devedor, conforme regulam os arts. 755 e ss. do Código Civil e Comercial. Este tópico é contemplado no campo das obrigações, que podem ser ou não recíprocas.[37]
3. O risco da contraprestação: se a coisa, conteúdo da prestação da obrigação de dar uma coisa certa que pesa sobre o vendedor, se deteriora ou perde sem sua culpa, há que se determinar se o comprador, que não receberá a coisa, deve pagar ou não o preço. Este conflito é uma espécie do anterior e surge frente a obrigações contratuais de dar coisas certas (art. 755 e ss. CCC) e recíprocas (art. 966 CCC), nas que existe um tempo entre a celebração do contrato e a entrega da coisa.

O risco fica configurado pela possibilidade de que durante esse lapso a coisa se deteriore ou se perca sem culpa do devedor-vendedor, sendo que, nesse caso, surge a pergunta: subsiste a obrigação de pagamento do preço por parte do comprador? Se a resposta é que o comprador deve pagar o preço total frente a perda, ou parcial frente à deterioração da coisa, diz-se que suporta o risco; se a resposta é negativa, o risco é suportado pelo vendedor.

---

36. ALTERINI-AMEAL-LOPEZ CABANA, "Derecho de obligaciones", 436: el obligado a dar para transferir derechos reales es dueño y como las cosas perecen para su dueño, debe soportar el riesgo (riesgo de la cosa) pero si está en un contrato puede incidir sobre el mismo provocando la disolución, o la indemnización.
37. Por exemplo, na obrigação de entrega na doação, ou na devolução das coisas recebidas em um contrato real gratuito.

O termo "risco" alude a um fato externo à obrigação e ao contrato, não imputável a nenhuma das partes; se houver imputabilidade o risco é a cargo de quem incorre em culpa.

Nesta situação, o essencial é decidir qual é o fato ou ato que determina a transmissão do risco da esfera do vendedor para a do comprador[38].

O direito romano seguiu a regra de que o risco é do comprador-credor da obrigação de entrega, desde o momento da conclusão do contrato[39]. Com o passar do tempo, consolidou-se a noção de interdependência das obrigações e deteriorou-se esta regra que distribuía o risco de maneira unilateral, que resultava incompatível com a justiça comutativa[40].

No direito francês, vinculou-se o risco à transmissão da propriedade, admitindo-se a regra *"res perit domino"*: a propriedade transmite-se com a simples conclusão do contrato e determina a do risco (art. 1.138 y 1.583 C. Francês): as coisas perdem-se para seu dono.

No direito alemão, o § 446 BGB afirma que até a entrega da coisa vendida o vendedor suporta os riscos, salvo se esta não se produz devido à mora do comprador. Isso implica o restabelecimento do sinalagma e o repúdio da regra romana: se entre a celebração do contrato de compra e venda e a entrega da coisa esta se perde ou deteriora sem culpa do vendedor, o comprador pode resolver o contrato (§ 323 BGB). Segue-se, portanto, o princípio *periculum est venditoris*.

---

38. ALCOVER GARAU, Guillermo, "La transmisión del riesgo en la compraventa mercantil. Derecho español e internacional", Civitas, Madrid, 1991, pág. 23.
39. ALONSO PEREZ, El riesgo en el contrato de compraventa, Madrid, 1972; ARANGIO RUIZ, La compravendita in Diritto romano, volumen II, Nápoles, 1980, pp. 245 y ss. Esta regra admitia correções, posto que o comprador não suportava o risco quando a autoridade expropriava a coisa ou a declarava fora do comércio. Também se admitia o pacto em contrário. O fundamento desta regra era que, se os aumentos da coisa eram para o credor, também deviam ser os estragos ou a perda. Do mesmo modo, inclinaram-se pela independência entre as prestações das obrigações bilaterais, de modo que a prestação podia subsistir independentemente da contraprestação.
40. No Direito canônico admite-se a *exceptio non adimpleti contractus*, e a resolução, pelo que o não cumprimento definitivo de um dos obrigados, seja ou não culpável, faculta ao outro o rompimento do vínculo, ficando assim liberado da própria obrigação.

O direito argentino utiliza dois princípios: "os direitos reais são adquiridos somente pela tradição", e "as coisas perecem para seu dono". Até que não se realize a tradição, o dono da coisa segue sendo dono dela, apesar de estar obrigado a entregá-la, e suporta os riscos: *"res perit domino"* (Arts. 755 e ss. CCC)[41]. Se a obrigação é para transferir direitos e a coisa é perdida, fica resolvida para ambas as partes, pois não há obrigação de pagar o preço e a coisa se perde para seu dono.

O tema da transmissão do risco tem adquirido uma importância enorme nas compras e vendas internacionais e em todas aquelas que envolvem transporte de mercadorias. A compra e venda nestes casos é conexa a outros contratos, como o de transporte, seguros, contratos bancários, contratos de agência, consultoria, gestão de autorizações, licenças, transferência de divisas, etc. O tempo que vai desde o consentimento até a entrega final se estende e os riscos aumentam. Distingue-se entre a venda direta e indireta, caracterizada esta última pela necessidade de um transporte. Neste último caso, que é o mais comum no âmbito comercial, as partes pactuam que a entrega ao comprador realize-se mediante a tradição para o transportador, tendo interesse em liberar-se dos riscos que acarreta a travessia; na maioria dos casos são suportados pelo comprador desde que o vendedor entregue a coisa ao transportador, salvo acordo em contrário.[42]

Do mesmo modo, nas compras e vendas internacionais não se pode levar em conta o critério da propriedade (*res perit dominio*), especialmente porque é diferente de um país para outro.

Frente a esta nova temática, as legislações têm levado em conta que se deve distribuir o risco, em função da redução de litígios quanto à negligência na guarda das mercadorias contra eventos danosos[43].

Disto surge outra regra, que é a da "perda do controle": o risco é suportado pelo vendedor enquanto este esteja em uma posição de maior acesso em relação às coisas que o comprador[44].

---

41. Conf. ampla análise deste tema em CAZEAUX-TRIGO REPRESAS, "Derecho de las obligaciones", Lep, T. I, pag 659).
42. ALCOVER GARAU, op cit, pag. 73.
43. ALCOVER GARAU, op cit, pag. 81.
44. Critério que é adotado pelo Uniform Commercial Code, mas com uma base muito casuística. Este enfoque leva a rejeitar tanto a propriedade como o momento da

C) Os riscos do contrato e sua distribuição justa, conforme o modelo do negociador racional

A questão do risco contratual foi contemplada minuciosamente por Vélez ao regular a locação. O risco econômico na locação está representado pela possibilidade de deterioração da coisa pelo uso normal e anormal, por caso fortuito, pelas melhorias que devam ser feitas ou que as partes desejem fazer, ou seja, tudo o que representa um custo econômico que é adjudicado pelo contrato.

O Código Civil e Comercial argentino estabelece um modelo relativo ao que faria um bom contratante nos aspectos relativos aos riscos: as deteriorações e as melhorias das coisas, determinando regras sobre quem deve suportá-las[45]. Este é o acordo a que chegariam

---

entrega, concebidos como critérios apriorísticos para a distribuição do risco. Na bibliografia mais atual, é relevante a atinente ao "Uniform Commercial Code": EPTSTEIN-MARTIN-HENNING-NICKLES, "Basic Uniform Commercial Code-Teadhing Materials", 3ra de. West, 1988; STONE, "Uniform Commercial Code in a nutshell", West. 1989; "Uniform Commercial Code, Oficial Text with comments", West. 1987. Especificamente dedicados à compra e venda: HONNOLD-REITZ, "Sales Transactions: Domestic and internacional law", Foundation Press, N.York, 1992; JORDAN.WARREN, "Sales", 3ra de 1992, N.York, Foundation Press; SCHWARTS-SCOTT, "Sales Law and the contracting process", 2ª ed., de 1992, Foundation Press, N.York. Aspectos contratuais: FANSWORTH-YOUNG, "Contracts", 4ª ed. 1988, Foundation Press, N.York, 1988.

45. As regras básicas que constituem o núcleo do modelo são as seguintes: O locador deve entregar a coisa em bom estado (art. 1200), conservá-la (arts. 1201 y ss.), responder pelos vícios ou defeitos graves da coisa arrendada (art. 1201), pagar ao locatário as melhoras que houver feito para tornar possível o uso normal da coisa (arts. 1202 y ss.), garantir da evicção (art. 1201) e pagar as contribuições e encargos que gravam a coisa (art. 1209). O locatário deve conservar a coisa em bom estado (art. 1206) e, para esse fim, realizar as reparações ordinárias dos estragos menores (art. 1207), responder por todo dano ou estrago que for causado por sua culpa ou por ato de familiares, dependentes, hóspedes ou subarrendatários (arts. 1206), "restituir a mesma coisa", ou seja, a coisa em bom estado (art. 1210). Os estragos que sofre a coisa por advento do tempo, pelo uso normal, ou caso fortuito, devem ser suportados pelo locador, já que este percebe um lucro por esse uso; ao contrário, é justo que os estragos derivados de um uso anormal fiquem a cargo do locatário. As benfeitorias aumentam o valor da coisa e, por tanto, é justo que sejam suportadas pelo proprietário. Daí que a regra seja que as benfeitorias necessárias e úteis devam ser realizadas pelo proprietário e, se são efetuadas pelo inquilino, esse tenha direito

dois contratantes ideais em condições de liberdade[46], e que por isso, considera-se justo.

Claro que podem ocorrer situações em que existam motivos válidos para evitar-se este modelo de negociação[47], mas o regime do Código Civil e Comercial argentino não exige nenhuma explicação, sendo suficiente pactuar outro regime, de modo que os acertos do codificador nesta matéria, que consistem no estabelecimento de um modelo negocial, perdem-se ao ser derrogados pelas partes sem nenhuma consequência, e por um excessivo casuísmo que faz perder de vista os aspectos principais.

Não obstante, é bom que o legislador trace o modelo negocial de acordo com o que fariam dois contratantes de boa-fé em condições de liberdade de decisão, para poder julgar logo em que medida os desvios que exibem um contrato real têm uma justificativa econômica ou, ao contrário, caracterizam uma "desnaturalização" abusiva e, portanto, suscetível de ser declarada ineficaz.

7. A responsabilidade enfocada no interesse do credor

Um último tema, sobre o qual interessa demonstrar uma mudança importante, está relacionado com a concepção da responsabilidade contratual. Nos países de tradição romanista, analisa-se a responsabilidade do devedor no não cumprimento das obrigações, pondo ênfase na existência de um fato ilícito, geralmente culposo. Apesar de, atualmente, terem proliferado as situações de responsabilidade contratual objetiva, a história foi outra, sustentada em um juízo de reprovação da conduta.

---

a uma indenização. Ao contrário, se trata-se de aumentos por mero luxo ou lazer, devem ser suportados pelo inquilino.

46. Este tema pode ser analisado de acordo com o "contratante" de Rawls ou a teoria dos jogos ou, simplesmente, tendo em conta um *standard* do bom contratante.

47. Com frequência ocorre que, se o locador tem de suportar os riscos do estrago e os custos das benfeitorias necessárias e úteis, aumentará o valor do aluguel, visto que para ele é um valor fixo. Ao contrário, o locatário pode ver-se incentivado a pagar um aluguel menor e assumir um custo que não é fixo, que pode ocorrer ou não, e que está, em grande medida, sob seu controle, se usa bem a coisa dada em locação.

Nesta linha de análise, os deveres que são exigidos do devedor não se estendem até a garantia do resultado, senão àqueles que se concentram na exigência de uma conduta diligente; se o resultado não é alcançado, apesar de o credor ficar insatisfeito, o devedor cumpre com sua obrigação, pois não havia dado garantia dessa satisfação. O devedor se exime provando sua falta de culpa ou uma causa alheia.[48]

No direito anglo-saxão, ao contrário, a tradição não é basear a responsabilidade na análise da conduta do devedor, mas na satisfação do interesse do credor. Por isso, predomina a responsabilidade objetiva, visto que o devedor deve garantir a satisfação do interesse e, se o mesmo não é obtido, há responsabilidade.

Apesar de ambas as tradições terem se aproximado bastante na prática judicial, o certo é que partem de um pressuposto distinto. Pode-se ver com clareza que o risco derivado da insatisfação do interesse do credor é bem distinto em um e outro sistema. No primeiro, se o devedor realiza uma diligência razoável, apesar de não obter o resultado, cumpre, ficando o credor insatisfeito por uma causa alheia. No segundo, é o devedor quem se encarrega do risco da insatisfação do interesse do credor[49].

Outra questão que separa as fronteiras e deriva da anterior é referente às ações. No direito de tradição europeia, o não cumprimento é a outra face da obrigação do devedor. Por isso, quando a insatisfação do direito do credor se deve a outras razões, há outras ações distintas da responsabilidade contratual: a excessiva onerosidade superveniente, a lesão, o dolo, o erro. No direito anglo-saxão, a responsabilidade contratual constrói-se a partir da insatisfação do interesse do credor, sendo indiferente sua causa. Por isso a ação por responsabilidade contratual é única e cobre numerosas situações, como: ausência de cumprimento, cumprimento defeituoso, atraso, indenização por danos e as ações por erros, vícios e garantias.

---

48. A origem desta regra pode situar-se nos desejos da pandectística de mitigar os sacrifícios exigíveis ao devedor, recorrendo à noção de proteção da pessoa do devedor, e à boa fé, dando lugar à incorporação dos parâmetros subjetivos. Por isso não são exigidos dele sacrifícios que ponham em perigo sua saúde, e não se pede a superação de obstáculos anormais, segundo o parâmetro da boa-fé.

49. Sobre esta distinção conf. MORALES MORENO, Antonio Manuel, "La compraventa Internacional de Mercadorias", Dir. por Luis Diez Picazo, Civitas, 1998, pág. 290.

A convenção sobre compra e venda de mercadorias inclinou-se decididamente pelo sistema anglo-saxão, protegendo a posição jurídica do credor e concedendo-lhe a ação unificada de não cumprimento contratual. Os exemplos são claros: a falta de conformidade das mercadorias pode dever-se a um erro de formação no contrato, ou ao dolo do vendedor, ou à vícios ocultos, ou à entrega de uma coisa distinta da prometida; em todos os casos a ação é de não cumprimento contratual[50].

Outra questão de interesse são as ações que se concedem frente ao não cumprimento. Os sistemas de origem latina privilegiam o cumprimento do contrato; a sequência é a reclamação do devido por parte do devedor, a reclamação do cumprimento por parte de um terceiro em nome do devedor, a indenização substitutiva. Ao contrário, no direito anglo-saxão, a ação de cumprimento é algo excepcional, já que se considera ineficiente a obtenção do cumprimento específico mediante a entrega da coisa devida. Na realidade, a obtenção do interesse do credor substitui-se: no lugar da entrega da coisa, dá-se uma soma de dinheiro equivalente. Esta equivalência não alcança, normalmente, o valor da coisa, apenas o "custo de substituição", ou seja, a que deve pagar-se pela obtenção de uma coisa similar no mercado[51].

III) O contrato como processo

1. Período pré-contratual – pós-contratual e vínculos de longa duração

Uma dimensão temporal do contrato[52], estuda o redimensionamento dos elementos, efeitos e responsabilidade no período pré-contratual, pós-contratual e os vínculos de longa duração.

---

50. MORALES MORENO, op cit, pag. 294.
51. As vantagens do sistema anglo-saxão, para o vendedor, são evidentes: se não cumpre, não é obrigado a fabricar e entregar uma mercadoria que não queria fabricar nem entregar, porque, provavelmente, era antieconômico fazê-lo. Em troca, entregará uma soma de dinheiro para que o comprador a adquira de outro ofertante no mercado. Desse modo designar-se-ão melhor os recursos, porque a mercadoria será fabricada e entregue por quem a faça pelo menor custo. A bibliografia neste tema é abundante: conf. por todos TREITEL, "Remedies for breach of contract", Osford, 1989.
52. Ampliamos em "El objeto y las prestaciones en contratos de larga duración (a propósito de la medicina prepaga, servicios educativos, contratos de suministro y asistencia)", La Ley 1997-E-1103.

O contrato foi concebido tendo seu começo através do consentimento, e um fim pela ocorrência de alguma causa de extinção; seu estudo parecia, naquele momento, uma fotografia estática. Hoje em dia começam com contatos sociais, tratativas, ofertas, consentimento, execução extensa, deveres pós-contratuais, tudo em uma sequência que torna difícil separar etapas; seu estudo parece-se mais com uma película capaz de captar o dinamismo. A duração das relações jurídicas é um fenômeno difundido na atualidade[53].

Estes vínculos de longa duração abrangem muitos desafios, que envolvem tanto o preço como as prestações de fazer, de dar, o prazo e, sobretudo, a comutatividade do negócio, que veremos em seguida.

2. Reciprocidade dinâmica nos contratos de longa duração

A noção de "reciprocidade" ou "comutatividade" é compreendida como uma equação que surge no momento em que o contrato se celebra. Este conceito não pode ser mantido em um vínculo extenso: os contratos reformulam-se em seu conteúdo de acordo com as alterações das tecnologias, preços ou serviços, e seria insensato obrigar as partes a cumprir pontualmente com o pactuado no sinalagma original.

Para aclarar a questão, convém indicar que o objeto do contrato, concebido como a operação jurídica considerada pelas partes, pode

---

53. Relações que, em outros tempos, eram instantâneas, alongam-se no tempo: a aquisição de bens industriais faz-se através do leasing, o que transforma progressivamente uma causa de mudança em uma finalidade rentável de longa duração. Outros vínculos, como o depósito, que sempre foram de duração, apresentam novos problemas, derivados da evolução tecnológica: deve o Banco depositário de cofres incorporar as novas tecnologias de segurança? A aquisição de bens de consumo segue o mesmo rumo: comprar um automóvel através da locação de locação ou de leasing; adquirir uma moradia com um prazo de trinta anos para o pagamento. De igual modo acontece com os sociedade de investimentos para a aquisição de bens determinados. Também nos contratos de provisão entre empresas provedoras de insumos ou mercadorias, e nos contratos de assistência tecnológica, os quais, mediante cláusulas de exclusividade, geram uma dependência de uma parte em relação à outra, ocorrem problemas quando são de longa duração, por exemplo, na determinação arbitrária do preço. A empresa que recebe a assistência ou o fornecimento não pode discuti-lo, porque não pode dirigir-se a outro provedor, em virtude da cláusula de exclusividade.

prever uma operação temporalmente extensa, que requer uma compreensão dinâmica. As modificações não se produzem no objeto do contrato, que segue sendo a mesma operação, tampouco se alteram as obrigações de dar uma soma de dinheiro, de dar uma coisa ou de fazer, ou mesmo de prestar um serviço, porque estas são definidas no momento de elaboração do contrato.

As modificações produzem-se no objeto das obrigações, ou seja, nas prestações. O montante de dinheiro devido pode variar pela depreciação da moeda; os meios que são usados para cumprir o serviço podem alterar-se pelos avanços tecnológicos; o produto pode estar inserido em um contrato de abastecimento contínuo e requerer atualizações.

Entretanto, o notável é que as modificações nas prestações reflitam na equação de equilíbrio e tenham impacto na compreensão do objeto.

Nos contratos de longa duração, o objeto é um invólucro, um cálculo probabilístico, um sistema de relações que se modifica constantemente em seu interior, com finalidades adaptativas. Esta qualidade deve ser preservada, posto que, do contrário, toda fixação produz a inadaptabilidade do contrato.

É importante advertir que a relação mencionada não é estática, mas dinâmica; é tipicamente relacional. Em um contrato de execução instantânea ou de duração breve, estamos frente a conceitos nítidos: entregar um imóvel, pagar uma soma de dinheiro em trinta dias. Se as partes decidiram que era um bom negócio fazê-lo, não é necessário fazer nada mais.

Ao contrário, fornecer bens a uma empresa durante cinco anos, prestar serviços educacionais, ou pagar uma carta de investimentos para comprar um automóvel em cinquenta cotas, não é um conceito nítido, nem é estático, porque os bens a fornecer sofrerão alterações tecnológicas, porque os conteúdos educativos mudarão, e porque haverá novos modelos de automóveis que substituirão ao previsto quando do momento do contrato financeiro.

A diferença fundamental dos vínculos não submetidos ao lapso temporal extenso é que devemos interpretar a comutatividade do negócio mediante um conceito relacional e dinâmico.

3. A desmaterialização do objeto: contratos relacionados

Para obter a característica de "adaptabilidade", o objeto deve desmaterializar-se: não se trata de uma coisa ou um bem, mas de regras procedimentais para determiná-lo, já que, como afirmamos no ponto anterior, o objeto transforma-se em um invólucro, em um sistema de relações que se modifica constantemente em seu interior para ganhar adaptabilidade.

No direito anglo-saxão desenvolveu-se a teoria dos contratos relacionados[54], que se refere a dois fenômenos simultâneos: os vínculos de longa duração e as redes contratuais. A teoria contratual deve modificar-se para captar as relações flexíveis que unem as empresas na economia atual, e ter em conta que estes vínculos são feitos com uma perspectiva de futuro. A teoria clássica contempla o contrato como algo isolado e descontínuo, com um objeto definido que torna "presente" o que as partes farão no futuro (por exemplo, comprar e vender uma coisa).

O contrato atual, ao contrário, apresenta um objeto materialmente vazio, porque na realidade, pactuam-se procedimentos de atuação, regras que unirão as partes e que se especificarão ao longo do processo de cumprimento. Os vínculos de longa duração têm um caráter processual, no sentido de que o objeto não é uma prestação consistente em um dar ou em um fazer determinado, mas determinável.

No campo das "networks", o contrato é uma relação entre empresas baseada na cooperação. Trata-se de vínculos múltiplos baseados na confiança entre os agentes para alcançar uma metodologia de produção flexível, que é o que exige a economia atual, de modo que é essa confiança ou cooperação o elemento que une essas redes.

Resumindo: o contrato destaca-se como um conjunto de regras que estabelecem comportamentos procedimentais para alcançar um resultado flexível, baseado na colaboração de um conjunto de agentes econômicos.

---

54. Principalmente desenvolvida por MACNEIL, Ian, "The new social contract. An inquiry into modern contractual relations", New haven, Yale Univ, 1980. Do mesmo autor "The many futures of contracts", California law review, v.47, pag 691 y ss.

4. A dimensão temporal na teoria da empresa e do consumo

A temporalidade causa um impacto na empresa, obrigando-a a uma reformulação permanente, o que para alguns teóricos significou a necessidade de abandonar a concepção "orgânica" ou "institucional", que é deveras estática, para passar a concebê-la como uma série de acordos contratuais de longa duração entre os proprietários dos fatores de produção[55]. A empresa vai substituindo os preços pelos salários, o intercâmbio de mercado por relações hierárquicas, os acordos instantâneos em que se necessita estabelecer preços por vínculos de longa duração, nos quais o recurso não se compra, mas se administra; quando alcança a situação ótima, mudam as condições do mercado, porque se alteram os preços relativos, surge a necessidade de novos produtos e, então, terceiriza-se o que se havia internalizado e faz-se alianças.

Desde o ponto de vista do consumidor, os acordos de longa duração diminuem seus custos de informação, porque seria muito caro para ele ter que contratar com muitas empresas individuais para comprar um produto composto. Todas as transações que tivessem que se realizar nesse caso iriam exigir que um grande número de indivíduos possuísse significativo conhecimento dos diferentes componentes do produto, bem assim que se realizaram muitas medidas e avaliações da produção. O custo que isso implicaria ao consumidor, pela determinação do preço dos distintos componentes, provavelmente, seria alto, caso a produção do bem em questão se realizasse dentro do sistema de preços. Como alternativa, a produção pode organizar-se dentro de uma empresa onde

---

[55]. Veja-se, por exemplo, Alchian, Armen A. (1965). "The Basis Of Some Recent Advances in the Theory of Management of the Firm". *Journal of Industrial Economics* 14: 30-41; ídem (1984). "Specificity, Specialization, and Coalitions". *Journal of Law and Theoretical Economics 140*. (núm. 1): 34-39; Klein, Benjamin; Crawford, Robert G.; and Alchian, Armen A. (1978). "Vertical Integration, Appropriable Rents, and the Competitive Contracting Process". *Journal of Law and Economics 21* (núm. 2): 297-326. Alchian, Armen A., and Demsetz, Harold (1972). "Production, Information Costs, and Economic Organization". *American Economic Review 62* (diciembre, núm. 5): 777-795. Williamson, Oliver E. (1975). *Markets and Hierarchies: Analysis and Antitrust Implications*. Nueva York: Free Press; ídem (1985). *The Economic Instituions of Capitalism: Firms, Markets, Relational Contracting*. Nueva York: Free Press.

existe um agente central que estabelece contratos bilaterais de longa duração com cada um dos proprietários dos fatores de produção e que vende o produto final aos compradores.

A eleição da forma contratual depende do custo relativo de contratação de cada um dos distintos acordos contratuais.

Formalmente, podemos dizer que uma empresa que pôde começar sendo uma empresa individual crescerá até que os benefícios marginais derivados da internalização de uma atividade adicional (a redução do custo de realizar transações em muitos mercados) sejam iguais aos custos marginais da internalização de uma atividade adicional (o aumento dos custos do escritório interno). Daí a permanente oscilação entre internalização e terceirização de atividades, as que têm uma relação direta com os custos dos acordos contratuais e com os novos produtos complexos que requerem acordos estratégicos de empresas muito diferentes.

Esta concepção nos permite passar ao próximo ponto.

IV) Perspectiva Sistemática

A teoria jurídica que permita explicar e estabelecer as regras para solucionar os conflitos que apresentam as redes não pode deixar de considerar a inovação que elas apresentam[56]. O enfoque não pode basear-se no contrato, mas na interação de um grupo de contratos que atuam de maneira relacionada, de modo que o contrato é um instrumento para a realização de negócios.

Este enfoque permite estabelecer que existe uma finalidade negocial supracontratual que justifica o nascimento e o funcionamento de uma rede[57]. O grupo que surge dessa maneira não é, somente, uma

---

56. Tratamos deste tema, amplamente, em "Redes contractuales: contratos conexos y responsabilidad", publicado em Revista de Derecho Privado y Comunitario, De Rubinzal y Culzoni, Num 17.
57. Tratando-se de cartões de crédito, no direito argentino a Lei 25065/1998, sobre o tema, tem duas disposições que merecem destaque. A primeira é o artigo primeiro, que diz que "entende-se por sistema de cartão de crédito o conjunto complexo e sistematizado de contratos individuais cuja finalidade é .....". Ou seja, a lei regula o sistema de contratos vinculados a uma finalidade e não cada vínculo isoladamente.

união convencional de contratos que pode ser analisada mediante o exame dos vínculos individuais. Necessita-se uma compreensão do sistema e, por isso, de uma teoria sistemática.

As redes contratuais devem ser captadas em dois planos, referentes a seus aspectos internos e externos.

1. *Relações entre as partes: elementos e deveres sistemáticos*

Nas relações internas, as redes apresentam uma ligação que está vinculada à colaboração entre as partes que a integram. O elemento unificador é a conexão, que devemos diferenciar claramente da integração total ou parcial, de natureza societária. A referida conexão é um componente que fundamenta a existência de elementos próprios da rede, como a causa sistemática, a finalidade supracontratual e a reciprocidade sistemática das obrigações. Do mesmo modo, dá origem a obrigações sistemáticas, de modo que as partes têm, entre si, obrigações principais, acessórias e deveres secundários de conduta, e, além disso, deveres referentes ao sistema que integram.

2. *Relações da rede com os consumidores*

Os consumidores vinculam-se juridicamente com um integrante da rede, mas os que realmente participam no processo de fabricação e distribuição do produto ou serviço são numerosos sujeitos. Isso levou a superar-se o obstáculo do princípio relativo dos contratos, permitindo demandar a quem não contratou, em hipóteses específicas:
1) responsabilidade pelo ato de dependentes: através de uma interpretação ampla da garantia pelo ato de dependentes pode-se encontrar uma "autorização" de um integrante da rede a outro. É o caso do fabricante que autoriza uma utilidade única para seus produtos;
2) responsabilidade pelo controle: um tipo de controle específico sobre a prestação pode provocar responsabilidade;

A segunda disposição se refere às cláusulas abusivas, consagrando a nulidade daquelas que estabeleçam adesões tácitas a sistemas anexos ao sistema de cartão de crédito (Art. 14, ⁻j⁻), relacionando a abusividade com a conexão.

3) responsabilidade pela aparência: a aparência jurídica criada pode dar lugar a ações contra o titular da marca de um produto produzido;
4) responsabilidade nas relações de consumo, baseada na imputação solidária a todos os integrantes da rede, conforme o artigo 40 da Lei de Defesa do Consumidor argentina (Lei 24240/1994).

V) A perspectiva institucional

1. A relação entre as instituições e o contrato

É importante o marco institucional para os contratos. Vejamos alguns exemplos:

A) A atividade agrária

A atividade agrária era conhecida por sua estabilidade e segurança, mas hoje deixou de sê-lo: o homem do campo vê com assombro que o preço dos produtos que vende surge de cotações próprias de mercados financeiros, com grandes oscilações[58]; os custos lhe são alheios, visto que a maioria deles escapa de sua capacidade de decisão[59]; a tecnologia muda aceleradamente, o que o obriga a depender dela e adiantar-se às mudanças; o gosto dos consumidores varia e está influenciado pelo marketing[60]; o clima também se altera, pelas mudanças ecológicas.

Alterou-se substancialmente o contexto, e pregunta-se: que tipo de contratos deve ser celebrado para prevenir-se?

B) Atividade industrial e os serviços

A atividade industrial liderou as mudanças. A empresa como centro de imputação desaparece pelo processo de subcontratação

---

58. Os mercados de produtos agrários se transformaram em especulações sobre commodities e estão submetidos a uma instabilidade própria das bolsas.
59. Assim ocorre com os custos tributários, de exportação, os preços dos combustíveis, dos insumos.
60. São notórias as oscilações no consumo de carne, de vinho e de cereais nos últimos anos.

massiva[61]. O processo de compras e fusões redefine as escalas de gestão, de produção e de distribuição de um modo tão relevante que é um assunto completamente diferente. O produto desmaterializou-se: deve ser modificado constantemente, embalado de maneira apresentável[62], associado com serviços e com uma marca mantida por uma propaganda constante.

Os serviços convivem em um mar de mudanças. O advogado vê como, nos últimos vinte anos desapareceu o âmbito tradicional de trabalho no direito do trabalho[63], no direito administrativo[64], empresário, danos, de modo tão rápido e contundente que uma grande quantidade deles não sabem qual pode ser seu campo de atuação profissional.

C) *Securitização e pressupostos institucionais*

A securitização provém de *"security"*, cujo significado é "título valor", daí que também se denomine "titularização"[65]. A securitização

---

61. Conf. FORBES, Annual Report, January 1999. Analisa-se o fenômeno da fabricação de automóveis, indicando que os sujeitos conhecidos como "fabricantes" concentram-se no projeto e conservação da marca, obrigados pela necessidade de inovação constante. O resto das partes é fabricado por outros sujeitos, subcontratados, em diversas partes do mundo, onde é mais barato produzir, onde há tecnologia, recursos e mão-de-obra a um menor preço. Estima-se que, ao final da década, 70% de um veículo será fabricado por fornecedores externos. Sobre a teoria econômica da empresa, a bibliografia é abundante. Entre os principais estão os clássicos trabalhos de: COASE, Ronald, "The nature of the firm"; ALCHIAN, Armen- DEMSETZ, Harold, "Production, Information Cost, and Economic Organizaciòn", American Economic review, 1972; DEMSETZ, "The estructure of ownership and the theory of the firm", Journal of law and economics, 1983, jun. WILLAMSON, Oliver, "The economic institucions of capitalism: firms, markets, relational contracting", N. York fre press.
62. O "packaging", ou seja, o embalado, é grande parte da atração.
63. As ações trabalhistas por acidentes de trabalho desapareceram ao se transferir o sistema para a seguridade social, as causas por suspensões e demissões diminuíram em quantidade devido à debilidade jurídica e econômica do trabalhador frente à pressão do desemprego e pela queda do salário real, que diminui o valor econômico dos litígios.
64. A acelerada privatização e a crise econômica do Estado diminuíram sensivelmente o campo profissional do advogado administrativista.
65. A Lei 24.441/1994, ao dispor, no direito argentino, sobre títulos ou valores representativos de dívida, utiliza o termo "titulización de activos", (Art. 83).

é um processo pelo qual um conjunto de ativos que apresentam certas condições de homogeneidade reúne-se em uma carteira para serem provocados ao pagamento de títulos emitidos com respaldo nessa carteira[66]: é mobilizar uma carteira de ativos relativamente ilíquidos através da emissão de títulos valores.

Nenhum indivíduo teve a ideia de sair às ruas para "securitizar", visto que há uma série de pressupostos institucionais[67] para que este processo ocorra:

1) Em primeiro lugar, deve existir, obviamente, um mercado organizado institucionalmente, o que acarreta a existência de uma acelerada dinâmica de oferta e demanda, nesse caso, de créditos. A entidade financeira pode ser credora ou cessionária do crédito gerado pelo contrato primário. Localizada em tal posição jurídica, sua expectativa de lucro é de médio prazo, já que deve esperar que se cumpra o tempo de cumprimento das cotas pactuadas na compra e venda ou mútuo; no entanto, percebe que, se tivesse esse dinheiro disponível, poderia obter melhores lucros, dando-lhe outro destino. Surge então a necessidade de tornar líquida uma dívida certa, mas ilíquida.

2) Criação de um mercado secundário: o mercado primário de créditos é o que se origina na cessão de um crédito por parte de um credor a um terceiro e é o mais conhecido. O mercado secundário é o que surge a partir de uma cessão, realizado por esse terceiro, mediante a comercialização a outros terceiros. No mercado primário, o investidor leva em conta o

---

66. ANDORNO, Luis O., "La securitizaciòn de activos y las letras hipotecarias en la ley 24.441", JA, 17-9-97, Nº 6055, Bs. As., p. 9. PAOLANTONIO, Martin, "Fondos comunes de inversiòn", Depalma, Bs.As. 1994; LISOPRAWSKI, Silvio, "La securitizaciòn. Necesidad de una regulaciòn del fideicomiso financiero", LL.1994-B-1177. Orelle, em op cit, diz: "La sucuritización es el proceso a través del cual los bancos y otras entidades financieras podrán vender o financiar activos transformándolos en instrumentos de mercado de capital con mayor liquidez y menor riesgo". HIGHTON y otros (p cit, pag 61) dizem: "la titulizaciòn cosiste en el proceso de converir los flujos de fondos originados por activos iliquidos en titulos valores -denominados por ello asset -backed securities-, los que se colocan entre los inversores".

67. O marco institucional é o que permite o desenvolvimento maior ou menor de uma instituição, assim como o grau de eficiência que a mesma apresenta.

risco comercial da empresa e a capacidade de pagamento; no mercado secundário, ao se investir em títulos valores, não se leva em conta o risco comercial, mas, exclusivamente, a capacidade de pagamento[68].

3) No mercado secundário, os investidores desconhecem completamente quem é o devedor e o credor[69] e, por isso, para que alguém seja incentivado a investir nessas condições, necessita-se dar segurança; é preciso, então, uma legislação adequada sobre títulos e valores.

4) Quem investe no mercado secundário precisa de informação e, como o custo para obtê-la é extremamente elevado, é necessário que seja fornecido pelo mercado a um custo inferior, diminuindo os custos de transação. Daí a necessidade das avaliações de risco e das empresas auditoras.

5) O investidor está atomizado, não tem relação direta com o bem, pois não é uma hipoteca, onde rege o princípio da especialidade relativo a um crédito e um bem, mas sim um título valor, representativo de uma copropriedade de um fundo comum de investimento, que, por sua vez, é proprietário fiduciário de uma massa global de créditos. Precisa-se, então, diminuir os riscos: daí a técnica de "patrimônios separados", isenção relativa ao poder de agressão dos credores do fiduciante, fiduciário, beneficiário e fideicomissário e liquidação extrajudicial.

2. A análise neoinstitucional

A teoria da escolha racional proveu boas ferramentas para a compreensão modélica da conduta humana, em especial depois das complementações que a teoria dos jogos forneceu. Sob esta perspectiva[70],

---

68. Isso diminui os custos do crédito, ao evitar a qualificação do risco comercial, que se difunde e diversifica.

69. Por exemplo, pode-se investir, estando na Argentina, no mercado de hipotecas dos Estados Unidos.

70. A literatura sobre a teoria liberal do contrato é muito numerosa, visto que, explícita ou implicitamente, fundamentou o desenvolvimento desta instituição durante grande

e uma vez admitida a regra da propriedade, o contrato serve para adjudicar essa propriedade a quem a considera mais valiosa, no contexto de um mundo caracterizado pela escassez e por condutas orientadas para o máximo benefício individual. Como espécie de modelo[71], pode ser considerado um jogo voluntário cooperativo de ganho mútuo, que admite regulações institucionais com o fim de garantir a livre entrada no mercado e a liberdade decisória; por isso, a doutrina liberal admite regras limitativas do erro, violência, fraude e, mais recentemente, as referentes à pressão econômica e as baseadas na assimetria de informações.

No entanto, observou uma falta de coincidência entre a conduta maximizadora da riqueza e os resultados socialmente cooperadores que eram esperados dela[72]. Disso surgiram novas abordagens e colaborações, as quais não pretendemos desenvolver aqui, pela extensão e complexidade, mas que assinalam a importância do marco institucional como contexto da ação humana. É bom assinalar, também, que as teorias da escolha racional e dos jogos demonstraram dificuldades ao incorporar o elemento temporal, o que é uma dificuldade teórica importante, posto que o resultado muda quando o jogo é submetido a uma repetição diferida no tempo[73].

---

parte da história da humanidade. Na Argentina não é muito freqüente, visto que, ou dá-se por presumido ou pretende-se encobrir o esquema econômico e de princípios que sustenta esta posição. Na doutrina internacional há muitas e boas obras que trabalham sobre a estrutura de princípios do contrato. Entre as melhores obras que desenvolvem a teoria liberal, ver: EPTEIN, Richard, "Simple rules for a complex world", Harvard Univ Press, 1995; FRIED, Charles, "The contract as a promise", com tradução ao idioma espanhol). Nas jornadas nacionais de direito civil realizadas na Universidad Católica de Bs.As., procuramos desenvolver o tema com base nos princípios de liberdade e igualdade, o que foi recepcionado no despacho.

71. A construção de um modelo permite a análise das condutas no contexto da teoria dos jogos, o que é possível porque, além das características individuais de cor, raça, sexo, todos os indivíduos têm uma característica: querem mais, buscam a maximização do benefício. Disso pode-se extrair uma regra abstrata para a construção do modelo.

72. A hipótese de que uma multiplicidade de ações racionalmente maximizadoras da riqueza conduz a um resultado social também maximizador tem sido fonte de muitos debates nos últimos anos.

73. Conf. AXELROD, Robert, "The Evolucion of cooperation", N.York, Basic Books, 1984. Por exemplo, quando o "dilema del prisionero" (que é um "clássico" da

As instituições têm uma importância relevante no desenvolvimento dos povos e na contratação: o modo pelo qual distribuem a informação aumenta ou diminui os custos de negociação e é decisivo nos contratos[74].

3. A perspectiva institucional do direito privado

No direito privado, as ferramentas jurídicas são concebidas como elaboração do sujeito: o testamento e o contrato são expressão da vontade, a responsabilidade civil é uma sanção ante um ato ilícito voluntário; dá-se pouca atenção aos bens coletivos.

O direito privado atual deve admitir uma inter-relação entre o marco institucional e os comportamentos individuais, superar a noção de "sujeito isolado" para alcançar uma ideia de "sujeito integrado". Situar o sujeito importa em estabelecer um modo de relação com os demais indivíduos e com os bens públicos, o que nos leva às regras institucionais que fixam parâmetros mínimos dessa organização.

A "progressiva referenciação pública" do direito privado é uma verdadeira necessidade[75].

No campo contratual há numerosos avanços nesse enfoque. Por exemplo, tem-se ressaltado que, se na época da codificação, o direito

---

teoria dos jogos, muito utilizado nos contratos), se joga repetidamente, os jogadores mudam sua estratégia com resultados cooperativos, para o autor.

74. Neste sentido, a comunidade acadêmica rendeu tributo a Norh, Douglas, concedendo-lhe o prêmio Nobel, fundamentalmente por suas colaborações nesse campo. North ("Institutions, Institutional Change and Economic Perfomance", 1990, Cambridge University Press), demonstra que os custos da informação são a chave dos custos da negociação, que compõem-se dos custos de medir os atributos valiosos do que está trocando e os custos de proteger e de fazer cumprir compulsivamente os acordos. Estas medidas e esta compulsão têm custos que são fontes de instituições sociais, políticas e econômicas. A título de curiosidade, citamos uma expressão do autor: "Wallis y North (1986), ao medir o volume dos custos de negociação que privam o mercado (como são os custos relacionados com o banco, os seguros, as fianças, as vendas no atacado e no varejo) ou, em termos de atividades (com advogados, contadores, etc.) na economia dos Estados Unidos descobriram que mais de 45% da receita nacional foi dedicado às negociações e, além disso, que este porcentual havia aumentado 25% em um século. Assim, pois, os recursos da economia consumidos em negociações são crescentes e de grande magnitude."

75. Ampliamos este tema em "las normas fundamentales", cit.

mercantil era um direito de contratos, agora é de instituições[76], no sentido de que as regulações excedem em muito o mero intercâmbio entre as partes, para apreender o fenômeno sistemático típico de cada setor, incluindo aspectos relativos ao controle público, a defesa do consumidor, a previsibilidade econômica, a organização da concorrência e, logicamente, aos contratos. Em muitos casos esta institucionalização abrange questões tão pouco tradicionais como o impacto ambiental, social e urbanístico, que é cada vez mais característico, sobretudo no caso dos grandes hipermercados de consumo.

É necessário ampliar o campo de aplicação da dogmática civilista tradicional, transcender a bilateralidade, para experimentar uma dogmática sistemática, que tenha por objeto de análise o sistema de normas fundamentais, dando lugar, assim, ao exame da hipótese de fato bilateral e estrutural.

4. O desmonte institucional: todo o sólido se desmancha no ar

A necessidade mais notória frente ao desmonte institucional que foi produzido devido à desregulação, à mudança da escala regulatória desde o Estado Nacional até a globalização, e à deterioração dos programas normativos informais[77], o que produz essa sensação de viver sem segurança alguma.

Todo o sólido se desmancha no ar: a mudança é constante e "lança-nos em um turbilhão de perpétua desintegração e renovação, de luta e contradição, de ambiguidade e de angústia"[78]. Aquela lógica econômica do capitalismo, que Schumpeter denominou "destruição criativa" e cujos efeitos sociais foram descritos magistralmente por Rousseau: "estou começando a sentir a embriaguez em que te submerge esta vida agitada e tumultuada. A infinidade de objetos que passam ante meus olhos causa-me vertigem. De todas as coisas que

---

76. ECHEBARRIA SAENZ, Joseba, "El contrato de franquicia-Definicion y conflictos en las relaciones internas", Mc Graw-Hill, Madrid, 1995, pag. xxxvii.
77. As condutas sociais consensuais fragmentaram-se em uma multiplicidade de normas "ad hoc" e multiculturais.
78. Conf. a excelente obra de BERMAN, Marshall, "Todo lo sólido se desvanece en el aire. La experiencia de la modernidad", Siglo XXI, 1989.

me impressionam, não há nenhuma que cative meu coração, embora todas juntas perturbem meus sentidos, fazendo-me esquecer quem sou e a que pertenço"[79].

Sente-se o medo diariamente, a insegurança nos circunda. Para combatê-la, aumentamos os esforços individuais[80], o estresse prolifera, surge a poluição nas relações sociais, deteriora-se a qualidade de vida; o itinerário se envolve de contingência[81].

O indivíduo satura-se[82].

As empresas devem modificar-se constantemente[83]: as metas alcançadas rapidamente perdem o interesse; as invenções são copiadas e devem ser renovadas; os produtos novos envelhecem aceleradamente, a pressão aumenta.

Pelo lado do consumidor, a situação não é diferente: a satisfação que os produtos proporcionam é escandalosamente breve[84], não satisfazem, mas cria a necessidade de estar em dia,[85] o consumo é um trabalho absurdo, semelhante ao mito de Sísifo.[86]

Não há descanso.

---

79. ROUSSEAU, Jean Jaques, "Julie ou la nouvelle Hèloise", citada por Berman en op cit, pag 4.
80. Estenderam-se, notavelmente, as horas de trabalho; as negociações alargam-se; ...
81. A literatura fornece esta magnífica expressão: "Há itinerários feitos de contingência. Claro que não são os mais recomendáveis na prática. Se alguém indica um caminho dizendo-lhe: segue até veres uma pomba parada no meio fio, dobra para onde vá o carro branco, até a altura de um plátano do qual caia uma folha, aí toma a direção para onde pique a bola de uns meninos que brincam na rua...." -Conf AIRA, Cesar, "El sueño", Emece, Bs.As. 1998, pag 39.
82. O fenômeno está muito bem descrito na obra do psicólogo GERGEN, Kenneth, "El yo saturado- Dilemas de identidad en el mundo contemporàneo", Paidos, 1992.
83. Assim sugerem os futurólogos da organização empresarial: conf FUNDACIÓN DRUKER, "La organización del futuro", Granica, Bs.As. 1998.
84. Cada ano há novos modelos de automotores, de computadores, de tênis, de vestidos, de modo que o que compramos só serve para aumentar as necessidades.
85. A tarefa de ler um prospecto é fatigante, mas manter-se atualizado cada vez que surge um novo computador, ou sistema, ou programa, ou linguagem, ou telefone, auto, etc, é vergonhoso somente pensar o tempo que se exige para estar em dia, aprender os columosos "manuais de instruções".
86. Na interpretação que dera Camus ao mito de Sísifo simboliza o trabalho absurdo. Conf CAMUS, Albert, "El mito de Sisifo", Losada, Bs.As. 1953.

2
REVISANDO A TEORIA GERAL DOS SERVIÇOS COM BASE NO CÓDIGO DE DEFESA DO CONSUMIDOR EM TEMPOS DIGITAIS

Claudia Lima Marques

SUMÁRIO: 1. Introdução: Serviços e "servicização" em tempos digitais. I. Conceito e estrutura interna das relações jurídicas de serviços. A) Noções preliminares. 1. Exame no plano da existência e elementos da relação. 2. Conceito de serviço e fornecimento de serviço no CDC. B) Elementos internos da relação jurídica de serviço: uma introdução. 1. A obrigação envolvendo serviços, a "servicização" e o mundo digital. 2. Serviços como categoria contratual no Código de Defesa do Consumidor. II. Elementos estruturais externos nas relações de fornecimento de serviços. A) Sujeitos e objetos das relações jurídicas de serviços. 1. Os consumidores. 2. Fornecedores. B) Objeto da relação jurídica de serviço no CDC. 1. Objeto múltiplo e conexidade de prestações nos serviços complexos: os serviços em si, a "servicização" e a conexão com produtos digitais "inteligentes" ou com serviços "incluídos". 2. Materialização dos fazeres: a aproximação de regime das obrigações de fazer e de dar no CDC. C) Finalidade/Garantia. 1. Finalidade da relação de serviço: causa, expectativas legítimas e remuneração direta ou indireta dos serviços. 2. Garantia: prevalência da execução específica e uma nova visão do adimplemento. D) Forma: formalismo informativo e um novo controle formal da vontade do consumidor. Considerações finais.

1. Introdução: Serviços e "servicização" em tempos digitais

A Lei 8.078, de 1990 – CDC – é visionária por ter aproximado o regime do fornecimento de produtos e serviços, e assim, preparado o mercado de consumo brasileiro para a nova riqueza do século XXI: os serviços, dados e outros "bens imateriais". Está em fase de atualização com o PL 1805/2021 do Senado Federal e PL 3514/2015, ainda na Câmara dos Deputados, justamente face ao mundo digital e a massificação dos serviços.[1]

---

1. Assim explica Antônio Herman Benjamin o processo de atualização do CDC: "[...] o CDC não deixa, como qualquer lei, de ser prisioneiro de seu tempo. Apesar de normas visionárias, não havia como prever em 1990 o crescimento exponencial das

Em 2000, tive a oportunidade de escrever um artigo[2] propondo uma teoria geral dos serviços, face ao crescimento da importância dos serviços na virada do século XX para XXI e agora gostaria de revisitar esta "teoria geral", que tinha como base este regime dos serviços do CDC, frente aos novos modelos econômicos e contratuais do mundo digital. Revisitar é olhar para o presente e pensar o futuro do CDC, traçando linhas para sua atualização, com o PL 3514/2015, que inclui novas regras para enfrentar o mundo digital. Assim, manterei a estrutura do artigo anterior e suas observações e incluirei as novidades dos últimos 10 anos no consumo compartilhado e digital.

Revisitar é constatar a importância contínua dos serviços *off-line* (no mundo físico, como transporte, saúde, segurança, educação, telefonia e comunicação, energia e serviços essenciais, turismo, beleza, lazer, espetáculos, TV a cabo, crédito, financiamento etc.)[3] e o avanço impressionante dos serviços digitais ou *on-line* (serviços prestados na Internet mesmo, como informação, revistas, jornais, delivered on-line, cloud services, e-mails, social media, com seus influenciadores, blogs, Zoom, Skype, Whatsapp etc.),[4] e agora dos sistemas combinados "produtocomserviços" ("product-service-system", PSS), dos serviços inteligentes, da inteligência artificial. A grande novidade da

---

técnicas de contratação à distância, as transformações tecnológicas e o crescente comércio eletrônico de consumo, assim como imaginar a verdadeira democratização do crédito, fenômeno que amplia as facilidades de acesso a produtos e serviços, superando esquemas elitistas e popularizando sofisticados contratos financeiros e de crédito. Esta nova realidade brasileira coloca a necessidade de aperfeiçoar os mecanismos existentes de apoio aos consumidores..." (BENJAMIN, Antonio Herman, Palavras do Presidente da Comissão de Juristas, in SENADO FEDERAL, *Atualização do Código de Defesa do Consumidor – Anteprojetos -Relatório*, Presidência do Senado Federal, 2012, p. 9).

2. MARQUES, Claudia Lima. Proposta de uma teoria geral dos serviços com base no Código de Defesa do Consumidor – A evolução das obrigações envolvendo serviços remunerados direta ou indiretamente. *Revista de Direito do Consumidor*, São Paulo, v. 33, p. 79-122, 2000.
3. Segundo o Ministério da Economia o setor de serviços é responsável por 60% do PIB brasileiro há décadas, veja http://www.mdic.gov.br/index.php/comercio-servicos/a-secretaria-de-comercio-e-servicos-scs/406-programas-e-acoes-scs.
4. Veja, por todos, MIRAGEM, Bruno. Novo paradigma tecnológico, mercado de consumo digital e o direito do consumidor. *Revista de Direito do Consumidor*, São Paulo, v. 125, set./out. 2019, p. 17-62 (RTonline, DTR\2019\40949).

economia circular, em matéria de contratos, é realmente a chamada "servicização"⁵ dos produtos, em que o contrato não visa mais "adquirir" produtos, mas "usar" produtos (da compra e venda se passa a contratos de aluguel, à custódia, ao contrato de licenças por tempo, a permissões de uso, ao transporte eventual, à hospedagem e aos contratos de *short-term-rental, sharing transferable rights*,⁶ *time-sharing* etc.), contratos típicos desta nova *sharing economy* ou a "economia das plataformas".⁷ Destaque-se também que alguns bens, conteúdos ou produtos imateriais, em tempos digitais, passam a ser "acessados" por *streaming*, no chamado comércio eletrônico de "conteúdos digitais" (e-books, músicas "downloadable", filmes, games e aplicativos-apps etc.),⁸ e o *streaming* não deixa de ser um serviço remunerado mês a mês ou por uso eventual no tempo.⁹

Desde a década de 1990, século XX,¹⁰ há um novo espaço de consumo massificado¹¹ e de nova "engenharia" de pagamento¹², o mundo

---

5. Em inglês, "servitization", veja MAK, Vanessa; TERRYN, Evelyne. Circular Economy and Consumer Protection: The Consumer as a Citizen and the Limits of Empowerment Through Consumer Law, in *Journal of Consumer Policy* (2020) 43:227–248, p. 239 e seg.
6. MILLER, Stephen R. First Principles for Regulating the Sharing Economy, 53 Harv. J. on Legis. 147-202 (2016), p. 196 e seg.
7. Veja o artigo de KENNEY, Martin; ZYSMAN, John. The Rise of the Platform Economy, in Issues, vol. XXXII, n. 3, Spring, 2016, acessível in https://issues.org/the-rise-of-the-platform-economy/ (15.04.2020): "A digital platform economy is emerging. Companies such as Amazon, Etsy, Facebook, Google, Salesforce, and Uber are creating online structures that enable a wide range of human activities."
8. Veja MARQUES, Claudia Lima. Comentário à Diretiva (UE) 2019/770 do Parlamento Europeu e do Conselho, de 20 de maio de 2019, sobre certos aspectos relativos aos contratos de fornecimento de conteúdos e serviços digitais, in *Revista de Direito do Consumidor*, vol. 127 (2020).
9. Veja a diferença da compra e venda clássica e as duas diretivas sobre o tema na Europa, in LEHMANN, Mathias. Binnenkohärenz des europäischen Verbrauchervertragsrechts, in ARTZ, Markus; GSELL, Beate (Hrsg.) *Verbrauchervertragsrecht und digitaler Binnenmarkt*, Tübingen: Mohr, 2018, p. 21 e seg.
10. KÖHLER, Markus; ARNDT, Hans-Wolfgang. *Recht des Internet*, Heidelberg: Müller, 2000, p. 2. Os autores explicam a evolução da Internet da ARPA-net de 1966 até o catalizador desenvolvido pelo CERN, o world wide web, www dos anos 90, até o hypertext transfer protocol (http) e o hypertext mark-up language (html) desenvolvido pela IBM, e os atuais nomes de domínio e search-engines de hoje (p. 2-3).

digital, com seu crescimento avassalador e várias fases, cada vez mais "interativas e invasivas"[13], daí porque merece ser revista e atualizada a minha "proposta de uma teoria geral dos serviços com base no Código de Defesa do Consumidor".[14]

Como afirmou Antônio Herman Benjamin, o Brasil necessita de um Código de Defesa do Consumidor sempre atualizado e adaptado aos novos desafios, tanto no serviço de crédito e cobrança de dívidas, que é tratado no PL 1805/2021, em estágio definitivo de tramitação no Senado Federal como no mundo digital, que é tratado no PL 3514/2015, ora na Câmara dos Deputados. Interessante observar que a atualização do CDC, tanto o PL 3514/2015 da Câmara dos Deputados, sobre o mundo digital, como o PL 1805/2021, sobre crédito ao consumidor (cobranças de dívidas e prevenção ao superendividamento), tratam sempre de contratos de serviços.

Em seu trabalho seminal sobre a sociedade de consumo, Baudrillard chama atenção para a importância dos produtos/"objetos" e serviços/"substituição remunerada" das pessoas (ou família) na sociedade do século XX.[15] O foco do renomado autor é o novo "ambiente" onde

---

11. MARQUES, Claudia Lima. *Contratos no Código de Defesa do Consumidor*, 9. Ed., RT: São Paulo, 2019, p. 94.
12. Os italianos chamam de "sistemas de pagamento" que tem um papel dominante no desenvolvimento do comércio eletrônico, hoje móvel com os celulares, com os chamados "smart cards" e os "paypals", veja CHIRICO, Antonio. *E-commerce – I sistemi di pagamento via Internet e la monenda elettronica*, Napoli: Ed. Simone, 2006, p. 7 e seg.
13. Veja, excelente, MIRAGEM, Bruno. Novo paradigma tecnológico, mercado de consumo digital e o direito do consumidor. *Revista de Direito do Consumidor*, São Paulo, v. 125, set./out. 2019.
14. Versão atualizada e expandida do artigo MARQUES, Claudia Lima. Proposta de uma teoria geral dos serviços com base no Código de Defesa do Consumidor – A evolução das obrigações envolvendo serviços remunerados direta ou indiretamente. In *Revista de Direito do Consumidor*, São Paulo, v. 33, p. 79-122, 2000. Agradeço à Diógenes Carvalho o incentivo e as frutíferas conversas sobre o texto, assim como a ajuda na atualização das notas e rodapé e à Guilherme Mucelin, Ardyllis Soares e Bruno Miragem, o material bibliográfico atualizado.
15. BAUDRILLARD, Jean. *La societé de consommation*, Paris: ed. Denoël, 1970, p. 17-18: Il y a aujourd"hui tout autor de nous une espèce d"évidence fantastique de la consommation et de l" abondance, constituée par la multiplication des objets, des

estão as pessoas, não mais em grupos/políticos ou famílias/Nações, mas no mercado e na sociedade "de consumo", sozinhas e cercadas por "objetos" mudos. A minha hipótese de trabalho é que o ambiente da sociedade de consumo no século XXI mudou[16] com a digitalização, a interatividade e com a "robotização" da vida privada, e que talvez, os contratos de serviços estejam mudando também, daí a necessidade de rever a teoria geral que esbocei em 2000.

Como ensina Ricardo Lorenzetti, o surgimento da chamada "era digital" cria a necessidade de repensar importantes aspectos da organização social, dentre eles o consumo de hoje, sem ingenuidade ou menosprezo da sua complexidade.[17] O mundo digital, como já afirmei, é "deshumanizado", "desmaterializado" e "deslocalizado",[18] o que tende a descontruir os instrumentos clássicos da boa-fé (informação, cuidado, cooperação) e do direito do consumidor (qualidade-adequação, qualidade-segurança, conserto/troca), a exigir um renascimento do princípio da confiança (valorizar as expectativas legítimas, o visual, a aparência, o costumeiro das garantias, em uma visão de conjunto do negócio de consumo).[19]

No mundo digital, ainda há o novo da economia do compartilhamento e seus modelos novos de negócios e consumo, em que plataformas "colaborativas" na internet facilitam a utilização temporária

---

services, des biens matériels, et qui constitue une sorte mutation fondamentale dans l'"écologie de l'" espèce humaine...[...]...sous le regard muet d" objets...de notre puissance médusée, de notre abondance virtuelle, de notre absence les uns aux autres."

16. Veja ADAM, Leonie; MICKLITZ, Hans-W., Verbraucher und Online-Plattformen, in MICKLITZ, Hans-Wolfgang; REISCH, Lucia A.; JOOST, Gesche; ZANDER-HAYAT, Helga (Hrsg.). *Verbraucherrecht 2.0: Verbraucher in der digitalen Welt*. Baden-Baden: Nomos, 2017, p. 45 e seg.

17. LORENZETTI, Ricardo L. *Comercio electrónico*, Buenos Aires: Abeledo-Perrot, 2001, p. 9.

18. MARQUES, MARQUES, Claudia Lima. *Confiança no comércio eletrônico e a proteção do consumidor – Um estudo dos negócios jurídicos de consumo no comércio eletrônico*. São Paulo: Ed. RT, 2004, p. 46 e seg.

19. Veja detalhes no meu livro de pós-doutorado, MARQUES, Claudia Lima. *Confiança no comércio eletrônico e a proteção do consumidor*. São Paulo: Ed. RT, 2004, p. 46-47. Veja, na Alemanha, a obra de FUHRMANN, Heiner. *Vertrauen im Electronic Commerce*. Baden-Baden: Nomos, 2001.

de produtos e serviços, muitas vezes prestados por particulares, e que podem visar transporte, lazer, hospedagem, alimentação, aluguel de produtos e prestação esporádica de serviços, como *carsharing, crowdfounding, couchsurfing* entre outros, também desafiam as definições de fornecedor de produtos (digitais) e serviços e de intermediários, estes agora "senhores" do negócio, verdadeiros "guardiões" do acesso e do consumo (*gatekeepers*, na bela expressão de Hans Micklitz).[20] Efetivamente, a riqueza do século XXI são os "fazeres" globalizados, dos serviços clássicos, aos produtos imateriais e inteligentes, os "serviços digitais", aos dados dos consumidores.[21]

Positivamente destaque-se que o Código de Defesa do Consumidor, já em 1990, definiu serviços (Art. 3º, § 2º do CDC)[22] e aproximou o regime do fornecimento de produtos ("dares") e de serviços ("fazeres"), garantindo sua importância para regular o mercado de serviços e tratou dos bancos de dados negativos. O diálogo das fontes[23], do CDC, do Marco Civil da Internet, da Lei Geral de Proteção de Dados e da Lei do Cadastro Positivo completam este quadro complexo no direito brasileiro.[24] O CDC, que é de 1990, sequer menciona a internet

---

20. MARQUES, Claudia Lima. A nova noção de fornecedor no consumo compartilhado: um estudo sobre as correlações do pluralismo contratual e o acesso ao consumo. *Revista de Direito do Consumidor*, São Paulo, vol. 111, p. 247-268, maio-jun. 2017. p. 249.
21. Veja a Diretiva Europeia 2019/770 de 20 de maio de 2019 sobre certos aspectos relativos aos contratos de fornecimento de conteúdos e serviços digitais e suas definições.
22. O texto é: "Serviço é qualquer atividade fornecida no mercado de consumo, mediante remuneração, inclusive as de natureza bancária, financeira, de crédito e securitária, salvo as decorrentes das relações de caráter trabalhista."
23. Veja KLEE, Antônia L.; MARQUES, Claudia Lima. Direito (fundamental) a informações claras e completas constantes dos contratos de prestação de serviços de internet. In: SALOMÃO, George; LEMOS, Ronaldo (Coord.). *Constituição e Internet*. São Paulo: Saraiva, 2014 e o livro de BESSA, Leonardo Roscoe. *Cadastro Positivo- Comentários à Lei 12.414, de 09 de junho de 2011*, São Paulo: RT, 2014. E SCHERTEL MENDES, Laura. O diálogo entre o Marco Civil da Internet e o Código de Defesa do consumidor, in MARQUES, Claudia Lima et al (Coord.). *Direito Privado e Desenvolvimento Econômico*, São Paulo: RT, 2019, p. 255 e seg.
24. Veja, excelente, MIRAGEM, Bruno. *Curso de Direito do Consumidor*, São Paulo: RT, 2019, p. 153 a 192. E ainda MIRAGEM, Bruno. Novo paradigma tecnológico,

ou os negócios na rede, mas já prevê um direito de arrependimento para contratos feitos fora do estabelecimento comercial (Art. 49 do CDC). Assim, o Projeto de Lei 3514/2015 de atualização do Código de Defesa do Consumidor pretende incluir um novo capítulo sobre comércio eletrônico[25] e atualizar as sanções por práticas abusivas no mundo digital no CDC, além de modificar o Art. 9º da Lei de Introdução às Normas de Direito Brasileiro – LINDB para preparar para comércio eletrônico internacional e o novo turismo de massas.[26]

Negativamente, é de se notar que, se o Código Civil de 2002 expressamente prevê uma categoria de contratos de "prestação" de serviços, este capítulo é de aplicação apenas subsidiária (Art. 593)[27] e repete todos os artigos do Código Civil de 1916 no capítulo de "locação de serviços",[28] a exceção do referido artigo 593 e do Art. 605, que foram redigidos pela nova Comissão de Juristas autora do Código Civil de 2002. Não há como negar que esta repetição, sem o impulso de novas ideias, prejudica a aplicação do CC/2002 aos contratos de serviços hoje, em especial no mundo digital.[29] Neste sentido, como no artigo original sobre o tema, que publiquei no ano 2000, vou me concentrar

---

    mercado de consumo digital e o direito do consumidor. *Revista de Direito do Consumidor*, São Paulo, v. 125, set./out. 2019.

25. O comércio eletrônico tradicional é aquele entendido como o comércio clássico de atos negociais entre fornecedores e consumidores para vender/adquirir serviços e produtos, neles compreendidos bens materiais, imateriais e digitais, realizado mediante contratações à distância – por meio de telecomunicações de massa ou pela internet, portanto prescindindo da presença física e simultânea dos partícipes da relação, assim KLEE, Antonia Espíndola Longoni. Comércio Eletrônico. São Paulo: Revista dos Tribunais, 2014. p. 71.
26. MIRAGEM, Bruno. *Curso de Direito do Consumidor*, São Paulo: RT, 2019, p. 192-196.
27. O texto do CC/2002 dispõe: "Art. 593. A prestação de serviço, que não estiver sujeita às leis trabalhistas ou a lei especial, reger-se-á pelas disposições deste Capítulo."
28. Note-se que são os mesmos textos do Art. 594 CC2002 e Art. 1.216CC16; atual Art. 595=1.217CC16; Art. 596=1.218; Art. 598=1.220; Art. 599=1.221; Art. 600=1.223; 601=1.224; Art. 602=1.225; Art. 603 adaptado do Art. 1.228; Art. 605=Art. 1.232; art. 607 adaptado do Art. 1.233; Art. 608 adaptado do Art. 1.235; Art. 609=1.236CC/16.
29. Os artigos sobre contrato de locação de serviços agrícolas e sobre as causas para o fim do contrato não foram recebidos no capítulo do Código Civil de 2002, assim, não foram recebidos os Artigos 1.222 e Art. 1230 do CC/1916.

nos contratos regidos pelo Código de Defesa do Consumidor e no diálogo das fontes com as demais normas sobre contratos de serviços, sempre de consumo.

Por fim, sobre uma "teoria geral", repete-se que o momento atual pós-moderno,[30] de fragmentação e radicalismo de pensamento, não é o mais propício para elaborar teorias gerais.[31] Parece, porém, que evoluir para uma visão geral e atualizadora do aspecto talvez mais interessante e renovador do CDC, que é justamente a aproximação quase igualitária dos regimes das obrigações de dar e de fazer, seria uma contribuição "reconstrutora" válida,[32] mesmo em tempos pós-modernos.[33]

---

30. Veja sobre a crise da pós-modernidade e impacto nos contratos, MARQUES, Claudia Lima. *Contratos no Código de Defesa do Consumidor*, 9. Ed., RT: São Paulo, 2019, p. 153 e seg.
31. Veja Dissertação de Mestrado defendida no PPGD da UFRGS por TIMM, Luciano B. *Da Prestação de Serviços*. Porto Alegre: Síntese, 1998.
32. Cf. crítica a estes pós-modernos destruidores de MARQUES, Claudia Lima. A crise científica do Direito na pós-modernidade e seus reflexos na pesquisa, *Cidadania e Justiça – Revista da AMB*, ano 3, n. 6, 1999, p. 237 e ss.
33. Cf. ROSENAU, Pauline Marie. *Post-modernism and the social sciences*. Princenton: Princeton Univ. Press, 1992, p. 53 e seg. Segundo Pauline Marie Rosenau, com a atual crise das ciências sociais, dois tipos de reações estão acontecendo. Há os que, tomados pelo ceticismo do momento, fotografam a crise e a destruição, preveem o fim das certezas científicas, constatam o vácuo de valores, o egocentrismo, a exclusão, a complexidade e o consumismo exacerbado, que vagueia em nossa sociedade atual; descontroem as teorias antes gerais, criticam severamente as soluções universalistas, mas acabam paralisados, minoritários, a utilizar os mesmos instrumentos jurídicos dos séculos passados, agora subjetivados ao extremo. Há os que, saudosos de algumas certezas da modernidade, procuram reconstruir as teorias em novas narrativas, frisam o diálogo de fontes, constatam a existência de novos paradigmas e verdades, verdades que mesmo mais tolerantes, fluídas, menos universais e agora microssistêmicas, povoam de sentido o ordenamento atual. Sua reação é afirmativa, afirmativa da necessidade de reconstrução da ciência, de evolução dos instrumentos colocados à disposição dos juristas e cientistas sociais, da necessidade da consciência da crise e da força para superá-la. Aos primeiros, denominou pós-modernos cépticos, os segundos, pós-modernos afirmativos, e fotografou assim, com sua maneira simples, a crise atual de nossa ciência; concluindo que somente após retornar ao estudo do objeto (que poderia ser, em nosso caso, a Justiça ao consumidor de serviços no Brasil) é que a abalada ciência, o Direito, poderia, enfim, revitalizar-se. Veja ROSENAU, 1992, p. 57, no que ela denomina *"efforts to revitalize the subject"*.

Hoje se pode imaginar que praticamente os assuntos mais demandados no Poder Judiciário envolvem serviços[34], dos de pequena monta, como marcenaria, serviços educacionais, de conserto e pintura, serviços de informação, de lazer, de embelezamento, de telefonia, consórcios e de acesso à internet, geralmente discutidos nos juizados especiais de pequenas causas, até aqueles serviços de valor maior, como empreitadas, seguros, transporte de passageiros, serviços turísticos, serviços médicos, funerários, de corretagem, imobiliária, de consultoria, de planos e seguros de saúde, de crédito, financiamento e serviços bancários em geral. O mundo digital está povoado de serviços, nem que sejam os serviços de acesso, locação e intermediação, o *streaming* e os produtos com serviços combinados. O que todos estes fazeres teriam em comum? O que os uniria em uma categoria contratual característica e um só regime jurídico? Haveria uma teoria geral dos serviços de consumo? O que distinguiria os contratos de serviços submetidos ao CDC dos outros contratos de serviço do direito comum? Trata-se, sem dúvida, de um questionamento prático importante, que aceitamos realizar novamente.

Assim, sem pretensões de criar uma "teoria geral" perfeita, mas sim de destacar possíveis usos do CDC no contexto "pós-moderno" dos serviços, gostaríamos de analisar sistematicamente o conceito e os elementos estruturais internos (Parte I) e externos das relações jurídicas envolvendo serviços, regidas pelo CDC (Parte II), tendo em conta sempre o regime jurídico imposto para o fornecimento de serviços em nosso mercado por esta Lei. Como em 2000, o objetivo da análise é fotografar o plano da existência do negócio jurídico, cuja prestação é um fazer, destacar os elementos identificados nestes contratos de serviço regidos pelo CDC, verificando assim quais os elementos estruturais são comuns ao sistema do Direito Privado como um todo e quais elementos especiais podem ser identificados nos serviços de consumo, isto é, em que o sistema do CDC para o fornecimento de serviços destoa ou avança do geral. Uma vez que examinar detalhadamente o regime dos

---

34. Conforme relatório da Justiça em números CNJ. Disponível em: https://www.conjur.com.br/dl/justica-numeros-2018-2408218compressed.pdf. Acesso em: maio de 2019.

serviços no CDC em sua relevância jurídica seria tema para toda uma obra, preferimos destacar durante toda a análise como estes serviços modificam, criam, extinguem direitos, isto é, examinar as modificações mais importantes operadas no plano da validade e nos requisitos de validade destas relações jurídicas envolvendo serviços, assim como destacar as eventuais mudanças no plano da eficácia.

Esperando que esta análise generalizadora possa contribuir para o real entendimento (logo, aplicação prática) do microssistema do CDC, informamos que tomaremos como base da análise algumas obras clássicas sobre a teoria geral dos negócios jurídicos,[35] mas que me deixarei inspirar pelas renovadas aproximações analíticas de autores estrangeiros e brasileiros sobre as relações jurídicas, especialmente as contratuais, no final do século XX[36] e início do século XXI.[37]

---

35. A inspiração maior vem da obra de ANDRADE, Manuel A. Domingues de. *Teoria Geral da Relação Jurídica.* v. 1. Reimpressão do original de 1944. Coimbra: Almedina, 1997, e da Parte Geral de Clóvis Bevilaqua. Igualmente utilizados para o plano foram as obras de STIGLITZ, Rubén (Coord.). *Contratos:* Teoría General, v. 1. Buenos Aires: Depalma, 1990; GHERSI, Carlos Alberto (Coord.), *Teoría General de la Reparación de Daños,* Buenos Aires: Astrea, 1997; e a obra de LORENZETTI, Ricardo Luis. *Tratado de los Contratos.* Tomo I. Buenos Aires: Rubinzal-Culzoni, 2000.
36. Cf. KOETZ, Hein. *Europäisches Vertragsrecht.* Tübingen: Mohr, 1996; ZANONI, Eduardo. *Elementos de la obligación.* Buenos Aires: Astrea, 1996; BENEDETTI, Giuseppe. *Il Diritto Comune dei contratti e degli atti unilaterali tra vivi a contenudo patrimoniale.* 2. ed. Napoles: Jovene Editore, 1997; LORENZETTI, Ricardo. *Fundamentos do Direito Privado.* São Paulo: RT, 1998; MEDICUS, Dieter. *Bürgerliches Recht-Eine nach Anspruchsgrundlagen geordnete Darstellung zur Examensvorbereitung.* 13. ed. Colônia: Carl Heymanns, 1987.
37. Veja RIEFA, Christine. Beyond e-commerce: some thoughts on regulating the disruptive effect of social (media) commerce, in *Revista de Direito do Consumidor,* vol. 128 (2020), MELLER-HANNICH, Caroline. *Wandel der Verbraucherrollen – Das Recht der Verbraucher und Prosumer in der Sharing Economy,* Berlin: Duncker & Humbolt, 2019; RIEFA, Christine; CLAUSEN, Laura. Towards Fairness in Digital Influencer" Marketing Practices, in EuCML – Journal of European Consumer and Market Law, 2/2019, p. 64-74; ARTZ, Markus; GSELL, Beate. (Hrsg.) *Verbrauchervertragsrecht und digitaler Binnenmarkt,* Tübingen: Mohr, 2018; NOGLER, Luca; REIFNER, Udo (Ed.). *Life Time Contracts – Social Long-term Contracts in Labour Tenancy and Consumer Credit Law,* The Hague, Eleven Int. Publ., 2014. E, dentre os brasileiros, SANTOLIM, César Viterbo Matos. Os princípios de proteção do consumidor e o comércio eletrônico no direito brasileiro. *Revista de direito do consumidor.* São Paulo: Revista dos Tribunais. n. 55, jul/set. 2005. p. 53 e seg.

Trata-se, pois, de uma análise da relação jurídica (obrigacional)[38] de serviços regulada pelo CDC e os elementos que a diferenciam. Nesse sentido, há que se começar definindo o que entenderemos por "serviços" e "fornecimento de serviços" neste estudo. Serviço *ex vi lege* é *"qualquer atividade fornecida no mercado de consumo, mediante remuneração, inclusive as de natureza bancária, financeira, de crédito e securitária, salvo as decorrentes das relações de caráter trabalhista"* (art. 3º, § 2º, CDC).[39]

Fornecimento de serviços ou contrato de serviços é o negócio jurídico que propicia ao titular ou que envolve a prestação de um fazer economicamente relevante, de um ato ou de uma omissão útil e interessante no mercado de consumo, de uma atividade remunerada direta ou indiretamente, um fazer imaterial e principal, que pode ou não vir acompanhado ou complementado por um dar ou pela criação ou entrega de bem material acessório a este fazer principal, fazer que é, em verdade, a causa de contratar e a expectativa legítima do consumidor frente ao fornecedor.[40]

I. Conceito e estrutura interna das relações jurídicas de serviços

Por uma questão de ordem, procuraremos inicialmente definir o conceito e a *estrutura interna* da relação jurídica ou contrato de

---

38. Sobre os limites clássicos desta expressão, cf. COSTA JÚNIOR, Olímpio. *A Relação Jurídica Obrigacional*. São Paulo: Saraiva, 1994. p. 6-7.
39. Veja sobre o tema o resultado da ADIN 2.591, in MARQUES, Claudia Lima; ALMEIDA, João Batista de; PFEIFFER, Roberto (coord.). *Aplicação do Código de Defesa do Consumidor aos bancos – ADin 2.591*. São Paulo: Ed. RT, 2006, p. 9 e seg.
40. Uma interessante análise dos serviços nos foi brindada por LORENZETTI, Ricardo. La relación de consumo: conceptualização dogmática en base al Derecho del Mercosur, *Revista de Direito do Consumidor*, v. 21, p. 9 e ss. Ibid. p. 20 e 21, classifica os serviços como *"servicios de función publica"* (telefones, eletricidade, segurança, educação, justiça), *"servicios de infra-estrutura"* (assistência e gestão financeira, assessoramento e consultoria -jurídica também- auditoria, hotelaria, transporte, manutenção de beleza, de lazer, resolução de conflitos, investigação de mercados, marketing, publicidade, segurança, limpeza, transporte, informáticos e tecnológicos), *"servicios profissionales"* (profissionais liberais, autônomos, artistas, escritores, pintores, construtores, ceramistas, advogados, médicos etc.), mas considera que somente alguns destes podem ser "de consumo".

fornecimento de serviços no CDC, como noção preliminar (A),[41] para somente após realizar uma análise dos elementos em que ela se desdobra na prática, os quais poderíamos denominar de *estrutura externa* do contrato de serviços (B).[42] O primeiro esforço será de conceituar "relações jurídicas de serviços" no sistema do CDC. Para tal necessitamos revisitar algumas noções preliminares da parte geral do Direito Civil, adaptando-as ao espírito protetivo e especial do CDC. Prepara-se assim a análise destas relações de consumo envolvendo serviços, que não são apenas contratuais, mas que desbordam a antiga *summa divisio* para envolver e vincular sujeitos não envolvidos diretamente nos contratos com os consumidores, mas sim nas "relações" de consumo como um todo. Note-se que muitos dos serviços são hoje gratuitos e digitais.[43]

A) Noções preliminares

1. Exame no plano da existência e elementos da relação

No plano da existência é analisada somente a entrada no "mundo do direito" de um fato ou ato juridicamente relevante e é este classificado, no nosso caso, como relações de consumo envolvendo serviços ou envolvendo produtos.[44] Trata-se da primeira "fotografia" de sua existência e relevância jurídica, identificação ainda não valorativa (análise reservada ao plano da validade), identificação apenas da estrutura básica e característica, não do regime ou das consequências que terá este fato ou ato no mundo do direito (análise reservada ao plano da eficácia).[45]

---

41. COSTA JÚNIOR, 1994, p. 49 e ss. prefere considerar sujeito, objeto e vínculo como elementos estruturais e distingui-los entre elementos estáticos e dinâmicos.
42. ANDRADE, op. cit., p. 1 e ss. assim subdivide sua análise.
43. MARQUES, Claudia Lima. *Contratos no Código de Defesa do Consumidor*, 9. Ed., RT: São Paulo, 2019, p. 320 e seg.
44. Veja a feliz exposição de AZEVEDO, Antônio Junqueira de. *Negócio Jurídico*: Existência, Validade e Eficácia. São Paulo: Saraiva, 1986. p. 31 e ss., onde cita o mestre desta matéria no Brasil, Pontes de Miranda.
45. Veja, magistral, AZEVEDO, 1986, p. 32.

Fotografada a relação jurídica de serviço, regulada pelo CDC, alguns elementos estruturais[46], internos e externos, presentes em todas as relações podem ser identificados. Descobre-se assim um arquétipo, um modelo de relação jurídica de serviço, um esquema abstrato que nos demonstrará estarmos frente a um ato ou fato jurídico de serviço de consumo.[47] Este é o objetivo final de nossa proposta.

No caso concreto de um negócio jurídico de consumo, externamente observaremos, no plano da existência, que alguém, em algum lugar, em algum tempo, realizou algum ato, com determinada forma, frente à outra pessoa ou coletividade, ato que possui determinadas características gerais que o classificam como integrante de uma categoria de negócios (fornecimento de serviços frente ao consumidor, por exemplo), observando também suas características especiais (remunerado ou não, por exemplo) e eventuais características extras, particulares ou acidentais (condições, por exemplo).[48]

Se os elementos externos do negócio jurídico de consumo são "generalizantes", pois que examinam o caso concreto da vida com categorias gerais feitas para todo o mundo do direito; a análise dos elementos internos destas relações jurídicas é ainda mais abstrata, pois se movimenta apenas no mundo do direito, generalizando o que se observa apenas interna e juridicamente. Os elementos estruturais internos são a própria ideia de obrigação, os direitos subjetivos daí resultantes, os deveres de prestação e de conduta, deveres principais, anexos e acessórios, a sujeição e os direitos potestativos, o sinalagma,

---

46. Chamando atenção para a necessária abstração desta análise, afirma Ibid., p. 40: "Elemento do negócio jurídico é tudo aquilo que compõe sua existência no campo do direito".
47. É o que ANDRADE, op. cit., p. 3, denomina "relação jurídica em sentido abstrato".
48. Como ensina AZEVEDO, op. cit., p. 35, a denominação tradicional destes elementos do plano da existência são elementos essenciais ao negócio (*essentialia negotii*), naturais (*naturalia negotii*) e acidentais (*accidentalia negotii*). Particularmente preferimos a classificação cunhada por AZEVEDO, op. cit., p. 41: "a) elementos gerais, isto é, comuns a todos os negócios; b) elementos categoriais, isto é, próprios de cada tipo de negócio; c) elementos particulares, isto é, aqueles que existem em um negócio determinado, sem serem comuns a todos os negócios ou a certos tipos de negócio."

enfim, as expectativas legítimas oriundas destas relações jurídicas no mercado de consumo.[49]

2. Conceito de serviço e fornecimento de serviço no CDC

O CDC oferece uma definição bastante ampla de serviço em seu art. 3º, § 2º, e regula todas as "relações de consumo" (art. 4º), que envolvam serviços remunerados (direta ou indiretamente). O espírito do CDC é aberto (interface do art. 7º, *caput* e parágrafo único) e expansivo subjetivamente, pois *ex vi lege* amplo o suficiente para incluir um grande número e todas as espécies de relações de consumo envolvendo serviços, relações contratuais (art. 20), pré-contratuais (arts. 30, 31, 34, 39, 40 e 84), pós-contratuais (arts. 9º, 10, 42 e 43) e extracontratuais *ex delicto* (art. 14), como também se pode notar nas amplas definições de consumidor (arts. 2º, *caput* e parágrafo único, 17 e 29), de fornecedor de serviços (arts. 3º, *caput* e § 2º) e na norma objetivo[50] do art. 4º (especialmente incisos I, III, V e VI).

A Lei nº 8.078/90 tem clara origem constitucional (arts. 170, V e 5º, XXXII, da Constituição Federal de 1988 – CF/88 e art. 48 do Ato das Disposições Constitucionais Transitórias – ADCT), subjetivamente direito fundamental e princípio macro, ordenador da ordem econômica do país. E igualmente lei geral principiológica[51] em matéria de relacionamentos contratuais e de acidentes de consumo. Lei geral principiológica porque não trata especificamente de nenhum contrato firmado entre consumidor e fornecedor em especial, nem de atos ilícitos específicos, mas estabelece novos parâmetros e paradigmas para todos estes contratos e fatos juridicamente relevantes, que denomina, então, de relações de consumo.

Esta Lei consumerista regula, assim, todo o fornecimento de serviços no mercado brasileiro e as relações jurídicas daí resultantes, mesmo os serviços prestados sem prévia solicitação ou autorização

---

49. Cf. ANDRADE, op. cit., p. 5 e ss.
50. Expressão de GRAU, Roberto. Interpretando o código de Defesa do Consumidor: algumas notas, *Revista de Direito do Consumidor*, v. 5, p. 183 e ss.
51. Esta feliz expressão é de Nelson Nery Júnior, em sua conferência magna no XIV Curso Brasilcon de Direito do Consumidor, em outubro de 1998, em Porto Alegre.

(art. 39, III e VI, do CDC), exigindo apenas "remuneração" do serviço (art. 3º, § 2º, do CDC). Tal remuneração, como a jurisprudência está a indicar, pode ser direta ou mesmo indireta, fato cada vez mais comum no mercado de consumo complexo atual.[52]

Se serviço no CDC (art. 3º, § 2º) é toda e "qualquer atividade fornecida no mercado de consumo, mediante remuneração, [...] salvo as decorrentes das relações de caráter trabalhista", são objeto deste estudo todas as relações juridicamente relevantes envolvendo serviços prestados por um fornecedor a um consumidor (arts. 2º e 3º do CDC). Relação jurídica é toda a relação da vida juridicamente relevante, isto é, disciplinada pelo direito, no caso, pelo Direito do Consumidor, incluindo como visto relações pré, pós, contratuais e extracontratuais *ex delicto* que envolvam serviços.

Segundo Domingues de Andrade, em um sentido amplo, "relação jurídica é toda a situação ou relação da vida real (social) juridicamente relevante (produtiva de consequências jurídicas), isto é, disciplinada pelo Direito" e, em um sentido estrito, apenas "a relação da vida social disciplinada pelo Direito, mediante a atribuição a uma pessoa (em sentido jurídico) de um direito subjetivo e a correspondente imposição a outra pessoa de um dever ou de uma sujeição."[53] Em nossa análise, não limitaremos nosso estudo às relações jurídicas que atribuam direitos subjetivos (individuais, coletivos e difusos) aos consumidores, mas para alcançar maior alcance, procuraremos englobar toda e qualquer atividade de serviço remunerada direta ou indiretamente no mercado que seja juridicamente relevante, mesmo que em forma de expectativa de direito, regulada pelo CDC. Optamos, pois, por um conceito de

---

52. O movimento da análise econômica nos Estados Unidos alerta-nos para a falácia "econômica" dos chamados "serviços", "utilidades" ou promessas "gratuitas", que não passaria de uma superada ficção jurídica. O que parece juridicamente gratuito nos alertam mesmo os conservadores e radicais autores deste movimento de Chicago, é economicamente baseado na certeza da remuneração indireta, na interdependência de prestares futuros e atuais (sinalagma escondido), no estado de cativeiro e de dependência a que um dos parceiros fica reduzido e no lucro direto e indireto do outro. Veja, citando Richard A. Posner, MARQUES, Claudia Lima. Relação de consumo entre os depositantes de cadernetas de poupança e os bancos ou instituições que arrecadam a poupança popular, *Revista dos Tribunais*, n. 760, p. 127.
53. ANDRADE, op. cit., p. 2.

relação jurídica de serviço de sentido amplo, tendo em vista o espírito protetivo da referida lei tutelar dos consumidores.

Quanto à conceituação de "fornecimento de serviços", as análises brasileiras geralmente concentram-se na prestação principal, no objeto desta prestação.[54] Serviço seria o negócio jurídico cuja obrigação principal fosse um fazer (*opus facere*), em contraposição às obrigações de dar ou ao fornecimento de produtos no mercado. As análises latino-americanas preferem valorar o resultado, o direito/poder resultante do negócio jurídico.[55] Serviço seria, assim, o negócio através do qual o titular adquire a faculdade de exigir de outra pessoa uma atividade ou utilidade de conteúdo patrimonial (*ius in personam*), direito de crédito ou obrigacional, a se contrapor aos direitos reais (*ius in re*) geralmente resultantes das obrigações de dar. O Código Civil de 2002 não definiu serviços ou seu "fornecimento". O Código Civil de 2002 preferiu repetir as normas do Código Civil de 1916 no capítulo intitulado "da Prestação de Serviço", de aplicação subsidiária, ressalvando no art. 593, todas as leis especiais, como o próprio CDC, que regulem os serviços.

Assim, tanto as análises que focam no resultado ou no tipo de obrigação estão corretas e presentes sem dúvida em nosso CDC (e ressalvadas pelo Código Civil de 2002), porém, parece necessário inicialmente frisar dois problemas dogmáticos. De um lado, visualizamos hoje – em virtude do princípio criador, limitador e hermenêutico da boa-fé (objetiva, como demonstrar-se-á)[56] – as obrigações como processos de cooperação no tempo, como feixes de deveres de conduta e de prestação direcionados a um só bom fim, o cumprimento do contrato.[57]

---

54. Assim o mestre da UFRGS COUTO E SILVA, Clóvis. *A obrigação como processo*. São Paulo: Bushtasky, 1976, p. 156, ensinando que a obrigação de fazer tem como objeto da prestação a própria atividade, já a obrigação de dar tem como objeto uma coisa ou direito.
55. Boa revisão em COSTA JUNIOR, Olímpio. *A relação jurídica obrigacional*. São Paulo: Saraiva, 1994. p. 1-7.
56. Sobre as funções do princípio da boa-fé, veja-se: MARTINS-COSTA, Judith. *A Boa-fé no Direito Privado*. São Paulo: RT, 1999, p. 409 e ss; e MIRAGEM, Bruno. *Direito das obrigações*. 3ª ed. Rio de Janeiro: Forense, 2021, p. 65 e ss.
57. Veja, por todos, LARENZ, Karl, Schuldrecht. Bd.I-AT, 14. ed. Munique: Beck, p. 26 e ss. e, em português, COSTA JÚNIOR, op. cit., p. 56 e ss.

Nesse sentido, a boa-fé objetiva confere à obrigação uma visão dinâmica, de modo que concentrar a análise em apenas uma das "condutas", em uma das "prestações", é reduzir o espectro, uma vez que – se durar – muitas serão as "prestações principais" no tempo, sem esquecer que, na complexidade da vida atual, os fazeres são múltiplos, múltiplos são os "dares" para satisfazer uma só necessidade de consumo e, acima de tudo, hoje já não está mais certo qual a prestação é principal.

Certo é que a prestação principal é a característica daquele negócio, geralmente a que não envolva apenas o pagamento ou transferência de quantias, a exceção dos contratos bancários e financeiros. A dúvida hoje é saber se "principal" para o consumidor é o dever de prestação (realizar um tratamento médico, por exemplo), ou é o cumprimento de um dever anexo (informar os riscos do tratamento e opções para permitir a escolha) ou de um dever acessório (ministrar corretamente o remédio, alcançar asseio e precisão nos usos dos instrumentos e curativos) ou todo este conjunto unido é a realização das expectativas do consumidor, causa do contrato, logo objeto da prestação. A complexidade atual perturba a definição de serviço pelo resultado concreto alcançado, a maioria dos negócios envolvendo serviços, envolvem apenas direitos pessoais, mas certo é que de um serviço pode resultar hoje um direito real acessório, como exemplo no caso dos contratos de *time-sharing* ou multipropriedade[58].

Assim, preferimos as análises germânicas que geralmente iniciam pela pretensão (*Anspruch*) resultante do negócio.[59] Assim, serviço seria o negócio jurídico que propicia ao titular ou que envolver a prestação de um fazer economicamente relevante, de um ato ou de uma omissão útil e interessante no mercado de consumo, de uma atividade remunerada direta ou indiretamente, um fazer imaterial e principal, que pode ou não vir acompanhado ou complementado por um dar ou pela

---

58. Note-se que a disciplina da Time Sharing (multipropriedade) pela Lei nº 13.777/2018, mudou o Código Civil e a Lei de Registros Públicos e o considerou um bem, uma copropriedade.
59. Assim também LÔBO, Paulo Luiz Netto, Responsabilidade por vício do produto ou do serviço, *Brasília Jurídica*, Brasília, 1996, p. 83 e ss. Para um bom repassar da evolução da doutrina alemã, das teorias chamadas "personalistas" às "patrimonialistas" das obrigações, veja TIMM, 1998, p. 76 a 80.

criação ou entrega de bem material acessório a este fazer principal, fazer que é, em verdade, a causa de contratar e a expectativa legítima do consumidor frente ao fornecedor.

A diferença em concentrar-se na pretensão e não na prestação é o grau de abstração. Prestação é algo concreto que pode acontecer ou não no caso em estudo (não acontece em caso de insolvência, por exemplo); representa assim algo do mundo dos fatos, um dar ou um fazer que modifica primeiro os fatos e depois o mundo do direito. Pretensão é uma pura abstração jurídica, é criação do direito para indicar que algo vai mudar, que alguém vai "pretender" uma utilidade qualquer e conseguirá ou que pelo menos o direito vai protegê-lo (ação em direito material). Pretensão indica que o mundo do direito (plano da eficácia) já está outro em virtude daquele vínculo criador da pretensão titulada. Concentrar-se nas pretensões de cada uma das partes, aquilo que cada um pretende na relação jurídica, facilita "entender" o negócio, sua causa, sua finalidade de consumo, as expectativas legítimas nascidas pela confiança despertada no consumidor pelo fazer do fornecedor.

B) *Elementos internos da relação jurídica de serviço: uma introdução*

Permitam-me revisitar este texto, fazendo uma introdução aos elementos internos da relação jurídica de serviço. Fotografada a relação jurídica de serviço, regulada pelo CDC, revelam-se alguns elementos estruturais internos, presentes em todas as relações. Os elementos estruturais internos são a própria ideia de obrigação (*vinculum*), os direitos subjetivos daí resultantes, os deveres de prestação e de conduta (deveres principais, anexos e acessórios), a sujeição e os direitos potestativos e as expectativas legítimas oriundas destas relações no mercado de consumo.[60]

1. *A obrigação envolvendo serviços, a "servicização" e o mundo digital*

Mister frisar que "obrigação" aqui significa vínculo, liame, dever de atuação em determinado sentido, dever de indenizar em caso de

---

60. Cf. ANDRADE, op. cit., p. 5 e ss.

violação do dever. Isto porque estamos em um microssistema determinado, o CDC,[61] e só é juridicamente relevante o que tiver por finalidade (direta ou indireta) o consumo ou o atendimento de interesses e utilidades do consumidor. Este microssistema, pois, tem caráter eminentemente negocial. Os atos negociais nunca são neutros ou não-vinculativos, ao contrário, criam sempre deveres, de maior ou menor intensidade e é justamente esta intensidade que é regulada no CDC, nos deveres impostos aos fornecedores de serviço, contratual ou extracontratualmente. Em resumo, para aparecer no plano da existência como relação de consumo, o fornecimento de serviço já é vinculativo, já é negocial, já cria obrigações, vínculos e liames, maiores ou menores. Eis porque consideramos[62] que a maior contribuição do CDC ao Direito Civil foi justamente esta, de tornar vinculativos atos e fatos de consumo que antes eram considerados juridicamente irrelevantes (logo, antes "fotografados" no plano da existência, como "não jurídicos", não juridicamente relevantes).

Os elementos estruturais internos são, pois, os oriundos desta ideia de obrigação *lato sensu*, no nosso caso, de vínculo obrigacional de consumo: direitos subjetivos, deveres de prestação e de conduta, sujeição e expectativas legítimas. Estes elementos, no CDC, só podem ser entendidos e identificados com base nos princípios orientadores do microssistema, especialmente no princípio da boa-fé e do equilíbrio nas relações de consumo.

Boa-fé, como visto, significa uma atuação "refletida", atuação refletindo, pensando no outro, no parceiro contratual, respeitando-o, respeitando seus interesses legítimos, seus direitos, respeitando os fins do contrato, agindo com lealdade, sem abuso da posição contratual, sem causar lesão ou desvantagem excessiva, com cuidado para com a pessoa e o patrimônio do parceiro contratual, cooperando para atingir

---

61. Sobre o microssistema do CDC, veja GRINOVER, Ada Pellegrini et al. (Org.). *Código Brasileiro de Defesa do Consumidor*: Comentado pelos autores do Anteprojeto. Rio de Janeiro: Forense Universitária, 1998, p. 344.
62. MARQUES, Claudia Lima. Vinculação própria através da publicidade? A nova visão do Código de Defesa do Consumidor, *Revista de Direito do Consumidor*, São Paulo, v. 10, 1994, p. 6-20.

o bom fim das obrigações, isto é, o cumprimento do objetivo contratual e a realização dos interesses legítimos de ambos os parceiros.[63]

Com efeito, perseguindo ideais de harmonia, transparência e segurança, o sistema do CDC estipula como princípios orientadores (criadores e limitadores) a boa-fé objetiva[64] e o equilíbrio nas relações de consumo (art. 4º, III, *in fine*, do CDC).

A proteção da boa-fé e da confiança despertada formam, segundo Karl Larenz, a base do tráfico jurídico, a base de todas as vinculações jurídicas, o princípio máximo das relações contratuais.[65] O Código de Defesa do Consumidor (CDC) inova ao impor expressamente para todas as relações de consumo envolvendo prestação de serviços onerosos no mercado (art. 3º, § 2º, do CDC), um patamar mínimo de boa-fé na conduta das partes (art. 4º, inciso III, do CDC).[66]

Trata-se de uma boa-fé objetiva, um paradigma de conduta leal, e não apenas da boa-fé subjetiva, conhecida regra de conduta subjetiva no Código Civil. Boa-fé objetiva é um *standard* de comportamento leal, com base na confiança despertada na outra parte cocontratante, respeitando suas expectativas legítimas e contribuindo para a segurança das relações negociais.[67]

Note-se que o princípio da boa-fé objetiva, princípio orientador das relações de consumo segundo o CDC (art. 4º, III), apresenta dupla função. Tem função criadora (*pflichtenbegrundende Funktion*), seja como fonte de novos deveres (*Nebenpflichten*), deveres de conduta anexos aos deveres de prestação contratual, como o dever de informar, de cuidado e de cooperação; seja como fonte de responsabilidade por

---

63. MARQUES, Claudia Lima. *Contratos no Código de Defesa do Consumidor*, 9. Ed., RT: São Paulo, 2019, p. 206 e seg.
64. Sobre a boa-fé objetiva como princípio orientador do sistema do CDC, veja o artigo de AGUIAR JÚNIOR, Ruy Rosado de. A boa-fé na relação de consumo, *Revista de Direito do Consumidor*, v. 14, p. 20 e ss.
65. LARENZ, Karl. *Schuldrecht*. Bd.I-AT. 14. ed. Munique: Beck, p. 127 e 128.
66. Sobre a boa-fé nas relações de consumo e a cláusula geral de boa-fé do art. 51, inciso IV, do CDC, veja AGUIAR Jr., p. 20 e ss.
67. Cf. MARQUES, Claudia Lima. *Contratos no Código de Defesa do Consumidor*. 9. ed. São Paulo: RT, 2019, p. 206-207; MIRAGEM, Bruno. *Direito das obrigações*. 3ª ed. Rio de Janeiro: Forense, 2021, p. 62 e ss.

ato lícito (*Vertrauenshaftung*), ao impor riscos profissionais novos e indisponíveis. Assim, também possui o princípio da boa-fé uma função limitadora (*Schranken- bzw. Kontrollfunktion*), reduzindo a liberdade de atuação dos parceiros contratuais ao definir algumas condutas e cláusulas como abusivas, seja controlando a transferência dos riscos profissionais e libertando o devedor em face da não razoabilidade de outra conduta (*pflichenbefreinde Vertrauensunstände*).[68]

O princípio geral de boa-fé, positivado no CDC, em seu art. 4°, inc. III, estipula um mandamento de boa-fé (objetiva) a guiar todas as condutas, em especial a do fornecedor de serviços, como atividade necessariamente leal, cooperativa, informativa, transparente, cuidando do nome e patrimônio daquele que o escolheu como parceiro, os consumidores, presumidos legalmente como parte vulnerável da relação (art. 4°, I, do CDC). Aqui um reflexo da função positiva do princípio da boa-fé, da força criativa de deveres de conduta, princípio que, interpretando as normas positivas impostas, impõe uma atuação refletida do contratante mais forte em relação aos interesses do contratante mais fraco, o consumidor.

Trata-se de mais um mandamento de proteção da segurança e da harmonia social (*Vertrauensgebot*), o qual imporia àqueles que exercerem atividades no mercado suportar riscos profissionais e deveres de conduta mais elevados, a eles imputados por esta lei especial, uma vez que visam lucro (direta ou indiretamente) através desta sua atividade negocial que atinge um grande número de consumidores (indivíduos, grupo ou coletividade tutelada).

Em outras palavras, identificado no plano da existência que se trata de relação de consumo envolvendo serviço, identificamos no mesmo momento a existência de direitos subjetivos clássicos para o polo ativo (necessariamente o consumidor), direitos estes ampliados pela noção de necessária realização também das expectativas legítimas do consumidor, expectativas típicas daquele tipo de relação ou contrato, assim como identificamos deveres de prestação qualificados pelo paradigma de qualidade: adequação, qualidade e segurança imposto

---

68. Veja, por todos, FIKENTSCHER, Wolfgang. *Schuldrecht*. Berlim: Walter de Gruyter, 1992, p.130 e ss.

ao polo passivo (necessariamente o ofertante, o obrigado por excelência no microssistema, o profissional fornecedor), e, por fim, mas fazendo parte da relação, deveres de conduta, oriundos diretamente da boa-fé (impostos *ex vi lege* ao fornecedor), deveres de informação, de cooperação e de cuidado.

Esta "expansão" de direitos e deveres podemos denominar aqui de relação jurídica "qualificada" pelos princípios orientadores do CDC, especialmente o da boa-fé. O fato da relação jurídica de consumo envolvendo serviços ser qualificada vai ter reflexos importantes no plano da validade, como a exigência de maior autonomia de vontade do consumidor, autonomia informada (arts. 20, 30, 34 e 35 do CDC), autonomia com direito de reflexão (art. 49 do CDC), autonomia com acesso prévio às condições do contrato e do serviço (arts. 40, 46, 48, 52 e 54 do CDC). E fácil concluir que, também, extracontratualmente, a noção de culpa pela atuação teria que ser substituída neste sistema qualificado por uma noção objetiva, mais concentrada na proteção da vítima do que em reprimendas pela conduta (diga-se de passagem, lícita e só eventualmente de risco) do fornecedor ou profissional. Trata-se de uma relação jurídica qualificada pela boa-fé vai alterar substancialmente também o plano da eficácia destes negócios jurídicos, pois nascem novos direitos para os consumidores e novos deveres para os fornecedores quando estão em uma relação de consumo envolvendo serviços. Assim como a própria noção de adimplemento sofrerá modificações, hoje adimplir é cumprir totalmente os seus deveres principais de prestação e também os anexos de conduta.

A segunda modificação operada pelos princípios do CDC é quanto à visão dinâmica e no tempo deste vínculo. A existência de um vínculo juridicamente relevante unindo dois sujeitos na sociedade traz em si, portanto, o binômio dever/comando, direito/poder; traz em si a ideia de obrigação *lato sensu* entre estes sujeitos. As obrigações dividem-se classicamente entre as obrigações de dar e de fazer, sendo que as obrigações de fazer que nos interessam podem ser negativas (obrigação de não fazer) ou positivas (obrigação de fazer). Essa "obrigação" é, pois, a individualização do *dever jurídico*, abstrato e geral; é a concretização reflexa do direito do outro, que se coloca em uma situação nova, de subordinação não só a uma conduta própria imposta pelo comando legal, mas também no caso dos direitos potestativos, na dependência da conduta do outro.

Normalmente definimos obrigação *stricto sensu* como um vínculo jurídico em virtude do qual uma pessoa fica adstrita para com a outra à realização de uma prestação, assim alguém estaria "obrigado" somente quando a prestação é (ou passa a ser) exigível. Haveria, assim, uma dependência intrínseca entre a exigibilidade da obrigação principal e o termo técnico "obrigação", que segundo alguns deveria ser utilizado somente neste sentido estrito.[69] Neste estudo peço vênia para utilizar aqui a expressão "obrigação" também em sentido lato, de forma a demonstrar que antes mesmo que a prestação principal (fazer ou não-fazer) seja exigível, na visão dinâmica imposta pelo CDC para a relação de consumo, existem outras "prestações", prestações acessórias, *Nebenleistungen* como as chamam os doutrinadores alemães, já exigíveis em forma de condutas determinadas impostas por lei àquele tipo de aproximação negocial. Destacando também a relevância do elemento tempo para este tipo de relação de serviços; tempo que significa aqui maior confiança, menor atenção, maior dependência e uma nova posição de cativdade frente ao serviço prestado, tempo significa também "necessidade no futuro", segurança esperada, daí a ideia de manutenção do vínculo (art. 51, § 2º, do CDC) e direito a serviços públicos essenciais contínuos (art. 22 do CDC).[70]

Segundo o mestre português Galvão Telles, o termo técnico "obrigação" designa, em sentido amplo, o lado passivo de qualquer relação social, que passe a ser juridicamente relevante. "Obrigação" significa, assim, tanto o dever jurídico pelo qual uma pessoa se encontra

---

69. Veja fontes e detalhes em MARQUES, 2019, p. 297 e seg., ou COSTA JÚNIOR, 1994, p. 57-58.
70. Como ensina BENJAMIN, Antônio Herman de Vasconcellos et al. *Comentários ao Código de Proteção ao Consumidor*, São Paulo: Saraiva, 1991, p. 110: "A segunda inovação importante é a determinação de que os serviços essenciais – e só eles – devem ser contínuos, isto é, não podem ser interrompidos. Cria-se para o consumidor um direito à continuidade do serviço. Tratando-se de serviço essencial e não estando ele sendo prestado, o consumidor pode postular em juízo que se condene a Administração a fornecê-lo." Veja sobre corte de água decisão do STJ em REsp. 201.112, 1ª T., j. 20.04.1999, rel. Min. Garcia vieira.

vinculada a observar certa conduta no interesse da outra (titular do direito subjetivo), quanto ao estado de sujeição, que se traduz na submissão aos efeitos jurídicos produzidos por iniciativa alheia (no exercício de um direito potestativo). Dever jurídico é uma ordem ou comando dirigido pelo ordenamento jurídico ao indivíduo, a qual ele tem de observar como um imperativo, visando orientar seu procedimento. Dever aqui significa a sujeição a uma determinada conduta, sujeição esta acompanhada de uma sanção em caso de descumprimento.[71]

Ao dever jurídico imposto a um indivíduo (devedor: lado passivo) corresponde um direito subjetivo assegurado a outro indivíduo ou ente (credor: lado ativo). No sistema do CDC, o "devedor" é sempre o fornecedor, pois os direitos foram imputados subjetivamente somente ao consumidor (veja art. 6º do CDC), credor do fornecimento com qualidade e conforme a boa-fé (lado ativo). Esta observação é importante, tendo em vista que os deveres de boa-fé são, por sua natureza, deveres bilaterais e só serão unilaterais ou qualificados unilateralmente em virtude de lei. Esta é razão, por exemplo, do dever de informar ter sido tão especificado nos arts. 30 e 31, do dever de aviso do perigo (art. 10) e da abertura de banco de dados sobre o consumidor (art. 43)[72] estarem positivados, do dever de cuidado na cobrança de dívida estar expressamente regulado (art. 42),[73] enquanto o dever de cooperar, dever necessariamente bilateral, estar apenas implícito no CDC (art. 4º, *caput* e III) através das expressões "harmonia" e "equilíbrio".

Por fim, permitam-me relembrar que a obrigação principal no mundo digital pode ser a de "dar" um produto "imaterial", como um programa "Excel" ou "Antivírus". A servicização é um novo modelo

---

71. Assim como o direito subjetivo é uma noção dupla, faculdade de agir conforme a norma autoriza (*facultas agendi*) e ação (em sentido material) para proteger aquela faculdade ou atuação, o dever (subjetivado na pessoa do fornecedor de serviços, por exemplo) também é um binômio, sujeição obrigatória a uma conduta ou linha de conduta e sanção, resposta negativa do direito, ao eventual descumprimento da conduta imposta.
72. Veja REsp. 14.624-0, em *Revista de Direito do Consumidor*, v. 22, p. 178 e ss.
73. Veja exemplo na jurisprudência, cobrança através de rádio e dano moral, TJRS AC 596105767, j. 01.10.96, Des. Décio Antônio Erpen, em *Revista de Direito do Consumidor*, v. 22, p. 198 e ss.

de negócios, que vende ou coloca para contratação não o produto, mas uma funcionalidade do produto, com remuneração por mês ou por "uso" do produto.[74] Assim, em vez de "comprar" o antivírus, o consumidor tem que contratar por ano ou mês o programa. Assim, também o *streaming*, os objetivos são filmes e séries, que se compradas nas lojas serão "bens/produtos" imateriais de lazer, mas contratados por mês, pelo *streaming*, ou por uso, são pagos como "serviços", um pacote de utilização.

No caso da servicização dos produtos, o consumidor deseja justamente o "pacote" produto-serviço combinado, ou, em outras palavras, o objetivo do consumidor é o acesso ao serviço (antivírus) que é retirado do "produto" (software de antivírus), ou a assistência técnica, ou os apps (softwares) que podem vir com o produto. Um bom exemplo são os programas de computador ou antivírus, que, no passado, se compravam em lojas físicas, vinham em caixas, com números de cessão e limite de utilização, mas eram de propriedade do consumidor para sempre, depois de colocados nos PCs do consumidor. Agora são vendidos online, continuam sendo "produtos"/conteúdos imateriais, mas se pagam por mês, como um serviço, alguns deles tem preços diferentes por faixas de utilização... e desaparecem –rapidamente do computador do consumidor – caso o pagamento pelo "produto-serviço" ou *streaming* não se realizar. Há um controle total e no tempo do produto e suas atividades...

A "servicização" iniciou na indústria, onde já não bastava produzir, mas era necessário incluir serviços e acompanhar os "produtos" e suas utilidades.[75] No mercado de consumo, acabará por trocar o tipo de contrato, pois não mais contratos imediatos e envolvendo produtos, mas contratos de serviços, se bem que "serviços ou fazeres" a serem

---

74. TOFFEL, Michael W. Contracting for Servicinzing, Harvard Business School Working Paper, No. 08-063, February 2008. Acessível in https://www.hbs.edu/faculty/Pages/item.aspx?num=31939.

75. Veja sobre esta evolução no Brasil, a reportagem de 2014, MAIA, Humberto Júnior. O futuro é dos serviços, e o Brasil está muito atrasado – Serviços mais produtivos ajudam na competitividade da indústria, que não depende só do que se faz no chão de fábrica, 11. Agosto 2014 – *Revista Exame*. Acessível in https://exame.abril.com.br/revista-exame/o-futuro-dos-servicos/ (acesso 03.05.2020).

retirados dos produtos/conteúdos, como o objetivo principal do consumidor. A servicização será ainda maior com a chegada da internet das coisas e os chamados "produtos inteligentes", produtos em que está embutido um serviço (como uma geladeira que já tem o serviço de fazer compras, ou um imã de geladeira que permite pedir pizzas automaticamente por delivery...). Tudo neste mundo "digital" – físico pode ser servicizado e os contratos de consumo daí resultantes (principais ou acessórios) serão de serviços!

2. Serviços como categoria contratual no Código de Defesa do Consumidor

Definidos assim os elementos intrínsecos de qualquer fornecimento de serviço regulado pelo CDC resta saber se os "serviços" constituem neste microssistema uma categoria a parte das demais. Enquanto o Código Civil de 2002 prevê em seus arts. 593 a 609[76] uma categoria de contratos denominada Contrato de "Prestação de Serviços", em tradução feliz da expressão germânica *"Dienstleistungsvertrag"*, o CDC, ao contrário, nada menciona de uma categoria contratual "de fornecimento de serviços", apenas regula *ab initio* e de forma geral todos os contratos que envolvam o fornecimento de produtos e serviços no mercado brasileiro.

Há certa lógica neste proceder já que a sociedade atual é cada vez mais uma sociedade de serviços e informação, onde os bens imateriais se aproximam dos serviços e são ambos cobiçados e valorados economicamente como os maiores geradores de riqueza e de *status*.[77] Assim, se a *ratio legis* do CDC é protetiva a incluir todos os tipos de serviços, a criação de uma categoria contratual específica (e consequente tipo ou hipótese legal) seria um limitador, pois que tipificada a categoria teria esta de ser, necessariamente, definida, como o faz o Código Civil de 2002, e excluiria novos tipos ou expressões econômicas de atividades valoradas (organização, formação de cadeia, facilitadores etc.).

---

76. OLIVEIRA, Juarez de (Coord.). *Novo Código Civil*. São Paulo: Oliveira Mendes, 1998. p. 105-107.
77. Veja MARQUES, Claudia Lima. Contratos bancários em tempos pós-modernos, *Revista de Direito do Consumidor*, v. 25, p. 19 e ss.

A única definição de contrato que faz o CDC é metodológica, a do art. 54 sobre contratos de adesão, categoria genérica que engloba todo e qualquer contrato de fornecimento de produtos ou de serviços que utilize-se deste método de contratação. Mesmo assim, parte da doutrina defende a recepção de uma categoria contratual especial no CDC, que englobaria todas as espécies de fornecimento de serviços de consumo, através do art. 3º.[78] Certo é que tal categoria não foi tipificada, o que parece solução sábia.

Consideraremos que a relação jurídica de consumo é de serviço, sempre que, no plano da eficácia, a pretensão dela oriunda for um fazer, uma atividade por parte do fornecedor. Este pensar permite, por exemplo, que em contratos complexos, como os de multipropriedade, os de planos de saúde ou os contratos múltiplos bancários, considere-se a intenção do consumidor, suas expectativas legítimas como mais importantes do que a natureza de dar ou fazer da efetiva prestação cumprida ou realizada *in concreto*. Assim, se *in concreto*, no caso de multipropriedade, a prestação efetiva foi um dar ou um direito real, mesmo assim a pretensão do consumidor era um serviço complexo, se no caso do plano de saúde, a prestação desta vez foi um organizar um hospital, que ministrou apenas remédios, coisas, bem a pretensão do consumidor foi deslocar riscos futuros de saúde, propiciar sua internação no hospital, receber o tratamento (fazer ou dar) necessário; se no caso dos contratos com bancos múltiplos, a prestação foi um dar dinheiro em mútuo, a pretensão do consumidor era manter-se *homo economicus*, com crédito (abstrato) quando se necessita, com uma conta (grupo de fazeres contábeis e de administração) naquele grupo bancário.

Concluindo, hoje, com os contratos complexos há um sem-número de "prestações", de dar e de fazer. Como ninguém duvida que as eficácias das sentenças cíveis são sempre múltiplas, declaratórias e constitutivas ao mesmo tempo, também ninguém mais duvida que as relações contratuais de fornecimento de serviço e de produtos (muitas vezes imateriais) hoje se misturam. A distinção está justamente na confiança despertada, na pretensão do consumidor, no fim principal que

---

78. Assim, na mencionada Dissertação de Mestrado, TIMM, 1998, p. 60.

visa alcançar. É esta pretensão que dirá ao intérprete qual é a eficácia prevalente da sentença, qual é a natureza "prevalente" do contrato, se uma pretensão principal prevalente de dar produto (material ou imaterial) ou de fazer (serviço abstrato ou com resultados materiais).

II. Elementos estruturais externos nas relações de fornecimento de serviços

Continuando nossa análise do negócio jurídico, cuja prestação é um fazer, queremos destacar agora os elementos estruturais externos: sujeitos, objeto, finalidade/garantia e forma, destacando sempre se estes elementos, identificados nestes contratos de serviço regidos pelo CDC, são comuns ao sistema do Direito Civil como um todo ou se podem ser considerados especiais dos serviços de consumo, e quais seus requisitos e efeitos. Nas relações de serviço estes elementos clássicos das relações jurídicas (sujeitos, objeto, finalidade, forma) recebem uma nova visão, a visão de consumo.

Como ensina Nelson Nery Júnior, o foco "de regulamentação pelo Código de Defesa do Consumidor é a relação de consumo, assim entendida a relação jurídica existente entre fornecedor e consumidor tendo como objeto a aquisição de produtos ou utilização de serviços pelo consumidor". Sem nada mencionar sobre o "contrato de consumo", "ato de consumo", "negócio jurídico de consumo", mencionando, ao contrário, a "relação de consumo", termo que tem sentido mais amplo do que aquelas expressões. São elementos da relação de consumo, segundo o CDC: a) como sujeitos, o fornecedor e o consumidor; b) como objeto, os produtos e serviços; c) como finalidade, caracterizando-se como elemento teleológico das relações de consumo, serem elas celebradas para que o consumidor adquira produto ou se utilize de serviço "como destinatário final" (art. 2º, *caput*, última parte, CDC).[79]

Neste texto, nossa análise visa apenas os serviços como objeto da relação de consumo. Vejamos então estes elementos estruturais e seu impacto nos serviços.

---

79. GRINOVER, Ada Pellegrini et al. *Código Brasileiro de Defesa do Consumidor- Comentado pelos autores do Anteprojeto*. Rio de Janeiro: Forense Universitária, 1998. p. 342.

A) Sujeitos e objetos das relações jurídicas de serviços

Mencione-se inicialmente que o consumo é relacional,[80] depende da presença simultânea de dois agentes interagindo. É relação especial que vincula agentes específicos, regidos cada um por um grupo de normas especiais. Assim, de um lado temos o profissional, fornecedor regido pelo Direito Comercial, de outro, temos o leigo, o destinatário final, pessoa física ou jurídica, aqui regido pelo Direito Civil ou Direito Comercial e o vínculo. A relação, esta sim é de consumo, e regida pelo Código de Defesa do Consumidor. Assim, pode-se afirmar que a relação de consumo transforma o *status* dos seus agentes.[81]

1. Os consumidores

Muito se escreveu sobre as definições de consumidor no sistema do CDC.[82] A polêmica entre os finalistas e maximalistas continua acirrada. Neste estudo, mais do que definir quem são os consumidores, gostaria de destacar outros fatores importantes e reflexos práticos do princípio da vulnerabilidade do consumidor (art. 4º, I, do CDC) e da daí resultante forte proteção que este sujeito de direitos recebeu no sistema do CDC.

1.1. A superação do status de terceiro na relação, o novo status de consumidor e do não profissional/"prosumer"

A maior contribuição do CDC ao Direito Civil atual reside justamente na superação do conceito de sujeito individual, o que – na prática – altera todas as nossas definições de terceiro. Se o sujeito

---

80. Estamos usando a expressão no sentido não-técnico, como "relação". Veja sobre contratos relacionais a premiada tese de MACEDO, Ronaldo Porto. *Sociologia Jurídica e Teoria do Direito*: A teoria Relacional e a Experiência Contratual, USP, 1997 (publicada com o título Contratos Relacionais).
81. Cf. MARQUES, *Contratos no Código*, p. 29 e ss.
82. Cf. MARQUES, *Contratos no Código*, p. 290-405. Sobre a ADIN 2591, chamada de ADIN dos Bancos e seu desfecho a favor dos consumidores, que leva ao PL 3515,2015, veja MARQUES, Claudia Lima; ALMEIDA, João Bastista de; PFEIFFER, Roberto (coord.). *Aplicação do Código de Defesa do Consumidor aos bancos – ADin 2.591*. São Paulo: Ed. RT, 2006, p. 9 e seg.

da relação juridicamente relevante pode ser individual, coletivo ou difuso, se pode ser além do contratante e da vítima-contratante também o "*bystander*", vítima terceira em relação ao contrato, o filho e a vizinha em caso de transporte, o "participante indireto da relação", por exemplo, o beneficiado em contrato de seguro, o dependente da relação principal de seguro ou plano de saúde, se pode ser o exposto à prática comercial, quem aceita estacionar em *shopping center*, mas não contrata, não consume propriamente dito, o exposto à publicidade, que nunca sequer adquiriu o serviço ofertado. Assim, se no sistema do CDC todos estes "terceiros" hoje se incluem como "consumidores, consumidores *stricto sensu* do art. 2º (quem "utiliza um serviço"), consumidores equiparados do parágrafo único do art. 2º (coletividade de pessoas, ainda que indetermináveis, que haja intervindo na relação de serviço), do art. 17 (todas as vítimas dos fatos do serviço, por exemplo, os passantes na rua quando avião cai por defeito do serviço) e do art. 29 (todas as pessoas determináveis ou não expostas às práticas comerciais de oferta, contratos de adesão, publicidade, cobrança de dívidas, bancos de dados, sempre que vulneráveis *in concreto*), então temos que rever nossos conceitos sobre estipulações em favor de terceiro[83] e, no processo, sobre legitimação destes terceiros para agir individual e coletivamente.[84]

Sobre o tema, dois aspectos merecem destaque. O primeiro é quanto à origem desta expansão do sujeito de consumo, agora englobando os antigos terceiros. A subdivisão entre o parágrafo único do art. 2º, o art. 17 e art. 29 já foi considerada como uma tentativa de evitar o veto do então presidente Collor de Mello,[85] parece-me,

---

83. Interessante observação de ATIYAH, P.S. *An Introduction to the Law of Contract*. 5. ed. Londres: Oxford, 1995, p. 386, de que o direito novo deve também regular os reflexos negativos desta expansão, isto é, as eventuais estipulações contra terceiros. No caso do CDC, parece-nos que utilizando o princípio da boa-fé e da confiança haverá manutenção de direitos, mesmo que os contratantes principais, por exemplo, definirem "estipulações" negativas aos direitos dos consumidores. O tema, porém, ainda não foi claramente examinado pelo Poder Judiciário.
84. Sobre a tutela e legitimação dos terceiros, veja a obra premiada de LISBOA, Roberto Senise. *Contratos Difusos e Coletivos*. São Paulo: RT, 1997, p. 186 e ss.
85. Veja preciso estudo sobre o assunto realizado por D"ALLAGNOL, Antonio. Direito do consumidor e serviços bancários e financeiros: Aplicação do CDC nas atividades bancárias, *Revista de Direito do Consumidor*, v. 27, p. 7 e ss.

porém, vir de encontro a uma tendência do direito norte-americano, o qual evoluiu para incluir duas categorias de terceiros e garantir-lhes direitos "contratuais".[86] Esta superação do dogma *nemo alteri stipulare potest* é resultado da força da autonomia da vontade naquele sistema.[87] A *Section 302 do Restatement* distingue entre terceiros-beneficiários contratuais "intencionais" e "incidentais". Estes "terceiros" – parte podem então perseguir "seus interesses" contratuais, além do que é criado para o devedor um "*duty*" frente ao beneficiário intencional.[88] E por vontade das partes e face à confiança despertada ("*reliance*"),[89] que este "terceiro", agora parte, poderá usufruir de direitos e garantias contratuais (também processuais) e o devedor tem frente a ele os mesmos deveres de *performace*.

Com a devida vênia, parece-nos que o parágrafo único do art. 2º e o art. 29 do CDC incluem principalmente os terceiros-beneficiários "intencionais", pois que sua vontade ou a vontade dos contratantes principais está presente com esta finalidade específica de inclusão. Examine-se o caso de um pai que coloca os filhos no colégio, os menores "intervêm" na relação e são "expostos" às práticas, por exemplo, de cobrança deste serviço educacional. Os filhos não são terceiros ao contrato, não há mais "estipulação em favor de terceiro", há estipulação em favor de consumidor, porque o terceiro-filho é hoje consumidor (*stricto sensu*, inclusive), com todos os direitos (materiais e processuais) oriundos deste *status*, superando problemas no campo da validade quanto a sua vontade Examine-se o caso de genro que coloca a sogra como dependente beneficiária de um seguro ou plano de saúde coletivo, a sogra e todos os demais consumidores seriam terceiros beneficiários frente ao contrato assinado por seu "representante", universidade, sindicato ou mesmo empresa, mas hoje todos, sem exceção são consumidores, mesmo os interditados, deficientes mentais,

---

86. CHIRELSTEIN, Marvin A. *Concepts and Case Analysis in the Law of Contracts*. 3. ed. Nova Iorque: Foundation Press, 1998. p. 187.
87. Veja nos sistemas romano-germânicos as lições do mestre argentino MOSSET ITURRASPE, Jorge. *Contratos*. Santa Fé: Rubinzal-Culzoni, 1995. p. 346.
88. CHIRELSTEIN, op. cit., p. 187.
89. CHIRELSTEIN, op. cit., p. 193.

menores de idade. Examine-se o caso de um indivíduo que assiste a uma publicidade e é induzido em erro (art. 37, § 1º, do CDC), mas que não contrata ou "utiliza o serviço" (art. 2º do CDC), mesmo assim é ele consumidor equiparado (§ único do art. 2º e art. 29 do CDC).

Parece que a categoria terceiro-parte acidental ou incidental atua principalmente para incluir os terceiros-vítimas extracontratuais do art. 17 do CDC como consumidores. Devemos, porém, concordar também com parte da doutrina que parece incluir como "consumidores-incidentais" alguns dos incluídos no sistema pelo art. 29 do CDC, pois que apesar de muitas vezes "expostos" semi-voluntariamente à relação de consumo (presença em *shopping center*, recepção de mensagem publicitária, como consumidor em potencial ou consumidor alvo da prática) é possível aceitar que o art. 29 inclua como consumidores pessoas totalmente alheias à relação e que sem qualquer "vontade", delas ou de qualquer dos contratantes, e que mesmo assim foram "expostas" incidentalmente às práticas.[90]

Esta distinção de origem norte-americana é pedagógica, pois ajuda a superar a noção de terceiro "beneficiário" para evoluir para a ideia de terceiro-vítima, terceiro-exposto, terceiro-interveniente, enfim, consumidor – equiparado – "ex-terceiro". Alcançar, porém, precisão nesta distinção parece ser hoje de menor importância, uma vez que o sistema do CDC vai mais longe de que o original sistema norte-americano e evolui para não distinguir entre estes terceiros. No sistema de nosso CDC, com sua *ratio legis* de inclusão e tutela dos vulneráveis, não há diferença na intensidade dos "deveres" dos fornecedores frente aos consumidores (terceiros beneficiários) "intencionais" ou "incidentais". Todos receberam, sem distinções, o *status* de consumidor,[91]

---

90. Assim DONATO, Maria Antonieta Z. *Proteção ao Consumidor.* São Paulo: RT, 1993, p. 243 afirma: "O art. 29, como já mencionado, possui uma abrangência subjetiva bem mais extensa e ampla, bastando, para nessa categoria subsumir-se, a simples exposição do consumidor àquelas práticas. Prescinde-se, pois, da efetiva participação da pessoa na relação de consumo (art. 2º) ou de ter sido atingida pelo evento danoso (art. 17). Mostra-se suficiente estar exposto a essas práticas para receber-se a tutela outorgada".

91. Se diferença existir é, inclusive, a favor do terceiro-vítima do art. 17 em relação ao consumidor equiparado do art. 29 do CDC, que alguns consideram deva

e com relação a todos os fornecedores deve conduzir-se com boa-fé e evitar danos. Este terceiro é hoje consumidor.

Poderíamos, pois, afirmar uma segunda diferença, uma vez que no sistema do CDC a inclusão destes terceiros, agora com o *status* "obrigacional" de consumidores equiparados, se dão não pela vontade dos fornecedores ou mesmo dos consumidores, mas se dá *ex vi lege*. Esta solução positivada, típica de nosso sistema, traz um potencial muito mais generalizante do que a solução norte-americana da autonomia da vontade concreta. É exemplo do espírito protetivo do CDC de incluir grande número de pessoas que "gravitavam" ao redor dos contratos e relações de consumo, sendo afetados por eles, sem ter um *status* contratual ou um vínculo obrigacional que os pudesse proteger, até agora. A diferença do sistema norte-americano clássico é a proteção ampliada coletiva, que assegura imperativamente (art. 1º c/c art. 2º, 17 e 29 do CDC), logo, o instrumento de pressão dos fornecedores foi justamente o outro, o dever.

Impor ao fornecedor de serviços, no sistema do CDC, deveres de lealdade e de segurança genéricos (extracontratuais e contratuais) frente a todos os consumidores (art. 2º, art. 17 e art. 29 do CDC) é um grande jugo, pois nem ele pode identificar quem são estes "consumidores" em potencial, individuais, coletivos e mesmo difusos (art. 81 do CDC).[92] Se os consumidores *in concreto* irão usar de seus novos direitos "contratuais" não é certo, certo é que o sistema do CDC criou novos deveres do fornecedor frente a estes ex-terceiros, agora consumidores, que como tal e neste patamar de boa-fé, qualidade e segurança devem ser tratados no mercado, indistintamente se "contratam" os serviços,

---

beneficiar-se apenas das regras daquela seção e da anterior, ambas contratuais. Veja sobre o assunto críticas a esta posição minoritária de MARQUES, *Contratos no Código*, p. 376 e ss.

92. Acrescente-se que a caracterização da vítima como consumidor ocorre somente se a seu favor, como ensina a jurisprudência do TJRJ: "Não há relação de consumo entre vítima de ônibus abalroado e o abalroador a justificar a incidência do CDC *in malam partem*. Prescrição que não pode ser aplicada contra a parte a quem favorece a pretexto de fazer incidir lei mais favorável. Há *contraditio in terminis* na aplicação do Código do Consumidor em desfavor deste beneficiário (...)", em *Revista de Direito do Consumidor*, v. 29, p. 115 e ss.

se os "utilizam" diretamente, se neles "intervêm" ou se são apenas "expostos" a eles.[93]

O resultado desta expansão é a superação da figura do terceiro. No sistema do CDC, devemos desconfiar quando o fornecedor indica uma pessoa ou grupo como terceiro,[94] pois geralmente este grupo ou pessoa é hoje, *ex vi lege*, incluído no sistema com o *status* protetivo de consumidor, *stricto sensu* e equiparado. No plano da existência, pois, aparece um número maior de sujeitos de direito (ativos) nestas relações jurídicas de consumo, os consumidores. No plano da validade, praticamente inalterado, aparece a tendência de tratar estes atos de consumo, criadores de direitos para "consumidores-terceiros", de acordo com a confiança despertada, superando a teoria do vício da vontade, uma vez que o fornecedor já não mais pode alegar erro e menos ainda *dolus bonus*, uma vez que o dever de informar, dever de segurança e dever de introdução no mercado apenas de serviços sem defeito foi imputado a ele imperativamente *ex vi lege*, sem possibilidade de disposição

---

93. A jurisprudência sobre transportes ferroviários tem muita experiência no tratamento deste dever especial de segurança frente a terceiros-vítimas, veja REsp. 107.230, REsp. 38.232, Resp. 38.152, Resp. 23.166, Resp. 48.043, Resp. 35.842, com a diferença que a lei especial que permite a indenização proporcional, se há culpa concorrente da vítima, o que penso não poder existir no sistema do CDC, que considera a "culpa exclusiva" de terceiro como excludente, não considerando-a fator mitigante de responsabilidade. Assim também TJRS: "Responsabilidade civil. Acidente de Consumo. Responsabilidade pelo fato do produto. É objetiva a responsabilidade do produtor na hipótese de acidente de consumo. Responde, assim, perante o consumidor ou o circunstante, fábrica de refrigerantes em razão do estouro de vasilhame, ocorrido em supermercado. Não é o comerciante terceiro, ao efeito de excluir a responsabilidade do produtor [...] ainda que o fosse, incumbe ao fabricante a demonstração inequívoca de que o defeito inexistia no produto, a caracterizar exclusividade de ação (dita culpa exclusiva) do comerciante [...]". (TJRS. 6ª Câmara Cível. APC 598081123, j. 10.02.99, Rel. Des. Antônio Janyr Dall"Agnol Junior)

94. Exemplo desta alegação foi o caso dos planos de saúde coletivos com empresas, em que o fornecedor afirmava que os dependentes e os contratantes eram terceiros, logo, ilegítimos para discutir a nulidade (absoluta!) das cláusulas contratuais no Poder Judiciário... Tal alegação hoje, no sistema do CDC, é absurda, pois que todos os consumidores têm direitos (materiais e processuais) assegurados por lei especial de ordem pública, logo, não disponível por vontade dos contratantes principais (um é consumidor, representante dos consumidores coletivos), nem dos beneficiários.

(arts. 1º, 24 e 25 do CDC). Supre-se igualmente eventuais problemas de forma frente ao grande reflexo destas relações, como exemplo os contratos coletivos de planos de saúde, onde eventuais problemas de forma vão ser superados pela conduta típica dos consumidores, que confiam na validade do vínculo. Segundo alguns, os efeitos obrigacionais destas relações jurídicas de consumo se aproximam muito, no plano da validade, dos efeitos dos atos-fatos ou atos existenciais.[95]

Realmente, o que caracteriza o mundo digital de consumo é sua omni-presença[96] e envolvimento como uma "medusa"[97] na vida das pessoas comuns: Vinte e quatro horas conectadas, sem barreiras entre a mídia, a mídia social e o mercado de consumo! O e. STJ já decidiu que: "*1. A exploração comercial da Internet sujeita as relações de consumo daí advindas à Lei nº 8.078/90*" e que: "*2. O fato de o serviço prestado pelo provedor de serviço de Internet ser gratuito não desvirtua a relação de consumo, pois o termo "mediante remuneração", contido no art. 3º, § 2º, do CDC, deve ser interpretado de forma ampla, de modo a incluir o ganho indireto do fornecedor.*" (STJ, REsp 1316921/RJ, Rel. Min. Nancy Andrighi, 3ª Turma, j. 26/06/2012, DJe 29/06/2012).

Em outras palavras: tudo no mundo digital que nos cerca é consumo, e coloca a todos os privados na posição de consumidores e consumidores equiparados. Como afirmou Pierre Levy, a tecnologia do digital provoca uma "dissolução interna" (e misturas) das categorias de "sujeito" e "objeto".[98] Quanto ao sujeito, hoje conhecemos os consumidores-destinatários finais do art. 2º do CDC, os consumidores equiparados dos Artigos 17, 29 e parágrafo **único** do Art. 2º do CDC,

---

95. Sobre o tema, analisando os ensinamentos de Clóvis de Couto e Silva sobre atos existenciais, veja PASQUALOTTO, Adalberto. *Os efeitos obrigacionais da publicidade no Código de Defesa do Consumidor*. São Paulo: RT, 1997.
96. Veja a "ironia" brilhante dos ensaios de BAUDRILLARD, Jean. *Tela total*. Trad. Juremir Machado da Silva, 5. Ed., Porto Alegre: Ed. Sulina, 2011 (1997), especialmente, p. 45 e seg.
97. A figura de linguagem é de Baudrillard, BAUDRILLARD, Jean. *La societé de consommation*. Paris: Denoël, 1970. p. 17-18.) Mais recentemente apareceu a figura do "enxame" digital, HAN, Byung-Chul. *No enxame*: reflexões sobre o digital. Trad. Miguel Serras Pereira. Antropos: Lisboa, 2016. p. 36 e seg.
98. LEVY, Pierre. *As tecnologias da Inteligência*, Trad. Carlos da Costa, Rio de Janeiro: Ed; 34, 1993, p. ???.

mas no direito comparado já encontramos novas categorias "aproximadas" de consumidores.

Na França, em 2016, o *Code de la Consommation* de 1993 foi reformado pela Ordonnance nº 2016-301 e passou a incluir definições, e além do consumidor pessoa física e do profissional ou fornecedor, criou a figura híbrida do "não-profissional" (Artigo "liminar"), uma pessoa jurídica atuando fora de sua especialidade.[99] A definição de consumidor do *Code* francês foi retirada da Diretiva 2011/83/UE sobre direitos do consumidor,[100] assim como a de "profissional" ou fornecedor de produtos e serviços, mas não a de "não-profissional" (em francês: *non-professionel*), que pode ser equiparado ao consumidor para a sua proteção.

Também do direito comparado vem a noção de "prosumer".[101] Segundo Meller-Hannich,[102] "prosumer" (em inglês: *pro[fessional]* e *[con]sumer* ao mesmo tempo) seria aquele "privado" que oferece um bem ou produto no mercado de consumo compartilhado ou da economia do compartilhamento ao consumidor.[103] Conhecemos o "prosumer" no Brasil também no mundo off-line, nos serviços de energia, em que consumidores-privados, se tiverem painéis solares e excesso de produção de energia, podem devolver à rede o excesso e assim "vender"/ceder/trocar a energia excedente, seguindo as regras da ANEEL.[104]

---

99. Veja Marques, Nota à reforma no Code de la Consommation, RDC 105, p. 525 e seg.
100. Veja crítica de PAISANT, Gilles. Vers une définition générale du consommateur dans le Code de la Consommation ?, in La Semaine Juridique nr. 22, 27 maio 2013, p. 1031-1033.
101. A expressão "prosumer" foi criada por Alvi Tofler em 1980, no livro a terceira onda, veja MELLER-HANNICH, Caroline. *Wandel der Verbraucherrollen – Das Recht der Verbraucher und Prosumer in der Sharing Economy*, Berlin: Duncker & Humbolt, 2019, p. 56.
102. MELLER-HANNICH, *Wandel der Verbrauherrollen*, p. 116.
103. Veja sobre a economia do compartilhamento, Europäische Agenda für die kollaborative Wirtschaft {SWD(2016) 184 final} ou KOM (2016) 356 e Online Platforms and the Digital Single Market Opportunities and Challenges for Europe {SWD(2016) 172 final} ou COM (2016) 288.
104. Veja a obra de doutorado de BASSAMI, Matheus. A proteção do prossumidor na geração distribuída de energia elétrica, PPGD UFRGS, Doutorado, 2019. Acessível

As diferenças são pelo menos duas: a) a finalidade: no mundo da energia o fim principal das placas de energia solar é o consumo doméstico e não a "venda" do "excesso", assim as teorias do consumo por acessoriedade ajudam e o colocam como destinatário final; e b) a posição contratual: o "prosumer" de energia repassa o excesso para o Estado, cooperativa ou o fornecedor de energia.[105] No mundo digital das plataformas de consumo compartilhado, como destaca Meller-Hannich há diferenças entre as várias atividades (da revenda de um vestido eventual, há hospedagem, há empréstimos de quadros, ao transporte de passageiros etc.),[106] mas em todas, o "prosumer" é remunerado (assim como a plataforma!); e geralmente o "prosumer" é o fornecedor "aparente" frente aos consumidores, isto é, é ele que contrata – através da plataforma – com o consumidor ou pelo menos é o que "presta" serviço, fornece ou coloca produto à disposição dos consumidores.

Daí a dificuldade de caracterizá-lo como "consumidor" o "prosumer" da economia das plataformas, mas a caracterização como fornecedor não é confortável, dada a sua falta de habitualidade e profissionalismo. Meller-Hannich afirma que o "prosumer" fica "pairando" entre "privado" e "profissional".[107] Note-se que ao "prosumer"

---

em: https://www.academia.edu/40857103/Cita_en_BASSANI_Matheus_Linck._A_protec_a_o_do_prossumidor_na_gerac_a_o_distribui_da_de_energia_ele_trica._Porto_Alegre_2019._231_f._Tese_Doutorado_em_Direito_Universidade_Federal_do_Rio_Grande_do_Sul_Faculdade_de_Direito_Programa_de_Po_s-Graduac_a_o_em_Direito_Porto_Alegre_2019.

105. Veja Parecer do Comité Económico e Social Europeu sobre «Energia de "prossumidores" e cooperativas de energia: oportunidades e desafios nos países da UE». Relator: Janusz PIETKIEWICZ. Decisão da plenária 21.1.2016. Base jurídica Artigo 29º nº 2, do Regimento. (parecer de iniciativa) Competência Secção Especializada de Transportes, Energia, Infraestruturas e Sociedade da Informação. Adoção em secção 6.10.2016. Adoção em plenária 19.10.2016. Disponível em: https://eur-lex.europa.eu/legal-content/PT/TXT/PDF/?uri=CELEX:52016IE1190&qid=1539164396621&from=EN. (Agradeço a Mateus Bassani o envio do documento).
106. MELLER-HANNICH, *Wandel der Verbrauherrollen*, p. 117.
107. Assim MELLER-HANNICH, *Wandel der Verbrauherrollen*, p. 116, afirma: "Zudem befindet sich der Prosumer häufig auf der Schwelle zwischen privater und gewerberlicher Aktivität, so dass seine Einordnung entweder als Vebraucher oder al Unternehmer schwer fällt."

do mundo digital é imposto deveres de informar,[108] mas já recebe na Europa uma maior proteção frente às plataformas (Regulamento (UE) 2019/1150 do Parlamento Europeu e do Conselho, de 20 de junho de 2019, relativo à promoção da equidade e da transparência para os utilizadores profissionais de serviços de intermediação em linha).[109]

Na economia circular, finalidades solidárias e ambientais também devem ser consideradas, por exemplo, Meller-Hannich destaca as atividades de "compartilhamento de comida", sugere uma união entre as associações de consumidores e os "prosumers" de forma que estes possam se organizar e informar de forma clara e completa "seus consumidores" e focar na responsabilidade dos verdadeiros "fornecedores" – *gatekeepers*.[110]

Para finalizar, mister aproximar estas duas novas figuras, a do "não-profissional", francês, que a jurisprudência brasileira incluiu no finalismo aprofundado e do "prosumer". Seja o "prosumer" de energia, seja o do mais "fornecedor" do mundo digital, este "prosumer" age fora de sua atividade profissional e muitas vezes pode, sim, merecer o status de consumidor como no caso da energia ou pelo menos de consumidor equiparado.

A discussão está só iniciando. Porém, assim como a teoria de Leonardo Bessa do "fornecedor equiparado",[111] que focava inicialmente os fornecedores mencionados no CDC "bancos de dados" e "publicitários/agências de publicidade", a análise dos "não-profissionais" e do "prosumer" ganha importância na prática dos tribunais. É o espírito do século XXI, que consumidores sejam "ativos", que não mais se limitem a seu status de "receberem", coisas e serviços "prontos" e o mundo digital em especial permite que "transformem"

---

108. MELLER-HANNICH, *Wandel der Verbrauherrollen*, p. 120 e seg.
109. Veja BUSCH, Christoph. Self-Regulation and Regulatory Intermediation in the Platform Economy, in CANTERO, Marta Gamito; MICKLITZ, Hans-W. (Eds.) *The Role of the EU Transnational Legal Ordering: Standards, Contracts and Codes*. Edward Elgar, 2019, no prelo. Agradeço ao Dr. Pablo Baquero o envio do instigante texto para leitura.
110. MELLER-HANNICH, *Wandel der Verbrauherrollen*, p. 124 a 126.
111. Veja BESSA, Leonardo Roscoe. Fornecedor equiparado. *Revista de Direito do Consumidor* 61, p. 127 e seg.

os objetos (a Wikipédia é um exemplo de "prosumtion", outros microblogs são de pessoas não-profissionais, como WordPress, Tumblr, Blogger ou Twitter, ou no setor dos vídeos, como Vlogs, Videoblogs, Youtube e vimeo), que avaliem os serviços (Google Plus Local, Tripadvisor), que se unam para peticionar (Change, Avaaz) ou para criticar (Shitstorm).[112]

Thierry Bourgoignie denominou de "consom´acteur",[113] algo como "consumidor-ator". Este consumidor que não mais se restringe ao *status* clássico e passivo de destinatário final de bens e serviços, mas é "ator" do próprio consumo, avaliando-o, o modificando ou mesmo o "monetarizando" no futuro. Como tudo, no mundo digital é "consumo" – mesmo as mídias sociais –, não podemos concluir sem afirmar que neste meio, o prosumer pode ser um instrumento de marketing, um influenciador e daí recair mais uma vez na cadeia de fornecimento e não de consumo. Realmente, como afirma Teubner[114] os consumidores do século XXI são "sujeitos digitais" usando plataformas e "apps", que coletam nossos dados e perfis que serão monitorados pelo "big data"[115] e transformados em marketing.

Novos consumidores e uma expansão do campo de aplicação do CDC nunca vista. As figuras do "non-professionel" e do "prosumer" ou consumidor-ator tenho certeza serão ainda será muito importante no futuro.

---

112. Estes exemplos foram retirados da Revista IT de 20.02.2018, Definition Was ist ein Prosumer?, autores Laimigas/Heidemarie Schuster, in https://www.it-business.de/was-ist-ein-prosumer-a-740881/.
113. Palestra no Curso de Verão UQAM-UFRGS, Québec, 2018. Veja E-MARKETING.FR. *Glossaire*: Consommacteur (ou consom'acteu). S.d. Disponível em: <https://www.e--marketing.fr/Definitions-Glossaire/Consommacteur-ou-consom-acteur--241053.htm#5K-mM3JtwTTMXwSOy.97>. Acesso em: 03. 05.2020. Agradeço ao Doutorando Guilherme Mucelin esta citação.
114. TEUBNER, Gunther. Digitale Rechtssubjekte, in *Archiv des Civilistische Praxis -AcP* 218 (2018), p. 155 e seg.
115. Sobre a mudança digital como uma mudança de valor dos "dados", de uma economia de escassez de dados para uma economia de plataformas, com hiper abundância de dados e bigdata, veja SCHWEITZER, Heike. Digitale Plattformen als private Gesetzgeber: ein Perspektivwechsel für die europäische "Plattform-Regulierung", in *ZEUP* 1 (2019) 1-12, p. 1-2.

1.2. Relativização do efeito apenas inter partis dos contratos de serviço face aos novos "consumidores": nova força vinculativa do fornecimento de serviços

A superação do conceito de sujeito individual de direitos nas relações de serviços de consumo, além de alterar nossas definições de terceiro, possui o condão de quebrar também alguns dogmas da teoria geral dos contratos. E justamente no plano da eficácia que se localiza a segunda modificação importante trazida para o Direito Civil pelo CDC: os efeitos contratuais expandidos ou qualificados pela definição ampla de sujeito de direito da relação de consumo. Ora, se o terceiro é parte e consumidor, sujeito de direitos mesmo em relações contratuais que não participa, dois dogmas estão revistos no CDC: o do efeito *inter partis* dos contratos de serviço e da *suma divisio* entre a obrigação contratual e extracontratual.

Reservando o segundo tema para quando examinarmos o sujeito passivo da relação, os fornecedores, podemos afirmar quanto ao primeiro que a regra da relatividade dos contratos ou do efeito apenas entre partes é clássica e diretamente originada do dogma da autonomia da vontade.[116] No Direito Civil comum este grupo de "consumidores" incidentes não deveria fazer parte da relação contratual. A única exceção clássica são os parcos direitos assegurados aos beneficiários-terceiros (hoje, consumidores intencionais), nas estipulações em favor de terceiros.

Bem, o sistema do CDC, ao aproximar estas duas figuras e definir todos como "consumidores" *stricto sensu* ou equiparados, acaba definindo que as relações contratuais de consumo terão efeitos frente a "terceiros". Um contrato de serviço regulado pelo Código Civil não deveria ter efeitos frente a terceiros, vincularia e asseguraria direitos somente às partes, e – no máximo – em relação aos terceiros beneficiários intencionais e aceitos por ambos os contratantes principais. No sistema do CDC a eficácia contratual é maior, pois nascem direitos em terceiros, consumidores equiparados e nascem deveres para os fornecedores frente a "terceiros", consumidores equiparados. Há,

---

116. Cf. MARQUES, *Contratos no Código*, p. 35 e ss.

pois, uma modificação importante dos contratos de fornecimento de serviços no plano da eficácia, que está ligada diretamente ao fato de, no plano da existência, podemos identificar um maior número de sujeitos ativos, os consumidores para uma só relação jurídica contratual envolvendo fazeres.

Já destacamos o tema como uma das grandes contribuições dogmáticas do CDC ao Direito Contratual, afirmando que na visão tradicional, a força obrigatória do contrato teria seu fundamento na vontade das partes. Já a nova concepção de contrato destaca, ao contrário, o papel da lei. Agora a lei é que reserva um espaço para a autonomia da vontade, para a auto-regulamentação dos interesses privados, logo, é ela que vai legitimar o vínculo contratual e protegê-lo. Se a vontade continua essencial à formação dos negócios jurídicos, mas sua importância e força diminuíram, levando à relativização da noção de força obrigatória e intangibilidade do conteúdo do contrato de consumo.

A Lei da Liberdade Econômica (Lei nº 13.874, de 2019, que traz normas gerais sobre aplicação e interpretação das normas de direito econômico, as quais a doutrina frisa serem sobre a "atividade econômica em sentido próprio restrito"[117]) procurou, ao modificar o Código Civil de 2002, diminuir esta realidade para os contratos entre iguais, contratos civis e empresariais, que a partir de agora se presumem paritários e equilibrados,[118] e de excepcional revisão (novo Art. 421-A do CC/2002).[119] Como bem observam Rodrigues Jr., Leonardo e Prado,

---

117. Assim ensina sobre a exclusão do direito do consumidor e mesmo no direito econômico referente ao serviço público, JUSTEN, Marçal Filho. Abrangência e incidência da Lei, in PEIXOTO MARQUES, Floriano Neto; RODRIGUES, Otavio Luiz Jr.; XAVIER LEONARDO, Rodrigo. *Comentários à Lei da Liberdade econômica – Lei 13.874/2019*, São Paulo: RT, 2019, p. 24.
118. Veja sobre contratos civis e empresariais "simétricos e paritários" e as modificações do CC/2002, RODRIGUES, Otávio Luiz Jr.; XAVIER LEONARDO, Rodrigo; PRADO, Augusto Cézar L. A liberdade contratual e a função social do contrato – Alteração do Art. 421-A do Código Civil – Art. 7º, in PEIXOTO MARQUES, Floriano Neto; RODRIGUES, Otávio Luiz Jr.; XAVIER LEONARDO, Rodrigo. *Comentários à Lei da Liberdade econômica – Lei 13.874/2019*, São Paulo: RT, 2019, p. 314 e seg.
119. Também se destaque a inclusão de um parágrafo único no Art. 421 do CC/2002: "Nas relações contratuais privadas, prevalecerão o princípio da intervenção mínima e a excepcionalidade da revisão contratual".

a Lei da Liberdade Econômica introduziu, no unificado Código Civil de 2002, a primeira distinção entre os tipos de contratos civis e empresariais, se paritários ou massificados, se simétricos ou assimétricos (e assim indiretamente os de consumo).[120]

Em relações de consumo, ao contrário, aos juízes continua permitido um controle do conteúdo do contrato, como no próprio Código de Defesa do Consumidor, devendo ser suprimidas as cláusulas abusivas e substituídas pela norma legal supletiva (art. 51 do CDC), isso *ex officio*, por ser norma de ordem pública (Art. 1º do CDC). Relembre-se aqui também o enfraquecimento da força vinculativa dos contratos através da possível aceitação da teoria da imprevisão (veja neste sentido o interessante e unilateral inciso V do art. 6º do CDC).

Em resumo, nas relações de consumo, a vontade das partes não é mais a única fonte de interpretação que possuem os juízes para interpretar um instrumento contratual. A evolução doutrinária do direito dos contratos já pleiteava uma interpretação teleológica do contrato, um respeito maior pelos interesses sociais envolvidos, pelas expectativas legítimas das partes, especialmente das partes que só tiveram a liberdade de aderir ou não aos termos pré-elaborados. Mas, em tempos pós-modernos, a pluralidade não é só de leis imperativas a considerar, é também de agentes econômicos, o que revaloriza a solidariedade, como forma de responsabilização da cadeia organizada de fornecedores na sociedade de consumo atual (arts. 14, 18 e 20 do CDC), e com isto abala as estruturas da divisão entre responsabilidade civil contratual e extracontratual.[121] A pluralidade é também de sujeitos envolvidos e sujeitos a proteger, identificados como sujeitos a tutelar de forma

---

120. RODRIGUES, Otavio Luiz Jr.; XAVIER LEONARDO, Rodrigo; PRADO, Augusto Cézar L. A liberdade contratual e a função social do contrato – Alteração do Art. 421-A do Código Civil – Art. 7º, in RODRIGUES, Otavio Luiz Jr.; XAVIER LEONARDO, Rodrigo. *Comentários à Lei da Liberdade econômica – Lei 13.874/2019*, São Paulo: RT, 2019, p. 318.

121. Veja exemplos da força prática desta solidariedade, no Resp 142.042/RS: "Pelo vício de qualidade do produto respondem solidariamente o fabricante e o revendedor", em *Revista de Direito do Consumidor*, v. 30, p. 125 e ss. e na APC 596141819, TJRS: "Tem o comerciante, que presta os serviços de assistência técnica, a obrigação solidária com o fabricante de consertar o veículo adquirido", em *Revista de Direito do Consumidor*, v. 30, p. 142-143.

diferenciada, os mais fracos na sociedade. Por fim, destaque-se que toda esta nova concepção contratual relativiza o postulado que os contratos só têm efeito entre as partes (*res inter alios acta*). Como afirmei:

> "As novas tendências sociais da concepção de contrato postulam que, em alguns casos, o raio de ação do contrato deva transcender a órbita das partes. Como exemplo, relembre-se a tentativa doutrinária de estender a garantia contratual contra vícios ou defeitos aos terceiros vítimas de um fato do produto, principalmente na doutrina francesa; relembre-se igualmente a intensificação na vida moderna dos contratos em benefício de terceiros, como os contratos de seguro de vida e o de transporte de mercadorias em alguns casos. Aqui, localiza-se um dos mais importantes fenômenos, desafios, do novo direito dos consumidores. Nas relações contratuais de massa a crédito, a relação se estabelece entre o consumidor e a empresa de crédito, mas o bem é fornecido pela empresa-vendedora. Neste triângulo contratual, a acessoriedade da relação de crédito em relação ao cumprimento dos deveres da relação de fornecimento do bem deve ficar clara, para evitar que uma fique independente da outra, impossibilitando as reclamações do consumidor. Assim também, as fases anteriores e posteriores ao momento da celebração do contrato ganham em relevância. Disciplina-se o pré-contrato, reforçando a sua força obrigatória para que conceda em alguns casos direito real ao beneficiário. Reforçam-se os requisitos da fase pré-contratual ao impor deveres de informação ao fornecedor. Mas especial atenção receberá a fase pós-contratual. A doutrina já havia desenvolvido a teoria da culpa *post factum finitum*, a qual, baseada no princípio da boa-fé, estendia a eficácia do contrato para além do cumprimento do dever principal."[122]

Como destacamos, além da relativização do efeito apenas *inter partis* dos contratos de serviço face aos novos "consumidores", há uma nova força vinculativa do fornecimento de serviços. Quem seriam estes novos consumidores no mundo digital, é uma pergunta que também expande o campo de aplicação do CDC, como vimos anteriormente. Mas o consumidor só é consumidor se frente a um fornecedor.

---

122. MARQUES, *Contratos no Código*, p. 263-265.

2. Fornecedores

Também no que diz respeito aos fornecedores muito se escreveu, especialmente em face da polêmica tentativa dos bancos e entidades financeiras de não incluírem suas atividades como fornecimento de serviços e produtos no mercado de consumo.[123] Neste trabalho, mais do que reascender esta polêmica superada pela atuação forte e correta da jurisprudência brasileira, gostaria de destacar outros fatores importantes na visão atual do fornecedor de serviço, especialmente a ideia do fornecimento em cadeia, assim como destacar os reflexos práticos desta inclusão de todos os fornecedores de serviços (diretos e indiretos) no sistema do CDC.

2.1. Cadeia de fornecimento de serviços e os novos "fornecedores", os gatekeepers (os "guardiões do negócio"): *organização, controle, marca, catividade e a nova pós-personalização*

Dirão alguns que a catividade, expressão de Carlos Alberto Ghersi, que utilizamos para formar a noção nova de "contratos cativos de longa duração", tem a ver com os sujeitos da relação de serviços. Sim, catividade é um *status* novo do sujeito, é uma qualidade nova da relação de serviços que perdura no tempo. Que a catividade no sistema do CDC seja juridicamente importante e que este sistema introduza como princípio a manutenção das relações no tempo (boa-fé do art. 4º, III, e § 2º do art. 51 do CDC), trata-se de uma importante modificação da teoria contratual.

Sem dúvida poderia ter sido examinada na seção dedicada aos consumidores, afinal faz parte do *status* contratual atual, mas preferi examinar aqui para bem frisar a sua ligação com os métodos de comercialização de serviços pelos fornecedores no mundo atual. O consumidor cativo normalmente é cativo em virtude do grande número de relações que possui com um só grupo (ou cadeia) de fornecedores, por exemplo, bancos múltiplos ou grandes empresas de telecomunicações. O consumidor é cativo pelas características ou qualidades do serviço

---

123. Veja as obras já citadas de DONATTO, 1994 e EFFING, 1999.

e do fornecedor, por exemplo, um serviço essencial territorialmente monopólico (ex. água, esgoto, telefone fixo), um serviço não essencial, mas territorialmente único (TV a cabo, escola ou creche próxima).

No plano da existência a catividade será fotografa apenas como elemento "tempo" e "essencialidade" do serviço, mas seus reflexos serão grandes no plano da validade (superação de pequenos problemas de forma, de manifestação de vontade, de erro, dolo etc.) e no plano da eficácia (direito à continuidade dos serviços ex-públicos essenciais, direito à manutenção do vínculo, dever de cooperar para continuar o vínculo, impossibilidade de corte, de cobranças abusivas através de cortes).

Destaco aqui a catividade-subjetiva do consumidor frente ao um fornecedor, uma cadeia de fornecedores, um grupo organizado de fornecedores no mercado justamente para frisar uma característica das relações obrigações de serviço hoje, pós-personalistas. Explico esta estranha expressão que agora lanço: *relações pós-personalizadas*. As obrigações de fazer muitas vezes eram "personalíssimas", infungíveis. No sistema do CDC estas ainda podem existir, mas a maioria dos serviços ou obrigações é fungível, como seu regime no CDC esclarece (veja art. 20, 35 e 84 do CDC). Lógico seria, pois, que os serviços no CDC fossem, como a maioria das relações contratuais hoje "despersonalizados" e massificados. Um fenômeno estranho observa-se. Em se tratando de serviços prestados por grandes grupos, com grandes marcas consolidadas, como empresas de transporte, consórcios "de fábricas de automóveis", cadeias de restaurantes, hotéis, bancos múltiplos, cartões de crédito e outros, parecem-me reaparecer no sistema do CDC um novo tipo de "personalização" do serviço, conhecido na economia como "fidelização" da clientela. O reflexo desta nova "catividade" é que o consumidor ou grupo de consumidores quer justamente este fornecedor ou grupo de fornecedores que divide esta *marca/imagem/status* etc., e a solidariedade da cadeia de fornecimento exsurge no CDC.[124]

---

124. Exemplo desta solidariedade em matéria de consórcio de marcas: "Consórcio. Contemplação por sorteio. opção por outro bem. Falência da concessionária [...] responsabilidade solidária da Administradora do plano consortil. Código de Defesa

A *pós-personalização* é um misto entre relação intrinsecamente despersonalizada e externamente personalizada, em um *double coding* pós-moderno.[125] parece um fenômeno pós-moderno por sua complexidade e fragmentação, assim se de um lado a marca ou grupo importa para o consumidor e faz parte de suas expectativas legítimas estar vinculado a este fornecedor, a verdadeira personalidade jurídica do fornecedor não importa (pode se tratar de grupo de empresas, como nos Bancos múltiplos ou de redes de telecomunicações, pode se tratar de um franquiado, de uma comerciante individual em um complexo, shopping ou *mix*),[126] o que importa é justamente a marca, esta "pós-personalização".[127]

do Consumidor. 1. A pretensão de direito material encontra-se albergada no contrato de adesão a grupo de consórcio, cuja qualificação da fornecedora emerge cristalinamente como sendo a Administradora, prestadora de serviço, integrante do grupo econômico Autolatina Volkswagen. 2 – A obrigação imposta à consorciada, por cláusula de adesão, para efetuar a opção por outro bem, deve ter eficácia relativizada diante da obrigação de melhor informação e compreensão do consumidor. A par disso, reserva-se ao princípio da boa-fé e garantia do exercício do direito. Aplicação dos art. 30 e 54 do CDC. 3 – A responsabilidade solidária da Administração configura-se no fato de a Concessionária permitir a modificação do pedido, com suporte na marca do grupo econômico Volkswagen, conduzindo o negócio sob a confiança do consumidor. Inteligência do art. 34 do CDC. 4 – hipótese concreta em que a relação jurídica consortil reclama abordagem" (TJRS, 9º Grupo Cível, EI 599178050, j. 17.08.99, Rel. Des. Fernando Braf Henning Júnior).

125. Sobre pós-modernidade e o direito do consumidor, cf. MARQUES, Contratos, p. 153 e ss. e sobre *double coding*, ou significados duplos, os ensinamentos do mestre alemão JAYME, Erik. Identité culturelle et intégration: le droit internationale privé postmoderne. *Recueil des Cours de l"Académie de Droit International de La Haye*. Doordrecht: Kluwer, 1995, p. 36 e ss.

126. Assim ensina a jurisprudência: "Responsabilidade civil. [...] Contratação de locadora de veículo em função do prestígio e do nome que mantém no mercado (Localiza). A franquia da marca implica o dever de eleger bem quem a usará, assumindo solidariamente o dever de indenizar [...]" (1º TACiv.SP. AP 858.941-9, j. 02.08.99, Juiz Maia da Cunha).

127. Note-se que a lei argentina, define como fornecedor solidariamente responsável aquele que simplesmente coloca a sua "marca" no serviço, não importa quem efetivamente prestou, definição que foi recebida no Código Civil e Comercial de 2014. Veja a íntegra da lei em *Revista de Direito do Consumidor*, v. 27, p. 239 e ss. e comentários de STIGLITZ, Gabriel. Modificaciones a la Ley Argentina de Defensa del Consumidor y su insuficiencia en el Mercosur, *Revista de Direito do Consumidor*, v. 29, p. 9 e ss.

Este fenômeno é comum nos contratos cativos de longa duração[128] e ressurge no direito contratual como um fator quase que extinto, a pós- ou mega-personalidade ou semi-anonimato das relações. Se as relações de massa, através do método do contrato de adesão e dos atuais métodos de *marketing*, tendem a ser despersonalizadas, as relações pós-modernas retornam como quase individuais (cada cliente quer ter uma relação "personalizada"), relações coletivas e fragmentadas, de grupos com cadeias, relações de marcas e "grifes", semi-repersonalizadas. Aqui esta nova pós-personalização das relações é um novo fator de garantia para o consumidor, que suas expectativas ligadas àquela marca específica e nesta relação específica prevalecerão. A manutenção do vínculo com o fornecedor de uma marca consolidada, ou de uma determinada qualidade diferenciada, ou de um grupo economicamente forte pode ser importante e relevante para o consumidor porque integra o grupo de fatores que vai assegurar que este receba o que deseja, que realize as suas expectativas legítimas. Trata-se aqui de uma reação à fluidez e à fragmentação cada vez maior das relações contratuais. A cessão de direitos ou da posição contratual por parte do fornecedor, muitas vezes utilizada como técnica para poder modificar as cláusulas contratuais iniciais, pode abalar o sinalagma funcional e afetar a realização das expectativas legítimas do consumidor. Logo, deve ser especialmente cuidada, controlada e mesmo evitada.[129]

A cadeia de fornecimento de serviços é outro elemento "fotografado" no plano da existência, e no mundo digital, aparecem novos fornecedores, que Hans Micklitz denominou de "*gatekeepers*" e que

---

128. MARQUES, *Contratos no Código*, p. 73 e ss., contratos cativos de longa duração são contratos de massa envolvendo serviços, serviços ou fazeres especiais e complexos, renováveis no tempo, que envolvem uma série ou cadeia de fornecedores diretos e indiretos e que acabam por criar uma espécie de cativdade ou dependência do consumidor para futuros contratos, futuras prestações ou mesmo para atingir o objetivo contratual, necessariamente postergado no tempo, pois envolve riscos futuros. Suas características principais são a continuidade no tempo, o trato sucessivo, mesmo que o contrato seja teoricamente limitado por termo final, a sua importância social e o controle do Estado por se tratarem de serviços autorizados, fiscalizados e com contratos ditados ou semi ditados, sempre de adesão.

129. Veja detalhes desta nossa análise em MARQUES, *Contratos no Código*, p. 1316 e ss.

posso chamar de "guardiões do negócio" ou do consumo: geralmente plataformas digitais ou intermediadores, que são responsáveis pela organização e controle do negócio de consumo, além de deter a marca, que dá confiança ao consumidor.

Como afirmei,[130] o novo aqui não é a distância ou o digital, mas o modelo de negócio, não mais concentrados na aquisição da propriedade de bens e na formação de patrimônio (individual), mas no uso em comum – por várias pessoas interessadas – das utilidades oferecidas por um mesmo bem, produto ou serviço.[131] E mais, nos desafios que trazem para as definições de fornecedor, pois esses contratos a distância da economia do compartilhamento P2P (de transporte, de turismo, de fornecimento rápido de comida etc.) só ocorrem pela existência de um "senhor do negócio" ou guardião do acesso (Gatekeeper, veja 1.2, a.3 a seguir), o aplicativo que determina o tipo de consumo, como se dará o encontro, a prestação, o pagamento, a entrega etc. Uma espécie de comércio eletrônico "4.0",[132] que merece destaque e análise especial, se de consumo.[133]

Como afirmei, o modelo de consumo compartilhado é um sistema "negocial" de consumo (*collaborative consumption*), no qual as pessoas alugam, usam, trocam, doam, emprestam e compartilham bens, serviços, recursos ou *commodities*, de propriedade sua, geralmente com a ajuda de aplicativos e tecnologia *on-line*, são relações de confiança (ou hiperconfiança!), geralmente contratuais, a maioria onerosa, sendo gratuito o uso do aplicativo, mas paga uma porcentagem do

---

130. MARQUES, Contratos 2019, p. 98 e seg.
131. MELLER-HANNICH, Caroline. Economia compartilhada e proteção do consumidor, in MARQUES, Claudia Lima et ali (Coord.) *Direito Privado e Desenvolvimento Econômico*, São Paulo: RT, 2019, p. 283-294. Veja recente reflexão da mesma autora, Meller-Hannich, *Share Economy*, p. 120.
132. Veja VERBICARO, Dennis; *Pedrosa*, Nicolas Malcher. "O impacto da economia de compartilhamento na sociedade de consumo e seus desafios regulatórios", *Revista de Direito do Consumidor*, vol. 113/2017, p. 457-482, set.-out. 2017, p. 457 ss.
133. Como ensina Miragem, nem todo o comércio da economia do compartilhamento é de consumo: "A estruturação destes negócios ganha força pela internet, e se dá tanto sob o modelo peer to peer (P2P), quanto no modelo business to business (B2B), ou seja, entre pessoas não profissionais e entre empresários" (*Miragem, Curso*, p. 663 e seg).

"contratado" ao guardião da tecnologia *on-line*.[134] Há relação de consumo, pois é consumidor aquele que utiliza dessa *sharing economy*, remunera os serviços, que são viabilizados *peer to peer* (P2P), isto é, de computador a computador, entre celular e celular. O intermediário/ *blend* desaparece nessa tecnologia, mas está muito presente na "reputação" e nas avaliações dos consumidores, no local do encontro e na negociação digital/*locus* e na imposição das regras sobre esse "encontro/negócio". Nessas situações está presente sempre um profissional, no exercício habitual de sua atividade para a obtenção de lucro, que intermedia o consumo, ou que constrói o *locus* para o encontro das duas pessoas. Mais do que um intermediário do comércio físico, ele é o grande guardião ou senhor do negócio, o verdadeiro fornecedor, mas os deveres de boa-fé e as informações obrigatórias são as mesmas do CDC e obrigação de ambos, fornecedor aparente e *gatekeeper*.[135] Duas são as palavras-chave na economia digital e na economia do compartilhamento, sem exceções, gratuita ou onerosa: confiança (e responsabilidade pela confiança criada) e controle (e responsabilidade pelo risco-controle).

Em matéria de contratos da economia do compartilhamento,[136] o diferencial é a dificuldade na identificação do fornecedor, havendo um fornecedor aparente (muitas vezes um cidadão que não faz disso sua profissão) e um fornecedor real, o *gatekeeper*, daí a importância de frisar que se trata de contratos de consumo como os outros.[137] Aqui há

---

134. MARQUES, Claudia Lima. A nova noção de fornecedor no consumo compartilhado: um estudo sobre as correlações do pluralismo contratual e o acesso ao consumo. *Revista de Direito do Consumidor*, São Paulo, vol. 111, p. 247-268, maio-jun. 2017. p. 249.
135. Assim MARQUES, Claudia Lima; MIRAGEM, Bruno. *Economia do compartilhamento deve respeitar os direitos do consumidor*. 2015. Disponível em: [www.conjur.com.br/2015-dez-23/garantias-consumo-economia-compartilhamento-respeitar-direitos-consumidor]. Acesso em: 09.06. 2017.
136. Veja sobre a economia do compartilhamento e os estilos de vida na pós-modernidade, SANTOS, Éverton N.; SANTIAGO, Mariana R. O consumo colaborativo no uso das moedas sociais pelos bancos comunitários de desenvolvimento: possibilidades contra-hegemônicas, Revista de Direito do Consumidor, vol. 118 (jul.-agosto 2018), p. 130 ss.
137. Veja MUCELIN, Guilherme. Peers Inc.: a nova estrutura da relação de consumo na economia do compartilhamento. *Revista de Direito do Consumidor*, São Paulo,

um elemento comum com todos os contratos eletrônicos: o controle do negócio. O controle e a responsabilidade pelo controle exercido pelo fornecedor da economia do compartilhamento (risco-controle, mais do risco-proveito) aparece de forma destacada na economia do compartilhamento, pois em contratos de consumo temos "quase" dois consumidores realizando uma relação de consumo totalmente controlada (e desenhada, do encontro, às informações prestadas, ao tipo de execução, de entrega e de pagamento, ao contrato e suas cláusulas ou "políticas" e "práticas") pelo fornecedor "aparente/oculto", o aplicativo. Aqui há confiança no fornecedor aparente (ou principal, que tenta ser "oculto", mas que é a "marca" do negócio compartilhado, nome e marca que o consumidor "conhece" e confia), o aplicativo e nas características do negócio, que ele controla totalmente.[138] Também

---

v. 118, p. 77-126, jul./ago. 2018, p. 81. Também MARQUES, Claudia Lima. A nova Noção de Fornecedor no consumo compartilhado: um estudo sobre as correlações do pluralismo contratual e o acesso ao consumo. In *Revista de Direito do Consumidor*. Vol. 111. Ano 26. p. 247-268. São Paulo: Ed. RT, maio-jun. 2017, p. 249 ss.

138. Veja a decisão do STJ para comércio físico: "Recurso Especial – Ação de indenização – Danos material e moral – Relação de consumo – Defeito do produto – Fornecedor aparente – Marca de renome global – Legitimidade passiva – Recurso especial desprovido. Insurgência recursal da empresa ré. Hipótese: A presente controvérsia cinge-se a definir o alcance da interpretação do art. 3º do Código de Defesa do Consumidor, a fim de aferir se na exegese de referido dispositivo contempla-se a figura do fornecedor aparente – e, consequentemente, sua responsabilidade –, entendido como aquele que, sem ser o fabricante direto do bem defeituoso, compartilha a mesma marca de renome mundial para comercialização de seus produtos. 1. A adoção da teoria da aparência pela legislação consumerista conduz à conclusão de que o conceito legal do art. 3º do Código de Defesa do Consumidor abrange também a figura do fornecedor aparente, compreendendo aquele que, embora não tendo participado diretamente do processo de fabricação, apresenta-se como tal por ostentar nome, marca ou outro sinal de identificação em comum com o bem que foi fabricado por um terceiro, assumindo a posição de real fabricante do produto perante o mercado consumidor. 2. O fornecedor aparente em prol das vantagens da utilização de marca internacionalmente reconhecida, não pode se eximir dos ônus daí decorrentes, em atenção à teoria do risco da atividade adotada pelo Código de Defesa do Consumidor. Dessa forma, reconhece-se a responsabilidade solidária do fornecedor aparente para arcar com os danos causados pelos bens comercializados sob a mesma identificação (nome/marca), de modo que resta configurada sua legitimidade passiva para a respectiva ação de indenização em razão do fato ou vício do produto ou serviço. 3. No presente caso, a empresa recorrente deve ser caracterizada

na Lei Geral de Proteção de Dados aparece a figura do "operador" e do "controlador".[139] O Regulamento 2019/1150[140] europeu prefere usar a expressão geral "intermediador" e "facilitador" de novos modelos de negócio, que me parecem fracas demais para estes intermediários, que influenciam predominantemente -ou controlam mesmo- o negócio de consumo.

Se pudéssemos criar uma figura de linguagem para descrever esse negócio, seria do cálice, em que o consumidor e o fornecedor aparente estão cada um em um lado da borda do cálice e é o fornecedor "conhecido/oculto" e principal, o aplicativo que desenha a base do cálice, que constrói o "caminho" do negócio, abre ou não a porta para ambos (*gatekeeper*) ocuparem suas posições negociais e ainda a forma de "preencher" o cálice com o consumo (seja transporte de um lugar a outro, seja o aluguel de uma casa na Praia, seja um churrasco ou comida típica, seja o aluguel de uma bicicleta ou carro... para o consumidor compartilhar). Em seu relatório para o governo da Alemanha, Meller--Hannich destaca que o maior problema do consumo (e do *prosumer*) na economia colaborativa é a falta de transparência que prejudica a prevenção de danos aos consumidores e dificulta ao consumidor saber a quem recorrer em caso de dano.[141] Daí a importância de analisar a responsabilidade também desta cadeia de fornecimento de serviços.

---

     como fornecedora aparente para fins de responsabilização civil pelos danos causados pela comercialização do produto defeituoso que ostenta a marca TOSHIBA, ainda que não tenha sido sua fabricante direta, pois ao utilizar marca de expressão global, inclusive com a inserção da mesma em sua razão social, beneficia-se da confiança previamente angariada por essa perante os consumidores. É de rigor, portanto, o reconhecimento da legitimidade passiva da empresa ré para arcar com os danos pleiteados na exordial. 4. Recurso especial desprovido" (STJ, 4.ª T., REsp 1580432/SP, rel. Min. Marco Buzzi, j. 06.12.2018, *DJe* 04.02.2019).

139. Schertel Mendes/Doneda, in *RDC* 120, p. 470 ss.
140. O Regulamento 2019/1150 de 20 de junho de 2019 é sobre os "utilizadores profissionais" de serviços de intermediação em linha, sobre economia do compartilhamento veja o relatório da Comissão e do Parlamento, in https://www.europarl.europa.eu/news/en/press-room/20170609IPR77014/sharing-economy-parliament-calls-for--clear-eu-guidelines.
141. MELLER-HANNICH, Caroline. *Das Recht der Verbraucher und Prosumer in der kollaborativen Wirtschaft* – Chancen und Verantwortung, p. 101 (original). Agradecemos à autora o envio da versão ainda não publicada.

2.2. A responsabilidade do grupo ou cadeia de fornecimento de serviços: teoria unitária da responsabilidade contratual e extracontratual

Como resposta à responsabilidade extracontratual do grupo, também chamada de causalidade alternativa, o CDC traz uma resposta clássica em matéria de produtos e uma resposta ousada em matéria de serviços. Enquanto o art. 12 nomeando os responsáveis solidários principais e introduz um responsável subsidiário, o comerciante, no art. 13, no art. 14 os fornecedores de toda a cadeia de serviços são considerados solidariamente responsáveis, todos sem exceção e objetivamente.[142] O seu direito de regresso está assegurado apenas pelo parágrafo único do art. 7º do CDC, mas relembre-se que o sistema do CDC não permite denuncia a lide ou qualquer outra indicação do verdadeiro "culpado" no processo frente ao consumidor ou seus representantes legitimados. Clássica a solução, pois presente no § 830 do BGB alemão de 1896, mas os comentaristas brasileiros da responsabilidade alternativa dos grupos (Pontes de Miranda, Orlando Gomes e Silvio Rodrigues)[143] sempre tenderam a exigir a prova da responsabilidade de um ou todos estariam "liberados da responsabilidade". Outra era a posição de Clóvis do Couto e Silva.[144]

A solução do CDC é coerente, uma vez que a responsabilidade é objetiva, logo sem culpa, tal prova não é mais necessária e não será motivo de exclusão da responsabilidade. O importante neste sistema não é culpa subjetiva de um ou de muitos da cadeia de fornecimento de serviços, mas sim a prova do (fato) defeito do serviço e do

---

142. Esta responsabilidade objetiva foi bem assimilada pela jurisprudência, a exemplo do TJRJ: "Infeção hospitalar contraída após cesariana, culminando com a retirada do útero. Responsabilidade objetiva, sendo desnecessária a prova da culpa. art. 14 da Lei 8.078/90" em *Revista de Direito do Consumidor*, v. 29, p. 116 e ss.

143. Veja revisão dos mestres, na interessante obra de DELLA GIUSTINA, Vasco. *Responsabilidade Civil dos Grupos- Inclusive no Código do Consumidor*. Rio de Janeiro: Aide, 1991, p. 121 e ss.

144. Este autor tendia pela solução alemã do § 830, de responsabilidade de todos os da cadeia ou grupo, encontrando apoio mesmo na jurisprudência gaúcha. Cf. revisão do pensamento do mestre gaúcho em DELLA GIUSTINA, 1991, p. 125 e ss.

nexo causal com o dano causado às vítimas, todas agora consideradas consumidoras.

A única exceção deste sistema objetivo e de responsabilidade alternativa é o § 4º do art. 14 do CDC, que privilegia os profissionais liberais, retornando ao sistema subjetivo de culpa. Relembre-se que este estudo apenas se aplica ao caso de defeito no serviço, falhas na segurança deste, muito comum no caso dos médicos, mas pouco comum no caso dos advogados. As falhas de adequação dos serviços dos profissionais continuam reguladas pelo art. 20 do CDC, com sua responsabilidade solidária e de estilo contratual, logo, sem culpa.[145] Também me parece que as pessoas jurídicas formadas por médicos ou outros profissionais perdem este privilégio, devendo ser tratadas como fornecedores normais, elas mesmas não profissionais liberais. Aqui privilegiado não é o tipo de serviço, mas a pessoa (física) do profissional liberal. Difícil o caso das cadeias de profissionais liberais, como grupos médicos ou cirúrgicos que não abram mão de sua característica de profissionais liberais, mas atuem em grupo, talvez até com pessoas que não sejam profissionais liberais.

A prática extinção da figura do terceiro, hoje incluído como consumidor *stricto sensu* ou equiparado no CDC, e a imposição da solidariedade na cadeia de produção ou organização dos serviços têm como reflexo mais destacável a superação da *suma divisio* entre a obrigação contratual e extracontratual.[146] Esta é uma contribuição importante do CDC ao Direito Civil.

Interessante notar o reflexo do mandamento de proteção da confiança (*Vertrauensgebot*), oriundo do princípio de boa-fé. Por ele, tem-se que um contrato envolve um emaranhado de condutas pautadas na confiança e na boa-fé contratual, que, dada a sua multifuncionalidade, desempenha uma função de imprimir uma série de deveres na realidade contratual. Estes deveres são infindáveis, haja vista a complexidade dos contratos modernos, principalmente os contratos de consumo.

---

145. Assim concorda LÔBO, 1996, p. 60.
146. Na feliz expressão de LÔBO, Paulo Luiz Netto. *Direito das Obrigações*. Brasília: Brasília Jurídica, 1999, p. 14 e 167, é a "transubjetivação" da responsabilidade, pouco importando se é contratual ou extracontratual sua origem.

Nestes termos, visualizamos a boa-fé como um princípio criador, limitador e hermenêutico, que conduz a um feixe de deveres de conduta, que decorrem da boa-fé positivada no Código de Defesa do Consumidor. Encontramos tais deveres no seu bojo, principalmente nos Capítulos V e VI (Das Práticas Comerciais e da Proteção Contratual). Eles estão presentes na oferta, na formação, durante a execução e após a extinção dos contratos de consumo. Esta cláusula geral permite ao julgador a realização do justo, deste modo, a norma deve ser aplicada pela jurisprudência, no seu papel de agente intermediário entre a lei e o caso[147].

Logo, o mandamento da proteção da confiança está intimamente ligado, pode-se mesmo afirmar ser uma consequência ética, ao *anonimato* das novas relações sociais. Como as relações contratuais e pré-contratuais, a produção, a comercialização são massificadas e multiplicadas, sem que se possa claramente identificar os beneficiados (consumidores e usuários), foi necessário criar um novo paradigma. Um novo paradigma mais objetivo do que a subjetiva vontade, boa ou má-fé do fornecedor *in concreto*, mas sim um *standard* de qualidade e de segurança que pode ser esperado por todos, contratantes, usuários atuais e futuros (expectativas legítimas). Se quem vai ser beneficiado e ter pretensões em relação a esta confiança despertada é o contratante, é o segundo usuário ou apenas um ex-terceiro não importa ao CDC.

Note-se, por fim, que a ciência do direito para proteger convenientemente a confiança despertada pela atuação dos fornecedores no mercado terá se superar a *summa divisio* entre a responsabilidade contratual e extracontratual, e o fará revigorando a figura dos deveres anexos (*Nebenpflichten*). Estes são deveres de conduta, deveres de boa-fé presentes nas relações sociais mesmo antes da conclusão de contratos, presentes mesmo depois de exauridas as prestações principais ou em caso de contratos nulos ou inexistentes. Em verdade, os deveres anexos de cuidado, de informação, de segurança e de cooperação estão presentes em todas as relações, mesmo as extracontratuais, pois são

---

147. Cf. DUQUE, Marcelo Schenk. *Direito Privado e Constituição*: Drittwirkung dos direitos fundamentais – Construção de um modelo de convergência à luz dos contratos de consumo. São Paulo: RT, 2013, p. 281-288.

deveres de conduta humana (*Verkehrspflichten*), só indiretamente (ou eventualmente) dirigidos a prestação contratual.¹⁴⁸

A organização da cadeia de fornecimento de serviços é responsabilidade do fornecedor (dever de escolha, de vigilância), aqui pouco importando a participação eventual do consumidor na escolha de alguns entre os muitos possíveis.¹⁴⁹ No sistema do CDC é impossível transferir aos membros da cadeia responsabilidade exclusiva, nem impedir que o consumidor se retrate, face à escolha posterior de um membro novo na cadeia.¹⁵⁰

B) *Objeto da relação jurídica de serviço no CDC*

1. *Objeto múltiplo e conexidade de prestações nos serviços complexos: os serviços em si, a "servicização" e a conexão com produtos digitais "inteligentes" ou com serviços "incluídos"*

O objeto dos negócios jurídicos não são as coisas, corporais ou imateriais, mas sim vemos hoje como objeto as prestações, o prometido e esperado, o sinalagma da relação, se bilateral.¹⁵¹ Aqui vários fenômenos podem ser destacados: totalidade, cooperação, equilíbrio, conexidade.

As prestações das obrigações de fazer multiplicaram-se, frente ao princípio da boa-fé. Assim além do dever de prestar o fazer principal, o fornecedor de serviços deve também realizar os deveres anexos de conduta, oriundos diretamente do princípio da boa-fé. Estes deveres também são fazeres, isto é, informar, aconselhar, cuidar da segurança, dos materiais integrados, da honra e dignidade do parceiro, cooperar

---

148. Cf. MARQUES, *Contratos no Código*, p. 1341.
149. A jurisprudência tem presente esta distinção: "Responsabilidade civil. ...Irrelevante que a contratante do autor tenha contratado com agência de turismo para providenciar o transporte e a permanência. Atuação desta como mandatária a implicar direito de regresso pela via apropriada...Contratação de locadora de veículo em função do prestígio e do nome que mantém no mercado..." (1º TACiv. SP. AP 858.941-9, j. 02.08.99, Juiz Maia da Cunha).
150. Veja decisão em *Revista de Direito do Consumidor*, v. 20, p. 232-233.
151. Assim ensina COSTA JUNIOR, 1994, p. 41.

com o parceiro, não bloqueá-lo nas suas expectativas legítimas. Esta visão de totalidade da relação obrigacional[152] atual leva-nos a considerar o vínculo como um feixe de deveres e não-fazeres conexos de interesse direto (e talvez hoje maior do que o da prestação principal) do consumidor. A expectativa legítima do consumidor está muito ligada a esta totalidade, assim se comutativo o vínculo, o CDC impõe regras para que o fornecedor realmente informe o consumidor sobre seus direitos (por ex: art. 4º do CDC sobre orçamento), permitindo uma escolha racional e refletida; se aleatório o vínculo, a qualidade do serviço é garantida de forma extrema. No sistema do CDC, aleatória é a prestação por sua natureza, mas não sua qualidade, sua qualidade segurança e sua qualidade adequação vêm garantidas imperativamente (arts. 8º, 9º, 10,14, 20, 24, 25, e 51, I, do CDC).

O segundo fenômeno tem direta ligação também com o princípio da boa-fé, é a exigência de cooperação para alcançar os fins contratuais. Cooperação é conduta conforme boa-fé, mas significa hoje em matéria de relações de consumo, flexibilidade e relevância jurídica do tempo. A teoria romana e a da boa-fé já conhecem a exceção da ruína, no sentido que a manutenção do vínculo não deve ser onerosa em demasia para nenhuma das partes.[153] Utilizando-se o princípio da boa-fé como guia é possível procurar soluções alternativas e adaptações da relação contratual conflitual ou em crise, para alcançar o resultado da manutenção do vínculo, com realização das expectativas legítimas dos consumidores e sem que haja ônus excessivo para nenhuma das partes, como parece indicar o art. 51, § 2º e o art. 4º, III, do CDC. É a nova flexibilidade da relação no tempo, exigida pelos princípios da boa-fé e do equilíbrio (art. 4º, III, e art. 6º, V, do CDC), a determinar a excepcional "alterabilidade" do conteúdo contratual para a manutenção da relação, superando assim a rigidez do princípio clássico da inalterabilidade do conteúdo contratual.

O CDC a introduziu o direito à modificação das cláusulas excessivamente onerosas apenas em benefício do consumidor (art. 6º, V, do

---

152. MIRAGEM, Bruno. *Direito das obrigações*. 3ª ed. Rio de Janeiro: Forense, 2021, p. 28.
153. MENEZES DE CORDEIRO, Antônio Manuel da Rocha e. *Da Boa-fé no Direito Civil*, v. 2. Coimbra: Almedina, 1984, p. 1007 e 1008.

CDC), mas previu – em caso de nulidades – a onerosidade excessiva para qualquer das partes como motivo a impedir a manutenção do contrato (art. 51, § 2º, do CDC). Destaque-se igualmente que cooperação para o bom fim do vínculo significa considerar juridicamente relevante a passagem do tempo. O tempo já transcorrido de duração de um relacionamento contratual de serviços (como seguros e planos de saúde, contratos bancários sempre renovados, etc.) passa a ser, então, juridicamente relevante em face da expectativa criada no consumidor.

O terceiro fenômeno, diretamente ligado a ambos os anteriores e -parece-me também ao princípio da boa-fé – é o da valorização do equilíbrio ou do nexo entre prestação e contraprestação denominado de sinalagma, que examinaremos com mais detalhes quando do exame da finalidade/garantia destas relações jurídicas.

O quarto fenômeno também poderia ser examinado quando do exame da finalidade, mas parece-nos que sua análise junto ao objeto da relação de serviços é mais útil ao uma visão real da multiplicidade e complexidade das relações de serviço atuais. Não poderíamos, ao fotografar, as relações de serviço deixar de examinar os chamados "atos de consumo por conexidade" ou relações de consumo acessórias. Destaque-se, pois, que hoje podemos classificar as relações de consumo como relações de consumo principal (por finalidade de consumo), relações de consumo por conexidade, por catividade, por acidente (art. 17 do CDC) e incidentais (art. 29 e parágrafo único do art. 2º do CDC).

Para a conexidade das relações a explicação é simples: na sociedade moderna por vezes as relações contratuais são tão conexas, essenciais, interdependentes e complexas que é impossível distingui-las, realizar uma sem a outra, deixar de realizá-las ou separá-las. E assim, se uma das atividades (ou fins) é de consumo acaba por "contaminar", por determinar a natureza acessória de consumo da relação ou do contrato comercial. Um bom exemplo foi a telefonia em algum tempo atrás, em que para adquirir uma linha telefônica tinha o consumidor de comprar ações conexas.[154] O consumidor/usuário de serviços telefônicos

---

154. Veja decisão sobre o caso na jurisprudência, em *Revista de Direito do Consumidor*, v. 29, p. 173 e ss.: "[...] a Lei 8.078/90 estabelece, amplamente, o alcance de suas

transformava-se em acionista da empresa pública, mas era em verdade (e finalisticamente) destinatário final dos serviços da empresa. Era esta a sua causa inicial e final (o que lhe movia e o que aspirava alcançar no final), era este uso do telefone que ele queria atingir, sendo a titularidade das ações conexas apenas uma imposição legal da época. Há que se dar destaque a esta conexidade de consumo, pois é esta determinante da interpretação (do regime e dos efeitos) que se dará aos contratos e relações acessórias (talvez não de consumo *stricto sensu*).

Mister, pois estudar e estar ciente das redes de contratos, as redes de consumidores e os atuais contratos coletivos ou sistêmicos. A união de contratos, seu encadeamento em redes, cadeias de fornecimento, formação de grupos de consumidores alvo é o novo meio que se utiliza o mercado para a satisfação de um interesse, o qual não se poderia realizar através das figuras típicas contratuais existentes e do modo de negociação e contratação clássico, mas que o encadeamento/simultaneidade de contratos permite.[155]

A conexidade é, pois, o fenômeno operacional econômico de multiplicidade de vínculos, contratos, pessoas e operações para atingir um fim econômico unitário e nasce da especialização das tarefas produtivas, da formação redes de fornecedores no mercado e, eventualmente, da vontade das partes.[156] Na doutrina,[157] distinguem-se três tipos de

---

disposições [...] quando houver dano ao consumidor, sendo este equiparado a coletividade de pessoas, ainda que indetermináveis, que haja intervindo nas relações de consumo, entre os quais se inserem, sem nenhuma distinção, os usuários, adquirentes de linha telefônica, e os acionistas [...] na realidade e no caso do contrato de participação financeira em investimentos para expansão e melhoramentos dos serviços públicos de telecomunicações, essas relações estão atreladas e intimamente ligadas [...]" (juiz de Direito Osmar Bocci, São Paulo, j. 22.09.98, p. 176,177 e 178).

155. Assim LORENZETTI, Ricardo. Redes Contractuales: Conceptualización juridica, relaciones internas de colaboracion, efectos frente a terceros, *Revista da Faculdade de Direito UFRGS*, v. 16, 1999, p. 161 e ss.
156. Veja por todos, LORENZETTI, 1999, p. 22 e ss.
157. Aqui aproveitamos dos ensinamentos da doutrina italiana sobre *"collegamento"* (MESSINEO, GANDOLFI, GALGANO), da doutrina francesa sobre *"groupes de contrats"* (TEYSSIÉ, LARROUMET), da doutrina alemã sobre *"komplexe Langzeitverträge"* (MARTINEK) e *"verbundene Geschäfte"* (MEDICUS), da doutrina argentina sobre *"redes contractuales"* (LORENZETTI) e sobre *"conexidad negocial"* (MOSSET ITURRASPE), da doutrina norte-americana sobre *"relational contracts"* (MACNEIL),

contratos conexos de acordo com as suas características básicas de possuírem fim unitário (elemento objetivo), de se existe uma eventual vontade de conexão ou união (elemento subjetivo) ou se a conexão foi determinada por lei (compra e venda com financiamento do art. 52 do CDC), quais sejam:
1. *Grupos de contratos*, contratos vários que incidem de forma paralela e cooperativa para a realização do mesmo fim. Cada contrato (por exemplo, contratos com um banco múltiplo popular e um consumidor com conta corrente) tem um objetivo diferente (cartão de extratos, crédito imediato limitado ao cheque especial, depósito bancário simples), mas concorrem para um mesmo objetivo (conta corrente especial do consumidor) e somente unidos podem prestar adequadamente.[158]
2. *Rede de contratos*, em que cada contrato tem sucessivamente por objeto a mesma coisa, o mesmo serviço, o mesmo objeto da prestação. É a estrutura contratual mais usada pelos fornecedores ao organizar a sua cadeia de prestação ao consumidor com fornecedores diretos e indiretos, como no caso do seguro-saúde, também usada nas colaborações entre fornecedores para a produção (e terceirizações) e distribuição no mercado.[159]
3. *Contratos conexos stricto sensu*, são aqueles contratos autônomos que por visarem a realização de um negócio único (nexo funcional), celebram-se entre as mesmas partes ou entre

---

da doutrina inglesa do "*collateral contracts*" (ATIYAH) e da doutrina brasileira sobre coligamento e contrato relacional (Orlando GOMES e Ronaldo PORTO MACEDO), em classificação que esperamos unificadora.
158. Assim concorda LORENZETTI, 1999, p. 47, frisando a garantia e responsabilidade pelo êxito comum. Na XVII Jornada Nacionais de Derecho Civil, em Santa Fé, Argentina, foi dada nova denominação, desta vez de "*sistema de contratos*", que seria "*un grupo de contratos individuales conectados por una operación económica diferente de cada uno de los vínculos individuales*" (conclusões ainda inéditas).
159. Assim concorda o grande jurista argentino em sua novel obra, MOSSET ITURRASPE, Jorge. *Contratos Conexos*. Buenos Aires: Rubinzal-Culzoni, 1999, p. 119 e ss. Destaca Ibid., p. 46, que existem "cadeias independentes de contratos" de fornecedores onde pode haver conexidade, mas não "nexo funcional", pois estes contratos não têm destinação comum, por isso preferimos a expressão de LORENZETTI, "redes".

partes diferentes e vinculam-se por esta finalidade econômica supracontratual comum, identificável seja na causa, no consentimento, no objeto ou nas bases do negócio. Assim, se a finalidade supracontratual comum é de consumo, todos os contratos são de consumo por conexidade ou acessoriedade.

Aqui o círculo se fecha e a nova visão do objeto da relação influencia diretamente a de sujeito desta. Assim, por exemplo, há relação ou contrato de consumo conexo na relação entre conveniado (mesmo que dependente) ligado a sindicato/empresa com contrato coletivo (contrato em grupo) e fornecedora de planos e seguros de assistência à saúde (contratos coligados por função econômica única). O mestre argentino Ricardo Lorenzetti ensina a importância desta visão amplificadora, frisando que neste caso há causa contratual individual e a causa sistemática ou sistêmica, que une o grupo, mencionando que são duas distintas, logo que há individualidade de direitos e interesses apesar da rede ou grupo organizacional de contratos, o que há é um limite mais claro ao não poder prejudicar os interesses do grupo. em outras palavras, se no plano da existência trata-se de relação de consumo por conexidade haverá reflexos claros no plano da eficácia, com o nascimento de direitos e deveres para um maior número de participantes.[160]

Como ensina Lorenzetti,[161] considerado os fenômenos das cadeias de fornecimento, das redes coligadas de contratos principais e acessórios para a prestação de uma finalidade coletiva de consumo, da organização de grupos de consumidores para melhor distribuição do consumo, o direito hoje deve considerar que em se tratando de relação de consumo (art. 3º do CDC) não há mais terceiro, "vítima" ou "beneficiário", há consumidor (art. 2º, 17 e 29 do CDC). Assim reflexamente, todo o "consumidor", assim considerado pelo CDC, é parte legítima para exercer seus direitos básicos (de fundo constitucional) assegurados no art. 6º do CDC, inclusive o de combate às cláusulas abusivas, práticas abusivas, de acesso à justiça e de inversão do ônus da prova. A ele foi dada uma nova "pretensão" frente a este fornecedor.

---

160. Assim LORENZETTI, 1999, p. 161 e ss.
161. Ibid., p. 198.

Esta nova visão qualificada e ampliadora das relações de consumo é necessária para uma boa aplicação do CDC. Assim, pode ser um indicador da conexidade de relações contratuais (de consumo) e da vulnerabilidade *in concreto*, por exemplo, a posição de catividade, sujeição e dependência no tempo que esteja reduzido um dos cocontratantes.[162] Assim, por exemplo, se alguém é cliente de um grupo bancário e lá possui sua conta especial, muitas vezes é levado a ter uma conta poupança anexa a sua conta-depósito, ou uma poupança de determinada monta para poder obter um crédito, ou uma cobertura de seguro (consumo conexo). Com os bancos múltiplos populares este estado de "catividade", de interdependência de uma série de negócios entre os mesmos parceiros passou a ter certa relevância jurídica, pois o parceiro mais fraco tem dificuldade de sair do vínculo e o parceiro mais forte tem facilidades de exigir do outro qualquer modificação (novação/cessão/denúncia)[163] em um vínculo menos importante, desde que mantenha o vínculo mais importante para o consumidor. A catividade é interdependência entre parceiros e vínculos múltiplos no tempo, a conexidade é o método de comercialização e marketing, é a consequência, que hoje pode ser facilmente fotografada no mercado nacional.[164]

---

162. Em magistral artigo, conclui Ronaldo Porto Macedo: "1. A relação de consumo ensejadora da proteção jurídica do CDC se configura independente da existência de uma contratação direta de consumo. 2. Haverá relação de consumo sempre que o contrato entre empresas para o fornecimento de bens ou serviços atinjam consumidores finais trabalhadores vulneráveis e não envolva a aquisição de insumos ou bens de produção.... 4. Os planos de saúde e de previdência privada pagos integralmente pelo empregador em favor de seus funcionários estão submetidos ao CDC naquilo em que afetarem os interesses dos consumidores" (MACEDO, Ronaldo Porto. Relação de consumo sem contratação de consumo direta: quando o empresário paga a conta, em *Revista de Direito do Consumidor*, v. 27, p. 42 e ss.).
163. Concluíram sobre o estado de sujeição/submissão/catividade estudos no mundo inteiro, veja LOMNICK, Eva. Unilateral variation in banking contract: an unfair term?, e HOWELLS, Geraint. Seeking social justive for poor consumers in credit markets, ambos *in* CARTWRIGHT, Peter (Ed.). *Consumer protection in financial services*. Haia: Kluwer Int., 1999, respectivamente p. 99 e ss. e p. 239 e ss.
164. Cf. MARQUES, Claudia Lima. Contratos bancários em tempos pós-modernos, *Revista de Direito do Consumidor*, v. 25, p. 21.

Ainda quanto ao objeto dos serviços, mister destacar que estes serviços no mundo digital são múltiplos e complexos, e hoje há serviços conectados ou incluídos nos chamados "produtos digitais" ou "inteligentes", além da já explicada a "servicização" dos produtos, especialmente no meio digital e na Internet das coisas.

Trata-se de uma nova fase do consumo, não exatamente só de serviços digitais, mas de produtos inteligentes ("*smarts objects*"), bens que apresentam uma nova simbiose entre produto e serviço, entre *hard* e *soft ware*, bens que incluem um serviço ou conteúdo digital ("*embedded digital content*") até chegar na Internet das Coisas.[165] Estamos acostumados que um produto tenha o valor que o "bem" ou sua matéria possui, o *hard ware*, na nova linguagem da informática. O novo aqui não é que os produtos prestam "serviços", até mais valiosos que os produtos materiais, mas sim que o produto tenha valor maior ou menos conforme o *soft ware* (o serviço ou aplicativo implantado, capacidades, utilidades ou chips) que possui. Realmente, os produtos receberam utilidades pela telefonia, pela televisão, pela internet.

Duas consequências têm sido tiradas dessa nova "simbiose", como denominou o eminente Min. Antônio Herman Benjamin:[166] "a qualidade do produto é redefinida, pois ele só tem a qualidade esperada se o *soft ware* nele instalado funcionar e de forma coadunada com o *hard ware* ou produto em si; há responsabilidade solidária nessa nova cadeia de fornecimento de serviço do art. 14 que inclui o produtor [...]".[167]

---

165. BUSCH, Christoph. Wandlungen des Verbrauchervertragsrecht auf dem Weg zum digitalen Binnenmarkt, in ARTZ, Markus; GSELL, Beate. (Hrsg.) *Verbrauchervertragsrecht und digitaler Binnenmarkt*, Tübingen: Mohr, 2018, p. 14.
166. Assim REsp 1.721.669/SP, Rel. Min. Herman Benjamin, 2ª T., j. 17.04.2018, *DJe* 23.05.2018.
167. Assim a decisão *leading case* do e. STJ: "Processual civil e consumidor. Telefonia. Responsabilidade solidária entre as empresas fornecedoras de produtos e serviços. Existência de simbiose. Sistema de pabx. Falha na segurança das ligações internacionais. Risco do negócio.1. Trata-se, na origem, de Ação Declaratória de Inexistência de Débito, cumulada com Consignação em Pagamento contra a Telefônica Brasil S.A., com o escopo de declarar a inexigibilidade da dívida referente a ligações internacionais constante das faturas telefônicas dos meses de outubro e novembro de 2014, nos respectivos valores de R$ 258.562, 47 (duzentos e cinquenta e oito mil e quinhentos e sessenta e dois reais e quarenta e sete centavos) e R$ 687.207, 55 (seiscentos e

As definições amplas do CDC (art. 3º, § 1º e § 2º do CDC) permitem incluir esses dares com fazeres, ou produtos com serviços anexos (como os smartphones, TVs inteligentes), mas o interessante aqui são as consequências: o inadimplemento contratual pode estar na própria simbiose mal-feita ou na possibilidade de terceiro (app) causar danos e não só em problemas do produto em si, mas em outras coisas do consumidor. Assim como na internet das coisas – quando todos os produtos de sua casa estão conectados e podem ser "dirigidos" externamente, mas há um terceiro que, necessariamente, está recebendo

---

oitenta e sete mil e duzentos e sete reais e cinquenta e cinco centavos). 2. Consta dos autos que as partes celebraram contrato de consumo, cujo objeto é o fornecimento de linhas telefônicas, serviços especiais de voz, acesso digital, recurso móvel de longa distância DD e DDD e recurso internacional, local ou de complemento de chamada, para serem utilizadas em central telefônica – PABX, adquirida de terceira pessoa. 3. Conforme narrado, criminosos entraram no sistema PABX da empresa recorrente e realizaram ilicitamente diversas chamadas internacionais, apesar de esse serviço estar bloqueado pela operadora. 4. A interpretação do Tribunal de origem quanto à norma insculpida no art. 14 do CDC está incorreta, porquanto o serviço de telecomunicações prestado à recorrente mostrou-se defeituoso, uma vez que não ofereceu a segurança esperada pela empresa consumidora. 5. A responsabilidade pela reparação dos danos causados à recorrente não pode recair somente na empresa que forneceu o sistema PABX, mas também na operadora, que prestou o serviço de telefonia. Ademais, o conceito de terceiro utilizado pelo Tribunal bandeirante está totalmente equivocado, pois apenas pessoa totalmente estranha à relação de direito material pode receber essa denominação. Os Hackers que invadiram a central "obtiveram acesso ao sistema telefônico da vítima" e dispararam "milhares de ligações do aparelho" para números no exterior. 6. Não há dúvida de que a infração cometida utilizou as linhas telefônicas fornecidas pela recorrida, demonstrando que o seu sistema de segurança falhou na proteção ao cliente. Assim sendo, existe evidente solidariedade de todos os envolvidos na prestação dos serviços contratados, permitindo-se "o direito de regresso (na medida da participação na causação do evento lesivo) àquele que reparar os danos suportados pelo consumidor", REsp 1.378.284/PB, Relator o eminente Ministro Luis Felipe Salomão. 7. O risco do negócio é a contraparte do proveito econômico auferido pela empresa no fornecimento de produtos ou serviços aos consumidores. É o ônus a que o empresário se submete para a obtenção de seu bônus, que é o lucro. Por outro lado, encontra-se o consumidor, parte vulnerável na relação de consumo. 8. Os órgãos públicos e as suas empresas concessionárias são obrigados a fornecer serviços adequados, eficientes e seguros aos consumidores em conformidade com o art. 22 do CDC. 9. Recurso Especial provido" (REsp 1.721.669/SP, Rel. Min. Herman Benjamin, 2ª T., j. 17.04.2018, DJe 23.05.2018).

todos os dados e atividades dos produtos –, os danos podem ser muito maiores que o valor de todos os produtos e serviços unidos.

A Diretiva Europeia 2019/770 de 20 de maio de 2019 sobre certos aspectos relativos aos contratos de fornecimento de conteúdos e serviços digitais tem interessantes definições deste novo mundo (ou era digital). O artigo 2º da Diretiva 2019/770 define "serviço digital" como: "a) um serviço que permite ao consumidor criar, tratar, armazenar ou aceder a dados em formato digital, ou b) um serviço que permite a partilha ou qualquer outra interação com os dados em formato digital carregados ou criados pelo consumidor ou por outros utilizadores desse serviço", (art. 2, nr. 2) e "bens com elementos digitais" como "qualquer bem móvel tangível que incorpore um conteúdo ou serviço digital, ou que com este esteja interligado, de tal modo que a falta desse conteúdo ou serviço digital impeça os bens de desempenharem as suas funções" (Art. 2, 3). Interessante que a Diretiva define também a "integração" de conteúdos digitais e serviços digitais em qualquer "ambiente digital" (hardware) do consumidor: "'Integração: a interligação e incorporação de conteúdos ou serviços digitais com os diferentes componentes do ambiente digital do consumidor, por forma a que os conteúdos ou serviços digitais sejam utilizados de acordo com os requisitos de conformidade previstos na presente diretiva.'" (Art.2, nr. 4).

A proteção dos dados também é uma grande preocupação, pois os "apps"[168] podem ser controlados por esse terceiro para "espionar" (produzir conteúdo de valor, como gravações, sons, dados, informações), ou mesmo para induzir consumo (como no caso de brinquedos inteligentes nos EUA). No mundo do século XXI, essa simbiose já iniciou e está mudando os valores das "coisas" (produtos-serviços) e sua "independência" em relação às pessoas (carros inteligentes, casas inteligentes etc.). O consumidor do futuro aprenderá que a distinção entre produtos e serviços é menos importante, daí a importância da teoria da confiança e a valorização que o CDC já faz da confiança despertada.

---

168. Veja BAUMGARTNER, Ulrich; EWALD, Konstantin. *Apps und Recht*. Munique: Beck, 2016, p. 58 e seguintes.

2. Materialização dos fazeres: a aproximação de regime das obrigações de fazer e de dar no CDC

Na análise do objeto, isto é, o "fotografar" das prestações e pretensões de cada um dos contratantes dois aspectos devem ser ainda destacados. O primeiro é a tendência de materialização dos fazeres que o CDC exprime, criando inclusive a figura do vício de informação (art. 20 do CDC)[169] e a consequente aproximação que realiza (ou almeja) dos regimes das obrigações de fazer e de dar, se de consumo. O direito de crédito (pessoal e coercitivo) transforma-se para aproximar-se de um direito de "domínio", mesmo que relativo para o consumidor, patrimonializa-se, materializa-se no mundo exterior, desprendendo-se e independizando-se da pessoa do devedor de forma a facilitar sua realização por terceiros ou pelo devedor mesmo.[170] é o que os doutrinadores alemães desde a década de 1950 denominam "coisificação" (*Verdinglichung*) da obrigação.[171]

Serviço é obrigação de fazer, em contraposição às obrigações de dar. No plano da eficácia, observamos como resultado o nascimento de um direito de crédito (pessoal/patrimonial). O direito ou pretensão resultante do serviço é um crédito, que alguém faça algo, não um direito real sobre coisa. O regime destes dois tipos de relação sempre foi distinto. No sistema do CDC, há uma clara tentativa de aproximar estes regimes. As opções do consumidor são as mesmas, conserto ou nova execução, *quanti minoris* e rescisão com perdas e danos (compare arts. 18 e 20 do CDC). O dever de qualidade adequação (dever eminentemente contratual) é imposto a toda a cadeia de fornecedores (caput do art. 20 do CDC), logo solidariamente nasce para todo o dever de qualidade do serviço, responsabilidade não mais importando a fonte, se contratual ou extracontratual em relação àquele consumidor específico (isto é, se o fornecedor indireto ou direto do serviço contratou ou não com aquele consumidor ou ex-terceiro). Da mesma maneira, a importância de tratar-se de *obrigação de meio* ou *de resultado*, mesmo mantendo-se, diminui sensivelmente, uma vez que o cumprimento

---

169. Sobre o tema veja LÔBO, 1996, p. 65-66.
170. Assim também COSTA JÚNIOR, 1994, p. 51.
171. Veja, em português, Ibid., loc. cit.

dos deveres anexos de informação, cooperação e cuidado (todos fazeres importantes) sempre são "obrigações" *de resultado*. Assim, em relações de serviço apenas a prestação principal de fazer mantém sua característica de obrigação de meio ou de resultado.

Observa-se na aplicação prática do CDC, que a jurisprudência vê com bons olhos esta aproximação dos regimes, exigindo o cumprimento dos deveres anexos, em especial de informação e de redação dos contratos de toda a cadeia de fornecimento,[172] aplicando as multas diárias como forma de pressão,[173] não considerando força maior e caso fortuito o descumprimento do prazo em virtude da atuação de terceiro, se este é parte da cadeia de "serviço"[174]

C) Finalidade/Garantia

Em geral, a finalidade econômico-social de um ato humano é elemento qualificador e categorizador deste, nas relações de consumo o mesmo ocorre, só que com intensidade ainda maior.[175] Assim é que, antes de analisarmos as garantias dos consumidores na prestação de

---

172. Interessante jurisprudência do TJRS sobre dever de informar e de redigir claramente nos consórcios: "Consórcio. Contemplação por sorteio. opção por outro bem. Falência da concessionária (...) responsabilidade solidária da Administradora do plano consortil. Código de Defesa do Consumidor. (...) 2- A obrigação imposta à consorciada, por cláusula de adesão, para efetuar a opção por outro bem, deve ter eficácia relativizada diante da obrigação de melhor informação e compreensão do consumidor. A par disso, reserva-se ao princípio da boa-fé e garantia do exercício do direito. Aplicação dos art. 30 e 54 do CDC (TJRS, 9º Grupo Cível, EI 599178050, j. 17.08.99, Des. Fernando Braf Henning Júnior).
173. Cf. Resp. 220232-CE, j. 02.08.99, Rel. Min. Ruy Rosado de Aguiar.
174. Caso interessante foi julgado pelo TJRS: "Ação de cobrança de multa cominada com constituição negativa de cláusula contratual abusiva. Instalação de terminal telefônico em sistema de telefonia comunitária. Atraso na entrega. Descumprimento contratual. Nulidade de cláusula contratual que prevê a transferência de responsabilidade a terceiros. art. 52, III, do CDC. Força maior e caso fortuito inocorrentes. Responsabilidade da contratada (...). Em se tratando de empresa que atua no sistema de comunicações, prestando serviços às concessionárias de cada Estado de forma atuante, sabedora da possibilidade de atrasos na entrega do que foi contratado, não lhe é dado estipular prazos em contrato, gerando expectativa junto ao contratante, ficando descaracterizada a defesa de força maior ou caso fortuito" (TJRS, 17ª Cciv., APC 599288024, j. 15.06.99, Des. Elaine Harzheim Macedo).
175. Cf. LORENZETTI, Ricardo Luis. *Tratado de los Contratos*. Tomo I. Buenos Aires: Rubinzal-Culzoni, 2000, p. 23.

serviços e sua evolução em relação às garantias existentes nas relações civis outras, gostaria de frisar que a relação de consumo é finalista, sua finalidade intrínseca e particular é o "consumo" *lato sensu*. Já que estamos aqui no exame dos elementos da relação jurídica, mister destacar aqui como característicos destes serviços de consumo seu elemento finalístico. E esta finalidade que move o consumidor, esta é a base do negócio, é a pressuposição objetiva que movimenta estes agentes econômicos no mercado. Falho seria examinar a relação de consumo sem ter em conta a sua finalidade, mais especificamente as expectativas agora legítimas dos consumidores que entram, se expõe ou intervêm nestas relações jurídicas envolvendo serviços.[176]

Quanto à garantia, gostaríamos de analisá-la como elemento intrínseco da relação (outra face da mesma moeda, a obrigação) e não como apenas como "sujeição" reflexa do patrimônio do devedor. A garantia de efetivação do vínculo obrigacional sempre foi a subordinação do devedor ao poder do credor, sujeição de seu patrimônio à satisfação do interesse do credor.[177] No sistema do CDC, a garantia é intrínseca a relação e imperativa. É garantia direcionada para o cumprimento da primeira obrigação, para as prestações principais (e de conduta) e não para as eventuais perdas e danos ou para a responsabilidade resultante do descumprimento. E uma garantia positiva, de atuação, que coloca o fornecedor em uma posição de "dever", de sujeição bastante ampla e nova frente as pretensões concretas que nascem para os consumidores. É garantia, pois, do consumidor de cumprimento da obrigação de fazer e sob esta nova ótica protetiva deve ser estudada.

1. Finalidade da relação de serviço: causa, expectativas legítimas e remuneração direta ou indireta dos serviços

A relação de consumo concretiza-se na sua causa (*Zweckursache*), causa inicial, e final, na sua finalidade, que é naturalmente de consumo.

---

176. Assim também LISBOA, Roberto Senise. *A relação de consumo e seu alcance no direito brasileiro*. São Paulo: Ed. Oliveira Mendes, 1997, p. 33: "Os elementos intrínsecos do negócio jurídico são: o consensualismo [...], a forma, a operação [...] e a causa (finalidade ou motivo da sua realização). O vocábulo "causa" significa, em língua portuguesa, a razão, o motivo, a origem. No universo jurídico, a causa é a finalidade, o motivo ou o objetivo pelo qual um sujeito de direito acaba por firmar o negócio jurídico".

177. Assim ensina COSTA JÚNIOR, 1994, p. 47.

Esta certeza ajudará em muito o exame do plano da existência, isto é, a caracterização da relação envolvendo serviços como de consumo ou não, pois é sempre possível perguntar se a *causa (inicial e final) principal, a causa do contrato acessório de consumo ou por conexidade (até mesmo a causa do acidente)* foi de consumo ou de produção. Para entender um fenômeno, a natureza de um ato ou relação, a primeira pergunta a se realizar é sobre o porquê deste fenômeno (*"Warum"*).[178] Na interpretação das normas, o porquê é questionado enquanto *ratio legis* (*"Grund"* e *"Zweck"*, interpretação teleológica). Já, na aplicação das normas aos fenômenos da vida, o porquê é questionado enquanto base e *causa* (*"Grund"* e *"Ursache"*) para a atuação do ser humano. O fenômeno em si (ato ou relação) é visto como simples resultado (*consequentia, effectus*). Assim, da análise das caraterísticas do fenômeno é que se descortinará sua causa, sua base, o seu porquê.[179]

Efetivamente *causa* e *effectus* relacionam-se entre si, são um o pressuposto do outro, mas somente a causa é elemento intrínseco, básico do fenômeno,[180] no caso, da relação jurídica. Segundo Roberto Senise Lisboa, o *"Código de Defesa do Consumidor adotou a doutrina da causa na relação de consumo, ao preceituar que o consumidor é "o destinatário final do produto ou serviço"*.[181] Esta diferenciação entre *efeitos* (*"Wirkungen"*), consequências materiais e fáticas do ato (*"sein"*), e a *causa*, em especial a *causa finalis* (*"Zweckursache"*), aquilo que se pretendia alcançar com o ato e a *causa efficiens*, causa inicial (*"Wirkursache"*), aquilo que movimentou o indivíduo a contratar, pode ser muitas vezes útil para caracterizar um ato como de consumo. Em outras palavras, os efeitos estão no mundo dos fatos (o que é,*"sein"*) e a causa, a base, a finalidade está no mundo do direito (o esperado*"sollen"*). A base contratual, a sua finalidade, é característica ou

---

178. Assim LAUN, Rudolf. *Der Satz vom Grunde*: Ein System der Erkenntnistheorie. 2. ed. Tuebingen, 1956, p. 58. Trata-se, segundo Aristóteles, do início de toda investigação e base do conhecimento daí resultante (*"oberste Anfang des Wissens"*).
179. Ibid., p. 51 e ss.
180. Estamos utilizando os conceitos de base (Grund) e causa (Ursache) como sinônimos, de forma a facilitar e reduzir a análise, mas estes são em sentido estrito e filosófico, diferenciáveis; veja detalhes em LAUN, 1956, p. 52.
181. LISBOA, 1997, p. 34.

elemento intrínseco da relação juridicamente relevante, estudada no plano da existência. Assim, por exemplo, uma relação jurídica que vise beneficiar consumidores (equiparados) com planos de saúde, tem causa de consumo, não importando como aparecerá no mundo dos fatos, por exemplo, contrato assinado entre o empresário que emprega trabalhadores (beneficiários junto com seus dependentes do plano) e uma cooperativa.[182]

Relembre-se, por fim, também que muitas são as relações cativas de longa duração envolvendo serviços. Trata-se de relações de serviço que se prolongam no tempo, não por sua natureza intrínseca, mas por sua característica finalística. Assim, por exemplo, quem possui uma conta corrente está vinculado a um fornecedor bancário por anos e geralmente concluirá com este mais de um negócio jurídico neste tempo (seguro de vida, de acidentes, de roubo do cartão, de saúde etc.), outro bom exemplo é a poupança popular, quem possui uma poupança deixará lá seu dinheiro por mais de 30 dias, apesar de poder retirá-lo antes, justamente porque a finalidade do contrato prevê a remuneração direta do consumidor somente ao fim deste período.

Seria impossível finalizar esta análise da "finalidade" nas relações de serviço, sem enfrentar mais afundo o tema da expectativa legítima do fornecedor de ser remunerado, como elementos categoriais dos contratos de serviço regidos pelo CDC no plano da existência: só será serviço de consumo a atividade "remunerada" (art. 3º § 2º do CDC). Mister aqui frisar a evolução que o CDC propõe entre "onerosidade" e "remuneração" e que nem sempre está sendo compreendida pela Jurisprudência.

Quanto a este aspecto, vale frisar mais uma vez que o CDC não utiliza-se da distinção clássica de contratos onerosos de prestação de serviços e de contratos "gratuitos". O que pode inexistir no sistema do CDC é a "obrigação de pagamento" (veja expressão literal do art. 39, III, e § único no CDC). Pagamento é apenas uma das formas (diretas) de remuneração.

---

182. Veja MACEDO, Ronaldo Porto, Relação de consumo sem contratação de consumo direta: quando o empresário paga a conta, em *Revista de Direito do Consumidor*, v. 27, p. 42 e ss.

Frise-se assim que a expressão utilizada pelo art. 3º do CDC para incluir todos os serviços de consumo é "mediante remuneração". O que significaria esta troca entre a tradicional classificação dos negócios como "onerosos" e gratuitos, por remunerados e não remunerados. Parece que a opção pela expressão "remunerado" significa uma importante abertura para incluir os serviços de consumo remunerados indiretamente, isto é, quando não é o consumidor individual que paga, mas a coletividade (facilidade diluída no preço de todos) ou quando ele paga indiretamente o "benefício gratuito" que está recebendo. A expressão remuneração permite incluir todos aqueles contratos em que for possível identificar no sinalagma escondido (contraprestação escondida) uma remuneração indireta do serviço de consumo, aqueles contratos considerados "unilaterais", como o mútuo, sem problemas, assim como na poupança popular.

Só existem três possibilidades, ou o serviço é remunerado diretamente ou o serviço não é oneroso, mas remunerado indiretamente, não havendo enriquecimento ilícito do fornecedor, pois o seu enriquecimento tem causa no contrato de fornecimento de serviço, causa esta que é justamente a remuneração indireta do fornecedor ou o serviço não é oneroso de maneira nenhuma (serviço gratuito totalmente), e se for "remunerado" indiretamente haveria enriquecimento sem causa de uma das partes.

A falácia da gratuidade, por exemplo, na poupança popular não resiste ao menor exame da estrutura contratual, pois mesmo se estes contratos de poupança fossem "gratuitos", não seriam nunca sem "remuneração" indireta. Isto é, "gratuito" aqui significa apenas dizer que não há (por enquanto) remuneração aparente e sim, remuneração causal-implícita. O sinalagma contratual está escondido, a remuneração causal está escondida, mas existe e é juridicamente relevante, tanto que, se não existisse, haveria enriquecimento ilícito dos Bancos (*condictio indebiti*).

Analisando o caso dos contratos de poupança popular, observamos que nunca ninguém aduziu que, em matéria de administração e gestão do dinheiro alheio depositado nas contas de poupança popular, haveria enriquecimento sem causa ou ilícito dos Bancos (*ungerechtfertigte Bereicherung*). Agora ninguém duvida que os bancos "recebem" remuneração por manterem contas de poupança, se não "enriquecessem" com estes serviços "gratuitos" não os fariam... Há enriquecimento sim, pois lucram com juros de mercado e pagam juros de poupança, mas há causa...contratual, bilateral, sinalagmática, há contraprestação por serviços prestados, logo, é a relação sinalagmática, legal e causal, que torna este enriquecimento lícito.

Como diriam os autores alemães, se há *Bereicherung* (enriquecimento) de um, há *Leistungkondition* (condição de prestação, necessidade de prestar)[183] para este frente ao outro. A questão principal é descobrir se a necessidade de prestar (*condictio*) tem origem contratual[184], logo, neste caso, a relação contratual é a *causa* de não necessitar o Banco indenizar pelo enriquecimento que efetivamente atinge ao "operar" com a poupança alheia, ou se, por absurdo, a necessidade de prestar (*Leistungkondition*) teria origem extracontratual, logo, não haveria causa contratual, e consequentemente haveria necessitar indenizar por todo e qualquer enriquecimento sem causa dos Bancos... No caso das contas poupança e do serviço (teoricamente, gratuito) prestado pelos Bancos aos clientes salta aos olhos que há *condictio*, mas que esta é *contratual*, sendo assim, não há enriquecimento ilícito, nem sem causa dos Bancos (pois o contrato sinalagmático é a sua causa), há apenas remuneração indireta através deste enriquecimento – repito – legal e contratual.

Comprovar esta afirmação é fácil, basta retirar a causa e repetir o mesmo "fato/ato jurídico" sem causa contratual. Imagine-se um indivíduo, que não fosse um Banco, com o qual – por lei – não poderia haver contrato de poupança popular, e que, por 30 dias, administrasse a poupança alheia e que obtivesse com ela um lucro de 49 e pagasse ao proprietário apenas 2. Haveria enriquecimento ilícito, sem causa (*ungerechtfertigte Bereicherung*), haveria a necessidade de prestar (*condictio indebiti*), de devolver o que sem causa ganhou. A única hipótese de não ter de devolver o resto, é que este figurasse – contratualmente

---

183. Veja por todos LOEWENHEIT, Ulrich. *Bereicherungsrecht*. Munique: Beck, 1989, p. 13 e ss.
184. Assim ensina magistralmente MEDICUS, Dieter. *Schuldrecht II*. Munique: Beck, 1987, p. 286.

ou, no caso da gestão, *quasi*-contratualmente – como "remuneração" pela prestação de serviços de gestão, administração, assunção de riscos etc. Este teste da retirada da causa contratual, para fazer aparecer a "causa" da remuneração lícita e existente, mesmo que implícita, os alemães denominam de *condictio ob causam finitam*. Se a causa contratual desaparecesse ou, no caso, não existisse, o sistema jurídico haveria que, necessariamente, impor a volta ao *status quo ante*, impedir o enriquecimento ilícito de qualquer das partes.[185]

Hoje, pois, juridicamente, a alegada gratuidade dos serviços não significa falta de remuneração. Também economicamente esta denominada "gratuidade" é ilusória. É o justamente o movimento da análise econômica nos Estados Unidos que nos alerta para a falácia "econômica" dos chamados "serviços", "utilidades" ou promessas "gratuitas", o que não passaria de uma superada ficção jurídica. O que parece juridicamente gratuito – nos alertam mesmo os conservadores e radicais autores deste movimento de Chicago – é economicamente baseado na certeza da remuneração indireta, na interdependência de prestares futuros e atuais (sinalagma escondido), no estado de cativdade e de dependência que um dos parceiros fica reduzido e no lucro direto e indireto do outro. O próprio fundador do movimento, Richard A. Posner, em já famoso estudo, alerta:

> *Why would "economic man" ever make a promise without receiving in exchange something of value from the promise, whether it be money, a promise of future performance beneficial to the promisor, or something else of value to him? It is tempting to answer this question simply by involving "interdependent utilities"... The approach taken here is that a gratuitous promise, to the extent it actually commits the promisor the promised course of action (an essential qualification), creates utility for the promisor over and above the utility to him of the promised performance. At one level this proposition is a tautology: a promise would not be made unless it conferred utility on the promisor. The interesting question is how it does so. I shall argue that it does*

---

185. Veja detalhes em MARQUES, Claudia Lima. Relação de consumo entre os depositantes de cadernetas de poupança e os bancos ou instituições que arrecadam a poupança popular, *Revista dos Tribunais*, v. 760, p. 127.

so by increasing the present value of an uncertain future stream of transfer payments.[186]

O tema foi decidido nas causas sobre a poupança popular e hoje está consolidado, inclusive no tema dos buscadores na Internet: "1. A exploração comercial da Internet sujeita as relações de consumo daí advindas à Lei nº 8.078/90. 2. O fato de o serviço prestado pelo provedor de serviço de Internet ser gratuito não desvirtua a relação de consumo, pois o termo "mediante remuneração", contido no art. 3º, § 2º, do CDC, deve ser interpretado de forma ampla, de modo a incluir o ganho indireto do fornecedor." (STJ, REsp 1316921/RJ, Rel. Ministra Nancy Andrighi, Terceira Turma, julgado em 26/06/2012, DJe 29/06/2012).

Se a relação de consumo tem como finalidade algum tipo de remuneração, mesmo que indireta do fornecedor está ela incluída no regime do CDC, como comprova até mesmo o art. 39, III e parágrafo único, que visam regular as relações "gratuitas", mas claramente de consumo.

2. Garantia: prevalência da execução específica e uma nova visão do adimplemento

O CDC introduz um efetivo sistema de garantia legal (e imperativa) das obrigações (também as envolvendo serviços) em seus arts. 18, 20, 23, 24 e 25. A garantia contratual será voluntária e complementar à legal e imperativa. Esta garantia legal envolve a ideia de qualidade adequação dos serviços (art. 23), continuidade e eficiência (art. 22, para os serviços públicos e ex-públicos, em especial os essenciais), qualidade nas peças de reposição e consertos (art. 21).

O CDC inova o sistema brasileiro ao introduzir uma noção de vício do serviço em seu art. 20, garantia legal imperativa (arts. 1º, 24 e 25 do CDC). Não que no sistema do direito civil tradicional não existisse remédio jurídico para a falha na execução do serviço contratado;

---

186. POSNER, Richard A. *Gratuitous Promises in Economic and Law.* In: KRONMAN, Anthony; POSNER, Richard A. *The Economics of Contract Law.* Boston: LB, 1979, p. 46.

simplesmente, o caso era considerado como inadimplemento contratual e não como vício redibitório. Os prazos de prescrição e decadência estendem-se a favor do consumidor, agente normalmente passivo e sem conhecimento de seus direitos (arts. 26 e 27 do CDC).

A segunda inovação é a preferência dada pelo sistema ao cumprimento (voluntário ou não) da primeira obrigação (*Schuld*), isto é, enquanto o sistema tradicional está mais voltado para a responsabilidade civil, isto é, os deveres de indenizar, o sistema do CDC está mais voltado para os deveres de conduta e de fazer, deveres primários na relação. Na figura de linguagem de Karl Larenz, a obrigação (*Schuld*) é um edifício, formado por tijolos chamados deveres, e este edifício projeta necessariamente uma sombra, a responsabilidade (*Haftung*).[187] A quem for imputado o dever, é ele que será responsabilizado (*haftet*).[188] Em face da imputação do dever (*ex lege*) não mais importa se o débito ou obrigação (*Schuld*) é próprio, a fonte comum é a lei tutelar, há obrigação do fornecedor direto e indireto de serviços, responsabilidade plúrima e solidária por um só débito frente aos consumidores, eventualmente também plúrimos.

O sistema do CDC, ao permitir a reexecução do serviço (art. 20, I, do CDC), assim como a sanação do vício (art. 18 do CDC), dá uma nova opção para que o consumidor consiga realizar suas expectativas legítimas, ligadas diretamente ao fazer, da prestação principal e primária, não ao indenizar (outra opção do art. 20, II, do CDC) ou ao ver reduzido o preço do serviço (outra opção do art. 20, III, do CDC). A opção é do consumidor, que pode escolher alternativamente entre estas opções, preservando assim seus interesses no caso.

No sistema do CDC em matéria de serviço, a preferência pelo cumprimento da obrigação primária é tão valorada que o CDC traz todo um regime (processual) específico para as relações jurídicas de consumo de serviços, incluindo a possibilidade de o juiz conceder

---

187. Veja LARENZ, Karl. Lehrbuch des Schuldrechts. Bd. 1 – Allgemeiner Teil. 14. ed. Munique: Beck, 1987, p. 23 e 24.
188. Sobre esta teoria dualista da obrigação, veja COSTA JÚNIOR, 1994, p. 53, e sobre a crítica às traduções portuguesas e espanholas do alemão, veja MARQUES, *Contratos no Código*, p. 1091 e nota 262.

a "tutela específica da obrigação" ou determinar "providências que assegurem o resultado prático equivalente ao do adimplemento" (art. 84) e criando medidas efetivas para tal (§ 5º do art. 84 do CDC) até liminarmente tal (§ 3º do art. 84 do CDC). O caminho clássico da conversão em perdas e danos (dever de indenizar, obrigação secundária) "somente será admissível se por elas optar o autor ou se impossível a tutela específica ou a obtenção do resultado prático correspondente" (§ 1º do art. 84 do CDC). Além do que se permite e indica-se como caminho de pressão deste cumprimento da obrigação primária de fazer, as *astreintes* ou multas diárias tal e a fixação de prazo para a realização da obrigação esperada pelo consumidor (§ 4º do art. 84 do CDC). A evolução no Direito Civil que este sistema do CDC representa só pode ser bem valorada se relembrarmos que a execução forçada ou a execução específica era antes considerada "violência à liberdade"[189] do fornecedor, hoje é seu risco profissional de colocar seu serviço no mercado de consumo. O sistema também não conhece limitações quantitativas à responsabilidade do fornecedor de serviços, ao contrário beneficia o consumidor com a pretensão de uma "efetiva prevenção e reparação de danos patrimoniais e morais, individuais, coletivos e difusos." (art. 6º, VI, do CDC).

Quanto à nova visão do adimplemento, basta destacar que se o "legitimamente esperado" (programa de prestações, *Leistungsprogramm*) nos contratos envolvendo obrigações de fazer mudou, ampliando-se as exigências de conduta tanto no aspecto subjetivo do crédito (maior número de consumidores, ex-terceiros agora envolvidos), quanto no aspecto qualitativo (teoria da qualidade adequação e qualidade segurança do CDC), com destaque para o cumprimento também dos deveres anexos de boa-fé (informação, cooperação e cuidado), evolui, evolui – ou ampliou-se – o que se pode chamar de adimplemento/inadimplemento.[190] Cabe destacar que a inexecução ou descumprimento dos deveres anexos leva, no sistema do CDC, ao mesmo regime

---

189. Exemplo desta visão tradicional encontra-se em COSTA JÚNIOR, 1994, p. 40.
190. Veja doutrina alemã, resumida para juristas não oriundos do sistema, em PÉDAMON, Michel. *Le contrat en droit allemande*. Paris: LGDJ, 1993, p. 156 e ss. Assim também TIMM, 1998, p. 94 e ss.

de inadimplemento do descumprimento dos deveres principais, como exemplifica os artigos 14 e 20 do CDC, garantindo os mesmos direitos e pretensões em caso de descumprimento do dever de informar e do dever de qualidade da prestação principal. Trata-se da já conhecida figura da violação positiva do contrato (*positive Vertragsverletzung*) do direito alemão, resultado da aplicação do princípio da boa-fé.[191] É uma visão binária da obrigação, pois se o princípio da boa-fé cria (e o CDC impõe) estes deveres de informar, cuidar e cooperar, há *Schuld* (obrigação, crédito), logo, há *Haftung* (responsabilidade, dever de indenizar). A diferença é que esta "responsabilidade" não se substitui, mas une-se, à responsabilidade pela obrigação principal de prestação e, normalmente, é limitada ao máximo desta.[192] É espécie de descumprimento obrigacional (parcial, daí o nome "positivo", referindo-se ao cumprimento do dever principal de prestação). Há aqui, pois, expansão, multiplicação dos deveres e obrigações do fornecedor de serviços.

D) *Forma: formalismo informativo e um novo controle formal da vontade do consumidor*

A maioria dos contratos de consumo envolvendo serviços é não formal, isto é, sua forma é livre. Dois aspectos, porém, devem ser destacados aqui: há um novo controle formal dos contratos de serviços e há uma nova formalidade informativa.

Mesmo havendo liberdade de forma no sistema do CDC, se utilizados pelos fornecedores de serviços determinados métodos de marketing ou de oferta massificada de contratos, o CDC traz regras específicas sobre o direito de reflexão e arrependimento do consumidor (art. 49 do CDC), sobre a identificação da publicidade (art. 36 do CDC), sobre a inclusão de todas as informações suficientemente precisas (art. 30 do CDC), prestadas diretamente ou por representantes autônomos (art. 34 do CDC), inclusão de pré-contratos, recibos e escritos particulares (art. 48 do CDC), assim como regras específicas para a redação clara dos contratos em geral (art. 46 do CDC), redação clara e destaque das cláusulas limitadoras em caso de contratos de adesão.

---

191. Veja sobre o tema, em português, a obra de Jorge Cesar Ferreira.
192. Assim relembra, PÉDAMON, 1993, p. 159.

Em sua obra sobre o direito contratual europeu Heinz Kötz destaca um fator considerado até então meta-jurídico, como cada vez mais relevante na solução dos conflitos contratuais do momento: a pressão (*der Zwang*). Encontrando-se um dos contraentes em posição vulnerável de pressionado (*Zwanglage*), de estruturalmente submisso (*strukturelle Unterlegenheit*), o exercício de determinados direitos por parte do outro contratante profissional, em posição de poder (*Machtposition*), pode ser um abuso do direito ou um ato contrário aos bons costumes e à boa-fé exigida no tráfico jurídico.[193]

Parece que realmente podemos identificar na nova relevância jurídica deste fator "pressão". Trata-se de um novo controle formal da vontade dos consumidores. Esta nova relevância jurídica da pressão parece-me ser a origem das normas sobre o direito de reflexão, sobre o direito de arrepender-se sem causa dos contratos concluídos sob a pressão das vendas diretas e agora, por comércio eletrônico. São normas que impõem um grande formalismo informativo para o consumidor, como que tentando protegê-lo de sua condição de inferioridade, de leigo, de vulnerável. São normas tentando protegê-lo da pressão do marketing, dos métodos de venda, do consumismo exagerado, do superendividamento, das posições monopolistas dos fornecedores e das novas necessidades criadas pela sociedade de consumo.[194]

Em se tratando de relações contratuais cativas, parece-me importante destacar a nova relevância jurídica deste fator estrutural-social de pressão. A "pressão" está no próprio objeto do contrato, que versando sobre saúde e sobre emergências deve considerar o natural abalo do consumidor e renovar os seus deveres de informar e de cooperar. A "pressão" está na estrutura do contrato, que garantindo riscos futuros, acaba por interessar ao consumidor quanto mais tempo durar e menos interessa a seguradora, quanto mais tempo ou mais sinistros ocorrerem. Em outras palavras, fixe-se que, neste tipo de contrato, o interesse legítimo do consumidor é no sentido da continuidade da relação contratual.[195]

---

193. Veja KÖTZ, Hein. *Europäisches Vertragsrecht*. Tübingen: Mohr, 1996, p. 200 e ss.
194. Sobre a nova importância da informação, veja, por todos, LORENZETTI, Ricardo Luis. *Fundamentos do Direito Privado*. São Paulo: RT, 1998, p. 238-239.
195. Sobre o tema veja nossa obra, MARQUES, *Contratos no Código*, p. 73 e seg.

As exigências tradicionais de forma tinham como função a prova do ato (*Beweiszweck*), a prevenção através da cautela e aviso (*Warnzweck*), a determinação do momento de fim das tratativas ou negociação (*Trennungslinie zw. Vertragsverhandlung und Vertragsabschluss*), e função informativa (*Informationszweck*).[196] No sistema do CDC estas funções são exercidas pela imposição de deveres informativos e pela inclusão de todas as informações na oferta *ex vi lege* sempre do fornecedor (arts. 30, 31, 34, 46, 48, 54 do CDC). Também a função de aviso e indício de seriedade foi regulada (arts. 39 e 49 do CDC).

Formalismo informativo é a expressão europeia para descrever a importância da informação ao parceiro mais vulnerável, no caso o consumidor, no direito atual, o que não deixa de ser um "formalismo", um requisito a mais do plano da validade. A diferença está que o requisito aparece no mundo dos fatos como "formal" (foi o consumidor informado, aconselhado pelo *expert*, foi lhe dado acesso as condições contratuais?), exigido pelos arts. 30, 31, 46 e 54 do CDC, mas em verdade, trata-se de requisito de validade da vontade manifestada pelo consumidor.[197] O sistema do CDC exige –para lhe conceder efeitos e validade plena- que a vontade do consumidor tenha sido livre de pressões e informada. É na formação desta vontade "racional"[198] do consumidor que se incluem as exigências informativas do CDC.

Considerações finais

Sem querer traçar uma conclusão a esta análise e repetir as observações já realizadas, parece-me possível afirmar que o objetivo desta proposta foi alcançado: Há efetivamente um arquétipo, um modelo de relação jurídica de serviço, um esquema abstrato comum a todos

---

196. Assim KÖTZ, 1996, p. 121-124.
197. Veja exemplo na jurisprudência do STJ: "Segundo o disposto no § 3 do art. 5º4 do CDC, "os contratos de adesão serão redigidos em termos claros e com caracteres ostensivos e legíveis, de modo a facilitar sua compreensão pelo consumidor". Caso em que o titular não teve prévia ciência de cláusulas estabelecidas pela administradora, não lhe podendo, portanto, ser exigido o seu cumprimento" (STJ. Resp. 71.578/RS, j. 05.11.96, Min. Nilson Naves, em *Revista de Direito do Consumidor*, v. 22, p. 180 e ss.
198. Expressão de CHARDIN, Nicole. *Le contrat de consommation de crédit et l'autonomie de la volont*. Paris: LGDJ, 1988 (Bibliothèque de Droit Privé, Tome CXCIX), p. 216.

as relações jurídicas de serviço envolvendo um ou cadeia de fornecedores e um ou vários consumidores.

Serviço no CDC seria o negócio jurídico que propiciar ao titular ou que envolver a prestação de um fazer economicamente relevante, de um ato ou de uma omissão útil e interessante no mercado de consumo, de uma atividade remunerada direta ou indiretamente, um fazer imaterial e principal, que pode ou não vir acompanhado ou complementado por um dar ou pela criação ou entrega de bem material acessório a este fazer principal, fazer que é, em verdade, a causa de contratar e a expectativa legítima do consumidor frente ao fornecedor. Serviços de consumo tem caráter eminentemente negocial, não são neutros, são vinculativos e seu regime imposto pelo CDC é imperativo (risco profissional).

Neste revisitar do texto de 2000, podemos concluir pelo crescimento da importância dos serviços no século XXI, face aos novos modelos econômicos e contratuais do mundo digital. O novo aqui é olhar para o presente e pensar o futuro do CDC, traçando linhas que identifiquem a aproximação de produtos e serviços no mundo digital e a "servicização" dos produtos. Parece que no mundo digital há uma intersecção nova, não só entre dares e fazeres, produtos-serviços, mas entre consumidor e fornecedor, com o aparecimento de novas figuras, a do não profissional e o do *prosumer*; e no mundo digital, novos fornecedores, os *gatekeepers (os "guardiões do negócio")*, antes intermediários, agora controladores do negócio. A nova fronteira será, no mundo digital, a conexão entre serviços e produtos digitais "inteligentes" ou produtos com serviços "incluídos" na Internet das coisas.

Se o CDC dedicou-se aos serviços como poucas leis brasileiras e a tendência é que um maior número de leis especiais seja aprovado cuidado de serviços de consumo (a exemplo do ocorreu em matéria de planos e seguros de saúde) e proteção de dados (veja a LGPD). O diálogo destas fontes será mais do que nunca necessário, mas o CDC traz um modelo contratual compatível e apto para dirimir os problemas e desafios atuais do mercado de serviços de consumo. O sistema do CDC propõe um regime de proteção dos mais fracos na sociedade e de preservação de sua liberdade e autonomia. O desafio em matéria de contratos do comércio eletrônico de consumo, as Diretrizes da ONU, revisadas em 2015, bem especificam que a proteção do consumidor deve ser do mesmo nível que a do consumidor do comércio físico.[199] Para alcançar este "mesmo nível de proteção" necessitamos pensar o novo do mundo digital. O CDC traz linhas importantes, mas sua atualização pelo PL 3514/2015 seria excelente.

Neste sentido podemos agora responder as perguntas formuladas no início desta análise, afirmando que tendo sido identificados uma série de elementos em comum de esses fazeres de serviço e um só regime, mesmo assim o CDC sabiamente não criou uma categoria contratual distinta dos contratos de serviço, são os mesmos contratos, característica e um só regime mais protetivo regime para os consumidores. Concorde-se, pois, com a análise de Atiyah,[200] que desde 1980 há, pelo menos no direito dos contratos, um retorno aos princípios clássicos, justamente porque no mundo pós-moderno e liberal a autonomia de vontade é um dos instrumentos de eficácia econômica. Sempre é, porém, necessário "controlar" e "redistribuir", função esta hoje repassada ao direito do consumidor e da concorrência, em um mercado livre e atuante, como hoje o brasileiro. É na ousadia da reconstrução, em tempos de desconstrução, que pode estar a função da Teoria Geral. Realizamos neste trabalho uma análise tradicional, fortemente abstrata e generalizante, mas com resultados que me parecem altamente positivos, de descoberta dos instrumentos e normas atualizante e necessárias presentes no CDC. A proposta desta reconstrução é permitir cada vez mais uma melhor utilização prática deste ousado sistema.

Assim, é possível propor uma teoria geral do fornecimento dos serviços com base no CDC. Este microssistema traz uma série de modificações e adaptações a seu espírito protetivo e privilegiado dos consumidores em geral, que deve ser levado em conta, em verdadeira evolução necessária do sistema de prestação de serviços do direito comum. O grande desafio do aplicador da lei é conhecer tão bem este sistema especial, de forma a utilizá-lo cada vez mais na prática. Aos advogados, defensores públicos, procuradores e membros do Ministério Público está lançado o desafio. Parece que a jurisprudência brasileira já está pronta para tal visão nova dos "serviços de consumo".

---

199. Veja sobre este princípio, SANTOLIM, César Viterbo Matos. Os princípios de proteção do consumidor e o comércio eletrônico no direito brasileiro. *Revista de direito do consumidor*. São Paulo: Revista dos Tribunais. n. 55, jul/set. 2005. p. 53-84.

200. ATIYAH, 1995, p.27 e ss.

3
NOTA SOBRE OS CONTRATOS E A PROTEÇÃO DOS CONSUMIDORES NO CÓDIGO CIVIL E COMERCIAL ARGENTINO[1]

Ricardo Luis Lorenzetti

SUMÁRIO: 1. A fragmentação do tipo geral dos contratos e a proteção dos consumidores. 1.1. Extensão da regulação. 1.2. Definição de relação e contrato de consumo. 1.3. Implicações práticas do método adotado. 1.4. Formação do consentimento. 1.5. Regime especial. 1.6. Cláusulas Abusivas. 2. Contratos relacionais. 3. Título Preliminar. 3.1. Razões para a existência de um Título Preliminar. 3.2. Textos.

O novo Código Civil e Comercial da Nação Argentina foi promulgado dia 06.10.2014. Apresentarei alguns dos temas que trabalhamos com meus queridos amigos juristas do Brasil, amigos e parceiros de longa data, Claudia Lima Marques e o Ministro Antonio Benjamin, e que hoje foram incorporados ao Código Civil e Comercial da Nação Argentina. Trabalhando juntos durante muitos anos e na época, ninguém tinha esta relação entre Brasil-Argentina, todos nós olhávamos para Europa. Hoje, temos uma cultura jurídica latino-americana consolidada que tem muito que mostrar ao mundo. Espero que este relato possa ser útil à prática e ao desenvolvimento do Direito do Consumidor no Brasil.

---

1. Adaptação autorizada pelo autor do discurso de agradecimento à concessão do título de *Doutor Honoris Causa* pela Universidade Federal do Rio Grande do Sul (UFRGS, publicada na RDC).

1. A fragmentação do tipo geral dos contratos e a proteção dos consumidores

De acordo com a posição tomada no primeiro ponto do Título II[2] do anteprojeto, decidimos incorporar a regulação dos contratos de consumo. Achamos que constituem uma fragmentação do tipo geral dos contratos, o que influencia os tipos especiais, e, portanto, á necessidade de incorporar sua regulação na parte geral.

1.1. Extensão da regulação

Um aspecto preliminar deste título está ligado à extensão da regulação, em especial, se é apropriado reproduzir no Código Civil as regras da legislação do Direito do Consumidor ou apenas alguns princípios e regras gerais.

A primeira opção não tem sido seguida no direito comparado. Embora existam códigos que incorporaram regras específicas, eles têm uma extensão muito limitada. Há duas razões subjacentes a esta atitude: a) a dinâmica constante das relações de consumo os torna muito mutáveis, e é por isso que é muito necessária e insubstituível a legislação especial, que pode ser facilmente modificável; b) a divisão setorial da legislação é uma espécie de decodificação do próprio subsistema. Hoje, existem regras especiais para os contratos financeiros bancários, a medicina privada, a publicidade e muitos outros que tornam difícil e inconveniente um regulamento único.

Por estas razões, propõe-se que o Código Civil inclua uma série de princípios gerais de proteção do consumidor que atuam como uma "proteção mínima", o que tem efeitos importantes:
  a) Em termos de regulação, isso implica que não existem obstáculos para que uma lei especial traga condições superiores.
  b) Nenhuma lei especial em questões semelhantes pode revogar esses mínimos sem afetar o sistema. O Código, como qualquer lei pode ser modificado, mas é muito mais difícil fazê-lo que

---

2. TÍTULO II Dos contratos em geral CAPÍTULO 1 Disposições generais ARTIGO 957. Definição. Contrato e o ato jurídico mediante o qual, duas ou mais partes manifestam seu consentimento pra criar, regular, modificar, transferir ou extinguir relações jurídicas patrimoniais.

com relação a qualquer lei especial. Portanto, esses "mínimos" atuam como um núcleo duro de tutela.

c) Há também um benefício considerável em termos de consistência do sistema, porque há regras gerais sobre prescrição, revogação, responsabilidade civil e contratos do Código Civil que complementam a legislação especial oferecendo uma linguagem comum.

d) No campo da interpretação, se estabelece um "diálogo de fontes" de modo que o código recupera uma centralidade para iluminar as outras fontes. O intérprete de uma lei especial acudira ao código em procura de uma linguagem comum do não regulado pela lei especial, e também, para determinar os níveis mínimos de tutela, em conformidade com o princípio da interpretação mais favorável ao consumidor.

Segundo esta perspectiva, há uma integração do sistema legal numa escala de graduação que compreende: a) os direitos fundamentais consagrados na Constituição; b) os princípios e regras gerais de proteção mínima e a linguagem comum do Código; c) a regulamentação detalhada existente na legislação especial. Os dois primeiros níveis são estáveis, enquanto o terceiro é flexível e adaptável às circunstâncias cambiantes dos usos e práticas.

De forma complementar a essa visão, é necessário dar lugar as críticas que têm feito a doutrina sobre a legislação especial de consumidores, e em aspectos gerais, resolver alguns problemas. Por esta razão, abordarmos a noção de relação e de contrato de consumo e outros aspectos.

1.2. Definição de relação e contrato de consumo

A regulamentação do contrato de consumo exige uma definição legal, questão que, por sua vez, depende do que se entende por relação de consumo. A solução mais simples é remitir à lei especial, mas acontece que a Lei 24.240 (Lei de Defesa do Consumidor) com as modificações da Lei 26.361, tem sido bastante criticada pela doutrina nesse respeito. Por este motivo se adotam as seguintes definições normativas:

Relação de consumo. Consumidor. Relação de consumo é a relação jurídica entre um fornecedor e um consumidor. Consumidor é a pessoa física ou jurídica que adquire ou utiliza produtos ou serviços como destinatário final em seu próprio interesse ou de sua família ou grupo social, desde que não tenha ligação com sua atividade comercial, industrial, artesanal ou profissional.

É equiparado ao consumidor quem, sem ser parte de uma relação de consumo como consequência ou resultado dela, adquire ou utiliza produtos ou serviços em forma gratuita ou onerosa como destinatário final, no seu próprio interesse ou de sua família ou grupo social, desde que não tenha nenhuma ligação com a sua atividade comercial, industrial, artesanal ou profissional.

Contrato de consumo. Contrato de consumo é celebrado entre um consumidor ou usuário final com uma pessoa física ou jurídica que atue profissional ou ocasionalmente ou com uma empresa que produz bens ou presta serviços, públicos ou privados, cuja finalidade é a aquisição, uso ou gozo de bens ou serviços por parte dos consumidores ou usuários, para seu uso privado, da sua família ou social, sempre que não tenha ligação com sua atividade comercial, industrial, artesanal ou profissional.

Estas definições receptam as existentes na legislação especial, simplificando o texto e a terminologia de acordo com os comentários feitos pela doutrina. Em especial, vale fazer referência a figura do "consumidor exposto", incluído na lei especial dentro da definição geral de consumidor. Esta tem sido uma tradução inadequada do Código de Defesa do Consumidor do Brasil (artigo 29), que inclui esta noção em relação às práticas comerciais, mas não como uma noção geral. Como se observa, a fonte, se bem amplia a noção de consumidor, a limita a quem está apenas exposto a práticas abusivas, o que parece como absolutamente razoável. No entanto, o texto da Lei 26.361 não tem restrições, razão pela qual seu texto, interpretado literalmente, tem alcançado uma proteção carente de substancialidade e de limites pelo seu alcance. Um exemplo do acima exposto é o fato de que alguma opinião e algum julgamento que o recebe, com base na frase "expostos a uma relação de consumo", têm considerado consumidor ao pedestre vítima de um acidente de trânsito, em relação ao contrato de seguro celebrado entre o responsável civil e seu assegurador. A definição que surge do texto é uma proposta de alteração da lei especial. De qualquer forma, tendo como fonte o artigo 29 do Código de Defesa do Consumidor do Brasil, o temos reproduzido ao regular as "práticas abusivas", pois, nesse caso, a sua inclusão parece razoável.

1.3. Implicações práticas do método adotado

a) Ao separar em dois títulos, o regime de contratos de consumo é totalmente diferente. Por esta razão, nos contratos de consumo a um controle de incorporação e de conteúdo da cláusula abusiva. Esta característica significa que pode ser considerada abusiva, mesmo que tenha sido aprovada pelo consumidor, o mesmo se aplica à aprovação administrativa, nada impede a declaração de abuso. Esta regra se aplica mesmo se o contrato de consumo for de adesão ou não é, porque a adesão (que é um problema de incorporação da cláusula) é irrelevante, o que importa é que seja de consumo.

b) No outro extremo estão os contratos negociados, regulados no primeiro título. A estes, nenhuma das opções acima se aplicam. Em contratos negociados, pode haver uma situação de fraqueza que são os de adesão, onde a negociação não ocorre. Nestes casos, podemos distinguir: se houver negociação, é válido. Se for o caso, pode houver declaração de abuso.

c) É necessário definir a relação de consumo, porque incluem fatos, atos unilaterais e bilaterais. Isso permite regular o fenômeno de responsabilidade decorrente dos atos, práticas de negócio como a publicidade, derivados de atos unilaterais e contratos, que são atos bilaterais.

d) Na definição se usam dois elementos: o consumo final e a falta de conexão com sua atividade comercial, industrial, artesanal ou profissional. Assim, não só se incorpora a abordagem mais amplamente utilizada na atualidade, que é o do não profissionalismo, mas também muitos conflitos são resolvidos. Em particular, há muita discussão sobre as ligações que mantêm as empresas para o consumo final, que, com esta definição, são excluídos. A proteção, neste último caso, surgirá dos contratos celebrados por adesão. Assim, á maior consistência com o direito brasileiro, porque o Supremo Tribunal Federal considerou que não se aplica o Código de Defesa do Consumidor a uma relação entre empresas, e a doutrina têm comentado favoravelmente a esta interpretação, observando que, caso contrário, seria apagar qualquer distinção entre o comércio e o consumo, o que resultaria em uma generalização que iria prejudicar os mais fracos.

1.4. Formação do consentimento

Neste tópico há diferenças profundas com a parte geral de contratos regida pelo Título II, e também não há uma regulação sistemática no direito argentino, o que justifica uma maior extensão sobre o assunto.

Em primeiro lugar, se consagra uma obrigação geral de informação, o que torna a transparência das informações nos contratos de consumo. A norma determina que os prestadores devam por ao conhecimento do consumidor, na medida do seu conhecimento, as características essenciais dos bens ou serviços e quaisquer outras circunstâncias relevantes para a celebração do contrato. Esta disposição não é igual a existente para os contratos em geral, onde a parte que obtém informação a seu custo, não tem em geral que compartilhá-la.

Propõe-se a regulação das práticas abusivas. De acordo com o exposto acima, em relação ao método deve começar-se com a Constituição, que estabelece o "tratamento digno", de forma que o Código é a implementação dessa regra, realizada com conceitos jurídicos indeterminados e deixa lugar à lei especial para desenvolver regras claras e adaptáveis a um setor muito mutável. A este respeito, incorpora a equiparação dos consumidores a pessoas expostas e se estabelecem regras gerais.

A lei atual contém a seguinte regra: "Tratamento digno. Práticas abusivas. Os fornecedores devem garantir condições de atendimento e tratamento digno e equitativo aos consumidores e usuários. Devem abster-se de exibir comportamentos que coloquem aos consumidores em situações embaraçosas, humilhantes ou intimidantes. Não podem exigir sobre os consumidores estrangeiros, quaisquer discriminações sobre preços, qualidades técnicas, comerciais ou qualquer outro aspecto relevante para os bens e serviços que comercialize. Qualquer exceção a o indicado deve ser autorizada pela autoridade de aplicação por razoes de interesse geral devidamente fundamentadas. Nas reclamações extrajudiciárias de dívidas, deve se abster de usar qualquer meio que lhe dá a aparência de demanda judicial. Tal comportamento, além das sanções previstas nesta Lei poderá ser passível da multa civil prevista no artigo 52 bis da presente norma, sem prejuízo de outros ressarcimentos que poderão corresponder ao consumidor, estendendo se solidariamente ambas penalidades para alguém que age em nome do fornecedor" (artigo 8° bis introduzido pelo artigo 6° da Lei 26.361).

Sem sua revogação, mas ajustando sua escrita em conformidade com as regras contidas no Anteprojeto, se expande baseada em princípios claros: o tratamento digno, igualdade de tratamento, não discriminatório; à proteção da dignidade da pessoa humana, a defesa da liberdade de contratação, assim se atinge um amplo espectro de situações que a jurisprudência, a doutrina, ou a legislação especial podem desenvolver.

Também se sugere a regulamentação da publicidade destinada aos consumidores. A lei atual tem a seguinte norma: "Efeitos da Publicidade. Os detalhes contidos na publicidade ou nos folhetos de publicidade, boletins ou outros meios de comunicação exigem ao fornecedor e se devem ter por incluídos no contrato com o consumidor. Nos casos em que o oferecimento de bens e serviços são realizados pelo sistema de compara por telefone, por catálogo ou pelo correio, publicado por qualquer meio de comunicação, deve incluir o nome, endereço e número de CUIT do ofertante" (artigo 8°, parágrafo inserido pelo artigo 1° da Lei 24.787).

A regulamentação proposta é mais abrangente, sistemática e consistente com os critérios atuais para a regulamentação da publicidade dirigida ao consumidor. Define-se a publicidade ilícita, incluindo as categorias de publicidade enganosa, comparativa, indutiva, discriminatória em situações especiais e se especificam as ações disponíveis para os consumidores e os legitimados de acordo com as leis especiais e procedimentais. Como no caso da norma citada se prevê que o contrato inclui a publicidade.

1.5. Regime especial

Neste capítulo são reguladas práticas especiais que constituem práticas generalizadas na contratação de consumo: contratos celebrados fora dos estabelecimentos comerciais, celebrados à distância e celebrados por meios eletrônicos. São definidos, se determinam as regras gerais e se definem algumas específicas derivadas do controle do meio que, habitualmente exerce o fornecedor e são as seguintes:
- O dever de informação focado na vulnerabilidade técnica derivada do médio utilizado.
- A oferta estabelecida nestes meios está em vigor durante o tempo em que permanece acessível, e o ofertante deve notificar o recebimento de aceitação.
- O direito de revogação.
- O local de execução é aquele no qual o consumidor tenha recebido a prestação e determina a competência.

Estas regras complementam os atuais artigos 32, 33, 34 da lei especial (26.361) e fornecem soluções muito específicas para os problemas muito concretos levantados pela doutrina. Segue-se a técnica de regras gerais que podem ser complementadas por posterior legislação específica.

1.6. Cláusulas Abusivas

Neste capítulo se dispõem regras gerais relativas às cláusulas abusivas.

Quanto às leis aplicáveis, deve-se acudir a este capítulo, as leis especiais e aos contratos celebrados por adesão. Como afirmado acima, estas últimas são aplicáveis existam ou não cláusulas gerais, já que o elemento de ativação é a existência de um contrato de consumo. Em todos os casos sempre se aplica a proteção mais favorável aos consumidores, como surge expressamente da parte inicial deste capítulo. Também se esclarece que podem ser consideradas abusivas, mesmo que sejam aprovadas expressamente pelo consumidor.

Define-se cláusula abusiva segundo um critério geral: é abusiva a cláusula que, não tendo sido negociada individualmente, tem a finalidade ou efeito de provocar um desequilíbrio significativo entre os direitos e as obrigações das partes, em detrimento do consumidor. Isto é complementado pelas listagens existentes nas leis especiais.

Também se define a situação jurídica abusiva, dizendo que ela se configura quando o mesmo resultado abusivo é obtido através da predisposição de uma pluralidade de atos jurídicos relacionados. Isto é consistente com as disposições sobre o exercício abusivo no Título Preliminar e nos contratos relacionados na parte geral dos contratos. Se estabelece que não podem ser consideradas abusivas as cláusulas referentes à relação entre o preço e bem ou serviço procurado e as que refletem nas atuais disposições de tratados internacionais ou leis imperativas, o que é coerente com as normas de direito comparado.

Finalmente, se estabelecem as faculdades judiciais.

Os textos são os seguintes:

TÍTULO III
Contratos de consumo
CAPÍTULO 1
Relação de Consumo

ARTIGO 1092. **Relação de consumo. Consumidor.** Relação de consumo é o vínculo jurídico entre um fornecedor e um consumidor. Consumidor é a pessoa natural ou jurídica que adquire ou utiliza, em forma gratuita ou onerosa, bens ou serviços como destinatário final, em seu próprio interesse ou de sua família ou grupo social.

Equiparasse ao consumidor quem, sem ser parte de uma relação de consumo como consequência ou em ocasião dela, adquire ou utiliza produtos ou serviços, em forma gratuita ou onerosa, como usuário final, para ganho pessoal ou de sua família ou grupo social.

ARTIGO 1093. **Contrato de consumo.** Contrato de consumo é o celebrado entre um consumidor ou usuário final com uma pessoa física ou coletiva que atua profissional ou ocasionalmente ou com uma empresa que produz bens ou presta serviços, públicos ou privados, cuja finalidade seja a aquisição, uso ou gozo dos bens ou serviços por parte dos consumidores ou usuários, para seu uso privado, familiar ou social.

ARTIGO 1094. **Interpretação e prioridade normativa**. As normas que regem as relações de consumo devem ser aplicadas e interpretadas em conformidade com o princípio de proteção dos consumidores e de acesso ao consumo sustentável.

Em caso de dúvida sobre a interpretação deste Código ou das leis especiais, prevalece a mais favorável ao consumidor.

ARTIGO 1095. **Interpretação do contrato de consumo**. O contrato é interpretado no sentido mais favorável ao consumidor. Quando houver dúvida sobre a extensão de sua obrigação, se adota a que for menos grave.

CAPÍTULO 2
Formação do consentimento

SECÇÃO 1
Práticas Abusivas

ARTIGO 1096. **Âmbito de aplicação**. As disposições da presente secção são aplicáveis a todas as pessoas expostas às práticas comerciais, identificáveis ou não, sejam consumidores ou sujeitos equiparados, tal como previsto no artigo 1092.

ARTIGO 1097. **Tratamento digno**. Os provedores devem assegurar condições de atenção e tratamento digno aos consumidores e usuários. A dignidade da pessoa deve ser respeitada sob os critérios gerais que surgem dos tratados de direitos humanos. Os provedores devem abster-se de exibir comportamentos que coloquem aos consumidores em situações embaraçosas, humilhantes ou intimidantes.

ARTIGO 1098. **Tratamento equitativo e não discriminatório**. Os provedores devem dar aos consumidores um tratamento equitativo e não discriminatório. Não podem diferenciar com base em diretrizes contrárias à garantia constitucional da igualdade, especialmente, respeito à nacionalidade dos consumidores.

ARTIGO 1099. **Liberdade de contratação**. Estão proibidas as práticas que limitam a liberdade de contratar do consumidor, em particular, aquelas que subordinam o fornecimento de bens ou serviços à aquisição simultânea de outros, e outras que visam o mesmo objetivo.

SECÇÃO 2
Informação e publicidade dirigida aos consumidores

ARTIGO 1100. **Informação.** O fornecedor é obrigado a fornecer informações verdadeiras e detalhadas ao consumidor, sobretudo o relacionado com as características essenciais dos bens e serviços por ele prestados, as condições de comercialização e quaisquer outras circunstâncias ligadas ao contrato. A informação deve ser fornecida gratuitamente ao consumidor e com a clareza suficiente para permitir a compreensão.

ARTIGO 1101. **Publicidade.** É proibida a publicidade que:

a) contenha indicações falsas ou susceptíveis de induzir ou poder induzir em erro ao consumidor, ao cair sobre os elementos essenciais do produto ou serviço;

b) faça comparações de bens ou serviços quando possam levar ao erro do consumidor;

c) seja abusiva, discriminatória ou induza ao consumidor a se comportar em forma prejudicial ou perigosa à sua saúde ou segurança.

ARTIGO 1102. **Ações.** Os consumidores afetados ou aqueles que estão legalmente autorizados podem pedir ao juiz: a cessação da publicidade ilícita, a publicação pelo réu de contrapropaganda e, se for o caso, da condenação.

ARTIGO 1103. **Efeitos da propaganda**. Os detalhes contidos na publicidade ou em anúncios, folhetos, boletins ou outros meios de difusão se têm por incluídas no contrato com o consumidor e forçam ao fornecedor.

CAPÍTULO 3
Situações especiais

ARTIGO 1104. **Contratos celebrados fora dos estabelecimentos comerciais.** Enquadra-se na categoria dos contratos celebrados fora dos estabelecimentos comerciais do fornecedor, os que resultam de uma oferta ou proposta de bens ou serviços concluída na casa ou no local de trabalho do consumidor, na rua, ou através de correspondência, os resultantes de um convite ao consumidor ou usuário á instalação do fornecedor ou a outro lugar, quando o objetivo do convite seja, no todo ou em parte, diferente do objetivo do contrato, ou inclua um prêmio ou presente.

ARTIGO 1105. **Contratos celebrados à distância.** Contratos à distância são aqueles celebrados entre um fornecedor e um consumidor com o uso exclusivo dos meios de comunicação à distância, que incluem aqueles que podem ser utilizados sem a presença física e simultânea das partes contratantes. Em particular, se consideram os serviços postais, eletrônicos, telecomunicações, assim como de televisão, rádio ou jornais.

ARTIGO 1106. **Uso de meios eletrônicos.** Sempre que este Código ou leis especiais exigir que o contrato seja por escrito, esta exigência deve ter se por satisfeito se o contrato com o consumidor ou usuário tem um suporte eletrônico ou outra tecnologia similar.

ARTIGO 1107. **Informação sobre os meios eletrônicos.** Se as partes fazem uso de técnicas de comunicação eletrônica ou similares para a celebração de um contrato de consumo a distância, o fornecedor deve informar o consumidor, além do conteúdo mínimo do contrato e a faculdade de revogar todos os dados necessários para usar corretamente o médio escolhido, para compreender os riscos decorrentes de seu emprego, e para ter absolutamente claro quem assume estes riscos.

ARTIGO 1108. **Ofertas por meios eletrônicos.** As ofertas de contratação por meios eletrônicos ou similares devem estar em vigor durante o período fixado pelo fornecedor ou, na falta deste, ao longo do tempo que são acessíveis ao destinatário. O fornecedor deve confirmar eletronicamente e sem atraso a chegada da aceitação.

ARTIGO 1109. **Local de execução.** Nos contratos celebrados fora dos estabelecimentos comerciais, à distância e com uso de meios eletrônicos ou similares, local de execução é considerado aquele em que o consumidor recebeu ou devia receber a prestação. Este lugar fixa a jurisdição aplicável aos litígios decorrentes do contrato. A cláusula de prorroga de jurisdição se terá por não escrita.

ARTIGO 1110. **Revogação.** Nos contratos celebrados fora dos estabelecimentos comerciais e à distância, o consumidor tem o direito inalienável de revogar a aceitação no prazo de dez (10) dias, contados a partir da celebração do contrato.

Se a aceitação for posterior à entrega do bem, o prazo deve começar a correr a partir do momento em que esta última se realiza.

Se o prazo expirasse em um feriado, se prorroga até o dia útil seguinte.

Os termos, convênios ou qualquer outra forma aceita pelo consumidor durante este período que tenham por resultado a impossibilidade de exercer o direito de revogação se terão por não escritos.

> ARTIGO 1111. **Dever de informar o direito de revogação.** O fornecedor deve informar ao consumidor sobre o poder de revogação, incluindo-o em letras com destaque em todo documento apresentado ao consumidor na fase de negociações, ou no documento que instrumenta o contrato concluído, como uma disposição localizada imediatamente antes da assinatura do consumidor ou usuário. O direito de revogação não se extingue se o consumidor não foi devidamente informado do seu direito.
>
> ARTIGO 1112. **Forma e prazo para a comunicação da revogação.** A revogação deve ser notificada ao fornecedor por escrito ou por meio eletrônico ou similar, ou devolvendo a coisa dentro de dez (10) dias computados como previsto no artigo 1110.
>
> ARTIGO 1113. **Efeitos do exercício do direito de revogação.** Se o direito de revogar é exercido em tempo e forma pelo consumidor, as partes são liberadas de suas mútuas obrigações e deverão se restituir reciprocamente e simultaneamente as prestações que tinham sido feitas.
>
> ARTIGO 1114. **Impossibilidade de devolução.** A impossibilidade de devolver a prestação objeto do contrato não priva ao consumidor do seu direito de revogar. Se a falha é atribuível a ele, deve pagar ao fornecedor o valor de mercado que a prestação tem no momento de exercer o direito de revogar, com exceção de que o valor seja maior do que o preço de compra, caso em que a obrigação está limitada a este último.
>
> ARTIGO 1115. **Despesas.** O exercício do direito de revogação não deve implicar custos para o consumidor. Em particular, o consumidor não tem que pagar montante alguma pela diminuição no valor da coisa que seja resultado de seu uso conforme o acordado ou a sua própria natureza, e tem direito ao reembolso das despesas necessárias e úteis que realizou nela.

ARTIGO 1116. **Exceções ao direito de revogar.** Salvo acordo em contrário, o direito de revogar não se aplica aos seguintes contratos:

a) as relativas aos produtos constituídos com as especificações fornecidas pelo consumidor ou manifestamente personalizados ou que, pela sua natureza, não possam ser devolvidos ou sejam susceptíveis de se deteriorarem rapidamente;

b) os de fornecimento de áudio ou vídeo, de discos e de softwares que tenham sido decodificados pelo consumidor, bem como arquivos informáticos, fornecidos eletronicamente, que podem ser baixados ou reproduzidos imediatamente para uso permanente;

c) os de fornecimento de jornais, revistas u outras publicações periódicas.

CAPÍTULO 4
Clausulas Abusivas

ARTIGO 1117. **Regras Aplicáveis.** Aplicar neste Capítulo as disposições das leis especiais e dos artigos 985, 986, 987 e 988, exista ou não cláusulas gerais estabelecidas por uma das partes.

ARTIGO 1118. **Controle de incorporação.** As cláusulas incorporadas em um contrato de consumo podem ser consideradas abusivas, mesmo que sejam objeto de negociação individual ou expressamente aprovadas pelo consumidor.

ARTIGO 1119. **Regra geral.** Sem prejuízo do disposto em lei especial, é injusta a cláusula, que tendo sida negociada individualmente ou não, tem a finalidade ou o efeito de provocar um desequilíbrio significativo entre os direitos e as obrigações das partes, em detrimento do consumidor.

ARTIGO 1120. **Situação jurídica abusiva.** Considera-se que existe uma situação jurídica abusiva quando o mesmo resultado é conseguido através da predisposição de uma pluralidade de atos jurídicos conexos.

ARTIGO 1121. **Limites.** Não podem ser consideradas abusivas:

a) as disposições relativas à relação entre o preço e o bem ou serviço solicitado;

b) as que refletem as atuais disposições de tratados internacionais ou das leis imperativas.

ARTIGO 1122. **Controle judicial.** O controle judicial das cláusulas abusivas é regido, sem prejuízo das disposições de lei especial, pelas seguintes regras:

a) a aprovação administrativa dos contratos ou das suas disposições não prejudicam o controle;

b) as cláusulas abusivas se tem por não estabelecidas;

c) se o juiz declara a anulação parcial do contrato, deve ser integrado ao mesmo tempo, se não pode se substituir sem comprometer a sua finalidade;

d) quando testado uma situação jurídica abusiva decorrente de contratos relacionados, o juiz deve aplicar o disposto no artigo 1075.

2. Contratos relacionais

Tem se incluído uma extensa regulação dos contratos relacionados, amplamente investigados pela doutrina. Este trabalho é descritivo, mas os conceitos normativos são escassos e há poucos precedentes no direito comparado. Por esta razão, não é fácil definir com precisão os elementos constitutivos do conceito e suas fronteiras. Além disso, sendo uma exceção ao princípio da eficácia relativa dos contratos, não são aceitáveis critérios frouxos que afetam a noção e o funcionamento do contrato. Estas razões tornam imperativa a necessidade de uma definição normativa que consiste no seguinte:

a. Há conexão quando dois ou mais contratos independentes estão ligados. O primeiro requerimento é que existam dois ou mais contratos, isto é, não é um fenômeno que ocorre dentro de cada contrato, mas que é exterior e envolve a vários.

b. Uma finalidade econômica comum. A ideia de negócio econômico faz necessário o uso de vários contratos para alcançá-lo ou para torná-lo mais eficiente. É uma finalidade supracontratual.

c. Previamente estabelecida. Não é qualquer finalidade econômica comum, mas um projeto anterior. É muito comum que os vínculos sejam conectados de várias maneiras, mas o que é levado em conta é uma finalidade prévia.

d. Então, um deles foi determinante do outro para conseguir o resultado desejado. A decisão de vincular contratos é fundamental para a consecução do resultado, o que importa é o negócio econômico e o contrato é um instrumento.

Desta forma se inserem as redes contratuais que são um importante setor da atividade econômica.

Depois se regulam os efeitos sobre a interpretação e a oponibilidade das exceções de não cumprimento total, parcial ou defeituoso.

Os textos são os seguintes:

> ARTIGO 1073. **Definição.** Há ligação quando dois ou mais contratos independentes estão unidos por um objetivo econômico comum, previamente estabelecido, de modo que um deles foi determinante do outro para conseguir o resultado desejado. Este objetivo pode ser estabelecido por lei, expressamente acordado, ou decorrente da interpretação de acordo com o disposto no artigo 1074.
>
> ARTIGO 1074. **Interpretação.** Os contratos conexos serão interpretados uns por meio dos outros, atribuindo-lhes o sentido que emerge do grupo de contratos, seu papel econômico e do resultado desejado.
>
> ARTIGO 1075. **Efeitos.** Dependendo das circunstâncias, comprovada a conexidade, um contratante pode opor as exceções de descumprimento total, parcial ou defeituoso, mesmo contra a inexecução de obrigações para além do seu contrato. Seguindo o princípio da conservação, a mesma regra se aplica quando a extinção de um dos contratos produz a frustração do objetivo econômico comum.

3. Título Preliminar

3.1. Razões para a existência de um Título Preliminar

A primeira questão a decidir é a necessidade de incluir um título preliminar no código.

Sua aceitação é baseada em uma tradição histórica e na suposição de que o código civil é o centro do sistema jurídico no que se refere ao direito privado e, portanto, nele devem ser mostradas as regras gerais de todo o sistema.

Esta ideia foi questionada na atualidade, já que a decodificação é um fenômeno inegável. Deste ponto de vista, alguns códigos, como o Brasil, dispensam dum Título Preliminar.

De outra perspectiva, é necessário que os operadores tenham as diretrizes legais para decidir sobre um sistema de fontes complexas, que muitas vezes precisam recorrer a um diálogo de fontes, e a usar não só regras, mas também princípios e valores.

No sistema jurídico argentino não há nenhum dispositivo que estabelece normas gerais relativas às fontes ou em relação à interpretação deles.

A regulação completa das fontes é um assunto que é discutido hoje no direito constitucional, porque tem a amplitude necessária para compreender de tratados internacionais até os regulamentos administrativos. No direito privado, no entanto, se pode regular as fontes do ponto de vista da decisão do juiz, estabelecendo, como indicado acima, regras para a decisão judicial.

Assim, a este nível, a resposta é positiva, então o projeto proposto. Se as regras sobre as fontes e interpretação são introduzidas, deve-se avaliar a sua coordenação com outros microssistemas. Isto porque, qualquer que seja o grau de centralidade a ser reconhecida ao código, uma regra deste tipo tem um efeito expansivo além de qualquer dúvida. A Corte Suprema da Justiça Argentina argumentou: "... a regra de interpretação nos termos do artigo 16 (Código Civil) ultrapassa os limites do direito privado, uma vez que transcende e se projeta como um princípio geral aplicável em toda a ordem legislação nacional", (Julgamento, 312:957).

Por esta razão, serve a distinção entre o direito como sistema e a lei, que é uma fonte principal, mas não a única. Neste sentido, é útil referir as fontes do direito, e definir alguns padrões mínimos de interpretação, porque se promove a segurança jurídica e a abertura do sistema a soluções mais justas decorrentes da harmonização das regras, princípios e valores. Com referência à lei, o projeto estabelece regras com relação a sua obrigação em relação ao espaço e tempo e seus efeitos no campo do direito internacional privado.

Tradicionalmente, o título preliminar foi considerado apenas para esses fins, ou seja, a definição de fontes e regras de interpretação. O Código Civil espanhol contém um título preliminar dedicado a "as regras de direito, sua aplicação e eficácia", com capítulos sobre as fontes do direito, a aplicação de normas jurídicas, a eficácia geral e regras de direito internacional privado.

O Projeto lhe dá uma maior extensão, incluindo regras para o exercício dos direitos, que tem como destinatário não é o juiz, mas os cidadãos, e noções gerais sobre bens individuais e coletivos, que dão ao Código um sentido geral em matéria valorativa, como explicada abaixo.

Finalmente, consideramos que os programas das escolas de Direito na Argentina têm, tipicamente, uma parte general cujo conteúdo é consistente com a proposta.

Boa fé:

A "boa fé" como cláusula geral foi introduzida no Código Civil com a reforma da Lei 17.711 e seus resultados têm sido satisfatórios e amplamente elogiados pela doutrina.

Propõe-se que a boa fé seja regulada como um princípio geral aplicável ao exercício dos direitos, o que logo se complementa com regras específicas aplicáveis a distintos âmbitos.

Abuso do direito

O abuso do direito foi introduzido no código civil mediante a reforma da Lei 17.711, e tem sido desenvolvida amplamente pela jurisprudência e a doutrina. É incluída como um princípio geral do exercício dos direitos no título preliminar, o que tem sido uma importante decisão, porque muda a tonalidade valorativa de todo o sistema, sem prejuízo das adaptações em cada caso em particular.

Direitos

Em relação aos temas que viemos considerando, convém examinar o distingo entre direitos individuais e coletivos.

A Corte Suprema da Justiça da Nação assinalou, em "Halabi"[3], que "a regra geral em matéria de legitimação e que os direitos sobre bens jurídicos individuais são exercidos por seu titular". Quer dizer que

---

3. "Halabi, Ernesto c/ P.E.N. – ley 25.873 – dto. 1563/04 s/ amparo Ley 16.986".

a regra geral são os direitos individuais protegidos pela constituição e o código civil, o que inclui o direito de domínio, condomínio, etc.

No mesmo precedente "Halabi" tem se dito: "Os direitos de incidência coletiva que tem por objeto bens coletivos (artigo 43 da Constituição Nacional) são exercidos pelo Defensor do Povo da Nação, as associações que concentram o interesse coletivo e o afetado. Nestes supostos existem dois elementos de qualificação que resultam prevalentes. Em primeiro lugar, a petição deve ter por objeto a tutela de um bem coletivo, o que ocorre quando este pertence a toda a comunidade, sendo indivisível e não admitindo exclusão alguma. Por isto só se concede uma legitimação extraordinária para reforçar sua proteção, mas em nenhum caso existe um direito de apropriação individual sobre o bem já que no estão em jogo direitos subjetivos".

Em consequência distinguimos entre:
- **Direito subjetivo sobre um bem individualmente disponível pelo seu titular:** se trata do patrimônio como atributo da pessoa, os bens que o integram, e os direitos reais ou creditórios.
- **Direitos de incidência coletiva sobre bens coletivos**: se referem a aqueles que são indivisíveis e de uso comum, sobre os quais não há direitos subjetivos no sentido estrito. Estes bens no pertencem à esfera individual sino social e no são divisíveis em modo algum.
- **Direitos individuais homogêneos:** Nestes supostos uma causa comum afeta a uma pluralidade de direitos e por isso se permite uma reclamação coletivo. Diferenciam-se dos primeiros enquanto a que se permitem processos coletivos, como o propomos em matéria de responsabilidade. Distinguem-se dos segundos porque são direitos subjetivos individuais e não indivisíveis, como o ambiente.

Esta classificação tem um impacto decisivo nas normas referidas ao patrimônio, contratos e responsabilidade civil.

3.2. Textos

Os textos são os seguintes:

ARTIGO 9º – **Princípio da boa-fé.** Os direitos devem ser exercidos de boa fé.

ARTIGO 10º – **Abuso de direito**. O exercício regular de um direito próprio ou o cumprimento de uma obrigação legal não pode constituir como ilícito um ato.

A lei não protege o exercício abusivo dos direitos. Que é considerado como contrário aos fins do ordenamento jurídico ou além dos limites impostos pela boa fé, a moral e os bons costumes.

O juiz deve ordenar o necessário para evitar os efeitos do exercício abusivo ou da situação jurídica abusiva e, se for necessário, solicitar o restabelecimento ao estado anterior de coisas e estabelecer uma compensação.

ARTIGO 14. **Direitos individuais e de incidência coletiva**. Neste Código são reconhecidos:

a) direitos individuais;

b) direitos de incidência coletiva.

A lei não protege o exercício abusivo dos direitos individuais, quando isso pode afetar o meio ambiente e os direitos de interesse coletivo em geral.

4
NOTA SOBRE A PANDEMIA COVID-19, OS CONTRATOS DE CONSUMO E O SUPERENDIVIDAMENTO DOS CONSUMIDORES: A NECESSIDADE DE ATUALIZAÇÃO DO CDC

Claudia Lima Marques e Bruno Miragem

SUMÁRIO: Introdução. I. A pandemia de Covid e os impactos nos contratos de consumo. 1. Contratos de consumo e a impossibilidade de cumprimento. 2. Incerteza de cumprimento dos contratos ou de utilidade da prestação. 3. Expectativa legítima de cumprimento, a responsabilidade do fornecedor e o necessário diálogo das fontes. II. O superendividamento do consumidor e a necessidade de atualização do CDC. 1. O fenômeno do superendividamento dos consumidores e o Projeto de Lei de atualização do Código de Defesa do Consumidor. 2. A atualização do CDC frente a Covid-19: bases para a prevenção do superendividamento e o combate ao assédio de consumo.

Introdução

Desde o dia 04 de fevereiro de 2020, foi decretado no país o estado de emergência nacional (Portaria 188, de 3.02.2020),[1] em 11 de março, a Covid-19 foi caracterizada pela Organização Mundial da Saúde (OMS) como uma pandemia[2] e, no dia 20 de março, atingimos no Brasil o estágio de contaminação comunitária da pandemia causada pelo vírus Covid-19 (Portaria 454, de 20.3.2020)[3] e o Governo Federal decretou o estado de calamidade pública (Decreto Legislativo 6, de 2020).

---

1. Fonte: https://www1.folha.uol.com.br (Acesso 21.03.2020). Portaria n. 188 de 3.2.2020, DOU 04.02.2020, declara emergência em Saúde Pública de Importância Nacional (ESPIN) em decorrência da infecção Humana pelo novo Coronavírus (2019-nCoV).
2. Fonte: https://www.politize.com.br (Acesso 21.03.2020).
3. Fonte: https://Saude.estadao.com.br (Acesso 21.03.2020).

A pandemia do coronavírus, suas repercussões sociais e econômicas, e as medidas de polícia editadas pelo Poder Público para seu enfrentamento, são circunstâncias a que se submetem os particulares, em especial os consumidores, sem que possam evitá-las. Tratando-se de indivíduos que celebraram contratos, tendo por pressuposto determinada realidade fática que veio a ser substancialmente alterada, de modo a dificultar ou impedir seu cumprimento posterior, devem incidir as soluções previstas na legislação para tais situações e aqui há um diálogo das fontes necessário entre o Código Civil, o CDC, as leis materialmente especiais e as leis emergenciais. Porém, queremos neste artigo frisar uma distinção importante, entre os contratos em geral do direito privado e os contratos de consumo, no que pertine sua essencialidade e importância para a vida dos indivíduos, pois não se trata de 'insumos' de produção, e sim 'con'/sumo, de uso pessoal e de sua família, mais ligados à dignidade das pessoas (sua saúde, sua segurança, seus dados, o desenvolvimento de sua personalidade são assegurados através de contratos de consumo).

Por isso, as sugestões legislativas para o enfrentamento da pandemia de Covid-19 também devem focar na proteção especial dos consumidores pessoas naturais,[4] sem prejuízo de que – como a lei alemã de 25 de março de 2020[5], possam permitir a proteção equiparada de microempresas e empresários individuais, se em idêntica posição de vulnerabilidade fática, frente à pandemia. Interessante notar que, na Lei do Regime Jurídico Emergencial, Lei 14.010/2020, todos os artigos que mencionavam medidas sociais foram vetados (ficou apenas

---

4. Veja a sugestão de moratória legal para consumidores pessoas naturais – inspirada pela lei alemã – no artigo acadêmico MARQUES, Claudia Lima, BERTONCELLO, Karen; LIMA, Clarissa Costa de. Exceção dilatória para os consumidores frente à força maior da pandemia de Covid-19: Pela urgente aprovação do PL 3.515/2015 de atualização do CDC e por uma moratória aos consumidores, in *Revista de Direito do Consumidor*, vol. 129/2020, Maio-Jun/2020.

5. Lei alemã de 25 de março de 2020, publicada no Diário oficial em 27.03.2020 (Bundesgesetzblatt Jahrgang 2020 Teil I Nr. 14, ausgegeben zu Bonn am 27. März 2020 569): Lei para mitigar as consequências da pandemia de Covid-19 no direito civil, de falências e no processo penal (Gesetzes zur Abmilderung der Folgen der Covid-19-Pandemie im Zivil-, Insolvenz- und Strafverfahrensrecht).

o Art. 8º, que limita em caso de *delivery* de remédios e perecíveis esta faculdade durante a pandemia e que '*a contrario*' mantém o Art. 49 do CDC íntegro),[6] assim é necessário, além de moratórias excepcionais,[7] atualizar o CDC, aprovando o PL 1805/2021 e suas medidas de prevenção e tratamento do superendividamento.

Como afirmamos,[8] o interessante é que o destino dos contratos, fora essa característica de sua essencialidade, seguem as mesmas linhas, em um diálogo necessário de aplicação simultânea, harmônica e coerente ou conforme o mandamento constitucional de um dever de proteção dos consumidores (Art. 5º, XXXII, da CFR/1988). O consumidor é um contratante leigo, não habitual como nas relações empresariais, assim o contrato de consumo é muito mais pontual e, muitas vezes, mais essencial para a sua sobrevivência em tempos de pandemia. Vejamos, então, os impactos da pandemia nos contratos de consumo.

I. A pandemia de Covid e os impactos nos contratos de consumo

Assim, como nos demais contratos, também nos contratos de consumo é preciso distinguir, entre contratos envolvendo 'dares' ou o fornecimento de produtos (que muitas vezes podem ser enviados à distância) e de serviços (que, por terem de ser realizados em casas,

---

6. Veja MARQUES, Claudia Lima; PFEIFFER, Roberto. Nota sobre o Projeto de Lei n. 1200/2020 que "Institui a moratória de obrigações contratuais de consumidores afetados economicamente pela pandemia de coronavírus (Covid-19)" e sobre o Projeto de Lei (PL) nº 1.179, de 2020, que dispõe sobre o Regime Jurídico Emergencial e Transitório das relações jurídicas de Direito Privado (RJET) no período da pandemia do Coronavírus (Covid-19), in Revista de Direito do Consumidor, vol. 130 (2020).
7. MARQUES, Claudia Lima, BERTONCELLO, Karen; LIMA, Clarissa Costa de. Exceção dilatória para os consumidores frente à força maior da pandemia de Covid-19: Pela urgente aprovação do PL 3.515/2015 de atualização do CDC e por uma moratória aos consumidores, in *Revista de Direito do Consumidor*, vol. 129/2020, Maio-Jun/2020.
8. MIRAGEM, Bruno. Nota relativa à pandemia de coronavírus e suas repercussões sobre os contratos e a responsabilidade civil. In Revista dos Tribunais, vol. 1015/2020, maio/2020.

muitas vezes, são inconvenientes ou mesmo proibidos, como as reformas, em tempos de isolamento social), entre contratos imediatos (cujo cumprimento já se deu ou é único) e contratos cujos efeitos se projetam no tempo (aqueles cujo objeto compreende prestações sucessivas ou periódicas, cada uma delas essencial e temporalmente separada), se bem que nos primeiros possa se dar um simples diferimento entre o momento da sua celebração e o da realização da prestação (execução) ou do pagamento (por exemplo: em prestações), de modo que a pandemia pode e vai perturbar toda relação contratual, em especial se de consumo.

Há situações em que, em razão das medidas adotadas pelo Poder Público ou por particulares, torna-se impossível o cumprimento (por exemplo, a locação de uma *club* para realização da festa do casamento, que não poderá ocorrer em razão da proibição expressa da municipalidade ou do Estado de que ocorra em determinado período) Em outras, não há uma impossibilidade caracterizada desde logo, mas incerteza quanto à possibilidade no momento da execução porvir, como é o caso recorrente de quem tenha adquirido passagens aéreas para viagens em data futura próxima, para destinos em que medidas de polícia local restringem ou impedem o ingresso pessoas no território (fechamento de fronteiras). Uma terceira situação é de contratos celebrado e em execução, sobre os quais a pandemia do coronavírus e as circunstância fáticas a que dá causa, repercutem na expectativa de cumprimento da prestação ajustada de um determinado modo, em consideração à natureza e finalidade do contrato. Vejamos, pois os diferentes casos e seus regimes.

1. Contratos de consumo e a impossibilidade de cumprimento

Os contratos de consumo, de fornecimento de produtos e serviços na sociedade de massas, apesar de submetidos a um regramento de ordem pública e interesse social (assim não disponíveis às partes forte no Art. 1º do CDC),[9] seguem em geral os mesmos princípios e

---

9. MARQUES, Cláudia Lima. *Contratos no Código de Defesa do Consumidor*, 9. ed., São Paulo: Ed. RT, 2019, p. 202 e seg.

linhas dos contratos em geral, havendo entre o Código Civil de 2002 e o CDC, uma convergência de princípios, um necessário diálogo entre estas fontes forte no Art. 7º do CDC.[10]

O Princípio da não intervenção incluído pela Declaração de Liberdade Econômica (novos parágrafos do Art. 113 e do Art. 421 e o *caput* do Art. 421-A)[11] está sob reserva dos regimes especiais, assim não se aplica aos contratos de consumo – que como os serviços públicos delegados, têm regime especial, de origem constitucional específica (Art. 48 do ADCT), o que também vem expresso no novo Art. 421-A, norma que presume *juris tantum* 'simétricos e paritários' apenas os contratos civis e empresariais.[12] Nos contratos de consumo, a presunção é justamente em contrário (Art. 4º, I, do CDC). Os contratos entre fornecedores de produtos e serviços e consumidores não são 'simétricos' ou equilibrados, não são 'paritários'; ao contrário, são normalmente de adesão (Art. 54 do CDC), daí a necessidade de intervenção do Estado, imposta por norma hierarquicamente superior, a Constituição Federal (Art. 5º, XXXII, da CFR/1988) e por lei especial de origem Constitucional (Art. 48 do ADCT), o CDC, com normas impositivas, de ordem pública e interesse social (Art. 1º do CDC).

Como já escrevemos,[13] no direito privado brasileiro, a impossibilidade de cumprimento pode ser definitiva ou temporária. No primeiro

---

10. MARQUES, Claudia Lima. O diálogo das fontes como método da nova teoria geral do direito: um tributo à Erik Jayme, in MARQUES, Claudia Lima (org.). *Diálogo das fontes*. São Paulo: Ed. RT, 2012, p. 63.
11. Veja – se sobre a não aplicação do princípio da excepcionalidade da revisão contratual, PFEIFFER, Roberto C. Lei da Liberdade Econômica é bem-vinda, mas não aplicável às relações de consumo. In: CONJUR2019, 30.12.2019. Disponível em: [www.conjur.com.br/2019-dez-30/direito-civil-atual-lei-liberdade-economica-bem--vinda. Acesso em: 01.01.2020.
12. RODRIGUES, Otávio Luiz Jr.; XAVIER LEONARDO, Rodrigo; PRADO, Augusto Cézar L. A liberdade contratual e a função social do contrato – Alteração do Art. 421-A do Código Civil – Art. 7º, in PEIXOTO MARQUES, Floriano Neto; RODRIGUES, Otávio Luiz Jr.; XAVIER LEONARDO, Rodrigo. *Comentários à Lei da Liberdade econômica – Lei 13.874/2019*, São Paulo: RT, 2019, p. 314.
13. A maioria das observações a seguir foi adaptada do artigo MIRAGEM, Bruno. Nota relativa à pandemia de coronavírus e suas repercussões sobre os contratos e a responsabilidade civil. *Revista dos Tribunais*, São Paulo, v. 1015, maio 2020.

caso, há obstáculo à realização da prestação, que não deve desaparecer ou se atenuar com a fluência do tempo. No segundo caso, a impossibilidade se circunscreve a certo período, indicando que poderá, ainda, ser realizada, mas não no prazo originalmente previsto.[14] Da mesma forma, pode ser absoluta ou relativa, de modo que, no primeiro caso, extingue a obrigação e libera o devedor; na segunda, há dificuldade ou onerosidade da prestação, o que mantém o devedor vinculado e responsável pelo cumprimento.

Há contratos entre consumidor e fornecedor em que os fatos decorrentes da repercussão da pandemia de coronavírus tornam impossível o cumprimento. Tais fatos tanto podem ser decorrentes das 'medidas de polícia' adotadas pelo Poder Público e às quais se subordinam os particulares, quanto à repercussão do seu comportamento razoável, visando a reduzir a exposição ao risco de contágio, como ocorre com a suspensão de determinadas atividades, independentemente de determinação estatal (espetáculos, viagens, festas de debutantes etc.). São, como regra, situações que os contratantes não podem impedir ou evitar, caracterizando-se hipótese de caso fortuito ou de força maior, previsto no art. 393, parágrafo único, do Código Civil: "O caso fortuito ou de força maior verifica-se no fato necessário, cujos efeitos não era possível evitar ou impedir".

Como escrevemos,[15] a força maior é uma exceção do direito privado como um todo e, segundo a doutrina, também nas relações de consumo.[16] Antônio Herman de Vasconcellos e Benjamim sempre

---

14. MIRAGEM, Bruno. *Direito das obrigações*. 3ª ed. Rio de Janeiro: Forense, 2021, p.266.
15. MARQUES, Claudia Lima, BERTONCELLO, Karen; LIMA, Clarissa Costa de. Exceção dilatória para os consumidores frente à força maior da pandemia de Covid-19: Pela urgente aprovação do PL 3.515/2015 de atualização do CDC e por uma moratória aos consumidores, in *Revista de Direito do Consumidor*, vol. 129/2020, Maio-Jun/2020.
16. MARTINS, Plínio Lacerda, O caso fortuito e a força maior como causas de exclusão da responsabilidade no Código do consumidor. In: *Revista dos Tribunais*, São Paulo, v. 690, abr. 1993, p. 287-291, o autor conclui: "Vê-se, pois, que a intenção do legislador não foi restringir o caso fortuito ou a força-maior das causas excludentes enumeradas no Código do Consumidor, preocupando-se em delimitar entre inúmeras hipóteses que regulam as relações entre consumidores e fornecedores,

defendeu a aplicação do excludente de força maior no direito do consumidor, por ser um fato externo, superior e de consequências imprevisíveis a quebrar o nexo causal entre o fato danoso e a relação de consumo em si mesmo,[17] como são uma pandemia e o estado de calamidade pública.[18]

As consequências da caracterização do caso fortuito ou de força maior são: a) a ausência de responsabilidade do devedor pelo inadimplemento a que tenha dado causa (art. 393, *caput*, do Código Civil); e b) a resolução dos contratos a que tenha tornado impossível o cumprimento (arts. 234, 248 e 250 do Código Civil). A resolução dá causa à extinção dos efeitos do contrato e, dentro do possível, a restituição das partes ao estado anterior.

No caso de contratos que não possam ser cumpridos em razão de fatos inevitáveis pelos contratantes, em decorrência da pandemia de coronavírus e das suas consequências (medidas adotadas pelo Poder Público ou por terceiros), esta será a solução aplicável. Em casos nos quais uma das partes tenha realizado o pagamento da sua prestação, sendo credora da contraprestação, a eficácia de resolução implica a

---

àquelas causas objetivas descritas na norma do consumidor. A responsabilidade atribuída ao fornecedor de responder "independentemente da existência de culpa" pela reparação do dano causado ao consumidor traduz no sentido de responder ainda que inexiste culpa (que se prova pela diligência normal do fornecedor), não respondendo pelo dano quando houver c. f. [caso fortuito] ou f. m. [força maior], pois trata-se de fato irresistível caracterizado pela inevitabilidade e pela impossibilidade, sendo estas conceituadas como causas de irresponsabilidade, reconhecidas e aplicadas face a teoria da responsabilidade objetiva consagrada no Código do Consumidor."

17. BENJAMIN, Antonio Herman de Vasconcellos e. In: BENJAMIN, Antonio Herman de Vasconcellos e; MARQUES, Claudia Lima; BESSA, Leonardo Roscoe. *Manual de direito do consumidor*. 8. ed. São Paulo: Ed. RT, 2018. p. 199-201. Afirma o autor: "A regra no nosso direito é que o caso fortuito e a força maior excluem a responsabilidade civil. O Código, entre as causas excludentes de responsabilidade, não os elenca. Também não os nega. Logo, quer me parecer que o sistema tradicional, neste ponto, não foi afastado, mantendo-se, então, a capacidade do caso fortuito e da força maior para impedir o dever de indenizar."

18. Veja MUCELIN, Guilherme; D'AQUINO, Lúcia. O papel do direito do consumidor para o bem-estar da população brasileira e o enfrentamento à pandemia de Covid-19. In: *Revista de Direito do Consumidor*, v. 129, maio-jun. 2020.

restituição do que foi pago, extinguindo-se o contrato, sem responsabilidade do devedor que não cumpriu porque não pôde. O que tem ocorrido é que os consumidores têm tido dificuldade de rescindir contratos e reaver o que pagaram, como nos casos de passagens aéreas e espetáculos, ambos regulados por Medidas Provisórias, ainda não convertidas em lei.

Em contratos duradouros, a impossibilidade de cumprimento pode ser transitória. Nesses casos, as partes têm direito à resolução, se esta for do seu interesse, ou podem manter o vínculo, reajustando em comum acordo o conteúdo da prestação devida. É o caso de escolas cujas aulas tenham sido suspensas, ou prestadores de serviço cuja atividade seja impedida ou restringida pelas medidas de polícia administrativa, o que pode envolver tanto contratos de consumo, como contratos civis ou empresariais. Nesse caso, destaca-se a utilidade das regras de interpretação do negócio jurídico presentes no Código Civil, recentemente alteradas pela Lei 13.874/2019. Em especial, as que referem que a interpretação do negócio jurídico deve lhe atribuir o sentido que corresponder à boa-fé (art. 113, § 1º, III), e a "a qual seria a razoável negociação das partes sobre a questão discutida, inferida das demais disposições do negócio e da racionalidade econômica das partes, consideradas as informações disponíveis no momento de sua celebração" (art. 113, § 1º, V).

Com a pandemia de Covid-19, muitos serviços de consumo ficaram imprestáveis aos consumidores e aí a norma do Art. 607 do CC/2002 deve ser utilizada em diálogo com o CDC, Art. 51, IV e § 1º, para dar fim ao contrato, se impossível sua prestação para o consumidor, com o motivo desta força maior: "Art. 607. O contrato de prestação de serviço acaba com a morte de qualquer das partes. Termina, ainda, pelo escoamento do prazo, pela conclusão da obra, pela rescisão do contrato mediante aviso prévio, por inadimplemento de qualquer das partes ou pela impossibilidade da continuação do contrato, motivada por força maior".[19]

---

19. Também é interessante de relembrar a regra sobre o depósito de coisas durante este tempo de exceção: "Art. 642. O depositário não responde pelos casos de força maior; mas, para que lhe valha a escusa, terá de prová-los".

2. Incerteza de cumprimento dos contratos ou de utilidade da prestação

As repercussões da pandemia de coronavírus vêm dando causa a uma segunda situação comum em relação aos contratos já celebrados, que diz respeito à incerteza sobre o cumprimento. No caso de contratos cuja prestação ainda não seja exigível, porque fixado seu cumprimento *até* ou *em* certa data, o fato de não ser possível determinar o termo final para os esforços de enfrentamento à pandemia, bem como o período de vigência das medidas de polícia atuais ou a necessidade de adoção de outras providências pelo Poder Público no futuro, dão origem à incerteza quanto à possibilidade de cumprimento no momento em que ajustada a realização da prestação.

A incerteza de cumprimento tem solução prevista pelo Código Civil, por intermédio da denominada exceção de inseguridade (ou insegurança), prevista no art. 477, mas que se restringe às situações em que a diminuição do patrimônio do devedor dá causa à dúvida sobre sua capacidade de cumprir – o que, salvo situações específicas, não é o caso das situações causadas pela pandemia. Uma extensão do conceito pode ser admitida, por interpretação, para admitir outras circunstâncias que não apenas a redução do patrimônio do devedor como causa de dúvida sobre o cumprimento, de modo a abranger as repercussões da pandemia no tempo. Nesses casos, permitindo a antecipação do cumprimento ou a resolução do contrato.

Outra situação é a do denominado inadimplemento antecipado, que no direito brasileiro não conta com previsão legal expressa, mas resulta de elaboração doutrinária baseada nos efeitos da boa-fé, e por analogia ao art. 477 do Código Civil. É, geralmente, tratada a partir do exame do comportamento do devedor, anterior ao vencimento da obrigação, que permite ao credor concluir pela impossibilidade de adimplemento futuro da prestação. Como bem registrou Ruy Rosado de Aguiar Júnior, é a quebra da confiança sobre o futuro adimplemento.[20] Ainda que tal hipótese seja invocada, tradicionalmente,

---

20. AGUIAR, Ruy Rosado Júnior, *Extinção dos contratos por incumprimento do devedor*. Rio de Janeiro: Aide, 2004, p. 128.

mediante identificação do comportamento culposo do devedor (é o seu comportamento que coloca em dúvida o cumprimento futuro), nada impede que fatos estranhos às partes gere a mesma dúvida (como é o caso daqueles relacionados às repercussões da pandemia), deles resultando o direito de resolução, com retorno das partes, tanto quanto possível, ao estado anterior ao contrato (com a restituição de prestações já realizadas).

Tais soluções têm especial utilidade tanto em contratos civis e empresariais, nos quais a capacidade de cumprimento da prestação no futuro (entrega de mercadorias, prestação de serviços especializados) é colocada em dúvida, quanto contratos de consumo, como é o caso do transporte aéreo, pacotes turísticos, locações ou contratação de serviços para eventos ou festas familiares, entre outros, tornam-se incertos. Neste último caso, não há, necessariamente, vício do serviço, a dar causa à responsabilidade do fornecedor (art. 20 do Código de Defesa do Consumidor), que, porém, não se exonera de deveres acessórios decorrentes do próprio contrato ou da legislação (deveres de informação e esclarecimento, de atendimento conforme normas regulatórias do setor, p. ex.) e os aqueles que resultem da própria incidência da boa-fé.

Além da incerteza sobre o cumprimento futuro, acrescenta-se a própria incerteza sobre a própria utilidade da prestação, o que abre a possibilidade, igualmente, de revisão do contrato. A partir de sua origem mais distante, da teoria da pressuposição de Windscheid,[21] pela qual a manifestação de vontade dos contratantes se dá em vista de pressuposições que, uma vez alteradas, permitem exonerá-los do que foi pactuado, e seu ulterior desenvolvimento, pela teoria da quebra da base do negócio jurídico, de Karl Larenz,[22] merece reconhecida

---

21. WINDSCHEID, Bernhard. Lehrbuch des Pandektenrechts, Bd 1. 6. Aufl, Frankfurt, 1887, p. 394. Antes dele, identificando que não se tratava de exonerar-se do vínculo assumido, mas admitindo sua modificação em face da alteração das circunstâncias: Augustin Von Leyser, Meditationes ad pandectas, v. 7. Leipzig, 1744, p. 843.

22. Base do negócio jurídico entendida como "o conjunto de circunstâncias e estado de coisas cuja existência ou subsistência é objetivamente necessária para que o contrato, segundo o significado que ele dá a ambos os contratantes, possa subsistir como uma relação dotada de sentido", conforme LARENZ, Karl. *Base del negocio*

atenção doutrinária e jurisprudencial no direito brasileiro, em especial nos contratos de consumo (art. 6º, inciso V, do Código de Defesa do Consumidor).[23]

Como escrevemos,[24] em relação aos contratos civis e empresariais, onde é diversa a distribuição dos riscos do contrato, é de admitir que as circunstâncias e repercussões da pandemia do coronavírus permitam, de acordo com o exame do seu impacto concreto nas relações contratuais em curso, a aplicação da teoria da imprevisão para revisão do contrato (art. 317 do Código Civil), ou de modo a permitir sua resolução por onerosidade excessiva, conforme o caso (art. 478 do Código Civil).[25]

O CDC tem regra diferente e especial, focando na 'vantagem excessiva' do fornecedor e o direito de modificação contratual em caso de onerosidade excessiva para o consumidor. O art. 51, inciso IV, do CDC considera nulas as cláusulas contratuais relativas ao fornecimento de produtos e serviços que *"estabeleçam obrigações consideradas iníquas, abusivas, que coloquem o consumidor em desvantagem exagerada"* e o parágrafo primeiro do Art. 51 completa a norma afirmando: *"§ 1º Presume-se exagerada, entre outros casos, a vantagem que: I – ofende os princípios fundamentais do sistema jurídico a que pertence; II – restringe direitos ou obrigações fundamentais inerentes à natureza do contrato, de tal modo a ameaçar seu objeto ou equilíbrio contratual; III – se mostra*

---

jurídico y cumplimiento de los contratos. Trad. Carlos Fernández Rodríguez. Granada: Editorial Comares, 2002, p. 95. Antes dele, sustentando a base subjetiva do negócio e a Paul Oertmann, Die Geschäftsgrundlage: Ein neuer Rechtsbegriff, Leipzig, Deichert W. Scholl, 1921, p. 37.

23. MIRAGEM, Bruno. *Curso de direito do consumidor.* 8ª ed. São Paulo: RT, 2019, p. 296-297 e 322.

24. MIRAGEM, Bruno. Nota relativa à pandemia de coronavírus e suas repercussões sobre os contratos e a responsabilidade civil. In Revista dos Tribunais, vol. 1015/2020, maio/2020.

25. Não se perde de vista que na história, em situações emergenciais, a intervenção legislativa teve lugar para dispor sobre efeitos em grande escala do incumprimento dos contratos. O exemplo de maior destaque é a conhecida Lei Faillot, de 21 de janeiro de 1918, na França, dispondo sobre as consequências imprevisíveis aos contratos, em razão da eclosão da I Guerra Mundial (1914-1918), e facilitando sua resolução.

excessivamente onerosa para o consumidor, considerando-se a natureza e conteúdo do contrato, o interesse das partes e outras circunstâncias peculiares ao caso".

Sobre a diferença do microssistema do CDC, com a teoria da base objetiva que não necessita da imprevisibilidade do fato, e o sistema geral do direito privado, agora ainda mais modificado pela Declaração da Liberdade Econômica, o e. STJ já se manifestou e foi firme na separação dos contratos: a teoria da base objetiva do CDC não se aplica fora do campo de aplicação do CDC. Nessa decisão, chega-se mesmo a mencionar que não pode haver 'diálogo' entre essas fontes, mas data máxima vênia, me parece que não era caso efetivo de diálogo, pois havia regra expressa e não antinomia ou conflito entre normas a criar lacuna a ser preenchida. A decisão foi a seguinte:

> "5. A teoria da base objetiva, que teria sido introduzida em nosso ordenamento pelo art. 6º, inciso V, do Código de Defesa do Consumidor – CDC, difere da teoria da imprevisão por prescindir da previsibilidade de fato que determine oneração excessiva de um dos contratantes. Tem por pressuposto a premissa de que a celebração de um contrato ocorre mediante consideração de determinadas circunstâncias, as quais, se modificadas no curso da relação contratual, determinam, por sua vez, consequências diversas daquelas inicialmente estabelecidas, com repercussão direta no equilíbrio das obrigações pactuadas. Nesse contexto, a intervenção judicial se daria nos casos em que o contrato fosse atingido por fatos que comprometessem as circunstâncias intrínsecas à formulação do vínculo contratual, ou seja, sua base objetiva. 6. Em que pese sua relevante inovação, tal teoria, ao dispensar, em especial, o requisito de imprevisibilidade, foi acolhida em nosso ordenamento apenas para as relações de consumo, que demandam especial proteção. Não se admite a aplicação da teoria do diálogo das fontes para estender a todo direito das obrigações regra incidente apenas no microssistema do direito do consumidor, mormente com a finalidade de conferir amparo à revisão de contrato livremente pactuado com observância da cotação de moeda estrangeira. 7. Recurso especial não provido. (REsp 1321614/SP, Rel. p/ Acórdão Ministro Ricardo Villas Bôas Cueva, Terceira Turma, julgado em 16/12/2014, DJe 03/03/2015)

Essa decisão de 2015 está bem de acordo com a Declaração da Liberdade Econômica (Lei 13.874/2019), que dificulta o diálogo de expansão do CDC ao sistema geral e realmente introduz um novo princípio da excepcionalidade da revisão em contratos civis e empresariais, presumidos 'simétricos e paritários'.[26] O que há em comum entre o CDC e o novo parágrafo único do Art. 421 e o Art. 421-A do Código Civil é o princípio aí implícito da manutenção dos contratos, que pode ser muito útil em tempos de pandemia.

Mencione-se que o sistema do CDC é pela manutenção dos contratos,[27] apesar da nulidade da cláusula de excessiva vantagem (Art. 51, § 2º) e, portanto, nula. Também o Art. 54, § 2º, do CDC sobre contratos de adesão traz regra sobre o direito à continuação dos contratos por parte do consumidor. Daí se admitir afirmar que a boa-fé frente a consumidores incluiu um dever geram de renegociação, em caso de perigo de ruína e fatos extraordinários, como esta pandemia, de forma a não interromper a prestação essencial ao consumidor.

De modo geral, hoje, nos contratos brasileiros, sob certas condições, pode-se discutir o direito de renegociação, baseado na boa-fé e na conservação do negócio jurídico. Não se excluam, ainda, situações excepcionais em que o incumprimento dos contratos tomados individualmente possa repercutir em todo o sistema de contratos a ele associados, fomentando a possibilidade de renegociação pelas partes ou sua modificação, fundada na exceção da ruína.[28] A exceção da ruína também é a base do dever de renegociação em caso de seguros de saúde e seguros de vida e outros contratos cativos de longa duração. Este espírito de manutenção dos contratos do CDC pode ser muito

---

26. RODRIGUES, Otávio Luiz Jr.; XAVIER LEONARDO, Rodrigo; PRADO, Augusto Cézar L. A liberdade contratual e a função social do contrato – Alteração do Art. 421-A do Código Civil – Art. 7º, in PEIXOTO MARQUES, Floriano Neto; RODRIGUES, Otávio Luiz Jr.; XAVIER LEONARDO, Rodrigo. *Comentários à Lei da Liberdade econômica – Lei 13.874/2019*, São Paulo: RT, 2019, p. 314.

27. Veja MARQUES, Claudia Lima, Art. 51, in MARQUES, Claudia Lima; BENJAMIN, Antônio Herman de Vasconcelos; MIRAGEM, Bruno. *Comentários ao Código de Defesa do Consumidor*. São Paulo: RT, 2019, p. 1332-1333.

28. MIRAGEM, Bruno. *Direito das obrigações*. 3ª ed. Rio de Janeiro: Forense, 2021, p. 188.

útil à economia brasileira, pois tempera a noção do direito geral de rescisão em caso de força maior.

3. Expectativa legítima de cumprimento, a responsabilidade do fornecedor e o necessário diálogo das fontes

As repercussões da pandemia de coronavírus também se produzem em relação à expectativa de cumprimento de determinados contratos, e sua eventual frustração. No caso dos contratos de seguro, os efeitos da pandemia sobre uma diversidade de garantias contratadas podem ser distintos. Nos seguros de pessoas celebrados no Brasil (em especial, no seguro sobre a vida), é recorrente a cláusula de exclusão da cobertura securitária (riscos excluídos) de morte causada por epidemias e pandemias declaradas por autoridade competente, o que é o caso. Seu fundamento legítimo é evitar que eventos cuja extensão imprevista supere de modo expressivo o cálculo do risco originalmente definido pela técnica atuarial, comprometa a solvência do segurador. Até o momento, o número de mortes em razão da pandemia no mundo, não parece comprometer a solvência de seguradores e, menos ainda, de resseguradores. Na perspectiva de segurados e beneficiários do seguro de vida (e, também, dos seguros-viagem, considerados contratos de consumo) pode sustentar-se a pretensão ao pagamento da indenização eventual, mesmo com a presença da cláusula em questão, em razão de vício de informação sobre riscos excluídos no momento da contratação, gerando a expectativa de cumprimento nos termos da oferta (arts. 30 c/c 46 do Código de Defesa do Consumidor). Em outros seguros, especialmente empresariais, eventual exclusão de cobertura de riscos de pandemia, previstos expressamente na apólice, tendem a afastar expectativa de cumprimento do contrato de modo diverso.

Outra é a situação dos planos de assistência à saúde. A opção do legislador brasileiro é de assegurar a cobertura, por intermédio de um plano-referência, às "doenças listadas na Classificação Estatística Internacional de Doenças e Problemas Relacionados com a Saúde, da Organização Mundial de Saúde" (art. 10 da Lei 9.656/1998), o que ora inclui a causada pelo coronavírus. A exceção feita pela lei aos "casos de cataclismos, guerras e comoções internas, quando declarados pela autoridade competente" (art. 10, inciso X), não afasta ou restringe a cobertura em questão. Tratando-se do objeto principal do contrato a assistência à saúde e os riscos a ela inerentes, é de exigir-se interpretação que preserve a própria causa do contrato, bem como que se interprete restritivamente as exceções à regra geral.[29] Há, portanto, expectativa legítima de cumprimento do contrato por parte dos consumidores dos planos de assistência à saúde, tutelada pelo Direito. Nesse sentido, inclusive, corretamente decidiu a Agência Nacional de Saúde Suplementar ao já incluir o exame para detecção do coronavírus no rol de procedimentos e eventos em saúde, que constituem a referência básica de cobertura obrigatória, nos termos da lei (Resolução Normativa n. 453, de 12 de março de 2020).

No regime geral dos contratos, já se demonstrou que a impossibilidade de cumprimento em razão das repercussões da pandemia de coronavírus exclui, como regra, a responsabilidade do devedor. Nos contratos de consumo, a impossibilidade de cumprimento por fato não imputável ao fornecedor apenas em certos casos submete-se ao regime de responsabilidade pelos vícios de produto ou do serviço (arts. 18 a 20 do Código de Defesa do Consumidor). Quando não se trata de inadequação ou impropriedade, mas de impossibilidade ou incerteza quanto à prestação, embora seja possível reconduzir, em certas situações específicas, ao regime especial dos vícios (enquanto vícios da prestação), é de rigor trabalhar com as categorias próprias do regime de responsabilidade por inadimplemento da obrigação.

Contudo, se tenha em vista que é nas relações de consumo onde se desenvolveu primeiro – no direito brasileiro – a noção doutrinária assentada da obrigação como totalidade, compreendendo o exame da relação entre os contratantes não apenas em vista do dever principal de prestação (o produto ou o serviço), mas, também, de outros deveres definidos por lei ou decorrentes da boa-fé, em vista do comportamento concreto das partes. Há, na relação de consumo, deveres acessórios e anexos reconhecidos, que não dependem, necessariamente, da possibilidade ou não de cumprimento da prestação principal. O exemplo mais candente, nas situações geradas pela pandemia do coronavírus,

---

29. *Exceptiones sunt strictissimae interpretationis.* Veja-se: MAXIMILIANO, Carlos. *Hermenêutica e aplicação do direito.* 19ª ed. Rio de Janeiro: Forense, 2003, p. 183.

diz respeito ao contrato de transporte aéreo. O cancelamento ou o retardamento de voos ordenados por medidas de polícia é hipótese clara de impossibilidade por fato não imputável ao transportador.[30] Isso não o exonera, contudo, dos deveres acessórios em relação aos passageiros,[31] como é o caso de providenciar hospedagem e alimentação pelo período da interrupção, e de concluir o transporte por outro meio. O que, aliás, não apenas exsurge do dever genérico de qualidade do serviço previsto no Código de Defesa do Consumidor, como também de regras específicas do contrato de transporte (art. 741 do Código Civil)[32] tomando como obrigação de resultado.[33] A violação desses deveres, que independem da prestação principal, gera responsabilidade do fornecedor.

A litigiosidade desses casos será grande. O fenômeno que estamos vendo é que Termos de Ajustamento de Conduta assinados pela SENACON-MJ tentam liberar as empresas de seus deveres legais, de assistência aos consumidores. Tais TACs não vinculam o Sistema Nacional de Defesa do Consumidor, que não é hierárquico, e muito menos o Judiciário ou o Legislativo. A União editou, em 18 de março de 2020, a Medida Provisória 925/2020, adiante convertida na Lei 14.034/2020, dispondo sobre "medidas emergenciais para o setor aéreo", e definiu no art. 3º que o "prazo para o reembolso do valor relativo à compra de passagens aéreas será de doze meses, observadas as regras do serviço

---

30. Por outro lado, registre-se o direito do transportador de recusar o transporte de pessoas que apresentem sintomas da doença do coronavírus, considerando o disposto no art. 739 do Código Civil; "O transportador não pode recusar passageiros, salvo os casos previstos nos regulamentos, ou se as condições de higiene ou de saúde do interessado o justificarem."
31. Veja TEPEDINO, Gustavo. BARBOSA, Heloísa Helena. MORAES, Maria Celina Bodin de. *Código Civil interpretado conforme a Constituição da República*. Rio de Janeiro: Renovar, 2006, vol. II, p. 550.
32. "Art. 741. Interrompendo-se a viagem por qualquer motivo alheio à vontade do transportador, ainda que em consequência de evento imprevisível, fica ele obrigado a concluir o transporte contratado em outro veículo da mesma categoria, ou, com a anuência do passageiro, por modalidade diferente, à sua custa, correndo também por sua conta as despesas de estada e alimentação do usuário, durante a espera de novo transporte." No mesmo sentido, o art. 12 da Resolução 400, de 13 de dezembro de 2016, da Agência Nacional de Aviação Civil (ANAC).
33. MIRAGEM, Bruno, *Contrato de transporte*. São Paulo: RT, 2014, p. 104.

contratado e mantida a assistência material, nos termos da regulamentação vigente". (art. 3º). De outro lado, estabeleceu que "os consumidores ficarão isentos das penalidades contratuais, por meio da aceitação de crédito para utilização no prazo de doze meses, contado da data do voo contratado". (art. 3º, § 1º). Determina, ainda, observar "as regras do serviço contratado" e mantém "a assistência material, nos termos da regulamentação vigente", constituindo legislação transitória para o tema dos deveres anexos de boa-fé da relação de consumo.

Segundo o Código de Defesa do Consumidor (art. 4.º, III), o princípio da boa-fé objetiva é princípio orientador de todas relações de consumo.[34] Como sempre repetimos, a boa-fé objetiva é um *standard* de comportamento leal, com base na confiança despertada na outra parte cocontratante, respeitando suas expectativas legítimas e contribuindo para a segurança das relações negociais.[35] O princípio da boa-fé no direito privado brasileiro,[36] além *da função de concreção e interpretação* apresenta também uma dupla função: tem *função criadora* (*pflichtenbegrundende Funktion*), seja como fonte de novos deveres (*Nebenpflichten*), deveres de conduta anexos aos deveres de prestação contratual, como o dever de informar, de cuidado e de cooperação; seja como fonte de responsabilidade por ato lícito (*Vertrauenshaftung*), ao impor riscos profissionais novos e indisponíveis e uma *função limitadora* (*Schranken- bzw. Kontrollfunktion*), reduzindo a liberdade de atuação dos parceiros contratuais ao definir algumas condutas e cláusulas como abusivas, seja controlando a transferência dos riscos profissionais e libertando o devedor face a não razoabilidade de outra conduta (*pflichenbefreinde Vertrauensunstände*).[37]

---

34. Veja MARTINS, Plínio Lacerda. *O abuso nas relações de consumo e o princípio da boa-fé*. Rio de Janeiro: Forense, 2002, p. 104.
35. MARQUES, Claudia Lima. *Contratos no Código de Defesa do Consumidor*. 9. ed. São Paulo: RT, 2019, p. 207.
36. A doutrina brasileira costuma destacar somente três funções: interpretativa, controladora (que seria a de criar e controlar as cláusulas abusivas) e integradora (ou integrativa), que seria a de preenchimento das lacunas ou de concreção. Veja MARTINS, Flávio Alves. *A boa-fé objetiva e sua formalização no direito das obrigações brasileiro*. 2. ed. Rio de Janeiro: Lumen Juris, 2001, p. 19 e seg.
37. MARQUES, Claudia Lima. *Contratos no Código de Defesa do Consumidor*. 9. ed. São Paulo: RT, 2019, p. 206-207.

Relembrem-se as quatro funções potenciadoras da boa-fé, segundo Jauernig e Vollkommer[38]: "a) função de complementação ou concretização da relação; b) função de controle e de limitação das condutas; c) função de correção de adaptação em caso de mudança das circunstâncias; d) função de autorização para a decisão por equidade"[39] Aqui interessa frisar inicialmente a *função de correção de adaptação em caso de mudança das circunstâncias* "a repetir que o julgador adapte e modifique os conteúdos dos contratos para que o vínculo permaneça (...) apesar da quebra objetiva do negócio (...).[40]" A quebra positiva do negócio ocorre justamente quando sua base econômica (a 'economia do contrato') é abalada a ponte de ruptura por fatores externos. Nesse momento, duas são as possibilidades: 1) *dilatar voluntariamente os prazos de pagamento e congelar ou retirar as sanções,* usando a boa-fé – e a exceção da ruína, pois não pode estra de boa-fé quem sabe das dificuldades do outro e não atua para minimizar suas perdas e para tentar minimizar as perdas do outro, dilatando seus prazos – como se tem visto na legislação estadual de tantos estados, como o do Rio Grande do Sul, que congelou por 90 dias as contas de água e luz, impedindo cortes dos inadimplentes, no caso em contratos entre consumidores e fornecedores do setor privado, renegociando as dívidas para adaptar-se as novas circunstâncias, sem quebra ou rescisão do contrato. E 2) *pedir a adaptação pelo magistrado ou a rescisão da relação de consumo,* caso não seja possível a 'correção' do contrato.

Nesse exercício, o diálogo entre fontes será muito necessário. Em livro recente, levantamos as decisões do e. STJ sobre diálogo das fontes.[41] O mestre de Heidelberg, Prof. Dr. Dr. h. c. multi Erik Jayme

---

38. JAUERNIG, Othmar et alii, Bürgerliches Gesetzbuch. 7. ed. München: Beck, 1994. p. 172, § 242,1 (Vollkommer).
39. MARQUES, Cláudia Lima. *Boa-fé nos serviços bancários, financeiros, de crédito e securitários e o código de defesa do consumidor: informação, cooperação e renegociação?* in Revista de Direito do Consumidor 43, São Paulo: RT. nota 27, p. 223.
40. MARQUES, ob. cit., idem, p. 227.
41. Veja em especial o artigo, MARQUES, Claudia Lima. A teoria do 'Diálogo das fontes' hoje no Brasil e os novos desafios: uma homenagem à magistratura brasileira, in MARQUES, Claudia Lima e MIRAGEM, Bruno. Diálogo das Fontes II, São Paulo: Ed. RT, 2020 no prelo.

ensina que, diante do atual "pluralismo pós-moderno"[42] de um direito com fontes legislativas plúrimas, ressurge a necessidade de coordenação entre as leis no mesmo ordenamento, como exigência para um sistema jurídico eficiente, coerente e justo.[43] Nasce, assim, a belíssima expressão semiótica de Erik Jayme, do necessário "diálogo das fontes" (dialogue des sources),[44] 'di-a-logos' (mais de uma lógica) a permitir a aplicação simultânea e coordenada (ou coerente)[45] das plúrimas fontes

---

42. Segundo Erik Jayme, as características, os elementos da cultura pós-moderna no direito seriam o pluralismo, a comunicação, a narração, o que Jayme denomina de *le retour des sentiments*, sendo o Leitmotiv da pós-modernidade a valorização dos direitos humanos. Para Jayme, o direito como parte da cultura dos povos muda com a crise da pós-modernidade. O pluralismo manifesta-se na multiplicidade de fontes legislativas a regular o mesmo fato, com a descodificação ou a implosão dos sistemas genéricos normativos (*Zersplieterung*), manifesta-se no pluralismo de sujeitos a proteger, por vezes difusos, como o grupo de consumidores ou os que se beneficiam da proteção do meio ambiente, na pluralidade de agentes ativos de uma mesma relação, como os fornecedores que se organizam em cadeia e em relações extremamente despersonalizadas. Pluralismo também na filosofia aceita atualmente, onde o diálogo é que legitima o consenso, onde os valores e princípios têm sempre uma dupla função, o *double coding*, e onde os valores são muitas vezes antinômicos. Pluralismo nos direitos assegurados, no direito à diferença e ao tratamento diferenciado dos diferentes ao privilégio dos "espaços de excelência" (JAYME, Erik, *Identité culturelle et intégration: Le droit internationale privé postmoderne* – in: Recueil des Cours de l' Académie de Droit International de la Haye, 1995, II, p. 36 e ss.). Veja sobre a pós-modernidade, LYOTARD, Jean-François, *Das postmoderne Wissen – Ein Bericht*, Peter Engelmann (Hrsg.), Wien: Passagen Verlag, 1994, p. 13 e seg.
43. JAYME, Erik. Identité culturelle et intégration: le droit international privé postmoderne. In: _____. *Recueil des Cours de l'Académie de Droit International de La Haye*. Doordrecht: Kluwer, 1995, p. 60-61.
44. JAYME, op. cit., idem, p. 259. Veja a tradução livre para o português, em meu artigo, MARQUES, Claudia Lima. O 'diálogo das fontes' como método da nova teoria geral do direito: um tributo a Erik Jayme, MARQUES, Claudia Lima, (Org.) *Diálogo das fontes. Do conflito à coordenação das normas do direito brasileiro*. São Paulo: Ed. RT, 2012, p. 18-19: "(...) a solução dos conflitos de leis emerge como resultado de um diálogo entre as fontes as mais heterogêneas. Os Direitos Humanos, as Constituições, as Convenções internacionais, as sistemas nacionais: todas estas fontes não se excluem mais mutuamente; elas 'dialogam' umas com as outras. Os juízes ficam obrigados a coordenar estas fontes 'escutando' o que elas dizem".
45. Como ensina SAUPHANOR, Nathalie, *L'Influence du Droit de la Consommation sur le système juridique*, Paris, LGDJ, 2000, p. 31, em direito, a ausência de coerência consiste na constatação de uma antinomia, definida como a existência de uma

legislativas convergentes, pois guiadas pelos valores da Constituição (nacionalmente) e dos Direitos Humanos (internacionalmente).[46]

Esta teoria de Erik Jayme[47] do diálogo das fontes tem se mostrado muito útil para a decisão de casos difíceis[48] e jogado nova luz à solução dos conflitos de leis, assegurando uma aplicação simultânea e coordenada das leis brasileiras de forma a dar efetividade aos mandamentos constitucionais, em especial o da proteção dos mais fracos. Aplicar as leis, interpretá-las e colmatar as eventuais lacunas, sem perder de vista os valores e mandamentos constitucionais, assegurando uma unidade valorativa das fontes e do ordenamento jurídico brasileiro é a tarefa difícil, mas necessária.

Interessante notar que, estudando-se os 1724 casos do e. STJ que citam a expressão 'diálogo das fontes' em decisões monográficas e os 32 casos (sendo dois recursos repetitivos) de decisões em acórdãos que usam a expressão e mencionam a teoria, a grande maioria é em relações de consumo. E mesmo as poucas 6 decisões do e. Superior Tribunal de Justiça que negam aplicação à teoria, no direito civil,[49]

---

incompatibilidade entre as diretivas relativas ao mesmo objeto. No original: "En droit, l'absence de cohérence consiste dans la constatation d'une antinomie, définie comme l'existence d'une incompatibilité entre les directives relatives à un même objet".

46. Veja detalhes in MARQUES, Claudia Lima; MAZZUOLI, Valério. O consumidor – "depositário infiel", os tratados de direitos humanos e o necessário diálogo das fontes nacionais e internacionais: a primazia da norma mais favorável ao consumidor. *Revista de Direito do Consumidor*, v. 71, p. 1-32, jul.-set. 2009, p. 1 e seg.
47. Veja, em português, JAYME, Erik. Direito internacional privado e cultura pós-moderna. *Cadernos do PPGD/UFRGS* 1, n. 1, p. 59-68, mar. 2003.
48. Veja sobre a boa recepção do diálogo das fontes na jurisprudência, in BESSA, Leonardo Roscoe. Diálogo das fontes no direito do consumidor. In: MARQUES, *Diálogo*, p. 183 e seg.
49. Identifiquei 3 casos e os comentei: "Interessante que em alguns poucos casos a teoria foi recusada no STJ, seja para manter a prioridade de regras específicas para o caso do próprio microssistema tutelar de proteção dos consumidores frente a regras outras do sistema geral, em especial para impor os prazos prescricionais de 5 anos do CDC em matéria de acidentes de consumo (REsp 1.391.627-RJ), decidindo, pois o e. STJ que não havia lacuna ou necessidade de complementar o sistema de proteção especial; seja para em casos de medidas de urgência, impedir que a Fazenda pública pudesse fazer a penhora online com prejuízo para as empresas." MARQUES, Claudia Lima, Diálogo das Fontes, in BENJAMIN, Antônio

consideram-na aplicável a teoria do diálogo das fontes ao direito do consumidor e seu microssistema de proteção individual e coletiva dos mais vulneráveis.[50]

Como já mencionamos,[51] os critérios da escolástica para resolver os conflitos de leis no tempo – hierarquia, especialidade e anterioridade[52] –, já não mais solucionam todos os conflitos.[53] Isso porque o campo de aplicação das leis não é mais coincidente. A atual

---

Herman; MARQUES, Claudia Lima; BESSA, Leonardo Roscoe. *Manual de direito do consumidor*. 8. ed. São Paulo: Ed. RT, 2017, p. 1-160.

50. Exemplo de decisão que nega a aplicação à teoria no caso civil, mas a reconhece, quando aplicável o CDC ou no direito do consumidor em que há necessidade de proteger o vulnerável, é a decisão: 5. A teoria da base objetiva, que teria sido introduzida em nosso ordenamento pelo art. 6º, inciso V, do Código de Defesa do Consumidor – CDC, difere da teoria da imprevisão por prescindir da previsibilidade de fato que determine oneração excessiva de um dos contratantes. Tem por pressuposto a premissa de que a celebração de um contrato ocorre mediante consideração de determinadas circunstâncias, as quais, se modificadas no curso da relação contratual, determinam, por sua vez, consequências diversas daquelas inicialmente estabelecidas, com repercussão direta no equilíbrio das obrigações pactuadas. Nesse contexto, a intervenção judicial se daria nos casos em que o contrato fosse atingido por fatos que comprometessem as circunstâncias intrínsecas à formulação do vínculo contratual, ou seja, sua base objetiva. 6. Em que pese sua relevante inovação, tal teoria, ao dispensar, em especial, o requisito de imprevisibilidade, foi acolhida em nosso ordenamento apenas para as relações de consumo, que demandam especial proteção. Não se admite a aplicação da teoria do diálogo das fontes para estender a todo direito das obrigações regra incidente apenas no microssistema do direito do consumidor, mormente com a finalidade de conferir amparo à revisão de contrato livremente pactuado com observância da cotação de moeda estrangeira." (STJ, REsp 1321614/SP, Rel. Ministro Paulo de Tarso Sanseverino, Rel. p/ Acórdão Ministro Ricardo Villas Bôas Cueva, Terceira Turma, julgado em 16/12/2014, DJe 03/03/2015).

51. MARQUES, Claudia Lima. O 'diálogo das fontes' como método da nova teoria geral do direito: um tributo a Erik Jayme, in MARQUES, Claudia Lima, (Org.) *Diálogo das fontes. Do conflito à coordenação das normas do direito brasileiro*. São Paulo: Ed. RT, 2012, p. 17 e seg.

52. A hierarquia é o critério mais importante (*lex superior*), depois a especialidade (*lex especialis*) e por último a *lex posterior*, veja BOBBIO, Norberto. Teoria do ordenamento jurídico. São Paulo/Brasília: Pollis/Universidade de Brasília, 1990. p. 92; e BOBBIO, Norberto. Des critères pour résoudre les antinomies. In PERELMAN, Chaim (coord.). Les antinomies en droit. Bruxelas: Bruylant, 1965. p. 255.

53. Assim também TARTUCE, Flávio. *Direito civil*, vol. 1- Lei de Introdução e Parte Geral, Rio de Janeiro: Ed. Forense, 2019, p. 39.

fragmentação em leis especiais (materiais ou subjetivamente), gerais e transversais, o atual pluralismo de leis de ordem pública (como o CDC), de leis complementares, o pluralismo de normas de conduta e de organização do sistema (como as bancárias) acaba em antinomias (aparentes) e conflitos de leis. Assim, há que se priorizar a harmonia e a coordenação entre as normas do ordenamento jurídico (concebido como sistema unitário)[54] e a "coerência derivada ou restaurada" (cohérence dérivée ou restaurée),[55] que se fará pelo 'di-a-logos' (uso das várias lógicas) e não pela exclusão de uma lei superada pela 'lógica' de outra (mono-logos), como nos critérios clássicos de 'solução' (superação de uma norma por outra e uso único de uma das leis, com retirada de uma norma do sistema).

"Diálogo das fontes" é a expressão visionária do grande mestre Erik Jayme.[56] Pela força da Constituição (e dos Direitos Fundamentais), fontes plurais não mais se excluem – ao contrário, mantêm as suas diferenças e narram simultaneamente suas várias lógicas (*dia-logos*), cabendo ao aplicador da lei coordená-las ("escutando-as"), impondo soluções harmonizadas e funcionais no sistema, assegurando efeitos úteis a estas fontes, ordenadas segundo a compreensão imposta pelo valor constitucional. Em uma crise humanitária e de saúde como esta, a teoria do diálogo das fontes, será muito útil.

II. O superendividamento do consumidor e a necessidade de atualização do CDC

O fenômeno social, econômico e jurídico do superendividamento dos consumidores é mundial e foi agravado com a pandemia de Covid-19. Podemos definir superendividamento "como a impossibilidade global do devedor-pessoa física, consumidor, leigo e de boa-fé,

---

54. Veja SAUPHANOR, Nathalie. L'influence du droit de la consommation sur le système juridique. Paris: LGDJ, 2000. p. 23-32.
55. Expressão de SAUPHANOR, Nathalie. L'influence du droit de la consommation sur le système juridique. Paris: LGDJ, 2000, p. 32.
56. JAYME, Erik. Identité culturelle et intégration: le droit internationale privé post-moderne. In: _____ . *Recueil des Cours de l'Académie de Droit International de La Haye*. Doordrecht: Kluwer, 1995, p. 259.

de pagar todas as suas dívidas atuais e futuras de consumo (excluídas as dívidas com o Fisco, oriunda de delitos e de alimentos)".[57]

É preciso estabelecer um sistema de tratamento do superendividamento para os consumidores pessoas físicas no Brasil,[58] que não seja a simples exclusão da pessoa da sociedade.[59] O superendividamento da pessoa física é realmente a outra face da democratização do crédito, que incluiu fortemente os idosos.[60] Necessitamos, assim, para reequilibrar nosso mercado de consumo e crédito tanto de medidas legais para prevenir o superendividamento, como as existentes no Código de Defesa do Consumidor, como de novas medidas legais que permitam o seu tratamento,[61] com uma conciliação em bloco com todos os credores, como o previsto no projeto de Atualização do CDC (originalmente o PLS 283/2012, aprovado originalmente, por unanimidade pelo Senado Federal, e em maio de 2021 aprovado com substitutivo pela Câmara dos Deputados, agora tendo retornado ao Senado Federal para exame das alterações, como Projeto de Lei 1805/2021).

Efetivamente, se o consumo das famílias representava 65% do PIB brasileiro em dezembro de 2019[62], agora com a pandemia de Covid-19 já baixou 2% e tende baixar 4,9%.[63] Se agora temos um número recorde

---

57. MARQUES, Claudia Lima. Sugestões para uma lei sobre o tratamento do superendividamento de pessoas físicas em contratos de crédito ao consumo: proposições com base em pesquisa empírica de 100 casos no Rio Grande do Sul. In: MARQUES, Claudia Lima; CAVALLAZZI, Rosângela Lunardelli (coord.). Direitos do consumidor endividado: superendividamento e crédito. São Paulo: ED. RT, 2006. p. 255.
58. BENJAMIN, Antônio H. Prefácio, in MARQUES, Claudia Lima; CAVALLAZZI, Rosângela Lunardelli, LIMA, Clarissa Costa (coord). *Direitos do Consumidor Endividado II: vulnerabilidade e exclusão*. São Paulo: RT, 2016, p. 9 e seg.
59. BENJAMIN, Antonio Herman. Prefácio. In: LIMA, Clarissa Costa de. O tratamento do superendividamento e o direito de recomeçar dos consumidores. São Paulo: Ed. RT, 2014. p. 18.
60. MARQUES, in: MARQUES/CAVALLAZZI, op. cit., p. 256.
61. MARQUES, Claudia Lima; BENJAMIN, Antonio Herman. Consumer over-indebtedness in Brazil and the need of a new consumer bankruptcy legislation. In: NIEMI, J.; RAMSAY, I.; WHITFORD, W. C. (ed.). consumer credit, debt and bankruptcy – Comparative and international perspective. Oxford: Hart Publishing, 2009. p. 71-73.
62. Veja https://agenciabrasil.ebc.com.br/economia/noticia/2020-03/consumo-das-familias-e-grande-motor-da-economia-diz-ibge (Acesso 17.07.2020).
63. Veja https://www.gazetadopovo.com.br/economia/pib-do-brasil-primeiro-trimestre-2020/ (Acesso 16.07.2020).

de 67,1% das famílias endividadas (PEIC),[64] e não há previsão de falência para as pessoas físicas, não é de estranhar que segundo pesquisa de junho de 2020 da CNI, 71% dos consumidores e famílias reduziram seus gastos, sem confiança sobre o futuro.[65] Aprovado pela Câmara dos Deputados em maio de 2021 e retornado ao Senado Federal. A hora da aprovação definitiva do agora PL 1805/2021, de atualização do CDC, a que temos reservado muitos de nossos estudos, parece ser essa.

1. O fenômeno do superendividamento dos consumidores e o Projeto de Lei de atualização do Código de Defesa do Consumidor

Segunda a Caixa Econômica Federal, mais de 2 milhões de consumidores suspenderam seus contratos de financiamento imobiliário por 120, talvez 180 dias.[66] Com a MP 396, tivemos 12 milhões de contratos de trabalho suspensos ou reduzidos.[67] No primeiro semestre de 2020, temos mais 3,9 milhões de desempregados novos no auxílio-desemprego[68] e, possivelmente, temos de 13,1%[69] a 16%[70] da população

---

64. Veja https://economia.uol.com.br/noticias/estadao-conteudo/2020/06/18/fatia-de-familias-endividadas-sobe-a-671-e-bate-recorde-em-junho-afirma-cnc.htm (16.06.2020).
65. Jornal Estado de São Paulo, https://economia.estadao.com.br/noticias/geral,inseguranca-motiva-cautela-em-gastos-e-recuperacao-pode-levar-ate-2-anos-ou-mais-aponta-cni,70003365845 (16.07.20).
66. Veja https://gauchazh.clicrbs.com.br/colunistas/giane-guerra/noticia/2020/05/mais-de-18-milhao-de-pessoas-ja-pediram-suspensao-do-financiamento-imobiliario-ck9skpz3l000g015nlompfkma.html. (20.05.2020) e, incluindo o Minha Casa, Minha Vida, https://www.folhavitoria.com.br/economia/noticia/05/2020/caixa-recebe-2-milhoes-de-pedidos-para-pausar-credito-imobiliario (17.07.2020).
67. Veja https://www.gov.br/economia/pt-br/assuntos/noticias/2020/trabalho/junho/programa-emergencial-de-manutencao-do-emprego-e-da-renda-ja-realizou-cerca-de-12-milhoes-de-acordos. (Acesso 17.07.2020).
68. Veja https://www1.folha.uol.com.br/mercado/2020/07/pedidos-de-seguro-desemprego-sobem-28-em-junho-e-chegam-a-quase-4-milhoes-no-ano.shtml (13.07.2020).
69. Dado do PNAD Covid, para 21.06 a 27.06.2020, acessível in https://covid19.ibge.gov.br/pnad-covid/ (acesso 17.07.2020).
70. Segundo a revista Exame que afirma: "O cenário do mercado de trabalho brasileiro em abril mostrava 12,8 milhões de desempregados, 5 milhões de desalentados

total desempregada, fora a informalidade atingindo 38 milhões[71]! A ajuda emergencial do 'coronavoucher' foi distribuída para 53.4 milhões,[72] atingindo 38,7%[73] dos domicílios brasileiros! E o Instituto Locomotiva informa que, em maio, 91 milhões de pessoas deixaram de pagar uma de suas contas.[74] Como vemos, se tínhamos 30 milhões de superendividados, segundo o IDEC,[75] antes da Pandemia, agora o número deve ser maior.

Ainda é de mencionar que o Brasil aderiu aos Princípios do G20, que indicam o crédito responsável e a coibição de abusos no crédito ao consumidor.[76] Da mesma forma, a recente Recomendação da OCDE (Recomendação sobre Proteção do Consumidor em Crédito de Consumo), de julho de 2019, também "expressa preocupação sobre os efeitos nocivos do endividamento excessivo e recomenda a ampliação de medidas protetivas para consumidores que se encontram nessa situação."

(desistiram de procurar), 4,7 milhões de subutilizados (pessoal que procurou, mas por algum motivo não pôde aceitar a vaga), 6,1 milhões de subocupados (que trabalham menos de 40 horas por semana, mas gostariam de trabalhar mais) e cerca de 37 milhões de informais".

71. O contingente de desocupados é de 38,1 milhões: "O contingente sobe para 38,1 milhões quando se leva em conta a população não ocupada que não procurou trabalho (ou seja, fora da força de trabalho), mas que gostaria de trabalhar." (Fonte: https://www.infomoney.com.br/economia/ibge-pnad-covid-populacao-desocupada-somou-118-milhoes-na-semana-de-14-a-20-de-junho/) 17.07.2020.

72. Veja http://www.portaldatransparencia.gov.br/pagina-interna/603519-download-de-dados-auxilio-emergencial (acesso 17.07.2020).

73. Dado do PNAD Covid, para 21.06 a 27.06.2020, acessível in https://covid19.ibge.gov.br/pnad-covid/ (acesso 17.07.2020).

74. Veja https://economia.estadao.com.br/noticias/geral,91-milhoes-de-brasileiros-deixaram-de-pagar-pelo-menos-uma-conta-em-abril,70003275934 (Acesso 17.07.2020).

75. Veja https://idec.org.br/idec-na-imprensa/superendividados-30-milhoes-ja-nao-podem-mais-pagar-suas-dividas. (Acesso 17.07.2020).

76. Veja pioneira manifestação de SAYEG, Ricardo H. Práticas Comerciais Abusivas, in *Revista de Direito do Consumidor*, vol. 7/1993, p. 37 – 58, Jul – Set/1993 e Doutrinas Essenciais de Direito do Consumidor, vol. 3, p. 879 – 912, Abr/2011: "A atividade empresarial tem por função social a de aproximar o Fornecedor e o Consumidor, cuja relação deve estar em equilíbrio de forças, onde se refutará os abusos".

O Banco Mundial adverte (*Report on the Treatment of the Insolvency of Natural Persons*),[77] que, para os países emergentes,[78] como o Brasil, os quais ainda não conhecem uma saída legal digna para as pessoas físicas endividadas,[79] a única solução de retomada é aprovarem um uma legislação para combater o superendividamento, a qual permita aos consumidores pagarem as suas dívidas, com ou sem perdão das dívidas, após o plano de pagamento que preserve o mínimo existencial.[80]

---

77. WORLD BANK. *Insolvency and Creditor/Debtor Regimes Task Force. 2014. Report on the Treatment of the Insolvency of Natural Persons*. World Bank, Washington, DC. Acessível in https://openknowledge.worldbank.org/handle/10986/17606. (15.07.2020)
78. MARQUES, Claudia Lima; LIMA, Clarissa Costa de. Notas sobre as Conclusões do Relatório do Banco Mundial sobre o tratamento do superendividamento e insolvência da pessoa física. *Revista de Direito do Consumidor*, v. 89/2013, p. 453-457, Set – Out/2013, p. 453: "Reconhecendo as implicações do superendividamento para a estabilidade financeira internacional, para o desenvolvimento econômico e acesso ao crédito, o Banco Mundial conduziu uma pesquisa preliminar em 59 países (25 países de alta renda e 34 países de baixa e média rendas) com objetivo de colher informações acerca da existência de legislação sobre o tratamento do superendividamento. Descobriu-se que mais da metade dos países com economias de baixa e média rendas ainda não tinham desenvolvido sistemas de insolvência para as pessoas físicas superendividadas".
79. Assim o Relatório de dezembro de 2012 (doc. 77170), acessível in http://documents1.worldbank.org/curated/en/668381468331807627/pdf/771700WP0WB0In00Box377289B00PUBLIC0.pdf (15.07.2020), foi traduzido por Ardyllis Alves Soares e os resultados foram publicados, in *Revista de Direito do Consumidor*, vol. 89/2013, p. 435 – 450, Set – Out/2013: "*Nas décadas recentes, legisladores têm lutado contra a multiplicidade de efeitos negativos causados por uma rápida e crescente maré de superendividamento entre pessoas físicas. [...] Como muitas pessoas se beneficiam com o acesso ao crédito tanto para o empreendedorismo como para o consumo, a urgência de lidar com as inevitáveis casualidades econômicas pressiona mais fortemente. O excessivo endividamento impõe sérios problemas econômicos, em termos de perda de produtividade de amplos segmentos da população sob o fardo do débito, que seiva a iniciativa dos indivíduos e debilita a capacidade produtiva deles. As tradicionais leis de insolvência sempre se demonstram inadequadas para tratar estes novos problemas (...). Os legisladores deveriam estar cientes das peculiaridades sociais, legais e econômicas que podem afetar o funcionamento de um regime para (...) pessoas físicas. Um dos principais objetivos deste relatório é elevar a consciência sobre a importância do desenvolvimento de um regime para o tratamento da insolvência de pessoas físicas.*"
80. O Relatório do Banco Mundial não propõe um sistema em especial, mas afirma: "446. *The most effective form of relief from debt is a straight discharge of debt. A straight discharge provides an immediate and unconditional "fresh start" for the debtor. However,*

No Brasil, essa 'solução' que inclui dois capítulos novos no Código de Defesa do Consumidor (um de prevenção e outro de tratamento, com plano de pagamento conciliatório em bloco e plano compulsório para os que não conciliaram) é a prevista no Projeto de Lei do Senado 1805/2021, originalmente elaborado por uma Comissão de Juristas liderados pelo eminente Min. Antônio Herman Benjamin, e que tendo sido aprovado por unanimidade no Senado Federal em 2012, foi aprovado com substitutivo pela Câmara dos Deputados em maio de 2021, retornando à casa de origem para deliberação definitiva.

O PL 1805/2021 introduzirá as melhores práticas mundiais,[81] para a prevenção do problema sistêmico em países capitalistas (a 'falência' do consumidor frente a acidentes da vida, como redução de renda, desemprego e doença ou morte na família) e práticas abusivas na concessão de crédito ao consumidor! E ainda propiciará uma importante mudança de paradigma, da 'cultura da dívida' (da exclusão de 30 a 42 milhões de superendividados do mercado), para uma cultura do pagamento, sua parte de tratamento é um plano de pagamento extrajudicial e conciliado!

A pandemia de Covid-19 é uma 'disfunção econômica';[82] como temos visto, é uma crise sanitária em massa, que causa uma crise econômica de proporções gerais e nacionais em todos os setores produtivos, aumentando a massa de superendividados na sociedade de consumo. Se examinamos os jornais de um dia de pandemia no Brasil, o dia 13 de julho de 2020, veremos que shoppings centers reabriram para ganhar apenas 50 reais ao dia em São Paulo, que o comércio amarga 90% de redução de vendas em relação à 2019.[83] Falta confiança dos

---

    most systems continue to reject the notion of a straight discharge, and, especially, the possibility to be freed from debt without a payment plan." (p. 142, da versão de 2014).

81. Veja no Banco Mundial, Best Practices in the Insolvency of Natural Persons, https://www.iiiglobal.org/sites/default/files/bestpracticesintheinsolvencyofnaturalpersons.pdf.

82. BCB, Endividamento de risco, p. 9 acessível in https://www.bcb.gov.br/content/cidadaniafinanceira/documentos_cidadania/serie_cidadania/serie_cidadania_financeira_6_endividamento_risco.pdf.

83. Jornal Estado de São Paulo, Renato Jakitas, veja in https://www.bol.uol.com.br/noticias/2020/07/13/com-shoppings-vazios-comerciantes-abrem-lojas-para-faturar-r-50-por-dia.htm (16.03.2020).

consumidores, falta uma saída legal para o superendividamento no Brasil, exatamente a prevista no PL 1805/2021.

2. A atualização do CDC frente a Covid-19: bases para a prevenção do superendividamento e o combate ao assédio de consumo

O PL 1805/2021 foi pensado para complementar o CDC, mas parece perfeito para enfrentar os problemas dos contratos de consumo no pós-pandemia. Queríamos identificar alguns problemas ligados à grande liquidez bancária atual, para o enfrentamento da pandemia, que leva a práticas comerciais agressivas em relação ao crédito, em especial o assédio de consumo frente aso consumidores mais vulneráveis.

Como escrevemos, o Anteprojeto da Comissão de Juristas do Senado Federal (depois PLS 283/2012, PL 3.515/2015 da Câmara de Deputados e atualmente PLS 1805/2021) para a Atualização do Código de Defesa do Consumidor (CDC) introduziu no direito brasileiro a figura do combate ao 'assédio de consumo', nominando assim estratégias assediosas de *marketing* muito agressivas, que pressionam os consumidores e o marketing focado em grupos de pessoas ou visando (*targeting*) grupos de consumidores muitas vezes os mais vulneráveis do mercado, como os idosos e aposentados em casos de créditos; as crianças; os analfabetos e alfabetos funcionais; pessoas com deficiências; doentes.[84]

O termo 'assédio de consumo' foi utilizado pela Diretiva europeia sobre práticas comerciais abusivas e daí chegou ao Projeto de Atualização do CDC. A Diretiva europeia nr. 2005/29/CE, em seu art. 8 utiliza como termo geral, o de prática agressiva e incluí como espécies, o assédio (*harassment*), a coerção (*coercion*), o uso de força física (*physical force*) e a influência indevida (*undue influence*).[85] A opção do

---

84. MARQUES, C. L. Estudo sobre a vulnerabilidade dos analfabetos na sociedade de consumo: o caso do crédito consignado a consumidores analfabetos. In: Stoco, Rui. (Org.). *Doutrinas essenciais: dano moral*. 1ed. São Paulo: Revista dos Tribunais, 2015, v. 2, p. 973-1023. (publicado originalmente in Revista de Direito do Consumidor | vol. 95/2014 | p. 99 – 145 | Set – Out/2014).

85. Veja meu estudo in MARQUES, C. L. Schutz der Schwächeren im Privatrecht: Eine Einführung. In: Lena Kunz; Vivianne Ferreira Mese. (Org.). *Rechtssprache und Schwächerenschutz*. 1ed.Heidelberg: Nomos, 2018, v. 1, p. 78 e seg.

legislador brasileiro foi de considerar o 'assédio de consumo' como o gênero para todas as práticas comerciais agressivas, que limitam a liberdade de escolha do consumidor.

O CDC não usa a expressão 'assédio de consumo', mas sim *prevalecimento "da fraqueza ou ignorância do consumidor, tendo em vista sua idade, saúde, conhecimento ou condição social"* (Art. 39, IV) e *aproveitamento "da deficiência de julgamento e experiência da criança"* quanto à publicidade abusiva (Art. 37, § 2°). Note-se que a jurisprudência tem reconhecido que os idosos, que são os mais afetados por este novo assédio de consumo e ofertas a distância, por *telemarketing* ou mesmo em domicílio – na solidão de suas casas e de suas vidas, essas ofertas, acompanhadas de uma boa conversa com os vendedores (e assinaturas gratuitas para os filhos), são momentos agradáveis, que se transformam depois em grandes incômodos.[86] Nas ruas e em suas casas são constantemente abordados e ofertas de crédito lhe são feitas (moldadas para eles, com crédito e reservas consignadas), muitas vezes chegam a assinar em branco documentos para estes 'pastinhas e representantes bancários' especializados em contatar idosos e aposentados nos interior do Brasil, e muitas vezes caem em superendividamento.

O consumidor é reconhecido como vulnerável por lei, por força do Art. 4°, I, do Código de Defesa do Consumidor, que tem origem em discriminação positiva constitucional, uma vez que a Constituição

---

86. Assim ensina o *leading case*: "Recurso especial – Responsabilidade civil – Ação de indenização por danos materiais e morais – Assinaturas de revistas não solicitadas – Reiteração – Débito lançado indevidamente no cartão de crédito – Dano moral configurado – Arts. 3.° e 267, VI, do CPC – Ausência de prequestionamento – Súmulas STF/282 e 356 – *Quantum* indenizatório – Revisão obstada em face da proporcionalidade e razoabilidade. I – Para se presumir o dano moral pela simples comprovação do ato ilícito, esse ato deve ser objetivamente capaz de acarretar a dor, o sofrimento, a lesão aos sentimentos íntimos juridicamente protegidos. II – A reiteração de assinaturas de revistas não solicitadas é conduta considerada pelo Código de Defesa do Consumidor como prática abusiva (art. 39, III). Esse fato e os incômodos decorrentes das providências notoriamente dificultosas para o cancelamento significam sofrimento moral de monta, mormente em se tratando de pessoa de idade avançada, próxima dos 85 anos de idade à época dos fatos, circunstância que agrava o sofrimento moral" (STJ, 3.ª T., REsp 1.102.787/PR, rel. Min. Sidnei Beneti, j. 16.03.2010, *DJe* 29.03.2010).

Federal (CF/1988) impõe ao Estado o dever de promover 'a defesa do consumidor' na forma da lei (Art. 5º, XXXII, da CF/1988).

Como se afirmou,[87] a vulnerabilidade é um estado *a priori*, é o estado daquele que pode ter um ponto fraco, uma ferida (*vulnus*),[88] aquele que pode ser "ferido" (*vulnerare*) ou é vítima facilmente.[89] Realmente, parece que entre os consumidores existem consumidores com vulnerabilidade agravada, seja pela idade (idosos e crianças), seja pela situação de superendividamento (superendividados); os analfabetos e analfabetos funcionais; pessoas com deficiência visual, auditiva e mental; doentes; que merecem do Direito uma proteção 'qualificada' ou aumentada, tendo em vista a recente prática do mercado de 'assediar' com ofertas e intermediários especializados esses 'subgrupos' de consumidores (a prática comercial abusiva denominado de 'assédio de consumo'). O CDC neste tema não é suficiente, é preciso atualizar a regra, em especial quanto ao superendividamento.

Se todos os consumidores são vulneráveis, existe um grupo dentro do grupo que é duplamente vulnerável: como idosos-consumidores[90], crianças-consumidores[91], pessoas com deficiência-consumidores[92],

---

87. MARQUES, Claudia Lima. *Contratos no Código de Defesa do Consumidor*, 9. Edição, São Paulo: ed. RT, 2019, p. 310 e seg.
88. LACOUR, Clémence. *Vieillesse et vulnerabilité*. Marseilles: Presses Universitaires d`Aix Marseille, 2007. p. 28.
89. Veja, por todos: FIECHTER-BOULVARD, Frédérique. La notion de vulnerabilité et sa consécration par le droit. In: COHET-CORDEY, Frédérique (org.). *Vulnerabilité et droit: le développement de la vulnerabilité et ses enjeux en droit*. Grenoble: Presses Universitaires de Grenoble, 2000. p. 16 e ss.
90. MARQUES, C. L. A vulnerabilidade dos analfabetos e dos idosos na sociedade de consumo brasileira: primeiros estudos sobre a figura do assédio de consumo. In: MARQUES, Claudia Lima; GSELL, Beate. (Org.). Novas tendências do Direito do Consumidor: Rede Alemanha-Brasil de pesquisas em Direito do Consumidor. 1ed. São Paulo: Revista dos Tribunais, 2015, v., p. 46 e seg.
91. MARQUES, C. L. Criança e Consumo: Contribuição ao Estudo da Vulnerabilidade das Crianças no Mercado de Consumo Brasileiro. *Revista de Direito Civil Contemporâneo*, v. 14/2018, p. 101-129, 2018 e PASQUALOTTO, Adalberto. Children, Consumption and Advertising: Brazil's Point of View, in MARQUES, C. L.; WEI, Dan. (Org.). *Consumer Law and Socioeconomic Development: National and International Dimensions*. 1ed.Cham: Springer, 2017, p. 277-286.
92. Veja NISHIYAMA, Adolfo Mamoru; ARAUJO, Luiz Alberto David. O estatuto da pessoa com deficiência e a tutela do consumidor: novos direitos? *Revista de Direito*

índios-consumidores[93] (mencionados na Constituição Federal)[94], analfabetos-consumidores[95], doentes-consumidores[96], superendividados-consumidores, entre outros[97].

---

do Consumidor. vol. 105. ano 25. p. 103-121. São Paulo: Revista dos Tribunais, maio-jun. 2016, p. 103 e seg.

93. Apesar de não ser caso de consumo, a jurisprudência inclui os índios entre os hipervulneráveis: "No campo da proteção da saúde e dos índios, a legitimidade do Ministério Público para propor Ação Civil Pública é – e deve ser – a mais ampla possível, não derivando de fórmula matemática, em que, por critério quantitativo, se contam nos dedos as cabeças dos sujeitos especialmente tutelados. Nesse domínio, a justificativa para a vasta e generosa legitimação do Parquet é qualitativa, pois leva em consideração a natureza indisponível dos bens jurídicos salvaguardados e o status de hipervulnerabilidade dos sujeitos tutelados, consoante o disposto no art. 129, V, da Constituição, e no art. 6º da Lei Complementar 5/1993. No campo da proteção da saúde e dos índios, a legitimidade do Ministério Público para propor Ação Civil Pública é – e deve ser – a mais ampla possível, não derivando de fórmula matemática, em que, por critério quantitativo, se contam nos dedos as cabeças dos sujeitos especialmente tutelados. Nesse domínio, a justificativa para a vasta e generosa legitimação do Parquet é qualitativa, pois leva em consideração a natureza indisponível dos bens jurídicos salvaguardados e o status de hipervulnerabilidade dos sujeitos tutelados, consoante o disposto no art. 129, V, da Constituição, e no art. 6º da Lei Complementar 75/1993." REsp 1.064.009/SC, Rel. Ministro Herman Benjamin, Segunda Turma, DJe de 27/04/2011.

94. NYSHIANA, Adolfo; DENSA, Roberta. A proteção dos consumidores hipervulneráveis: os portadores de deficiência, os idosos, as crianças e os adolescentes. *Revista de Direito do Consumidor*. vol. 76. ano 19. p. 13-45. São Paulo: Revista dos Tribunais, out.-dez. 2010, p. 13 e seg.

95. MARQUES, C. L. Estudo sobre a vulnerabilidade dos analfabetos na sociedade de consumo: o caso do crédito consignado a consumidores analfabetos. In: Stoco, Rui. (Org.). *Doutrinas essenciais: dano moral*. 1ed. São Paulo: Revista dos Tribunais, 2015, v. 2, p. 973-1023. (publicado originalmente in Revista de Direito do Consumidor | vol. 95/2014 | p. 99 – 145 | Set – Out/2014).

96. Assim a jurisprudência do STJ, veja *leading case* REsp 586.316/MG, Rel. Ministro Herman Benjamin, Segunda Turma, julgado em 17/04/2007, DJe 19/03/2009, até casos atuais, EREsp 1.515.895/MS, Rel. Ministro Humberto Martins, Corte Especial, julgado em 20/09/2017, DJe. 27/09/2017 e AgInt nos EDcl no REsp 1762674/MS, Rel. Ministra Nancy Andrighi, Terceira Turma, julgado em 27/05/2019, DJe 29/05/2019.

97. MARQUES, Claudia Lima; MIRAGEM, Bruno. *O novo direito privado e a proteção dos vulneráveis*. 2. ed. São Paulo: Ed. RT, 2014. p. 131.

Na jurisprudência, a expressão 'hipervulnerabilidade', criada por Antônio Herman Benjamin[98] para destacar a situação de vulnerabilidade agravada de alguns grupos de consumidores, doentes, crianças, idosos, dentre outros, acabou se consolidando. Em tempos de pós-pandemia, as instituições devem estar especialmente alertas para a proteção destes hipervulneráveis. O PL 1805/2021 para a prevenção do superendividamento menciona estes consumidores em especial:

> "Art. 54-C. É vedado, expressa ou implicitamente, na oferta de crédito ao consumidor, publicitária ou não:
>
> IV – assediar ou pressionar o consumidor para contratar o fornecimento de produto, serviço ou crédito, inclusive a distância, por meio eletrônico ou por telefone, principalmente se se tratar de consumidor idoso, analfabeto, doente ou em estado de vulnerabilidade agravada ou se a contratação envolver prêmio [...]."

Como se observa, o PL 1805/2021 inova a legislação brasileira e protege de forma especial os hipervulneráveis. O seu Art. 3º-A também determina a atuação *ex-officio* do magistrado e da administração em prol dos consumidores, o que pode ser muito importante nestes tempos pós-pandemia de Covid-19. Vejamos o que o PL 1805/ 2021 de atualização do CDC traz em matéria de tratamento do superendividamento.

O PL 1805/2021 de atualização do CDC traz um novo paradigma, de conciliação em bloco, na parte do tratamento, fortemente inspirado no modelo francês. Conforme mencionamos, é fruto de uma Comissão de Juristas, lideradas pelo e. Min. Antônio Herman Benjamin, que procurou nas lições do direito comparado atualizar o CDC para o século XXI, especialmente face a vitória dos consumidores na ADI 2591, no Supremo Tribunal Federal.

---

98. "Ao Estado social importam não apenas os vulneráveis, mas sobretudo os *hipervulneráveis*. (...) Ser diferente ou minoria, por doença ou qualquer outra razão, não é ser menos consumidor, nem menos cidadão, tampouco merecer direitos de segunda classe ou proteção apenas retórica do legislador" (Superior Tribunal de Justiça. In Recurso Especial n. 586.316-MG. Rel. Min. Antonio Herman Benjamin. j. 17.04. 2007).

A base é a boa-fé e a exceção da ruína.⁹⁹ Como ensina Couto e Silva, a boa-fé é, em última análise, um *"dever de consideração para com a outra parte"*.¹⁰⁰ Efetivamente, boa-fé objetiva é 'enxergar' o outro, o parceiro contratual, suas necessidades e circunstâncias, inclusive o limite, que é a ruína do cocontratante, o que pode levar a renegociar. Daí que a 'solução' prevista no Projeto de Lei 1805/2021 inclui um capítulo novo no Código de Defesa do Consumidor prevendo o tratamento, com plano de pagamento conciliatório em bloco e um plano compulsório para os que não conciliaram.¹⁰¹ Conciliação esta que é extrajudicial, assim pode ser feita nos CEJUSCs, nos PROCONS, nas Universidades, nas Defensorias ou em quaisquer membros do SNDC. Em tempos de pandemia, e de incremento do uso de ferramentas e serviços digitais, estas conciliações em bloco poderiam mesmo ser online. Por todas as razões, portanto, a aprovação do PL 1805/2021 seria muito útil para os tempos pós-pandemia de Covid-19.

---

99. Assim ensina MENEZES CORDEIRO, António. *Da boa-fé no direito civil.* Coimbra: Almedina, 1997.p. 1007.
100. COUTO E SILVA, Clóvis. O Princípio da boa-fé no direito brasileiro e português, in CAETANO, Marcello et alii, *Estudos de Direito civil Brasileiro e Português,* São Paulo: RT, 1908, p. 71.
101. MARQUES, Claudia Lima; BENJAMIN, Antonio Herman. Consumer over-indebtedness in Brazil and the need of a new consumer bankruptcy legislation. In: NIEMI, J.; RAMSAY, I.; WHITFORD, W. C. (ed.). consumer credit, debt and bankruptcy – Comparative and international perspective. Oxford: Hart Publishing, 2009. p. 71-73.

5
BREVE EVOLUÇÃO HISTÓRICA DO CONTRATO DE SERVIÇOS (COM ESPECIAL ATENÇÃO AO DIREITO ARGENTINO)

Ricardo Luis Lorenzetti

Sumário: I) Modelos históricos do contrato de serviços. 1. O contrato de serviços como relação jurídica real: "a locação de serviços". 2. O contrato de serviços como relação jurídica familiar: o emprego doméstico. 3. O contrato de serviços como relação jurídica dominial: o "recurso da empresa". 4. O contrato de serviços dependente: o contrato de trabalho. II) Costumes e finalidade econômica do contrato. III) A divisão entre trabalho dependente, serviços e empreitada. A) A tese tripartida. B) A tese bipartida. C) A aproximação entre locação de empreitada-obrigação de resultados locação de serviços-obrigações de meios. D) Os serviços como trabalho autônomo. E) A distinção entre o contrato de trabalho, de serviços e de empreitada. IV) O serviço dependente: o contrato de trabalho. 1. A dependência. 2. A colaboração autônoma e dependente. 3. A distinção na jurisprudência. V) O serviço autônomo: locação de serviços e de obra. 1. O serviço é um fazer com um valor específico e não um dar. 2. O serviço como atividade intangível. 3. A noção de obra. A) A noção de resultado como produto da atividade. B) A noção de obra como bem reproduzível. C) A noção de obra como resultado. D) A noção de obra como execução técnica.

I) Modelos históricos do contrato de serviços

1. *O contrato de serviços como relação jurídica real: "a locação de serviços"*

A pandectística alemã identificou três tipos de locações no Direito Romano: a *locatio rei*, a *locatio operarum* e a *locatio operis*, dentro de um único esquema contratual.

O paradigma era a cessão de uma coisa em uso. Para que seja aplicável ao trabalho humano, necessita-se compreender que os escravos romanos eram considerados coisas que eram cedidas em uso para produzir, como os animais eram cedidos para trabalhar em uma economia basicamente agrária.

Na *locatio-conductio operarum* colocava-se, à disposição de outro, para um determinado período de tempo, a própria atividade; na *"operis"* tratava-se da entrega de um resultado do trabalho sobre uma coisa que, previamente, se entregara.

Quando as pessoas livres começaram a fazer trabalhos de forma remunerada, já não se tratava de "coisas", e enquadrou-se no mandato concedendo-lhes a *"cognitio extraordinaria"* para diferenciá-los, claramente, dos que constituíam a força de trabalho principal.

Outra corrente põe em dúvida essa concepção e assinala que havia um único contrato em que se cedia uma coisa e de que surgia uma obrigação de restituição. O locador se obrigava a entregar a coisa e o *"condutor"* a restituí-la. Essa obrigação de restituição tinha a particularidade de que se usava, logo, a coisa (*locatio rei*), ou de manipulá-la ou transformá-la (*operis*) ou de aproveitá-la (*operarum*). Essa ideia "unitária" da *locatio* tem a particularidade de ressaltar que havia uma obrigação de dar uma coisa contra uma de restituí-la, e que a de pagar o preço era irrelevante em uma economia baseada na troca[1].

Os problemas nas trocas de coisas se referiam, fundamentalmente, aos riscos de sua perda ou deterioração.

Mais adiante, em economias monetaristas, a *locatio* mudou para uma troca que envolvia um preço. Além do que, perdeu seu caráter restitutivo de coisas para ser uma obrigação de fazer (arts. 1.251 do Código Civil e Comercial argentino).

Essas noções foram reelaboradas na obra de Pothier, que divide a locação de coisas e de empreitada, e, dentro desta última, admite subdivisões. O Código Napoleônico, que admite a distinção, dispõe sobre a locação de coisas e a empreitada, dentro da qual engloba aos serviços.[2]

---

1. Sobre esta concepção, ver CAGNASSO, Oreste. *Tratatto Di Diritto Commerciale e di Diritto Publico Dell Economia*, Diretto da Francesco Galgagno. v. 16. Padova: Cedam, 1991, p. 655.
2. RIPERT-BOULANGER. *Tratado de Derecho civil según el tratado de Planiol*. t. 8. Buenos Aites: La Ley, 1979, p. 189.

Daí que nosso legislador tem distinguido a locação de coisas e a de serviços, dentro da qual inclui empreitadas e serviços. O propósito é regular o trabalho autônomo. Excluindo-se o transporte, porque corresponde a outra problemática (arts. 1.280 e ss. Código Civil e Comercial argentino).

Chegamos, então, à troca de trabalho humano autônomo (consistente no produto do trabalho ou no trabalho em si) por um preço. O importante, a nosso ver, é ressaltar que o trabalho romano não era entendido como expressão de uma vontade, senão como o aluguel de uma coisa; a finalidade é a cessão de uso.

2. *O contrato de serviços como relação jurídica familiar: o emprego doméstico*

Na Idade Média, a relação de vassalagem deu origem ao contrato de serviço fiel; o servente se apresenta com as mãos atadas para criar una relação duradoura, com um forte dever de fidelidade.

Nessa etapa, admitia-se que o contrato fosse celebrado com uma pessoa, porém, sua sujeição era permanente.

Daí, tomamos o emprego doméstico como a mais antiga configuração do contrato de serviços e, no que pertine à integração familiar, a fidúcia e a vocação de subsistência do vínculo que tem suas raízes nesse modelo. Também é um bom exemplo o contrato de aprendizagem, entre o mestre e o aluno, mediante o qual se ingressava na esfera doméstica do mestre.

Os descumprimentos fundamentais estão vinculados com a boa-fé-fidelidade.

Conserva a fisionomia de um contrato de família; família ampla; o Direito Prussiano incluiu-o como tal.

3. *O contrato de serviços como relação jurídica dominial: o "recurso da empresa"*

Também na Idade Média encontramos as bases do contrato de trabalho industrial, que já não se articula sobre o paradigma da cessão de uso, da família, senão do domínio.

A economia contribuiu ao ressaltar que o "elemento pessoal" é um "recurso" da empresa. Se segue que há um "vínculo subordinado", mencionando-se, fundamentalmente, o aspecto econômico da mesma. A existência de uma comunidade cerrada, dentro da empresa, fortalecia esses vínculos.

A partir das lutas operárias, o socialismo e a doutrina social da Igreja introduzem outros elementos, e ressalta-se, principalmente, o aspecto humano. Foi uma verdadeira conquista que a obrigação do trabalhador fora temporalmente limitada, ainda que o prazo seja indeterminado, e que a dependência seja um conceito jurídico antes que econômico.

Em uma redução conceitual, poder-se-ia dizer que a atividade humana como "recurso" é "comprada"; paga-se um "preço" que "coisifica" a prestação, assemelhando-se a uma troca patrimonial mútua.

4. O contrato de serviços dependente: o contrato de trabalho

Segundo Irti[3], o Código Civil italiano de 1865, baseado no código francês de 1804, mostra um desenho interno que corresponde ao modelo do liberalismo agrário: o indivíduo solitário e absoluto e a propriedade eram seus principais temas. Alguns traços similares são verificados no código argentino de Velez Sarsfield em fins do século XIX [e no Código de Beviláqua de 1916].

As lutas operárias do século XIX cimentaram as ideias e a legislação social da metade do século XX. Na Itália, foi representado pela legislação corporativa do fascismo, o Código de 1942 e a Constituição de 1949 que introduziram, entre outros aspectos, a função social da propriedade e a regulação e proteção do trabalho.

A imigração europeia trouxe essas ideias aos nossos países e essas foram frutificando, até terem uma plena consagração na legislação de Vargas no Brasil (CLT) e do justicialismo da metade do século XX na Argentina[4].

Assim mesmo, a proletarização crescente da sociedade, causou a impressão de que esta modalidade contratual absorveria à "locatio" independente.

---

3. IRTI, Natalino. *La cultura del Diritto Civile*, UTET, p. 4.

4. *Nota do tradutor*: a referência do autor ao justicialismo compreende a legislação editada durante o governo do Partido Justicialista na Argentina, notadamente no período do Presidente Juan Domingo Perón.

Também influiu, aqui, a ideia de "comunidade empresarial", que foi retirada do contrato de embarque celebrado com o capitão de um navio, que dá lugar a uma subordinação estrita, como consequência do ingresso na "comunidade" naval: se alguém sobe em um barco, compartilha de tudo, riscos e proveitos. De um modo análogo regulou-se o contrato de trabalho industrial.

II) Costumes e finalidade econômica do contrato

A economia contemporânea assiste a uma expansão do setor dos denominados "serviços". Não se trata, apenas, do presente, senão do futuro, já que há coincidência em que os serviços constituirão a base, o impulso econômico. Bem destacou Thurow[5], que interessam cada vez menos os produtos e cada vez mais os processos; adquire novo valor econômico a "habilidade" e o "conhecimento" que ocupam um amplo setor da atividade econômica.

Vejamos alguns exemplos:

A) Serviços de função pública: referem-se à infraestrutura de um país, são públicos, sejam realizados pelo Estado ou não. São eles: telefonia, eletricidade, transporte público, segurança, educação, justiça.

B) Serviços de infraestrutura empresarial: assistência financeira, assessoramento jurídico, contábil, administração, auditoria, solução de conflitos, investigação de mercados, *marketing*, publicidade, de segurança industrial, limpeza, transporte. Também são destinados à empresa os denominados serviços de "desenvolvimento de tecnologia" como os de investigação, de *design*, de provas, de programas informáticos. Também a "gestão de recursos humanos": agências de emprego temporário, educativos.

C) Serviços profissionais: incluem-se, aqui, os denominados profissionais em sentido amplo. Ainda que isso mude aceleradamente, já que muitos desses serviços são empresariais e outros não são autônomos. São incluídos os serviços de

---

5. THUROW, Lester. *La guerra del siglo XXI*. Buenos Aires: Vergara, 1992.

artistas, escritores, pintores, construtores, ceramistas, advogados, médicos etc.

D) Serviços aos consumidores: geralmente, são desprendimentos da "atividade familiar": preparação de comidas, limpeza e lavanderia, manutenção de automóveis, beleza, cinema, divertimento, educação e aperfeiçoamento em diversas atividades, segurança habitacional, transporte, turismo, hotelaria, todos os serviços médicos. Também se incluem neste grupo os serviços públicos destinados ao consumo final.

Quanto à difusão das obras, nos remetemos ao que trataremos mais adiante ao estudar especificamente o contrato de empreitada de construção e as obras intelectuais.

III) A divisão entre trabalho dependente, serviços e empreitada

Frente à assinalada exuberância da realidade, encontramo-nos com a sobriedade da lei. O Código Civil de Vélez Sársfield destinou umas poucas disposições à contratação de serviços: seis artigos específicos para a "locatio" (Arts. 1623 a 1628 CC), que, além da insuficiência, exibe uma obsolescência terminológica. Nas obrigações de fazer, que constituem o aspecto nuclear do conteúdo discutido, há sete artigos (arts. 625 a 631 CCArg).[6]

É habitual afirmar que há uma verdadeira insuficiência do Código Civil nesse aspecto[7]. Consequentemente, não há uma regulação legal para dar cabimento às inúmeras questões que se estabelecem.

No plano das elaborações doutrinárias, nosso parecer é que o excessivo apego às classificações, à derivação dogmática, tem sido danosa neste aspecto.

A dificuldade não é apenas a insuficiência legal, senão o desencontro entre as tipologias contratuais exercitadas e os serviços.

---

6. Nota do Tradutor: Ricardo Lorenzetti critica neste tópico a sistemática adotada no Código Civil de Vélez Sarsfield para regular a contratação de serviços e regular as obrigações de fazer. Entretanto, o Novo Código Civil e Comercial argentino suprimiu essa deficiência, elevando o nível de discussão técnica.
7. MOSSET ITURRASPE, Jorge. *Responsabilidad por daños*. t. 3. Buenos Aires: Ediar, 1980.t, p. 137.

Vejamos a seguir o porquê:

A) A tese tripartida

Seguindo o modelo romano e a pandetística alemã, distinguiram-se, entre nós, três tipos de locações: de coisas, de empreitada e de serviços. Posteriormente, com o surgimento da legislação laboral, mostrou-se que no que tange ao trabalho humano há três regulações distintas: laboral, locação de empreitadas e de serviços[8].

Quase todos os autores concordam em destacar que a locação de serviços cumpre um papel menor, destinado a fixar as relações jurídicas derivadas do contrato de um carpinteiro ou de um pedreiro[9].

Agregue-se a isso que, quando da distinção entre locação de obra ou de serviço, é comum ressaltar que na primeira compromete-se uma obrigação de resultados e na segunda uma obrigação de meios. Imediatamente, afirma-se que nas obrigações de resultado há uma imputação objetiva e nas de meios é subjetiva. Tem influenciado neste esquema a doutrina espanhola[10].

---

8. Entre muitos outros: REZZONICO, Luis Maria. *Estudio de los contratos en nuestro derecho civil*. 3. ed. Buenos Aires: Depalma, 1969, p. 542, nota 13; MOSSET ITURRASPE, op cit.

9. Esse enfoque é corroborado o projeto da Comissão Federal de Reformas ao Código Civil Argentino, que nesse aspecto menos-valora a locação de serviços. O projeto da Comissão Federal assinala que se mantém o caráter "residual" da locação de serviços para aqueles trabalhos que, por sua índole, escapam da relação laboral; na realidade, a reforma lhe dedica um artigo apenas, o 1627 para referir-se ao preço não pactuado. Na locação de empreitada, introduzem-se alguns aspectos relativos à recepção da empreitada, provisória e definitiva, pelo que não se deduz disso uma admissão expressa dos serviços profissionais. Em consequência, deixa-se de lado a solução do projeto de 1987 que tipificava o contrato como de locação de obra intelectual. Tampouco se tem definido tipicamente um contrato de serviços, nem se tem dado alguma pauta para a qualificação. O projeto inclina-se, decididamente, para a tese tripartida.

10. No direito espanhol, o artigo 1544 dispõe que no arrendamento de empreitadas e serviços, uma das partes se obriga a executar uma obra ou a prestar à outra um serviço por um preço certo. Na doutrina espanhola (CASTAN TOBEÑAS. *Derecho Civil Español, Común y Foral*. t. 4. Madrid: Reus, 1988, p.471; ALBALADEJO, Manuel. *Derecho Civil*. t. 2. v. 2. Barcelona: Bosch, 1989, p. 299; LACRUZ BERDEJO-SANCHO; REBULLIDA-LUNA; SERRANO-DELGADO; ECHERRIA-RIVERO HERNANDEZ. *Derecho de Obligaciones*. v. 3. Barcelona: Bosch,1986, p. 271) indica-se que a diferença é que o serviço compromete meios e a obra, resultados.

A primeira crítica que se pode fazer é que há uma distância enorme entre o papel menor que se atribui aos serviços e a importância que estes têm. Quando se trata de serviços entre empresas ou entre iguais, é de grande relevância examinar a prestação assumida, e nesse aspecto os serviços oferecem uma enorme variedade. Bem dizia Diez Picazo, ao assinalar que não temos uma teoria das obrigações de fazer adequada à nova economia de serviços. Em virtude da menos-valia a que se está submetido, não há instrumentos para resolver a questão.

A segunda observação é que aqui apenas se contempla o problema do prestador, estando ausente o receptor do serviço, e sobretudo uma categoria especial de receptores: os consumidores.

A terceira é que nas leis de proteção ao consumidor, habitualmente, não se distingue meios e resultados, empreitadas e serviços, englobando todos em um mesmo conceito prestacional.

Finalmente, necessita-se recordar que Vélez Sársfield regulou a locação de serviços como contrato que dava origem tanto a obrigações de meios como de resultado ou serviços ou obras indistintamente; o que pretendeu regular era o trabalho autônomo. Do mesmo modo, Freitas entendeu que os serviços se referem a toda classe de serviço ou trabalho (art. 2696), que se separa do serviço doméstico (art. 2707) do dos operários (art. 2734), e da empresa de empreitada (art. 2744).

A base da distinção não é a empreitada ou o serviço senão o caráter autônomo do trabalho.

Ao não dar cabimento a essas demandas, a tese tripartida, dá pouca solução aos temas profissionais.

B) A tese bipartida

Para uma importante corrente de opinião, o contrato de serviços está desaparecendo frente à regulação da lei de contrato de trabalho[11]. Essa ideia se baseia em um modelo bipartido: o contrato de trabalho e o de empresa.

Logo, diz-se que os serviços dependentes são assunto do direito laboral, não civil, e que as profissões liberais são contratos de serviços.

11. Cf. SPOTA. *Instituciones de Derecho Civil-Contratos*. v. 5. Buenos Aires: Depalma. p.157; BORDA, Guillermo. *Tratado de Derecho Civil*: Contratos. t. 2. Buenos Aires: Abeledo Perrot, 1969, p. 9.

O contrato de empresa engloba as locações de serviços autônomos e as típicas locações de empreitada[12].

Essa concepção tropeça na estreita definição de "empreitada" que há em nossa doutrina: que a identifica com o êxito, com a satisfação do interesse. Nesse sentido, os serviços autônomos não contêm, habitualmente, obrigações de resultado, pelo que não teriam cabimento. Assim mesmo, os prestadores de serviços autônomos seriam imputados objetivamente, o que, evidentemente, seria injusto.

Desse modo, os serviços autônomos não encontram cabimento nesse esquema.

C) *A aproximação entre locação de empreitada-obrigação de resultados locação de serviços-obrigações de meios*

É sustentado por alguns autores que o verdadeiro critério distintivo entre figuras da locação está no feito de que o locador de obra promete um resultado, enquanto que o trabalhador apenas empenha sua força de trabalho, que dizer, assume uma obrigação de meios. Disso derivam uma vinculação simétrica entre locação de serviços e obrigações de meios por um lado e, entre locação de empreitada e obrigação de resultado por outro. Essa simplificação resulta perigosa quando aplicada sem redução alguma para classificar um substrato material cada vez mais heterogêneo. Assim, com relação aos serviços médicos, afirma-se que os médicos assumem, usualmente, uma obrigação de meios, o que significa que, geralmente, o contrato é uma locação de serviços, salvo casos tais como a cirurgia plástica (estética), intervenções simples, ou a própria atividade de patologistas e biólogos. Alsina Atienza tenta buscar soluções para o problema e crê factível o acerto entre um médico e seu paciente de uma locação de empreitada, sendo que o oposto pode implicar em um resultado favorável ou na própria atividade tendente a alcançá-lo. Isso se conecta com a distinção entre resultado imediato e mediato; quando se garante apenas o primeiro (execução técnica da obrigação com a prudência e diligência mediatamente exigíveis) entra em jogo uma obrigação de meios. Quando o objeto da prestação é o resultado mediato, se caracteriza uma obrigação

---

12. LLAMBIAS-ALTERINI. *Codigo Civil Comentado*. t. 3. Buenos Aires: Abeledo Perrot (coment. art. 1623).

determinada. Agrega, por fim, que nas prestações cujo resultado ulterior encerra uma margem de aleatoriedade (intervenções cirúrgicas), apenas se promete a execução técnica das mesmas com a prudência exigível, mas não a cura. É, em definitivo, o resultado imediato conformado por uma obrigação de meios[13].

Permitimo-nos notar, aqui, uma evolução na doutrina que revela um afloramento com respeito à certa rigidez dogmática. Numa primeira postura, se adverte, com claridade, uma interação direta entre pares binários de classificação: à obrigação de meios que correspondem à locação de serviços; à obrigação de resultado, a locação de empreitada. Um segundo pensamento acerca desse processo sugere a entrada da obrigação de meios na locação de empreitada (Alsina Atienza), "mesclando-se", assim, os termos. O oposto pode consistir em uma atividade, uma "execução técnica", porém, com uma importante limitação: quando se promete uma obrigação de resultado. Insiste-se em que apenas se promete a execução técnica, com a devida prudência e diligência, porém não entra nesse âmbito a cura, o resultado mediato. Trata-se o resultado mediato (melhora) como elemento tabu, como um componente do contrato médico, porém, suficientemente afastado para que não perturbe. Corre-se, assim, o risco, não muito infrequente, de que a execução técnica exigível (tratada como obrigação de meio ou resultado) careça da definida coloração que lhe outorga a presença, ante o intérprete, do resultado mediato como dado imprescindível para validar aquela execução.

Sim, o que se quer é salvaguardar a posição do médico naquelas situações que encerram uma ampla margem de aleatoriedade para a perseguição da cura, parece mais apropriado fazer a distinção que estabelece Spota, entre o resultado prometido e a garantia de sua eficácia[14]. O médico promete aplicar todos os seus esforços para alcançar o resultado pretendido, mas como disse Spota, "com frequência não é possível falar de resultado alcançado sem que este se caracterize por sua eficácia".

De qualquer modo, não é possível sustentar estes denominados pares binários. Se o médico promete, em geral, uma obrigação de meios,

---

13. ALSINA ATIENZA, Dalmiro. *La carga de la prueba en la responsabilidad civil del medico*, en JA, 1958-III-589.
14. SPOTA, op. cit., p. 206.

resulta celebrar uma locação de serviços, entretanto se no transcurso da prestação, deve desenvolver obrigações de resultado, teríamos uma locação de empreitada.

Todo esse esquema resulta absolutamente intrincado e inútil.

D) Os serviços como trabalho autônomo

A lei com sua austeridade, a doutrina e a jurisprudência, com as teses "bipartida" e "tripartida" que descrevemos, tem criado um fechado círculo hermenêutico, que não dá cabimento aos serviços, tal como o faz a economia contemporânea.

A única solução, de acordo com os tempos atuais, é considerar que o contrato de serviços é autônomo[15].

Esse enfoque foi sustentado por Llambias-Alterini[16], o indicamos em matéria de profissões liberais[17], e é recepcionado no projeto de unificação de 1987, no projetado artigo 1625 e nas notas explicativas.

---

15. No projeto da Comissão do Poder Executivo de 1993, regula-se o contrato de empreitada, que é aquele em virtude do qual uma parte se obriga a executar um determinado trabalho, sem relação de dependência. Uma das espécies é o contrato de prestação de serviços profissionais (título VIII), qualificando como tais aos que contaram com uma preparação e qualificação especial, que os habilite para realizar atividades para outros, e perceber por isso uma retribuição (art. 1214). Elimina-se deste modo a locação de serviços, regulando-se o trabalho autônomo na locação de empreitada e o dependente que é isolado na legislação laboral.
16. Op. cit. nota anterior. É a tese do Código Civil Italiano, (O Código Italiano dispõe uma regulação específica do trabalho no que diz respeito ao trabalho profissional (art. 2229) o trabalho na empresa (art. 2082), e ao contrato de empreitada (art. 222). O contrato de empreitada pode implicar a promessa de um resultado ou de um serviço, porém sem subordinação, e com uma prestação pessoal. O contrato de empresa implica uma organização e não se realiza com trabalho exclusivo. A respeito disso, disse Messineo (MESSINEO, Francesco. *Manual de Derecho Civil y Comercial*. t. 5. Buenos Aites: Ejea, 1979, p.196) que os contratos de empreitadas e serviços se caracterizam por ser autônomos e por prometer-se um resultado de trabalho, em contraposição às operações que são matéria laboral. O contraponto no caso do serviço consiste em uma produção de utilidade, sem transformação. No caso da atividade profissional, o resultado consiste no êxito final da atividade, porém não no sentido de uma vantagem final (ganhar uma disputa) (p. 241). O essencial aqui é que o trabalhador autônomo, ou a empresa, preste a obra ou o serviço a seu próprio e exclusivo risco (TRIMARCHI, Pietro. *Istituzioni di diritto privato*. 8. ed. Milan: Giufre,1989, p. 490.
17. LORENZETTI. *Responsabilidade civil de los médicos*. Santa Fe: Rubinzal y Culzoni, 1986, p. 139 e ss., e na última edição T. I.

O contrato de serviços é uma "matriz jurídica", um gênero do qual se desprenderam a locação de coisas, a de serviços, a de empreitada, o contrato de trabalho, os serviços públicos, os destinados ao consumidor.

Essas regulações pretendem solucionar conflitos totalmente distintos.

O regime laboral enfoca o problema entre o empregado e seu empregador, e não se ocupa das relações entre o prestador de serviços e os clientes. Seu centro de interesse é a organização do trabalho eficiente na economia de mercado e por isso a colaboração é interna.

Assim mesmo, a dependência econômica *lato sensu* justifica a criação do princípio protetivo do trabalhador-prestador do serviço.

Nos serviços que se dão ao consumidor a situação é inversa. O protegido é o receptor, e não o prestador como no direito do trabalho, porque o primeiro é o contratante frágil, vulnerável.

O problema que intenta resolver o legislador é a regulação de uma competência adequada ao mercado que garantisse um acesso contínuo a bens que são considerados importantes e a proteção da vida e saúde do consumidor. Por esta razão é uma norma que põe a atenção no receptor do serviço, e não no prestador, como o eram as diversas classes de *locatio* romanas.

Ao manter sua atenção no receptor, o legislador não se interessa muito pelas discriminações nas obrigações do prestador; apenas lhe interessa sua responsabilidade. Por isso, adverte-se certa simplificação nas leis de proteção ao consumidor, que falam genericamente de fornecedor profissional de serviços.

Nos serviços que se dão aos particulares, individualmente, e às empresas, há uma relação economicamente igualitária. Aqui aparece, em toda sua magnitude, o vocábulo "serviço", que supõe fazer algo para outro, satisfazendo seu interesse. Esse servir tem um "valor", uma competência específica que circula na economia de mercado.

O problema é, aqui, a colaboração entre ambos para obter o fim proposto, e a proteção desse valor cognoscitivo com que contribui o prestador. Daí as leis de proteção de direitos intelectuais que tendem a reafirmar esse valor.

De modo que, aqui, resulta relevante definir com claridade esse interesse, e examinar as obrigações do prestador minuciosamente. É necessária uma teoria das obrigações de fazer que dê resposta a isso. Também se interessa o legislador, por distinguir de que "modo" se presta: se é em forma de empresa ou individual. Serão distintas as regulações.

Por isso, há uma crise da dogmática ao pretender adequar os problemas às classificações e não o inverso. O contrato de serviços é um tipo que se refere ao trabalho autônomo, com o que se diferencia do trabalho dependente. Como serviço autônomo, inclui tanto meios como resultados.

Adiante, passamos a examinar a dogmática do contrato de serviços como contrato autônomo.

E) *A distinção entre o contrato de trabalho, de serviços e de empreitada*

Conforme o exposto na parte anterior, corresponde colocar sistematicamente o contrato de serviços, diferenciando-o, em primeiro lugar, do trabalho dependente e, logo, já dentro dos serviços autônomos, distinguiremos entre locação de serviços e empreitada, e logo entre os serviços paritários e aos consumidores.

IV) O serviço dependente: o contrato de trabalho

1. *A dependência*

Vale precisar o conceito de dependência. A lei argentina disciplina, de um lado, o contrato de trabalho industrial (Lei 20.744), de outro, o agrário na Lei 22.248. Nestes casos, o trabalho é uma atividade que é prestada em favor de quem tem a faculdade de dirigi-la, e o objeto do contrato é "prestar serviços" sob a dependência de outra pessoa. A fim de tipificar um vínculo como laboral, é necessário precisar o conceito de dependência, admitindo-se que esta apresenta três aspectos: jurídico, econômico e técnico.

No contrato laboral, trabalha-se por conta alheia, porque o benefício que gera a atividade vai ao empresário, e não ao trabalhador[18].

---

18. MONTOYA MELGAR, Alfredo. Derecho del Trabajo. 5 ed. Madrid: Tecnos, 1984, p. 274.

Disso se segue a alienação dos riscos que, ao contrário da locação (art. 1258 CCC), são assumidos pelo patrão. O trabalhador percebe uma retribuição ganhe ou perda o empregador em sua atividade.

O trabalhador "depende" dessa retribuição para sua subsistência. Por isso, ainda que haja uma grande variedade de remunerações que são possíveis de pactuar entre operários e patrões (fixas, variáveis, quotificadas etc.), o importante é a função econômica da prestação monetária. No contrato laboral a obrigação monetária tem uma função retributiva, que pactuam as partes. Mas, além disso, a lei atribui, como mínimo, a função de assegurar alimentação adequada, moradia digna, educação, vestuário, assistência sanitária, transporte e lazer, férias e previsão (art. 116 da Lei 20.744). Da causa econômica-social que lhe atribuí, surge claramente o desnível econômico.

Para alguns, essa alienação da força de trabalho, é um elemento fundamental para a qualificação[19]. Todavia, ainda que a dependência econômica seja o elemento fundamental do princípio protecionista, não é suficiente para a tipificação. É assim porque há casos em que não se "depende" economicamente e há vínculo laboral.

Por essa razão, buscou-se um critério mais seguro nos antecedentes jurídicos.

O dependente está submetido ao poder de direção do empregador, a uma direção alheia, e nesse sentido é heterônomo[20]. É assim porque a prestação está encaminhada a satisfazer uma demanda indireta: a clientela chega ao trabalhador através de seu empregador. Por isso, o empregador fixa as modalidades de prestação, "dirigindo" o serviço do dependente. A Lei 20.744 lhe concede, expressamente, esse direito (art. 64 da Lei 20744).

Há distintas graduações do conceito. Temos dito que a dependência se caracteriza por ser algo mais que uma simples "ingerência", já que não se limita ao objeto do encargo. Alcança o "elemento pessoal",

---

19. LOPEZ; CENTENO; FERNANDEZ MADRID. *Ley de contrato de trabajo comentada*, p. 179; PERUGINI, Eduardo. *Algunas consideraciones sobre la dependencia laboral*. DT, 1874, p. 225.
20. KROTOSCHIN, Ernesto. *Tratado práctico de derecho del trabajo*. Buenos Aires: Depalma, 1878, p. 102; VAZQUEZ VIALARD, Antonio. *Tratado de Derecho del Trabajo*. t. 2. Buenos Aires: Astrea, 1982, p. 331.

o operário, quem está juridicamente subordinado. O operário põe-se à disposição dos requerimentos do empregador[21]. Nesse sentido, tem-se dito que não é necessário que exista um exercício efetivo do poder de mando por parte do empregador; é suficiente a possibilidade jurídica de mando, já que "a direção e a fiscalização são os dois polos da subordinação jurídica"[22].

Como ressaltara Hedemann, "a mais importante consequência é que no contrato de serviços o obrigado a ele cede seu direito de autodeterminação"[23].

O poder de direção afeta aqueles aspectos estruturais: o patrão pode desenhar o modo de prestação com referência aos horários, lugar, meios técnicos a utilizar, ordenar a demanda no sentido de fixar seu ritmo.

Quais limites têm esse poder? A lei estabelece que deve exercer-se "com caráter funcional, atendendo aos fins da empresa, as exigências da produção, sem prejuízo da preservação e melhora dos direitos pessoais e patrimoniais do trabalhador" (art. 65 Lei 20.744). Essa função a que faz referência a lei é, a nosso juízo, a causa econômico-social que ilumina o contrato que o empregador faz com o terceiro. Essa nota é muito importante, por exemplo, nos contratos que celebram médicos dependentes; o poder de direção da clínica não pode estar em contradição com a prestação médica a terceiros que é a função da empresa; não poderia dar indicações que priorizassem a rentabilidade, um número de intervenções cirúrgicas mensais etc.

A violação das ordens que dá o empregador é um incumprimento contratual que pode dar lugar a penalidades como a suspensão disciplinar, quando prevista legalmente (art. 67 da Lei 20.744).

O não uso do poder de direção nos aspectos pontuais não invalida a existência do vínculo dependente. Por exemplo, se não se exige ao operário que preste serviços em um local provido pelo empregador, isso não impede que haja trabalho, ainda que seja um elemento que sirva também como indício para a qualificação. Mais ainda, pode um

---

21. MOSSET ITURRASPE, Jorge. *Contratos médicos*. Buenos Aires: La Roca, 1989, p. 81.
22. LOPEZ, Guillermo. *Reflexiones sobre la naturaleza de la vinculación de los médicos de cabecera del sistema Pami*. DT. XLVII-A-635.
23. HEDEMANN, Justus. *Tratado de Derecho Civil* op. cit, p. 398.

empregado como o advogado trabalhar em seu escritório; o que interessa é que a demanda seja ordenada pelo patrão e que ainda exista subordinação.

Do mesmo modo acontece com o cumprimento de um horário, já que pode haver autonomia nesse sentido. Tampouco impede a existência de relação dependente a falta de exclusividade.

O outro elemento, a fiscalização, supõe a faculdade de um controle contínuo que geralmente se revela na possibilidade de que o empregador guarde toda a documentação que registra a quantidade e qualidade das prestações, podendo efetuar controles e auditorias (art. 70 da Lei 20.744).

A dependência técnica é a possibilidade de ordenar o modo como se realizará a prestação. Tem seu limite na "discricionariedade técnica" que se reconhece em certos trabalhadores. Este último acontece quando alguém tem alguma competência específica, uma "profissionalização". É claro que o médico pode decidir por si mesmo como se cura um paciente, porque para isso tem discricionariedade técnica.

Esse elemento não é essencial: pode existir ou não no contrato laboral.

Tem-se dito que o empregado compromete um obrar, uma atividade, não uma obra. Não é uma prestação isolada, senão uma "direção de vida"[24]; e disso deriva uma prestação efetiva e infungível para o empregador.

É característica uma temporalidade indeterminada (trato sucessivo), distinta da acidentalidade típica da locação de obra. Isso não impede que uma prestação descontínua ou sem horário fixo sejam laborais, porque o que interessa é o trato sucessivo. Por outro lado, pode haver uma prestação de serviços contínua e autônoma, como a que surge no contrato de fornecimento de serviços.

Alguns autores[25] ressaltam que, na realidade, desde o momento em que o operário põe seu elemento pessoal dentro de uma organização empresarial, há relação de dependência.

---

24. HEDDEMANN, J.W. Tratado de Derecho Civil. Derecho de Obligaciones, Rev. Der. Priv. Madrid, 1958, v. 3, p. 412.
25. GARCIA MARTINEZ, Roberto. *La relación de dependencia en la Ley de contrato de trabajo*. LT, 25, p. 687. Em apoio dessa tese: "Se se provou a inserção do profissional

O critério objetivo parece demasiado amplo, já que há situações nas quais não é aplicável: é o caso de profissionais que ocasionalmente prestam serviços em uma empresa.

Todavia, há um elemento importante que é a análise da causa do contrato que celebra o empresário com terceiros e para cujo cumprimento necessita do empregado. A finalidade do negócio, que é um elemento tipificador. Quando o empregado, ainda atuando fora da empresa, se dedica a uma gestão típica desta, é em si mesmo um "meio", um "recurso" da empresa; serve à atividade comercial do principal. Assume como própria a causa do negócio que o patrão celebra com terceiros; sua prestação se colore, nitidamente, com esses fins.

Essa é uma atribuição típica do vínculo dependente que se transforma em uma colaboração permanente com os fins da empresa. Disso deriva o poder disciplinar e o dever de fidelidade.

2. A colaboração autônoma e dependente

Na colaboração há uma finalidade comum, um contrato com um terceiro, que um não pode fazer sozinho e, então, delega a outro. Consequentemente, há uma função de cooperação das partes para alcançar o fim que está determinado, o advento do vínculo. Existe um objetivo que gravita de tal maneira que sobredetermina às partes, fazendo com que estas realizem através do meio contratual as contribuições pertinentes para sua satisfação. Esse fim pode consistir em uma solicitação a realizar (mandato, locação de serviços), em um resultado a obter (locação de obra) ou em uma utilidade a conseguir e dividir (sociedade).

A presença de um interesse faz com que também exista um titular do mesmo que a delega. Uma das partes delega os fazeres que lhe são próprios, e a outra administra uma atividade objetivamente alheia, com ou sem representação.

Em virtude da titularidade do interesse, a uma das partes se concede o direito de ressaltar como deve desenvolver-se o encargo:

---

em uma organização alheia que desenhe o esquema dentro do qual devia-se mover e que goza sua finalidade empresária com o serviço prestado por aquele, cabe concluir a existência de relação de dependência", CNAT, SALA IV, DT. 19192.A.903.

o mandatário deve ajustar-se às instruções, o locador de obra deve ajustar-se às instruções do dono. Por isso, nos negócios de colaboração autônomos, há uma intromissão do titular do interesse sobre a atividade de quem realiza a colaboração e está destinada a precisar o objeto do encargo.

Isso é ressaltado no contrato de trabalho.

Ao contrário da regra geral, não é o colaborador quem está em relação com o terceiro. É o titular do interesse (patrão) quem se vincula com outros, e daí que o operário colabora de um modo "instrumental". Por isso, a dependência é mais forte que a ingerência.

O contrato de trabalho é um negócio de colaboração dependente[26]. Porém, a dependência se caracteriza por ser algo mais que uma simples "ingerência", já que não se limita ao objeto do encargo. Alcança o "elemento pessoal", o operário, quem está juridicamente subordinado.

3. A distinção na jurisprudência

O fenômeno do surgimento dos "novos serviços autônomos" tem comovido os juízes, restringindo aquele caráter intrusivo.

Em uma importante falha nesta matéria tem-se indicado que a presunção do artigo 23 da Lei 20.744 surgiu assim que se tem provado previamente que há prestação de serviços dependentes; não basta demonstrar que há prestação de serviços, senão que se deve evidenciar a qualidade de dependentes, já que do contrário haveria que submeter todo o universo do direito ao direito laboral[27]. Tampouco basta demonstrar a mera direção alheia, já que foi dito pela Corte que não basta que exista uma coordenação de horários, porque isso é uma nota comum que pode encontrar-se tanto em uma relação comercial como na laboral[28]. Para qualificar um contrato, é necessária a prestação de serviços com dependências jurídica, econômica e técnica, a

---

26. KROTOSCHIN, Ernesto. Tratado práctico de derecho del trabajo. Buenos Aires: Depalma, 1878, p. 102.
27. CNAT, voto Dr. Goyena, Rev. Trab y SS-1973.74, p. 346.
28. CS. DT. 1989.B.2189.

temporalidade, a assunção da causa típica, a assunção dos riscos por parte do prestador[29].

Para avaliar a interpretação e a extensão da presunção estabelecida no artigo 23 da Lei laboral, parece relevante considerar se estamos diante de uma hipótese de trabalho industrial, já que este é o modelo de regulação da lei. Se, ao contrário, se coloca a questão no setor de serviços, a interpretação deve funcionar apenas quando se prove a existência de fato complexo (serviço e dependente) que praticamente derroga a presunção, pelo menos naqueles casos duvidosos. Esta tessitura recoloca o contrato laboral em seu local tradicional e lhe reprime suas pretensões expansivas, que no campo dos serviços têm dos efeitos: faz perder sentido o contrato de serviços e gera desemprego, já que as relações transitórias reguladas pelos serviços não se produzem diante o temor da imputação laboral.

Quando deve qualificar-se como autônoma ou dependente o trabalho de um profissional, a jurisprudência tem sido restritiva na aplicação da presunção do artigo 23 da Lei 20.744[30], chegando-se a afirmar que apenas é aplicável quando os serviços profissionais são prestados dentro de um estabelecimento[31], ou quando há uma conexão direta e necessária com a atividade empresarial[32]. Nessa alínea, é considerado dependente: o estudante que vai a um escritório jurídico[33], porém, não se considera dependente: um corretor de seguros que não

---

29. Entre muchos otros fallos: CNAT, sala III, DT. 1972.665; por ejemplo se ha dicho que en el caso de un cobrador que se dedica a la actividad genéricamente por su propio riesgo hay autonomía, CNAT, SALA II, DT. 1992.A.52).
30. CNTrab., sala I, "Espinosa, Angela c. Pami". JA del 24/7/96; sala VI, "Pérsico, Liberato c. Suc. de Pablo Zubizarreta Ward", DJ. 4/9/91, N° 5.771 —DT, 1991-B-1211.
31. CNTrab., sala VII, "Chichowolski, Víctor c. Martorano, Francisco", DT, 1993-B, 1860.
32. CNTrab., sala IV, DT, 1996-B, 2768.
33. CNTrab., sala VII, octubre 18-996. — Abaca, Alicia S. c. Aberg Cobo, Juan E. y otro, DT-1997-B, p. 1802.-La actora, estudiante de derecho, concurría a diario al estudio jurídico y realizaba determinadas tareas, invocando la existencia de un contrato de trabajo ; la demandada contestò diciendo que era una pràctica no rentada.- Se probò que atendìa el telefono, revisaba los expedientes, por lo que el tribunal entendiò que se encontraba en relación de dependencia, ya que las tareas cumplidas por ella que coadyuvaban al normal desenvolvimiento del estudio.

tem exclusividade[34]; um enfermeiro a domicílio, já que se considera inexistente a ausência de caráter empresarial na parte demandada, e que esses trabalhos estão emparelhados com o emprego doméstico[35]; uma pessoa que trasladava turistas, respeito do comerciante que lhe pagava uma comissão[36].

V) O serviço autônomo: locação de serviços e de obra

Assinalamos que o contrato de serviços não se identifica com o de trabalho dependente. Dentro do campo do trabalho autônomo, é necessário distinguir entre a locação de obra e de serviços, por suas importantes consequências o ponto das obrigações, porém, essa tarefa não é simples e merece um aprofundamento.

1. O serviço é um fazer com um valor específico e não um dar

Desde o ponto de vista econômico, o serviço é tudo aquilo que oferece uma função intangível ao adquirente, que não inclui um produto. Pode, também, assinalar-se que sua natureza é variante; por exemplo, se os trabalhos de reparação em uma fábrica são realizados por seus operários não é computado como serviços, porém se os faz

---

34. POSE, Carlos. *Algunas reflexiones referidas a la proyección y aplicación del artículo 23 de la ley de contrato de trabajo.* Buenos Aires: DT, 1997-A, p. 60.
35. CNTrab., sala VI, Vera, Manuel M. c. Georgalos de Counaridis, María, DT-1997-B, p. 1793. O Dr Fernández Madrid disse: "Assim mesmo, tampouco podemos considerar a dita relação enquadrada na esfera laboral, toda vez que não pode considerar-se à acionada como titular de uma organização de meios instrumentados destinados à produção de bens, nem à prestação de serviços, na que o aporte pessoal do ator pudera submeter-se".
36. CNTrab., sala V, abril 25-995. Fernández de Marino, María c. Aloha de Eduardo Resa s/despido; DT-1995-B, Bs. As., p. 1828. "Não existe relação laboral ou contrato de trabalho entre a pessoa que com seu veículo trasladava turistas a um circuito comercial para efectuarem compras de determinados artigos, e o proprietário do local onde tais vendas se concretizaram. Por mais que este último le reconociera una comisión sobre el monto de las operaciones llevadas a cabo, não existia uma dependência econômica e jurídica que fundamentara a existência de um contrato laboral entre as partes".

uma empresa contratada, seriam "serviços"³⁷. Caracterizam-se porque agregam valor aportando uma tecnologia própria da informação. O conhecimento parcelado, a desintegração produtiva, a informática favorecem a especialização em uma área do conhecimento. O que presta um serviço aporta um *know how* e o faz por um menor custo que o que teria quem o recebe se o faz por seus próprios meios. Isto demonstra uma lacuna tecnológica, ainda que não econômica, entre o prestador do serviço e o usuário.

A economia distingue, então, entre o serviço e o produto, de um modo análogo ao disposto entre compra e venda e locação de serviços. Não obstante, se observa que em alguns serviços públicos (telefone, eletricidade), se dá uma coisa em troca de um preço, o que pode gerar confusões.

No regime do Código Civil e Comercial, pode contratar-se um trabalho fornecendo a matéria principal (art. 1256 CCC) e, por isso, a lei os denomina adequadamente "serviços" (conf., por exemplo, Lei 23.696).

Há dois elementos que parecem decisivos para assinalar que aqui há um fazer, e não um dar.

Não é a entrega do telefone como coisa o que interessa. Se o telefone que conhecemos fora substituído por outro, não desapareceria o "serviço", o que mostra que a "coisa" não é determinante. O que constitui o objeto é a possibilidade de comunicar-se com outro, o que inclui, além do telefone, muitas outras atividades complementárias. Por esta razão, a prestação não se esgota com a instalação do aparato, e é contínua, de trato sucessivo.

Por outro lado, no serviço, o processo de fabricação não é indiferente ao consumidor. Em virtude desse interesse jurídico, o preço se vincula mais à atividade que à coisa em si, posto que é o "fazer" o que agrega um valor específico³⁸.

---

37. PORTER, Michael. *La ventaja competitiva de las naciones*. Buenos Aires: Vergara, 1971, p. 322.
38. Sobre essa distinção ver: ALTERINI, Atilio. Obligaciones de hacer. *Enciclopedia Jurídica Omeba*, XX, p. 689; LOPEZ DE ZAVALIA, Fernando. *Teoría de los Contratos*. t. 2. Buenos Aires: Zavalia, 1985, p. 25; SPOTA. Instituciones de Derecho Civil-Contrato. t. 5. Depalma, p. 292.

De modo que o serviço pode caracterizar-se como uma atividade, e assim o fazem as leis de defesa de consumidor[39].

Concluindo: o serviço envolve uma obrigação de fazer e um direito de crédito. A fabricação de bens e a transmissão de direitos reais, ainda que possam dar-se, são acessórios da finalidade principal.

Em alguns desses serviços, há uma prestação contínua, reiterada, e se constituem em contratos de fornecimento[40].

2. O serviço como atividade intangível

O trabalho autônomo pode envolver duas formulações: um serviço ou uma obra. Examinaremos o primeiro.

Do ponto de vista do receptor, a atividade é intangível, se esgota com o consumo inicial e desaparece. Este fato tem sido posto em destaque para justificar a inversão do ônus da prova, porque quem recebe o serviço não pode demonstrar nada uma vez que a atividade foi prestada (proposta diretiva da CEC, 18-1-91).

3. A noção de obra

A) A noção de resultado como produto da atividade

Segundo Gierke,[41] no medioevo a locação de serviços implicava sempre uma "relação de fidelidade jurídico-pessoal", enquanto a locação de obra era deixada para os casos em que se contratava um trabalho independente. Por isso, eram contratos de obra os dos artistas, professores, advogados etc.

---

39. Por exemplo Brasil, lei 8078, art. 3 inc. 2: "serviço é qualquer atividade oferecida no mercado de consumo mediante remuneração; art. 2 proposta diretiva da Comunidade Econômica Européia sobre responsabilidade do prestador de serviços, 18-1-91; se pode ver um excelente comentário deste projeto em KEMELMAJER DE CARLUCCI, Aída. A responsabilidade profissional nas diretivas da Comunidade Econômica Européia. In: *Las responsabilidades profesionales*. Homenagem ao Dr. Luis Andorno. LaPlata, 1992, p. 291. O projeto de diretiva da CEE dispõe que é serviço "toda prestação...cujo objeto direto e exclusivo não é a fabricação de bens ou a transferência de direitos reais" (art. 2).
40. SANTOS BRIZ, Jaime. La contratación privada. Madrid: Montecorvo, 1966, p. 340.
41. SANTOS BRIZ, op. cit., p. 29.

De acordo com o autor citado, a função do contrato de serviços continua sendo a organização do trabalho mediante sua inclusão em um conjunto dirigido pelo patrão, é um negócio de organização. Em oposição à locação de obra, sendo sua função o contrato de trabalho independente, é um negócio de intercâmbio.

Na locação de obra, pretende-se a obtenção de um resultado, e não apenas a atividade de trabalho[42]. É interessante neste aspecto a regulação do Código Civil de Portugal[43].

Não é o serviço em si senão o resultado do trabalho.

Na locação de obra, o trabalho é um meio e o objeto próprio é a utilidade abstrata que se pode obter. Na locação de serviços, o trabalho é um fim, e o objeto do contrato é a utilidade concreta que deriva do trabalho. Na locação de serviços, contrata-se a pessoa enquanto produtora de utilidade; na locação de obra contrata-se a utilidade e a pessoa apenas é relevante nos casos em que seja "intuito personae". No vocabulário comum diz-se: "contratei Fulano para tal trabalho" (locação de serviços), ou "contrate este trabalho com Fulano" (locação de obra)[44].

O preço da locação está relacionado com a obra em si, sem atenção à duração do trabalho. Em contrário, na locação de serviços, o preço é

---

42. ENNECCERUS-LEHMANN. *Tratado de Derecho Civil: Direito de Obrigações*. t. 2, v. 2. Bosch: Barcelona, p. 230.
43. O Código Civil português foi inovador na matéria, já que foi um dos poucos que se afastou do termo "locação", para falar de "prestação de serviços". Comentando esse código, hoje revogado, assinala DA CUNHA GONCALVEZ, (DA CUNHA CONCALVES, Luiz. *Tratado de Direito Civil em comentário ao código civil português*. t. 2. v. 8. São Paulo, p.695) que o contrato de serviços "é aquele em que uma das partes se obriga a fazer algum trabalho físico ou intelectual ou executar algum serviço pedido por outra mediante uma certa remuneração. Deste contrato surgem três categorias principais: o serviço físico, em dependência; o intelectual das profissões liberais e o de empresa. O contrato de "empreitadas" surge quando alguém se encarrega de fazer certa obra para outro. O código atual, dispõe que o contrato de serviço é aquele no qual uma das partes se obriga a proporcionar a outra um certo resultado intelectual ou manual..." (art. 1154), o que significa que se compromete o resultado da atividade, não a atividade em si mesma (ALMEIDA COSTA, Mário Júlio. *Nocoes de direito civil*. 3. ed. Coimbra, 1991, p. 366).
44. REZZONICO, op cit, p. 557, nota 33.

pago em relação ao tempo de duração do trabalho[45]. Contudo, o distinto é acessório e não determinante, já que podem dar-se numerosos casos em que as coisas se combinam[46]. É neste sentido histórico que se deve entender a noção de resultado. Menciona-se que se contrata "o produto do trabalho", e não se faz referência alguma à garantia do êxito, como se entende na distinção entre obrigações de meios e resultados.

B) A noção de obra como bem reproduzível

Na locação de obra, contrata-se a utilidade da pessoa, e não a pessoa enquanto útil. Esse "produto" da atividade tem uma característica em nosso direito: deve ser reproduzível.

O que interessa para dar à obra a possibilidade de reproduzi-la com independência de seu autor. O serviço, ao contrário, é intangível, desaparece ao primeiro consumo e é necessário que concorra, o autor, para fazê-lo novamente.

Essa característica surge claramente da Lei 11.723, que diz que obra é toda produção científica, literária, artística, didática, qualquer fora o meio de reprodução (art. 1º), também são obras os comentários, críticas (art. 10), os discursos políticos, conferências sobre temas intelectuais (art. 27), artigos não firmados, colaborações anônimas, reportagem, desenho, gravuras, informações em geral que tenham um caráter original (art. 28), o retrato de uma pessoa (art. 31), a representação teatral (art. 51) e a interpretação musical (art. 56). Como pode ver-se, não importa que a obra seja material ou intelectual nem tampouco que se fixe sobre algo. Assim definida, a obra é uma coisa móvel no sentido do art. 227 do Código Civil. Em tal caráter, é suscetível de entrega (art. 747 CCC)[47].

C) A noção de obra como resultado

Outra coisa distinta é se na locação de obra há uma obrigação de resultado ou de meios; se há imputabilidade subjetiva ou objetiva.

---

45. LAFAILLE, Hector. Curso de Contratos. *Bibl. Jur*, t. 2, n. 274, Buenos Aires, 1928, p. 275.
46. ENNECCERUS-LEHMANN. *Derecho de obligaciones* op. cit., p. 231.
47. Cf. MARES, Horacio. Derecho comercial y económico. In: ETCHEVERRY; Raul. *Contratos*: Parte especial. Buenos Aires: Depalma, 1991, p. 226.

Essa última concepção faz referência à identificação de obra com as obrigações de resultado e a locação de serviços com as de meios. Nas primeiras, há um resultado prometido, enquanto nas segundas apenas se prometem meios, já que o resultado é aleatório.

Essa tese, muito difundida, é, para nós, errônea. Sem prejuízo das críticas que possam fazer-se à distinção entre obrigações de meios e de resultado, o certo é que o mesmo serve para definir o conteúdo da obrigação comprometida, e em função disso, para encontrar o fator de atribuição aplicável ao caso.

Essa distinção aplicável ao conteúdo obrigacional não pode ordenar a tipificação do contrato.

Quem sustenta que o contrato de serviços profissionais é uma locação de serviços, assinala, contudo, que em muitos casos há obrigações de resultado. Assim acontece com o ditame do advogado, com a análise do bioquímico e com a cirurgia estética do médico. Porém, não por isso muda a tipicidade do contrato. Se assim fosse, haveria que concluir-se que o contrato que celebra o advogado com seu cliente inicia sendo locação de serviços, mas, se no transcurso da relação jurídica lhe é exigido um ditame, transforma-se em locação de obra.

D) A noção de obra como execução técnica

Já dissemos que a obra não necessariamente implica um assentamento em uma coisa, e que a mesma se caracteriza como bem reproduzível.

Cabe perguntar-se, agora, se a obra como produto da atividade do homem necessita como caráter essencial sua reprodutibilidade. Parece melhor que esse aspecto é um requisito de seu aproveitamento econômico e sobretudo da aplicabilidade do direito real. Se a obra não é registrada em algum suporte que a torne independente do autor, não pode ser suscetível de disponibilidade.

A Lei 11.729 se refere a uma "produção" humana, qualquer que seja o procedimento de reprodução (art. 1º). Significa que a reprodução não é a obra, senão um requisito de sua disponibilidade.

Essa ideia se aproxima à noção de obra como "*opus* técnico". O locador de obra se obriga a "realizar uma obra" (art. 1251 CCC), é dizer que o essencial é a obrigação de fazer.

Este fazer depende exclusiva ou quase exclusivamente da conduta de vida[48], a que se exerce com uma grande perícia (conhecimento) técnica. Este fazer independente é uma obra, que deve ser entregue. Este conceito sustentado por Llambias-Alterini[49], o indicamos em matéria de profissões liberais[50], e é recebido no projeto de unificação de 1987, no projetado artigo 1625 e nas notas explicativas.

A conclusão, a obra é "um trabalho determinado".

Essa noção é a que se tem tomado em conta a jurisprudência para qualificar alguns casos desses:

1. O contrato de desmonte consiste na contratação de uma empresa para que proceda ao corte de árvores por um preço determinado. Se bem que é uma obrigação de fazer, há um resultado perseguido, que é a poda de uma quantidade determinada de árvores, o que o configura como uma locação de obra[51].
2. O contrato de lavanderia pode assumir várias formas, podendo ser qualificado como uma locação de obra quando há uma quantidade determinada de elementos para serem lavados. Em contraposição, se se contrata alguém para lavar, é um contrato de trabalho, e se se contrata a atividade de uma empresa que se ocupa da lavagem, é uma locação de serviços.
3. A entrega de um veículo para sua reparação em uma oficina mecânica é um contrato que causa uma obrigação de fazer perseguindo-se um resultado e, portanto, pode ser qualificado como um contrato de obra. Muitos problemas têm surgido pela deterioração ou perda do veículo enquanto está sob a guarda do mecânico, seja por incêndio, choque com outros veículos etc., nesses casos, o mecânico é responsável pelo dano por aplicação do dever secundário de conduta de custódia da coisa, ou por aplicação analógica do contrato de depósito, como se tem feito[52].

---

48. ZANNONI, Edardo. La obligación. *Rev. Jur. San Isidro*, n. 20, 1983, p. 39.
49. LLAMBIAS-ALTERINI, *Codigo...* op. cit. (coment. art. 1629).
50. LORENZETTI, 1986, p. 139 e ss.
51. Cl ª Civil Documentos y Locaciones Tucumán, "Cuyaube, Adrián c. Empresa Constructora Bevacqua" – JA, 980-II-279.
52. CNCom., sala B, Litwak, Manuel c. Rancano, Alberto – L-L 1993-E, 563.

> # PARTE II
> ## Desafios atuais dos contratos de serviços e do paradigma digital

6
OS SIGNIFICADOS DA BOA-FÉ NOS CONTRATOS DE SERVIÇOS MASSIFICADOS: CONVERGÊNCIAS ENTRE O CDC, O CC/2002 E A LEI DA LIBERDADE ECONÔMICA

Diógenes Faria de Carvalho e Claudia Lima Marques

Sumário: Introdução. I. Da Boa-fé subjetiva à boa-fé objetiva. II. Os contratos de serviços a consumidores: boa-fé no CDC e no CC/2002 depois da Lei da Liberdade Econômica. A) A exigência de boa-fé no CDC e no CC/2002 após a Lei da Liberdade Econômica em interpretação histórica. B) Os contratos de serviços aos consumidores e o dever de cooperar (dever de boa-fé e lealdade).

Introdução

Entre o Código de Defesa do Consumidor (Lei 8.078/1990), a Lei da Liberdade Econômica (Lei 13.874/2019), – que não se aplica às relações de consumo –[1] e o Código Civil de 2002 encontramos uma coincidência: a boa-fé, seja como princípio-guia dos negócios jurídicos, seja como regra de interpretação dos contratos, em especial dos

---

1. PFEIFFER, Roberto. Lei da Liberdade Econômica é bem vinda, mas não aplicável às relações de consumo, in CONJUR 2019 (30.12.2019), p. 1: "Em primeiro lugar destaco a expressa dicção do § 1º do art. 1º da Lei nº 13.874/2019 que, ao estabelecer quais seriam os ramos do direito abarcados pelas disposições da lei da liberdade econômica não incluiu o direito do consumidor. Portanto, o silêncio eloquente da lei demonstra que ela não é apta a disciplinar as relações de consumo." Acessível em: https://www.conjur.com.br/2019-dez-30/direito-civil-atual-lei-liberdade-economica-bem-vinda (01.01.2020).

contratos massificados de serviços, sejam civis,[2] empresariais[3] ou de consumo.[4]

A boa-fé (*bona fides*) é um dos mais citados princípios contratuais pela jurisprudência recente, a qual tem observado a necessidade de considerar a boa-fé objetiva como um supra-princípio,[5] princípio transversal de todo o direito privado e público.

Boa-fé nos contratos, em especial nos contratos de serviços[6] ou "fazeres" "massificados" significa uma atuação "refletida", atuação

---

2. Bom exemplo é a decisão do STJ sobre planos de saúde de autogestão: "O fato de não ser aplicável o CDC aos contratos de plano de saúde sob a modalidade de autogestão não atinge o princípio da força obrigatória do contrato, sendo necessária a observância das regras do CC/2002 em matéria contratual, notadamente acerca da boa-fé objetiva e dos desdobramentos dela decorrentes." (AgInt no AREsp 835.892/MA, Rel. Ministro Antonio Carlos Ferreira, Quarta Turma, julgado em 27/08/2019, DJe 30/08/2019).

3. A Lei da Liberdade Econômica distingue entre contratos paritários empresariais e de adesão, criando no art. 3º, VIII da referida Lei uma "garantia de que os negócios jurídicos empresariais paritários serão objeto de livre estipulação das partes pactuantes, de forma a aplicar todas as regras de direito empresarial apenas de maneira subsidiária ao avençado, exceto normas de ordem pública".

4. Bom exemplo é a decisão do STJ sobre seguros: "Assim como tem o segurado o dever de veracidade nas declarações prestadas, a fim de possibilitar a correta avaliação do risco pelo segurador, a boa-fé objetiva impõe ao segurador, na fase pré-contratual, o dever, dentre outros, de dar informações claras e objetivas sobre o contrato, para permitir que o segurado compreenda, com exatidão, o verdadeiro alcance da garantia contratada, e, nas fases de execução e pós-contratual, o dever de evitar subterfúgios para tentar se eximir de sua responsabilidade com relação aos riscos previamente determinados [...] Esse dever de informação do segurador ganha maior importância quando se trata de um contrato de adesão – como, em regra, são os contratos de seguro –, pois se trata de circunstância que, por si só, torna vulnerável a posição do segurado." (REsp 1837372/SP, Rel. Ministra Nancy Andrighi, Terceira Turma, julgado em 08/10/2019, DJe 11/10/2019).

5. No site do Superior Tribunal de Justiça encontramos com as palavras "boa-fé", "serviços" e "contratos". Um bom exemplo é a decisão em planos de saúde de autogestão: "Nos termos da jurisprudência vigente nesta Corte Superior, apesar de mostrar-se inviável a inserção das regras do Código de Defesa do Consumidor aos contratos de planos de saúde pelo sistema de autogestão, às operadoras é imposta a observância do princípio da força obrigatória do contrato regido pelo CC/2002, o qual disciplina, na execução dos pactos, a aplicação da boa-fé objetiva." (AgInt no REsp 1809914/ES, Rel. Ministro Marco Aurélio Bellizze, Terceira Turma, julgado em 14/10/2019, DJe 22/10/2019).

6. Segundo TIMM é possível "construir uma categoria jurídica unitária de prestação de serviços que abarque todos os tipos contratuais", e que se aproxime da "obrigação

refletindo, pensando no outro, no parceiro contratual, respeitando-o, respeitando seus interesses legítimos, seus direitos, respeitando os fins do contrato, agindo com lealdade, sem abuso da posição contratual, sem causar lesão ou desvantagem excessiva, com cuidado para com a pessoa e o patrimônio do parceiro contratual, cooperando para atingir o bom fim das obrigações (isto é, o cumprimento do objetivo contratual e a realização dos interesses legítimos de ambos os parceiros).

No direito dos contratos privados, trata-se de uma boa-fé objetiva,[7] um paradigma de conduta leal, e não apenas da boa-fé subjetiva, conhecida regra de conduta imposta no Art. 422 do CC/2002[8] e no Art. 4º, III do CDC, que serve também como medida de decisão para a interpretação dos contratos em geral e interempresariais (Art. 113 do CC/2002 e seus novos parágrafos incluídos pela Lei de Liberdade Econômica, Lei nº 13.874, de 2019) e nos contratos de consumo (art. 47 c/c Art. 51, IV e § 1º do CDC).[9]

Como sempre repetimos, a boa-fé objetiva é um *standard* de comportamento leal, com base na confiança despertada na outra parte, cocontratante, respeitando suas expectativas legítimas e contribuindo

---

de fazer ou de prestar fato, pode ser subsumida qualquer das prestações de atividade humana habitual e remunerada [...]", TIMM, Luciano B. *Da Prestação de Serviços*. Porto Alegre: Síntese, 1998, p. 76.

7. Veja sobre o histórico da boa-fé, Los Mozos, p. 52 e seguintes e, por todos, DICKSTEIN, Marcelo. *A boa-fé objetiva na modificação tácita da relação jurídica – Surrectio e suppressio*. Rio de Janeiro: Lumen Juris, 2010, p. 7 e seg.
8. Veja sobre o princípio da boa-fé nos serviços, SALOMO, Jorge Lages. *Contratos de prestação de serviços*, 3. Ed. São Paulo: Juarez Oliveira, 2005, p. 50.
9. Bom exemplo é a decisão: "No caso, o Tribunal de origem, com base nos elementos fáticos e probatórios dos autos, conclui haver previsão contratual expressa de "cobertura de despesas enfrentadas no exterior". Todavia, entendeu por abusiva a cláusula limitativa de cobertura, porque viola o Princípio da boa-fé, o Código de Defesa do Consumidor, bem como falta transparência sobre o reembolso discutido [...] no âmbito dos planos de saúde é assegurada a interpretação das cláusulas contratuais de forma mais favorável ao consumidor" e, ainda, "as cláusulas limitativas dos direitos do consumidor, a exemplo daquela que restringe o valor do reembolso ao previsto em tabela, devem ser escritas com destaque e de maneira clara e de fácil compreensão". (AgInt nos EDcl no AREsp 1428548/SP, Rel. Ministro Raul Araújo, Quarta Turma, julgado em 10/09/2019, DJe 02/10/2019)

para a segurança das relações negociais.[10] Segundo o Código de Defesa do Consumidor (art. 4.º, III), o princípio da boa-fé objetiva é princípio orientador de todas as relações de consumo, em especial as de serviços.[11] O princípio da boa-fé no direito privado brasileiro,[12] além **da função de concreção e interpretação** (Art. 113 do CC/2002) apresenta também uma dupla função: tem **função criadora** (*pflichtenbegrundende Funktion*), seja como fonte de novos deveres (*Nebenpflichten*), deveres de conduta anexos aos deveres de prestação contratual, como o dever de informar, de cuidado e de cooperação; seja como fonte de responsabilidade por ato lícito (*Vertrauenshaftung*), ao impor riscos profissionais novos e indisponíveis e uma **função limitadora** (*Schranken- bzw. Kontrollfunktion*), reduzindo a liberdade de atuação dos parceiros contratuais ao definir algumas condutas e cláusulas como abusivas, seja controlando a transferência dos riscos profissionais e libertando o devedor face a não razoabilidade de outra conduta (*pflichenbefreinde Vertrauensunstände*).[13]

Queremos reunir neste livro alguns estudos nossos sobre a boa-fé hoje e sua importância nos contratos de serviços (remunerados direta e indiretamente)[14] e no direito do consumidor. A primeira parte, mais teórica, foi retirada do livro de mestrado de Diógenes Faria de Carvalho[15]

---

10. MARQUES, Claudia Lima. *Contratos no Código de Defesa do Consumidor.* 9. ed. São Paulo: RT, 2019, p. 207.
11. Veja MARTINS, Plínio Lacerda. *O abuso nas relações de consumo e o princípio da boa-fé.* Rio de Janeiro: Forense, 2002, p. 104.
12. A doutrina brasileira costuma destacar somente três funções: interpretativa, controladora (que seria a de criar e controlar as cláusulas abusivas) e integradora (ou integrativa), que seria a de preenchimento das lacunas ou de concreção. Veja MARTINS, Flávio Alves. *A boa-fé objetiva e sua formalização no direito das obrigações brasileiro.* 2. ed. Rio de Janeiro: Lumen Juris, 2001, p. 19 e seg.
13. MARQUES, Claudia Lima. *Contratos no Código de Defesa do Consumidor.* 9. ed. São Paulo: RT, 2019, p. 206-207; MIRAGEM, Bruno. *Direito das obrigações.* 3ª ed. Rio de Janeiro: Forense, 2021, p. 62 e ss.
14. Veja sobre a importância da remuneração EFFING, Antônio Carlos. *Prestação de Serviços.* São Paulo: Revista dos Tribunais, 2005, p. 56. PASQUALOTTO, Adalberto. Conceitos fundamentais do Código de Defesa do Consumidor. *Revista de Direito do Consumidor* 66, p. 52.
15. Veja CARVALHO, Diógenes Faria de. *Do Princípio da boa-fé objetiva nos contratos de consumo.* Goiânia: PUC-Goiás, 2011, p. 15 e seg.

e a segunda, mais voltada para o Direito do Consumidor, foi retirada de algumas palestras e textos de Claudia Lima Marques. Em ambas as partes analisaremos o impacto da Lei 13.874/2019 e sua "Declaração de Direitos de Liberdade Econômica", que modificou o Código Civil de 2002 – com foco maior nos contratos interempresariais e civis paritários, no direito econômico e na intervenção estatal –, mas com importante convergência de reforço da boa-fé nestes contratos. Assim, ainda que não se aplique diretamente aos contratos entre fornecedores e consumidores, a Lei 13.874/2019 está a demonstrar uma nova confluência principiológica do direito privado quanto à boa-fé (e não tanto quanto à função social dos contratos!) e aprofundando a distinção entre contratos "simétricos" e "paritários"[16] e contratos de adesão ou massificados, sejam civis, empresariais ou de consumo.

A chamada Lei da Liberdade econômica traz normas gerais sobre aplicação e interpretação das normas de direito econômico, que a doutrina frisa serem sobre a "atividade econômica em sentido próprio (restrito)"[17], e não sobre direitos do consumidor (Art. 1º, § 1º da Lei nº 13.874, de 2019). A base da Lei seriam o Art. 174, o parágrafo único do Art. 170 e o inciso IV do *caput* do art. 1º da Constituição Federal de 1988 e todos focados na livre iniciativa.[18] O Art. 3º, I da Lei ainda faz uma ressalva específica às leis especiais como o CDC enquanto lei especial, sobre relações entre fornecedores e consumidores, mas ao

---

16. Veja como este é o suporte fático da norma, RODRIGUES, Otavio Luiz Jr.; XAVIER LEONARDO, Rodrigo; PRADO, Augusto Cézar L. A liberdade contratual e a função social do contrato – Alteração do Art. 421-A do Código Civil – Art. 7º, in RODRIGUES, Otavio Luiz Jr.; XAVIER LEONARDO, Rodrigo. *Comentários à Lei da Liberdade econômica – Lei 13.874/2019*, São Paulo: RT, 2019, p. 313 e seg.

17. Assim ensina sobre a exclusão do direito do consumidor e mesmo no direito econômico referente ao serviço público, JUSTEN, Marçal Filho. Abrangência e incidência da Lei, in PEIXOTO MARQUES, Floriano Neto; RODRIGUES, Otavio Luiz Jr.; XAVIER LEONARDO, Rodrigo. *Comentários à Lei da Liberdade econômica – Lei 13.874/2019*, São Paulo: RT, 2019, p. 24.

18. Assim a Lei: "Art. 1º Fica instituída a Declaração de Direitos de Liberdade Econômica, que estabelece normas de proteção à livre iniciativa e ao livre exercício de atividade econômica e disposições sobre a atuação do Estado como agente normativo e regulador, nos termos do inciso IV do caput do art. 1º, do parágrafo único do art. 170 e do caput do art. 174 da Constituição Federal."

modificar o Código Civil menciona os negócios jurídicos paritários e assegura a estes novos direitos (de interpretação e integração das lacunas), reforçando de qualquer maneira a boa-fé como princípio do Direito Privado, o que pode ter reflexos no direito do consumidor. Também a inclusão de um parágrafo único no Art. 421 ("Nas relações contratuais privadas, prevalecerão o princípio da intervenção mínima e a excepcionalidade da revisão contratual"), que antes mencionava na MP 881 apenas as relações "interempresariais", mas que no texto final que veio a ser sancionado menciona as "relações privadas" (civis e empresariais),[19] o que o torna sua aplicação dúbia, e que pode ser generalizante.

De qualquer maneira, é possível realizar uma interpretação do conjunto de modificações no CC/2002 pela Lei nº 13.874, de 2019 que pode reforçar os direitos dos consumidores nos contratos massificados, seja pela força do Art. 7º do CDC (diálogo das fontes),[20] que inclui direitos dos consumidores que estejam em outras leis, como o CC/2002, renovado pela Lei da Liberdade Econômica, seja pela interpretação histórica dos Artigos 421 e 421-A do CC/2002, criados pela Lei da Liberdade Econômica.

Em outras palavras, se a Lei nº 13.874, de 2019 inclui um novo Art. 421-A no Código Civil e menciona os contratos "privados". Parece também que pela simples hermenêutica sistemática do direito este reforço pode acontecer, pois se a boa-fé foi reforçada nos contratos massificados e de adesão em geral, mesmo entre iguais (dois experts, com intuito de lucro, como os contratos "privados" empresariais e nos contratos civis entre iguais), quanto mais nos contratos entre

---

19. A Lei sancionada menciona também no novo Art. 421-A contratos "civis" e "empresariais" ["simétricos e paritários"], quando antes se aplicava apenas aos interempresariais, assim RODRIGUES, Otavio Luiz Jr.; XAVIER LEONARDO, Rodrigo; PRADO, Augusto Cézar L. A liberdade contratual e a função social do contrato – Alteração do Art. 421-A do Código Civil – Art. 7º, in RODRIGUES, Otavio Luiz Jr.; XAVIER LEONARDO, Rodrigo. *Comentários à Lei da Liberdade econômica – Lei 13.874/2019*, São Paulo: RT, 2019, p. 317-318.
20. Veja MARQUES, Claudia Lima. O diálogo das fontes como método da nova teoria geral do direito: um tributo à Erik Jayme, in MARQUES, Claudia Lima (org.). *Diálogo das fontes*. São Paulo: Ed. RT, 2012, p. 26-27.

"diferentes", entre um expert (o fornecedor de produtos e serviços) e um leigo (o consumidor), regulados pelo CDC. O argumento contrário também indica que a Lei da Liberdade Econômica veio para assegurar autonomia da vontade em contratos "simétricos e paritários", "civis e empresariais",[21] não tratando dos contratos de consumo, assimétricos ou desiquilibrados por natureza.[22] Como bem observam Rodrigues Jr., Leonardo e Prado, a Lei da Liberdade Econômica introduziu no unificado Código Civil de 2002, a primeira distinção entre os tipos de contratos civis e empresariais, se paritários ou massificados, se simétricos ou assimétricos (e assim, indiretamente os de consumo).[23]

Esperamos assim revisitar estes textos e contribuir para a atualidade deste princípio do CDC (Art. 4º, III), que impacta fortemente os contratos de serviços, no qual não apenas a boa-fé (*bona-fides*), mas a confiança (*fides*) é elemento de interpretação e integração das lacunas (Art. 51 do CDC c/c 113 e 422 do CC/2002) e agora hermenêutica dos contratos privados no Art. 421, parágrafo único e no novo Art. 421-A do CC/2002, incluídos pela Lei de Liberdade econômica.

---

21. Assim também ensinam, mesmo para contratos civis e empresariais que não possam ser considerados "simétricos e paritários" RODRIGUES, Otávio Luiz Jr.; XAVIER LEONARDO, Rodrigo; PRADO, Augusto Cézar L. A liberdade contratual e a função social do contrato – Alteração do Art. 421-A do Código Civil – Art. 7º, in PEIXOTO MARQUES, Floriano Neto; RODRIGUES, Otávio Luiz Jr.; XAVIER LEONARDO, Rodrigo. *Comentários à Lei da Liberdade econômica – Lei 13.874/2019*, São Paulo: RT, 2019, p. 314.
22. PFEIFFER, Roberto. Lei da Liberdade Econômica é bem vinda, mas não aplicável às relações de consumo, in CONJUR 2019 (30.12.2019), p. 1: "Em primeiro lugar destaco a expressa dicção do § 1º do art. 1º da Lei nº 13.874/2019 que, ao estabelecer quais seriam os ramos do direito abarcados pelas disposições da lei da liberdade econômica não incluiu o direito do consumidor. Portanto, o silêncio eloquente da lei demonstra que ela não é apta a disciplinar as relações de consumo." Acessível em: https://www.conjur.com.br/2019-dez-30/direito-civil-atual-lei-liberdade-economica-bem-vinda (01.01.2020).
23. RODRIGUES, Otavio Luiz Jr.; XAVIER LEONARDO, Rodrigo; PRADO, Augusto Cézar L. A liberdade contratual e a função social do contrato – Alteração do Art. 421-A do Código Civil – Art. 7º, in RODRIGUES, Otavio Luiz Jr.; XAVIER LEONARDO, Rodrigo. *Comentários à Lei da Liberdade econômica – Lei 13.874/2019*, São Paulo: RT, 2019, p. 318.

I. Da Boa-fé subjetiva à boa-fé objetiva

A boa-fé tem inúmeros significados e modernamente há uma distinção bastante clara entre boa-fé objetiva e boa-fé subjetiva.[24] As origens do instituto estão no direito romano, à *bona fides*[25]. Assim podemos encontrar as verdadeiras raízes do instituto no período arcaico, na *fides*[26]. *Fides* (*de fidere*) possui vários significados, que podem ser

---

24. CARVALHO, Diógenes Faria de. *Do Princípio da boa-fé objetiva nos contratos de consumo.* Goiânia: PUC-Goiás, 2011, p. 165.
25. Sobre a influência da boa-fé romana e os conceitos de *fides* e *bona fides* Juan Carlos Rezzónico elucida: "*si bien lo que sería la prehistoria o los remotos antecedentes de la fides permanecen discutidos, se sostiene que, en un principio, la palabra significó un vínculo externo de la persona com fuerzas sobrenaturales y mágicas; en cambio, en las últimas fases de desarrollo, la fides sí alude al vínculo moral fundado en la palabra o en el comportamiento y la dignidad personal, y abarcando tanto los aspectos ed seguridad y credibilidad de una persona como la confianza generada en esa creencia. [...] La, fides es una virtud característica de la vida social romana cuya violación acarrea sanciones, a veces de derecho sacro, as veces de derecho profano: quien jura debe resptarla, como debe hacerlo el patrono con su cliente y el tutor con su pupilo, y hasta existe un negocio, la fiducia, que se apoya en la fides que una de las partes debe a la otra. En ese sentido, dice Cicerón; 'El fundamento de la justicia es la fidelidad; esto es la firmeza y veracidad en las palabras y contratos, y es muy verosímil [...] que tomase su nombre de la palabra fiat, porque la fidelidad consiste en hacer lo que se ha prometido. Según explica Schulz, la antiguedad romana define la fides como ser de palabra o tener palabra, y ése es uno de sus significados essenciales. Para dicho autor, fides (fidelidad, lealtad) es la sujeción a la palabra dada, el sentirse ligado a la propria declaración. Si se trata, entonces, de esa autoobligación, la fidelidad aparece convertida en un principio vital, que da sentido y dirección a todo el derecho romano; por algo los antepasados construyeron el templo de la Fides sobre el Capitolio, cercano al de Jupiter Óptimo Máximo. Si ello es así, el compuesto verbal bona fides, si bien vigente, comportaría, en definitiva, una expesión tautológica ya que la fides, de esa manera elevada, no puede sinto tener una conotación positiva sin requerir ningún agregado; además, la existencia de dicho templo niega la posibilidad de un significado neutral.* REZZONICO, op.cit., p. 488.
26. Sobre o vocábulo *fides* Alcides Di Pietro observa: "*el vocábulo fides posee uma rica polisemia y que al no ser unívoca, se torna necesario en cada caso una traducción precisa de su significado. Así, en su sentido más amplio, puede ser entendida como confianza (como cuando se dice fidem dare o fidem accipere), pero también en el de pedir a outro su amparo o protección (fidem implorare; o in fidem alicuius venire; in fidem et potestatem alicuius se permittere); e igualmente, entre sus usos jurídicos más notables, el respeto debido a la palabra dada (fides promittere, fides accipere; fides recipere).* In: CORDOBA, Marcos M. *Tratado de la bune fe en el derecho.* Buenos Aires: La Ley, 2004. p.91.

assim agrupados: 1. Fé, boa-fé, lealdade, sinceridade, lisura, veracidade, retidão, honra, dever, justiça, honestidade, integridade, probidade, fidelidade; 2. Palavra dada, *promessa*, juramento; 3. Proteção, garantia, assistência; 4. Confiança, crédito, crença, certeza, etc[27].

Emilio Betti, ao analisar a boa-fé contratual no *Códice civile*, remonta à terminologia romanista de *fides*, para dela extrair a sua significação moderna: "a palavra latina *fides* expressa uma qualidade objetiva que se atribui a todo aquele em que se pode confiar com certeza. *Fides* é a confiabilidade de que se reveste uma coisa e que se deve reconhecer enquanto é digna de boa-fé... *fides* significa ou expressa o fato de se fiar em uma pessoa, de modo que possamos emprestar fé as suas afirmações ou as suas promessas. Sempre sob este aspecto, a palavra *fides* é usada para designar o vínculo assumido que é apto para gerar e justificar em outros uma legítima expectativa... na boa-fé contratual, ... aparece de novo o sentido da *fides* e da *bona fides*. É essencialmente fidelidade e compromisso de cooperação"[28].

Os significados de *fides* supramencionados são empregados no sentido mais abrangente possível, embora, na sua essência etimológica, possa dizer-se que a boa-fé seria honestidade, probidade e lealdade. Desse modo, o elemento que se destaca na noção de boa-fé é seu profundo sentido moral. Alípio Silveira, tratando da boa-fé como conceito ético-social, assevera que a boa-fé refere-se à moralidade na conduta social dos indivíduos, e diz que quando um indivíduo está de boa-fé, não faz outra coisa, senão valorar moralmente a sua conduta social[29].

A boa-fé pode ser entendida subjetivamente como a convicção ou consciência de não prejudicar outrem. Alípio Silveira verbera que a boa-fé é um conceito ético-social que se refere à moralidade na conduta social dos indivíduos[30]. Deste modo, a boa-fé constitui um conceito

---

27. SARAIVA, *Dicionário latino-português*. Rio de Janeiro: Livraria Garnier, 2000, verbete *fides*.
28. BETTI, Emilio. *Teoria general de las obligaciones*. Tradução de José Luis de los Mozos. Madrid: Revista de Derecho Privado, 1969. p. 84-85.
29. SILVEIRA, Alípio. *A boa-fé no código civil*. São Paulo: Universitária de Direito, 1972. p. 8.
30. SILVEIRA, op. cit., p. 12.

ético, princípio, norma de comportamento, representa a regra moral nas obrigações e é a expressão do pluralismo jurídico. Pode-se afirmar que a boa-fé constitui um dos principais elementos limitadores dos direitos subjetivos.

Sustentando que a boa-fé é princípio, Heloísa Carpena[31], reitera que é um subprincípio que decorre do primado da pessoa humana, fundamentando da ordem constitucional. Trata-se de norma de comportamento, cujas exigências éticas submetem a autonomia da vontade, criando deveres positivos, os chamados deveres acessórios, que serão mencionados mais adiante.

Christoph Fabian sublinha: "boa-fé demanda que os contratantes devem ter um comportamento fundado na lealdade. Cada um deve respeitar os interesses do outro, reconhecidos como valores"[32]. Assim, o elemento moral das obrigações é dado principalmente pela boa-fé objetiva, cuja incidência vem legitimar o vínculo contratual dos efeitos sociais.

Com o advento do Estado social, o individualismo típico e fundamental do direito privado entra em crise e o valor da liberdade supera-se com o ideal de socialização e com a presença do Estado na economia. Conforme corrobora a melhor doutrina, a conduta do adimplemento das obrigações sujeita-se, dentre outras coisas, à regra do que deve ser fundamentado na boa-fé. Agir de boa-fé significa comportar-se como homem correto na execução da obrigação, quer dizer que cumpre observar comportamento decente, que corresponde à expectativa do outro contratante.

O princípio da boa-fé significa que todos devem guardar fidelidade à palavra dada e não frustrar ou abusar da confiança, que constitui a base imprescindível das relações humanas. Verifica-se que no campo do Direito é difícil precisar o significado de boa-fé, porque se funda em elementos extra jurídico[33].

---

31. CARPENA, Heloísa. *Abuso do direito nos contratos de consumo.* Rio de Janeiro: Renovar, 2001, p. 85.
32. FABIAN, Christoph. *O dever de informar no direito civil.* São Paulo: RT, 2002. p. 61.
33. ZANELLATO, Marco Antônio. Da boa-fé no direito privado. São Paulo: Faculdade de Direito. 219f, p. 66, *Dissertação* (Mestrado em Direito) – Faculdade de Direito, Universidade de São Paulo, 2002.

Boa-fé é conceito indeterminado, as leis não o conseguem definir devido à sua natureza relativa; e tem de ser concretizado e definido pelo julgador no momento da aplicação da norma segundo as convicções da sociedade e as circunstâncias especiais do caso. Desde a célebre concepção de Cícero, segundo a qual o fundamento da justiça é a fidelidade (*fundamentum est iustititiae fides*),[34] sempre existe, também, uma relação estreita entre a boa-fé e a justiça[35].

A doutrina destaca o "dever de honradez e probidade e, concentrando sua atuação na boa-fé contratual, alude à cooperação indispensável entre as partes contratantes"[36]. A boa-fé, em resumo, impõe o dever moral de não prejudicar ou enganar o outro[37].

Para além disso, a boa-fé hodierna é vista de forma bipartida, entre boa-fé subjetiva e boa-fé objetiva[38]. O Código Civil de 1916 acolheu

---

34. REZZONICO, Juan Carlos. *Principios de los contratos en particular*. Buenos Aires: Astrea, 1999, p. 502.
35. REZZONICO, op. cit., p. 502: "...*siempre se há relacionado a la buena fe con la justicia. Y es natural que ello sea así, desde que ese comportamiento leal, valorado como buena fe, que honra le fe depositada, forma un componente indispensable del sentimiento mismo de justicia – suum cutribuere – y orienta las decisiones de la ley o del juez.*"
36. Citando CARBONNIER, assim ZANELLATO, op. cit., p. 67.
37. ZANELLATO, op. cit., p. 68.
38. Sobre esta noção bipartida da boa-fé assevera Viviana Klunger em seu artigo – *Uma Miranda hacia atrás: de Roma a la codificación. El recorrido histórico de la buena fe*: "*Tradicionalmente la doctrina ha distinguido entre buena fe objetiva y buena fe subjetiva, y también dentro de cada una de ellas ha percibido la existencia de distintos matices. Algunos autores han encontrado diferencias tan grandes entre cada una de ellas, que hasta han considerado difícil entender la razón por la cual han sido designadas con el mismo vocablo. La buena fe subjetiva consiste en la ignorancia o la errónea creencia de una persona acerca de un determinado hecho, y se funda en ese caso en un aspecto psicológico del sujeto [...] Este tipo de buena fe se encuentra, principalmente, en el campo de los derechos reales, en el instituto de la usucapión, en la posésion, en el terreno de las obligaciones, cuando se refiera al pago hecho al acreedor putativo y en la hipótesis del cesionario de buena fe. También la encontramos en conexión con la posésion de la herencia, y en este sentido el articulo 3428 del Código Civil de la república argentina estabelece que el poseedor de la herencia es de buena fe cuando por error de hechoo de derecho se cree legítimo proprietario de la sucésion tiene [...]En materia de derecho material, este tipo de buena fe se encuentra presente en el caso del matrimonio putativo, en lo que respecta a la subsistencia del parentesco por afinidad como con respecto a considerarla un elemento de la posésion de estado. La segunda forma de buena fe, es la*

a boa-fé subjetiva, cuja razão fundamental é o aspecto psicológico ("estado de consciência ou convencimento individual").[39]

Na boa-fé subjetiva verifica-se a conduta de quem vai adotar um comportamento pautado na ignorância de certo fato ou de algum componente importante para a formação do direito. Deste modo, a boa-fé subjetiva é aquela que se funda no erro ou na ignorância da verdadeira situação jurídica. A boa-fé subjetiva é também chamada de boa-fé-crença, e surge em nosso Direito, em matéria de posse, de usucapião, de casamento putativo e em várias outras situações.

Alípio Silveira, na primeira parte de sua obra, "A Boa-fé no Código de Civil", verbera que o erro ou a ignorância "são pressupostos da convicção ou crença da legalidade ou validade do ato ou da conduta humana. Em outras palavras, a boa-fé, e aí precisamente a crença na legalidade da conduta"[40].

Octávio Moreira Guimarães explica que considerada a boa-fé sob o ponto de vista psicológico, esta "sua existência depende unicamente da convicção, da crença ou de um fato do espírito"[41] e para a existência da boa-fé "não é bastante, pois, o estado psicológico do interessado, mas é preciso ainda que essa situação não seja somente

---

buena fe objetiva. En ésta, no se indaga en la conducta del sujeto, tal como ocurre en la primera, y es irrelevante su opinión o culquier aspecto psicológico. Acá se analiza la actuación adecuada, correcta, honesta, leal, que las personas deben emplear en sus relaciones. In: CÓRDOBA, Marcos M. *Tratado de la bune fe en el derecho*. Buenos Aires: La Ley, 2004, p. 89-90.

39. MARTINS-COSTA, Judith. *A boa-fé no direito privado*: sistema e tópica no processo obrigacional. São Paulo: RT, 2000. p. 411; MIRAGEM, Bruno. Direito das obrigações. 3ª ed. Rio de Janeiro: Forense, 2021, p. 63-64.
40. SILVEIRA, op. cit., p. 7.
41. GUIMARÃES, Octávio Moreira. *Da boa-fé no direito civil brasileiro*. São Paulo: Saraiva, 1953. p. 29-30: "Ocorre um erro ou uma falsa representação da realidade, e tal fato determina uma apreciação defeituosa do acontecimento. O sujeito delibera, contrata e põe-se em relação com outras pessoas, acreditando que o fato tenha uma certa expressão, quando realmente é diverso o seu sentido. O erro, então, gera a boa-fé, ou o pensamento de não ofender o direito alheio [...] Os romanos, designando essa ocorrência, se valem destas expressões: – *ignorare, putare, existimare, nescire*, e quando se referem à má-fé, a qualificam como um estado de ciência. Daí dizer-se que a boa-fé deve ser considerada como ausência do intento de ferir o direito alheio e variará conforme os diversos institutos jurídicos."

subjetiva, mas se alicerce em motivos e razões que também precisam ser averiguados"[42].

Maria Cristina Cereser Pezzella apresenta a boa-fé no sentido subjetivo como a consciência ou a convicção de se ter um comportamento conforme o direito ou conforme a ignorância do sujeito acerca da existência do direito do outro[43].

Continua Octávio Moreira Guimarães citando Bonfante[44], pois, para este autor, a boa-fé é um estado psicológico do sujeito e a boa-fé ética não é mais que uma boa-fé mais rígida, mais elevada, que a boa-fé psicológica, mas ambas não são nada além de dois estados de um conceito ético, um mais severo, outro mais brando[45].

Um dos problemas atinentes à boa-fé subjetiva consiste em saber se se adota uma concepção psicológica da boa-fé ou se, ao contrário, exige-se um *plus*, encampando a linha da boa-fé ética. Nas palavras de Ronnie Preuss Duarte, a boa-fé subjetiva diz-se psicológica quando simplesmente há a ignorância de determinado fato e a sua concepção ética reclama do sujeito certo grau de diligência e o desconhecimento do vício que tornava ilegítimo o exercício da posição jurídica ou a aquisição do direito não pode ser culposo. Considera-se de má-fé aquele que, por culpa sua, desconhece o vício em razão de não ter se acercado do cuidado normal para a verificação de circunstâncias que pudessem macular a aquisição do direito ou o exercício da posição jurídica[46].

---

42. GUIMARÃES, op. cit., p. 31.
43. Cf. PEZZELLA, Maria Cristina Cereser. O princípio da boa-fé objetiva no direito privado alemão e brasileiro. *Revista de Direito do Consumidor*, São Paulo, v. 23-24, p. 200, jul./dez., 1997.
44. Bonfante conclui o seu pensamento desta maneira: "A boa-fé é um conceito ético, geral e igual em todas as relações. O seu pressuposto normal na *possessio bonae fidei* e no usucapião é o erro, isto é, um fato psicológico; raramente a ação ou o comportamento exterior do sujeito. B) a boa-fé se pauta pela consciência popular, pelo senso moral da sociedade, partindo desse mudável e indefinível sentimento. C) A escusabilidade do erro, quando constitui o substrato da boa-fé, não é elemento orgânico dela, mas meramente extrínseco: *il suo rapporto colla buona fede è meramente extrinseco, nom orgânico*". In: GUIMARÃES, op. cit, p. 33-34.
45. Ibid., p. 33.
46. Cf. DUARTE, Ronnie Preuss. Boa-fé, abuso de direito e o novo código civil. *Revista dos Tribunais*, São Paulo, v. 817, p. 62, 2003.

A boa-fé objetiva é um dos aspectos mais importantes na aplicação do princípio da boa-fé, tendo o seu campo de desenvolvimento o Direito das obrigações e na teoria geral dos negócios jurídicos, o que bem se depreende da análise de suas principais funções[47].

A boa-fé, no sentido objetivo, tem aplicação independente da intenção ou consciência do injusto pelas partes contratantes. Nesse sentido, Roberto Senise Lisboa, citando o desembargador do Tribunal de Justiça do Rio de Janeiro, Sérgio Cavalieri Filho, ministra que a boa-fé objetiva apresenta um *plus* em relação à boa-fé subjetiva, vez que é comportamento ético, padrão de conduta, tomado como paradigma o homem honrado e predominante nas relações obrigacionais[48]. Por isso, é conhecida como boa-fé contratual, que Rizzatto Nunes observa se tratar de comportamento fiel, leal, na atuação de cada uma das partes contratantes a fim de garantir respeito à outra. É princípio que visa garantir a ação sem abuso[49], sem obstrução, sem causar lesão a ninguém, cooperando sempre para atingir o fim colimado no contrato, realizando os interesses das partes[50].

Jaluzot analisa o pólo objetivo da boa-fé como um filtro do consentimento[51]. Quando o tema boa-fé objetiva é tratado, observa-se que é "regra de conduta fundada na honestidade, na retidão, na lealdade",[52] levando em consideração os interesses do outro. Encontramos a boa-fé com sentido objetivo no parágrafo 242 do BGB (Código Civil

---

47. Cf. ZANELLATO, op. cit., p.76.
48. LISBOA, Roberto Senise. *Manual elementar de direito civil*. São Paulo: RT, 2002. p. 59.
49. MIRAGEM, Bruno. *Abuso do Direito*: Ilicitude objetiva e limite ao exercício de prerrogativas jurídicas no Direito Privado. 2. ed. São Paulo: RT, 2013, p. 151-155.
50. NUNES, Luiz Antônio Rizzatto. *Curso de direito do consumidor*: com exercícios. São Paulo: Saraiva, 2004. p. 570.
51. JALUZOT, op.cit., p. 104: "*La seconde dimension de la bonne foi est as dimension objective. Du point de vue de la notion française cette dimension est facile à expliquer: l´adjectif bonne dans l´expression bonne foi implique un filtre. Tours les éléments de la foi ne doivent pas être reconnus, seuls les bons sont à retenir, or ceci ne peut se faire qu'en fonction de certains critères qui vont permettre de déterminer ce qui est bon ou non.*"
52. MARTINS-COSTA, op. cit., p. 412. Também: MIRAGEM, Bruno. Direito das obrigações. Rio de Janeiro: Forense, 2021, p. 64.

Alemão), no Código Civil Francês (art. 1334), no Código Civil Italiano (art. 1337), no Código Civil Espanhol (art. 1258), no Código de Quebec (art. 1375), no Código Civil Holandês (art. 248), no Código Civil Argentino (art. 1198), no Código Civil Português (art. 762) e no art. 422 do Código Civil Brasileiro vigente, que não foi mudado pela Lei de Liberdade Econômica.

A análise do atual Código Civil revela a sua grande preocupação com a interpretação e aplicação de suas normas vinculadas a princípios éticos. Podemos identificar no corpo Código Civil vigente expressões explícitas de eticidade e boa-fé no sentido objetivo[53], já que no Código Civil de 1916, o direito brasileiro não consegue desnaturar-se do aspecto da boa-fé subjetiva, caso dos arts. 490 e 935[54].

Conforme ensinamento de Zanellato, a boa-fé objetiva é uma regra de comportamento ético-jurídica, que se situa no mesmo plano da lei, adquire função de norma dispositiva, integrando, suprindo e corrigindo o conteúdo do contrato, numa função interpretativa. Daí a sua natureza objetiva, que está baseada na vontade das partes, mas na adequação dessa vontade ao princípio que a inspira e fundamenta o vínculo negocial[55].

---

53. O art. 113 – regra: "Os negócios jurídicos devem ser interpretados conforme a boa-fé e os usos do lugar de sua celebração". Art. 164: "Presumem-se, porém, de boa-fé e valem os negócios ordinários indispensáveis à manutenção de estabelecimento mercantil, rural, ou industrial, ou à subsistência do devedor e de sua família." Art. 422: "Os contratantes são obrigados a guardar, assim na conclusão do contrato, como em sua execução, os princípios de probidade e boa-fé." Art. 765: "O segurado e o segurador são obrigados a guardar na conclusão e na execução do contrato, a mais estrita boa-fé e veracidade, tanto a respeito do objeto como das circunstâncias e declarações a ele concernentes". Art. 766: "Se o segurado, por si ou por seu representante, fizer declarações inexatas ou omitir circunstâncias que possam influir na aceitação da proposta ou na taxa do prêmio, perderá o direito à garantia, além de ficar obrigado ao prêmio vencido".
54. Art. 490/1916: "É de boa-fé a posse, se o possuidor ignora o vício, ou o obstáculo que lhe impede a aquisição da coisa, ou do direito possuído". Art. 935/1916: "O pagamento feito de boa-fé ao credor putativo é valioso, ainda provando-se depois que não era credor".
55. ZANELLATTO, op. cit., p. 77: "A boa-fé objetiva atua sobre o conteúdo da relação jurídica, nascida da obrigação, em particular, ou do negócio, em geral, a boa-fé subjetiva incide sobre o sujeito dessa relação, de modo a poder ser agrupada a esta

Alípio Silveira, na sua obra sobre a boa-fé, sugere que a boa-fé no sentido objetivo, chamada por ele de boa-fé lealdade, está relacionada à honestidade ou probidade[56].

Na boa-fé, a lealdade analisada por Alípio Silveira, a partir de Von Thur, entende-se que esta boa-fé proporciona um plexo de regras objetivas de honradez inerentes ao comércio jurídico, as quais servem de parâmetro para averiguar a existência de tal conduta. E, finalmente, deve-se considerar também a consciência ética da sociedade em que está inserida aquela relação, sem contar ainda os aspectos circunstanciais do caso e os valores e usos sociais para averiguação da boa-fé[57].

Apesar de tratarmos do "princípio da boa-fé", surgem entre os estudiosos do assunto indagações se a boa-fé seria realmente um princípio, uma regra, um *standard* jurídico, um conceito indeterminado ou uma cláusula geral.

Com efeito, a boa-fé é um princípio do ordenamento jurídico, ao qual devem se dobrar as normas de Direito estrito, a fim de se atingir a promoção da justiça na solução dos casos concretos. O entendimento da boa-fé como princípio é corroborado pelos seguintes autores: Maria Helena Diniz, Eros Grau, Caio Mário, Miguel Reale, Karl Larenz, Ruy Rosado de Aguiar, dentre outros[58].

Os princípios não se confundem com as regras[59]. Assim, a boa-fé não é regra, pois os princípios têm uma dimensão de peso e importância

---

certos aspectos da teoria do erro e da aparência, como bem se nota nas suas diversas aplicações no Código Civil (posse, casamento putativo, credor aparente, herdeiro aparente, etc)."

56. SILVEIRA, op. cit., p. 8: "A boa-fé lealdade é, assim, a honestidade e a sinceridade que devem existir no comércio jurídico. É a *Treu und Glauben* dos tedescos. São exemplos, em nosso Código, a boa-fé no contrato de seguros e nos contratos em geral. Também em leis especiais deparamos com ela, como no caso da sinceridade em matéria retomada, cuja ausência é sancionada, em certa modalidade, como contravenção. [...] Essa lealdade ou honestidade pode ser conceituada como a consciência ou intenção de não prejudicar a outrem ou de não fraudar a lei."

57. SILVEIRA, op. cit., p. 60.

58. Cf. FRANZOLIN, Cláudio José. *O princípio da boa-fé objetiva na relação jurídico-contratual*. São Paulo: Pontifícia Universidade Católica de São Paulo. 249f. Dissertação (Mestrado em Direito) – Faculdade de Direito, PUC de São Paulo, 2004, p.157.

59. Cf. ÁVILA, Humberto. *Teoria dos princípios*: da definição à aplicação dos princípios jurídicos. São Paulo: Malheiros, 2003, p. 70.

que falta às normas. As regras podem ser ou não funcionalmente importantes, na regulamentação dos comportamentos, porém não será correto dizer que uma regra seja mais importante que a outra dentro do sistema, de modo a resolver um conflito entre elas na base do maior peso de cada uma[60]. Diferentemente no conflito de princípios, em que o peso será o critério para a solução do problema[61]. A partir dessa noção percebemos que o princípio da boa-fé objetiva impõe uma direção ao comportamento das pessoas[62], que fazem parte das diretivas de conduta encarnadas nos princípios gerais.

Nessa toada, a doutrina brasileira, coadunando-se com os autores germânicos, atribui à boa-fé tríplice função, assim composta: (i) função interpretativa, como critério hermenêutico dos contratos; (ii) função restritiva

---

60. Alexandre Walmott Borges destaca: "O conflito de princípios é qualitativamente diferenciado. Não há a declaração de invalidez ou introdução de cláusula que excepcione a situação sob análise. Deve ser feita a avaliação das circunstâncias concretas para responder à pergunta: um princípio prepondera sobre o outro? Sim, mas dentro de certas condições de precedência ou de peso de princípios. Ao se julgar, está se fazendo uma verificação do maior peso, no caso concreto, dos princípios em disputa. E essa verificação faz-se ponderando interesses opostos, na lei de colisão. Os princípios têm, por sua natureza, a natureza conflitual, e um princípio limita o outro. Entre eles é estabelecida uma relação de precedência condicionada, determinada no universo das condições concretas. Nos casos em que princípios estejam em conflito – o que é trivial por sua natureza normativa peculiar – devem ser avaliados os pesos relativos de cada princípio que está em colisão. É interessante notar que a colisão de princípios pode ocorrer por conflitos entre disposições normativas na mesma direção. Para as duas situações há de se mensurar qual o princípio de maior peso, ou qual o peso preponderante ou quão importante é o princípio (o que obviamente é impossível de mensuração exata)". Cf. BORGES, Alexandre Walmott. *Preâmbulo da Constituição e a ordem econômica*. Curitiba: Juruá, 2003, p. 82-83.
61. DWORKIN, Ronald. *Levando os direitos a sério*. Tradução de Nelson Boeira. São Paulo: Martins Fontes, 2002. p. 113-125.
62. Acrescenta ainda Walmott Borges: "A vagueza dos princípios [...] traduz uma plasticidade capaz de amoldar esses princípios a situações cambiantes, além de permitir o grande número de soluções radicadas em sua matriz e, sobretudo, não há de se esquecer, a sua vagueza não resulta em impossibilidade de traçar limites materiais às normas inferiores. O princípio traça zonas de luminosidade positiva, nas situações jurídicas onde não há dúvida sobre a sua inclusão da situação na área de regulação; zona de luminosidade negativa, onde não há dúvida sobre a não-inclusão da situação da área de regulação". BORGES, op. cit., p. 81.

de exercícios abusivos de direitos contratuais; e (iii) função criadora de deveres anexos ou acessórios à prestação principal.

Afinal, a cláusula geral de boa-fé acolhida pelo Código de Defesa do Consumidor atua como critério definidor da abusividade do direito, flexibilizando o sistema consumerista e positivando em todo seu conteúdo normas à existência de uma série de deveres anexos às relações contratuais. Como já se escreveu: "Os doutrinadores alemães costumam afirmar que as relações obrigacionais são, em verdade, uma fila ou uma série de deveres de conduta e contratuais (*Reihe von Leistungspflichten und weitern Verhaltenspflichten*), vistos no tempo, ordenados logicamente, unidos por uma finalidade. Esta finalidade, este sentido único (*sinnhaftes Gefuge*), que une e organiza a relação contratual, é a realização dos interesses legítimos das partes (*vollstandigen Befriedigung der Leistungsinteressen aller Glaubiger*); realização do objetivo do contrato e o posterior desaparecimento da relação (*Erloschen*). Trata-se de um verdadeiro processo que se desenvolve no tempo (*inder Zeit verlaufenden Prozess*), um processo social, um processo jurídico, o contrato, visualizado dinamicamente, erradicando uma série de efeitos jurídicos (*Rechtsfolgen*) durante a sua realização, antes mesmo dessa e após"[63].

Passa-se a visualizar o contrato como uma relação jurídica dinâmica, tendo em vista que o contrato passou a representar uma nova realidade. Os empresários, enquanto titulares únicos da estipulação contratual, contribuíram para a prática de excessos e abusos nas fases contratuais, porém a empresa também está obrigada a atender a uma função social, ou seja, deve respeitar todos os interesses envolvidos, e não só perseguir o lucro como um fim supremo[64].

Ademais, o princípio da boa-fé objetiva exige uma função de cooperação entre os integrantes de uma relação de consumo, na medida do possível e segundo o razoável. Estes deveres anexos (*Nebenpflichten*) são deveres que nasceram da jurisprudência alemã, com o intuito

---

63. MARQUES, Cláudia Lima. *Contratos no Código de Defesa do Consumidor*. 9. Ed. São Paulo: RT, 2019, p. 208. Sobre o conceito de cláusula geral, no direito brasileiro: MIRAGEM, Bruno. Teoria geral do direito civil. Rio de Janeiro: Forense, 2021, p. 87 e ss.
64. Cf. FRANZOLIN, op. cit., p. 81.

de guiar a atuação dos contraentes, conforme a boa-fé. E acrescenta: "dever [...] significa a sujeição a uma determinada conduta, sujeição esta acompanhada de uma sanção em caso de descumprimento"[65].

Para Clóvis do Couto e Silva, estes deveres determinam uma nova relação obrigacional, que passa a ser vista como um processo complexo, exigindo-se, por isso, uma relação de cooperação entre as partes, antes e até mesmo depois de adimplida a prestação principal[66]. A economia atual é fundada nos serviços, que são fazeres, atuações prestacionais, daí a redobrada importância da boa-fé e dos deveres anexos (de informação, cuidado e cooperação) entre o cocontratante mais fraco e o mais forte, como na relação de consumo. A Lei da Liberdade Econômica expandiu este entendimento, e inspirada pelo Código comercial de 1850, assegurou que a interpretação de todos os contratos, mesmo os paritários, seguirá a boa-fé, reforçando o Art. 113 do CC/2002 com parágrafos e modificando o Art. 421 do CC/2002. Função social é função além da individual, é também confiança "social" no contrato. Parece-nos que nos contratos de serviços, não apenas a boa-fé (*bona-fides*), mas a confiança (*fides*) é elemento de interpretação e integração das lacunas (Art. 51 do CDC c/c 113 e 422 e novos parágrafos do CC/2002, incluídos pela Lei de Liberdade Econômica). Tais modificações merecem comentário.

II. Os contratos de serviços a consumidores: boa-fé no CDC e no CC/2002 depois da Lei da Liberdade Econômica

No século XX, a boa-fé objetiva foi positivada no Direito Privado Brasileiro inicialmente pelo CDC (Art. 4º e 51) e após pelo CC/2002.[67] Como ensina o mestre Orlando Gomes, ao analisar os serviços essenciais, 'todos precisam de serviços", e em consequência nas sociedades atuais forma-se "uma rede de vínculos jurídicos contínuos oi

---

65. MARQUES, op. cit., 2019. p. 210.
66. Veja COUTO E SILVA, Clovis V. *A obrigação como processo*. São Paulo: Bushatsky, 1976, p. 73 e seg. Veja também NEGREIROS, Teresa. *Teoria dos contratos*: novos paradigmas. Rio de Janeiro: Renovar, 2002, p. 236.
67. Assim, MELLO GONÇALVES, Camila de Jesus. *Princípio da Boa-fé – Perspectivas e aplicações*, Rio de Janeiro: Elsevier/Campus Jurídico, 2008, p. 96 e seg.

intermitentes entre os que os prestam e quantos os recebem", fornecedores de serviços e consumidores *ex vi* Art. 2º e 3º do CDC, "rede" cuja importância social hoje é inegável, e repercute no próprio conceito atual de contrato, em especial no contrato de "massa".[68] Aqui estamos focando no contrato de serviços a consumidores, muito ligados hoje à dignidade da pessoa na sociedade de consumo,[69] geralmente contratos de adesão, onde a boa-fé é ainda mais necessária e qualificada.[70]

Nesta segunda parte, gostaríamos de refletir sobre o impacto do direito do consumidor, da MP 881/2019, conhecida como "Declaração de Direitos de Liberdade Econômica", transformada em Lei em 2019 e que modificou o Código Civil de 2003. Ao modificar o CC/2002 – com foco maior nas relações que a MP denominava "interempresariais" –, mas que a Lei aprovada (Lei nº 13.874, de 2019) não mais assim denomina, passando a denominá-las de "relações contratuais privadas"[71] e assim o impacto no direito do consumidor pode realmente acontecer, se não houver uma interpretação histórica ou um diálogo das fontes entre o CC e o CDC.

A) *A exigência de boa-fé no CDC e no CC/2002 após a Lei da Liberdade Econômica em interpretação histórica*

Boa-fé, segundo especifica o Art. 4º, *caput* e III do CDC é um mandamento de conduta que ao mesmo tempo impõe transparência (dever de informação, de alerta e de conselho) e lealdade (dever de cooperar e de cuidado e segurança), a proteger a confiança dos consumidores. A diferença do Art. 4º do CDC para o Art. 422 do CC/2002

---

68. GOMES, Temas, p. 107.
69. Veja sobre o sentido de boa fé após a Constituição Federal de 1988, SLAWINSKI, Célia Barbosa Abreu. *Contornos dogmáticos e eficácia da boa-fé objetiva – O princípio da boa-fé no ordenamento jurídico brasileiro*. Rio de Janeiro: Lumen Juris, 2002, p. 104 e seg. E a bela obra de ROSENVALD, Nelson. *Dignidade humana e boa-fé no Código Civil*. São Paulo: Saraiva, 2005.
70. Assim frisa RÊGO, Nelson Melo de Moraes. *Da boa-fé objetiva nas cláusulas gerais de direito do consumidor e outros estudos consumeristas*. São Paulo: Gen/Forense, 2009, p. 47 e seg.
71. O texto é: "Art. 421 (...) Parágrafo único. Nas relações contratuais privadas, prevalecerão o princípio da intervenção mínima e a excepcionalidade da revisão contratual."

ou do novo Art. 421 do CC/2002 modificado pela Lei da Liberdade Econômica, é que a norma do CDC dispõe sobre uma política protetiva dos consumidores e impõe não só boa-fé, mas equidade contratual, impondo a intervenção do Estado para alcançar esta equidade. Boa-fé como mandamento é hoje imposta em todas as relações privadas, tanto em relações entre empresários, civis, quanto mais fortemente, entre fornecedores e consumidores. Já a função social do contrato civil e empresarial foi modificada pela Lei da Liberdade Econômica ao alterar o Art. 421 do CC/2002, e de forma mais liberal hoje impõe dois princípios novos e "prevalentes" para estes contratos empresariais e civis: o princípio da intervenção mínima e o princípio da excepcionalidade da revisão contratual.

Em outras palavras, ao modificar o Art. 421 e introduzir um parágrafo único (*"Nas relações contratuais privadas, prevalecerão o princípio da intervenção mínima e a excepcionalidade da revisão contratual"*) poderíamos dizer que a Lei de Liberdade Econômica desejou impactar o CDC, que como lei especial das relações de consumo, é de ordem pública, logo de intervenção "não-mínima", de revisão contratual como direito do consumidor (art. 6º, IV do CDC) e de nulidades absolutas (art. 47 do CDC). Porém, o § 1º do Artigo 1º da referida Lei de 2019 afirma que esta se aplica ao "Direito Econômico" (distinguindo-o do Direito Civil e Empresarial),[72] e não menciona o Direito do Consumidor, que hoje é autônomo em relação ao Direito Econômico.

A doutrina é uníssona a considerar que a Lei da Liberdade Econômica "veiculou regras relativamente à atividade econômica em sentido próprio (restrito)."[73] O foco é o direito econômico, isto é, normas "destinadas a dispor sobre a intervenção estatal no domínio

---

72. O texto é: "§ 1º O disposto nesta Lei será observado na aplicação e na interpretação do direito civil, empresarial, econômico, urbanístico e do trabalho nas relações jurídicas que se encontrem no seu âmbito de aplicação e na ordenação pública, inclusive sobre exercício das profissões, comércio, juntas comerciais, registros públicos, trânsito, transporte e proteção ao meio ambiente."
73. JUSTEN, Marçal Filho. Abrangência e incidência da lei, in PEIXOTO MARQUES, Floriano Neto; RODRIGUES, Otávio Luiz Jr.; XAVIER LEONARDO, Rodrigo. *Comentários à Lei da Liberdade econômica – Lei 13.874/2019*, São Paulo: RT, 2019, p. 24.

econômico"[74], excluídos os direito tributário e financeiro (Art. 1º, § 3º da Lei da Liberdade Econômica).

Se a Lei nº 13.874, de 2019 (Art. 3º, I) ressalva as leis especiais como o CDC, seu efeito nos contratos de serviços aos consumidores talvez seja indireto, talvez assegure novos direitos ao consumidor, nos termos previstos pelo Art. 7º do CDC, em diálogo das fontes.

Realmente, ao assegurar novos direitos de interpretação e de integração das lacunas no Código Civil de 2002 para os contratos, por força do Art. 7º do CDC (diálogo das fontes),[75] pode incluir direitos aos consumidores. Se a Lei da Liberdade Econômica reforça a boa-fé nos contratos massificados e de adesão em geral, mesmo entre iguais (dois experts, com intuito de lucro, como os contratos "privados" empresariais e nos contratos "privados" civis), quanto mais nos contratos entre "diferentes", entre um expert (fornecedor de produtos e serviços) e um leigo (consumidor). Como ensina Fernando Martins, "a boa-fé desempenha papel emblemático não apenas nas investigações do contrato, mas em toda a ciência do direito civil [...] como padrão de comportamento e de conduta, qualificado pela lealdade e probidade."[76]

O princípio geral de boa-fé, positivado no Código de Defesa do Consumidor, no Código Civil e agora na Lei da Liberdade Econômica, estipula um mandamento de boa-fé (objetiva) a guiar todas as condutas. No caso do direito do consumidor, o Art. 4º, III do CDC estipula a conduta do fornecedor de serviços, como atividade necessariamente leal, cooperativa, informativa, transparente, cuidando do nome e patrimônio daquele que o escolheu como parceiro, os consumidores, presumidos legalmente como parte vulnerável da relação (art. 4.º, I, do CDC). Aqui um reflexo da função positiva do princípio da boa-fé, da força criativa de deveres de conduta, princípio que, interpretando as normas positivas impostas, impõe uma atuação refletida do contratante

---

74. JUSTEN, Marçal Filho. Abrangência e incidência da lei, in PEIXOTO MARQUES, Floriano Neto; RODRIGUES, Otávio Luiz Jr.; XAVIER LEONARDO, Rodrigo. *Comentários à Lei da Liberdade econômica – Lei 13.874/2019*, São Paulo: RT, 2019, p. 24.
75. Veja MARQUES, Claudia Lima…diálogo das fontes…
76. MARTINS, Fernando Rodrigues. *Princípio da Justiça Contratual*, São Paulo: Saraiva, 2009, p. 338.

mais forte em relação aos interesses do contratante mais fraco, o consumidor. Trata-se de mais um mandamento de proteção da segurança e da harmonia social (*Vertrauensgebot*), o qual imporia àqueles que exercerem atividades no mercado suportar riscos profissionais e deveres de conduta mais elevados, a eles imputados por esta lei especial, uma vez que visam lucro (direta ou indiretamente) através desta sua atividade negocial que atinge um grande número de consumidores (indivíduos, grupo ou coletividade tutelada).[77]

Nos serviços, em especial no mundo digital, o direito deve regular a atuação leal de todos, sejam os empresários, os consumidores e os civis, como comprovou a União Europeia em seu recente Regulamento (UE) 2019/1150, de 20 de junho de 2019, "*relativo à promoção da equidade e da transparência para os utilizadores profissionais de serviços de intermediação em linha*", que procura proteger os empresários, em especial as médias e pequenas empresas, que se utilizam dos serviços de procura e de intermediação das plataformas digitais para atingir o mercado e, só indiretamente, protege os consumidores a demonstrar a importância de um mercado saudável. O Regulamento 2019/1150 reconhece que as plataformas digitais são hoje globais e dominantes, a impor dependência e contratos massificados unilaterais, com eventuais cláusulas abusivas aos empresários locais, dos pequenos aos maiores, mas também reconhece que este mundo digital e as plataformas em especial são importantes instrumentos de acesso ao mercado consumidor.

B) Os contratos de serviços aos consumidores e o dever de cooperar (dever de boa-fé e lealdade)

Por fim, cabe refletir sobre os deveres de conduta impostos pela boa-fé objetiva nos contratos de serviços de consumo. Neste texto, o foco será o dever de cooperar com os consumidores, pois nos contratos envolvendo fazeres é este o dever maior, ao lado do da informação.[78]

---

77. MARQUES, Contratos, p. 170 e seg.
78. Ensinou o STJ: " 5. O direito à informação, abrigado expressamente pelo art. 5.º, XIV, da CF, é uma das formas de expressão concreta do princípio da transparência, sendo também corolário do princípio da boa-fé objetiva e do princípio da confiança, todos abraçados pelo CDC. [...] 10. A informação deve ser correta (= verdadeira),

Três são os deveres anexos de boa-fé: informação, cooperação e cuidado, e como ensina o STJ, estão presentes nas relações de consumo e em todas as relações do direito privado: "O dever de informação constitui um dos princípios consectários lógicos do princípio da boa-fé objetiva, positivado tanto no Código Civil de 2002 (art. 422), como no Código de Defesa do Consumidor (art. 4º, III), consubstanciando os deveres de probidade, lealdade e cooperação, que deve pautar não apenas as relações de consumo, mas todas as relações negociais".[79]

Como escrevi,[80] cooperar é agir com lealdade e não obstruir ou impedir, que os doutrinadores franceses denominam de "obrigação de lealdade", de "fidelidade à execução", ao objetivo do contrato (*obligation de loyauté* ou *fidelité d'execution*).[81] Este dever anexo "de cooperação", é o dever (leia-se, obrigação contratual) de colaborar durante a execução do contrato, conforme o paradigma da boa-fé objetiva.[82] O tema tem sido recorrente no STJ, em matéria de contratos de serviço, como o de fornecimento de ingresso para espetáculos: "A boa-fé objetiva é uma norma de conduta que impõe a cooperação entre os contratantes em vista da plena satisfação das pretensões que servem de ensejo ao acordo de vontades que dá origem à avença, sendo tratada, de forma expressa, no CDC, no reconhecimento do direito dos consumidores de proteção contra métodos comerciais coercitivos ou desleais bem como práticas e cláusulas abusivas ou impostas no

---

clara (= de fácil entendimento), precisa (= não prolixa ou escassa), ostensiva (= de fácil constatação ou percepção) e, por óbvio, em língua portuguesa" (STJ, REsp 586.316/MG, rel. Min Herman Benjamin, 2.ª T., j. 17.04.2007, *DJe* 19.03.2009).

79. Citação do voto, no REsp 1599511/SP, Rel. Ministro Paulo de Tarso Sanseverino, Segunda Seção, julgado em 24/08/2016, DJe 06/09/2016.

80. MARQUES, Contratos, p. 221.

81. Veja detalhes em MAYER, Hans-Jochem. *Die "obligations accessoires" im französischen Allgemeinen Vertragsrecht und ihr deutsches pendant*. Tese de doutoramento, Tübingen, Brenner, 1988, p. 102.

82. Assim ensina o STJ em caso de plano de saúde: "4. Os instrumentos normativos (CDC e Lei nº 9.656/1998) incidem conjuntamente, sobretudo porque esses contratos, de longa duração, lidam com bens sensíveis, como a manutenção da vida. São essenciais, assim, tanto na formação quanto na execução da avença, a boa-fé entre as partes e o cumprimento dos deveres de informação, de cooperação e de lealdade (arts. 6º, III, e 46 do CDC)." (REsp 1561445/SP, Rel. Ministro Ricardo Villas Bôas Cueva, Terceira Turma, julgado em 13/08/2019, DJe 16/08/2019)

fornecimento de produtos ou serviços (art. 6º, IV, do CDC)." (REsp 1737428/RS, Rel. Ministra Nancy Andrighi, Terceira Turma, julgado em 12/03/2019, DJe 15/03/2019).

Este dever de cooperar será cumprido de forma passiva pelo fornecedor, mantendo-se fiel à finalidade contratual e às expectativas legítimas da parte mais fraca (*Leistungstreupflicht*),[83] assim evitando inviabilizar ou dificultar a atuação do outro contratante, por exemplo, quando este tenta cumprir com suas obrigações contratuais.[84] Da mesma forma, quando o consumidor necessita adimplir a sua obrigação e o fornecedor dificulta o pagamento do consumidor, ao determinar que este só pode ser executado em local especial ou em horas difíceis, ou somente após autorizado por determinados papéis ou determinados servidores etc., descumpre seu dever de conduta, suas obrigações acessórias conforme a boa-fé.[85] A Súmula 286 do STJ[86] está imbuída

---

83. JAUERNIG, Othmar et al. *Bürgerliches Gesetzbuch*. 7. ed. Munique: Beck, 1994, p. 179.
84. Sobre o dever de cooperar veja decisão do TJRS, cuja ementa é: "Agravo de instrumento – Contrato de manutenção de serviços de elevadores – Violação do dever anexo que a empresa fornecedora tinha de atender, em face da confiança depositada no vínculo obrigacional, decorrente do princípio da boa-fé. (...) impõe-se dever de conduta positiva à prestadora de serviços, sob pena de convalidar-se a violação do princípio da boa-fé negocial e do dever anexo da confiança no atendimento contratado. Recurso improvido" (AgIn 70000527887, rel. Des. Matilde Chabar Maia, j. 27.01.2000).
85. Caso interessante é relatado pela jurisprudência, em que a seguradora de saúde queria punir com a reabertura das carências para internação hospitalar indivíduo que no dia do pagamento estava hospitalizado em hospital conveniado e, por isso, deixou de pagar no dia, adimplindo tão logo recebeu alta. A partir do dia do vencimento da parcela não "paga", a seguradora negou-se a cobrir seus gastos médicos, alegando que "terceiro" deveria ter pago em dia e que o doente deveria ter se preocupado com o pagamento (...) na convalescença (...) O relator Des. Loureiro Ferreira afastou a incidência de tal cláusula sob o argumento de força maior e ausência de culpa do consumidor (TJRS, 3.ª Câm., Ap. 592088512, j. 30.09.1992), mas a consciência do dever de conduta conforme a boa-fé, ou do dever contratual anexo de cooperação na execução das obrigações, poderia também ter evitado a lide. Se a lei nova (Lei 9.656/1998) esclareceu que tal reabertura de carências é abusiva e viola o dever de boa-fé de cooperar com o cocontratante, as práticas comerciais continuam as mesmas, tanto que o STJ foi chamado a decidir lide semelhante e reafirmou o dever de cooperar, ensinando em bela ementa: "Civil – Processual civil – Recurso especial – Contrato de seguro-saúde – Pagamento do prêmio – Atraso. O simples atraso no pagamento de uma das parcelas do prêmio não se equipara ao inadimplemento total da obrigação do segurado, e, assim, não confere à seguradora o direito de descumprir sua

deste espírito, pois o contratante mais forte muitas vezes forçava a confissão da dívida ou seu pagamento, sob ameaça de enviar o nome do consumidor aos bancos de dados negativos ou de vencimento antecipado de contratos conexos, daí sua importância.

Neste sentido, ensina Clóvis do Couto e Silva que, apesar da posição de poder do credor (*Machtposition*), é dever de boa-fé deste agente econômico "impedir que sua conduta venha dificultar a prestação do credor"[87] – como ocorreu em caso jurisprudencial em que a cobrança foi enviada tardiamente ao consumidor e este não pôde executar o pagamento a tempo,[88] ou em caso de negativa do fornecedor em receber o pagamento para forçar o consumidor a emigrar para os novos planos.[89]

Este dever de cooperar deve também ser cumprido de forma ativa pelo fornecedor (*Mitwirkungspflichten*),[90] seja saindo de sua inércia, para informar ou notificar, seja cumprindo com suas obrigações.[91] Assim, se o fornecedor está obrigado a cumprir com suas obrigações (por exemplo, reembolsar ou fornecer determinados exames e consultas médicas, entregar determinado bem, executar determinado serviço), não deve dificultar o acesso do consumidor aos seus direitos ou inviabilizar que a prestação seja devida (conhecida, tradicionalmente,

---

obrigação principal, que, no seguro-saúde, é indenizar pelos gastos despendidos com tratamento de saúde" (REsp 29372-2/SP, rel. Min. Nancy Andrighi, j. 28.05.2001).

86. O texto da Súmula 286 do STJ é: "A renegociação de contrato bancário ou a confissão da dívida não impede a possibilidade de discussão sobre eventuais ilegalidades dos contratos anteriores".

87. COUTO E SILVA, Clovis V. *A obrigação como processo*. São Paulo: Bushatsky, 1976, p. 120.

88. Veja, do TJRS, ApCiv 592.093.405, 5ª Câmara, rel. Des. Araken de Assis, j. 10.09.1992.

89. Veja jurisprudência coletada na obra MARQUES, Claudia Lima; PFEIFFER, Roberto A. Castellanos; LOPES, José Reinaldo de Lima (org.). *Saúde e responsabilidade 2: A nova assistência privada à saúde*. São Paulo: Ed. RT, 2008.

90. JAUERNIG, Othmar et al. *Bürgerliches Gesetzbuch*. 7. ed. Munique: Beck, 1994, p. 178.

91. Veja decisão do STJ: "A inércia do credor em promover a atualização dos dados cadastrais, apontando o pagamento e, consequentemente, o cancelamento do registro indevido, gera o dever de indenizar, independentemente da prova do abalo sofrido pelo autor, sob forma de dano presumido" (AgRg no Ag 1094459/SP, rel. Min. Sidnei Beneti, 3.ª T., j. 19.05.2009, *DJe* 01.06.2009).

como *exceptio doli*).[92] Deve o fornecedor, igualmente, abster-se de usar ou impor expedientes desnecessários ou maliciosos, como exigir uma grande série de autorizações, documentos, solicitações só retiráveis em determinados locais, em determinada hora e por decisão arbitrária do próprio fornecedor, exigir comunicações imediatas ou em curto espaço de tempo em matérias que envolvem a integridade física ou psíquica da pessoa e seus familiares, e, ainda mais, exigindo esta atuação contratual sob pena de perda dos direitos contratuais. Da mesma forma, deve facilitar o acesso do consumidor a seus documentos e exames clínicos.[93]

As dificuldades excessivas impedem o cumprimento da prestação principal e significam o descumprimento das obrigações acessórias oriundas do contrato e do dever de conduta segundo a boa-fé: descumprir o dever de cooperação, de lealdade, significa inadimplir, mesmo que parcialmente.[94]

O STJ, em belo voto da relatoria do Min. Antônio Herman Benjamin, inclusive, definiu tese, buscando pacificar tema de grande

---

92. Esta exceção tradicional é lembrada por WIEACKER, Franz. *História do direito privado moderno*. Trad. Botelho Hespanha. Lisboa: Fundação Calouste Gulbenkian, 1980, p. 59.

93. Assim ensina o STJ: "Processual Civil – Recurso especial – Hospital – Acesso a documentos médicos requeridos pelo próprio paciente – Negativa injustificada pela via administrativa – Ensejo de propositura de ação de exibição de documentos – Ônus de sucumbência – Princípio da causalidade. De acordo com o Código de Ética Médica, os médicos e hospitais estão obrigados a exibir documentos médicos relativos ao próprio paciente que requeira a exibição. A negativa injustificada à exibição de documentos médicos pela via administrativa, que obrigou o paciente à propositura de ação à sua exibição pela via judicial, tem o condão de responsabilizar o hospital pelo pagamento dos ônus de sucumbência, em atenção ao princípio da causalidade, nos termos dos precedentes no STJ. Recurso especial conhecido e provido" (STJ, REsp 540.048/RS, 3.ª T., rel. Min. Nancy Andrighi, j. 02.12.2003, *DJ* 12.04.2004).

94. Veja a Súmula 302 do STJ, sobre os limites à internação, e sua utilização analógica hoje: "Reconhecida a incidência do Código de Defesa do Consumidor, impende reconhecer, também, a abusividade da cláusula contratual/estatutária que limita a quantidade de sessões anuais de rádio e de quimioterapia cobertas pelo plano. Aplicação, por analogia, da Súmula 302/STJ. Recurso especial a que se nega provimento" (STJ, REsp 1115588/SP, rel. Min. Sidnei Beneti, 3.ª T., j. 25.08.2009, *DJe* 16.09.2009).

divergência, definindo que "a repetição em dobro, prevista no parágrafo único do art. 42 do CDC, é cabível quando a cobrança indevida consubstanciar conduta contrária à boa-fé objetiva, ou seja, deve ocorrer independentemente da natureza do elemento volitivo". Em bela passagem do acórdão, sustenta: "Em harmonia com os ditames do Estado Social de Direito, na tutela de sujeitos vulneráveis, assim como de bens, interesses e direitos supraindividuais, ao administrador e ao juiz incumbe exercitar o diálogo das fontes, de modo a – fieis ao espírito, ratio e princípios do microssistema ou da norma – realizarem material e não apenas formalmente os objetivos maiores, mesmo que implícitos, abonados pelo texto legal. Logo, interpretação e integração de preceitos legais e regulamentares de proteção do consumidor, codificados ou não, submetem-se a postulado hermenêutico de ordem pública segundo o qual, em caso de dúvida ou lacuna, o entendimento administrativo e judicial deve expressar o posicionamento mais favorável à real superação da vulnerabilidade ou mais condutivo à tutela efetiva dos bens, interesses e direitos em questão."[95]

O dever de lealdade, de cooperação, reflete-se também na redação dos contratos, que é executada de maneira unilateral e prévia pelo fornecedor. O fornecedor está autorizado a utilizar o método da contratação em massa, através de contratos de adesão, e a imposição de condições gerais, mas deve redigir esses textos de forma clara e precisa, destacando as cláusulas que limitem ou excluam direitos do consumidor. O STJ destaca que o Art. 34 do CDC "materializa a teoria da aparência, fazendo com que os deveres de boa-fé, cooperação, transparência e informação alcancem todos os fornecedores, diretos ou indiretos, principais ou auxiliares, enfim todos aqueles que, aos olhos do consumidor, participem da cadeia de fornecimento".[96] E mencione-se ainda que a jurisprudência brasileira está atenta para o fato que muitas das expectativas legítimas dos consumidores são

---

95. STJ, EAREsp 664.888/RS, Rel. Min. Herman Benjamin, Corte Especial, j. 21/10/2020, DJe 30/03/2021.
96. Citação do voto do AgInt no AREsp 1146222/RS, Rel. Ministro Lázaro Guimarães (Desembargador convocado do TRF 5ª Região), Quarta Turma, julgado em 30/08/2018, DJe 05/09/2018.

construídas pela oferta e pela publicidade, impondo responsabilidade e cumprimento do dever de cooperar também aos fornecedores que delas se aproveitarem (Art. 30 do CDC).[97]

Por fim, destaque-se que a doutrina atual germânica considera ínsito no dever de cooperar positivamente o dever de renegociar (*Neuverhandlungspflichte*) as dívidas do parceiro mais fraco, por exemplo, em caso de quebra da base objetiva do negócio.[98] Cooperar aqui é submeter-se às modificações necessárias à manutenção do vínculo (princípio da manutenção do vínculo do art. 51, § 2.º, do CDC) e à realização do objetivo comum e do contrato.[99] Será dever contratual anexo, cumprido na medida do exigível e do razoável para a manutenção do equilíbrio contratual,[100] para evitar a ruína de uma das partes (exceção da ruína[101] aceita pelo art. 51, § 2.º, do CDC)[102] e para evitar

---

97. Assim, o STJ: "Na hipótese, inequívoco o caráter vinculativo da oferta, integrando o contrato, de modo que o fornecedor de produtos ou serviços se responsabiliza também pelas expectativas que a publicidade venha a despertar no consumidor, mormente quando veicula informação de produto ou serviço com a chancela de determinada marca, sendo a materialização do princípio da boa-fé objetiva, exigindo do anunciante os deveres anexos de lealdade, confiança, cooperação, proteção e informação, sob pena de responsabilidade." (STJ, REsp 1365609/SP, Rel. Ministro Luis Felipe Salomão, Quarta Turma, julgado em 28/04/2015, DJe 25/05/2015).

98. JAUERNIG, Othmar et al. *Bürgerliches Gesetzbuch*. 7. ed. Munique: Beck, 1994, p. 178.

99. Veja, em caso de uso das reservas comuns na previdência privada: "Ademais, orienta a Súmula 321/STJ que o Código de Defesa do Consumidor é aplicável à relação jurídica entre a entidade de previdência privada e seus participantes. Com efeito, em se tratando de relação de consumo, há que ser reconhecida a vulnerabilidade do consumidor; impondo o princípio da boa-fé objetiva ao fornecedor, o dever de respeito e lealdade, servindo como paradigma de conduta, cabendo ao magistrado avaliar se a atuação do fornecedor trespassou a razoabilidade e a equidade – o que, no caso, ressai nítido". (STJ, 4.ª T., REsp 1060882/SP, rel. Min. Luis Felipe Salomão, j. 25.06.2013, *DJe* 20.08.2013)

100. Veja Menezes Cordeiro, *Da boa-fé*, vol. 2, p. 998 ss.

101. Idem, p. 1.007 ss.

102. Destaque-se que a norma do art. 51, § 2.º, do CDC estabelece o princípio da manutenção do vínculo mesmo em caso de declaração da nulidade de cláusulas contratuais, mas, ao impor a integração da lacuna criada pela nulidade, estabelece expressamente como exceção a estes esforços de integração pelo juiz o fato de "decorrer ônus excessivo a qualquer das partes". Neste caso, o CDC visualiza tanto

a frustração do contrato: o reflexo será a adaptação bilateral e cooperativa das condições do contrato.[103]

Note-se que, ao requerer a renegociação de boa-fé para evitar sua ruína, o consumidor pode ou não estar inadimplente,[104] pois a jurisprudência já determinou que a imposição da conduta segundo a boa-fé permite a discussão da abusividade de cláusulas, inclusive em relações em andamento,[105] pagas[106] ou novadas.[107] No sentido da

---

os interesses do consumidor, quanto do fornecedor, positivando o fato de que da atuação do princípio da boa-fé e da declaração de abusividade de condições contratuais não deve resultar violação grave (ônus excessivo) do princípio do equilíbrio dos contratos.

103. Veja, sobre o tema de autorrevisão em contratos de longa duração, Mosset Iturraspe, *La frustación del contrato*, p. 118 ss. Veja exemplo do STJ, em caso que a rescisão unilateral do contrato de seguro de vida em grupo não é considerada abusiva, face à exceção da ruína e ao cumprimento dos deveres de boa-fé. (STJ, 4.ª T., AgRg no REsp 1210136/SP, rel. Min. Marco Buzzi, j. 19.09.2013, *DJe* 27.09.2013)

104. Bom exemplo é a decisão do STJ: "Promessa de venda e compra – Resilição – Denúncia pelo compromissário comprador em face da insuportabilidade no pagamento das prestações – Restituição. O compromissário comprador que deixa de cumprir o contrato em face da insuportabilidade da obrigação assumida tem o direito de promover ação a fim de receber a restituição das importâncias pagas. Embargos de divergência conhecidos e recebidos, em parte" (EREsp 59870/SP, 2ª Seção, rel. Min. Barros Monteiro, j. 10.04.2002). Veja a jurisprudência sobre superendividamento, em Lima/Bertoncello, p. 101 ss.

105. Assim ensina o STJ: "Contrato bancário – Contrato de adesão – Revisão – Continuidade negocial – Contratos pagos. O fato de o obrigado cumprir com a sua prestação prevista em contrato de adesão não o impede de vir a juízo discutir a legalidade da exigência feita e que ele, diante das circunstâncias, julgou mais conveniente cumprir. Se proibida a sua iniciativa, estará sendo instituída, como condição da ação no direito contratual, a de ser inadimplente, o que serviria de incentivo ao descumprimento dos contratos. Além disso, submeteria o devedor à alternativa de pagar e perder qualquer possibilidade de revisão, ou não pagar e se submeter às dificuldades que sabiamente decorrem da inadimplência. Recurso conhecido e provido" (STJ, 4.ª T., REsp 293778/RS, rel. Min. Ruy Rosado de Aguiar, j. 20.08.2001). Veja posição sumulada (Súmula 286 do STJ).

106. Assim ensina o STJ: "Contratos bancários – Revisão judicial – Novação. Os contratos bancários são passíveis de revisão judicial, ainda que pagos. A novação não convalida cláusulas nulas (art. 1.007, CC) [art. 367, CC/2002]. Recurso conhecido e provido" (STJ, 4.ª T., REsp 469522/PR, rel. Min. Ruy Rosado de Aguiar, j. 25.02.2003).

107. Assim ensina o STJ: "A jurisprudência da Corte admite a revisão dos contratos anteriores para afastar eventuais ilegalidades consolidadas no contrato atual"

cooperação de boa-fé para o bom fim do contrato de consumo e do combate ao abuso, passado e atual, consolidou-se a jurisprudência (Súmula 286 do STJ).[108]

Como ensina o STJ: "O princípio da boa-fé se aplica às relações contratuais regidas pelo CDC, impondo, por conseguinte, a obediência aos deveres anexos ao contrato, que são decorrência lógica deste princípio. O dever anexo de cooperação pressupõe ações recíprocas de lealdade dentro da relação contratual. A violação a qualquer dos deveres anexos implica em inadimplemento contratual de quem lhe tenha dado causa" (STJ, 3.ª T., REsp 595631/SC, rel. Min. Nancy Andrighi, j. 08.06.2004, *DJ* 02.08.2004, p. 391). Cooperar é dever, inclusive nos contratos coletivos, quando o empregado é despedido e as opções de continuidade devem ser informadas.[109]

Note-se que, em caso de ruína, a jurisprudência reconhece o dever de não aumentar suas perdas e um dever de cooperação bilateral para evitar a ruína do sistema: "5. Nos contratos cativos de longa duração, também chamados de relacionais, baseados na confiança, o rigorismo e a perenidade do vínculo existente entre as partes pode sofrer, excepcionalmente, algumas flexibilizações, a fim de evitar a ruína do sistema e da empresa, devendo ser respeitados, em qualquer caso, a boa-fé, que é bilateral, e os deveres de lealdade, de solidariedade (interna e externa) e de cooperação recíprocos."[110]

A atualização do CDC incluiu regras especiais sobre a cooperação quando da ruína ou superendividamento do consumidor. O PL 1805/2021 ora no Senado Federal (decorrente do substitutivo ao

---

(STJ, 3.ª T., AgRg no REsp 514.394/RS, rel. Min. Carlos Alberto Menezes Direito, j. 12.08.2003).

108. Veja a já citada Súmula 286 do STJ e a bela decisão, no mesmo sentido, do TJRS, na ApCiv 7008681553, rel. Des. Nereu José Giacomoli, j. 14.04.2004.

109. Assim, o STJ: "Decorre do princípio da boa-fé objetiva o dever de comunicação expressa ao ex-empregado do seu direito de optar pela manutenção da condição de beneficiário do plano de saúde, no prazo razoável de 30 dias a partir do seu desligamento da empresa." (STJ, 3.ª T., REsp 1237054/PR, rel. Min. Paulo de Tarso Sanseverino, j. 22.04.2014, *DJe* 19.05.2014)

110. Ementa do REsp 1479420/SP, Rel. Ministro Ricardo Villas Bôas Cueva, Terceira Turma, julgado em 01/09/2015, DJe 11/09/2015. Veja-se: MIRAGEM, Bruno. Direito das obrigações. 3ª ed. Rio de Janeiro: Forense, 2021, p. 188.

PL 3515 aprovado pela Câmara dos Deputados) introduz uma conciliação com base na boa-fé, como a que ocorre no país nos Tribunais de Justiça, com todos os credores do consumidor e, em caso de não acordo, um plano judicial compulsório para pagamento – temporizado – dos valores devidos pelo consumidor. É um grande avanço no nível de boa-fé de nosso país.

Se aprovado for, o PL 1805/2021 será lei nova em relação à Lei de Liberdade Econômica e este diálogo entre fontes será ainda mais facilitado, pois lei especial que permite a repactuação de dívidas. Sem querer realizar uma conclusão *stricto sensu* deste texto, podemos reafirmar a importância do princípio da boa-fé nos contratos de serviços no Brasil como princípio transversal que impacta as relações de consumo especialmente, mas também as relações empresariais e entre civis.

7
FUNÇÃO SOCIAL DO CONTRATO COMO LIMITE DA LIBERDADE DE CONTRATAR E A CONFIANÇA LEGÍTIMA NO RESULTADO EM TEMPOS DIGITAIS

Claudia Lima Marques

Sumário: Introdução. I. Função social dos contratos de consumo: limite da liberdade de contratar? A) Função social do contrato antes da Lei da Liberdade Econômica. B) Utilizações da função social pela jurisprudência: acesso, interpretação e manutenção do contrato de consumo. II. Função social dos contratos de consumo e o princípio da confiança: a necessária evolução para a proteção da confiança dos consumidores. A) Cláusulas penais e de retenção, revisão e frustração do fim do contrato com vulneráveis. B) Função social atuando na determinação do conteúdo da liberdade de contratar e seus impactos transubjetivos. III. Observações finais: a importância da proteção da confiança legítima em tempos digitais.

Introdução

A evolução do direito contratual tem altos e baixos, no que se refere à proteção dos vulneráveis. Após a Lei de Liberdade Econômica, que modificou o Código Civil em 2019, podemos dizer que estamos em "baixa". Neste momento, vale a pena revisitar o artigo que escrevi, em conjunto com Bruno Miragem, para a homenagem a Ricardo Luis Lorenzetti, sobre os novos princípios e a reconstrução da autonomia privada, que teve publicação somente na Argentina. Neste artigo, analisamos, na primeira parte deste trabalho, o desenvolvimento no Brasil do princípio da boa-fé objetiva no Código de Defesa do Consumidor e no Código Civil Brasileiro de 2002 e, em uma segunda, a função social do contrato, grande novidade de nosso Direito Privado. Anos mais tarde, elaborei um artigo sobre função social, nos contratos entre empresários e contratos com consumidores, apenas analisando casos e concluí que o princípio da função social é mal-usado para casos de consumo, prejudicando os consumidores, quando deveria ser o contrário, um princípio de limite da vontade dos fornecedores,[1] face ao impacto social dos contratos de consumo!

Gostaria de agora analisar em uma primeira parte um resumo destes dois artigos, com uma visão atualizada do Art. 421 do Código Civil de 2002 e seu impacto nos contratos de consumo por força do Art. 1º do CDC, como um princípio "social" dos contratos,[2] em tempos que o resultado é mais importante do que a vontade inicial que criou o resultado no mercado de consumo; e – preparando os tempos digitais – do princípio da confiança (*fides*), que se retira do princípio da boa-fé (*bona fides*)[3] do Art. 4º, III, em diálogo com o Art. 422 do CC/2002, princípio que deve ser a base para reconstrução de uma autonomia privada dos mais fracos, adaptada ao paradigma digital.

Como afirmou Orlando Gomes: "[...] *o fenômeno da contratação passa por uma crise que causou a modificação da função do contrato: deixou de ser mero instrumento do poder de autodeterminação privada, para se tornar um instrumento que deve realizar também interesses da coletividade. Numa palavra: o contrato passa a ter função social.*"[4] Esta concepção social do contrato tem como pressuposto a necessidade de proteção do equilíbrio entre os interesses legítimos de ambos os contratantes e da

---

1. Veja MIRAGEM, Bruno. Diretrizes interpretativas da função social do contrato, in *Revista de Direito do Consumidor*, v. 56, p. 22 e ss e no sentido mais amplo do reconhecimento de um princípio da solidariedade no direito das obrigações, MIRAGEM, Bruno. Direito das obrigações. 3ª ed. Rio de Janeiro: Forense, 2021, p. 73 e ss.
2. Minha inspiração é o artigo de LÔBO, Paulo Luiz Netto. Princípios sociais dos contratos no Código de Defesa do Consumidor e no novo Código Civil. *Revista de Direito do Consumidor*, n. 42. São Paulo: RT, abril-junho/2002, p. 187-195.
3. A boa-fé, textualmente na norma, está prevista tanto no Código de Defesa do Consumidor, de 1990, em seus artigos 4º e 51, quanto no Código Civil de 2002, em seus artigos 112, 187 e 422, indicando-a neste último diploma legislativo em sua tríplice função de princípio interpretativo, limite ao exercício de direitos subjetivos e fonte autônoma de deveres jurídicos.
4. GOMES, Orlando. *Novos Temas de Direito Civil*. Rio de Janeiro: Forense, 1983, p. 109.

confiança dos contratantes entre si, assim como na projeção dos efeitos da relação contratual em face de toda a comunidade.[5]

A promulgação no Brasil, em 2002, de um novo Código Civil unitário das obrigações civis e empresariais, o qual incorporou diversas inovações já determinadas no CDC, completou o quadro de renovação.[6] Ambas as leis, em cláusulas gerais, autorizam o Poder Judiciário a um controle mais efetivo da justiça contratual e ao exercício de uma interpretação mais teleológica, onde os valores da lei tomam o primeiro plano e delimitam o espaço da vontade, reconstruindo a autonomia da vontade do outro, do mais fraco ou do leigo. Destaque-se a relação entre as duas leis, o fenômeno que denominamos diálogo de fontes[7], segundo

---

5. LORENZETTI, Ricardo Luis. *Fundamentos do Direito Privado*. São Paulo: RT, 1998, p. 252.
6. Veja o nosso MARQUES, Claudia Lima. *A nova crise do contrato – estudos sobre a nova teoria contratual*. RT: São Paulo, 2006, p. 17 e seg.
7. Trata-se o diálogo das fontes de uma técnica de coordenação das diferentes fontes jurídicas, que assim se qualifica, "diálogo, por que há influências recíprocas [...] por que há aplicação conjunta das duas normas ao mesmo tempo e ao mesmo caso, seja complementarmente, seja subsidiariamente, seja permitindo a opção voluntária das partes sobre a fonte prevalente (especialmente em matéria de convenções internacionais e leis-modelos), ou mesmo permitindo uma opção por uma das leis em conflito abstrato. Uma solução flexível e aberta, de interpenetração, ou mesmo a solução mais favorável ao mais fraco da relação (tratamento diferente dos diferentes)". São três os tipos de diálogos: O diálogo sistemático de coerência, o diálogo de complementaridade e subsidiariedade e o diálogo de coordenação e adaptação sistemática. Veja MARQUES, Claudia Lima, in MARQUES, Claudia Lima; BENJAMIN, Antônio Herman; MIRAGEM, Bruno. *Comentários ao Código de Defesa do Consumidor*. 3ª ed. São Paulo: RT, 2010, p. 33 et seq. A teoria foi aceita pela jurisprudência brasileira, inclusive pelo Supremo Tribunal Federal (ADIn 25.591). A ideia de um "diálogo" de aplicação simultânea do CDC, CC e leis especiais para realizar de forma mais eficaz a proteção do consumidor foi recebida nas decisões mais recentes do e. Superior Tribunal de Justiça, em matéria de SFH (REsp 969.129/MG, Segunda Turma, Rel. Min. Luis Felipe Salomão, j. 09.12.2009, DJE 15.12.2009), seguros (REsp 403.155/SP, Quarta Turma, Rel. Min. Luis Felipe Salomão, j. 18.06.2009, DJE 30.06.2009), crianças (REsp 1.037.759/RJ, Terceira Turma, Rel. Min. Nancy Andrighi, j. 23.02.2010, DJE 05.03.2010), idosos (REsp 1.057.274/RS, Segunda Turma, Rel. Min. Eliana Calmon, j. 01.12.2009, DJE 26.02.2010), bancos (REsp 347.752/SP, Segunda Turma, Rel. Min. Herman Benjamin, j. 08.05.2007, DJE 04.11.2009) e serviços públicos (REsp 1.079.064/SP, Segunda Turma, Rel. Min. Herman Benjamin, j. 02.04.2009, DJE 20.04.2009), e a expressão diálogo das fontes

o qual há entre as normas destas leis, cada qual em seu âmbito material de aplicação, uma colaboração e influência recíproca dos preceitos, a partir de uma lógica comum de proteção da confiança e dos interesses legítimos das partes na relação contratual civil e de consumo.

Ao unir estes dois temas (função social do contrato e confiança), quero analisar as transformações do novo direito dos contratos, dos séculos XX e XXI. O aspecto principal destas transformações a que se faz referência, em especial, nos contratos entre fornecedores e consumidores, é o surgimento de uma concepção social do contrato[8]. Refere-se esta noção ao fato do contrato, ao mesmo tempo que tem alta representação como expressão do poder da autonomia individual para produzir normas e efeitos jurídicos segundo a vontade das partes, também deve ser regulado em consideração aos eventuais efeitos que se produzem à comunidade e à frustração dos interesses dos contratantes em razão da realidade social de diferenças entre os níveis de poder dos diversos sujeitos envolvidos na conformação do pacto.

I. Função social dos contratos de consumo: limite da liberdade de contratar?

Um dos pontos mais inovadores[9] e, ao mesmo tempo, um dos mais herméticos[10] do novo Código Civil é o seu Art. 421, que abre o título

---

já consta de algumas de suas ementas (veja REsp 1.037.759/RJ, Terceira Turma, Rel. Min. Nancy Andrighi, j. 23.02.2010, DJE 05.03.2010).

8. MARQUES. *Contratos...*, p. 175.
9. LÔBO, Paulo Luiz Netto. Princípios sociais dos contratos no CDC e no novo Código Civil. In Revista de Direito do Consumidor, vol. 42/2002, p. 187-195, abr.-jun./2002, p. 191: "O princípio da função social é a mais importante inovação do Direito contratual comum brasileiro e, talvez, a de todo o novo Código Civil. Os contratos que não são protegidos pelo Direito do consumidor devem ser interpretados no sentido que melhor contemple o interesse social, que inclui a tutela da parte mais fraca no contrato, ainda que não configure contrato de adesão. Segundo o modelo do Direito constitucional, o contrato deve ser interpretado em conformidade com o princípio da função social."
10. Veja, na Alemanha, considerando que não haveria "modelo legislativo direto" ("kein unmittelbares Vorbild") para a criação de Miguel Reale no Art. 421 do Código Civil de 2002, SCHMIDT, Jan Peter. *Zivilrechtskodifikation in Brasilien*. Tübingen: Mohr, 2009, p. 471.

dos "Contratos em geral" e suas "Disposições gerais" no Capítulo I. Em sua redação original, afirmava que a *"liberdade de contratar será exercida em razão e nos limites da função social do contrato."*[11] E, com o *caput* modificado pela Lei da Liberdade Econômica (Lei 13.874/2019), hoje afirma: "A liberdade contratual será exercida nos limites da função social do contrato." Vejamos esta mudança e se isso se reflete na jurisprudência.

A) *Função social do contrato antes da Lei da Liberdade Econômica*

Sem dúvida, o contrato de consumo tem função social, tanto que o CDC em seu artigo 1º reforça esta tese e permite assim o controle externo destes contratos individuais e coletivos. Parafraseando a famosa expressão da Constituição de Weimar, (*Eigentum verpflichtet*), a propriedade obriga;[12] o contrato hoje "obriga" *inter partes* e ainda "obriga" em relação a terceiros e/ou a coletividade, pois tem função social, neste que denominamos de Direito Privado Solidário.[13]

No Brasil, muito, e bem, já se escreveu sobre a função social dos contratos,[14] em especial focando sobre sua origem,[15] influências doutrinárias,[16] seu significado,[17] sentido e extensão,[18] sua relação com a

---

11. Destaque-se a poética tradução para o inglês realizada por BARROSO, Lucas Abreu. *Contemporary Legal Theory in Brazilian Civil Law*. Curitiba: Juruá, 2014, p. 48: "*The freedom to contract shall be exercised by virtue, and within the limits, of the social function of contracts*".
12. Assim também SALOMÃO FILHO, Calixto. Função social do contrato: primeiras anotações, in *Revista dos Tribunais*, vol. 83, maio/2004, p. 71.
13. MARQUES, Claudia Lima; MIRAGEM, Bruno. *O Novo Direito Privado e a proteção dos vulneráveis*. 2. Ed., São Paulo: Ed. RT, 2004, p. 11.
14. Veja-se o excelente estudo sobre a 'nova teoria contratual' e os efeitos da constitucionalização do direito privado, RULLI NETO, Antonio. *Função Social do Contrato*, São Paulo: Saraiva, 2011, p. 17 e seg.
15. HIRONAKA, Giselda M. F. Novaes. A Função social do contrato. In *Revista de Direito Civil* 45/141 jul.-set./1988, reproduzida in *Doutrinas Essenciais – Obrigações e Contratos*, vol. 3, p. 739-754, jun./2011.
16. Veja BRANCO, Gerson L. C. *Função Social dos Contratos – interpretação à luz do Código Civil*. São Paulo: Saraiva, 2009, p. 40 e seguintes, mencionando Jhering, Duguit, Cimbali, Renner, Betti e p. 151 e seguintes, a influência teórica de Miguel Reale sobre

constitucionalização do direito contratual,[19] a pós-modernidade,[20] com a solidariedade,[21] com a boa-fé,[22] com a função econômica[23] e sua

---

      o significado da função social dos contratos. Veja também a obra de TEIZEN JÚNIOR, Augusto Geraldo. *A função social no Código Civil*. São Paulo: Ed. RT, 2004.

17. Veja, por todos, MIRAGEM, Bruno, Diretrizes interpretativas da função social do contrato, in *Revista de Direito do Consumidor*, vol. 56/2005, p. 22-45, out.-dez./ 2005, p. 24: "Ao referir-se à *função social do contrato*, de uma primeira interpretação do próprio texto da norma do art. 421 já se retiram dois aspectos característicos do seu significado. Primeiro, de que configura um limite à liberdade de contratar; segundo, que apresenta um vínculo orgânico entre o exercício da liberdade/direito subjetivo de contratar e a finalidade social desta prerrogativa. Determina ao direito de contratar, pois, a natureza de um direito-função. Neste segundo caso, a previsão de uma finalidade social do direito de contratar assume então diferentes possibilidades de interpretação, que podem abranger tanto uma espécie de garantia de acesso ao contrato, quanto o direito de sua manutenção, bem como um controle de mérito e conteúdo do objeto contratado, de modo a adequá-lo ao que se considere sob certos padrões sociais vigentes, o justo em matéria contratual (do que se poderá, por exemplo, identificar o fundamento do equilíbrio das prestações em determinados contratos)." Em sentido mais amplo: MIRAGEM, Bruno. *Direito das obrigações*. 3ª ed. Rio de Janeiro: Forense, 2021, p. 73 e ss.

18. Veja, por todos, MARIGHETTO, Andrea. *O acesso ao contrato: sentido e extensão da função social do contrato*. São Paulo: Quartier Latin, 2012, p. 158. Sintetiza o autor: "a função social do contrato exprime a necessária harmonização dos interesses privados das partes com os interesses de toda a coletividade. Em outras palavras, concretiza o ponto de encontro entre o individualismo garantido pelo princípio da liberdade contratual com o da igualdade, entendida como forma de desenvolvimento da inteira coletividade em conjunto. A forma de liberdade compatível com a igualdade é a própria igualdade na liberdade."

19. Veja, por todos, o comentário de TEPEDINO, Gustavo. Art. 421, in TEPEDINO, Gustavo; BARBOZA, Heloisa Helena; MORES, Maria Celina Bodin de. *Código Civil Interpretado conforme a Constituição da República*. Rio de Janeiro: Renovar, 2006, p. 5 e seg.
      Na Alemanha, veja sobre como Miguel Reale estabeleceu a relação com os princípios da Constituição de 1988, HERZOG, Benjamin. *Anwendung und Auslegung von Recht in Portugal und Brasilien*. Mohr: Tübingen, 2014, p. 701.

20. NALIN, Paulo. *Do contrato: conceito pós-moderno – em busca de sua formulação na perspectiva civil constitucional*. 2. Ed., Curitiba: Juruá, 2007, p. 253.

21. FERREIRA DA SILVA, Luis Renato. A função social do contrato no novo código civil e sua conexão com a solidariedade social, in SARLET, Ingo Wolfgang (org.). *O novo Código civil e a Constituição*. Porto Alegre: Ed. Livraria do Advogado, 2003, p. 127-150.

22. Veja, por todos, a obra de GOMES, Rogério Zuel. *Teoria contratual contemporânea – Função social do contrato e boa-fé*. Rio de Janeiro: Forense, 2004.

23. THEODORO JÚNIOR, Humberto. *O contrato e sua função social*. Rio de Janeiro: Forense, 2003, p. 99 e seg.

operatividade.²⁴ O Código de Defesa do Consumidor (CDC) é uma lei de proteção de um grupo, os consumidores. O CDC é lei de função social, que humaniza o Direito Privado e o abre para os interesses coletivos.²⁵ O artigo 1º do CDC, depois de citar a origem constitucional do Código ou explicitar o mandamento constitucional de proteção dos consumidores, afirma que suas normas são de ordem pública e interesse social, bem explicitando que os contratos de consumo têm função social e não só interessam às partes contratantes, mas a toda sociedade.²⁶

Em 2017, analisei decisões de 2013 a 2017²⁷ do Superior Tribunal de Justiça: a saber, 50 decisões, que utilizam a expressão função social do contrato na argumentação da ementa e 70 acórdãos que citam o Art. 421 do CC/2002, além de 15 acórdãos que citam o parágrafo único do Art. 2.035, como fonte de decisão. Parte da doutrina considera que a função social se diferencia em contratos existenciais/de consumo ou em contratos empresariais.²⁸ Assim examinarei apenas as decisões que envolvam contratos de consumo e procurarei levantar as decisões que já citam a nova versão do Art. 421, para uma parte final.

Na concreção da cláusula geral do Art. 421 do CC/2002, procurarei destacar a interpretação dos ditames de ordem pública e interesse social do Art. 1º do CDC e do parágrafo único do Art. 2.035 do CC/2002, em

---

24. Veja, por todos, GODOY, Claudio Luiz Bueno de. *Função social do contrato – De acordo com o novo Código Civil*. São Paulo: Saraiva, 2004, p. 153 e seg.
25. MARQUES, Claudia Lima. *Contratos no Código de Defesa do Consumidor*. Ed. RT: São Paulo, 2019, p. 216 e seg.
26. MARQUES, Claudia Lima. Art. 1º, MARQUES, Claudia Lima; MIRAGEM, Bruno. *Comentários ao Código de Defesa do Consumidor*. São Paulo: Ed. RT, 2016.
27. Escolhi os últimos 5 anos, pois há belo artigo de TOMASEVICIUS, Eduardo Filho. Uma década de aplicação da função social do contrato – Análise da doutrina e da jurisprudência brasileiras, in *Revista dos Tribunais*, vol. 920/2014, fev./2014, p. 49 e seg. O referido autor analisa julgados estaduais e do e. STJ, em trabalho de grande fôlego. Particularmente, por questões de tempo, vou me restringir a analisar do e. STJ de 2017 a 2013, coincidindo, pois com a análise dos julgados publicados em 2013 pelo e. STJ.
28. Este é a conclusão de TOMASEVICIUS, Eduardo Filho. Uma década de aplicação da função social do contrato – Análise da doutrina e da jurisprudência brasileiras, in *Revista dos Tribunais*, vol. 920/2014, fev./2014, p. 49 e seg.

se tratando de relações de consumo.[29] Sempre à procura do sentido e efeito e das potenciais aplicações deste princípio.[30]

Segundo ensina Flávio Tartuce, a função social dos contratos é "um princípio, de ordem pública, pelo qual o contrato deve ser, necessariamente, visualizado e interpretado de acordo com o contexto da sociedade."[31] A doutrina é unânime quanto a tratar-se de princípio[32] e a jurisprudência do e. Superior Tribunal de Justiça denomina inclusive de princípio de sobredireito ao lado da boa-fé.[33]

No Código Civil de 2002, vem positivado como cláusula geral, necessitando, pois, de um esforço de concreção do intérprete. Alguns doutrinadores criticam o texto do Art. 421, quanto à forma, preferindo a ementa proposta por Ricardo Fiúza;[34] outros, quanto à alegada vagueza[35] e insegurança[36] que criaria. Neste texto, quero apenas destacar

---

29. Assim também ARRUDA ALVIM, José Manoel Netto. A função social dos contratos no novo Código Civil, in *Revista dos Tribunais*, vol. 815/2003, p. 11-31, set./2003, p. 30.
30. Veja MARQUES, Claudia Lima. A chamada nova crise do contrato e o modelo de direito privado brasileiro: crise da confiança ou do crescimento do contrato? in MARQUES, Claudia Lima (coord.). *A nova crise do contrato: estudos sobre a nova teoria contratual*. São Paulo: Ed. RT, 2007, p. 17-86.
31. TARTUCE, Flávio. *Função social dos contratos. Do Código de Defesa do Consumidor ao novo código Civil*. São Paulo: Método, 2007, p. 415.
32. GODOY, Claudio Luiz Bueno de. *Função social do contrato – De acordo com o novo Código Civil*. São Paulo: Saraiva, 2004, p. 99. Veja também ODY, Lisiane Feiten Wingert. *Einführung in das brasilianische Recht*. München: Beck, 2017, p. 110 (Rdn. 176). E, denominando de "sobreprincípio da justiça social dos contratos", MANCEBO, Rafael. *A Função Social dos Contratos*. São Paulo: Quartier Latin, 2005, p. 44.
33. Assim a ementa: "[...] o atual Código Civil positivou dois princípios de sobredireito regentes das relações jurídicas privadas, quais sejam, a função social do contrato (art. 421) e a boa-fé objetiva (art. 422)" (STJ, REsp 1123342/SP, Rel. Ministro Luis Felipe Salomão, Quarta Turma, julgado em 08/10/2013, DJe 06/11/2013).
34. Sobre a ementa formulada por Antonio Junqueira de Azevedo e Álvaro Villaça Azevedo, veja TARTUCE, Flávio. *Direito Civil – Teoria geral dos contratos e contratos em espécie*, 12. Ed., Rio de Janeiro: GEN/Forense, 2017, p. 59-60.
35. Veja-se BLANCHET, Jeanne. O novo Código Civil e a função social, in NALIN, Paulo (org.). *Princípios de Direito Contratual*. Curitiba: Juruá, 2004, p. 70-71.
36. Assim SZTAJN, Raquel, Propriedade, Contrato, Empresa e Função Social, in *Revista de Direito Recuperacional e Empresa*, vol. 1/2016, jul.-set./2016, p. 4: "Função social: separando os termos da expressão, que são ambos polissêmicos, sua associação

sua potencialidade para transformar o direito privado brasileiro, como fator de consolidação da nova teoria contratual e da aplicação – indireta ou pela lei posta – de direitos fundamentais assegurados na Constituição Federal de 1988 no novo direito privado.

Inicie-se citando os ensinamentos de Paulo Luiz Netto Lôbo: "No Código a função social não é simples limite externo ou negativo, mas limite positivo, além de determinação do conteúdo da liberdade de contratar. Esse é o sentido que decorre dos termos "exercida em razão e nos limites da função social do contrato" (Art. 421, CC/2002)"[37] previsto na versão original do Código, antes da alteração procedida pela Lei da Liberdade Econômica. Duas são as lições do mestre das Alagoas, primeiro que, na literalidade do texto do Art. 421 do CC/2002, a função social é um "limite", tanto um limite aqui chamado de "negativo" ou de atuação, mas também como um limite "positivo". Comparando novamente com a cláusula geral da boa-fé, os doutrinadores alemães assim o dizem da boa-fé, que se trata sempre de medida de decisão (*Entscheidungsmasstab*): ou se está de acordo com a boa-fé ou contra, logo se determino a (conduta de) boa-fé, já decidi o caso: violou ou não a boa-fé objetiva! Parece ser o mesmo com a função social, ou ela está presente e exige cumprimento (eficácia interna, entre as partes, ou externa, na sociedade e terceiros em relação ao contrato ou transubjetiva) ou não.

Aqui na segunda lição de Paulo Lôbo, com a concreção da cláusula geral do Art. 421, há ao mesmo tempo a "determinação do conteúdo da liberdade de contratar" naquele caso decidido. Neste sentido, relembre-se que o parágrafo único do Art. 2.035 do CC/2002 esclarece ser a função social do contrato é princípio de ordem pública. E, considerando que tem ligação com a confiança, merece citação o Enunciado 363 do CJF, que afirma esta natureza de ordem pública ou de

---

amplifica a dificuldade interpretativa e, quando aplicada à propriedade, a contratos e à empresa, dependendo de como se o faça, cria-se insegurança dados os impactos no uso da propriedade, na autonomia privada (liberdade de contratar), e na modelagem de empresas, com reflexos sobre a criação de bem-estar."

37. LÔBO, Paulo Luiz Netto. Princípios sociais dos contratos no CDC e no novo Código Civil. In *Revista de Direito do Consumidor*, vol. 42/2002, p. 187-195, abr.-jun./2002, p. 191.

decisão das cláusulas gerais, afirmando: "Os princípios da probidade e da confiança são de ordem pública, sendo obrigação da parte lesada apenas demonstrar a existência da violação."

Quanto a esta posição hierárquico-sistemática da função social do contrato, mister frisar que está ligada fortemente à ordem pública (de direção), uma ordem pública de origem constitucional, como especificam o Art. 1º do CDC, sobre a função social dos contratos de consumo e no parágrafo único do Art. 2.035 do CC/2002, que cuida dos conflitos de leis no tempo. Também o Enunciado 23 do CJF reforça esta ideia de ligação da função social do contrato com os direitos fundamentais, direitos sociais (moradia, educação, saúde e outros) e direitos coletivos *stricto sensu* (função ambiental dos contratos), afirmando: "A função social do contrato, prevista no Art. 421 do novo Código Civil, não elimina o princípio da autonomia contratual, mas atenua ou reduz o alcance desse princípio quando presentes interesses metaindividuais ou interesse individual relativo à dignidade da pessoa humana."

Por fim, concordando com Flávio Tartuce, quando afirma existir uma eficácia interna e uma eficácia externa da função social, assim dividirei a análise dos julgados. A eficácia externa da função social, para lá das partes, é posição majoritária, e há enunciado do CJF sobre a função interna. O Enunciado 360 do CJF sobre o Art. 421 do CC/2002 afirma: "O princípio da função social dos contratos também pode ter eficácia interna entre as partes contratantes."

Segundo Miguel Reale, a função social do contrato trata-se de "princípio condicionador de todo o processo hermenêutico",[38] oriunda da diretriz da "socialidade". A socialidade é "objetivo do novo Código

---

38. Veja Justificativa ao Anteprojeto, reproduzida por HIRONAKA, Giselda M. F. Novaes, A Função social do contrato. In *Doutrinas Essenciais Obrigações e Contratos*, vol. 3, p. 739-754, jun./2011, p. 749, com as palavras de Miguel Reale: "Neste contexto, bastará, por conseguinte, lembrar alguns outros pontos fundamentais, a saber: ... c) Tornar explícito, como princípio condicionador de todo o processo hermenêutico, que a *liberdade de contratar* só pode ser exercida em consonância com os fins sociais do contrato, implicando os valores primordiais da boa-fé e da probidade. Trata-se de preceito fundamental, dispensável talvez sob o enfoque de uma estreita compreensão positivista do Direito, mas essencial à adequação das normas particulares à concreção ética da experiência jurídica." (REALE, Miguel. *O projeto de Código Civil*. São Paulo: Saraiva, 1999, p. 71).

no sentido de superar o manifesto caráter individualista da lei vigente [CC/1916], feita para um país eminentemente agrícola, com cerca de 80% da população no campo. Hoje em dia, vive o povo brasileiro nas cidades, na mesma proporção de 80% (...). Daí o predomínio do social sobre o individual".[39] Impõe o Código Civil de 2002, assim, a função social do contrato (Art. 421),[40] a interpretação a favor do aderente nos contratos de adesão (Art. 423), a natureza social da posse, a facilitação da usucapião para moradias (arts. 1.238, 1.239, 1.240 e 1.242) e regulamenta a função social da propriedade (Art. 1.228).[41] A "socialidade" deve, segundo Miguel Reale, refletir "a prevalência dos valores coletivos sobre os individuais, sem perda, porém, do valor fundamental da pessoa humana".[42]

B) *Utilizações da função social pela jurisprudência: acesso, interpretação e manutenção do contrato de consumo*

Segundo alerta a doutrina,[43] a função primeira do contrato é econômica,[44] qual seja, de retribuição de interesses econômicos na troca

---

39. REALE, Miguel. Visão geral do novo Código Civil. *Revista de Direito Privado* 9, p. 9, jan.-mar. 2002, p. 12.
40. Veja, por todos, THEODORO JR. *O contrato e sua função social*, p. 1 ss. Assim também SANTOS, Eduardo Sens dos. O novo Código Civil e as cláusulas gerais: exame da função social do contrato. *Revista Forense* 364, p. 83-102, nov.-dez. 2002, p. 99: "O direito de contratar deve ser exercido de acordo com o que determina a atual conjuntura da sociedade: visando à coletividade, aos interesses difusos, ao bem-estar e ao desenvolvimento". Veja, ainda críticos, WALD, Arnoldo. A função social e ética do contrato como instrumento jurídico de parcerias e o novo Código Civil de 2002. *Revista Forense* 364, nov.-dez. 2002, p. 29 e seg. e THEODORO DE MELLO, Adriana Mandim. A função social do contrato e o princípio da boa-fé no novo Código Civil brasileiro. *Revista Forense* 364, p. 3-19, nov.-dez. 2002.
41. Exemplos dados por Reale, Visão geral do novo Código Civil, p. 13.
42. Assim ensina GONÇALVES, Carlos Roberto. *Principais inovações no Código Civil de 2002*. São Paulo: Saraiva, 2002, p. 5.
43. FERREIRA DA SILVA, Luis Renato. A função social do contrato no novo código civil e sua conexão com a solidariedade social, in SARLET, Ingo Wolfgang (org.). *O novo Código civil e a Constituição*. Porto Alegre: Ed. Livraria do Advogado, 2003, p. 136.
44. Veja defendendo a análise econômica do direito, SZTAJN, Raquel. Propriedade e Contrato: Função Social, in *Revista de Direito Empresarial*, vol. 9/2015, p. 453-459, maio-jun./2015.

do inútil pelo útil e interpartes, é sua eficácia (princípio da vinculação). Aqui o tema é também o acesso e a manutenção deste contrato com as finalidades das partes e da sociedade para este tipo de contrato, em especial se de consumo.

Em interessante caso sobre utilização de emergência hospitalar, em instituição privada que não atende o SUS, o princípio da função social do contrato foi um dos que embasou a decisão sobre a necessidade de pagamento do hospital pelo consumidor: "Os princípios da função social do contrato, boa-fé objetiva, equivalência material e moderação impõem, por um lado, seja reconhecido o direito à retribuição pecuniária pelos serviços prestados e, por outro lado, constituem instrumentário que proporcionará ao julgador o adequado arbitramento do valor a que faz jus o hospital."[45] Em última análise, o princípio também condiciona à retribuição econômica, se oneroso o contrato de consumo (e não o administrativo), mesmo se envolve direitos fundamentais, como o da saúde.

A função de diretriz interpretativa da função social dos contratos é mais usada na jurisprudência do STJ. Assim ocorreu no caso de consumidor que teve seu carro roubado e falhou na comunicação imediata à seguradora, pois foi ameaçado de morte, mesmo estando de boa-fé, situação em que a Corte afirmou que a função social pode ajudar na interpretação sistemática da norma do Art. 771 do CC/2002: "A pena

---

45. A ementa ainda ensina: "2. Trata-se de uma relação contratual de direito privado, em que a parte ré invoca a inusitada tese de nada ter de pagar, embora seja incontroverso que tenha mesmo ocasionado custos ao hospital privado – que não atende pelo SUS. Com efeito, evidentemente, não pode ser imposto pelo Estado – ainda que em sua função jurisdicional – que a sociedade empresária assuma as despesas decorrentes da prestação do serviço emergencial, cuja prestação, como expressamente reconhece a Corte local, nem mesmo poderia ser recusada pelo nosocômio – ensejando enriquecimento sem causa para o consumidor. 3. A defesa do consumidor carece de não serem gerados novos ou mais significativos atritos, observando-se os critérios de reciprocidade. Paciência, moderação, capacidade de influir pacificamente para solução dos conflitos e compreensão exata dos limites dos direitos são os melhores instrumentos da boa ética de conduta da autoridade estatal. (GAMA, Hélio Zaghetto. *Curso de direito do consumidor*. 3 ed. Rio de Janeiro: Forense, 2006, ps. 24-27)." (STJ, AgInt no REsp 1.278.178/MG, Rel. Ministro Luis Felipe Salomão, Quarta Turma, julgado em 18/05/2017, DJe 23/05/2017).

de perda do direito à indenização securitária inscrita no Art. 771 do CC, ao fundamento de que o segurado não participou o sinistro ao segurador logo que teve ciência, deve ser interpretada de forma sistemática com as cláusulas gerais da função social do contrato e de probidade, lealdade e boa-fé previstas nos arts. 113, 421, 422 e 765 do CC, devendo a punição recair primordialmente em posturas de má-fé ou culpa grave, que lesionem legítimos interesses da seguradora."[46] Aqui as cláusulas gerais do CC/2002 substituem o CDC, pois, apesar de ser um caso de consumo, o e. STJ em nenhum momento recorreu ao Art. 47 do CDC ou a qualquer outro artigo do CDC.[47] Neste sentido, a condição de vulnerável do consumidor deste caso sequer foi mencionada, tendo sido a argumentação toda fundamentada em sua boa-fé subjetiva, presente no caso e a inexigibilidade de atuação diversa.[48]

---

46. A ementa ainda ensina: "4. A sanção de perda da indenização securitária não incide de forma automática na hipótese de inexistir pronta notificação do sinistro, visto que deve ser imputada ao segurado uma omissão dolosa, injustificada, que beire a má-fé, ou culpa grave, que prejudique, de forma desproporcional, a atuação da seguradora, que não poderá se beneficiar, concretamente, da redução dos prejuízos indenizáveis com possíveis medidas de salvamento, de preservação e de minimização das consequências." (REsp 1546178/SP, Rel. Ministro Ricardo Villas Bôas Cueva, Terceira Turma, julgado em 13/09/2016, DJe 19/09/2016).
47. Chama a atenção a decisão não ter usado o CDC pois, em virtude da vitória dos consumidores na decisão da ADIn 2591 (conhecida como ADIn dos bancos), esta impôs a aplicação do CDC aos casos securitários, logo, a ausência de análise do aspecto consumerista deste seguro de carro constituiria motivo de reclamação ao e. STF, não tivesse o resultado positivo para o consumidor-segurado.
48. A ementa assim ensina: "5. Na hipótese dos autos, fatos relevantes impediram o segurado de promover a imediata comunicação de sinistro: temor real de represálias em razão de ameaças de morte feitas pelo criminoso quando da subtração do bem à mão armada no interior da residência da própria vítima. Assim, não poderia ser exigido comportamento diverso, que poderia lhe causar efeitos lesivos ou a outrem, o que afasta a aplicação da drástica pena de perda do direito à indenização, especialmente considerando a presença da boa-fé objetiva, princípio-chave que permeia todas as relações contratuais, incluídas as de natureza securitária. 6. É imperioso o pagamento da indenização securitária, haja vista a dinâmica dos fatos ocorridos durante e após o sinistro e a interpretação sistemática que deve ser dada ao art. 771 do CC, ressaltando-se que não houve nenhum conluio entre os agentes ativo e passivo do episódio criminoso, tampouco vontade deliberada de fraudar o contrato de seguro ou de piorar os efeitos decorrentes do sinistro, em detrimento dos interesses

O Enunciado 22 do CJF sobre o Art. 421 do CC/2002 destaca a sua vinculação com a confiança das partes na manutenção do contrato no tempo, afirmando: "A função social do contrato, prevista no Art. 421 do novo Código Civil, constitui cláusula geral que reforça o princípio de conservação do contrato, assegurando trocas úteis e justas." O princípio da conservação do contrato é um dos mais importantes do direito privado em geral, e no direito do consumidor e foi consolidado no Art. 52, §2º, do CDC, assim como no Art. 54, § 4º, exigindo que a decisão sobre a continuação ou não do vínculo contratual seja do consumidor, parte vulnerável (Art. 4º, I, do CDC).

No direito do consumidor, cunhei a expressão contratos cativos de longa duração, justamente para frisar a importância da continuidade do vínculo, especialmente nos contratos de serviços, como serviços bancários, de crédito, securitários. No Brasil, também a jurisprudência começa a ser confrontada com esta nova visão, já não mais absoluta da autonomia da vontade, do direito (= poder) de liberar-se de um vínculo contratual, por exemplo, de um seguro de vida anual. Para que o contrato possa cumprir sua função social, para que possa efetivamente ser um instrumento de segurança no mercado, sua interpretação não pode desconhecer a existência de deveres anexos a esta relação contratual, especialmente em se tratando de relações de longa duração, os *contratos cativos*. Assim, em caso de seguros e planos de saúde, a Lei 9.656/98 e o CDC atuam em diálogo para manter o vínculo.

Em interessante caso, decidido em 2016 sobre serviços de assistência pré-natal e obstétrica, o STJ afirmou que a portabilidade especial das carências cumpridas sob um contrato para o outro tem como base não apenas o Art. 30 da lei especial e a norma regulatória, mas o Art. 421 do CC/2002, bem ao sentido do diálogo das fontes para assegurar direitos aos consumidores previstos no Art. 7º do CDC,[49] impedindo assim

---

da seguradora. Longe disso, visto que o salvado foi recuperado, inexistindo consequências negativas à seguradora com o ato omissivo de entrega tardia do aviso de sinistro. 7. Recurso especial não provido." (REsp 1546178/SP, Rel. Ministro Ricardo Villas Bôas Cueva, Terceira Turma, julgado em 13/09/2016, DJe 19/09/2016).

49. Sobre o tema do diálogo das fontes, veja MARQUES, Claudia Lima (Org.) *Diálogo das fontes. Do conflito à coordenação das normas do direito brasileiro.* São Paulo: Ed. RT, 2012.

qualquer "eficácia" da cláusula de carência: "Nos termos do Art. 7º-C da RN nº 186/2009 da ANS, o ex-empregado demitido ou exonerado sem justa causa ou aposentado ou seus dependentes vinculados ao plano ficam dispensados do cumprimento de novos períodos de carência na contratação de novo plano individual ou familiar ou coletivo por adesão, seja na mesma operadora, seja em outra, desde que peçam a transferência durante o período de manutenção da condição de beneficiário garantida pelos arts. 30 e 31 da Lei nº 9.656/1998."[50] Assim, ensina o STJ: "Os contratos de seguro e assistência à saúde são pactos de cooperação e solidariedade, cativos e de longa duração, informados pelos princípios consumeristas da boa-fé objetiva e função social, tendo o objetivo precípuo de assegurar ao consumidor, no que tange aos riscos inerentes à saúde, tratamento e segurança para amparo necessário de seu parceiro contratual."[51]

Aqui o tempo é que assegura o bom fim do contrato. Em caso de seguro de vida, a renovação é, frente a idosos, impedida pelo grande aumento ou reajuste de preços, como cláusula de barreira à continuidade da relação no tempo.[52] Quanto ao tempo sob a visão da função

---

50. A ementa ainda ensina: "4. Não há nenhuma ilegalidade ou abusividade na fixação de prazo de carência no contrato de plano de saúde, contanto que sejam observados os limites e as restrições legais (arts. 12, V, 13, I, e 16, III, da Lei nº 9.656/1998 e 6º e 11 da RN nº 195/2009 da ANS). 5. Há hipóteses em que o prazo de carência já cumprido em um dado contrato pode ser aproveitado em outro, como geralmente ocorre na migração e na portabilidade de plano de saúde, para a mesma ou para outra operadora. Tais institutos possibilitam a mobilidade do consumidor, sendo essenciais para a estimulação da livre concorrência no mercado de saúde suplementar. 6. Quanto ao ex-empregado demitido e seus dependentes, para não ficarem totalmente desprotegidos, e atendendo à função social do contrato de plano de saúde (art. 421 do Código Civil), foi assegurada, pela Agência Nacional de Saúde Suplementar (ANS), a portabilidade especial de carências." (REsp 1525109/SP, Rel. Ministro Ricardo Villas Bôas Cueva, Terceira Turma, julgado em 04/10/2016, DJe 18/10/2016).
51. Assim ementa do REsp 962.980/SP, Quarta T., j. 13.03.2012, rel. Min. Luis Felipe Salomão, *DJe* 15.05.2012.
52. Assim surpreende a nova decisão do STJ, que fixou em no mínimo 10 anos de relação contratual para a proteção do idoso, quando o diálogo entre o CDC e o Estatuto do Idoso poderia chegar a outro resultado, e afirma: "que a existência de cláusula prevendo o reajuste do prêmio do seguro de vida, em decorrência da

social dos contratos cativos de longa duração, o tempo evita a frustração do contrato. Porém, observa-se também, aí oriundo do princípio da boa-fé, que a cooperação entre os contratantes, em especial havendo perigo de ruína, impõe deveres de renegociação e de adaptação do contrato às novas circunstâncias. Aqui encontramos a base do combate ao superendividamento dos consumidores. Também é interessante a proteção do acesso ao contrato bancário. Assim, em recente caso, o STJ reiterou a importância da conta bancária para o consumidor e sua manutenção. O voto vista do e. Min. Sanseverino ensina que o diálogo entre o CDC e o CC/2002 deve levar ao mesmo resultado de manutenção do contrato, afirmando: "Configura abuso de direito por parte da entidade bancária a rescisão unilateral de contrato de conta-corrente mantido há anos, sem que haja problema cadastral ou de inadimplemento com os clientes. É que o contrato bancário constitui típica relação de consumo, consoante o entendimento firmado no STJ e no STF. Assim, o encerramento abrupto das contas sem qualquer justificativa razoável representa prática abusiva, conforme previsão inserta no artigo 39, II e IX, da Lei 8.078/1990. Mesmo analisando sob a ótica do direito contratual, tem-se configurado o abuso de direito pela rescisão unilateral no caso, haja vista que a liberdade contratual, segundo o Código Civil vigente, deve ser exercida em razão e nos limites da função social do contrato, respeitando-se os ditames éticos da boa-fé objetiva. A entidade bancária ao rescindir unilateralmente o contrato sem apresentar justificativa para tanto excedeu-se no exercício de seu direito, cometendo ato ilícito, em desacordo com os princípios positivados no Código Civil vigente da liberdade contratual, da função social do contrato e da boa-fé objetiva."[53]

---

faixa etária, só se mostra abusiva na hipótese de o segurado completar 60 anos de idade e sua relação contratual tiver mais de 10 anos." (AgInt no AREsp 1019733/RS, Rel. Ministro Marco Aurélio Bellizze, Terceira Turma, julgado em 13/06/2017, DJe 23/06/2017).

53. A ementa do caso é: "*Direito do consumidor. Contrato de conta-corrente em instituição financeira. Encerramento unilateral e imotivado da conta. Impossibilidade*. 1. – Não pode o banco, por simples notificação unilateral imotivada, sem apresentar motivo justo, encerrar conta-corrente antiga de longo tempo, ativa e em que mantida movimentação financeira razoável. 2. – Configurando contrato relacional ou cativo,

Na posição de cativismo e vulnerabilidade do consumidor no tempo, também encontramos o fundamento da necessidade de contratos de longa duração adaptarem-se às novas circunstâncias, como evitar a ruína do patrocinador de seguro-saúde coletivo, para empregados da ativa e aposentados. O Art. 51, § 2º do CDC, é norma interessante, pois, em pleno Código de Defesa do Consumidor, assegura a continuidade do contrato, apenas se os esforços de integração não forem excessivamente onerosos a qualquer das partes dos contratos, enquanto em outras passagens do Art. 51 protege apenas os consumidores da vantagem excessiva por cláusulas impostas pelos fornecedores.

A jurisprudência acolheu a expressão contratos cativos de longa duração e, em caso de planos de saúde, beneficiando grupo de empregados, e havendo necessidade de migração de planos, inclusive para os aposentados, para manter a benesse para todos e o bom fim deste contrato coletivo, ponderou a função social do contrato de plano de saúde, afirmando: "5. Nos contratos cativos de longa duração, também chamados de relacionais, baseados na confiança, o rigorismo e a perenidade do vínculo existente entre as partes podem sofrer, excepcionalmente, algumas flexibilizações, a fim de evitar a ruína do sistema e da empresa, devendo ser respeitados, em qualquer caso, a boa-fé, que é bilateral, e os deveres de lealdade, de solidariedade (interna e externa) e de cooperação recíprocos. 6. Não há ilegalidade na migração de inativo de plano de saúde se a recomposição da base de usuários (trabalhadores ativos, aposentados e demitidos sem justa causa) em um modelo único, na modalidade pré-pagamento por faixas etárias, foi medida necessária para se evitar a inexequibilidade do modelo antigo, ante os prejuízos crescentes, solucionando o problema do desequilíbrio contratual, observadas as mesmas condições de

---

o contrato de conta-corrente bancária de longo tempo não pode ser encerrado unilateralmente pelo banco, ainda que após notificação, sem motivação razoável, por contrariar o preceituado no art. 39, IX, do Cód. de Defesa do Consumidor. 3. – Condenação do banco à manutenção das conta-correntes dos autores. 4. – Dano moral configurado, visto que atingida a honra dos correntistas, deixando-os em situação vexatória, causadora de padecimento moral indenizável. 5. – Recurso Especial provido. (REsp 1.277.762/SP, Rel. Ministro Sidnei Beneti, Terceira Turma, julgado em 04/06/2013, DJe 13/08/2013).

cobertura assistencial. Vedação da onerosidade excessiva tanto para o consumidor quanto para o fornecedor (Art. 51, § 2º, do CDC). Função social do contrato e solidariedade intergeracional, trazendo o dever de todos para a viabilização do próprio contrato de assistência médica. 7. Não há como preservar indefinidamente a sistemática contratual original se verificada a exceção da ruína, sobretudo se comprovadas a ausência de má-fé, a razoabilidade das adaptações e a inexistência de vantagem exagerada de uma das partes em detrimento da outra, sendo premente a alteração do modelo de custeio do plano de saúde para manter o equilíbrio econômico-contratual e a sua continuidade, garantidas as mesmas condições de cobertura assistencial, nos termos dos arts. 30 e 31 da Lei nº 9.656/1998." (STJ, REsp 1479420/SP, Rel. Ministro Ricardo Villas Bôas Cueva, Terceira Turma, julgado em 01/09/2015, DJe 11/09/2015).

A função social do contrato é muito utilizada para manter os contratos essenciais para os consumidores, como os referentes a direitos sociais e à saúde. Em caso envolvendo idosos, o e. STJ considerou importante a manutenção e a renovação de contratos de seguros de vida: "A jurisprudência desta Corte já se posicionou no sentido de que "a rescisão imotivada do contrato, em especial quando efetivada por meio de conduta desleal e abusiva – violadora dos princípios da boa-fé objetiva, da função social do contrato e da responsabilidade pós-contratual – confere à parte prejudicada o direito à indenização por danos materiais e morais."[54] E, em caso de revisão de cláusulas contratuais, assentou o voto do e. Min. Raul Araújo: "No que atine à

---

54. A ementa ainda ensina: "A egrégia Segunda Seção firmou o entendimento de que, 'no caso de dano moral puro, a quantificação do valor da indenização, objeto da condenação judicial, só se dar após o pronunciamento judicial, em nada altera a existência da mora do devedor, configurada desde o evento danoso. A adoção de orientação diversa, ademais, ou seja, de que o início da fluência dos juros moratórios se iniciasse a partir do trânsito em julgado, incentivaria o recorrismo por parte do devedor e tornaria o lesado, cujo dano sofrido já tinha o devedor obrigação de reparar desde a data do ato ilícito, obrigado a suportar delongas decorrentes do andamento do processo e, mesmo de eventuais manobras processuais protelatórias, no sentido de adiar a incidência de juros moratórios' [...]" (STJ, AgRg no AREsp 193.379/RS, Rel. Ministro Ricardo Villas Bôas Cueva, Terceira Turma, julgado em 02/05/2013, DJe 09/05/2013).

possibilidade de revisão das cláusulas contratuais, a jurisprudência do STJ pacificou-se no sentido de que, sendo aplicável o Código de Defesa do Consumidor, é permitida a revisão das cláusulas contratuais pactuadas, tendo em conta que o princípio do pacta sunt servanda vem sofrendo mitigações, mormente ante os princípios da boa-fé objetiva, da função social dos contratos e do dirigismo contratual."[55]

Assim interessante caso de contrato coletivo de plano de saúde que beneficiava apenas a família do sócio, em verdadeiro "falso-coletivo", mas foi mantido, proibindo-se a rescisão unilateral do contrato por ofensa, entre outros, ao princípio da função social do contrato.[56] Também em contrato de seguro de vida, renovado por muitos anos, a função social do contrato leva à renovação deste e impede a eficácia da cláusula de não renovação: "[...] desatende a função social do contrato de seguro, que, por anos e anos é renovado, a boa-fé objetiva e o dever de cooperação, a estipulação, especialmente em contrato de adesão, de cláusula que permita à seguradora, em qualquer hipótese, proceder à não renovação imotivada do seguro, reiteradamente renovado, omitindo-se, ainda, em estabelecer alternativas legítimas em casos especiais como o presente".[57] Contudo, se a renovação for por

---

55. Assim o AgRg no AREsp 649.895/MS, Rel. Ministro Raul Araújo, Quarta Turma, julgado em 05/05/2015, DJe 25/05/2015. Veja também neste sentido o AgRg no AREsp 433.536/RS, Rel. Ministro Raul Araújo, Quarta Turma, julgado em 28/04/2015, DJe 18/05/2015.

56. A ementa ensina: *"Agravo interno no recurso especial. Plano de saúde. Contrato coletivo que beneficia apenas família do sócio. Código de defesa do consumidor. Aplicabilidade. Beneficiários acometidos de doenças graves. Rescisão unilateral do contrato. Impossibilidade. Quebra da boa-fé objetiva, ofensa à função social do contrato e ao princípio da razoabilidade. Agravo não provido.* 1. O STJ excepcionalmente admite a incidência do CDC nos contratos celebrados entre pessoas jurídicas, quando evidente que uma delas, embora não seja tecnicamente a destinatária final do produto ou serviço, apresenta-se em situação de vulnerabilidade em relação à outra. 2. No caso dos autos, embora se trate de contrato firmado por pessoa jurídica, o contrato coletivo de plano de saúde possui como beneficiários apenas três pessoas, familiares do sócio, estando demonstrada sua hipossuficiência, que justifica seu enquadramento na figura de consumidor. [...]" (AgRg no REsp 1.541.849/DF, Rel. Ministro Raul Araújo, Quarta Turma, julgado em 15/10/2015, DJe 09/11/2015).

57. A ementa é: *"Agravo regimental no Recurso Especial. Seguro de vida em grupo. Denúncia imotivada do contrato renovado por mais de trinta anos. Pedido indenizatório.*

pequeno período de menos de 5 anos, tal cláusula não seria abusiva, apesar do imposto no Art. 54, § 4º do CDC.[58]

Outro tema muito tratado é a "teoria do adimplemento substancial, que visa a impedir o uso desequilibrado do direito de resolução por parte do credor, em prol da preservação da avença, com vistas à realização dos princípios da boa-fé e da função social do contrato",[59] como afirma a jurisprudência. O tema é tratado no Enunciado 361 do CJF, que afirma: "O adimplemento substancial decorre dos princípios gerais contratuais, de modo a fazer preponderar a função social do contrato e o princípio da boa-fé objetiva, balizando a aplicação do Art. 475."

Em caso de alienação fiduciária, em 2015, o e. STJ reafirma utilizar a teoria, mas apesar do consumidor ter falhado pagamento apenas de uma parcela, não a utilizou para assegurar danos morais pelo uso da busca e apreensão, considerando exercício regular de direito. O voto vencido, porém, do e. Min. Moura Ribeiro afirma: "O credor fiduciário deve pagar indenização por danos morais na hipótese em que foi ajuizada busca e apreensão do veículo baseada em premissa falsa de que não houve o pagamento de várias parcelas do contrato de financiamento, quando na verdade houve a falta de pagamento de apenas uma parcela e o pagamento de todas as outras, que foram recebidas pelo credor. Isso porque se aplica a Teoria do Adimplemento Substancial, que permite

---

Prescrição trienal. Ilicitude e dano moral. Diretriz da eticidade. Ilicitude verificada na espécie ante às nuanças do caso concreto. Agravo regimental desprovido." (AgRg no REsp 1422191/SP, Rel. Ministro Paulo de Tarso Sanseverino, Terceira Turma, julgado em 06/08/2015, DJe 24/08/2015). Veja também caso de 20 anos de renovação, no AgRg no REsp 1230665/SP, Rel. Ministro Paulo de Tarso Sanseverino, Terceira Turma, julgado em 05/03/2013, DJe 03/04/2013.

58. Assim a ementa do REsp 1294093/RJ, Rel. Ministra Nancy Andrighi, Terceira Turma, julgado em 08/04/2014, DJe 24/04/2014: "na hipótese, a peculiaridade é a de que o contrato de seguro de vida celebrado entre as partes só foi renovado automaticamente por 5 (cinco) vezes, não podendo ser aplicados os precedentes desta Corte, os quais tratam de relações muito mais duradouras – 20, 30 anos – em que se estabeleceu um vínculo de dependência e confiança do segurado em relação seguradora, ficando aquele em situação de desvantagem excessiva em relação a essa, além de se encontrar totalmente desamparado após longos anos de mútua colaboração."

59. Assim ementa do REsp 877.965/SP, rel. Min. Luis Felipe Salomão, 4.ª T., j. 22.11.2011, DJe 01.02.2012.

a relativização dos efeitos dos contratos quando a resolução do pacto não atender aos princípios da boa-fé objetiva e função social do contrato. Além disso, o banco poderia ter se valido de simples cobrança ou execução da nota promissória representativa da parcela não paga para reaver seu crédito."[60]

Outro tema importante é a conexão entre contratos de consumo, principais e acessórios (como o de crédito), que fica clara com o exame da função social destes contratos. O e. STJ, no REsp 1.127.403/SP, discutiu o tema e, no voto vencido do e. Min. Luis Felipe Salomão,

---

60. A ementa do REsp 1255179/RJ, Rel. Ministro Ricardo Villas Bôas Cueva, Terceira Turma, julgado em 25/08/2015, DJe 18/11/2015 é contrária à concessão de perdas e danos, concluindo pelo exercício regular de direito e restabelecendo a sentença de primeiro grau, que era pela improcedência: "4. A teor do que expressamente dispõem os arts. 2º e 3º do Decreto-Lei nº 911/1969, é assegurado ao credor fiduciário, em virtude da comprovação da mora ou do inadimplemento das obrigações assumidas pelo devedor fiduciante, pretender, em juízo, a busca e apreensão do bem alienado fiduciariamente. O ajuizamento de ação de busca e apreensão, nesse cenário, constitui exercício regular de direito do credor, o que afasta sua responsabilidade pela reparação de danos morais resultantes do constrangimento alegadamente suportado pelo devedor quando do cumprimento da medida ali liminarmente deferida. 5. O fato de ter sido ajuizada a ação de busca e apreensão pelo inadimplemento de apenas 1 (uma) das 24 (vinte e quatro) parcelas avençadas pelos contratantes não é capaz de, por si só, tornar ilícita a conduta do credor fiduciário, pois não há na legislação de regência nenhuma restrição à utilização da referida medida judicial em hipóteses de inadimplemento meramente parcial da obrigação. 6. Segundo a teoria do adimplemento substancial, que atualmente tem sua aplicação admitida doutrinária e jurisprudencialmente, não se deve acolher a pretensão do credor de extinguir o negócio em razão de inadimplemento que se refira a parcela de menos importância do conjunto de obrigações assumidas e já adimplidas pelo devedor. 7. A aplicação do referido instituto, porém, não tem o condão de fazer desaparecer a dívida não paga, pelo que permanece possibilitado o credor fiduciário de perseguir seu crédito remanescente (ainda que considerado de menor importância quando comparado à totalidade da obrigação contratual pelo devedor assumida) pelos meios em direito admitidos, dentre os quais se encontra a própria ação de busca e apreensão de que trata o Decreto-Lei nº 911/1969, que não se confunde com a ação de rescisão contratual – esta, sim, potencialmente indevida em virtude do adimplemento substancial da obrigação." Veja também outro caso em que o STJ nega a utilização da teoria em alienação fiduciária em 48 parcelas, pois atrasou as 4 últimas: REsp 1622555/MG, Rel. Ministro Marco Buzzi, Rel. p/Acórdão Ministro Marco Aurélio Bellizze, Segunda Seção, julgado em 22/02/2017, DJe 16/03/2017.

afirmou: "Há responsabilidade solidária de instituição financeira pelo descumprimento, por parte do vendedor, de contrato de compra e venda na hipótese em que participa no financiamento da compra, atuando em parceria com o fornecedor da mercadoria no intuito de fomentar a atividade principal de venda. Isso porque os contratos de compra e venda e financiamento estão coligados, existindo um elo direto nas obrigações pactuadas. A responsabilidade do financiador independe da prática direta do ato que lesou o interesse do consumidor, devendo ser mitigado o princípio da relatividade contratual e preservados o da transparência, da boa-fé, da equidade e da função social dos contratos. Além disso, a solidariedade para a reparação do dano vem do fato de o agente financeiro ter se inserido na cadeia de fornecimento, devendo responder com os demais fornecedores nos termos dos artigos 7º, parágrafo único, 25, § 1º, 28, § 3º e 34 do CDC."[61]

---

61. A ementa do voto vencedor estabeleceu o fim do financiamento, mas não a responsabilidade solidária do banco, afirmando: "3. Em que pese a alegação da casa bancária de que teria formulado contrato de crédito direto ao consumidor, tal assertiva não se depreende do acervo fático delineado pelas instâncias ordinárias, denotando-se a existência de contrato coligado (compra e venda de cozinhas com pagamento parcelado na relação consumidor-lojista) amparado em cessão de crédito operada entre o banco e o fornecedor dos bens em virtude de financiamento, por meio da qual passou a casa bancária a figurar como efetiva credora dos valores remanescentes a serem pagos pelos consumidores (prestações). 3.1 O contrato coligado não constitui um único negócio jurídico com diversos instrumentos, mas sim uma pluralidade de negócios jurídicos, ainda que celebrados em um único documento, pois é a substância do negócio jurídico que lhe dá amparo, não a forma. 3.2 Em razão da força da conexão contratual e dos preceitos consumeristas incidentes na espécie – tanto na relação jurídica firmada com o fornecedor das cozinhas quanto no vínculo mantido com a casa bancária –, o vício determinante do desfazimento da compra e venda atinge igualmente o financiamento, por se tratar de relações jurídicas trianguladas, cada uma estipulada com o fim precípuo de garantir a relação jurídica antecedente da qual é inteiramente dependente, motivo pelo qual possível a arguição da exceção de contrato não cumprido, uma vez que a posição jurídica ativa conferida ao consumidor de um produto financiado/parcelado relativamente à oponibilidade do inadimplemento do lojista perante o agente financiador constitui efeito não de um ou outro negócio isoladamente considerado, mas da vinculação jurídica entre a compra e venda e o mútuo/parcelamento. 3.3 Entretanto, a ineficácia superveniente de um dos negócios, não tem o condão de unificar os efeitos da responsabilização civil, porquanto, ainda que interdependentes entre si, parcial ou

II. Função social dos contratos de consumo e o princípio da confiança: a necessária evolução para a proteção da confiança dos consumidores

A maioria da doutrina brasileira visualiza nesta cláusula geral uma abertura para o "solidarismo", para as diretrizes éticas e a "socialidade" e chega mesmo a aproximar em muito da boa-fé objetiva e seus efeitos "mais sociais" de lealdade. Ética é um espelho, uma comparação com o que se espera do outro e de si mesmo e assim como a boa-fé impõe uma visualização das expectativas do outro e aqui no

---

totalmente, os ajustes coligados constituem negócios jurídicos com características próprias, a ensejar interpretação e análise singular, sem contudo, deixar à margem o vínculo unitário dos limites da coligação. 3.4 Assim, a interpretação contratual constitui premissa necessária para o reconhecimento da existência e para a determinação da intensidade da coligação contratual, o que no caso concreto se dá mediante a verificação do animus da casa bancária na construção da coligação e o proveito econômico por ela obtido, pois não obstante o nexo funcional característico da coligação contratual, cada um dos negócios jurídicos entabulados produz efeitos que lhe são típicos nos estritos limites dos intentos dos participantes. 3.5 Inviável responsabilizar solidariamente a financeira pelos valores despendidos pelos consumidores, uma vez que, ao manter o contrato coligado, não se comprometeu a fornecer garantia irrestrita para a transação, mas sim balizada pelos benefícios dela advindos, ou seja, no caso, nos termos da cessão de crédito operada, que não abarca os valores pagos à título de entrada diretamente ao lojista. 3.6 A circunstância de o contrato de financiamento sucumbir diante do inadimplemento do lojista não transforma a casa bancária em garante universal de todos os valores despendidos pelos autores, principalmente porque a repetição do indébito limita-se àquilo que efetivamente foi desembolsado – seja dos consumidores para com a financeira, seja desta para com a lojista. A responsabilidade do banco fica limitada, portanto, à devolução das quantias que percebeu, pois a solidariedade não se presume, decorre da lei ou da vontade das partes. 4. Recurso especial conhecido em parte e, na extensão, parcialmente provido, para afastar a responsabilidade solidária da casa bancária pela repetição integral dos valores despendidos pelos consumidores, abarcando aquele pago a título de entrada no negócio de compra das cozinhas planejadas, remanescendo a responsabilidade do banco na devolução atualizada dos valores recebidos por meio dos boletos bancários, em razão da cessão do crédito restante (crédito cedido pela lojista não abrangendo o valor recebido por esta última a título de entrada no negócio), pois as vicissitudes de um contrato repercutiram no outro, condicionando-lhe a validade e a eficácia." (REsp 1127403/SP, Rel. Ministro Luis Felipe Salomão, Rel. p/Acórdão Ministro Marco Buzzi, Quarta Turma, julgado em 04/02/2014, DJe 15/08/2014).

caso da sociedade, como um todo, para aquele contrato em particular, com aquelas partes. Particularmente, considero que a função social do contrato tem direta relação com o princípio da confiança,[62] sendo mais uma válvula de escape do sistema do direito privado brasileiro para assegurar o *acesso* ao contrato, principalmente dos vulneráveis e consumidores, a *manutenção* e/ou a *revisão* destes contratos, ajudando assim em diálogo o CDC, assim como para evitar a *frustração do fim do contrato* com vulneráveis no tempo e nos diferentes mercados (Art. 170 da CF/1988).

Como ensinam os doutrinadores europeus,[63] *fides* significa o hábito de firmeza e de coerência de quem sabe honrar os compromissos assumidos; significa, mais além do compromisso expresso, a "fidelidade" e coerência no cumprimento da expectativa alheia, independentemente da palavra que haja sido dada, ou do acordo que tenha sido concluído; representando, sob este aspecto, a atitude de lealdade, de fidelidade, de cuidado que se costuma observar e que é legitimamente esperada nas relações entre homens honrados, no respeitoso cumprimento das expectativas reciprocamente confiadas.[64] É o compromisso expresso ou implícito de "fidelidade" e "cooperação" nas relações contratuais, é uma visão mais ampla, menos textual do vínculo, é a concepção leal do vínculo, das expectativas que desperta (confiança).[65]

Como vimos em textos anteriores, como novo paradigma para as relações contratuais de nossa sociedade massificada, despersonalizada

---

62. Relembre-se aqui a lição de que a utilidade social dos contratos "engloba a protecção do tráfico jurídico, da confiança e da aparência", conforme: VASCONCELOS, Pedro Pais de. *Contratos atípicos*. Coimbra: Almedina, 1995, p. 417.
63. Veja WIEACKER, Franz. *El princípio general de la buena fé*. Madri: Civitas, 1977, p. 61.
64. Veja sobre a evolução da *fides* romana à noção europeia e pandectista, PASQUALOTTO, Adalberto. *Os efeitos obrigacionais da publicidade no Código de Defesa do Consumidor*. São Paulo: RT, 1997, p. 151 e ss.
65. BETTI, Emilio. *Teoria general de las obligaciones*. Madrid: Revista de Derecho Privado, 1969. t. I, p. 84. Sustentando a proteção da confiança como um dos fundamentos do direito privado brasileiro contemporâneo, MIRAGEM, Bruno. Teoria geral do direito civil. Rio de Janeiro: Forense, 2021, p. 27.

e cada vez mais complexa, propõe a ciência do direito o renascimento ou a revitalização de um dos princípios gerais do direito há muito conhecido e sempre presente desde o movimento do direito natural: o princípio geral da boa-fé. Este princípio ou novo "mandamento" (Gebot) obrigatório a todas as relações contratuais na sociedade moderna, e não só as relações de consumo, será aqui denominado de princípio da boa-fé objetiva para destacar a sua nova interpretação e função. A boa-fé objetiva é um *standard*, um parâmetro objetivo, genérico, que não está a depender da má-fé subjetiva do fornecedor A ou B, mas de um patamar geral de atuação, do homem médio, do bom pai de família que agiria de maneira normal e razoável naquela situação analisada, em todas as fases da relação contratual. Ou como afirma a jurisprudência: "A boa-fé objetiva se apresenta como uma exigência de lealdade, modelo objetivo de conduta, arquétipo social pelo qual impõe o poder-dever de que cada pessoa ajuste a própria conduta a esse modelo, agindo como agiria uma pessoa honesta, escorreita e leal." (STJ, REsp 981.750/MG, Rel. Ministra Nancy Andrighi, Terceira Turma, julgado em 13/04/2010, DJe 23/04/2010) e "Boa-fé objetiva [é] standard ético-jurídico. Observância pelos contratantes em todas as fases. Condutas pautadas pela probidade, cooperação e lealdade." (STJ, REsp 758.518/PR, Rel. Ministro Vasco Della Giustina, Terceira Turma, julgado em 17/06/2010, REPDJe 01/07/2010, DJe 28/06/2010).[66] Vejamos agora a utilização que o e. Superior Tribunal de Justiça faz deste princípio da função social dos contratos de consumo. A evolução para a proteção da confiança parece não ter acontecido ainda.

A) *Cláusulas penais e de retenção, revisão e frustração do fim do contrato com vulneráveis*

Por vezes, na jurisprudência do e. STJ, o princípio da função social do contrato, mesmo em contratos de crédito ao consumidor, é insuficiente para permitir a revisão dos contratos, exigindo-se fato novo e imprevisível que altere a base (econômica) do contrato. Em caso envolvendo o financiamento habitacional (da casa própria), a ação

---

66. Veja www.stj.jus.br (10.09.2020).

revisional foi negada, mesmo em se tratando de caso de diminuição de renda ou de possível endividamento do consumidor.[67] Com função semelhante a uma cláusula de retenção, repetitivo estabeleceu que não seria cabível a devolução ao arrendatário do valor residual garantido, pago antecipadamente, quando, em razão de ação de reintegração de posse ajuizada pelo arrendante por inadimplemento ao contrato de arrendamento mercantil, há a retomada da posse direta do bem objeto de *leasing*, visto que, com a retomada da posse.[68] O voto vencido do e. Min. Massami Ueda argumentava que "extingue-se a possibilidade de o arrendatário adquirir o bem, devendo-se reconhecer, pois, o direito à devolução do valor residual antecipado em observância ao princípio da vedação ao enriquecimento ilícito...".

Quanto à aplicação no tempo do CDC e do CC/2002 observa-se uma grande diferença. A multa contratual no CDC de 1990 foi somente reduzida ao percentual de 2% (dois por cento) pela vigência da Lei n. 9.298/96, e assim o e. STJ impunha tal limite intertemporal, aplicando a multa de 2% só a partir da vigência da nova norma, em 1996. Já em se tratando do CC/2002, o Art. 2.035 traz outra lógica, mais protetiva, em face do princípio da função social dos contratos: "Interpretação conjunta dos enunciados normativos do Art. 924 do CC/16 e do Art. 413 do CC/2002 à luz da regra de transição do Art. 2.035 e seu parágrafo único do CC/2002, recomendando a concreção do princípio da função social do contrato mesmo para pactos celebrados na vigência da anterior codificação civil."[69]

---

67. A ementa ensina: "2. A teoria da imprevisão – corolário dos princípios da boa-fé e da função social do contrato –, a qual autoriza a revisão das obrigações contratuais, apenas se configura quando há onerosidade excessiva decorrente da superveniência de um evento imprevisível, alterador da base econômica objetiva do contrato, hipótese inocorrente no caso. 3. A teoria da base objetiva difere da teoria da imprevisão por prescindir da previsibilidade, no entanto, ambas as teorias demandam fato novo superveniente que seja extraordinário e afete diretamente a base objetiva do contrato, circunstâncias não verificadas nesta demanda." (AgInt no REsp 1514093/CE, Rel. Ministro Marco Buzzi, Quarta Turma, julgado em 25/10/2016, DJe 07/11/2016).
68. REsp 1099212/RJ, Rel. Ministro Massami Uyeda, Rel. p/Acórdão Ministro Ricardo Villas Bôas Cueva, Segunda Seção, julgado em 27/02/2013, DJe 04/04/2013.
69. Ementa do REsp 887.946/MT, Rel. Ministro Paulo de Tarso Sanseverino, Terceira Turma, julgado em 10/05/2011, DJe 18/05/2011.

Note-se que em matéria de contratos de serviços educacionais, que são regulados por lei especial (Lei 9.870/1999), pelo CDC e pelo CC/2002 em diálogo, a função social destes contratos pode impor a revisão de seus termos, principalmente quando a vantagem for excessiva.[70] Veja-se que em casos de crédito educativo, o e. STJ utilizou os Arts. 421 e 422 do CC/2002 como instrumento para a proteção do estudante, vulnerável, apesar de não o considerar consumidor e aplicar o CDC diretamente, reduzindo a multa para 2%. A ementa do caso ensina: "O Contrato de Crédito Educativo, dada a elevada finalidade nitidamente social da sua instituição, não deve ser interpretado sem levar-se em conta a sua especificidade, como se fosse uma relação financeira comum, por isso que a sua compreensão assimila as regras que servem de padrão ao sistema de proteção ao equilíbrio das relações de crédito, em proveito da preservação de sua teleologia. 4. Embora a jurisprudência desta Corte Superior seja no sentido da não-aplicação do CDC aos Contratos de Crédito Educativo, não se deve olvidar a ideologia do Código Consumerista consubstanciada no equilíbrio da relação contratual, partindo-se da premissa da maior vulnerabilidade de uma das partes. O CDC, mesmo não regendo diretamente a espécie sob exame, projeta luz na sua compreensão. Neste caso, o CDC foi referido apenas como ilustração da orientação jurídica moderna, que valoriza o equilíbrio entre as partes da relação contratual, porquanto essa diretriz está posta hoje em dia, no próprio Código Civil. 5. Vale dar destaque as normas insertas nos arts. 421 e 422 do CC, as quais tratam, respectivamente, da função social do contrato e da boa-fé objetiva. A função social apresenta-se hodiernamente como um dos pilares da teoria contratual. É um princípio determinante e fundamental que, tendo origem na valoração da dignidade humana (Art. 1º. da CF), deve determinar a ordem econômica e jurídica, permitindo uma visão mais humanista dos contratos que deixou de ser apenas um meio para obtenção de lucro. 6. Da mesma forma, a conduta das partes contratantes deve ser fundada na boa-fé objetiva, que, independentemente do subjetivismo do agente, as partes contratuais devem agir conforme

---

70. Veja sobre a aplicação do art. 52, §2º do CDC, e redução da multa para 2%, o REsp 476.649, rel. Min. Nancy Andrighi, j. 20.11.2003, *DJU* 25.02.2004.

o modelo de conduta social, geralmente aceito (consenso social), sempre respeitando a confiança e o interesse do outro contratante. 7. Tratando-se no caso dos autos de Contrato de Crédito Educativo e levando-se em conta a elevada finalidade social da sua instituição, mostra-se desarrazoada uma multa contratual no valor de 10%."[71]

Já em matéria de previdência privada, o STJ considera que não sejam relações de consumo, mas que uma das partes é vulnerável, afirmando que: "Há diferenças sensíveis e marcantes entre as entidades de previdência privada aberta e fechada. Embora ambas exerçam atividade econômica, apenas as abertas operam em regime de mercado, podem auferir lucro das contribuições vertidas pelos participantes (proveito econômico), não havendo também nenhuma imposição legal de participação de participantes e assistidos, seja no tocante à gestão dos planos de benefícios, seja ainda da própria entidade. Não há intuito exclusivamente protetivo-previdenciário. 3. Nesse passo, conforme disposto no Art. 36 da Lei Complementar n. 109/2001, as entidades abertas de previdência complementar, equiparadas por lei às instituições financeiras, são constituídas unicamente sob a forma de sociedade anônima. Elas, salvo as instituídas antes da mencionada lei, têm, pois, necessariamente, finalidade lucrativa e são formadas por instituições financeiras e seguradoras, autorizadas e fiscalizadas pela Superintendência de Seguros Privados – Susep, vinculada ao Ministério da Fazenda, tendo por órgão regulador o Conselho Nacional de

---

71. Ementa do AgRg no REsp 1.270.314/RS, Rel. Ministro Napoleão Nunes Maia Filho, Primeira Turma, julgado em 25/02/2014, DJe 13/03/2014. Também no mesmo sentido: "A redução do percentual da multa contratual efetivada pela decisão reduzida teve por fundamento a elevada finalidade social do crédito educativo, bem como o CDC foi referido apenas como ilustração da orientação jurídica moderna, porquanto essa diretriz está posta hoje em dia, no próprio Código Civil, arts. 421 e 422." (AgRg no REsp 1.183.388/RS, Rel. Ministro Napoleão Nunes Maia Filho, Primeira Turma, julgado em 12/05/2015, DJe 21/05/2015). Em sentido contrário, AgRg no REsp 1.335.536/RS, Rel. Ministro Napoleão Nunes Maia Filho, Rel. p/ Acórdão Ministro Benedito Gonçalves, Primeira Turma, julgado em 22/04/2014, DJe 13/05/2014, mas o voto vencido afirma: "É excessiva a multa de dez por cento no caso de inadimplemento em contrato de Crédito Educativo. Isso porque, dada a elevada finalidade social desse contrato, não deve ser interpretado como se fosse uma relação financeira comum."

Seguros Privados – CNSP. 4. É nítido que as relações contratuais entre as entidades abertas de previdência complementar e participantes e assistidos de seus planos de benefícios – claramente vulneráveis – são relações de mercado, com existência de legítimo auferimento de proveito econômico por parte da administradora do plano de benefícios, caracterizando-se genuína relação de consumo. 5. No tocante às entidades fechadas, o artigo 34, I, da Lei Complementar n. 109/2001 deixa límpido que "apenas" administram os planos, havendo, conforme dispõe o Art. 35 da Lei Complementar n. 109/2001, gestão compartilhada entre representantes dos participantes e assistidos e dos patrocinadores nos conselhos deliberativo (órgão máximo da estrutura organizacional) e fiscal (órgão de controle interno). Ademais, os valores alocados ao fundo comum obtido, na verdade, pertencem aos participantes e beneficiários do plano, existindo explícito mecanismo de solidariedade, de modo que todo excedente do fundo de pensão é aproveitado em favor de seus próprios integrantes."[72] Assim interpretou a Súmula 321 do STJ como aplicável apenas para as entidades de previdência aberta e mesmo assim considerou o foro do "civil-trabalhador-contratante" (agora não mais consumidor) como possível, desde que seja o foro onde "labora": "À luz da legislação de regência do contrato previdenciário, é possível ao participante e/ou assistido de plano de benefícios patrocinado ajuizar ação em face da entidade de previdência privada no foro de domicílio da ré, no eventual foro de eleição ou mesmo no foro onde labora(ou) para a patrocinadora."[73]

A doutrina e a jurisprudência majoritária não consideram os contratos advocatícios como relação de consumo, mas não há como negar tratar-se de contrato com pessoa vulnerável, o cliente, frente a um expert profissional, o advogado. Em interessante caso de 2016, o e. STJ interveio em contrato de honorários, do qual resultava que 2/3 do valor obtido na demanda fossem pagos aos advogados.[74] Porém, o

---

72. Extrato da ementa do REsp 1.536.786/MG, Rel. Ministro Luis Felipe Salomão, Segunda Seção, julgado em 26/08/2015, DJe 20/10/2015.
73. Extrato da ementa do REsp 1.536.786/MG, Rel. Ministro Luis Felipe Salomão, Segunda Seção, julgado em 26/08/2015, DJe 20/10/2015.
74. A ementa ensina: "3. Em princípio, porque decorrentes de avença estritamente particular, o advogado e o contratante estão livres para estabelecer o valor que

voto vencido considerou que, em não se tratando de contrato de consumo, a intervenção não ganhava base no princípio da função social, não havendo fato novo e imprevisível, que levasse a esta possibilidade, afirmando que socialmente a manutenção do pactuado era mais útil que a sua mudança. Eis os argumentos do voto vencido do e. Min. Paulo de Tarso Sanseverino no REsp 1.454.777/MG: "[...] a existência de limites à autonomia privada não enseja a possibilidade de sua relativização com base em critério de razoabilidade, quando ausentes elementos que levem à conclusão de que há nulidade do contrato ou necessidade de sua revisão. A teoria da imprevisão – corolário dos princípios da boa-fé e da função social do contrato –, que autoriza a revisão das obrigações previstas em contrato, apenas se configura quando há onerosidade excessiva decorrente da superveniência de um evento imprevisível, que gera a alteração da base econômica objetiva do contrato, o que não ocorreu no caso. Não se mostra possível, portanto, a redução do valor relativo a honorários advocatícios contratuais apenas pelo fato de o valor previsto contratualmente divergir do que se verifica na praxe, sem que esteja ausente qualquer outro elemento a denotar vício de consentimento ou a possibilidade de aplicação da teoria da imprevisão".

---

considerarem adequado e justo como remuneração pelos serviços prestados, não havendo óbice legal à contratação dos honorários convencionais com base no valor do causa, até porque, em inúmeras situações, não existirá distinção entre o pedido e a condenação, ou seja, entre o montante que foi atribuído à pretensão inicial e o proveito econômico alcançado com o julgamento da demanda. Desse modo, o controle pelo Judiciário do quantum avençado ocorrerá apenas de forma excepcional, nas hipóteses em que se verificar algum vício de vontade ou forem inobservados os princípios da razoabilidade e da boa-fé contratual. 4. O caso em análise, todavia, é singular, na medida em que o conteúdo econômico atribuído à causa, após sofrer atualização monetária e incidência de juros, veio a superar, de maneira expressiva, o quantum da condenação, o que permitiria ao advogado obter a título de honorários contratuais mais de 2/3 (dois terços) do benefício patrimonial reconhecido em prol de seu cliente, gerando um indesejável desequilíbrio na relação, por produzir um resultado que se distancia da própria finalidade desse tipo de contratação [...]" (REsp 1.454.777/MG, Rel. Ministro Paulo de Tarso Sanseverino, Rel. p/Acórdão Ministro Marco Aurélio Bellizze, Terceira Turma, julgado em 17/11/2015, DJe 10/12/2015).

Quanto à cláusula de retenção, interessante o caso de 2015 sobre contratos de *time sharing* com consumidores, em que houve uma ação civil pública, proposta pelo Ministério Público estadual, julgada de forma definitiva no sentido de declarar nula cláusula contratual, que permitia a retenção de 35% dos valores pagos na hipótese de resilição unilateral de contrato. E, mais tarde, houve um TAC em que se fixou o percentual de 10% para a retenção. O e. STJ considerou que, no caso, a decisão inicial da nulidade deveria ser mantida, mas que o TAC poderia regular os casos futuros e ponderou: "A contratação de percentual razoável para cobertura de eventuais despesas decorrentes da extinção anômala do contrato incentiva a manutenção das relações estabelecidas e o cumprimento do quanto acordado, concretizando assim a função social dos contratos."[75]

Outro tema importante é a frustração do fim do contrato, bem tratado em enunciado do CJF. O Enunciado 166 do CJF afirma: "A frustração do fim do contrato, como hipótese que não se confunde com a impossibilidade da prestação ou com a excessiva onerosidade, tem guarida no Direito brasileiro pela aplicação do Art. 421 do Código Civil." Em caso jurisprudencial, para evitar a frustração do fim do contrato principal, houve pedido de contratação de negócio secundário, mas repetitivo na matéria o nega.[76] Neste caso, em erudito voto vencido o e. Min. Paulo de Tarso Sanseverino afirma: "Há obrigatoriedade da CEF celebrar contrato de arrendamento imobiliário especial com

---

75. Ementa do REsp 1548246/RJ, Rel. Ministro Marco Aurélio Bellizze, Terceira Turma, julgado em 01/12/2015, DJe 11/12/2015.
76. A ementa do recurso repetitivo é: "*Recurso especial. Ex-mutuário. Pretensão à celebração de contrato de arrendamento imobiliário especial. Art. 38 da Lei 10.150/2000. Faculdade da instituição financeira.* 1. Prescreve o art. 38 da Lei nº 10.150/2000 que as instituições financeiras captadoras de depósitos à vista e que operem crédito imobiliário estão autorizadas, e não obrigadas, a promover contrato de Arrendamento Imobiliário Especial com Opção de Compra, dos imóveis que tenham arrematado, adjudicado ou recebido em dação em pagamento por força de financiamentos habitacionais por elas concedidos. 2. Julgamento afetado à Segunda Seção com base no procedimento estabelecido pela Lei nº 11.672/2008 (Lei dos Recursos Repetitivos) e pela Resolução STJ nº 8/2008. 3. Recurso especial a que se nega provimento." (REsp 1.161.522/AL, Rel. Ministra Maria Isabel Gallotti, Segunda Seção, julgado em 12/12/2012, DJe 21/11/2013).

opção de compra previsto no artigo 38 da Lei 10.150/2000 quando preenchidos os requisitos legais. Isso porque tal dispositivo legal deve ser interpretado à luz do princípio da função social do contrato. O princípio da autonomia privada, que consubstancia a ideia de liberdade contratual, embora primordial no plano do Direito Privado, não é absoluto, sendo restringido por outros princípios, especialmente a função social do contrato e a boa-fé objetiva."

Se função social do contrato tem de receber um conteúdo específico, diferente da boa-fé e da probidade, que seria o da proteção da confiança, a jurisprudência costuma utilizar juntos os dois princípios, como demonstra uma bela decisão sobre o direito à informação: "O direito à informação, no Código de Defesa do Consumidor, é corolário das normas intervencionistas ligadas à função social e à boa-fé, em razão das quais a liberdade de contratar assume novel feição, impondo a necessidade de transparência em todas as fases da contratação: o momento pré-contratual, o de formação e o de execução do contrato e até mesmo o momento pós-contratual" (REsp 1.188.442/RJ, rel. Min. Luis Felipe Salomão, 4ª T., j. 06.11.2012, DJe 05.02.2013). Caberá, pois, à doutrina o esforço de individuação dos dois princípios.

B) *Função social atuando na determinação do conteúdo da liberdade de contratar e seus impactos transubjetivos*

O Enunciado 21 do CJF reforça a ideia de que há uma eficácia externa do Art. 421 do CC/2002, afirmando: "A função social do contrato, prevista no Art. 421 do novo Código Civil, constitui cláusula geral a impor a revisão do princípio da relatividade dos efeitos do contrato em relação a terceiros, implicando a tutela externa do crédito." A visão do contrato impactando para lá das partes está bastante presente no Código Civil de 2002, a pensar-se na estipulação em favor de terceiros (arts. 436 a 438 do CC/2002), na promessa de fato de terceiro (arts. 439 a 440 do CC/2002), no contrato com pessoa a declarar (arts. 467 a 471 do CC/2002), na figura do aliciamento (Art. 608 do CC/2002) e no Código de Defesa do Consumidor, a começar pela definição aberta de consumidor e fornecedor e impondo a solidariedade entre os agentes econômicos da cadeia de fornecimento,[77] praticamente extinguindo, nas relações de consumo, a figura do terceiro.[78]

No exame dos casos judiciais, encontramos esta eficácia externa. Em interessante caso de consórcio, decidido em 2017, o STJ reconheceu a eficácia externa do contrato de seguro conexo feito pela administradora frente ao grupo familiar da consorciada falecida decidindo que "à luz da cláusula geral da função social do contrato (artigo 421 do Código Civil), deve ser observada a dimensão social do consórcio, conciliando-se o bem comum pretendido (aquisição de bens ou serviços por todos os consorciados) e a dignidade humana de cada integrante do núcleo familiar atingido pela morte da consorciada, que teve suas obrigações financeiras (perante o grupo consorcial) absorvidas pela seguradora, consoante estipulação da própria administradora." Neste caso, em diálogo das fontes, além do CC/2002, a cláusula em contrário foi anulada com base no Art. 51 do CDC e o princípio da boa-fé, reconhecendo a legitimidade dos herdeiros (processual e material) para receber a carta de crédito do consórcio.[79] Trata-se de exemplar

---

77. Assim destaca RODRIGUES, Otávio Luiz Jr. A doutrina do terceiro cúmplice: autonomia da vontade, o princípio res inter alios acta, função social do contrato e a interferência alheia na execução dos negócios jurídicos, in *Revista dos Tribunais*, vol. 821/2004, p. 80-98, mar./2004, n. 5.
78. Assim defendi, MARQUES, Claudia Lima. *Contratos no Código de Defesa do Consumidor*, Ed. RT: São Paulo, 2016, p. 389 e seg.
79. A ementa ensina: "*Recurso especial. Contrato de participação em grupo de consórcio. Consorciado falecido antes do encerramento do grupo. Existência de seguro prestamista contratado pela administradora (estipulante). Preliminares de ilegitimidade passiva ad causam dos herdeiros e de impossibilidade jurídica do pedido. Rejeição. Dever de quitação das prestações faltantes quando do óbito. Liberação imediata da carta de crédito aos herdeiros. Cabimento.* 1. Os herdeiros de consorciado falecido antes do encerramento do grupo consorcial detêm legitimidade para pleitear a liberação, pela administradora, do montante constante da carta de crédito, quando ocorrido o sinistro coberto por seguro prestamista. Isso porque, mediante a contratação da referida espécie de seguro de vida em grupo (adjeto ao consórcio imobiliário), a estipulante/administradora assegura a quitação do saldo devedor relativo à cota do consorciado falecido, o que representa proveito econômico não só ao grupo (cuja continuidade será preservada), mas também aos herdeiros do de cujus, que, em razão da cobertura do sinistro, passam a ter direito à liberação da carta de crédito. Em tal hipótese, o direito de crédito constitui direito próprio dos herdeiros e não

caso em que se discute o acesso ao contrato, a sua finalidade básica; em resumo, a expectativa legítima do grupo familiar de se beneficiar do consórcio da falecida consumidora.

Contratos referentes à casa própria revelam eminente função social. Neste sentido, destaque-se decisão mais antiga, de 2005, que revela direitos reflexos na proteção do consumidor, qual seja, decisão do e. STJ afirmando a possibilidade de aplicação imediata do Art. 1.488 do CC, que permite o fracionamento da hipoteca, em contrato interempresarial entre a construtora e o banco em que todas as unidades (mesmo as já pagas integralmente) foram dadas em garantia. Esta decisão usa como base, justamente, para permitir a liberação da hipoteca das unidades, a noção de função social dos contratos de consumo (contratos principais) ao de financiamento interempresarial, que era a origem da referida garantia hipotecária, daí sua aplicação imediata aos contratos em curso (*ex vi* Art. 2.035 do CC), de forma a proteger os "terceiros" – consumidores dos efeitos deste contrato conexo: "O Art. 1488 do CC/02, que regula a possibilidade de fracionamento

---

direito hereditário, motivo pelo qual não há falar em legitimidade ativa ad causam do espólio. [...] 4. Se, nos termos da norma regulamentar vigente à época da contratação (Circular Bacen 2.766/97), era possível o recebimento imediato do crédito pelo consorciado contemplado (por sorteio ou por lance) que procedesse à quitação antecipada do saldo devedor atinente a sua cota, não se revela razoável negar o mesmo direito aos herdeiros de consorciado falecido, vítimas de evento natural, involuntário e deveras traumatizante, ensejador da liquidação antecipada da dívida existente em relação ao grupo consorcial, cujo equilíbrio econômico-financeiro não correu o menor risco. 5. A mesma interpretação se extrai do disposto no artigo 34 da circular retrocitada, segundo a qual "a diferença da indenização referente ao seguro de vida, se houver, após amortizado o saldo devedor do consorciado, será imediatamente entregue pela administradora ao beneficiário indicado pelo titular da cota ou, na sua falta, a seus sucessores". 6. ... 8. Consequentemente, os herdeiros da consorciada falecida tinham, sim, direito à liberação imediata da carta de crédito, em razão da impositiva quitação do saldo devedor pelo seguro prestamista, independentemente da efetiva contemplação ou do encerramento do grupo consorcial. 9. Cuidando-se de obrigação contratual, sem termo especificado, a mora da administradora ficou configurada desde a citação, conforme devidamente firmado nas instâncias ordinárias, afastada a alegação de que o inadimplemento somente teria ocorrido após o término do grupo (ocorrido em 2015, depois do ajuizamento da demanda) [...]" (REsp 1406200/AL, Rel. Ministro Luis Felipe Salomão, Quarta Turma, julgado em 17/11/2016, DJe 02/02/2017).

de hipoteca, consubstancia uma das hipóteses de materialização do princípio da função social dos contratos, aplicando-se, portanto, imediatamente às relações jurídicas em curso, nos termos do Art. 2.035 do CC/02".[80]

Caso semelhante encontra-se na jurisprudência pesquisada dos últimos 5 anos. Trata-se de uma alienação fiduciária em garantia, instituída pela construtora após o pagamento integral pelo adquirente da unidade habitacional,[81] e apesar do tema conexo (*"alcance da*

---

80. Ementa do REsp 691.738/SC, rel. Min. Nancy Andrighi, j. 12.05.2005, *DJ* 26.09.2005, p. 372. O voto da e. Min. Fátima Nancy Andrighi (do original, p. 6) destaca: "O art. 1.488 do CC/2002 consubstancia um dos exemplos de materialização do princípio da função social dos contratos, que foi introduzido pelo novo Código. Com efeito, a ideia que está por trás dessa disposição é a de proteger terceiros que, de boa-fé, adquirem imóveis cuja construção – ou loteamento – fora anteriormente financiada por instituição financeira mediante garantia hipotecária. Inúmeros são os casos em que esses terceiros, apesar de terem, rigorosamente, pago todas as prestações para a aquisição de imóvel – pagamentos esses, muitas vezes, feitos às custas de enorme esforço financeiro –, são surpreendidos pela impossibilidade de transmissão da propriedade do bem em função da inadimplência da construtora perante o agente financeiro" Ementa do REsp 691.738/SC, rel. Min. Nancy Andrighi, j. 12.05.2005, *DJ* 26.09.2005, p. 372. O voto da e. Min. Fátima Nancy Andrighi (do original, p. 6) destaca: "O art. 1.488 do CC/2002 consubstancia um dos exemplos de materialização do princípio da função social dos contratos, que foi introduzido pelo novo Código. Com efeito, a ideia que está por trás dessa disposição é a de proteger terceiros que, de boa-fé, adquirem imóveis cuja construção – ou loteamento – fora anteriormente financiada por instituição financeira mediante garantia hipotecária. Inúmeros são os casos em que esses terceiros, apesar de terem, rigorosamente, pago todas as prestações para a aquisição de imóvel – pagamentos esses, muitas vezes, feitos às custas de enorme esforço financeiro –, são surpreendidos pela impossibilidade de transmissão da propriedade do bem em função da inadimplência da construtora perante o agente financeiro."

81. Assim a ementa: "*Recurso especial. Civil e processual civil (CPC/1973). Incorporação imobiliária. Alienação fiduciária em garantia. Unidade habitacional já quitada. Aplicação da Súmula 308/STJ. Matéria afetada ao rito dos recursos especiais repetitivos. Tema 573. Violação à boa-fé objetiva e à função social do contrato. Ineficácia da garantia perante o adquirente.* 1. Controvérsia acerca da eficácia de uma alienação fiduciária em garantia instituída pela construtora após o pagamento integral pelo adquirente da unidade habitacional. 2. Existência de afetação ao rito dos recursos especiais repetitivos da controvérsia acerca do "alcance da hipoteca constituída pela construtora em benefício do agente financeiro, como garantia do financiamento do empreendimento, precisamente se o gravame prevalece em relação aos adquirentes

hipoteca constituída pela construtora em benefício do agente financeiro, como garantia do financiamento do empreendimento, precisamente se o gravame prevalece em relação aos adquirentes das unidades habitacionais" – Tema 573, DJe 04/09/2012) estar afetado, decidiu o e. STJ a favor do consumidor fazendo uma distinção das peculiaridades do caso, reforçando a confiança do contrato de consumo e a eficácia transubjetiva (frente a terceiro banco) ou externa da função social do contrato, afirmando a ineficácia do segundo contrato realizado após a quitação do imóvel e sem conhecimento do consumidor. Interessante notar que, neste caso, também houve violação da boa-fé quando o banco não cooperou para substituir a garantia dada por outra, mas a sanção de ineficácia frente ao consumidor do contrato "contra a função social" entre banco e construtora parece vir diretamente do Art. 421 do CC/2002.

Interessante destacar aqui que, mesmo na doutrina, há controvérsia sobre qual seria a sanção oriunda do descumprimento do mandamento de função social, se seria a ineficácia o que distinguiria da função social da boa-fé – ou a nulidade, que seria a sanção clássica da violação à ordem pública. O Enunciado 431 do CJF prevê duas sanções possíveis, afirmando: "A violação do Art. 421 conduz à invalidade ou à ineficácia do contrato ou de cláusulas contratuais." Interessante seria estudar se a sanção de ineficácia é utilizada na chamada por Flávio Tartuce "eficácia externa", frente a sociedade ou a terceiros e a da invalidade, frente aos contratantes, na chamada eficácia interna, pois ligada à vontade destes.

---

das unidades habitacionais (Tema 573, DJe 04/09/2012). 3. Inviabilidade de se analisar a aplicação da Súmula 308/STJ aos casos de alienação fiduciária, enquanto pendente de julgamento o recurso especial repetitivo. 4. Particularidade do caso concreto, em que o gravame foi instituído após a quitação do imóvel e sem a ciência do adquirente. 5. Violação ao princípio da função social do contrato, aplicando-se a eficácia transubjetiva desse princípio. Doutrina sobre o tema. 6. Contrariedade ao princípio da boa-fé objetiva, especificamente quanto aos deveres de lealdade e cooperação, tendo em vista a recusa do banco em substituir a garantia, após tomar ciência de que a unidade habitacional se encontrava quitada. 7. Ineficácia do gravame em relação ao adquirente, autor da demanda. 8. Recurso Especial desprovido." (REsp 1478814/DF, Rel. Ministro Paulo de Tarso Sanseverino, Terceira Turma, julgado em 06/12/2016, DJe 15/12/2016).

Destaque-se também a tendência jurisprudencial no sentido de reconhecer a função social do seguro (a Súmula 537 do STJ afirma: "Em ação de reparação de danos, a seguradora denunciada, se aceitar a denunciação ou contestar o pedido do autor, pode ser condenada, direta e solidariamente junto com o segurado, ao pagamento da indenização devida à vítima, nos limites contratados na apólice") e a necessidade de proteção do vulnerável neste tipo de contrato (a Súmula 540 reconhece o privilégio de foro do segurado).[82] Realmente, o seguro tem uma clara dimensão social,[83] em especial, nas suas novas modalidades mais ligadas ao direito à saúde.[84]

A evolução da jurisprudência culminou com a consolidação jurisprudencial de que este contrato possui uma função social muito específica, toca diretamente direitos fundamentais, daí ser sua elaboração limitada pela função, pela colisão de direitos fundamentais, o que leva a optar pelo direito à vida e à saúde e não aos interesses econômicos em jogo.[85] Como ensina o STJ: "A exclusão de cobertura de determinado procedimento médico/hospitalar, quando essencial para garantir a saúde e, em algumas vezes, a vida do segurado, vulnera a finalidade básica do contrato. 4. A saúde é direito constitucionalmente

---

82. Uma Súmula, apesar de processual, que não parece ser muito a favor do consumidor é a Súmula 529 do STJ, cujo texto é: "No seguro de responsabilidade civil facultativo, não cabe o ajuizamento de ação pelo terceiro prejudicado direta e exclusivamente em face da seguradora do apontado causador do dano."
83. Veja as belas linhas neste sentido de PASQUALOTTO, *Contratos nominados*, p. 49 ss.
84. Assim inicia seu belo livro Gregori, 3. ed., p. 25 ss.
85. Veja, nesta linha, decisão do STJ no REsp 255.065/RS, Rel. Min. Carlos Alberto Menezes Direito, j. 05.04.2001, DJE 04.06.2001, e, em matéria de seguro de vida, a decisão: "Seguro de vida [...] Ocorrência do risco contratado – Negativa de cobertura – Alegação de preexistência de moléstia – Ausência de prova da ciência do segurado – Boa-fé caracterizada – Supremacia do interesse social sobre o econômico no contrato – Ilicitude de cláusulas que atentam contra direitos absolutos. [...] Não pode o segurador subtrair-se ao pagamento da indenização nos seguros de vida, a pretexto da preexistência de moléstias, se o segurado não tinha ciência do mal que o acometia, tendo contratado de boa-fé. Nos contratos de seguro-saúde prevalece o interesse social sobre o econômico, e o segurador não pode negar a respectiva cobertura, após o recebimento dos valores contratuais, sob pena de atentar contra diretos absolutos dos segurados" (TJSC, 2.ª Câm. Cív., ApCív. 03019119-4, rel. Des. Monteiro Rocha, j. 25.09.20003 – *RDC* 54/310).

assegurado, de relevância social e individual" (REsp 183.719/SP, rel. Min. Luis Felipe Salomão, 4.ª T., j. 18.09.2008, DJe 13.10.2008). Assim também a Súmula 302 do STJ, que ensina: "É abusiva a cláusula contratual de plano de saúde que limita no tempo a internação hospitalar do segurado". Nas jurisprudências analisadas, encontramos decisão neste sentido, referente a tratamento em UTI de recém-nascida e o direito de acompanhamento da mãe para aleitamento, afirmando: "A jurisprudência do STJ consolidou-se no sentido de que, ainda que admitida a possibilidade de o contrato de plano de saúde conter cláusulas limitativas dos direitos do consumidor, revela-se abusiva a cláusula restritiva de direito que exclui o custeio dos meios e materiais necessários ao melhor desempenho do tratamento clínico ou do procedimento cirúrgico coberto ou de internação hospitalar."[86]

Já a jurisprudência é clara em relação às informações não corretas, fornecidas pelo consumidor: "A penalidade para o segurado que agir de má-fé, ao fazer declarações inexatas ou omitir circunstâncias que possam influir na aceitação da proposta pela seguradora ou na taxa do prêmio, é a perda do direito à garantia na ocorrência do sinistro (Art. 766 do CC). E assim é porque o segurado e o segurador são obrigados a guardar, na conclusão e na execução do contrato, a mais estrita boa-fé e veracidade, tanto a respeito do objeto como das circunstâncias e declarações a ele concernentes (Art. 765 do CC). Retirar a penalidade de perda da garantia securitária nas fraudes tarifárias (inexatidão ou omissão dolosas em informação que possa influenciar na taxa do prêmio) serviria de estímulo à prática desse comportamento desleal pelo segurado, agravando, de modo sistêmico, ainda mais, o problema em seguros de automóveis, em prejuízo da mutualidade e do grupo de exposição que iria subsidiar esse risco individual por meio do fundo comum."[87]

Por fim, chama a atenção decisão usando a análise econômica do direito para definir o que seria a função econômico/"social" do

---

86. Ementa no AgRg no AREsp 618.631/SP, Rel. Ministro Luis Felipe Salomão, Quarta Turma, julgado em 12/02/2015, DJe 20/02/2015.
87. Ementa no REsp 1419731/PR, Rel. Ministra Nancy Andrighi, Rel. p/Acórdão Ministro Ricardo Villas Bôas Cueva, Terceira Turma, julgado em 07/08/2014, DJe 09/09/2014.

contrato. Em caso do SFH, utilizando-se da lei processual e interpretando esta Lei 10.931/2004 (que é considerada aplicável ao caso), o e. STJ prioriza o cumprimento dos contratos (considerando a "função econômica" dos contratos), desconsiderando problemas de nulidade absoluta das cláusulas (pois o pedido era genérico) e qualquer função do contrato para a parte mais vulnerável. A ementa afirma: *"Recurso especial. Processual civil. Contratos de financiamento imobiliário. Sistema financeiro de habitação. Lei n. 10.931/2004. Inovação. Requisitos para petição inicial. Aplicação a todos os contratos de financiamento. 1. A análise econômica da função social do contrato, realizada a partir da doutrina da análise econômica do direito, permite reconhecer o papel institucional e social que o direito contratual pode oferecer ao mercado, qual seja a segurança e previsibilidade nas operações econômicas e sociais capazes de proteger as expectativas dos agentes econômicos, por meio de instituições mais sólidas, que reforcem, ao contrário de minar, a estrutura do mercado. 2. Todo contrato de financiamento imobiliário, ainda que pactuado nos moldes do Sistema Financeiro da Habitação, é negócio jurídico de cunho eminentemente patrimonial e, por isso, solo fértil para a aplicação da análise econômica do direito. 3. A Lei n. 10.931/2004, especialmente seu Art. 50, inspirou-se na efetividade, celeridade e boa-fé perseguidos pelo processo civil moderno, cujo entendimento é de que todo litígio a ser composto, dentre eles os de cunho econômico, deve apresentar pedido objetivo e apontar precisa e claramente a espécie e o alcance do abuso contratual que fundamenta a ação de revisão do contrato. 4. As regras expressas no Art. 50 e seus parágrafos têm a clara intenção de garantir o cumprimento dos contratos de financiamento de imóveis tal como pactuados, gerando segurança para os contratantes. O objetivo maior da norma é garantir que, quando a execução do contrato se tornar controvertida e necessária for a intervenção judicial, a discussão seja eficiente, porque somente o ponto conflitante será discutido e a discussão da controvérsia não impedirá a execução de tudo aquilo com o qual concordam as partes. 5. Aplicam-se aos contratos de financiamento imobiliário do Sistema de Financiamento Habitacional as disposições da Lei n. 10.931/2004, mormente as referentes aos requisitos da petição inicial da ação de revisão de cláusulas contratuais, constantes do

Art. 50 da Lei n. 10.931/2004. 6. Recurso especial provido." (REsp 1163283/RS, Rel. Ministro Luis Felipe Salomão, Quarta Turma, julgado em 07/04/2015, DJe 04/05/2015).[88]

Sob esta linha de pensamento, a função social iguala-se à função econômica,[89] criticando qualquer função distributiva e solidária dos

---

88. O voto do e. Relator Min. Luis Felipe Salomão desnuda influência do autor gaúcho Luciano Timm, afirmando sobre a análise econômica do direito que: "Tal doutrina tem como pressuposto o aumento do grau de previsibilidade e eficiência das relações intersubjetivas, próprias do Direito, a partir da utilização de postulados econômicos para aplicação e interpretação de princípios e paradigmas jurídicos. Com efeito, a análise econômica do direito não pretende, por óbvio, esclarecem seus estudiosos, submeter as normas jurídicas à economia, mesmo porque o Direito não existe para atender exclusivamente aos anseios econômicos. Por outro lado, visa à aproximação das normas jurídicas à realidade econômica, por meio do conhecimento de institutos econômicos e do funcionamento dos mercados. A interação das duas ciências é o mote da Escola, não a exclusão de uma pela outra. A regulamentação jurídica, acreditam os defensores da escola econômica, pode influenciar empreendimentos econômicos e promover o desenvolvimento e a mudança social. Por outro lado, analisando a função social do contrato, prevista no art. 421 do Código Civil de 2002, normalmente estudada a partir da ideia de justiça social e de justiça distributiva inerentes ao Estado Social, Luciano Benetti Timm apresentou estudo sob a ótica da escola de análise econômica do direito acima referida. (TIMM, Luciano Benetti. Direito, economia, e a função social do contrato: em busca dos verdadeiros interesses coletivos protegíveis no mercado do crédito. In: Revista de direito bancário e do mercado de capitais, v. 9, n. 33, p. 15-31, jul./set. 2006). O autor aduz que a análise econômica da "função social do contrato" permite reconhecer o papel institucional e social que o direito contratual pode oferecer ao mercado, qual seja a segurança e previsibilidade nas operações econômicas e sociais, capazes de proteger as expectativas dos agentes econômicos. Explica o professor que a análise econômica do direito permite medir, sob certo aspecto, as externalidades do contrato (impactos econômicos) positivas e negativas, orientando o intérprete para o caminho que gere menos prejuízo à coletividade, ou mais eficiência social. A coletividade deixa de ser encarada apenas como a parte fraca do contrato e passa a ser vista como a totalidade das pessoas que efetivamente ou potencialmente integram um determinado mercado de bens e serviços, como no caso do crédito. Dessa forma, a análise econômica do direito aposta no efetivo cumprimento dos contratos de financiamento de imóveis, por exemplo, como pressuposto para o sucesso do sistema como um todo. A satisfação de cada um dos pactos celebrados entre financiadores e financiados, individualmente considerados, é requisito para que o sistema evolua e garanta o beneficiamento de outros tantos sujeitos, de toda coletividade interessada."

89. Veja também TIMM, Luciano. As origens do contrato no novo Código Civil: uma introdução à função social, ao welfarismo e ao solidarismo contratual, in *Revista*

contratos na sociedade. Neste caso específico, negando a aplicação do CDC ao SFH. Esta visão puramente econômica parece contrariar os mandamentos dos artigos 423 e 424 do CC/2002 e, seguramente, do art. 47 do CDC, a sustentar uma interpretação sempre a favor daquele que adere e não redige o contrato, no caso das relações de consumo, o consumidor. Resulta desta visão (análise econômica do direito) uma interpretação a favor dos mais forte e autor das condições gerais do contrato de adesão, como se observa na interpretação literal do contrato de adesão realizada em outro caso, de cobertura securitária de seguro de vida em grupo, face à invalidez do consumidor, em que o e. STJ afirmou: "Embora a cobertura IFPD (invalidez funcional) seja mais restritiva que a cobertura ILPD (invalidez profissional ou laboral), não há falar em sua abusividade ou ilegalidade, tampouco em ofensa aos princípios da boa-fé objetiva e da equidade, não se constatando também nenhuma vantagem exagerada da seguradora em detrimento do consumidor. De qualquer modo, a seguradora deve sempre esclarecer previamente o consumidor e o estipulante (seguro em grupo) sobre os produtos que oferece e existem no mercado, prestando informações claras a respeito do tipo de cobertura contratada e as suas consequências, de modo a não induzi-los em erro."[90]

Note-se que até a ementa ressalta o dever de informar e o direito de ser informado, mas não menciona tratar-se de contrato de adesão e nem se preocupa em verificar no caso concreto se a este seguro em grupo foi dada a referida informação qualificada para os leigos sobre a diferença entre "invalidez laborativa permanente por doença" e "invalidez funcional permanente total por doença".

Em decisão mais humanista, o e. STJ responsabilizou empresa que fornece estacionamento em *shopping center*, por roubo na cancela, tendo em vista a organização da cancela, que torna ainda mais vulnerável

---

dos Tribunais, vol. 844/2006, p. 85-95, fev./2006. SZTAJN, Raquel. Propriedade e Contrato: Função Social, in Revista de Direito Empresarial, vol. 9/2015, p. 453-459, maio-jun./2015 e, da mesma autora, Propriedade, contrato, empresa e função social, in Revista de Direito Recuperacional e Empresa, vol. 1/2016, jul.-set./2016.

90. REsp 1.449.513/SP, Rel. Ministro Ricardo Villas Bôas Cueva, Terceira Turma, julgado em 05/03/2015, DJe 19/03/2015.

o motorista.[91] O voto vencido se deteve no fato que a pessoa conseguiu evitar o assalto, não merecendo dano moral, pois não teria "passado por constrangimentos, humilhações ou vexames", em interpretação bastante restritiva da Súmula 130 do STJ, e em utilização do texto do Art. 42 do CDC, que é para cobrança indevida e não para casos de responsabilidade civil por atos de terceiros.

Por fim, interessante destacar caso em que o princípio da função social tem reflexos processuais, permitindo o redirecionamento da execução do segurado para a seguradora, em eficácia externa às partes

---

91. A ementa ensina: "*Responsabilidade civil. Recurso especial. Tentativa de roubo em cancela de estacionamento de shopping center. Obrigação de indenizar.* 1. A empresa que fornece estacionamento aos veículos de seus clientes responde objetivamente pelos furtos, roubos e latrocínios ocorridos no seu interior, uma vez que, em troca dos benefícios financeiros indiretos decorrentes desse acréscimo de conforto aos consumidores, o estabelecimento assume o dever – implícito em qualquer relação contratual – de lealdade e segurança, como aplicação concreta do princípio da confiança. Inteligência da Súmula 130 do STJ. 2. Sob a ótica do Código de Defesa do Consumidor, não se vislumbra a possibilidade de se emprestar à referida Súmula uma interpretação restritiva, fechando-se os olhos à situação dos autos, em que configurada efetivamente a falha do serviço – quer pela ausência de provas quanto à segurança do estacionamento, quer pela ocorrência do evento na cancela do estacionamento, que se situa ainda dentro das instalações do shopping. 3. É que, no caso em julgamento, o Tribunal a quo asseverou a completa falta de provas tendentes a demonstrar a permanência na cena do segurança do shopping; a inviabilidade de se levar em conta prova formada unilateralmente pela ré – que, somente após intimada, apresentou os vídeos do evento, os quais ainda foram inúteis em virtude de defeito; bem como enfatizou ser o local em que se encontra a cancela para saída do estacionamento uma área de alto risco de roubos e furtos, cuja segurança sempre se mostrou insuficiente. 4. Outrossim, o leitor ótico situado na saída do estacionamento encontra-se ainda dentro da área do shopping center, sendo certo que tais cancelas – com controles eletrônicos que comprovam a entrada do veículo, o seu tempo de permanência e o pagamento do preço – são ali instaladas no exclusivo interesse da administradora do estacionamento com o escopo precípuo de evitar o inadimplemento pelo usuário do serviço. 5. É relevante notar que esse controle eletrônico exige que o consumidor pare o carro, insira o tíquete no leitor ótico e aguarde a subida da cancela, para que, só então, saia efetivamente da área de proteção, o que, por óbvio, o torna mais vulnerável à atuação de criminosos, exatamente o que ocorreu no caso em julgamento. 6. Recurso especial a que se nega provimento." (REsp 1269691/PB, Rel. Ministra Maria Isabel Gallotti, Rel. p/ Acórdão Ministro Luis Felipe Salomão, Quarta Turma, julgado em 21/11/2013, DJe 05/03/2014).

a beneficiar a vítima.⁹² E também que entre as jurisprudências que usam a função social do contrato estão várias de direito administrativo e securitário, aceitando sua aplicação em direito público,⁹³ na maioria dos casos.⁹⁴ Destaque-se caso sobre o DPVAT que interpreta a favor do consumidor-beneficiário as tabelas da época e posterior, para afirmar que se inclui na cobertura o dano face à "Consideração da natureza pública do seguro obrigatório e dos princípios da igualdade e da função social do contrato."⁹⁵

---

92. A ementa é: "*Agravo regimental. Agravo em recurso especial. Civil e processual civil. Negativa de prestação jurisdicional. Não ocorrência. Possibilidade de redirecionamento da execução contra a seguradora. Frustração da execução contra o segurado. Óbice da Súmula 7/STJ.* 1. Inocorrência de maltrato ao art. 535 do CPC quando o acórdão recorrido, ainda que de forma sucinta, aprecia com clareza as questões essenciais ao julgamento da lide, não estando magistrado obrigado a rebater, um a um, os argumentos deduzidos pelas partes. 2. A pretensão de simples reexame de prova não enseja recurso especial (Súmula 7/STJ). 3. Possibilidade de redirecionamento da execução contra a seguradora litisdenunciada. 4. Concreção do princípio da função social do contrato de seguro, ampliando o âmbito de eficácia da relação contratual. 5. Precedentes específicos da Terceira e da Quarta Turma do STJ. 6. Agravo Regimental Desprovido." (AgRg no AREsp 155.244/SP, Rel. Ministro Paulo de Tarso Sanseverino, Terceira Turma, julgado em 07/02/2013, DJe 15/02/2013).

93. Veja REsp 1.379.870/PR, Rel. Ministro Mauro Campbell Marques, Segunda Turma, julgado em 03/10/2013, DJe 16/12/2013 e REsp 1.387.990/PR, Rel. Ministro Mauro Campbell Marques, Segunda Turma, julgado em 17/09/2013, DJe 25/09/2013: "4. Acaso fosse entregue o bem para a instituição financeira, dar-se-ia a sua venda para abater a dívida do fiduciante que se livraria tanto da pena de perda quanto da dívida perante a instituição financeira, pois esta seria paga com o produto da alienação do bem, e o fiduciante infrator ainda ficaria com o saldo do produto da venda em flagrante confronto com os Princípios de Eticidade e Função Social dos Contratos (art. 421 e 2035, parágrafo único, do CC/2002), além de retirar a efetividade da legislação tributária."

94. Veja não aceitando sua aplicação, em caso de contratação de funcionário público: "Por via de consequência, sequer seria possível falar na aplicação dos princípios insculpidos nos arts. 421 ('A liberdade de contratar será exercida em razão e nos limites da função social do contrato') e 422 ('Os contratantes são obrigados a guardar, assim na conclusão do contrato, como em sua execução, os princípios de probidade e boa-fé') do Código Civil de 2002, na medida em que regem relações contratuais privadas." (AgRg no AgRg no REsp 1366545/MT, Rel. Ministra Assusete Magalhães, Segunda Turma, julgado em 22/09/2015, DJe 02/10/2015).

95. A ementa ensina: "*Recurso especial. Seguro DPVAT. Acidente de trânsito. Retirada cirúrgica do baço (esplenectomia). Hipótese não prevista na tabela utilizada na época*

III. Observações finais: a importância da proteção da confiança legítima em tempos digitais

A função social do contrato tem direta relação com o princípio da confiança,[96] sendo mais uma válvula de escape do sistema do direito privado brasileiro para assegurar o *acesso* ao contrato dos vulneráveis, a *manutenção* e/ou a *revisão* destes contratos, assim como para evitar a *frustração do fim do contrato* com vulneráveis no tempo e nos diferentes mercados (Art. 170 da CF/1988).

Anima-me o Enunciado 167 do CJF segundo o qual: "Com o advento do Código Civil de 2002, houve forte aproximação principiológica entre esse Código e o Código de Defesa do Consumidor no que respeita à regulação contratual, uma vez que ambos são incorporadores de uma nova teoria geral dos contratos." Como muito escrevi sobre a nova teoria contratual[97] e sobre a confiança.[98] Também, segundo o entendimento dos juristas reunidos na I Jornada de Direito Civil do Conselho da Justiça Federal, em 2002, em Brasília, que aprovaram o Enunciado nº 12, com a seguinte redação: "Na sistemática do

---

do acidente. Posterior previsão na tabela incluída na Lei 6.194/74. Direito à cobertura.
1. A retirada cirúrgica do baço em decorrência de acidente de trânsito, independentemente da data do sinistro, deve ser considerada hipótese de invalidez permanente parcial, estando abrangida pela cobertura do seguro DPVAT. 2. Ainda que a situação não constasse da tabela utilizada até 2009, elaborada pelo CNSP, há expressa menção na lista incluída na Lei 6.194/74 pela Medida Provisória 456/09, a qual deve ser utilizada como instrumento de integração daquela. 3. Caráter exemplificativo das tabelas do seguro DPVAT descritivas de situações configuradores de invalidez permanente. 4. Consideração da natureza pública do seguro obrigatório e dos princípios da igualdade e da função social do contrato. 5. Cobertura concedida proporcionalmente ao grau de invalidez (Súmula 474/STJ). 6. Recurso Especial provido. (REsp 1381214/SP, Rel. Ministro Paulo de Tarso Sanseverino, Terceira Turma, julgado em 20/08/2013, DJe 27/08/2013).

96. Relembre-se aqui a lição de VASCONCELOS, Pedro Pais de. *Contratos atípicos*. Coimbra: Almedina, 1995, p. 417, que a utilidade social dos contratos "engloba a protecção do tráfico jurídico, da confiança e da aparência".
97. MARQUES, Claudia Lima. *Contratos no Código de Defesa do Consumidor*, Ed. RT: São Paulo, 2016.
98. MARQUES, Claudia Lima. *Confiança no comércio eletrônico e a proteção do consumidor: um estudo dos negócios jurídicos de consumo no comércio eletrônico*. São Paulo: Ed. RT, 2004.

artigo 138, é irrelevante ser ou não escusável o erro, porque o dispositivo adota o princípio da confiança".

Em outras palavras, a proteção da boa-fé e da confiança despertada formam, segundo Couto e Silva, a base do tráfico jurídico, a base de todas as vinculações jurídicas, o princípio máximo das relações contratuais.[99] A boa-fé objetiva e a função social do contrato são, na expressão de Waldirio Bulgarelli, "como salvaguardas das injunções do jogo do poder negocial".[100] Relembre-se aqui a lição de Pedro Vasconcelos, que a utilidade social dos contratos "engloba a protecção do tráfico jurídico, da confiança e da aparência".[101]

Segundo Karl Larenz, a confiança é princípio imanente de todo o direito (*Vertrauensprinzip*).[102]

A confiança é um princípio diretriz das relações contratuais.[103] Como já defendi, a confiança (proteção da confiança legítima) parece-me ser o paradigma para os tempos digitais.[104] "Vivemos, portanto, um momento de mudança: da acumulação de bens materiais para a acumulação de bens imateriais; dos contratos de dar para os contratos de fazer; do modelo imediatista da compra e venda para um modelo de relação contratual continuada, reiterada; da substituição, privatização ou terceirização do Estado como prestador de serviços; de relações meramente privadas para relações particulares de eminente interesse social ou público.[105] O momento é de uma crescente importância

---

99. Veja COUTO E SILVA, op. cit., p. 44 e ss.
100. BULGARELLI, Waldirio. *Direito empresarial moderno*. Rio de Janeiro: Forense, 1992, p. 99.
101. VASCONCELOS, Pedro Pais de. *Contratos atípicos*. Coimbra: Almedina, 1995, p. 417.
102. LARENZ, *Methodenlehre*, p. 424: "Das Vertrauensprinzip ist ein immanentes Prinzip unserer Rechtsordnung". No direito brasileiro, veja-se: MIRAGEM, Bruno. *Teoria geral do direito civil*. Rio de Janeiro: Forense, 2021, p. 27.
103. Assim também REZZÓNICO, p. 377, que ensina: "El principio de confianza se basa en un deber ético de no defraudar las expectativas suscitadas en otros. (...) Las expectativas deben ser legítimas y fundadas, lo que excluye tanto la confianza ingenua como la temeraria. (...) El principio de confianza – al igual que el de buena fe – cubre toda la posibilidad contractual y, por tanto, no sólo el tronco mismo del contrato, sino también el período anterior y el posterior".
104. MARQUES, *Confiança*, p. 31 ss.
105. Quanto a estas mudanças, veja GHERSI. La estrutura, p. 626: "[...] el estado posfordista produce la revolución de los servicios y el modelo de contratación prevalente

da fase pré-contratual, onde nascem as expectativas legítimas das partes, e de uma exigente fase contratual de realização da confiança despertada."[106] Isso em especial, em tempos digitais, como já escrevi: "A doutrina italiana está convencida que estes contratos são "contratos desumanizados" (Oppo) e "sem acordo" (Irti).[107] Seriam contratos em que o fornecedor não teria mais "rosto", não mais apareceria (ou poderia mesmo não existir) fisicamente ou territorialmente,[108] pois alguns fornecedores globais são redes de distribuição sem sede fixa. Os contratos a distância no comércio eletrônico seriam apenas um subtipo dos contratos "automatizados", contratos realizados diretamente com "computadores" (como os contratos de *home-banking*) ou com máquinas de respostas (como os contratos por telefone com respondedores automáticos), contratos "em silêncio" ou "sem diálogo" (expressão de Irti), conduzidos mais pela imagem, pela conduta de apertar um botão, do que pela linguagem. Certo é que nestes contratos há acordo de vontades, há vontade, mesmo que de adesão e "de conduta social típica"; logo, há contrato, mesmo que unilateralmente elaborado e muitas vezes não acessível ao consumidor. Há uma bilateralidade essencial, apesar da unilateralidade tão visível. Há bilateralidade de vontades, pois, apesar de o fornecedor ser "virtual" e o consumidor ser "massificado", apesar do oferecer e do eleger serem mais "automatizados", apesar de o direito abstrair mais do plano da validade e considerar mais a confiança despertada, a declaração de oferta realizada do que a vontade interna do fornecedor, a conduta social do consumidor do que a capacidade deste ou de quem atuou por ele ou no seu computador, há um contrato no plano

---

       será otro o mejor otros, más regulativos, duraderos o de tracto sucesivo; con intervención estatal; con rígida distribución en los beneficios de contrato [...]; de estructura de adhesión, pero más férrea, con un perfil más objetivo que subjetivo".

106. MARQUES, Contratos, p.
107. Sobre a controvérsia entre Irti e Oppo, veja Fresneda/Hernandez, p. 62-63. A amistosa disputa começou com o instigante artigo de Irti, Scambi senza acordo (1998), respondido por Oppo com o artigo Disumanizzazione e réplica de Irti, È vero ma ..., *Rivista* 2, p. 273 ss.
108. Veja, sobre territorialidade e internet, Bernhard Grossfeld, Global accounting: where internet meets geography, *The American Journal* 48, p. 261-306.

da existência, juridicamente relevante, e que produzirá efeitos – e muitos – no plano da eficácia."[109]

Percebe-se que a utilização da função social do contrato do Art. 421 do CC/2002 nem sempre ajuda na proteção dos vulneráveis, principalmente quando não há aplicação conjunta e em diálogo do CDC. É útil frisar que o Código Civil de 2002 traz ao direito privado brasileiro geral os mesmos princípios já presentes no Código de Defesa do Consumidor (como a função social dos contratos, a boa-fé objetiva etc.). Como já escrevi, "a convergência de princípios entre o CDC e o CC/2002 é a base da inexistência principiológica de conflitos possíveis entre as duas leis que, com igualdade ou equidade, visam a harmonia nas relações civis em geral e nas de consumo ou especiais." Esta convergência principiológica e a ordem pública de proteção dos vulneráveis ainda não alcançou um estágio consolidado em nossa jurisprudência, que, nos últimos anos, parece estar sofrendo uma transformação mais economicista e menos humanista.

---

109. MARQUES. Contratos, cit.

8
NOVO PARADIGMA TECNOLÓGICO, MERCADO DE CONSUMO DIGITAL E O DIREITO DO CONSUMIDOR

Bruno Miragem

Sumário: 1. Introdução. 2. Os novos modelos de oferta e contratação. 2.1. O comércio eletrônico. 2.2. O fornecimento por plataforma digital. 2.3. Contratos inteligentes (*Smart contracts*). 3. Os novos produtos e serviços. 3.1. Bens digitais. 3.2. Internet das coisas. 3.3. Inteligência artificial. 4. Repercussão do novo paradigma tecnológico sobre os direitos do consumidor. 4.1. Aproximação das categorias de produto e serviço. 4.2. Novos riscos tecnológicos e os regimes de responsabilidade do fornecedor. 4.3. Novos métodos de solução de conflitos (Resolução de disputas on-line). 5. Considerações finais.

1. Introdução

Em um clássico ensaio sobre a inovação originada pelo desenvolvimento tecnológico em meados do século XX, Elting E. Morison referiu que grande parte de sua pesquisa e reflexão concentrou-se, essencialmente, em quatro aspectos: a condição original das coisas que sofreriam mudanças; os agentes de mudança; a natureza da resistência à mudança e os meios para facilitar a acomodação com a mudança.[1] Não é diferente hoje, com o aprofundamento das transformações do mercado de consumo, resultado da utilização intensiva da tecnologia da informação para criação de novas formas de oferta e contratação, como também de novos produtos e serviços. A sociedade de consumo, em alguma medida, incentiva as transformações tecnológicas, uma vez que favorece a concorrência e eficiência dos agentes econômicos para

---

1. MORISON, Elting E. Men, machines and modern times. 50th anniversary edition. Cambridge: The MIT Press, 2016, p. 9.

oferecer mais e melhores produtos e serviços, estimulando a inovação que promova a qualidade.[2] Por outro lado, será impactada por essas mesmas transformações tecnológicas, que alteram substancialmente a forma de se relacionar no mercado, seja na aproximação pré-negocial, na celebração dos contratos, em sua execução, ou mesmo nos efeitos que perdurem do contrato ou resultem da responsabilidade do fornecedor pelo inadimplemento de seus deveres.

O desenvolvimento da informática e das tecnologias da informação que se seguiram, permitiram a potencialização da economia de escala – característica da sociedade de consumo contemporânea – porém, colocaram em destaque novos elementos, como a definição de novas utilidades, aperfeiçoamento de produtos e serviços visando à redução de falhas ou otimização de sua eficiência, assim como, em outro estágio, de novos produtos e serviços. Nesse particular, percebe-se tanto a aplicação das tecnologias da informação para aperfeiçoamento de produtos e serviços ofertados comumente no mercado de consumo já antes de seu desenvolvimento, como outros que supõem a existência dessas tecnologias, e só em razão delas passam a ter a possibilidade de serem desenvolvidos.

Dentre os vários exemplos de avanço tecnológico nenhum é mais relevante do que o desenvolvimento da internet, o qual deu causa, mesmo, ao surgimento de uma dimensão nova do mercado de consumo (mercado de consumo virtual) e as relações que se estabelecem por intermédio dela, como o comércio eletrônico – integrando fenômenos diversos como a oferta pela internet e os meios de pagamento eletrônico –, novas estruturas negociais de oferta de produtos e serviços – caso, e.g. do fornecimento por plataforma digital – e a estratégia de reconhecimento mais preciso dos interesses dos consumidores – em especial pelo tratamento de dados pessoais.

A utilização da internet para fins negociais data de meados da década de 1990, quando se afasta de sua ênfase acadêmica, e passa a se tornar um meio de oferta de produtos e serviços, sob diferentes

---

2. Sobre as características da sociedade de consumo e a origem do direito do consumidor, veja-se: MIRAGEM, Bruno. Curso de direito do consumidor. 8ª ed. São Paulo: RT, 2019, p. 45 e ss.

modelos de custeio e remuneração. Tanto assim é que, desde então, muitos serviços são oferecidos de modo aparentemente gratuito (caso dos sites de busca, rede social, dentre outros), porém, sempre com base em refinados modelos de remuneração indireta, a partir do interesse que despertam nos consumidores, quantidade de acessos em sites, dados que permitem coletar, ou outros elementos que se vinculem, de diferentes formas, a um genuíno interesse negocial.

Em um curto espaço de tempo essas transformações tecnológicas operaram profundas transformações no modo como consumidores adquirem ou utilizam determinados produtos ou serviços. São exemplos notáveis os serviços bancários, em relação aos quais um crescente contingente de consumidores serve-se da internet para realização de operações bancárias antes realizadas em agências; a oferta e venda de um conjunto cada vez maior de produtos, seja diretamente pelo fornecedor, seja por grandes varejistas virtuais que apresentam como vantagem o sistema de pagamento simplificado (eletrônico ou por cartões de débito ou crédito), ou a eficiência e celeridade na entrega (dispensando o consumidor de ir ao estabelecimento físico buscar o bem ou arcar com seu transporte). Da mesma forma, a facilidade de encontrar o fornecedor que ofereça precisamente o produto ou serviço de que necessita o consumidor, com informações suficientes sobre suas características, preços, comparação a outros fornecedores semelhantes, sem a necessidade de interação pessoal, com economia de tempo e uma aparência ou sensação de melhor controle sobre a entrega/fornecimento, são vantagens comumente associadas ao comércio pela internet.

Em um primeiro momento, os serviços e utilidades disponíveis na internet, bem como seu modo de fruição realizavam-se, geralmente, em terminais de computadores e em um sentido unidirecional, no qual o conteúdo gerado pelos provedores eram recebidos pelos usuários. Será em um segundo estágio, então, que o uso da internet se converte em bidirecional, de modo que os usuários passam também a interagir, participando da formação do conteúdo exposto na rede. Esta transformação trouxe consigo a possibilidade de participação mais ativa dos usuários na internet, o que foi facilitado também pelo desenvolvimento de aparelhos telefônicos multifuncionais (smartphones), permitindo o crescente acesso à internet por dispositivos móveis, a qualquer hora, aumentando exponencialmente as finalidades e o tempo médio de sua utilização. Da mesma forma, a crescente capacidade de processamento de dados resultantes da navegação pela internet, ou aqueles associados ao usuário, passa a permitir um refinamento e maior precisão da oferta de informações pela rede, otimizando tempo e buscando antecipar seu interesse, aumentando a probabilidade de direcioná-las, com êxito, às opções mais adequadas a seus objetivos.

Outro elemento característico do consumo realização pela internet será a facilidade, simplicidade e agilidade na celebração dos contratos de consumo. Por vezes, mediante simples aceitação (*one click contracts*), confiança em relação à exatidão do objeto contratado e seu cumprimento, e maior segurança no meio de pagamento (pagamento por cartões ou transferência de fundos, via bancária, ou arranjos de pagamento).

Será neste mercado de consumo "virtual" ou "digital" que passam a se organizar, então, novos modos de oferta de produtos e serviços, por intermédio de estruturas de maior complexidade, com a participação de diferentes agentes, especialmente dentre os fornecedores dos serviços. Assim, por exemplo, o que passa a ocorrer com a denominada economia do compartilhamento, na qual o fornecimento dos serviços através de uma plataforma digital permitirá aproximar consumidores interessados em sua fruição e fornecedores que ofertem a prestação – assim considerados aqueles que diretamente prestam o serviço, como também os que o organizam, formatam a contratação, o pagamento e controlam sua execução.

Outra transformação recente permitida pela aplicação de tecnologias da informação, e da internet em especial, diz respeito à transformação no modo de execução dos contratos, de modo que não apenas sua celebração se dá de modo automatizado (ou mediante aceitação virtual do consumidor), senão também a execução, mediante ordens predeterminadas que as partes contratantes definem para que se realizem de modo automático, normalmente por intermédio de software que as viabiliza. Trata-se dos denominados "contratos inteligentes" (ou "smart contracts"), que projetam a padronização dos comportamentos dos contratantes, reduzindo a oportunidade de interação pessoal entre as partes, também durante a execução do objeto contratual, sempre tendo em vista o interesse útil presumido das partes na contratação.

A essas novas formas de oferta e contratação entre consumidores e fornecedores no mercado de consumo, acrescenta-se, como resultado do novo paradigma tecnológico da digitalização também a transformação de produtos e serviços, dando causa a novos objetos da relação de consumo. Tem especial interesse, no atual estágio de desenvolvimento tecnológico, os denominados bens digitais, também denominados *digital assets* ou *digital property*. Assim, por exemplo, as mensagens de correio eletrônico arquivadas, informações, arquivos (fotos, documentos) disponibilizados em rede social ou em site de compras ou e plataformas de compartilhamento de fotos ou vídeos, os softwares que contrata licença de uso on-line (mediante senha ou código) pelo tempo assegurado de fruição, ou arquivos compartilhados em serviços de compartilhamento ou armazenamento de dados (p. ex. o armazenamento em nuvem – *cloud computing*). Há, nestes casos, interação entre a prestação de um serviço que poderá ser de oferta ou de custódia de bens digitais, espécies de bens incorpóreos[3] cujo interesse legítimo de uso fruição e disposição pertença ao consumidor.

Da mesma forma, a aplicação da internet sobre produtos e serviços permite que passem a servir a novas utilidades, especialmente ao permitir a conectividade de produtos, de modo que possam coletar e transmitir dados com a finalidade de otimizar sua utilização, assegurando precisão, eficiência nos recursos e melhor atendimento do interesse do consumidor. Trata-se do que vem sendo comumente denominado de internet das coisas (*internet of things* ou *IoT*), e repercute nas relações de consumo, tanto na redefinição do dever de qualidade (finalidade legitimamente esperada do produto ou serviço), quanto em novos riscos que eventual defeito da prestação pode dar causa.

Na mesma linha, a multiplicação da capacidade de processamento de dados dá causa ao desenvolvimento de softwares para interpretação

---

3. Uma vez bens sem existência material, mas que podem ser objeto de direito, como bem ensina a doutrina. MIRAGEM, Bruno. Teoria geral do direito civil. Rio de Janeiro: Forense, 2021, p. 339; GOMES, Orlando. Introdução ao direito civil. 19ª ed. Rio de Janeiro: Forense, 2007, p. 191-192.

de dados externos ou ambientais, de modo a determinar a atividade consequente de objetos inanimados (produtos, e.g.), o que está na origem da denominada inteligência artificial (*Artificial intelligence* ou *AI*), e permite, inclusive, a possibilidade de autoaperfeiçoamento do próprio bem, a partir do uso da linguagem (*machine learning*)[4]. Nesse caso, a adoção da inteligência artificial em produtos e serviços permite um grau de automatização na relação entre o fornecedor e o consumidor, reduzindo a interação entre ambos e intensificando a padronização do atendimento ou do fornecimento de produtos ou serviços. A repercussão na relação de consumo pode ser vislumbrada tanto pela maior agilidade ou precisão no atendimento do interesse do consumidor, quanto pela potencialização dos riscos decorrentes de um vício ou defeito na interpretação a ser feita pelo sistema informatizado em relação a dados externos e sua resposta automatizada.

Daí porque a proteção do consumidor, diante desse novo paradigma tecnológico, não reside exclusivamente nas normas do direito do consumidor, mas na compreensão destas em comum com outras legislações, como é o caso das atinentes à proteção de dados pessoais, à defesa da concorrência, ao processo civil, dentre outras.[5] Por outro lado, observa-se também o surgimento de novas formas de distribuição de produtos e serviços, como a formação de cadeias complexas e a própria alteração de noções clássicas de propriedade sobre bens, de modo a enfatizar sua utilidade em contraposição a de simples domínio. Tudo o que serve para reforçar os deveres, do fornecedor, de informação e esclarecimento do consumidor nas relações de consumo que envolvam tais inovações.

---

4. Machine learning é um dos modos de desenvolvimento da inteligência artificial. Por intermédio da padronização de um conjunto de dados, ou por repetidas tentativas usando aprendizado por reforço, pode-se conduzir um software a a maximizar um critério de desempenho, a partir da interpretação de um determinado contexto, adotando a partir dali aquele significado para padronizar suas reações. Veja-se: ALPAIDYN, Ethem. Machine learning. Cambridge: MIT, 2016, p. 161-162.

5. Assim bem registra o relatório do Conselho de Especialistas em Direito do Consumidor (Sachverständigenrat für Verbraucherfragen – SVRV) do Ministério da Justiça e Defesa do Consumidor alemão publicado em: MICKLITZ, Hans-Wolfgang; REISCH, Lucia A.; JOOST, Gesche; ZANDER-HAYAT, Helga (Hrsg.). Verbraucherrecht 2.0: Verbraucher in der digitalen Welt. Baden-Baden: Nomos, 2017, p. 9.

Para tanto, divide-se o presente estudo em duas partes. Na primeira, examina-se a influência do novo paradigma tecnológico no desenvolvimento de novos modelos de oferta e contratação de consumo por intermédio da internet e de novos produtos e serviços ofertados no mercado. No primeiro caso, examinam-se os fenômenos contemporâneos do comércio eletrônico, do fornecimento por plataforma digital e os denominados contratos inteligentes ("smart contracts", na sua conhecida indicação em língua inglesa). Em seguida o desenvolvimento de novos produtos e serviços a partir da aplicação das tecnologias, em especial, dos bens digitais, da internet das coisas e da inteligência artificial.

Na segunda parte, propõe-se a repercussão, no direito do consumidor dessas transformações no mercado de consumo, em especial atentando para a aproximação das categorias de produto e serviço, conforme sua definição legal, os novos riscos decorrentes da aplicação das tecnologias da informação e sua repercussão no âmbito da responsabilidade do fornecedor. E, ao final, a influência das novas tecnologias da informação também no tocante aos métodos de solução de conflitos, com especial referência aos instrumentos de resolução de disputas on-line.

2. Os novos modelos de oferta e contratação

2.1. O comércio eletrônico

No atual estágio do desenvolvimento tecnológico, destacam-se novas formas de oferta e contratação com ampla repercussão no mercado de consumo. A primeira delas diz respeito ao comércio eletrônico, cujo exame mais detalhado se faz também, nesta obra, quando do estudo da proteção contratual do consumidor pelo CDC.

O comércio eletrônico de consumo observa grande crescimento no direito brasileiro, dadas as facilidades que permite, como a possibilidade de adquirir produtos e serviços sem ter de deslocar-se até o estabelecimento físico do fornecedor, ou a comparação de preços entre diferentes fornecedores. Por outro lado, dentre as desvantagens do sistema estão limitações de contato direto e pessoal entre o consumidor e o produto no momento da aquisição – o que atrai a utilidade da incidência do art. 49 do CDC, assegurando o direito de arrependimento do consumidor – assim como a vulnerabilidade inerente à forma da contratação, tanto para efeito de acesso à informação sobre o contrato, controle dos meios de pagamento e a própria localização geográfica do fornecedor, por vezes, submetido à jurisdição estrangeira (no caso do comércio eletrônico internacional).

Desse modo, o principal aspecto inerente ao comércio eletrônico de consumo diz respeito ao dever de informar do fornecedor. O Decreto Federal nº 7.962/2013, define o conteúdo e extensão do dever de informar do fornecedor no comércio eletrônico, estabelecendo que deve dispor em local de destaque e fácil visualização no site, os seguintes elementos: "I – nome empresarial e número de inscrição do fornecedor, quando houver, no Cadastro Nacional de Pessoas Físicas ou no Cadastro Nacional de Pessoas Jurídicas do Ministério da Fazenda; II – endereço físico e eletrônico, e demais informações necessárias para sua localização e contato; III – características essenciais do produto ou do serviço, incluídos os riscos à saúde e à segurança dos consumidores; IV – discriminação, no preço, de quaisquer despesas adicionais ou acessórias, tais como as de entrega ou seguros; V – condições integrais da oferta, incluídas modalidades de pagamento, disponibilidade, forma e prazo da execução do serviço ou da entrega ou disponibilização do produto; e VI – informações claras e ostensivas a respeito de quaisquer restrições à fruição da oferta." (art. 2º).

Da mesma forma, exige-se que o fornecedor apresente o sumário da contratação com as informações necessárias ao pleno exercício do direito de escolha do consumidor, destacadas as cláusulas que limitem seus direitos. Deve ainda dispor de meios eficazes para o consumidor identificar e corrigir erros ocorridos nas etapas anteriores à conclusão do contrato, confirmar imediatamente o recebimento da aceitação da oferta, disponibilizar o contrato de modo a permitir sua conservação e reprodução pelo consumidor, além de utilizar mecanismos de segurança eficazes para pagamento e tratamento de dados (art. 4º).

O fato de a contratação de consumo se dar por intermédio da internet, caracterizando o denominado comércio eletrônico, não afasta a incidência das normas do CDC, tampouco prejudicam sua aplicação. A alteração do meio não implica desnaturar a definição jurídica da relação entre consumidor e fornecedor – contrato de consumo – que se submete às mesmas normas. Pode ocorrer que certas situações características da celebração do contrato de consumo pela internet possam ser exclusivas, em razão do meio de contratação, como é o caso das obrigações inerentes à identificação do fornecedor, do meio de pagamento, ou inerentes à entrega do produto sem que o consumidor tenha tido contato com o mesmo. Estas situações, quando relevantes em relação ao interesse útil do consumidor no contrato, podem ser objeto de normas específicas (como as previstas no Decreto Federal nº 7.962/2013), que apenas especializam e adaptam as normas do CDC, permitindo sua aplicação.

2.2. O fornecimento por plataforma digital

Uma das diferenças mais relevantes da oferta de produtos e serviços tradicionais, em estabelecimentos físicos, e o mesmo fenômeno na internet, diz respeito ao modo de identificação e contato entre consumidores e fornecedores. Enquanto no mercado de consumo tradicional o consumidor se desloca, normalmente, até onde se localiza o estabelecimento empresarial do fornecedor, sendo atraído para ele pela oferta e publicidade, no mundo digital, o volume de informações disponíveis na internet, e de fornecedores disponíveis, exige uma certa organização da oferta. Em especial, para tornar mais acessível aos potenciais consumidores determinados produtos ou serviços por eles ofertados, inclusive com a redução de custos e eliminação do desperdício de recursos.[6] Trata-se do que se pode denominar como fornecimento por plataforma digital, pelo qual a relação do fornecedor do produto ou serviço com o consumidor é intermediada por alguém que organiza a relação e aproxima os interessados, facilitando a celebração dos contratos. A OCDE, ao identificar o que denomina como intermediários da internet, os define como aqueles que: "reúnem ou facilitam transações entre terceiros na Internet". E prossegue afirmando que "eles dão acesso, hospedam, transmitem e indexam conteúdo, produtos e serviços originados por terceiros,

---

6. LOBEL, Orly. The law of platform. Minnesotta Law Review, v. 101, 2016, p. 166.

ou fornecer serviços baseados na Internet a terceiros".[7] Este conceito, contudo, é mais amplo do que o de plataforma digital que se dirige, especificamente, à intermediação de fornecedores diretos e consumidores, uma vez que abrange toda a sorte de provedores de serviços, serviços de busca e pesquisa, responsáveis pelos sistemas de pagamento, entre outros.[8]

Como ensinam Evans e Schmalensee, as plataformas digitais têm por características ter dois ou mais grupos de clientes, que precisam um dos outros, mas que não conseguem se conectar por conta própria, razão pela qual confiam em um terceiro como facilitador da interação entre eles.[9] Nesse caso, a própria natureza das relações jurídicas que estabelecem pode ser distinta. Visualizando exemplos de plataformas digitais que intermedeiam relações entre fornecedores diretos e consumidores, é induvidoso que entre eles caracteriza-se relação de consumo. Porém, entre os fornecedores diretos e o organizador da plataforma digital, embora possam estar presentes características que permitam identificar certa assimetria, ou mesmo dependência dos primeiros, não há de se considerar a existência, como regra, de outra relação de consumo. Poderá até se cogitar exceções, como é o caso em que não se tenha uma relação propriamente de consumo entre vendedores e adquirentes em plataformas que intermedeiem relações eventuais entre não profissionais. Porém, como regra, se alguém se serve de uma plataforma digital para intermediar ofertas de produtos e serviços inerentes a sua atividade profissional, não se há de cogitar haver, nesta hipótese, relação de consumo. Nesse caso, a relação será empresarial, se presentes os requisitos para caracterização da atividade (art. 966 do Código Civil), sem prejuízo que se considere a possibilidade de endereçar àquele que se relaciona com o organizador da plataforma digital, a tutela própria ao aderente em relação ao contrato de adesão (arts. 423 e 424 do Código Civil). Ou em situações muito específicas, a

---

7. OCDE (Organização para a Cooperação Econômica e Desenvolvimento). The economic and social role of internet intermediaries.OECD, April/2010, p. 9.
8. OCDE (Organização para a Cooperação Econômica e Desenvolvimento). The economic and social role of internet intermediaries, cit.
9. EVANS, David S.; SCHMALENSEE, Richard. *Matchmakers: The new economics of multisided platforms*. Cambridge: Harvard Business Review Press, 2016.

equiparação a consumidor, demonstrada a vulnerabilidade in concreto, segundo a interpretação prevalente do art. 29 do CDC.

Em geral, a legislação não se ocupa particularmente dessas plataformas digitais, que se organizam a partir do fornecimento, por elas próprias, de serviços às vezes gratuitos (p. ex. *sites* de busca, redes sociais), às vezes remunerados por percentual da vantagem do fornecedor direto (p. ex. plataformas que intermediam hospedagem ou serviços de transporte individual).

Em comum, o fornecimento de produtos e serviços por intermédio de plataforma digital conta com uma estrutura característica da relação jurídica que estabelece entre três pessoas distintas: a) o organizador da plataforma, que intermedeia a relação; b) o fornecedor direto do serviço; c) o consumidor. O organizador da plataforma é aquele a quem incumbe definir o modelo do negócio e do modo como produtos ou serviços serão ofertados e fornecidos por intermédio da internet. Exerce, por isso, poder em relação aos demais envolvidos, sobretudo porque é ele quem controla o acesso àquele específico canal que organiza,[10] seja de fornecedores diretos como de consumidores; por vezes controla o pagamento e, desse modo, também parte da execução do contrato celebrado entre as partes. Por essa razão, será denominado como espécie de guardião do acesso (*gatekeeper*), expressão que destaca seu poder de controle da possibilidade de contratação por fornecedores diretos e consumidores no ambiente virtual. Este poder do organizador da plataforma também se expressa na formação dos preços, conforme controle os níveis de acesso à oferta e demanda de fornecedores e consumidores, com efeitos concorrenciais.[11] A atuação das empresas que organizam essas plataformas digitais também visam, cada vez mais, a coleta e tratamento de dados dos consumidores, visando o seu tratamento, tanto para segmentação de mercado e maior

---

10. ADAM, Leonie; MICKLITZ, Hans-W. Verbraucher und Online-Plattformen. In: MICKLITZ, Hans-Wolfgang; REISCH, Lucia A.; JOOST, Gesche; ZANDER-HAYAT, Helga (Hrsg.). Verbraucherrecht 2.0: Verbraucher in der digitalen Welt. Baden-Baden: Nomos, 2017, p. 47.

11. ADAM, Leonie; MICKLITZ, Hans-W. Verbraucher und Online-Plattformen, p. 52; PODSZUN, Rupprecht; KREIFELS, Stephan. Digital Platforms and Competition Law. *Journal of European Consumer and Market Law*, v. 5, Issue 1, 2016, p. 33-39.

eficiência no direcionamento de ofertas de produtos e serviços, quanto seu compartilhamento com outros fornecedores, na internet e fora dela.

A diversidade de modelos de plataformas tecnológicas impõe, também, o desafio da qualificação de seus participantes em todas as relações que estabeleçam como consumidores ou fornecedores. A relação de consumo típica por plataforma digital se dá naquelas que intermedeiam o fornecimento de produtos e serviços entre fornecedores e consumidores (B2C, *business to consumer*). Não deve incidir o CDC, como regra, às relações por plataforma digital que envolvam relações entre empresários (B2B, *business to business*). Porém, essa delimitação nem sempre será clara, afinal, não é incomum a utilização de plataformas digitais para intermediação de negócios de compra e venda ou troca entre pessoas (P2P, *peer to peer*), que não serão necessariamente profissionais, ou exerçam a atividade com habitualidade, senão aproveitam-se da facilidade do meio para realizar negócios episodicamente. Como destaca a doutrina, nesses casos, será difícil precisar qual o número de transações deve alguém celebrar para que deixe de ser considerado um consumidor, tornando-se um fornecedor. Seria um critério útil para determinar a incidência ou não da legislação de proteção do consumidor?[12] Independentemente da resposta, contudo, há de determinar se existe um dever do organizador da plataforma digital de informar, conforme a boa-fé, que a relação que intermedeia, celebrada entre pessoas que não são fornecedoras, poderá ter por consequência a não incidência do CDC (e.g. alguém que venda por intermédio de certa plataforma tecnológica um bem usado seu, em caráter eventual e sem o intuito de lucro).

Da mesma forma, discute-se se a forma de atuação do organizador da plataforma é decisiva ou não para sua qualificação como fornecedor, de modo que passe a integrar, com o fornecedor direto que contrata com o consumidor, a cadeia de fornecimento. Havendo esta qualificação como consumidor, uma das consequências mais expressivas será a extensão da responsabilidade pelo inadimplemento contratual ou por outros danos que decorram da relação cuja intermediação realiza.

---

12. ADAM, Leonie; MICKLITZ, Hans-W. Verbraucher und Online-Plattformen, p. 57.

Uma primeira linha de entendimento poderá considerar a gradativa extensão da responsabilidade do organizador da plataforma, conforme sua intervenção ou participação na contratação entre o consumidor e o fornecedor direto.[13] Assim, por exemplo, se controla e avalia a execução da prestação (entrega do produto ou realização do serviço), o pagamento pelo consumidor, ou ainda quando tenha participação na própria remuneração (uma vantagem direta, decorrente da remuneração, mediante desconto ou retenção do valor recebido, de parte do preço pago pelo consumidor). Claudia Lima Marques, examinando o fenômeno de consumo compartilhado, filia-se a este entendimento, ao definir a existência de uma *cadeia "escondida" de fornecedores*, que devem responder solidariamente quando participam da organização da plataforma digital.[14] Essa compreensão é reforçada pelo argumento da proteção da confiança em relação à imagem ou publicidade que realiza o organizador da plataforma digital, segundo a conclusão de que a decisão do consumidor de contratar por intermédio daquela específica plataforma se deve à confiança nela própria e não, necessariamente, nos fornecedores diretos que dela se utilizam para oferecer seus produtos aos consumidores. Nesse caso, ainda que não se chegue a identificar a responsabilidade baseada na teoria da aparência (afinal, não há necessariamente identificação entre o organizador da plataforma e o fornecedor direto), será a confiança na

---

13. DOMURATH, Irina. Verbraucherrecht in der Plattformökonomie. In: In: MICKLITZ, Hans-Wolfgang; REISCH, Lucia A.; JOOST, Gesche; ZANDER-HAYAT, Helga (Hrsg.). Verbraucherrecht 2.0: Verbraucher in der digitalen Welt. Baden-Baden: Nomos, 2017, p. 128.
14. MARQUES, Claudia Lima. A nova noção de fornecedor no consumo compartilhado: um estudo sobre as correlações do pluralismo contratual e o acesso ao consumo. Revista de direito do consumidor, v. 111. São Paulo: RT, maio-jun./2017, p. 247-268. Será ainda Claudia Lima Marques (Contratos no Código de Defesa do Consumidor. 9ª ed. São Paulo: RT, 2019, p. 444) que apontará uma tendência da jurisprudência para o reconhecimento da responsabilidade do organizador da cadeia, indicando decisão do Recurso Especial 1426578/SP, no qual o STJ sinalizou a " responsabilização solidária de todos os que participem da introdução do produto ou serviço no mercado, inclusive daqueles que organizem a cadeia de fornecimento, por eventuais defeitos ou vícios apresentados" (REsp 1.426.578/SP, Rel. Min.Marco Aurélio Bellizze, 3ª Turma, j. 23/06/2015, DJe 22/09/2015).

segurança ou eficiência da plataforma um fator que informa a decisão de contratar do consumidor, razão pela qual atrai a responsabilidade do seu organizador.[15]

Outra linha de entendimento será a que sustenta a necessidade de examinar-se caso a caso o modo de participação do organizador da plataforma digital e sua capacidade de intervenção no conteúdo da relação entre o fornecedor direto e o consumidor que resulta da sua intermediação. Em outros termos, diferenciando as situações em que o poder do organizador da plataforma digital se estende também à execução do contrato de consumo que intermediou, sobre o qual exerce diferentes níveis de controle, e aquelas nas quais sua atuação limita-se à intermediação, sem que possa interferir na prestação. No tocante à formação do contrato, auxilia nesse entendimento a incidência do art. 19 do Marco Civil da Internet (Lei 12.965/2014), que afasta a responsabilidade do provedor de aplicações de internet por conteúdo ilegal gerado por terceiros, e que a rigor poderia ser estendido à oferta realizada pelo fornecedor direto por intermédio da plataforma. Nesse caso, mesmo nas hipóteses em que o organizador da plataforma digital intervenha para divulgar oferta ou informação sobre produto ou serviço a ser fornecido pelo fornecedor direto, no próprio regime do CDC isso poderá estender a responsabilidade para obrigar este ao cumprimento, se for possível caracterizar relação de preposição ou representação nos termos do art. 34 do CDC. Será, todavia, o inverso

---

15. Nesse sentido, mencione-se um caso julgado pelo Tribunal Federal alemão (Bundesgerichtshof – BGH), no qual a plataforma digital Tchibo dispunha-se a intermediar a contratação de seguros e serviços financeiros com "seguradores parceiros" designados como "especialistas selecionados pela Tchibo". Desse modo a intermediação era realizada pela plataforma, inclusive com o preenchimento de formulário e envio de e-mail de confirmação, inclusive com a marca da Tchibo. Uma vez demandado judicialmente por um concorrente, em especial pelo descumprimento dos deveres exigidos na intermediação de seguros, a Tchibo defendeu-se sustentando-se não atuar como corretor de seguros, de modo que estes deveres não lhe seria aplicáveis. O BGH, contudo, concluiu que a imposição destes deveres inerentes à intermediação dos seguros, segundo a legislação própria, dependeriam da aparência objetiva da atividade realizada, razão pela qual reconheceu a responsabilidade da Tchibo pela falha no dever de fornecer informações aos consumidores. (BGH, acórdão de 28.11.2013 – I ZR 7/13, processo Hanseatisches Oberlandesgericht Hamburg, de 12. 12. 2012 – 5 U 79/10). Conforme ADAM, Leonie; MICKLITZ, Hans-W. Verbraucher und Online-Plattformen, p. 76.

verdadeiro? Ou seja, de que o fornecedor direto possa ser considerado preposto ou representante autônomo do organizador da plataforma digital para efeito de estender a ele a responsabilidade pela oferta? A rigor, as situações típicas havidas no mercado não permitem esta conclusão, com exceção de casos que não dirão respeito propriamente à oferta (art. 34 do CDC), mas à própria execução do contrato, do que o caso mais conhecido é o da prestação de serviços de transporte ou de hospedagem por aplicativos. Porém, nessas situações, o transportador ou o anfitrião participam da execução do serviço, não da sua oferta, razão pela qual o regime de responsabilidade será orientado pela extensão da interferência do organizador da plataforma digital na prestação do serviço, ou ainda – segundo o primeiro entendimento mencionado – na remuneração da atividade.

Em qualquer caso, todavia, será incontroversa a responsabilidade do organizador da plataforma digital pelo descumprimento de deveres próprios da atividade de intermediação que desempenhe, como é o caso do dever de informação e esclarecimento sobre o conteúdo e características do contrato (inclusive os termos de uso) e deveres das partes, inclusive a própria extensão de sua participação, os riscos ordinários da contratação, e a orientação do comportamento do consumidor para obtenção da finalidade útil do contrato que venha a celebrar. O mesmo se diga em relação à segurança dos atos que venha a desempenhar, como é o caso dos riscos inerentes ao tratamento dos dados pessoais do consumidor que venha a ter acesso em razão do negócio que intermedia, dentre os quais suas informações financeiras, no caso de participar da transação relativa ao pagamento do preço.

Destaca-se também, para efeito da proteção da confiança legítima do consumidor na oferta por intermédio da plataforma digital, os sistemas de classificação por ela divulgados, dando conta de maior ou menor correção ou eficiência dos fornecedores diretos no adimplemento dos contratos de consumo que celebram com os consumidores. Esses sistemas de classificação colaboram para a formação de reputação,[16] tanto da

---

16. OCDE (Organização para a Cooperação Econômica e Desenvolvimento). Protecting consumers in peer platform markets: 2016 Ministerial meeting on the digital economy background report. *OECD Digital Economy Papers*, n. 253, 2016, p. 10.

própria plataforma digital, quanto dos fornecedores diretos que ofertam produtos e serviços por seu intermédio, razão pela qual as informações que divulgam também se submetem aos deveres de veracidade e clareza impostos pela legislação de proteção do consumidor. Assim, por exemplo, no Reino Unido, em 2012, a *British Advertising Standards Authority* decidiu que uma conhecida plataforma digital de oferta de serviços turísticos (passagens aéreas e hospedagem), não poderia anunciar que as avaliações dos seus serviços eram feitas por "viajantes reais" se o organizador da plataforma não as controlasse de modo a atestar a veracidade da informação. Da mesma forma identificam-se, em diferentes países, arranjos para fraude desses sistemas de avaliação de serviços *on-line*.[17] Razão pela qual sua divulgação, quando incorporada como elemento de publicidade, atrai a responsabilidade da plataforma digital, no direito brasileiro, com a subsunção às hipóteses de publicidade enganosa (art. 37 do CDC); sem prejuízo do ônus da prova da veracidade e correção da informação ou comunicação publicitária, nos termos do art. 38 do CDC. Há, contudo, situações mais difíceis, como aquelas em que avaliações positivas de um certo fornecedor são situadas com destaque e prioridade para conhecimento do consumidor (e.g. prioridade de divulgação em sistema de buscas), mediante remuneração do provedor de aplicações que preste o serviço de busca, de avaliação, ou mesmo o próprio organizador da plataforma digital. Esta prática foi considerada ilícita, e classificada como publicidade enganosa no direito estrangeiro.[18]

---

17. ADAM, Leonie; MICKLITZ, Hans-W. Verbraucher und Online-Plattformen, p. 65. A transparência nos critérios de comparação de condições de contratação de serviços turísticos oferecidos por plataformas digitais também é objeto de atenção da atividade regulatória nos Estados Unidos, conforme menciona: VAN LOO, Rory. Rise of the Digital Regulator, Duke Law Journal, v. 66, 2017, em especial p. 1313-1315.
18. Assim o caso do ranking de serviços de hospedagem em hotéis decidido pelo tribunal de Berlim, e o caso do sistema de avaliação de serviços médicos que oferecia os profissionais avaliados a possibilidade de serem associados "premium" com a finalidade de destacar suas avaliações positivas no ranking organizado pelo provedor, decidido pelo tribunal de Munique, ambos na Alemanha. Neste segundo caso, contudo, após a decisão do tribunal houve apenas a alteração da aparência das informações de modo a ser indicado, quando apresentado o resultado da pesquisa ao consumidor, tratar-se de anúncio patrocinado, o que é objeto da crítica de ADAM, Leonie; MICKLITZ, Hans-W. Verbraucher und Online-Plattformen, p. 69-70.

Outro aspecto a ser considerado, à luz do direito do consumidor, serão as situações de bloqueio ou exclusão do consumidor do ambiente de negócios viabilizado pela plataforma digital que tenha acesso controlado (e.g. mediante cadastro prévio, uso de senha etc.), hipótese em que a decisão do organizador, automatizada ou não, submete-se aos limites definidos pela proibição de práticas abusivas, em especial as previstas no art. 39, incisos II ("recusar atendimento às demandas dos consumidores, na exata medida de suas disponibilidades de estoque, e, ainda, de conformidade com os usos e costumes") e IX ("recusar a venda de bens ou a prestação de serviços, diretamente a quem se disponha a adquiri-los mediante pronto pagamento, ressalvados os casos de intermediação regulados em leis especiais"), do CDC.

2.3. Contratos inteligentes (Smart contracts)

Outra inovação oferecida pelo novo paradigma tecnológico no mercado de consumo digital consiste nos denominados contratos inteligentes, também comumente designados na expressão em língua inglesa "*Smart contracts*". Diferenciam-se os contratos inteligentes ("*Smart contracts*"), pelo fato de sua execução, total ou parcialmente, se dar por meio digital, de modo que se submeta a uma programação específica que determine a realização automatizada de ações no interesse dos contratantes. Ou seja, são contratos cuja execução será total ou parcialmente automática,[19] afastando a interferência do comportamento dos contratantes para seu cumprimento. Embora alguns autores levantem a dúvida se não se tratam de fenômeno passageiro,[20] parece mais correto compreendê-los como uma nova etapa da padronização contratual (sucedendo a expansão da técnica das condições gerais contratuais e dos contratos de adesão) que tem lugar na sociedade de

---

19. RASKIN, Max. The law and legality of smart contracts. Georgetown Law Technology Review, v. 1, 2017, p. 305-341. CARRON, Blaise; BOTTERON, Valentin. How smart can a contract be? In: KRAUS, Daniel; OBRIST, Thierry; HARI, Olivier (Eds.). Blockchains, smart contracts, descentralised autonomous organizations and the law. Cheltenham: Edward Elgar, 2019, p. 109.
20. WERBACH, Kevin; CORNELL, Nicolas. Contracts ex machina. Duke Law Journal, v. 67, 2017, p. 381.

massas, incrementada pelas possibilidades das novas tecnologias da informação. Tiveram lugar, originalmente, em contratos celebrados no âmbito do sistema financeiro (mercado de capitais, seguros) e também, em certos países, em contratos de empreitada para a construção, visando prevenir situações usuais de inadimplemento (atrasos de entrega ou pagamento, desconformidade de projetos etc.). Porém, vem crescentemente se desenvolvendo também no âmbito das relações de consumo, sobretudo, em contratos celebrados pela internet, e cuja execução se dê total ou parcialmente por meio digital.

As vantagens enunciadas nesses contratos inteligentes, além da facilidade e agilidade na contratação e execução, são a redução de conflitos entre as partes, decorrentes da interpretação de cláusulas ambíguas e dos riscos de inadimplemento[21] pela natureza autoexecutável de suas disposições. Por outro lado, por tratar-se de uma determinada programação, a inflexibilidade de sua execução, embora por um lado seja saudada por reduzir os riscos de inadimplemento, por outro implica em dificuldades na alteração dos termos do contrato pelas partes. Um exemplo citado no âmbito das relações comerciais é o de um contrato de fornecimento em que o vendedor envie, habitualmente, bens ao comprador, e que após uma determinada remessa de produtos de qualidade diversa, busca compensá-lo com a prorrogação do prazo de pagamento. Será provável que, pelo caráter específico da situação, não tenha havido previsão sobre essa circunstância, podendo, inclusive, ser muito oneroso reprogramar o contrato para contemplá-la. Tais situações podem ser reproduzidas em uma variedade de hipóteses nas

---

21. A autoexecutividade do contrato pode dar causa a debates sobre os próprios limites do poder do fornecedor que, afinal, estipule as condições contratuais. No limite, a doutrina chega a cogitar de situações de restrição de uso do bem adquirido, mediante pagamento diferido no tempo, mediante utilização de software que associe o inadimplemento das parcelas do preço e a restrição do uso pelo período em que durar o inadimplemento. Assim, por exemplo, um automóvel pago cujo preço é pago em parcelas, cujo adquirente ficasse impedido de utilizá-lo quando estivesse em mora (o exemplo é de SPINDLER, Gerald. Regulierung durch Technik. In: MICKLITZ, Hans-Wolfgang et alli, Verbraucherrecht 2.0: Verbraucher in der digitalen Welt, p. 347). Ilustra bem a situação no qual as novas possibilidades dos contratos inteligentes possam confrontar os limites do exercício do direito de crédito pelo fornecedor.

quais alterações tópicas na relação entre os contratantes se tornem excessivamente onerosas para uma reprogramação do contrato.[22]

Nas relações de consumo, a celebração dos contratos inteligentes ("*smart contracts*") já tem lugar tanto em situações nas quais toda sua celebração e execução pode se dar digitalmente (e.g. a contratação de um seguro, cujo pagamento do prêmio, e eventual regulação e pagamento da indenização possa se dar exclusivamente pela internet), quanto parcialmente (assim a reserva de um hotel ou locação de imóvel pela qual o hóspede ou o locatário receba um código ou senha alfanumérica para acesso ao local pelo período contratado, sem a necessidade de check-in presencial). A tendência de aumento da utilização dos contratos inteligentes em relações de consumo deve, necessariamente, contemplar três aspectos: a) atendimento ao dever de informação e esclarecimento do fornecedor, prévio à contratação, sobre seus aspectos característicos e o modo de exercício dos direitos pelo consumidor, inclusive com a possibilidade de acesso prévio ao instrumento contratual (art. 46, do CDC, e art. 4º, IV, do Decreto 7.962/2013); b) assegurar-se a possibilidade de contato do consumidor com o fornecedor por meio alternativo ao da contratação (e-mail, telefone ou endereço físico, p. ex.); c) na programação de suas ordens autoexecutáveis, assegurar-se que contemplam os condicionamentos definidos pela legislação. Em especial, a possibilidade de efetivo exercício pelo consumidor do direito de reclamação ou resolução no caso de vícios da prestação (arts. 18 a 20 do CDC), assim como o direito de arrependimento (art. 49 do CDC).

O caráter autoexecutável dos contratos de consumo que se caracterizem como contratos inteligentes ("*smart contracts*"), deverá considerar ainda, eventual participação de outros agentes distintos do consumidor e do fornecedor, como destinatários ou executores de ações determinadas pela programação definida à contratação. Será o caso, especialmente, daqueles que viabilizarem a transação financeira de pagamento pelo consumidor – caso das instituições de pagamento, cuja atuação será destacada nas situações de resolução ou abatimento

---

22. SKARLOFF, Jeremy M. Smart contracts and the cost of inflexibility. University of Pennsylvania Law Review, v. 166, 2017, p. 263-303.

do preço – diante da necessidade de devolução ou alteração dos valores cobrados. Nesses casos, embora o caráter autoexecutável do contrato sirva à realização do pagamento, nem sempre as ações relativas à devolução de valores ou modificação de cobrança, por seu caráter específico, o serão. Mesmo quando não se trate de execução automatizada, o fornecedor deverá assegurar que sejam adotadas as providências, em prazo razoável, para atender o interesse legítimo do consumidor à devolução dos valores pagos, ou para eliminar a exigência de cobrança, conforme o caso.

Da mesma forma, o caráter autoexecutável do contrato não elimina o controle de legalidade sobre seu conteúdo,[23] trate-se de cláusulas contratuais constantes em condições gerais ou termos de uso, sejam decorrentes da prática contratual determinada pela programação de execução realizada pelo fornecedor. Nesses casos, identificada eventual ilegalidade ou abusividade no conteúdo do contrato, ou no modo de exercício dos direitos e deveres que define, cumprirá ao fornecedor alterar a programação predeterminada à execução do contrato, promovendo sua adequação às exigências legais. Em tais situações, não devem ser admitidas, a qualquer pretexto, alegações de dificuldades ou de impossibilidade técnica de alteração da programação realizada para execução do contrato, diante da óbvia constatação de que as ações autoexecutáveis que integram a programação dos contratos inteligentes, apenas devem ser admitidas em conformidade com o regime legal a que se submetem.

Considerando que no âmbito das relações de consumo a adoção dos contratos inteligentes se darão sem que se visualize qualquer exceção, sob a forma de contratos de adesão elaborados (e programados) pelo fornecedor, é relevante atentar a situações nas quais as ações autoexecutáveis programadas possam se caracterizar como espécies de cláusulas-mandato, ou ainda possam subsumir-se às hipóteses proibidas pelo art. 51 do CDC. É o caso, por exemplo, da variação do preço, ou a possibilidade de cancelamento ou alteração unilateral pelo fornecedor (incisos X, XI e XII).

---

23. WERBACH, Kevin; CORNELL, Nicolas. Contracts ex machina. Duke Law Journal, v. 67, 2017, p. 372-374.

Da mesma forma, eventual falha do sistema que sirva de meio aos contratos inteligentes são compreendidos no âmbito do que é risco inerente à atividade do fornecedor, razão pela qual deverá responder pelos prejuízos que, em razão destas falhas, forem causados aos consumidores.

3. Os novos produtos e serviços

As transformações do mercado de consumo digital não se restringem, contudo, à novas formas de fornecimento de produtos e serviços, e ao relacionamento entre consumidor e fornecedor, especialmente na internet. Importa também no desenvolvimento de novos produtos e serviços como resultado direto das novas tecnologias. É o que o ocorre, tanto em relação a produtos e serviços totalmente novos, cuja existência supõe o desenvolvimento da tecnologia da informação, e outros que já existiam com determinadas características, mas que são aperfeiçoados, com o acréscimo de novas utilidades ou vantagens, a partir do desenvolvimento tecnológico.

Diante da diversidade de novos produtos e serviços sobre os quais repercutem as novas tecnologias da informação, três aspectos merecem destaque. O primeiro deles, os denominados bens digitais, em relação aos quais, tanto a oferta e fornecimento, quanto sua fruição, supõem a existência da internet. Em seguida, o que vem sendo denominado como internet das coisas, que compreende a integração entre objetos e serviços que se realizem por intermédio deles, agregando-lhes utilidade a partir de infraestrutura que permite sua conexão à internet. E por fim, a inteligência artificial, crescentemente utilizada tanto no desenvolvimento de produtos e serviços, como também no relacionamento entre os fornecedores e seus consumidores.

3.1. Bens digitais

O desenvolvimento da internet, e a forma de organização e circulação das informações por seu intermédio, colocou em destaque o interesse dos usuários ao acesso, preservação e utilização dessas informações, seja com finalidade econômica ou meramente existencial. A importância dessas informações organizadas, inclusive sob a forma de produtos e serviços, deu causa à necessidade de sua correta classificação como objeto das relações de consumo. A conhecida distinção entre bens e coisas confere aos primeiros designar tudo o que, podendo proporcionar certa utilidade, são passíveis de apropriação privada; já as coisas em sentido mais amplo, serão consideradas tudo o quanto existe na natureza, com exceção da pessoa.[24] Serão a utilidade, a possibilidade de apropriação e de serem objeto de relações jurídicas negociais, mediante alienação e aquisição, que fará com que tais informações, organizadas de certo modo, possam ser consideradas bens digitais. São espécies de bens incorpóreos, sobre os quais recai titularidade e a possibilidade de sua oferta e alienação sob a forma de produtos, os quais, segundo o art. 3º, § 1º, do CDC, podem ser bens imateriais.

A doutrina vem identificando os principais bens digitais, conteúdo arquivado na internet e vinculado a um determinado titular, como fotos, mensagens em correio eletrônico e demais aplicações de internet, músicas, filmes e livros digitais, dentre outros.[25] Também a moeda eletrônica, sob a custódia de instituições de pagamento, será bem digital. Atualmente, inclusive, em certos setores econômicos,[26] a própria forma de fornecimento de certos produtos dá conta da inexistência de suporte físico fora da rede, como é o caso de softwares diversos, cuja aquisição é realizada mediante licença, diretamente pela internet, inclusive com a possibilidade de limitação do seu uso por um determinado tempo (vigência da licença).

Uma vez que sejam ofertados no mercado de consumo, serão considerados produtos, nos termos do art. 3º, § 1º, do CDC, objetos do contrato de consumo, e nesse sentido, submete-se o fornecedor ao atendimento dos deveres de adequação e segurança que integram o dever geral de qualidade de produtos e serviços. Essa classificação

---

24. MIRAGEM,Bruno. Teoria geral do direito civil. Rio de Janeiro: Forense, 2021, p. 326 e ss; SERPA LOPES, Miguel Maria. Curso de direito civil, v. I. 6ª ed. Rio de Janeiro: Freitas Bastos, 1988, p. 332.
25. ZAMPIER, Bruno. Bens digitais. Indaiatuba: Foco, 2017, p. 59.
26. Examinando em sentido mais amplo os impactos das tecnologias da informação sobre o fornecimento de produtos e serviços e sua relação com os consumidores, veja-se: CORTADA, James W. Information and the modern corporation. Cambridge: MIT, 2011, p. 72 e ss.

terá várias implicações práticas. De um lado, sendo bens passíveis de apropriação, e tendo sido objeto de alienação por ocasião da oferta e fornecimento do produto ao consumidor, deve ser assegurado, como efeito da transferência do domínio, e salvo restrições previamente informadas ao consumidor, ampla possibilidade de uso, fruição e disposição do bem. Assim como, nos casos em que seja tecnicamente possível, o próprio direito do consumidor reivindicar o bem, exercendo o que é também virtualidade do domínio (art. 1.228, *caput*, do Código Civil).

Não é desconhecido, contudo, que certos bens digitais, quando produtos colocados no mercado de consumo, tem sua forma de fornecimento ou fruição subordinados a determinadas condições técnicas, que podem limitar e exercício pleno das faculdades do domínio (uso, fruição e disposição, reivindicação), em comparação a produtos fornecidos pela forma tradicional. Assim ocorre em relação ao bem digital que só pode ser acessado mediante uso de um determinado programa, ou um hardware específico (p. ex. livros digitais acessíveis por uma plataforma específica), ou ainda cujo uso é franqueado por certo tempo (contratos de licença temporária), ou enquanto permanecer vigente um contrato de duração (filmes e vídeos baixados em serviços de streaming). Há situações mesmo que, disciplinadas por contrato, tornam duvidosa a possibilidade de manutenção do acesso, no caso de morte do consumidor, pelos sucessores.

Nesses casos, a existência de condições para utilização ou fruição dos produtos, desde que revelem característica que é própria do meio utilizado para seu fornecimento, não deve ser considerada por si só, atuação abusiva do fornecedor. Ao contrário, é possível afastar eventual entendimento quanto à sua abusividade, considerando as características do produto ou a própria natureza do contrato (art. 51, § 1º, II, do CDC, *a contrario sensu*). Contudo, há nessas circunstâncias o reforço do dever de informação e esclarecimento pré-contratual pelo fornecedor, na oferta ou publicidade, de modo a indicar, precisamente, o modo e as restrições de utilização e fruição desses produtos digitais. Ou ainda, dependendo da quantidade de informações necessárias, inclusive, para que o consumidor possa perceber toda a utilidade do bem adquirido, o detalhamento das informações quanto ao modo de utilização no contrato ou termo de uso cujo acesso prévio à contratação deve assegurar. Será o eventual descumprimento deste dever de informar prévio à celebração do contrato, o fundamento para a caracterização, seja do vício de informação que origina a responsabilidade do fornecedor com fundamento no art. 18 do CDC, ou mesmo a própria abusividade da cláusula contratual que defina a restrição de uso e fruição do produto digital, em razão da violação da qualidade do consentimento do consumidor. É conclusão a que se chega diante da violação do dever de informar sobre as características do produto (art. 31 do CDC) assim como o de dar conhecimento prévio do instrumento contratual (art. 46 do CDC).

Outro aspecto relevante em relação ao fornecimento dos bens digitais diz respeito ao exercício, pelo consumidor, do direito de arrependimento previsto no art. 49 do CDC. Define, a norma, que "o consumidor pode desistir do contrato, no prazo de 7 dias a contar de sua assinatura ou do ato de recebimento do produto ou serviço, sempre que a contratação de fornecimento de produtos e serviços ocorrer fora do estabelecimento comercial, especialmente por telefone ou a domicílio." Não há dúvida de sua incidência aos contratos de consumo celebrados pela internet, ademais porque presente nessas situações uma das principais justificativas para que seja assegurado o arrependimento para a contratação fora do estabelecimento comercial, a saber, a falta de contato prévio entre o consumidor e produto ou serviço ofertado, acentuando sua vulnerabilidade na relação jurídica com o fornecedor. Da mesma forma, a tentativa de definição de um conceito autônomo de "estabelecimento comercial virtual" como local próprio para exercício da atividade negocial na internet,[27] afastando a ideia de que a contratação, nesses casos, se daria "fora do estabelecimento", não logrou êxito, reforçando-se o reconhecimento da possibilidade de exercício do arrependimento no caso de fornecimento de produtos e serviços pela rede.

Em relação aos bens digitais, contudo, a dúvida que se planta diz respeito às características específicas do produto, cujo fornecimento

---

27. Defendeu esse entendimento, em sua tese de doutoramento, dentre outros, SANTOLIM, Cesar Viterbo Matos. Os princípios da proteção do consumidor e o comércio eletrônico no direito brasileiro. Tese. Porto Alegre: UFRGS, 2004, p. 97-98.

e fruição se dá diretamente pela internet, inclusive podendo, em muitas situações, o consumidor perceber toda a utilidade do bem em um primeiro contato, ou mesmo no prazo legal para exercício do direito de arrependimento. É o exemplo recorrente do livro, música ou filme comercializado e fruído totalmente pela internet, no qual a possibilidade de arrependimento pode dar conta de situações que incentivem o oportunismo e a má-fé de consumidores que adquiram tais produtos, deles usufruam e exerçam o arrependimento para obter a devolução do valor do preço pago, nos termos do parágrafo único do art. 49, do CDC. Observe-se, contudo, que este argumento, por si só, não parece suficiente para afastar o direito de arrependimento em relação a bens digitais, afinal, não elimina qualquer das características da contratação que o justificam: a saber, a falta de conhecimento prévio do consumidor sobre o produto e, eventualmente, a falta de informações sobre a própria contratação. Isso não significa que não se possa conceber, de lege ferenda, e com apoio na própria tecnologia, meios específicos que impeçam o exercício do arrependimento após a completa fruição do produto, ou ainda a limitação, fundada na boa-fé, do exercício abusivo do direito em situações concretamente verificáveis. Não há, atualmente, contudo, no sistema legal de proteção do consumidor, exceções ao reconhecimento do direito de arrependimento previsto no art. 49 do CDC, mesmo no caso de bens digitais.

3.2. Internet das coisas

A internet das coisas, tradução da expressão em inglês *internet of things*, também designada pela sigla IoT, compreende a técnica que permite conexão física ou virtual entre bens e serviços, por intermédio de redes de comunicação, fomentando o desenvolvimento de novas aplicação para automação de atividades por intermédio da internet. Segundo definição jurídico-normativa recentemente expressa no Decreto nº 9.854, de 25 de junho de 2019, que instituiu o Plano Nacional de Internet das Coisas, compreende a "[...] infraestrutura que integra a prestação de serviços de valor adicionado com capacidades de conexão física ou virtual de coisas com dispositivos baseados em tecnologias da informação e comunicação existentes e nas suas evoluções, com interoperabilidade" (art. 2º, I).

De grande repercussão sobre toda atividade econômica, o desenvolvimento da internet das coisas tem especial impacto no âmbito das relações de consumo, transformando produtos e serviços já existentes no mercado, e permitindo o surgimento de outros decorrentes dessas inovações tecnológicas. A adoção dos componentes de processamento de dados incorporados a produtos,[28] permitindo que possam transmitir e receber dados a partir de redes existentes – a conectividade por rede é o que caracteriza o fenômeno[29] – já dá origem ao incremento da utilidade de produtos "smart" (aparelhos telefônicos multifuncionais, televisões, geladeiras), na automação das casas, brinquedos (bonecos que falam com crianças), rastreadores e verificadores da condição física e de saúde de pessoas, automóveis de condução remota, dentre outros produtos. Prevê-se a extensão do uso da tecnologia a uma infinidade de outros produtos, como vestuário, eletrodomésticos diversos etc.

Há, nesses casos, a compreensão, em conjunto, de produtos cuja utilidade, ou se torna dependente, ou vem a ser incrementada pela aplicação da tecnologia da denominada internet das coisas. A utilidade do produto supõe à do serviço – examinando-se o fenômeno segundo as categorias tradicionais do direito do consumidor – e nesses termos, a própria caracterização da qualidade esperada e do regime de responsabilidade do fornecedor decorrente da violação do seu dever de qualidade pode ser alterado. Essa interdependência entre produto e serviço vem, inclusive, permitindo que se refira a uma erosão da propriedade,[30] o que merece reflexão, especialmente considerando a

---

28. Em especial, atualmente, a identificação dos produtos com uma determinada identificação (UID, unique identification number) e um endereço IP (internet protocol), conectado por tecnologia RIFD (Radio-frequency identification) sob a forma de chips acomplados aos produtos e seu reconhecimento por softwares programados a executar as ações definidas a partir da sua identificação. Para a explicação didática da estrutura da rede, veja-se: GREENGARD, Samuel. The internet of things. Cambridge: MIT, 2015, p. 15.
29. GRÜNWALD, Andreas; NÜβING. Machine to machine (M2M): Kommunikation Regulatorische fragen bei der Kommunikation im Internet der Dinge. Multimedia und Recht. Munich: C.H.Beck, june/2015, p. 378-383.
30. Veja-se a expressão originalmente, no estudo da Consumers International sobre os impactos da internet das coisas no direito do consumidor: COLL, Liz; SIMPSON, Robin. Conection and protection in digital age. The internet of things and challeges for consumer protection. London: Consumers International, april/2016, p. 34.

separação entre o domínio e a integralidade de suas faculdades, em especial de uso e fruição.[31]

Um caso notório a esse respeito, concerne aos adquirentes de tratores da fabricante John Deere que vinha com software embarcado para sua fruição, e a pretensão da empresa, sob o fundamento de proteção de seus direitos autorais sobre o software, de limitar sua atualização às condições por ela definidas (inclusive com exigência eventual de remuneração para esse fim).[32] Este caso chamou a atenção para um dos principais aspectos da associação entre produtos e o software que lhe confere utilidade, própria da internet das coisas, que é a projeção, no tempo, da dependência do consumidor em relação a determinada prestação de serviço do fornecedor, que assegure a utilidade esperada. Essa característica pode ser vislumbrada sob duas perspectivas. De um lado, a possibilidade de atualização do software, incrementando sua utilidade durante a vida útil do produto, deve ser considerado uma vantagem para o consumidor. De outro, contudo, a necessidade de atualizações que só podem ser fornecidas por aquele que originalmente ofertou o produto, acentua a dependência do consumidor em relação ao fornecedor. Inclusive dá ao fornecedor um expressivo poder, uma vez que ao controlar os modos de atualização do software, pode acelerar sua obsolescência, estimulando a aquisição de um novo produto em substituição àquele que cuja atualização seja, eventualmente, restringida ou limitada, o que já ocorre comumente na comercialização de hardwares, por exemplo.

Em geral, o conteúdo da prestação em contratos de consumo que envolvam a compra e venda de produtos nos quais se aplica a internet das coisas inclui: a) a própria coisa (incluindo o "hardware"); b) o conteúdo digital permanentemente incorporado a ele, e que não pode ser desinstalado pelo consumidor sem conhecimento especializado em tecnologia da informação; c) o conteúdo digital oferecido pelo próprio fornecedor ou por terceiros (aplicações de internet); d) atualizações

---

31. WENDERHORST, Christiane. Besitz und Eigentum im Internet der Dinge. In: MICKLITZ, Hans-Wolfgang; REISCH, Lucia A.; JOOST, Gesche; ZANDER-HAYAT, Helga (Hrsg.). Verbraucherrecht 2.0: Verbraucher in der digitalen Welt. Baden-Baden: Nomos, 2017, p. 367-368.
32. COLL, Liz; SIMPSON, Robin. Conection and protection in digital age. The internet of things and challeges for consumer protection, cit.

do software e/ou das aplicações de internet, que podem ser carregadas on-line; e) serviços digitais que envolvem a transmissão de dados necessária ao atendimento das funções do produto; e f) o tratamento de dados, propriamente dito.³³ Nesse particular, muitas tecnologias que utilizam chips RIFD (Radio-frequency identification) processam dados e, por isso, sua utilização submete-se também à legislação de proteção de dados pessoais.³⁴ Recorde-se que a possibilidade de maior personalização de produtos e funcionalidades de acordo com características e preferências do consumidor – permitido pela internet das coisas – gera, consequentemente, maior demanda pelo acesso e tratamento de seus dados pessoais.³⁵

Essa característica do objeto dos contratos de consumo que envolva a internet das coisas, ao mesmo tempo em que conjuga em um mesmo objeto características de produtos e serviços (obrigações de dar e fazer), também exige que se investigue a extensão da responsabilidade dos fornecedores do produto em si, e os do software ou das demais aplicações que definem sua funcionalidade.

A maior complexidade técnica do produto, nesse caso, exige do fornecedor maior atenção ao cumprimento de um dever de informação qualificado, que esclareça, de modo compreensível ao consumidor médio e não especialista em tecnologia da informação, as características do produto, suas funcionalidades e limitações, assim como todos os custos associados à sua fruição (p. ex. se será necessário ou não aquisição, além do produto em si, de outros serviços para fruir outras utilidades possíveis). Nesse caso, o desafio da oferta e atendimento, em especial, dos arts. 6º, III, e 31 do CDC, deverá ter em conta a vulnerabilidade técnica do consumidor médio em relação às inovações tecnológicas.

---

33. Com adaptações às peculiaridades da relação de consumo, toma-se em atenção a sistematização de: WENDERHORST, Christiane. Besitz und Eigentum im Internet der Dinge, p. 369.
34. SCHMECHEL, Philipp. Verbraucherdatenschutzrecht in der EU-Datenschutz--Grundverordnung, p. 274.
35. HELBERGER, Natali. Profiling and targeting consumers in the Internet of Things – A new challenge for consumer law. In: SCHULZE, Reiner; STAUDENMAYER, Dirk (Ed.) Digital Revolution: challenges for contract law in practice. Baden-Baden: Nomos, 2016, p. 135-161.

Outro aspecto a destacar diz respeito à extensão das regras de responsabilidade solidária, previstas no CDC no caso de produtos relacionados à internet das coisas.[36] Não é demais lembrar que se tratando do fato do produto, o art. 12 do CDC prevê a responsabilidade solidária de uma estreita cadeia de fornecedores (fabricante, construtor, produtor e importador), ao contrário do regime do fato do serviço, no qual a interpretação consagrada do art. 14 do CDC define um sentido abrangente da solidariedade dos fornecedores envolvidos. Todavia, peculiaridades do próprio modo de fornecimento podem influenciar na conclusão sobre maior ou menor extensão da responsabilidade dos fornecedores. A título de exemplo, contraponham-se situações nas quais a aplicação que permita funcionalidades ao produto seja fornecida pelo mesmo fabricante, por algum fornecedor seu parceiro (em relação ao qual o próprio fabricante do produto possa atuar de modo semelhante a de um agente ou distribuidor) ou por terceiro independente, sem qualquer relação com o primeiro. Em todos os casos, necessariamente, será o caso de reconhecer a responsabilidade solidária de todos eles? Da mesma forma, tratando-se de violação do dever de adequação dos produtos, os regimes de vício do produto e do serviço (art. 18 a 20 do CDC) conduzem já à solidariedade da cadeia de fornecimento, o que não ocorre no caso do fato do produto, em que a responsabilidade solidária pelos danos causados por produtos defeituosos, conforme já se indicou, será restrita (art. 12 do CDC).

Essas relações entre o fabricante do produto e os fornecedores do software e aplicações que assegurem suas funcionalidades esperadas, ou agregue novas ao longo do tempo, também terão reflexos em matéria concorrencial. Nesse particular, estarão sob o controle das autoridades de defesa da concorrência, e mesmo de defesa do consumidor quando afetem diretamente os interesses dos consumidores (em especial sua liberdade de escolha), os acordos entre os fabricantes dos produtos com aplicação da internet das coisas, e os desenvolvedores de softwares e aplicações que possam comprometer a livre concorrência, assim como

---

36. O problema da extensão da responsabilidade entre vários fornecedores de produtos em que aplicada a internet das coisas, também é notada do direito comparado: WENDERHORST, Christiane. Besitz und Eigentum im Internet der Dinge, p. 370-371.

a interpretação sobre as normas de proteção aos direitos autorais sobre os softwares aplicados, que possam conduzir a um mesmo resultado restritivo do ingresso de novos agentes no mercado, ou dificultar seu acesso aos consumidores.

3.3. Inteligência artificial

O desenvolvimento da tecnologia da informação, a par das inovações de processos tradicionais nas variadas atividades econômicas, com importantes reflexos no mercado de consumo, cruzou uma fronteira sensível que separava o ser humano e suas invenções, com o surgimento da inteligência artificial. Essa noção de inteligência artificial compreende a capacidade de um determinado sistema informatizado não apenas executar comandos pré-programados, mas também interpretar um determinado contexto e atuar sem prévia definição, apenas de acordo com a representação que estabeleça sobre a ação mais adequada para intervir em certa situação. Daí a noção de "inteligência" reconhecida como capacidade de interpretação da realidade e determinação de uma ação de forma autônoma, independente de comandos anteriores definidos por programação. Será "artificial" porque desenvolvida no âmbito da computação e das tecnologias da informação, em oposição àquela natural, reconhecida aos seres humanos. A rigor, uma pessoa muitas vezes decide o que fazer, avaliando os resultados das diferentes possibilidades de ações que pode realizar. Um programa inteligente deverá fazer o mesmo, mas usando processo lógico, capaz de identificar e demonstrar as alternativas sem deixar de considerar que se trata, em última análise, de uma máquina.[37]

Ao examinar as implicações iniciais do tema, Resolução do Parlamento Europeu, de 2017, definiu o que seriam características de um "robô inteligente", identificando: a) sua autonomia através de sensores e/ou da troca de dados com o ambiente (interconectividade), e da troca e análise desses dados; b) capacidade de autoaprendizagem com a experiência e a interação (critério opcional); c) um suporte

---

37. MCCARTHY, John; HAYES, Patrick J. Some philosophical problems from the standpoint of artificial intelligence. In: MELTZER, B.; MICHIE, D. Machine Intelligence 4. Edinburgh University Press, 1969, p. 463-502.

físico mínimo; d) adaptação de seu comportamento e de suas ações ao ambiente; e) inexistência de vida no sentido biológico do termo.[38] Naturalmente, são critérios úteis para a interpretação do fenômeno também à luz do direito brasileiro.

Segundo uma visão orientada aos benefícios empresariais, a inteligência artificial tem aplicações conhecidas na automatização dos processos negociais, na obtenção de informações que incrementem a atuação dos agentes econômicos por intermédio da análise de dados, assim como para fomento ao engajamento de consumidores e empregados da empresa.[39]

No âmbito das relações de consumo, o fato de se tratar de sistemas não completamente programados, mas que adquirem a capacidade de "interpretar" dados objeto de tratamento para formar decisões coerentes com o propósito presumível do consumidor, gera problemas de qualificação importantes, como é o caso da própria capacidade para celebrar contratos ou praticar atos em representação autônoma ou simples meio interposto da contratação, a partir da vontade mediata do consumidor ao adotar o meio de contratação.[40] Nessas situações, embora no âmbito da teoria geral dos contratos possa haver dificuldades importantes a serem superadas no plano da validade da proposta formulada por robôs, no caso dos contratos de consumo a solução é dada, segundo o direito existente, nos termos do art. 30 do CDC, ao definir que "toda informação ou publicidade, suficientemente precisa, veiculada por qualquer forma ou meio de comunicação com relação a produtos e serviços oferecidos ou apresentados, obriga o fornecedor que a fizer veicular ou dela se utilizar e integra o contrato que vier a ser celebrado." A ausência de exigências formais para a oferta de consumo, e a amplitude reconhecida ao comportamento vinculante

---

38. Relatório do Parlamento Europeu, de 16 de fevereiro de 2017, que contém recomendações à Comissão sobre disposições de direito civil sobre robótica, p. 8.
39. DAVENPORT, Thomas H.; RONANKI. Rajeev. Artificial intelligence for the real world. In: On AI, Analytics and the new machine age. Boston: Harvard Business Review Press, 2019, p. 1-18.
40. SPECHT, Louisa; HEROLD, Sophie. Roboter als Vertragspartner? Gedanken zu Vertragsabschlüssen unter Einbeziehung automatisiert und autonom agierender Systeme. Multimedia und Recht, n. 1 Munich: C.H.Beck, 2018, p. 40-44.

do fornecedor ("toda informação", "veiculada por qualquer forma ou meio") é suficientemente abrangente para contemplar também a contratação eletrônica feita com utilização de inteligência artificial.

Por outro lado, a utilização da inteligência artificial no tratamento de dados (p. ex. para análise de crédito do consumidor), ou em serviços de atendimento aos clientes (atendimento por robôs), impõe dificuldades mais sensíveis. Sobretudo, em relação ao exame da motivação das decisões adotadas no caso de tratamento de dados, e a incapacidade de predizer o modo de ação em relação a situações específicas (que se distanciem das hipóteses de maior ocorrência, e por isso padronizadas), nas situações relacionadas ao atendimento virtual do consumidor.

Em relação ao tratamento de dados, uma das principais questões diz respeito ao risco de que, mediante uso da inteligência artificial, a decisão que dela resulte possa ser conflitante com a proibição de discriminação segundo critérios definidos pelo Direito. Nesse caso destaca-se mesmo a pergunta se o resultado da análise de dados a partir de critérios objetivos (estatísticas, por exemplo), poderá ser considerado discriminatório. A resposta tende a ser afirmativa, considerando, ademais, que o modo como os dados sejam reconhecidos e interpretados pode conduzir a conclusões que se revelem discriminatórias. É pressuposto da utilização da inteligência artificial no tratamento de dados, sua conformidade com a legislação de proteção dos dados pessoais, em especial respeitando a finalidade do tratamento e a proibição de discriminação ilícita.

No caso dos serviços de atendimento a consumidores, a utilização da inteligência artificial permite a redução de custos e maior eficiência na padronização de procedimentos pelo fornecedor. Contudo, é evidente que as diversas situações pelas quais os consumidores demandam o contato com o fornecedor, para solução de dúvidas, reclamações ou exercício de seus direitos, compreendem circunstâncias que nem sempre são passíveis de resposta padronizada. Daí porque devem ser asseguradas alternativas para que o consumidor possa contatar o fornecedor em caso de necessidade, o que, aliás, é previsto pelo Decreto nº 7.962, de 15 de março de 2013, que disciplinou o comércio eletrônico (art. 4º, V, e também os arts. 2º, II, 4º, II, e 5º, § 1º).

Outro aspecto de grande repercussão acerca da utilização da inteligência artificial em produtos e serviços ofertados no mercado de consumo, diz respeito aos riscos de dano a que dá causa, e o preenchimento das condições para responsabilização do fornecedor. A própria Resolução do Parlamento Europeu, de 16 de fevereiro de 2017, que contém recomendações à Comissão sobre disposições de Direito Civil sobre Robótica, destaca a insuficiência das regras sobre responsabilidade por fato do produto na sua aplicação aos robôs dotados de inteligência artificial, sobretudo em vista da dificuldade de demonstração do nexo de causalidade.[41] Da mesma forma, considerando a capacidade de autoaperfeiçoamento e autonomia nas decisões, independentemente de comandos predefinidos, que caracterizam a inteligência artificial, questiona-se qual o limite da responsabilidade dos programadores do sistema em relação a essas decisões.[42] No caso da responsabilidade do fornecedor por danos ao consumidor em razão da utilização da inteligência artificial, sendo o regime legal previsto no CDC o da responsabilidade objetiva, são afastadas maiores dificuldades a serem enfrentadas caso fosse necessário perquirir de quem seria a culpa pela falha. Todavia, dois aspectos merecem atenção, em especial quanto à crescente utilização da inteligência artificial em produtos e serviços ofertados no mercado de consumo. A primeira delas diz respeito à extensão da cadeia de fornecimento para efeito do reconhecimento da responsabilidade solidária dos fornecedores. A segunda suscita a interpretação dos denominados riscos do desenvolvimento e sua repercussão no caso de danos causados por decisões decorrentes da aplicação de inteligência artificial.

No primeiro caso, trata-se de saber os limites da extensão de responsabilidade em relação a todos os fornecedores que participam,

---

41. Relatório do Parlamento Europeu, de 16 de fevereiro de 2017, que contém recomendações à Comissão sobre disposições de direito civil sobre robótica, itens AH e AI, p. 8.
42. SCHAUBE, Renate. Interaktion von Mensch und Maschine: Haftungs- und immaterialgüterrechtliche Fragen bei eigenständigen Weiterentwicklungen autonomer Systeme. Juristen Zeitung, v. 72, issue 7. Tübingen: Mohr Siebeck, 2017, p. 342-349.

direta ou indiretamente na fabricação e oferta do produto ou serviço no mercado.[43] Segundo o direito brasileiro, a solidariedade dos fornecedores pelos danos causados resulta da sua contribuição para o dano (art. 7º, parágrafo único, do CDC) ou por imputação legal (art. 12 a 14 do CDC). Neste segundo caso, especialmente quando o uso da inteligência artificial se dê mediante sua aplicação a produtos e serviços, imbricando-se, muitas vezes, com a internet das coisas, trata-se de saber se todos os que participam da cadeia serão responsáveis por danos decorrentes de falhas nas decisões tomadas de modo autônomo pelo sistema informatizado, ou apenas aqueles fornecedores que tenham participado de sua programação ou instalação. Recorde-se, neste ponto, que o regime de responsabilidade pelo fato do produto (art. 12 do CDC) é bastante mais restrito em relação à extensão do conjunto de fornecedores a quem se pode imputar a responsabilidade, do que no caso do fato do serviço (art. 14 do CDC). Nesse sentido, a própria qualificação do dano decorrente de decisão tomada com o uso de inteligência artificial, como fato do produto ou do serviço, terá consequências práticas significativas.

Afinal, sendo defeito do produto, apenas o fabricante e o importador (se houver), responderão pela indenização ao consumidor, ainda que, identificando-se a causa específica, se possa estender a responsabilidade ao fornecedor de algum dos componentes do produto que seja identificado como causa do dano. Qualificando a falha decorrente da decisão adotada com uso da inteligência artificial como fato do serviço, amplia-se a extensão da cadeia de fornecimento para efeitos de responsabilização. Em situações nas quais há prestação de serviços digitais, como ocorre nos casos de automação típicas da internet das coisas, a identificação do regime do fato do serviço é admissível. Tratando-se, contudo, de funcionalidade do produto que não se associe a prestação de serviços posteriores à venda e entrega ao consumidor, a incidência do art. 12 do CDC tenderá a prevalecer, podendo reclamar a necessidade de novas soluções legislativas.

---

43. MIRAGEM, Bruno. Curso de direito do consumidor. 8ª ed. São Paulo: RT, 2019, p. 681 e ss; MIRAGEM, Bruno. Responsabilidade civil. 2ª ed. Rio de Janeiro: Forense, 2021, p. 281 e ss.

Em relação aos riscos do desenvolvimento, assim compreendidos aqueles que o fornecedor não tinha condições de identificar (e, desse modo, tampouco de prevenir) pelo estágio da ciência e da técnica ao tempo da colocação do produto ou serviço no mercado, trata-se de saber como repercute sobre a responsabilidade do fornecedor no caso de danos causados por decisões autônomas de sistema informatizado mediante aplicação de inteligência artificial. Seu fundamento legal reputa-se no art. 12, § 1º, III, do CDC, que ao definir critérios para identificação do defeito do produto, inclui "a época em que foi colocado em circulação". A rigor, tratando-se da capacidade de decisões futuras que não foram objeto de programação anterior (e, portanto, não são completamente previsíveis), há dificuldade mesmo de exigir do fornecedor o standard estabelecido no art. 10 do CDC, de que não pode "colocar no mercado de consumo produto ou serviço que sabe ou deveria saber apresentar alto grau de nocividade ou periculosidade à saúde ou segurança".[44]

Contudo, registre-se que o mesmo art. 12, § 1º, II do CDC, utiliza como critério para definição de defeito do produto, "o uso e os riscos que razoavelmente dele se esperam". Nesse sentido, tratando-se da aplicação de inteligência artificial a produtos e serviços, nos quais há ciência quanto à capacidade de tomada de decisões independentemente de programação prévia, configura-se um risco esperado a possibilidade de que possa causar danos decorrentes de falhas na interpretação do contexto de atuação pelo software, o que por si pode dar causa à configuração do defeito, e consequente responsabilização do fornecedor. A definição de risco que razoavelmente era esperado, contudo, não abrange qualquer situação, em especial quanto a características e extensão do dano que venha a ser causado. Afinal, risco razoavelmente esperado supõe um mínimo de determinação do evento futuro possível, não sendo suficiente relacionar que "algo pode dar errado", ou,

---

44. A doutrina alemã sustentará a possibilidade de exclusão da responsabilidade do fornecedor, em razão dos riscos do desenvolvimento. Aponta, então, no sistema alemão, a importância da culpa do fabricante no sistema de responsabilidade geral do BGB, ainda que haja a dificuldade de determinar que a máquina, por intermédio da inteligência artificial, cometa ato ilícito. SCHAUBE, Renate. Interaktion von Mensch und Maschine..., p. 343.

simplesmente, que "algum dano pode ser causado", sem qualquer elemento que permita delimitar o fato. Poderá, contudo, ser útil neste caso, a exata delimitação daquilo que se considere risco inerente à atividade (o denominado fortuito interno), o que dependerá de concreção pelo intérprete, em acordo com as características e funcionalidades do produto, assim como das circunstâncias do caso.

O exemplo mais lembrado nessas situações, ainda que se encontre, como regra, em fase de testes, diz respeito ao carro autônomo, que se desloca sem motorista, e vem sendo considerado uma das grandes inovações com chances reais de breve introdução em escala no mercado de consumo. Considerando tratar-se de veículo que se desloca mediante aplicação de inteligência artificial, identificando as regras de trânsito, obstáculos físicos no trajeto que desenvolve, de modo a reagir às eventualidades que possam ocorrer no trajeto, no caso de algum acidente a que venha dar causa, a quem seria imputável a responsabilidade pela reparação dos danos causados? Alternativamente, ao fabricante, ao proprietário, ao fornecedor do componente de inteligência artificial? A todos de forma solidária? Ou a nenhum deles, sendo necessário conceber-se um novo modelo de garantia para esses riscos (seguro obrigatório, por exemplo)? Seguindo os fundamentos de responsabilização do fornecedor próprios da disciplina de proteção do consumidor, a tendência será a de responsabilização do fabricante, sobretudo sob o argumento de que ele terá a capacidade de exercer certo controle de riscos em relação ao produto que colocou no mercado.[45] De fato, mesmo no direito brasileiro, seria a hipótese mais adequada à primeira vista (art. 12 do CDC). Não se deixe de considerar, contudo, que em razão da causa identificada do dano, esta atribuição de responsabilidade poderia se deslocar e estender-se ao fornecedor do componente de inteligência artificial, seja como fato do produto ou mesmo, no caso da prestação de serviços digitais – como poderá ocorrer nos carros autônomos – também com fundamento no art. 14 do CDC (fato do serviço). Sem prejuízo de que, com fundamento na interpretação tradicional sobre a responsabilidade objetiva

---

45. EIDENMÜLLER, Horst. The rise of robots and the law of humans. Zeitschrift für Europäisches Privatrecht, v. 4. Munich; C.H. Beck, 2017, p. 772.

do proprietário do veículo no caso de acidentes de trânsito, se possa estender a ele a responsabilidade diante da vítima (pelo fato da coisa ou quando conduzido por terceiros, segundo a teoria da guarda da coisa, amplamente reconhecida pela jurisprudência brasileira).[46]

Percebe-se, desse modo, que a incidência das normas do CDC às situações que envolvam danos decorrente de defeitos de produtos e serviços com aplicação da inteligência artificial, tem aptidão para resolver boa parte dos casos de responsabilidade pela indenização em favor da vítima. Exigências de interpretação quanto aos fatos e sua subsunção à norma se dão em face das características e funcionalidades do produto e a existência ou não de serviço prestado por seu intermédio, desafiando a qualificação mais precisa em acordo com esses elementos.

4. Repercussão do novo paradigma tecnológico sobre os direitos do consumidor

Diante dos exemplos de formas de contratação e relacionamento entre o fornecedor e o consumidor, e novos produtos e serviços decorrentes da aplicação das tecnologias da informação, são diversas as repercussões na interpretação e aplicação das normas de direito do consumidor. Esses impactos resultam da própria característica que acompanha este novo paradigma tecnológico, "destruição criativa" segundo conhecida expressão de Joseph Schumpeter,[47] ou "disrupção" ("inovação disruptiva"), cunhada por Clayton Christensen[48]

---

46. A título ilustrativo: STJ, REsp 604.758/RS, Rel. p/ Acórdão Min. Nancy Andrighi, 3ª Turma, j. 17/10/2006, DJ 18/12/2006.
47. SCHUMPETER, Joseph A. Capitalism, socialism and democracy. London/New York: Routledge, 1976, p. 81 e ss.
48. A expressão original de Clayton Christensen em sua obra de 1997 (CHRISTENSEN, Clayton M. The Innovator's Dilemma. Boston: Harvard Business School Press, 1997) visava, sobretudo o exame os aspectos relacionados à gestão empresarial e ao fenômeno da disrupção de mercados. A expressão, contudo, ganhou sentido mais largo pelo uso, especialmente, relacionado às inovações decorrentes da tecnologia da informação e da internet, levando o próprio autor a revisitá-la em artigo, em co-autoria, de 2015, incorporando de forma sistemática as inovações decorrentes deste novo paradigma tecnológico (CHRISTENSEN, C. M., RAYNOR, M.; MCDONALD, R. What Is Disruptive Innovation?. Harvard Business Review, December/2015, p. 1-11). A utilização ampla da ideia de disrupção, contudo, não passou desapercebida, sendo

para explicar como novos empreendedores inovam criando produtos e serviços mais acessíveis, com novas opções para os consumidores, de modo a desestabilizar a posição daqueles já estabelecidos no mercado. Fazem isso, inclusive, criando novos mercados e atraindo consumidores que até então não demonstravam interesse em participar e consumir.[49]

Essas transformações do mercado de consumo desafiam então, igualmente, os conceitos estabelecidos do direito do consumidor, exigindo o estudo e intepretação de suas normas orientado a dois propósitos essenciais: a) primeiro, um esforço no sentido de subsumir as novas situações do mercado às normas em vigor, considerando o pressuposto da vulnerabilidade do consumidor (princípio da vulnerabilidade) que justifica a proteção constitucional e legal que lhe é endereçada; e b) a identificação das situações de suficiência ou não das normas legais vigentes à realidade que decorre das transformações do mercado em razão das inovações tecnológicas, seja para a colmatação de lacunas ou proposição de lege ferenda, sempre observado o fundamento constitucional de defesa do consumidor na forma da lei (art. 5º, XXXII, da Constituição da República).

Alguns desses aspectos são examinados a seguir, para fins de sistematização. Primeiro, a aproximação das categorias jurídicas de produto e serviço como objeto de relações de consumo devido às inovações decorrentes do uso da tecnologia da informação. Em seguida, uma síntese das questões envolvendo os novos riscos tecnológicos, e sua repercussão sobre o regime de responsabilidade do fornecedor no CDC, consolidando aspectos examinados nos itens anteriores. Por fim, um aspecto que até aqui tem contado com menor interesse dos estudiosos do Direito, mas que merece atenção em razão da tendência evidente de expansão da oferta remota e a distância de produtos e serviços ampliada pelas novas tecnologias e, sobretudo, pela internet: as

---

objeto de crítica mais recente daqueles que percebem a falta de critérios para seu emprego como causa do seu esvaziamento. Neste sentido: GOBBLE, MaryAnne M. The case against disruptive innovation. Research-Technology Management, v. 58, (1), 2015, p. 59-61.

49. CHRISTENSEN, C. M., RAYNOR, M.; MCDONALD, R. What Is Disruptive Innovation?, p. 5.

novas formas de resolução de litígios, em especial, por intermédio da própria rede mundial de computadores (comumente denominados *ODR – Online dispute resolution*).

4.1. Aproximação das categorias de produto e serviço

Uma das principais repercussões das novas tecnologias da informação sobre o mercado de consumo, e sua aplicação em produtos e serviços, consiste na aproximação dessas categorias. O CDC, ao definir produto e serviço como objetos da relação de consumo, distingue claramente o primeiro como um bem, e o segundo como "qualquer atividade fornecida no mercado de consumo". Em certa medida, projetam na prestação objeto da relação de consumo, a distinção clássica entre as obrigações de dar e fazer, consagradas no direito obrigacional.[50] Ao permitir a conectividade de produtos, a partir da qual passa a contar com novas funcionalidade – como é o caso, especialmente, da internet das coisas e da aplicação da inteligência artificial – passa a existir, em muitas situações, uma interdependência entre produto ou serviço, de modo que sua utilidade e valor supõem essa relação. A rigor, essa dependência acompanha o desenvolvimento da tecnologia da informação. Conectividade pressupõe serviços que se realizam por intermédio da utilização do produto. O modo como se dá o proveito do consumidor é que varia. Assim o valor de um smartphone estará cada vez menos na sua utilidade original de realizar ligações telefônicas, e mais na capacidade de armazenamento de dados e aplicações de internet que permitem a realização de uma série de tarefas, com diferentes níveis de interação humana. No domínio da internet das coisas, a tecnologia acoplada ao produto permite a execução de tarefas, e dessa funcionalidade retira seu valor. Há situações paradigmáticas, inclusive, quando o próprio fornecimento de um novo produto tende a depender da correta execução de uma funcionalidade associada a outro produto (ex. das impressoras 3D que produzem novos objetos). O mesmo se diga em relação à aplicação da inteligência artificial, cujo principal aspecto distintivo diz respeito, justamente, à capacidade

---

50. Veja-se: MIRAGEM, Bruno. Direito das obrigações. 3ª ed. Rio de Janeiro: Forense, 2021, p. 82 e ss.

de atuação autônoma a partir de software para realização de tarefas (serviços) no interesse do usuário.

A relação entre a noção tradicional do produto, que oferece toda sua utilidade ao consumidor após a tradição, pelo qual se transfere, usualmente, a propriedade e a posse, é alterada a partir desse novo paradigma tecnológico da sociedade da informação. A principal situação diz respeito aos produtos cuja utilidade suponha sua conexão a um determinado software oferecido pelo mesmo fornecedor ou por terceiro. Nesse caso, o produto adquirido pelo consumidor com tecnologia da internet das coisas ou de inteligência artificial, tem seu uso e fruição dependente do correto funcionamento do software, hipótese na qual, havendo falha no fornecimento deste, restringe-se sua utilidade, ou mesmo perde todo o valor. Isso pode dar causa a maior catividade do consumidor quando dependa de uma licença de software, ou de sua atualização, inclusive implicando na transição do modelo de negócios em relação a "produtos inteligentes" do novo mercado de tecnologia da informação, da simples compra e venda de consumo tradicional, para um modelo de licenciamento[51] exigindo uma relação continuada com o fornecedor para preservar a utilidade do bem.

A dependência do software que assegure a preservação da funcionalidade do produto, por outro lado, também pode submeter o consumidor à necessidade de contínuas atualizações requeridas para que o produto ou serviço continue atendendo à finalidade original, ou mesmo acrescente novos usos ao longo do tempo. Isso gera situações como: a) atualizações de software que podem modificar conteúdos já existentes ou requerer condições que o produto original não tenha capacidade de suportar (espaço de memória, por exemplo), acelerando sua obsolescência e estimulando a necessidade da aquisição de uma nova versão do produto pelo consumidor (obsolescência programada); e b) controle (e possibilidade de restrição) pelo fornecedor do software, de sua interoperabilidade com outras aplicações (especialmente de internet), aumentando sua posição dominante tanto no âmbito da relação de consumo, como em termos concorrenciais com outros agentes econômicos; c) possibilidade de limitação das atualizações

---

51. SCHAUBE, Renate. Interaktion von Mensch und Maschine..., 373.

gratuitas a determinado período, passando a exigir remuneração específica, e em separado, para aquelas que sejam realizadas fora dessas condições; d) vinculação do produto a um serviço digital de manutenção do software, mediante cobrança de um valor específico para esse fim, o que pode, eventualmente, restringir a liberdade de escolha do consumidor, ao caracterizar prática abusiva de venda casada (art. 39, I, do CDC); e) oferta ao consumidor, na ocasião em que este realiza a compra do produto, de um pacote de serviços digitais que abranja as atualizações necessárias para preservar a funcionalidade ou segurança do produto por certo tempo, ou mesmo indefinidamente.

Outra questão diz respeito às situações em que a atualização do software de produtos da internet das coisas ou de inteligência artificial não seja uma escolha do consumidor, mas uma exigência para preservar a utilidade original do produto. Nessas situações, coloca-se em destaque a existência mesmo da informação prévia do consumidor, quando da aquisição do produto, sobre o caráter necessário dessas providências posteriores para preservar sua utilidade. Embora seja inequívoco que as atualizações, nesses casos, se dão no interesse do consumidor, uma vez que visam à preservação ou acréscimo de utilidade do produto, há consequências que podem ser indesejadas, como o comprometimento do espaço de armazenamento de dados do produto, a alteração do modo de apresentação dos comandos (alteração do menu de comando), além de novas formas de processamento e monitoramento de dados pessoais que podem ser adicionadas. Em geral, essas atualizações, quando impliquem alteração da oferta original, poderão ter que ser objeto de uma nova oferta ao consumidor, com as informações adequadas e claras, uma vez que nem sempre a oferta inicial, quando da aquisição do produto, é suficientemente precisa sobre os termos do relacionamento posterior entre consumidor e fornecedor.

Nesse particular, pergunta-se se a necessidade de atualização de software pode ser uma condição implícita da aquisição de um produto com tecnologia da internet das coisas ou de inteligência artificial. A rigor, embora seja razoável cogitar dessa possibilidade em contratos interempresariais, por exemplo, é difícil sustentar a mesma conclusão no âmbito do contrato de consumo, no qual a vulnerabilidade do consumidor é a regra. Nesse sentido, a necessidade de atualização do software e os termos em que será feita ao longo do tempo (em especial, a existência de custo para o consumidor), deve ser adequadamente informada quando da oferta do produto, sob pena de não obrigá-lo, nos termos do art. 46 do CDC, ou ainda, gerar pretensão decorrente da frustração de expectativas legítimas que tenha em relação à utilização do produto.

Essa integração entre o produto com aplicação da internet das coisas ou com inteligência artificial, e o software que lhe garante funcionalidade, pode implicar não apenas na possibilidade de uso e fruição inerente à propriedade, mas também ao poder de disposição (*ius abutendi*) do consumidor que o adquiriu. É o caso de produtos que dependam de software para conectividade, com acesso por intermédio de conta digital e/ou senha no site do fornecedor. Tal circunstância, como já foi mencionado, aumenta a dependência do consumidor em relação ao fornecedor, que se torna protagonista não apenas ao longo da execução do contrato com o consumidor que primeiro o tenha adquirido, mas lhe dá poder mesmo nas situações em que este pretenda desfazer-se do produto após algum tempo de uso, revendendo-o a outra pessoa.[52] Isso porque, estando sua funcionalidade dependente dos serviços do fornecedor com acesso controlado por intermédio de conta digital e/ou senha, o produto apenas será útil ao novo adquirente se a ele for conferida a mesma possibilidade de acesso. Assim, por exemplo, se o produto só puder ser acionado por intermédio de um aplicativo de internet desenvolvido pelo fornecedor, o novo adquirente só conseguirá obter a utilidade esperada do produto na hipótese em que não tenha dificuldade para fazer o download e respectivo registro no aplicativo.[53]

---

52. SCHAUBE, Renate. Interaktion von Mensch und Maschine..., p. 408.
53. O exemplo da doutrina estrangeira é o do consumidor que adquire um sistema de irrigação inteligente para o jardim, com vida útil esperada de cerca de 15 anos. Para sua utilização requer-se o uso de um aplicativo de controle do fabricante, instalado em smartphone, bem como acesso on line a uma conta de usuário pessoal no site do fabricante e a uma plataforma com dados metereológicos operada por um terceiro. Dois anos depois, o consumidor original pretende revender o produto, mas o fabricante se recusa a configurar uma nova conta de usuário para o novo adquirente para permitir o download do aplicativo de controle, indicando que os direitos em

As várias situações descritas permitem identificar que a adoção de tecnologia da internet das coisas ou de inteligência artificial em produtos, ao condicionar sua plena utilidade a uma atividade que deve ser prestada pelo próprio fabricante ou por outros fornecedores, determina uma relação indissociável com esta prestação de serviços.[54] Mais do que isso até, resultam na conclusão de uma prevalência do serviço prestado em relação ao produto em si, considerando que dele se retira a utilidade esperada pelo consumidor.[55]

Respeitadas as características do produto e da tecnologia que lhe assegura a utilidade, deve ser marcado que diante dessas implicações da internet das coisas e da inteligência artificial no fornecimento de produtos e serviços, a medida da tutela dos interesses legítimos do consumidor será dada prioritariamente pelos termos da oferta, quando da contratação. Dito de outro modo, sendo uma característica desses novos produtos sua dependência de serviços prestados pelo fornecedor, em caráter continuado ou não, os termos da oferta realizada se convertem no principal critério de aferição das expectativas legítimas do consumidor. Nesse sentido, será no momento da oferta que o fornecedor deverá informar sobre a existência do software acoplado, os requisitos para sua utilização, eventual necessidade de sua atualização e as respectivas condições, dentre outras informações relevantes, nos termos do art. 31 do CDC. Será o atendimento ou não do dever de prestar informações corretas, claras, precisas, ostensivas, sobre características e qualidades do produto, que dará a medida da expectativa legítima do consumidor em relação a sua utilização, em especial para

---

relação ao uso do software, segundo seus termos de licença, não são transferíveis. SCHAUBE, Renate. Interaktion von Mensch und Maschine..., p. 409.

54. TURNER, Jacob. Robot rules: regulating artificial intelligence. Cham: Palgrave MacMillan, 2019, p. 95-98.

55. Veja-se, nesse sentido, as considerações do estudo coordenado pela União Europeia, sobre o desafio de de atualização da sua Diretiva 85/374/EEC, sobre responsabilidade do fornecedor pelo fato do produto, diante das exigências da economia digital: EUROPEAN UNION. Evaluation of Council Directive 85/374/EEC on the approximation of laws, regulations and administrative provisions of the Member States concerning liability for defective products. Luxembourg: Publications Office of the European Union, 2018, p. 39.

efeito da vinculação do consumidor aos termos do contrato (art. 46 do CDC) e da responsabilidade do fornecedor (em especial, art. 18 e 20 do CDC).[56] Quando for o caso, mesmo limitações decorrentes de lei (por exemplo, aquelas que resultem da legislação de proteção de direitos autorais sobre software), devem ser esclarecidas previamente ao consumidor, considerando, sobretudo, sua vulnerabilidade técnica e jurídica, para que possam incidir sem que o fornecedor responda pela violação do seu dever legal de informar. Eventuais restrições cabíveis, nesse caso, ao exercício do direito de propriedade do consumidor sobre o produto que adquiriu, colocam-se sob o crivo da proporcionalidade em relação ao atendimento das finalidades legitimamente esperadas. Não podem, em qualquer caso, implicar no sacrifício do direito (art. 51, § 1º, I, do CDC), bem como devem respeitar a proibição de cláusulas que imponham condições excessivamente onerosas ao consumidor (art. 51, § 1º, II, do CDC).

4.2. Novos riscos tecnológicos e os regimes de responsabilidade do fornecedor

O desenvolvimento de novas tecnologias sempre dá causa a novos riscos de dano a elas associados. Em perspectiva jurídica, trata-se de reconhecer nos novos fatos em causa a possibilidade de sua adequada subsunção às normas já existentes, ou a necessidade de seu aperfeiçoamento. Diante do novo paradigma tecnológico, alguns aspectos vêm sendo identificados. Em relação aos produtos da internet das coisas, registram-se dificuldades inerentes à demonstração da causalidade entre eventuais falhas que possam apresentar e os danos que delas decorram.[57] Por outro lado, no âmbito do direito europeu, em relação à responsabilidade dos fornecedores, a legislação comunitária ocupa-se apenas

---

56. Assim, por exemplo, nada impede que se imponham limites quantitativos, como é o caso em que a licença de uso de um software ou de uma aplicação de internet diga respeito a sua utilização simultânea ou não em um determinado número de dispositivos (hardwares), desde que adequadamente informado ao consumidor no momento da oferta.

57. WEBER, Rolf H. Statement. In: SCHULZE, Reiner; STAUDENMAYER, Dirk (Ed.) Digital Revolution: challenges for contract law in practice. Baden-Baden: Nomos, 2016, p. 263.

dos danos decorrentes de produtos defeituosos, levando a doutrina a sustentar a necessidade de uma interpretação extensiva para abranger também os serviços digitais característicos da internet das coisas.[58]

No direito brasileiro, o sistema de responsabilidade do fornecedor fundado pelo CDC é compreensivo, tanto de situações causadas por danos decorrentes de produtos e serviços defeituosos (que não sejam seguros), quanto nos casos em que estes produtos e serviços não atendam aos fins que são legitimamente esperados (vícios que comprometem seu valor ou utilidade).[59] As normas de proteção do consumidor concentram-se, em boa medida, na disciplina das situações em que há falha no dever de qualidade de produtos e serviços pelo consumidor. Resultam nos regimes de responsabilidade pelo fato e pelo vício do serviço. Embora em relação ao regime de vícios, a similitude dos efeitos não determine uma distinção prática relevante no caso de produtos ou serviços (art. 18 a 20 do CDC), o mesmo não ocorre em relação ao fato do produto ou do serviço. Isso porque, nesse caso, a solidariedade dos fornecedores pela dívida de indenização do consumidor não se estende a todos. No caso de produtos que se revelem defeituosos (art. 12 do CDC), responderá o fabricante em conjunto com o importador (quando exista). O comerciante que realiza a venda responderá em situações muito específicas, que tendem a ter pouca ocorrência no caso de produtos associados às novas tecnologias da informação. Já no caso dos serviços defeituosos (art. 14 do CDC), como já foi examinado, a interpretação prevalente é de que abrange todos os membros da cadeia de fornecimento, assim considerados aqueles que tenham participado de algum modo com sua oferta e execução no mercado. Em termos práticos, a identificação dentre as funcionalidades de um produto – em especial quando conte com atividade contínua ou intermitente de um fornecedor externo (serviços digitais), poderá resultar na extensão da cadeia de fornecimento para fins de imputação de responsabilidade pelo fato do serviço.

---

58. WEBER, Rolf H. Liability in the internet of things. Journal of European Consumer and Market Law, n. 6, issue 5. Wolters Kluwer, 2017, p. 207-212.
59. MIRAGEM, Bruno. Curso de direito do consumidor. 8ª ed. São Paulo: RT, 2019, p. 682 e ss.

Registre-se, ainda, que se tratando de produtos desenvolvidos na internet das coisas com inteligência artificial, há situações em que o fabricante também será aquele que desenvolve o software ou presta o serviço que assegura sua funcionalidade ao longo do tempo. Ou esta atividade será prestada por outro fornecedor, que não se envolveu com a fabricação do produto, mas apenas da atividade que lhe garante ou otimiza a utilidade. Nesses casos, independentemente do relacionamento entre o fabricante do produto e do fornecedor do serviço, no caso de exercício de pretensão do consumidor em relação a qualquer um deles, não poderá o outro, sob qualquer circunstância, ser considerado como terceiro (arts. 12, § 3º, III e 14, § 3º, II, do CDC), para efeito de excluir a responsabilidade daquele que for demandado.

Destaca-se a importância, nas demandas que envolvam a pretensão de reparação de danos de consumidores, causados por falhas de produtos ou serviços com aplicação das novas tecnologias da informação, da possibilidade de inversão do ônus da prova assegurado pelo art. 6º, VIII, do CDC. A vulnerabilidade técnica e jurídica do consumidor diante das características e riscos dessas novas tecnologias, assim como dos termos contratuais complexos que são impostos, especialmente pela internet, remetendo a autorizações e cláusulas que limitam situações de responsabilização ou de acesso a informações pelos consumidores, dão causa geralmente à hipossuficiência exigida pela norma para a inversão do ônus da prova pelo juiz. Fique registrado que, em poucas situações no âmbito das relações de consumo, a inversão do ônus da prova será tão necessária à efetividade do interesse do consumidor em juízo, do que nos casos que envolvam a pretensão de reparação de danos decorrentes de falhas em produtos associados à internet das coisas ou com inteligência artificial, dada a dificuldade prática e custo de produção da prova do defeito (que envolve a necessidade de conhecimentos hiperespecializados, perícia etc.).

4.3. Novos métodos de solução de conflitos (Resolução de disputas on-line)

As transformações operadas pelo novo paradigma tecnológico não se percebem apenas em relação à formação da relação de consumo e seu objeto. Também abrangem a própria necessidade e expectativa dos consumidores com a maior agilidade e eficiência da solução de litígios que porventura dela se originem. O desenvolvimento de novos métodos de solução de litígios é tema que extravasa o exame específico dos conflitos de consumo.[60] A adoção de novas tecnologias (em especial, da inteligência artificial) para contribuir com a eficiência e agilidade nos processos judiciais é um dos grandes temas do Direito contemporâneo, importando, sobretudo, examinar sua repercussão e seus limites em relação às normas de direito material e processual incidentes.

No âmbito das relações de consumo, o despertar para novos métodos de solução de litígios a partir da aplicação das novas tecnologias resulta de duas constatações: a) a primeira, mais geral, quanto às dificuldades associadas ao longo tempo de tramitação e aos custos de demandas judiciais, ou de reclamações junto aos órgãos administrativos, comprometendo a própria efetividade da resposta dada ao consumidor no caso de violação de seus direitos; e b) o descompasso entre novas formas de contratação eletrônica à distância pela internet, inclusive entre consumidores e fornecedores sob diferentes jurisdições, e o exercício das pretensões do consumidor pelos meios tradicionais do Poder Judiciário ou dos órgãos administrativos, que acrescentam às razões do item anterior, muitas vezes, o desinteresse ou impossibilidade prática de cumprimento das decisões porventura prolatadas.

Essas circunstâncias estimulam o desenvolvimento de meios alternativos de solução de litígios, expressão sob a qual se designam tanto procedimentos previstos na legislação processual (p.ex. mediação – arts. 3º, § 3º, 166 e ss., e 334 do Código de Processo Civil), quanto em legislação especial (arbitragem, prevista na Lei nº 9.307/1996). No âmbito internacional, quando realizados como alternativa ao processo judicial (em especial no caso da mediação extrajudicial e da

---

60. Ainda que o próprio Código de Defesa do Consumidor preveja, no âmbito da Política Nacional das Relações de Consumo, o incentivo à criação de mecanismos alternativos de solução de conflitos, conforme anotam: PORTO, Antônio José Maristrello; NOGUEIRA, Rafaela; QUIRINO, Carina de Castro. Resolução de conflitos on-line no Brasil: um mecanismo em construção. *Revista de direito do consumidor*, v. 114. São Paulo: RT, nov.-dez./2017, p. 295-318.

arbitragem), são comumente denominados sob a expressão em língua inglesa *Alternative Dispute Resolution* (ADR).

Alguns desses métodos poderão enfrentar certos óbices legais no direito brasileiro, especialmente a arbitragem, quando seja compulsória para o consumidor (art. 51, VII, do CDC).[61] Outros têm certa aplicação, porém limitada no âmbito das relações de consumo (assim a experiência da mediação em casos que envolvam a renegociação de dívidas de consumidores superendividados). Porém, diante das próprias características das tecnologias da informação e, especialmente, do acesso à internet, vem ganhando destaque dentre os métodos alternativos, aqueles realizados no âmbito da própria rede, denominados genericamente *Online Dispute Resolution* (ODR).[62]

Os argumentos em favor dos métodos de resolução de disputas *on-line* destacam sua maior simplicidade e confiabilidade, que não se destinam a aplicação em toda e qualquer disputa, mas preferencialmente àquelas que tenham grande recorrência e envolvam pequenos valores, de modo a permitir um modo menos custoso do que o oferecido pelas cortes judiciais.[63] Da mesma forma, a um maior empoderamento dos consumidores corresponderia, para os fornecedores, ganhos de reputação com a adoção desses métodos.[64]

Os estudos relativos aos ODRs enfatizam quatro princípios essenciais na sua adoção, no âmbito das relações comerciais em geral:

---

61. Registre-se, contudo, entendimento do STJ admitindo a possibilidade de arbitragem quando o aderente no contrato de adesão a proponha ou concorde expressamente com sua instituição. Sustenta nesse sentido que "o art. 51, VII, do CDC se limita a vedar a adoção prévia e compulsória da arbitragem, no momento da celebração do contrato, mas não impede que, posteriormente, diante de eventual litígio, havendo consenso entre as partes (em especial a aquiescência do consumidor), seja instaurado o procedimento arbitral." (STJ, REsp 1.169.841/RJ, Rel. Min. Nancy Andrighi, 3ª Turma, j. 06/11/2012, DJe 14/11/2012).
62. Para um resumo do desenvolvimento histórico dos ODRs, veja-se: KATSH, Ethan. RIFKIN, Janet. *Online Dispute Resolution*: Resolving conflicts in cyberspace. São Francisco: Jossey-Bass, 2001. p. 45 e ss.
63. BARROS, João Pedro Leite. Arbitragem online em conflitos de consumo. Florianópolis: Tirant lo Blanch/Iberojur, 2019, p. 35.
64. SCHMITZ, Amy J. RULE, COLIN. *The new handshake: Online Dispute Resolution and the future of consumer protection*. Chicago: American Bar Association, 2017, p. XI.

transparência, independência, expertise e consentimento das partes que se submetam a eles. A *transparência* envolve tanto a divulgação de informações sobre o próprio procedimento, quanto a de eventual relação entre aquele que administra o sistema de resolução de litígios on-line, e os usuários do serviço, para efeito, especialmente, de identificar-se potenciais conflitos de interesse. *Independência*, mediante adoção de um código de ética que assegure sua neutralidade, assim como de políticas que identifiquem e atuem em situações de conflitos de interesse. Mais do que isso, que assegure a imparcialidade e o devido processo na solução do litígio. *Expertise* envolvendo a implementação de políticas de seleção e treinamento, assim como controle e supervisão que assegurem a conformidade da sua atuação com os padrões que o próprio administrador do sistema tenha estabelecido. Por fim, o *consentimento*, fixando que a submissão ao ODR pressupõe o consentimento explícito e informado das partes.[65]

Há questões relevantes que desafiam a efetiva implementação dos meios de resolução de disputas on-line. A começar pelo modelo de custeio do sistema – sobretudo em vista da independência e autonomia decisória que deve lhe caracterizar, e sua vocação, no tocante às relações de consumo, à solução de demandas de pequeno valor. Nesse caso, cogita-se das vantagens e desvantagens do custeio do sistema se darem mediante emprego de recursos públicos ou privados (nesse caso, sobretudo por meio de seguros que garantam o risco das transações).[66] A rigor, contudo, nada impede que os próprios fornecedores (especialmente quando se tratem de plataformas digitais), organizem seu próprio sistema de resolução de disputas on-line, com mecanismos internos de controle, e com adesão voluntária do consumidor. Nesses casos, a adesão convencional ao meio deverá se apoiar, sobretudo, na credibilidade e reputação que o próprio fornecedor angariar a partir das práticas adotadas e reconhecidas no mercado. Nesse particular, tem especial importância, dentre as práticas de transparência a serem

---

65. UNCITRAL. Uncitral Technical Notes on Online Dispute Resolution. UN: New York, 2017, p. 2-3.
66. CORTÉS, Pablo. *Online Dispute Resolution for consumers in the European Union*. London: Routledge, 2011, p. 76-77.

adotadas pelo fornecedor, a própria publicidade sobre os fundamentos e critérios adotados na solução dos litígios.[67]

Outro desafio dos meios de resolução de disputas on-line, da mesma forma, diz respeito à própria exigibilidade da decisão que deles resulte (*enforcement*).[68] Afinal, se a justificativa para sua adoção é a eficiência da solução, comparativamente aos sistemas tradicionais associados ao Poder Judiciário, em especial nos negócios celebrados pela internet, em que o limites da jurisdição desestimula o exercício da pretensão pelo consumidor nos tribunais locais, em relação a fornecedores distantes, tornar necessário recorrer ao processo civil tradicional para exigir o cumprimento de suas decisões seria, no mínimo, contraditório. Nesse particular, anote-se que, no comércio eletrônico, esses meios de solução de disputas serão acionados, geralmente, por iniciativa do consumidor, em vista da alegação de descumprimento do contrato pelo fornecedor. Essas demandas, geralmente abrangem a desconformidade com as características do produto ou serviço, das condições de cumprimento da oferta, ou algum aspecto relativo ao pagamento. Todas as questões atinentes ao comportamento negocial do fornecedor, uma vez que – regra geral – o consumidor já realizou o pagamento do preço por intermédio de meio eletrônico. Nesses casos, o desafio da exigibilidade recairá, sobretudo, sobre o fornecedor e sua

---

67. CORTÉS, Pablo. *Online Dispute Resolution for consumers in the European Union*, p. 78.
68. CORTÉS, Pablo. *Online Dispute Resolution for consumers in the European Union*, p. 82-83. Destaca-se na literatura como exemplo de meio de resolução de disputas on-line que assegura o cumprimento das suas decisões as disputas por nomes de domínio na internet, mantido pela entidade que gerencia seu registro, a ICANN (Internet Corporation for Assigned Names and Numbers). Esta desenvolveu o sistema denominado Uniform Dispute Resolution Policy (UDRP), pelo qual árbitros decidem disputas, sobretudo quando haja reclamação acerca do registro de nome de domínio por má-fé, e embora não tenha caráter vinculante, suas decisões poucas vezes foram contestadas pelas partes envolvidas. No caso, há interação com árbitros da Organização Mundial de Propriedade Intelectual, que tornam disponíveis árbitros para as disputas, sendo reconhecido que na imensa maioria das situações, resolve-se o litígio em favor do titular da marca. Para detalhes, veja-se: KATSH, Ethan; RULE, Colin. What we know and need to know about online dispute resolution? South Caroline Law Review, v. 67, 2015, em especial p. 335-337.

disposição de submeter-se à decisão que resultar do sistema de solução de disputas, e se associa diretamente a sua própria credibilidade e reputação.

No caso do fornecimento por plataformas digitais, seu próprio organizador pode atuar para convencionar mecanismos de sanção aos fornecedores que ofertem produtos ou serviços por seu intermédio. Já em relação a conflitos que se submetam à meios de resolução de disputas on-line, porém, tenham sua origem em contratos de consumo tradicionais, o desafio da exigibilidade da decisão permanece, inclusive para que sua adoção não seja compreendida como simples etapa formal, ou ainda meio de obstaculizar ou retardar o recurso aos órgãos administrativos ou ao Poder Judiciário, comprometendo sua própria credibilidade.

Destacam-se, entre as formas de resolução de disputas on-line, os sistemas de liquidação on-line, arbitragem on-line, a resolução de reclamações de consumidores e a mediação on-line. No primeiro caso, de liquidação on-line, consumidor e fornecedor se colocam em contato para resolver uma determinada disputa, informando o quanto aceitam pagar ou receber da outra parte, conforme o caso, por intermédio de um sistema de lances dados de forma confidencial e sem que uma das partes saiba quanto a outra oferece (*blind biddings*). Havendo identidade entre as ofertas, o sistema, então, liquida automaticamente a operação, resolvendo a disputa.

A arbitragem on-line, de sua vez, supõe a participação de um terceiro árbitro, a quem incumbe decidir a disputa. Na mediação on-line, há um terceiro que não decide, mas apenas busca construir o entendimento entre as partes. Já os sistemas de reclamações de consumidores, tanto podem compreender aqueles mantidos pelos próprios fornecedores, para facilita o acesso e solução das falhas apontadas, como pelo Poder Público, que, inclusive pode atuar na mediação do conflito. Nesses casos, contudo, opõe-se crítica sobre o risco de transferir ao Estado aquilo que é dever primário do fornecedor – o atendimento do consumidor –, desonerando-o, parcialmente, dessa incumbência. Por outro lado, a participação do Estado no esforço de unificação dos canais de reclamação, e sua distribuição conforme o fornecedor e o objeto da postulação do consumidor, pode oferecer uma maior resolutividade à questão. Examinando-se, especialmente o caso brasileiro do portal "Consumidor.gov", mantido pela Secretaria Nacional do Consumidor do Ministério da Justiça e Segurança Pública, as vantagens reconhecidas do sistema, todavia, não podem autorizar que se converta o registro da reclamação em condição inafastável para futuro exercício de pretensão judicial pelo consumidor. Porém, lamentavelmente, é o que tem sido considerado por muitos tribunais estaduais no Brasil, estimulados pela perspectiva de redução das demandas (e não, necessariamente, a redução dos conflitos). Nesse caso, além da crítica mais evidente, de confronto com o direito fundamental de acesso à justiça, deixa de observar uma das principais características dos ODRs, que é a voluntariedade da adesão dos consumidores. Também nesse caso, serão a reputação e credibilidade do sistema, mesmo que mantidos pelo Poder Público, que deverão orientar a decisão dos consumidores em aderir a ele para solução de suas disputas com os fornecedores.

Os méritos da contribuição das novas tecnologias para novos métodos de resolução de litígios, contudo, são evidentes. E sua adequação aos contratos de consumo celebrados pela internet, sobretudo quando envolvam a aquisição de produtos ou serviços de valor relativamente baixo – a ponto de tornar-se tão ou mais custoso o exercício da pretensão do consumidor pelos meios tradicionais, do que o próprio valor do negócio – parece estimular sua adoção por fornecedores. Com especial atenção ao fornecimento por plataforma tecnológica, cujo próprio organizador da plataforma pode adotar o sistema, atentando aos ganhos de reputação e credibilidade que podem reverter, inclusive, em favor dele próprio.

5. Considerações finais

O caráter dinâmico do mercado de consumo, é inerente ao processo de desenvolvimento econômico e social atual, tanto assim que foi expressamente previsto pelo CDC (art. 4º, VIII) como condição a ser observada pelo intérprete. Será a velocidade, profundidade e extensão das transformações ocorridas nas últimas décadas, a partir da inovação tecnológica que altera tanto os modos de consumir, quanto o que é objeto de consumo, que promove a noção de um novo paradigma – a que se denomina neste estudo "novo paradigma tecnológico".

Dá origem a novas formas de consumir e novos produtos e serviços a serem consumidos, e desafia a aplicação das normas de proteção ao consumidor de modo a assegurar sua eficácia ao mesmo tempo em que preserve a utilidade e interesse destas novas realidades do mercado.

Surgem daí consequências relevantes para os direitos dos consumidores em sua configuração definida no sistema jurídico brasileiro. Primeiro, a tensão entre a necessidade de intepretação e aplicação das normas da legislação de proteção ao consumidor – em especial do CDC – e o recurso e as iniciativas de alteração legislativa, com a finalidade de disciplinar as situações não previstas expressamente pela lei, porque inexistentes quando de sua edição. Em outros termos, a disputa entre a atualização da norma pela via da interpretação ou de sua alteração pelo processo legislativo.

Um segundo aspecto diz respeito ao próprio reexame dos fundamentos do direito do consumidor, que nesse caso não pertencem apenas à norma, mas ao significado mais amplo que para conformação de seus institutos emprestam doutrina e jurisprudência. Hipótese que, como foi visto, tem repercussão prática, sobretudo considerando se imbricarem, a partir de tecnologias como a da internet das coisas e a inteligência artificial, as noções de produto e serviço. Nesses termos, a compreensão quanto a sua utilidade ou finalidade, assim como seus regimes de responsabilidade do fornecedor no caso da violação do dever de qualidade observam importantes consequências.

A melhor atitude do jurista, nesse caso, é considerar tais transformações pelo que são: uma consequência natural do desenvolvimento econômico e social própria do atual estágio histórico, que não torna dispensável ou obsoleto o direito posto, mas desafia a sua atualização pela via da interpretação, considerando a permanência de certas categorias fundamentais e a necessidade de repensar outras. Afinal, o conceito de contrato ou de dano não perde em substância pelo fato de se dar com a intervenção de novas tecnologias ou no ambiente da internet. Ou as próprias categorias de produto e serviço, que naturalmente não desaparecem, mas se conglobam, devendo-se investigar a predominância das características de um ou de outro, com tendência à valorização dos fazeres.

O desenvolvimento tecnológico que transforma o mercado de consumo, desse modo, não afasta os preceitos fundamentais do direito do consumidor que o disciplina. Ao contrário, tende, em muitas situações, a confirmar o próprio fundamento de seu surgimento, e critério de interpretação e aplicação de suas normas: a vulnerabilidade do consumidor, que diante das novas tecnologias da informação pode ser agravada pelo desconhecimento de seus aspectos técnicos ou mesmo a incapacidade de acompanhar a velocidade das inovações. Resta ao jurista que se debruçar sobre o fenômeno, conciliar visões perspectiva e prospectiva sobre as repercussões do direito sobre a realidade que se impõe neste novo mercado de consumo, e a mirada em retrospecto, dos próprios fundamentos e propósitos do direito do consumidor, que mantém sua atualidade e relevância.

9
A NOVA NOÇÃO DE FORNECEDOR NO CONSUMO COMPARTILHADO: UM ESTUDO SOBRE AS CORRELAÇÕES DO PLURALISMO CONTRATUAL E O ACESSO AO CONSUMO

Claudia Lima Marques

Sumário: I. Introdução. II. A nova noção de fornecedor na economia do compartilhamento. A) O fornecedor na economia do compartilhamento: o "guardião de acesso" (*gatekeeper*). B) O modelo *peer to peer* (P2P) e o papel de consumidor e de fornecedor aparente de produtos e serviços. III. Pluralismo contratual no consumo compartilhado e acesso ao consumo. A) Pluralismo de "vínculos" compartilhados-conexos e o acesso a serviços e produtos. B) A cadeia (escondida) de fornecedores e a solidariedade no consumo compartilhado. IV. Observações finais.

I. Introdução

Na cerimônia de inauguração do CDEA (Centro de Estudos Europeus e Alemães), implantando pelo DAAD na PUCRS e na UFRGS, o congresso científico contou com a participação do físico e filósofo alemão, Prof. Dr. Wolfgang Neuser, que frisou a mudança no processo do conhecimento no mundo. Em plena sociedade do conhecimento, segundo o professor de Kaiserslautern, os saberes não são mais legitimados pela "causa" ou pelo conhecimento individual, como na era moderna, mas sim, nos dias de hoje, legitimados e formados, o conhecimento e a inovação, por um pensamento em rede ou um conhecimento coletivo. Este conhecimento coletivo é muito mais fluído e inseguro quanto à "causa", que pode estar no conhecimento sistematicamente auto-organizado digital e suas correlações, a ponto de afirmarmos que hoje tudo é – ou pode ser considerado – "conhecimento" (*Alles ist Wissen*).[1]

Com essa instigante tese, o Professor Neuser ilumina um fenômeno de nossa sociedade atual (ou pós-moderna)[2] que está abalando o direito, já que nossos conceitos e divisões dogmáticas parecem ter perdido a clareza: por exemplo, se "algo" é serviço ou produto digital, se é uma obrigação de fazer ou de dar, se é de meio ou de resultado, se é filantropia ou puro negócio com fim de lucro, se é conexão "pessoa a pessoa" ou se é pura intermediação falsamente sem intermediário..., tudo está se misturando a olhos vistos.

A tese defendida por Wolfgang Neuser no CDEA foi que, do conhecimento individual (*individuelle Wissen*), cujo ponto de legitimação teórico era o sujeito racional abstratamente considerado (*Subjektheoritische begründetes Wissen*), passamos para um conhecimento coletivo (*Allgemeinwissen*), o que quebra a tradição de pensamento determinada pelas relações causais imediatas (*unmittelbare Kausalbeziehungen*) com o sujeito do conhecimento, pois as conexões/*links* realizados pelos bancos de dados (*der Datenbankverknüpfungen*) no mundo digital – que formam parte importante do conhecimento contemporâneo, é só observar os provedores de busca, o poder da Wikipédia e dos jornais *on-line* – não são mais "causais" e sim, "correlacionais", ou, muitas vezes, simples estatísticas e probabilidades, por vezes auto-organizadas sistematicamente, sem presença clara do sujeito, na própria rede mundial de computadores.[3]

---

1. Citação da palestra NEUSER, Wolfgang. Wissensgesellschaft – vom individuellen Wissen zum Allegeinwissen, 10.04.2017, p. 5 do original. Agradecemos ao Prof. Neuser e ao Prof. Dr. Draiton de Souza o envio do texto da palestra inédita. Veja sobre o sistema autorreferente da Internet, a bela obra de LORENZETTI, Ricardo L. *Comércio eletrônico*. Tradução Fabiano Menke, São Paulo: RT, 2014, p. 30 ss.
2. Veja sobre os efeitos da pós-modernidade no Direito, o famoso curso de meu mestre, JAYME, Erik. Identité culturelle et intégration: le droit internationale privé postmoderne, in *Recueil des Cours de l'Académie de Droit International de La Haye*, Kluwer, Doordrecht, 1995, p. 36 ss.
3. Veja a teoria in NEUSER, Wolfgang. "Was ist eine Ethik ohne Subjekt?," *Journal of New Frontiers in Spatial Concepts*, ISSN 1868-6648, vol. 6 (2014), 1-11, Fonte: http://ejournal.uvka.de/spatialconcepts/archives/1798. O Autor deu como exemplo,

Esse pensamento filosófico renovador pode ser usado no direito, especialmente quando examinamos o impacto do mundo digital sobre o direito dos contratos. Neste artigo, nos interessa a economia do compartilhamento, que começou quase como um ato desinteressado ou sustentável[4] das sociedades de hiperconsumo;[5] este ato "de troca de bens, serviços e habilidades"[6] acabou gerando inúmeros modelos negociais, sociais e empresariais com intenção de intermediar estas "relações de trocas"[7] ou compartilhamento econômico, fornecendo plataforma digitais[8] e técnicas de intermediação, que passaram a ser oferecidas em massa no mercado de consumo... já que hoje – diga-se de passagem – quase tudo, até plataformas sociais, são plataformas de consumo!

Para fins deste artigo, posso definir a economia do compartilhamento, de forma simples, como um sistema "negocial" de consumo (*collaborative consumption*),[9] no qual pessoas alugam, usam, trocam, doam, emprestam e compartilham bens, serviços, recursos ou *commodities*, de propriedade sua, geralmente com a ajuda de aplicativos

---

na inauguração do CDEA, que mais de 1000 verbetes da Wikipédia teriam sido montados pelos próprios computadores.

4. LATOUCHE, Serge. *Sortir de la société de consommation*, LLL: Paris, 2010, p. 105 e seg.
5. Assim MOATI, Philippe. *La societé malade de l'hyperconsommation*, Odile Jacob: Paris, 2016, p.85-86, conclui, com o Observatoire des pratiques de consommation émergentes do ObSoCo, que o compartilhamento é ato mais "econômico" do que apenas sustentável.
6. Agradeço esta bela expressão a Juliano Madalena, Mestre pela UFRGS, que foi o primeiro leitor e crítico deste artigo.
7. Veja sobre a importância da troca na evolução econômica, POUGHON, Jean-Michel. *Histoire doctrinal de l'echange*. Paris: LGDJ, 1987, p. 10 e seg.
8. Sobre a força disruptiva destas *web plataforms*, veja MILLER, Stephen. First Principles for Regulating the Sharing Economy, in *Harvard Journal on Legislation*, vol. 53, 2016, p. 147 ss.
9. Veja as definições existentes *in* http://www.collaborativeconsumption.com/2013/11/22/the-sharing-economy-lacks-a-shared-definition/ e as origens *in* BRITTEN, Sarah. Focusing on the holes, not the drill: the power of collaborative consumption, *in* Bizcommunity.com (South Africa), November 7, 2012 Wednesday, in http://academic.lexisnexis.nl/ (17.04.2017).

e tecnologia *on-line* móvel, com a finalidade de economizar dinheiro, cortar custos, reduzir resíduos, dispêndio de tempo, ou a imobilização de patrimônio ou melhorar as práticas sustentáveis e a qualidade de vida em sua região. São relações de confiança, geralmente contratuais, a maioria onerosa (de bicicletas nas cidades verdes, até carros, estadias e as mais "comerciais", como o *Uber, Cabify, Airbnb, Zipcar* etc.), sendo gratuito o uso do aplicativo, mas paga uma porcentagem do "contratado" ao guardião da tecnologia *on-line*, podendo também, as vezes, tomar a forma cooperativa, de *crownfunding*[10] ou de doação de pequena monta ou trocas gratuítas (livros em táxis etc.).[11]

A economia do compartilhamento renova os conceitos e desafia,[12] apesar da simplicidade e de se tratar de contratos clássicos, como de compra e venda, troca e empréstimo, combinados com um contrato de serviço de intermediação.[13] Renova conceitos, pois se diminuiu a perenidade do "acesso" aos bens de consumo – aquele que acessa não é mais "proprietário"–, multiplica este acesso aos produtos e serviços, compartilhando-os no tempo e entre múltiplas pessoas, de carros, pinturas famosas a casas e sofás... Essa nova tendência da economia acabou revalorizando os contratos de serviços, fazeres imateriais negociados no mundo digital, mas prestados agora, novamente, no mundo real... e bem real, dos negócios.

---

10. Veja CORREIA, Armênio Lopes e POMPEU, Renata Guimarães. Considerações sobre o regime legal de tributação na operação de *crowdfunding* por recompensa, in *Revista Tributária e de Finanças Públicas*, vol. 129/2016, p. 83-95, jul.-ago./ 2016.
11. Assim MARQUES, Claudia Lima. *Contratos no Código de Defesa do Consumidor*, Ed. RT: São Paulo, 2016, p. 428 ss.
12. A expressão usada por autores norte-americanos é "desestabiliza", veja MILLER, Stephen. First Principles for Regulating the Sharing Economy, in *Harvard Journal on Legislation*, vol. 53, p. 147-202, 2016, p. 165. O grande autor latino-americano, identificando as mudanças de tempo e lugar do mundo digital já identificava a chegada de um verdadeiro "terremoto", LORENZETTI, Ricardo Luis. Comercio eletrónico, Abeledo-Perrot, Buenos Aires, 2001, p. 13. Concordando com Miller que a economia do compartilhamento "is a good thing" (p. 156) para os consumidores, opto por uma expressão mais positiva.
13. Veja, excelente, sobre os provedores de intermediação e consumo colaborativo, MIRAGEM, Bruno. *Curso de Direito do Consumidor*, 6. Ed., São Paulo: Ed. RT, 2016, p. 561 e seg.

Voltando à idéia de abundância e "blend" (desaparecimento dos limites e certezas) do conhecimento, defendida com brilhantismo pelo Prof. Neuser, a economia do compartilhamento parece um paradoxo, pois se o conhecimento é tudo, nada seria inovação, nada seria propriedade, mas a realidade contemporânea é – exatamente no sentido contrário – que tudo é propriedade (intelectual de alguém), tudo é conhecimento e inovação... A economia do compartilhamento é um bom exemplo dessa inovação do "antigo" ou tradicional, em um *double coding* pós-moderno,[14] onde o velho (contratos clássicos) e o novo (intermediação digital, que se esconde na conexão teoricamente entre dois computadores, P2P) se correlacionam para formar algo contemporâneo, sem rupturas verdadeiras, mas também sem volta... a economia compartilhada veio para ficar e é uma nova forma de consumo!

Bem, à semelhança do que ocorre no conhecimento (*Wissen*), essa economia do compartilhamento concebe "novos modelos" de correlações ou negócios, não mais concentrados na aquisição da propriedade de bens e na formação de patrimônio (individual), mas no uso em comum (coletivo) – por várias pessoas interessadas – das utilidades oferecidas por um mesmo bem, produto ou serviço.[15] Essa passagem do "individual" para o "coletivo" no direito privado foi bem identificada por Ricardo Luis Lorenzetti,[16] mas encontra pouca repercussão no Código Civil de 2002, daí o necessário diálogo das fontes neste tema, entre o CDC, o CC/2002, o Marco Civil de Internet (Lei 12.965/2014) e as normas e usos da intermediação e da proteção de dados.[17]

---

14. Sobre pós-modernidade e o *double coding*, ou significados duplos, os ensinamentos de meu mestre alemão JAYME, Erik. Identité culturelle et intégration: le droit internationale privé postmoderne. *Recueil des Cours de l'Académie de Droit International de La Haye*, Kluwer, Doordrecht, 1995, p. 36 ss.
15. MELLER-HANNICH, Caroline. Economia compartilhada e proteção do consumidor (tradutor: Ardyllis Soares), in *Revista de Direito do Consumidor*, vol. 105/2016, p. 19-31, Maio-jun./2016, p. 19 ss.
16. LORENZETTI, Ricardo Luis. *Fundamentos do direito privado*. São Paulo: Ed. RT, 1998.
17. Sobre o tema do diálogo das fontes CDC e Marco Civil de Internet, veja KLEE, Antônia e MARQUES, Claudia Lima. Direito (fundamental) à informações claras e completas constantes dos contratos de prestação de serviços de Internet. In:

Como já excrevi,[18] a economia compartilhada foi inicialmente uma reação ao consumismo e uma adesão ao consumo sustentável. A *sharing economy* (também conhecida como *shareconomy*) foi facilitada pela Internet, com a criação de plataformas em que pessoas necessitando, por exemplo, de colocar um quadro na parede, passaram a procurar uma furadeira "para alugar" e não mais para comprar. Ou como dizia seu lema: eu necessito de um "buraco" na parede, não de uma furadeira nova no meu armário.[19] A mesma ideia, passou a ser usada nas cidades "mais verdes", como Paris ou Porto Alegre, para alugar bicicletas na rua, devolvendo-a no local de destino, onde será usada por outra pessoa. E essa vontade de "compartilhar" e não mais "ter para sempre" os produtos (automóveis, bicicletas, chácaras onde seriam plantados produtos orgânicos etc.) e serviços (serviço de motorista particular, de transporte escolar mensal etc.) não passou desapercebido dos grandes conglomerados, que organizaram suas redes, revendedores, *sites* e agentes, para junto com especialistas em Internet, montar "serviços" e utilidades novas, plataformas e locais de encontro e de compartilhamento seguro entre duas pessoas (de sofás, de quartos estudantis em tempos de férias, de casas de praia, de jantas típicas etc.), cobrando uma porcentagem do lucro, que uma dessas pessoas recebe da outra pelo serviço e por vezes, mesmo, criando um serviço de cobrança "garantido" (paypal ou após a certeza de satisfação do cliente), e de seguros oferecidos por esses mesmos fornecedores e seus grupos.

A economia do compartilhamento é, em última análise, um movimento "econômico". Remunera-se aquilo que antes era "uma carona", "uma hospedagem de final de semana de parentes dos amigos", uma cortesia (usar a furadeira do vizinho, a vaga extra da garagem,

---

SALOMÃO, George; LEMOS, Ronaldo (Coord.). *Constituição e Internet*. São Paulo: Saraiva, 2014. E o belo artigo de MADALENA, Juliano. Regulação das fronteiras da Internet: um primeiro passo para uma Teoria Geral do Direito Digital, in *Revista dos Tribunais*, vol. 974/2016, p. 81-110, dez./2016.

18. Veja MARQUES, Claudia Lima. *Contratos no Código de Defesa do Consumidor*, 8. Ed., Ed. RT: São Paulo, 2016, p. 428 e seg.
19. Veja BRITTEN, Sarah. Focusing on the holes, not the drill: the power of collaborative consumption, in Bizcommunity.com (South Africa), November 7, 2012 Wednesday, in http://academic.lexisnexis.nl/ (17.04.2017).

a churrasqueira do amigo em dia de aniversário), transformando em economia, o que era realmente "gratuito". Serve também para viabilizar o acesso a produtos e utilidades de maior custo (a exemplo do car-sharing, Zipcar etc.), que permite definir de forma precisa as necessidades a serem satisfeitas (transporte eventual para o centro, para os cinemas ou para o aeroporto) e o dispêndio apenas daquilo que for utilizado (mensalidade, gasolina utilizada de um local a outro, sem pagar estacionamento). A estruturação desses negócios ganha força pela Internet, e se dá tanto sob o modelo *peer to peer* (P2P), quanto no modelo *business to business* (B2B), ou seja, entre pessoas não profissionais e entre empresários.[20] É comércio, é consumo, é uma maneira nova de consumir.

Sendo assim, queria analisar, mesmo que rapidamente, neste artigo estes dois aspectos: a nova noção de fornecedor após a aproximação dos conceitos de fornecedor e de consumidor que a economia do compartilhamento traz, e, em uma segunda parte, estudar o pluralismo de vínculos que garantem o acesso do consumidor na economia compartilhada ao produto ou serviço pretendido e a responsabilidade daí resultante para este "novo" fornecedor-guardião do acesso.[21] Vejamos.

II. A nova noção de fornecedor na economia do compartilhamento

Na Rede Alemanha-Brasil de Pesquisas em Direito do Consumidor, temos nos voltado para esse fenômeno. Em seu belo artigo sobre o consumo compartilhado, Caroline Meller-Hannich perguntava-se se a economia do compartilhamento modifica a definição de consumidor, afirmando: "*A reversão da divisão esquemática entre produção e consumo por meio da economia compartilhada estabelece uma nova relação entre os atores econômicos. No início, compartilhar era conhecer novas pessoas, conectar-se, economizar recursos devido a aspectos sociais e sentimentais. O consumo colaborativo ideal está agora expandindo oportunidades*

---

20. Assim MIRAGEM, Curso, op. cit., p. 561.
21. Aqui usarei a expressão que traduzi de Hans-W. Micklitz, *liability of the gatekeeper*, veja MARQUES, Claudia Lima. *Contratos no Código de Defesa do Consumidor*, 8. Ed., Ed. RT: São Paulo, 2016, p. 429.

pessoais, melhorando a qualidade dos bens e serviços ofertados, reduzindo custos transacionais e aumentando a autonomia. Isto leva a uma mudança na economia, na posição legal e social do consumidor. Se há agora somente negociações P2P (pessoa para pessoa) em vez de B2C (mercado para consumidor), estaria o conceito nacional, europeu e internacional, de consumidor desatualizado?"[22]

P2P – *Peer to Peer* é, em verdade, uma tecnologia de "blend", que os especialistas em Internet definem como aquela "que possibilita aos pontos da rede atuarem como "cliente" e "servidor", o que resulta na aptidão para compartilhar informações sem a necessidade de um servidor central."[23] Logo, seria uma relação "direta" entre dois consumidores ou dois empresários, negócio que só interessaria ao direito civil, o primeiro, e ao empresarial, o segundo. Na sociedade de consumo de massas e democratização do digital, a vulgarização do contato direto (e procura direta de possibilidades de compartilhamento) transformou o que deveria ser um contato direto entre civis em um negócio (*bussiness*) novo para intermediários e *start-ups*, oferecido no mercado de consumo para consumidores!

Nesta primeira parte deste artigo, gostaria de continuar essas observações de nossa Rede de Pesquisa Alemanha-Brasil, agora focando na figura do fornecedor da economia do compartilhamento e no consumo compartilhado.

A) O fornecedor na economia do compartilhamento: o "guardião de acesso" (gatekeeper)

A economia do compartilhamento concebe novos modelos de negócio, não mais concentrados na aquisição da propriedade de bens e na formação de patrimônio (individual), mas no acesso (mesmo que limitado no tempo)[24] e no uso em comum – por várias pessoas

---

22. Veja MELLER-HANNICH, Caroline. Economia compartilhada e proteção do consumidor (tradutor: Ardyllis Soares), in *Revista de Direito do Consumidor*, vol. 105/2016, p. 19-31, maio-jun./2016, p. 19-20.
23. MADALENA, Juliano. Comentários ao Marco Civil da Internet – Lei 12.965, de 23 de abril de 2014. *Revista de Direito do Consumidor* 94, p. 335 nota 30.
24. Interessante estudo vincula este acesso temporalmente limitado à função social dos contratos, veja SOUZA, Carlos Affonso Pereira de; LEMOS, Ronaldo. Aspectos

interessadas (acesso coletivo) – das utilidades oferecidas por um mesmo bem, produto ou serviço.[25] É o consumo compartilhado possibilitado pela Internet e o acesso móvel à rede, por celulares, tão comuns no Brasil.

Aquele que utiliza desta "sharing economy" remunera os serviços, que são viabilizados *peer to peer* (P2P), isto é, de computador a computador, entre celular e celular.[26] O intermediário/*blend* desaparece nessa tecnologia, mas está muito presente na "reputação" e nas avaliações dos consumidores, no local do encontro e na negociação digital/*locus* e na imposição das regras sobre este "encontro/*negócio*". Nessas situações está presente sempre um profissional, no exercício habitual de sua atividade para a obtenção de lucro, que intermedia o consumo, ou que constrói o *locus* para o encontro das duas pessoas. Como afirmamos, na economia digital e na economia do compartilhamento, sem exceções, gratuita ou onerosa, a palavra-chave é confiança e haverá responsabilidade pela confiança criada.[27]

O art. 3º do CDC inclui como fornecedor "toda pessoa física ou jurídica, pública ou privada, nacional ou estrangeira, bem como os entes despersonalizados, que desenvolvem atividade de produção, montagem, criação, construção, transformação, importação, exportação, distribuição ou comercialização de produtos ou prestação de serviços". Que esse intermediário desenvolve atividades de prestação de serviço não há dúvida, mas sim quanto ao civil que realmente troca o

---

jurídicos da economia do compartilhamento: função social e tutela da confiança, in *Revista de Direito da Cidade*, vol. 08, nº 4, p. 1757 ss.

25. MELLER-HANNICH, Caroline. Verbraucherschutz und Sharing Economy – Conferência da Rede Alemanha-Brasil de Pesquisas em Direito do Consumidor, UFRGS, 2015.

26. Note-se que *peer to peer* em verdade se refere à tecnologia e não a uma figura de linguagem, como estamos utilizando. Assim MADALENA, Juliano. Comentários ao Marco civil da Internet – Lei 12.965, de 23 de abril de 2014. *Revista de Direito do Consumidor* 94, p. 335 nota 30.

27. Veja o meu livro MARQUES, Confiança, que parte do mundo digital, assim como recentes análises como de SCHMIDT NETO, André Perin. *Contrato na sociedade de consumo: vontade e confiança*, São Paulo: Ed. RT, 2015. Sobre o relacionamento da proteção da confiança e a boa-fé no CDC, o belo artigo de ZANELLATTO, Marco Antonio. Boa-fé objetiva: formas de expressões e aplicações. *Revista de Direito do Consumidor* 100 (Julho-Agosto 2015), p. 141-190, p. 142 ss.

bem, produto ou habilidade. Considerei que é possível identificar aqui um dos fornecedores desses serviços ou "produtos" compartilhados no mercado brasileiro *ex vi* o art. 3º do CDC. Mas qual seria o nome desse fornecedor-escondido, que não presta diretamente, mas só permite o acesso? Estaria ele sempre lá, fornecendo mesmo que a tecnologia P2P seja usada? Na oitava edição de meu livro sobre contratos no Código de Defesa do Consumidor, o identifiquei como o "guardião de acesso" ao consumo compartilhado.

Inspirou-me a expressão de Hans Micklitz, "*gatekeeper*" (literalmente, o guarda da porta ou portão).[28] O Marco Civil da Internet também utiliza esta expressão da "guarda", e afirma em seu art. 10 que "a guarda e a disponibilização dos registros de conexão e de acesso a aplicações de Internet de que trata esta Lei, bem como de dados pessoais e do conteúdo de comunicações privadas, devem atender à preservação da intimidade, da vida privada, da honra e da imagem das partes direta ou indiretamente envolvidas." E em seu §1º considera que o "provedor responsável pela guarda somente será obrigado a disponibilizar os registros mencionados no *caput*, de forma autônoma ou associados a dados pessoais ou a outras informações que possam contribuir para a identificação do usuário ou do terminal, mediante ordem judicial, na forma do disposto na Seção IV deste Capítulo, respeitado o disposto no art. 7º."

Em outras palavras, essas relações que são de consumo, apesar de poderem estar sendo realizadas entre duas pessoas leigas e não em forma profissional, deixam-se contaminar[29] por esse outro fornecedor,[30] o fornecedor principal da economia do compartilhamento, que é organizada e remunerada: o guardião do acesso, o *gatekeeper*.[31] Isto é, eu só

---

28. Veja no Brasil, o texto de MADALENA, Juliano. Regulação das fronteiras da Internet: um primeiro passo para uma Teoria Geral do Direito Digital, in *Revista dos Tribunais*, vol. 974/2016, p. 81-110, dez./2016.
29. Veja-se a lição clássica de FERREIRA DE ALMEIDA, Carlos. Negócio jurídico de consumo. *Boletim do Ministério da Justiça* 273, 1978, p. 5 e seg.
30. Veja MAGGS, Peter B. Consumer protection on the Internet. *Ajuris*, edição especial, vol. 1, p. 105-112, Porto Alegre, mar. 1998.
31. Veja a decisão do STJ impondo deveres de segurança àquele que intermedeia a relação, no caso, o *site* Mercado Livre, in REsp 1107024/DF, Rel. Ministra Maria Isabel Gallotti, Quarta Turma, julgado em 01/12/2011, DJe 14/12/2011.

posso contactar essa pessoa que vai me alugar sua casa ou sofá por uma semana, se usar aquele famoso aplicativo ou site, só posso conseguir rapidamente um transporte executivo, se tiver aquele outro aplicativo em meu celular etc. O guardião do acesso realmente é aquele que "abre" a porta do negócio de consumo, que muitas vezes ele não realiza, mas intermedeia e, por vezes, coordena mesmo o pagamento (paypal, e eventulamente, os seguros etc.),[32] como incentivos de confiança para ambos os "leigos" envolvidos no negócio. Do lado do consumidor clássico, aquele que compra, aluga, se deixa transportar ou a alguém da sua família, aquele que paga e remunera (ambos) os "fornecedores", a posição é de consumidor *stricto sensu*, destinatário final do serviço (transporte, locação etc.) ou do produto (alimentos sem agrotóxicos, móveis usados etc.), mesmo que por algum tempo (furadeiras e quadros famosos que posso ter em minha casa para receber alguns amigos etc.). O outro, pode ser um profissional (como os motoristas) ou um leigo (que aluga sua própria casa), mas ambos "prestam" um serviço remunerado, e a presença desse fornecedor principal, o organizador do compartilhamento, o guardião de acesso (ao compartilhamento), acaba por contaminar a relação como de consumo, trazendo deveres de boa--fé também para este que oferece o serviço ou produto a compartilhar. Parafraseando a *law and economics*, não há mais "ingenuidade" naquele que compartilha por dinheiro o serviço ou o produto na economia do compartilhamento e seus deveres, pelo menos no que concerne à informação, à cooperação e ao cuidado com a saúde e com os dados do consumidor, destinatário final, devem ser semelhantes aos exigidos por um fornecedor na outra economia e aquele que organiza o *locus* de compartilhamento não é um terceiro, é sempre um fornecedor, o guardião do acesso, e como fornecedor será por isso responsabilizado.

B) *O modelo peer to peer (P2P) e o papel de consumidor e de fornecedor aparente de produtos e serviços*

Bruno Miragem bem destaca que na economia do compartilhamento devemos perguntar se "*podem ser caracterizadas como relações*

---

32. Assim CHIRICO, Antonio. *E-commerce – I sistemi di pagamento via Internet e la moneta elettronica*, Gruppo Giuridique Simone: Napoli, 2004, p. 46 ss.

de consumo aquelas estabelecidas entre quem deseja contratar a utilização e o outro que oferece e compartilha o uso de um bem, mesmo não sendo um empresário ou profissional que realize a atividade de modo organizado... A rigor, estas situações em que não está presente uma organização profissional, ou o exercício habitual da atividade para a obtenção de lucro, não se consideram relações de consumo."[33] Mas o renomado autor vai mais longe e observa que como "*o consumo colaborativo pela Internet utiliza-se de plataforma digital mantida por alguém que se dispõe a viabilizar espaço ou instrumento de oferta por intermédio de site ou aplicativo*" este guardião deste acesso "*assume o dever, ao oferecer no mercado de consumo, a estrutura e o modelo de negócio*", é mais do que facilitador ou intermediador, *ex vi* os art. 5º, VII, c/c artigo 15 do Marco Civil de Internet (Lei 12.965/2014), é provedor de aplicações de Internet, e, em geral, é fornecedor *ex vi* art. 3º do CDC.[34] O autor conclui que seria necessário "*um exame caso a caso, do modelo de negócio organizado a partir do site ou aplicativo.*"[35] Realmente uma generalização pode pecar, ainda mais face à criatividade de serviços ora oferecidos pela economia compartilhada, que podem ir de algo assemelhado a um quadro de anúncios gratuitos, a transporte semelhante a táxis ou motoristas particulares, a aluguéis de casas e carros. Concorde-se com Bruno Miragem que a economia do compartilhamento é positiva para o consumidor, mas concluo que, na maioria das vezes, se não em sua quase totalidade, é relação de consumo, contaminada pela presença do fornecedor, guardião do acesso e, como frisa Miragem, guardião e criador do modelo e da estrutura do negócio (além do método de pagamento, do método de envio do produto, se pelo correio ou transportadoras, e de organização das avaliações e reputação dos que vendem e compartilham em seu *site*!).

Para o direito do consumidor, interessa este modelo entre duas pessoas (P2P), que é sempre intermediado por um profissional (um fornecedor criador do aplicativo, um fornecedor das bicicletas ou dos automóveis a compartilhar, um agenciador, um comissionado, um

---

33. MIRAGEM, Curso, p. 362.
34. Assim MIRAGEM, Curso, p. 362-363.
35. MIRAGEM, Curso, p. 563.

meio de comunicação etc.). Computador para computador significa a expressão em inglês *peer to peer*, mas sua abreviatura, P2P, parece lembrar que são duas pessoas, por trás dos celulares ou computadores, a esconder este profissional invisível, que guarda, elabora e abre esta porta (*gatekeeper*), este "caminho" ou *locus* de encontro entre os dois, na "freeway" da Internet.

A expressão *peer to peer* ainda permite uma outra tradução, como navios no mar da Internet necessitam as pessoas de um "porto", o computador, o seu IP ou telefone celular, de "porto" o "porto" é a tradução literal, mas o "mar" ou rede da Internet não é sem remuneração, tudo é remunerado, nem que seja com dados pessoais e fidelização. No caso da economia do compartilhamento, o pagamento é em comissão (10%, 20%,30%), às vezes quem paga é o comprador, como nos *sites* de leilões e de vendas de coisas usadas, como quem aluga uma casa no *Airbnb*, às vezes o "fornecedor", como os motoristas da *Uber* para a própria *Uber*, um aplicativo que intermedeia os serviços de transporte privados.

Em "todas estas situações de consumo colaborativo pela Internet utilizam plataforma digital mantida por alguém que se dispõe a viabilizar espaço ou instrumento de oferta por intermédio de um *site* ou aplicativo. O *site* ou aplicativo atua não apenas como um facilitador, mas sim, como aquele que torna viável e, por vezes, estrutura um determinado modelo de negócio. Em outros termos, o site ou aplicativo permite o acesso à 'highway' e atua como guardião deste acesso, um *gatekeeper* ('guardião do acesso'), que assume o dever, ao oferecer o serviço de intermediação ou aproximação, de garantir a segurança do modelo de negócio, despertando a confiança geral ao torná-lo disponível pela Internet. No direito brasileiro, estarão qualificados indistintamente como provedores de aplicações de Internet, de acordo com a definição que estabeleceu o art. 5º, VII c/c art. 15 da Lei 12.965/2014. Exige a norma, que se constituam na forma de pessoa jurídica, exercendo a atividade de forma organizada, profissionalmente e com fins econômicos... O dever deste guardião (*gatekeeper, guardião do acesso*) será o de garantir a segurança do meio negocial oferecido, em uma espécie de responsabilidade em rede (*network liability*), cuja exata extensão, contudo, será definida caso a caso, conforme o nível de intervenção que tenha sobre o negócio. A economia do compartilhamento é economia, *business*, custa algo, há presença de um consumidor. Há situações em que poderá haver responsabilidade do intermediador pela satisfação do dever principal de prestação do negócio objeto de intermediação com o consumidor. Mas na maior parte das vezes, aquele que apenas aproxima e intermedeia o negócio deverá garantir a segurança e confiança no meio oferecido para realizá-lo, não respondendo, necessariamente, pelas prestações ajustadas entre partes."[36]

A aplicação do CDC em diálogo com o Marco Civil da Internet, o Código Civil e as leis especiais que regulem os contratos de intermediação, locação, compra e venda ou arrendamento utilizados é inevitável.

Não deixa de ser uma crise dos papéis de consumidor e de fornecedor nesta inovativa economia do compartilhar. Mas, por mais desafiador que possa parecer esse fenômeno de consumo compartilhado, juridicamente, a *sharing economy* utiliza contratos clássicos, intermediados por profissionais, organizados em aplicativos de celulares ou na Internet, e deve ser respondida pela nova teoria contratual. É a procura de mais qualidade nos serviços,[37] por menores preços, de maior segurança na origem dos produtos, de compartilhamento de experiências de produção e uma nova consciência ecológica que alimenta este novo paradigma da economia, bem pós-moderno e hedonista.

Que dois civis se encontrem na Internet e um exerça o papel aparente de fornecedor de produtos e serviços e outro de consumidor, que essa relação fique como que contaminada pelo "business" do guardião de acesso, que transforma o primeiro em consumidor e o outro em fornecedor direto do fornecedor indireto – que é o verdadeiro fornecedor, aquele que criou e controlou o acesso ao negócio e o consumo compartilhado –, este é o "blend" da economia compartilhada. Mas como bem ensina Meller-Hannich, não podemos ser ingênuos, seja qual o método ou negócio tenho o aplicativo, isto é, um *business*, muito valorizado e bem estruturado, é negócio no mercado de consumo *ex vi* o art. 3º do CDC, que deve se aplicar!

---

36. Trecho do artigo no CONJUR, escrito em coautoria com Bruno Miragem.
37. Assim MIRAGEM, Bruno. Transporte coletivo de passageiros, in RDC 100, p. 87-88.

III. Pluralismo contratual no consumo compartilhado e acesso ao consumo

Segundo vimos no início desta reflexão, o filósofo alemão Neuser afirma que, se o ponto de concentração da modernidade estava no sujeito e no seu conhecimento individual, agora estaria no coletivo e no conhecimento geral (em rede),[38] que seria apenas fragmentado/apreendido pelo sujeito, em suas experiências e para ser utilizado. Alerta o filósofo que a "causa" perderia em espaço para as correlações, mais coletivas que individuais, como as estatísticas que dominam o fundamento das decisões juridicas de hoje.

A) Pluralismo de "vínculos" compartilhados-conexos e o acesso a serviços e produtos

Realmente também no direito, as fronteiras entre os "conceitos" (*Begriffe*) parece quase desaparecer, como se "tudo", fosse "tudo". O mundo digital é um bom exemplo, onde os "fazeres" ou serviços são chamados de "produtos" e simples endereços eletrônicos, *sites*, são chamados de "lojas" (*Appstore*); onde as coisas hoje valem mais por seu "software" ou conteúdo digital, como na Internet das Coisas, que por seu conteúdo material. A distinção entre material e imaterial, entre serviços e produtos parece tênue ou quase desaparecendo, pois se o comércio eletrônico causou um *revival* da compra e venda de produtos e da distribuição direta pela Internet (entre fabricante e consumidor), os produtos de conteúdo digital desmaterializaram o objeto desses contratos clássicos, fazendo reaparecer a cadeia de fornecimento e seus intermediários, a marca e seu simbolismo em confiança.[39]

A segunda verdade, que aparece no pensamento filosófico do Prof. Wolfgang Neuser, refere-se ao abalar da causa e da causalidade como fundamento único das ações e das experiências individuais no mundo contemporâneo. Chama a atenção que em 10 de fevereiro de 2016, o

---

38. Veja sobre o tema a bela obra de BAGGIO, Andreza Cristina. *Teoria contratual pós-moderna – As redes contratuais na sociedade de consumo*. Curitiba: Juruá, 2007.
39. MARQUES, Claudia Lima. *Confiança no comércio eletrônico e a proteção do consumidor*. São Paulo: RT, 2004, p. 32 e ss.

Código Civil françês de 1804 tenha sido mudado para retirar a "causa" como um dos requisitos de validade de um contrato (art. 1128).[40] A Ordonnance n. 2016-131[41] ainda incluiu a noção de boa-fé na formação do contrato (art. 1104), a noção de contrato de adesão (art. 1110)[42] e de contrato-quadro (art. 1111)[43] no Código Civil françês. Trata-se, segundo a doutrina francesa, de um abandono "formal" da causa, pois as expressões "finalidade" (*but*, no art. 1162) e "motivo" (*motif*, no art. 11135, alínea 2) e condição determinante ("*condition déterminante d´une partie*", no art. 1186, alínea 2) continuam a ser mencionadas.[44] A causa dos contratos já foi uma figura importante, agora é mero indício da obrigação.

No Brasil, uma mudança legislativa vai no mesmo sentido, pois o PL 3515/2015 de atualização do CDC traz uma norma sobre contratos coligados ou interdependentes e foca no crédito. O crédito ao consumo domina toda a maneira brasileira de distribuição, de sapatos, a "software", a automóveis, a própria economia compartilhada beneficia-se da distância segura de marcas de cartões de crédito e da possibilidade

---

40. No original: "Art. 1128.-Sont nécessaires à la validité d'un contrat: 1º Le consentement des parties; 2º Leur capacité de contracter; 3º Un contenu licite et certain." Fonte Legifrance (16.04.2017): https://www.legifrance.gouv.fr/affichTexte.do?cidTexte=JORFTEXT000032004939&categorieLien=id.
41. A Loi n. 2015-177, de 16 de fevereiro de 2015, tinha autorizado o governo a realizar a reforma no direito dos contratos, das obrigações e da prova das obrigações. Veja introdução de DESHAYES, Olivier; GENICON, Thomas; LAITHIER, Yves-Marie. Réforme du Droit des contrats du régime général et de la preuve des obligations-Commentaire article par article, Lexis-Nexis, Paris, 2015, p. 2.
42. No original: "Art. 1110.-Le contrat de gré à gré est celui dont les stipulations sont librement négociées entre les parties. Le contrat d'adhésion est celui dont les conditions générales, soustraites à la négociation, sont déterminées à l'avance par l'une des parties." Fonte Legifrance (16.04.2017): https://www.legifrance.gouv.fr/affichTexte.do?cidTexte=JORFTEXT000032004939&categorieLien=id.
43. No original: "Art. 1111.-Le contrat cadre est un accord par lequel les parties conviennent des caractéristiques générales de leurs relations contractuelles futures. Des contrats d'application en précisent les modalités d'exécution." Fonte Legifrance (16.04.2017): https://www.legifrance.gouv.fr/affichTexte.do?cidTexte=JORFTEXT000032004939&categorieLien=id.
44. Assim DESHAYES, Olivier; GENICON, Thomas; LAITHIER, Yves-Marie. *Réforme du Droit des contrats du régime général et de la preuve des obligations-Commentaire article par article*, Lexis-Nexis, Paris, 2015, p. 171.

de voltar atrás no pagamento através desse fornecedor da cadeia de fornecimento, agora triangular. A relação contratual se torna plural, pois a relação com os cartões é sempre do consumidor, mas também entre fornecedor principal (guardião) e fornecedor direto e banco. Mister também analisar a economia do compartilhamento como uma correlação de contratos, pois estão presentes sempre múltiplos co-contratantes, em ambos os lados, que formam essa nova cadeia que permite o acesso a produtos e serviços.

A pluralidade inicia no próprio aplicativo. O "App" é que viabiliza (junto a dois portos ou celulares ou tablets) essa ligação *Peer to Peer*. "Apps" são aplicativos ou pequenos programas (*software*) que têm como finalidade expandir/complementar as funções dos "Smartphones" (celulares) e "Tablets" (computadores pessoais), hoje também "smart devices", como relógios, óculos,[45] até chegar a automóveis e casas. Interessante que o aplicativo é um elemento digital, que é feito para uma plataforma de software (Android da Google ou Apple). O aplicativo é feito para rodar em hardwares (celulares), sem ser desenvolvido seja pelo fabricante do hardware, ou do software principal do celular, é uma extensão falsamente "terceira". O "App" mesmo é uma extensão, geralmente gratuita, que terá um autor dos códigos, mas que será "negociado" por um outro fornecedor intermediário/comissionário e, assim, será necessária uma quarta loja, para encontrar seus milhões de consumidores (Appstore, por exemplo da Google ou da Apple), que é a verdadeira "guardiã"[46] dos aplicativos ali vendidos sob o manto de sua marca e de seus códigos base.[47]

E, na economia do compartilhamento, os aplicativos são só as "estradas" (*highways*) por onde passam os contratos, como pontes

---

45. Assim definem BAUMGARTNER, Ulrich; EWALD, Konstantin. *Apps und Recht*, 2. Aufl, Beck: Munique, 2016, p. 1 (Rdn.1).
46. Sobre o controle exercido, por exemplo, pela Apple nos aplicativos vendidos em sua loja, veja BAUMGARTNER, Ulrich; EWALD, Konstantin. *Apps und Recht*, 2. Aufl, Beck: Munique, 2016, p. 22-23(Rdn.61).
47. Nas lojas "Android" são oferecidos 2,8 milhões de Apps, aplicativos, nas loja Apple são 2,2 milhões, que são baixados 100 bilhões de vezes a cada ano. Fonte (16.04.2017): https://www.statista.com/statistics/276623/number-of-apps-available-in-leading-app-stores/.

entre os consumidores e fornecedores, sustentadas pelos pilares, da Internet. A pluralidade de atores e de vínculos é uma das características pós-moderna da economia do compartilhamento e a causa, realmente, fica empalidecida nesse emaranhado de agentes e portas necessárias para que esses contratos existam.

É só no pluralismo de vínculos que o acesso ao consumo é possível, daí a ideia de cadeia de fornecimento nesses vínculos "compartilhados", se me permitem o trocadilho.

A cadeia de fornecimento é uma visão de conjunto da relação de consumo, geralmente triangular (consumidor-cartão de crédito ou paypal-fornecedor do produto ou do serviço) ou mesmo em forma de ponte, sendo que o que sustenta a ponte ou passagem é também o intermediador digital ou fornecedor de acesso. Como já escrevi,[48] essa pluralidade não é só intersubjetiva (formação da cadeia de fornecimento e solidariedade interna desta cadeia), mas é de interligação entre os instrumentos contratatuais no que se refere ao seu destino (conexidade). Em outras palavras, organizada a cadeia de fornecimento pelo intermediador digital, por exemplo, visualiza-se uma interdependência atávica, uma ligação "decisiva" de consumo (finalidade máxima comum) nesses contratos entre o intermediador digital e os pares que compartilham produtos e serviços, ligação nas redes de contratos organizados para facilitar, oferecer, seduzir ou conquistar os consumidores no mercado, tanto de distribuição, como, principalmente, com financiamentos e créditos anexos ou acessórios, agentes de pagamento, como o paypal e os cartões de crédito. Note-se também que, na economia do compartilhamento, o intermediador-digital usa esta conexão na publicidade e nas avaliações, como se as experiências e as avaliações de outros consumidores fossem parte de seu "serviço" e formassem uma "reputação" de conjunto, ligando o intermediador que fornece o acesso ao fornecedor que executa a prestação e ao consumidor, que também é ator da avaliação futura.

Aqui a figura da cadeia (de fornecimento) parece empalidecer e não refletir o fenômeno da conexidade. Cadeia dá uma ideia retilínea,

---

48. MARQUES, Contratos, 8. Ed., p. 447 ss.

como se fosse a cadeia fordista de produção. A melhor figura de linguagem é a da rede, uma rede multiforme como um emaranhado de vínculos plurais, que a aranha da economia do compartilhamento e seus aplicativos tecem, rede e vínculos que ligam diferentes sujeitos em diferentes contratos para uma só finalidade econômica principal diante da bilateralidade dos vínculos clássicos, destaca a presença não só de um terceiro financiador, facilitador do pagamento, como o paypal, mas principalmente o fornecedor-intermediário, aquele que garante o acesso (digital e físico!) e detém a reputação, como um garante do negócio. Este triângulo ou ponte tem as três "pontas" unidas, ligadas e conexas em um só "contrato" de consumo, se assim posso chamar.

Não visualizar tal conexão, coligação ou interdependência, é hoje quase impossível. Em outras palavras, se para consumir hoje o consumidor necessita de dois ou mais contratos, o destino destes ajustes está coligado ou interdependente, como a atualização do CDC, os arts. 34 e 52 do CDC, já indiciam. Mister realizar uma interpretação a favor do consumidor do conjunto contratual (normalmente de adesão) por força do art. 47 do CDC e valorizar esta conexão.[49]

Em uma economia compartilhada executada pela via *on-line* à distância, não se pode esquecer o direito de arrependimento do art. 49 do CDC,[50] mesmo que os fornecedores – com sua construção com base na confiança e na reputação da marca – já prevejam e facilitem este direito. Mister que o consumidor possa exercer os direitos que lhe assegura o CDC, como arrepender-se e exigir qualidade do produto ou serviço adquirido.[51]

---

49. Veja jurisprudência reconhecendo esta conexão quanto ao contrato de financiamento e em compras à distância, fazendo uma interpretação do conjunto contratual a favor do consumidor *ex vi* art. 47 do CDC, em MARQUES, Claudia Lima; BENJAMIN, Antonio Herman de V., MIRAGEM, Bruno. *Comentários ao Código de Defesa do Consumidor*. 5 Ed., São Paulo: Ed. RT, 2016, p. 1216-1218.
50. Veja a obra de KLEE, Antonia Espíndola Longoni. *Comércio eletrônico*. São Paulo: Ed. RT, 2014, p. 162 ss.
51. Veja exemplo da jurisprudência: "Ação de rescisão de contrato de compra e venda e financiamento – Defeito do produto – Tutela antecipada – Suspensão do pagamento das prestações do financiamento – Possibilidade – Contratos conexos – Negócios jurídicos funcionalmente interligados. O contrato de financiamento e o contrato

O CDC, tanto no art. 34 como no art. 52, visualizou a conexão e seus efeitos. Nesse sentido, desnecessária seria[52] que a atualização do CDC em curso trouxesse regra expressa sobre essa conexão, como o fez no PLS 3515/2015, pois os arts. 34 e 52 já preveem suficientemente – em minha opinião – esta conexão. Mas no Brasil, mesmo o óbvio tem que ser reforçado e, nesse sentido, a novidade viria a esclarecer ainda mais a conexão dos contratos. De qualquer modo, mais um motivo para se aprovar imediatamente o PLS 283/2012 sobre crédito ao consumidor e prevenção do superendividamento.

O que hoje chama a atenção no tema é a influência dos métodos de venda,[53] os quais cada vez mais levam a esta interdependência de

---

de compra e venda, embora estruturalmente independentes entre si, encontram-se funcionalmente interligados, têm um fim unitário comum, sendo ambos, em essência, partes integrantes de uma mesma operação econômica global, de tal arte que cada qual é a causa do outro, um não seria realizado isoladamente, sem o outro. Sendo conexos os contratos, possível ao consumidor promover também a rescisão do mútuo financeiro em caso de inadimplemento do vendedor. Agravo desprovido" (TJSP, 30.ª Câm. Dir. Priv., AgIn 99010533820-8, rel. Des. Andrade Neto, j. 15.12.2010).

52. Note-se que há decisão isolada do STJ no sentido contrário de que: "Não há relação de acessoriedade entre o contrato de compra e venda de bem de consumo e o de financiamento que propicia numerário ao consumidor para aquisição de bem que, pelo registro do contrato de alienação fiduciária, tem sua propriedade transferida para o credor" (REsp 1.014.547/DF, Quarta T., j. 25.08.2009, Rel. Min. João Otávio de Noronha, *DJe* 07.12.2009).

53. Veja bom exemplo: "Consumidor e processual civil – Ação de indenização por danos morais e materiais – Venda de celular com seguro contra furto e roubo – Sinistro – Recusa ao pagamento de indenização – Sentença de procedência parcial, limitada aos danos materiais – Apelações do autor e da primeira ré, esta com arguição de ilegitimidade passiva – Relação de consumo – Incidência do CDC – Contratos conexos – Ofertas que se integram, levando à contratação – Solidariedade legal dos que se integram à cadeia de fornecimento – Art. 25, § 1.º, CDC, afastando condição de estipulante do seguro alegada pela primeira ré (art. 21, § 2.º, DL 73/1966), em vista de que o seguro não é objeto principal da relação jurídica, mas acessório – Ilegitimidade que se afasta também com base na teoria da asserção. A recusa ao pagamento da indenização securitária constitui falha do serviço, já que esta se destinava a assegurar ao consumidor adquirir novo aparelho se o primeiro lhe fosse roubado. Inadimplemento que causa conturbação de grande monta, privando o consumidor de fruir da utilidade esperada do contrato principal, sujeitando-o a infrutíferas delongas e exigências para o pagamento, a final denegado. Dano moral

contratos. Da mesma forma, não só as garantias (art. 18 do CDC), mas também os atuais métodos de pagamento, por exemplo, através de terceiros, como por cartão de crédito, no qual o fornecedor é previamente credenciado na administradora do cartão, como no do "paypal", em que o "agente-pagador" do comércio virtual ganha uma porcentagem dos fornecedores. Destaque-se que a presença desse "terceiro" na contratação, facilitador, organizador, intermediário do crédito, cartão de crédito ou mesmo *expert* "representante autônomo", acaba por fixar a interdependência desses contratos.[54]

Interessante observar que essa cadeia de fornecimento é às vezes "escondida", como nas vendas entre dois civis por interndiário digital. Este tema merece um maior desenvolvimento.

B) *A cadeia (escondida) de fornecedores e a solidariedade no consumo compartilhado*

Como já escrevi, a "cadeia de fornecimento é um fenômeno econômico de organização do modo de produção e distribuição, do modo de fornecimento de serviços complexos, envolvendo grande número de atores que unem esforços e atividades para uma finalidade comum, qual seja a de poder oferecer no mercado produtos e serviços para os consumidores. O consumidor muitas vezes não visualiza a presença de vários fornecedores, diretos e indiretos, na sua relação de consumo, não tem sequer consciência – no caso dos serviços, principalmente – de que mantém relação contratual com todos ou de que, em matéria de produto, pode exigir informação e garantia diretamente daquele fabricante ou produtor com o qual não mantém contrato."[55] O art. 3.º do CDC bem especifica que o sistema de proteção do consumidor considera como

---

por quebra de contrato e perda do tempo livre, que se exibe *in re ipsa*, dispensado de prova. Precedentes deste tribunal. Fixação de reparação que atenda aos aspectos compensatório e punitivo, impondo, também, valor de desestímulo à conduta corporativa" (TJRJ, 3.ª Câm. Civ., ApCiv 20098190001, rel. Des. Luiz Fernando de Carvalho, j. 17.11.2010).

54. Veja caso em que a agência de crédito não parcelou no cartão de crédito o valor da passagem, estourando a conta do consumidor: REsp 684.238/RS, rel. Min. João Otávio de Noronha, 4.ª T., j. 22.04.2008, *DJe* 05.05.2008.

55. MARQUES, Contratos, 8 ed., p. 430.

fornecedores todos os que participam da cadeia de fornecimento de produtos e da cadeia de fornecimento de serviços (o organizador da cadeia e os demais partícipes do fornecimento direto e indireto, da prestação de serviços), não importando sua relação direta ou indireta, contratual ou extracontratual com o consumidor.

O reflexo mais importante, o resultado mais destacável da visualização da cadeia de fornecimento, do aparecimento plural dos sujeitos-fornecedores, é a solidariedade entre os participantes da cadeia mencionada nos arts. 18 e 20 do CDC e indicada na expressão genérica "fornecedor de serviços" do art. 14, *caput*, do CDC.[56] E, como afirma a jurisprudência: "Os arts. 7.º, parágrafo único, e 25 do CDC impõem a todos os integrantes da cadeia de fornecimento a responsabilidade solidária pelos danos causados por fato ou vício do produto ou serviço".[57] Aplicado o CDC ao consumo compartilhado, mesmo que o fornecedor direto seja um civil, a solidariedade entre o intermediador digital, verdadeiro fornecedor (e guardião) do acesso, parece clara.

Mister também destacar o art. 34 do CDC, que bem frisa a responsabilidade do organizador da cadeia pelos seus "representantes"

---

56. Assim a decisão do STJ: "Civil e consumidor. Responsabilidade civil. Cartão de crédito. Extravio. 1. A melhor exegese dos arts. 14 e 18 do CDC indica que todos aqueles que participam da introdução do produto ou serviço no mercado devem responder solidariamente por eventual defeito ou vício, isto é, imputa-se a toda a cadeia de fornecimento a responsabilidade pela garantia de qualidade e adequação. 2. No sistema do CDC, fica a critério do consumidor a escolha dos fornecedores solidários que irão integrar o polo passivo da ação. Poderá exercitar sua pretensão contra todos ou apenas contra alguns desses fornecedores, conforme sua comodidade e/ou conveniência. 3. São nulas as cláusulas contratuais que impõem exclusivamente ao consumidor a responsabilidade por compras realizadas com cartão de crédito furtado ou roubado, até o momento da comunicação do furto à administradora. Precedentes. 4. Cabe às administradoras, em parceria com o restante da cadeia de fornecedores do serviço (proprietárias das bandeiras, adquirentes e estabelecimentos comerciais), a verificação da idoneidade das compras realizadas com cartões magnéticos, utilizando-se de meios que dificultem ou impossibilitem fraudes e transações realizadas por estranhos em nome de seus clientes, independentemente de qualquer ato do consumidor, tenha ou não ocorrido roubo ou furto. Precedentes. 5. Recurso especial provido." (REsp 1.058.221/PR, Rel. Min. Nancy Andrighi, Terceira Turma, j. 04/10/2011, DJe 14/10/2011).
57. Assim a ementa do STJ, no REsp 1.370.139/SP, Rel. Min. Nancy Andrighi, Terceira Turma, j. 03/12/2013, DJe 12/12/2013.

diante do consumidor. Como ensina o STJ, este artigo "consagra a responsabilidade de qualquer dos integrantes da cadeia de fornecimento que dela se beneficia, pelo descumprimento dos deveres de boa-fé, transparência, informação e confiança".[58]

Por fim, mencione-se que a economia do compartilhamento é muito típica das informações *on-line*, vivendo da reputação do vendedor ou fornecedor e da estrutura e legitimidade do próprio *site* ou, sistema de transporte como o Uber. Nesses casos, a pluralidade de vínculos pode ser por vezes camuflada pela marca. A marca, sabemos, e cria confiança, fidelidade e, pode estar atrelada a outros contratos, criando catividade. Em se tratando de serviços prestados por grandes grupos, com grandes marcas consolidadas, como empresas de transporte, fábricas de automóveis, cadeias de restaurantes, hotéis, bancos múltiplos, cartões de crédito e outros serviços, também na economia compartilhada a marca cria confiança. O reflexo dessa nova "catividade" é que o consumidor ou grupo de consumidores quer justamente esse fornecedor ou grupo de fornecedores que divide essa marca/imagem/*status* etc.

Larroumet alerta para a necessidade de se obter hoje uma visão de "conjunto contratual", da pluralidade de vínculos e contratos em uma só relação, levando à extensão da responsabilidade e dos efeitos dos contratos.[59] Este fenômeno da conexidade dos contratos tem a ver com a finalidade e com o objeto da relação de consumo, é uma visão real da multiplicidade e complexidade das atuais relações envolvendo consumidores e fornecedores. Mister, pois, que se esteja ciente das redes de contratos, das redes de consumidores e dos atuais contratos coletivos ou sistêmicos. A união de contratos, seu encadeamento em redes, cadeias de fornecimento, formação de grupos de consumidores-alvo

---

58. Assim a ementa do STJ, no REsp 1.309.981/SP, Quarta T., j. 24.09.2013, rel. Min. Luis Felipe Salomão, DJe 17.12.2013. Veja o *leading case*: "O art. 34 do CDC materializa a teoria da aparência, fazendo com que os deveres de boa-fé, cooperação, transparência e informação alcancem todos os fornecedores, diretos ou indiretos, principais ou auxiliares, enfim todos aqueles que, aos olhos do consumidor, participem da cadeia de fornecimento" (REsp 1077911/SP, Terceira T., j. 04.10.2011, rel. Nancy Andrighi, DJe 14.10.2011).

59. LARROUMET, Christian. *Droit civil – Les obligations. Le contrat*. 5. ed. Paris: Economica, 2003. t. III, p. 937 (Rdn. 790ter).

é o novo meio de que se utiliza o mercado para a satisfação de um interesse, que não se poderia realizar através das figuras típicas contratuais existentes e do modo de negociação e contratação clássico, mas que o encadeamento/simultaneidade de contratos permite.[60]

A conexidade é, pois, o fenômeno operacional econômico de multiplicidade de vínculos, contratos, pessoas e operações para atingir um fim econômico unitário e nasce da especialização das tarefas produtivas, da formação de redes de fornecedores no mercado e, eventualmente, da vontade das partes.[61] Na doutrina,[62] distinguem-se três tipos de contratos conexos de acordo com as suas características básicas de possuírem fim unitário (elemento objetivo), de existir uma eventual vontade de conexão ou união (elemento subjetivo) ou de a conexão ter sido determinada por lei (compra e venda com financiamento do art. 52 do CDC): grupos de contratos;[63] rede de contratos[64]

---

60. Assim Ricardo Luis Lorenzetti, Redes contractuales, *Revista da Faculdade de Direito da UFRGS* 16, p. 161 ss., também publicada na *RDC* 28, p. 22 ss.
61. Veja, por todos, Lorenzetti, Redes contractuales, *RDC* 28, p. 22 ss.
62. Aqui aproveitamos dos ensinamentos da doutrina italiana sobre "collegamento" (Messineo, Gandolfi, Galgano), da doutrina francesa sobre "groupes de contrats" (Teyssié, Larroumet), da doutrina alemã sobre "komplexe Langzeitverträge" (Martinek) e "verbundene Geschäfte" (Medicus), da doutrina argentina sobre "redes contractuales" (Lorenzetti) e sobre "conexidad negocial" (Mosset Iturraspe), da doutrina norte-americana sobre "relational contracts" (MacNeil), da doutrina inglesa do "collateral contracts" (Atiyah) e da doutrina brasileira sobre coligamento e contrato relacional (Orlando Gomes e Ronaldo Porto Macedo). Veja, mais recentemente a bela obra de Marcelo De Nardi, seu doutoramento na UFRGS.
63. Defini como contratos vários que incidem de forma paralela e cooperativa para a realização do mesmo fim. Cada contrato (por exemplo, contratos com um banco múltiplo popular e um consumidor com conta corrente) tem um objetivo diferente (cartão de extratos, crédito imediato limitado ao cheque especial, depósito bancário simples), mas todos concorrem para um mesmo objetivo (conta corrente especial do consumidor) e somente unidos podem prestar adequadamente., MARQUES, Contratos, 8. Ed., p. 437. Assim concorda Lorenzetti, Ricardo Luis. Redes contractuales: conceptualización jurídica, relaciones internas de colaboración, efectos frente a terceros. *Revista de Direito do Consumidor* 28, p. 22-58, 1999, p. 47, frisando a garantia e responsabilidade pelo êxito comum.
64. Nesse caso, a definição é que cada contrato tem sucessivamente por objeto a mesma coisa, o mesmo serviço, o mesmo objeto da prestação. É a estrutura contratual mais usada pelos fornecedores ao organizarem as suas cadeias de prestação ao consumidor

e contratos conexos (*stricto sensu*). Como já escrevi, contratos conexos *stricto sensu* são aqueles contratos autônomos que, por visarem à realização de um negócio único (nexo funcional), se celebram entre as mesmas partes ou entre partes diferentes e se vinculam por esta finalidade econômica supracontratual comum, identificável seja na causa, no consentimento, no objeto ou nas bases do negócio. Assim, se a finalidade supracontratual comum é de consumo, todos os contratos são de consumo por conexidade ou acessoriedade.[65] Este parece para mim ser o caso dos contratos da economia do compartilhamento realizados com consumidores.

O mestre argentino Ricardo Lorenzetti alerta sobre a importância dessa visão amplificadora, frisando que, no caso, há a causa contratual individual e a causa sistemática ou sistêmica, que une o grupo, mencionando que são duas causas distintas, logo, que há individualidade de direitos e interesses apesar da rede ou grupo organizacional de contratos, e um limite mais claro ao não poder prejudicar os interesses do grupo. Em outras palavras: se no plano da existência se trata de relação de consumo por conexidade, haverá reflexos claros no plano da eficácia, com o nascimento de direitos e deveres para um maior número de participantes.[66]

O principal resultado da visualização da cadeia de fornecimento, como já mencionamos, é a solidariedade dos arts. 18 e 20 do CDC, bastante usada pela jurisprudência pátria.[67] O CDC traz em si um

---

    com fornecedores diretos e indiretos, como no caso do seguro-saúde, também usada nas colaborações entre fornecedores para a produção (e terceirizações) e distribuição no mercado, MARQUES, Contratos, 8. Ed., p. 437-438.

65. Assim escrevi no artigo Proposta de uma teoria geral dos serviços, *RDC* 33, p. 108 e 109.
66. Assim Lorenzetti, Redes contractuales, *RDC* 28, p. 161 ss.
67. Veja exemplos da força prática dessa solidariedade no REsp 142.042/RS: "Pelo vício de qualidade do produto respondem solidariamente o fabricante e o revendedor" (*RDC* 30, p. 125 ss). E: "A melhor exegese dos arts. 14 e 18 do CDC indica que todos aqueles que participam da introdução do produto ou serviço no mercado devem responder solidariamente por eventual defeito ou vício, isto é, imputa-se a toda a cadeia de fornecimento a responsabilidade pela garantia de qualidade e adequação."(REsp 1077911/SP, Terceira T., j. 04.10.2011, rel. Nancy Andrighi, *DJe* 14.10.2011). Também na ApCiv 596141819, TJRS: "Tem o comerciante, que presta

mandamento de proteção da confiança (*Vertrauensgebot*), oriundo do princípio de boa-fé. Como já escrevi, este "mandamento está intimamente ligado, pode-se mesmo afirmar ser uma consequência ética, ao *anonimato* das novas relações sociais. Como as relações contratuais e pré-contratuais, a produção, a comercialização são massificadas e multiplicadas, sem que se possam claramente identificar os beneficiados (consumidores e usuários), foi necessário criar um novo paradigma, um novo paradigma mais objetivo do que a subjetiva vontade, boa ou má-fé do fornecedor in *concreto*, mas sim um *standard* de qualidade e de segurança que pode ser esperado por todos, contratantes, usuários atuais e futuros (expectativas legítimas). Se quem vai ser beneficiado e tem pretensões em relação a esta confiança despertada é o contratante, o segundo usuário ou apenas um ex-terceiro não importa ao CDC."

O Superior Tribunal de Justiça demonstrou que reconhece o princípio da proteção da confiança e a responsabilidade oriunda da "quebra da confiança", em caso envolvendo fornecedor aparente que induzia à contratação com outro fornecedor indireto, mas que, no momento da prestação, alegou ser terceiro em relação ao vínculo e foi inclusive condenado por má-fé subjetiva.[68]

Note-se, por fim, que a ciência do direito, para proteger convenientemente a confiança despertada pela atuação dos fornecedores no mercado, terá de superar a *summa divisio* entre a responsabilidade contratual e a extracontratual, e o fará revigorando a figura dos deveres anexos (*Nebenpflichten*). Em outras palavras, a confiança na sociedade de consumo é despertada em contratantes e não contratantes, e mesmo entre os contratantes há "um encontro de pretensões",[69] oriundas dos

---

os serviços de assistência técnica, a obrigação solidária com o fabricante de consertar o veículo adquirido" (*RDC* 30, p. 142-143). Veja interessante caso de venda casada de seguro viagem e a operadora de pacote, no REsp 1.102.849/RS, Terceira T., j. 17.04.2012, rel. Min. Sidnei Beneti, *DJe* 26.04.2012.

68. Veja STJ, 3.ª T., REsp 590.336/SC, rel. Min. Fátima Nancy Andrighi, j. 07.12.2004, DJ 21.02.2005.

69. Na edição de 2004, comentando o novo § 241 do BGB-Reformado, Mansel denomina este momento de "encontro de pretensões contratuais e delituais" (*Zusammentreffen von Ansprüchen aus Vertrag und Delikt*) – JAUERNIG, Othmar; MANSEL, Peter et al. *Bürgerliches Gesetzbuch*. 11. ed. Munique: Beck, 2004, p. 165 (Rdn. 14).

deveres anexos, dos deveres principais do contrato e dos eventuais delitos e abusos cometidos (publicidade, bancos de dados etc.).[70] A organização da cadeia de fornecimento de serviços é responsabilidade do fornecedor (dever de escolha, de vigilância),[71] aqui pouco importando a participação eventual do consumidor na escolha de alguns entre os muitos possíveis.[72] No sistema do CDC é impossível transferir aos membros da cadeia responsabilidade exclusiva, ou impedir que o consumidor se retrate, diante da escolha posterior de um membro novo na cadeia.[73] Em outras palavras, na conexidade contratual está a responsabilidade do guardião de acesso.[74]

---

70. Veja sobre a responsabilidade solidária do fabricante e fornecedor direto que comercializa veículo fabricado em 1999 como sendo do ano de 2000: STJ, REsp 713.284/RJ, 3.ª T., Rel. Min. Fátima Nancy Andrighi, j. 03.05.2005, DJ 17.10.2005. Veja também, caso semelhante de "reestilização" de carro zero, in REsp 1342899/RS, Terceira T., j. 20.08.2013, rel. Min. Sidnei Beneti, DJe 09.09.2013.
71. Veja interessante caso, de oficina indicada por segurador, em que o STJ condenou a seguradora como "organizadora" da cadeia pela falha do indicado, in REsp 827.833/MG, Rel. Ministro Raul Araújo, Quarta Turma, julgado em 24/04/2012, DJe 16/05/2012.
72. A jurisprudência visualiza a responsabilidade entre a seguradora e o corretor autorizado: "Consumidor. Contrato. Seguro. Apólice não emitida. Aceitação do seguro. Responsabilidade. Seguradora e corretores. Cadeia de fornecimento. Solidariedade. 1. A melhor exegese dos arts. 14 e 18 do CDC indica que todos aqueles que participam da introdução do produto ou serviço no mercado devem responder solidariamente por eventual defeito ou vício, isto é, imputa-se a toda a cadeia de fornecimento a responsabilidade pela garantia de qualidade e adequação. 2. O art. 34 do CDC materializa a teoria da aparência, fazendo com que os deveres de boa-fé, cooperação, transparência e informação alcancem todos os fornecedores, diretos ou indiretos, principais ou auxiliares, enfim todos aqueles que, aos olhos do consumidor, participem da cadeia de fornecimento..." (REsp 1.077.911/SP, Terceira T., j. 04.10.2011, rel. Nancy Andrighi, DJe 14.10.2011).
73. Assim ensina a jurisprudência, apoiada no diálogo entre a lei de planos de saúde e o CDC: "Direito do consumidor. Plano de saúde. Descredenciamento de clínica médica no curso de tratamento quimioterápico, sem substituição por estabelecimento de saúde equivalente. Impossibilidade. Prática abusiva. Art. 17 da Lei 9.656/1998. 1. O *caput* do art. 17 da Lei 9.656/1998 garante aos consumidores de planos de saúde a manutenção da rede de profissionais, hospitais e laboratórios credenciados ou referenciados pela operadora ao longo da vigência dos contratos. 2. Nas hipóteses de descredenciamento de clínica, hospital ou profissional anteriormente autorizados, as operadoras de plano de saúde são obrigadas a manter uma rede de estabelecimentos

Em matéria de serviços, a jurisprudência brasileira também considerou solidariamente responsável (art. 20 do CDC) as agências de turismo por vícios na prestação por fornecedores da cadeia em caso de pacotes turísticos.[75] Interessante notar que a agência e a operadora foram responsabilizadas solidariamente também em caso de fato do serviço, como estas decisões do STJ, de relatoria do Min. Ruy Rosado de Aguiar, em caso de piscina mal sinalizada,[76] linha mantida até hoje na jurisprudência brasileira.[77] Aqui uma analogia à economia compartilhada sugere que o dever de informar é também do organizador da

---

conveniados compatível com os serviços contratados e apta a oferecer tratamento equivalente àquele encontrado no estabelecimento de saúde que foi descredenciado. Art. 17, § 1.º, da Lei 9.656/1998. 3. O descredenciamento de estabelecimento de saúde efetuado sem a observância dos requisitos legalmente previstos configura prática abusiva e atenta contra o princípio da boa-fé objetiva que deve guiar a elaboração e a execução de todos os contratos. O consumidor não é obrigado a tolerar a diminuição da qualidade dos serviços contratados e não deve ver frustrada sua legítima expectativa de poder contar, em caso de necessidade, com os serviços colocados à sua disposição no momento da celebração do contrato de assistência médica. 4. Recurso especial conhecido e provido" (STJ, REsp 1.119.044/SP, 3.ª Turma, Rel. Min. Nancy Andrighi, j. 22.02.2011, DJe 04.03.2011).Veja também decisão na *RDC* 20, p. 232-233.

74. Veja MIRAGEM, Curso, op. Cit., p. 562.
75. Como ensina o STJ: "A agência de viagens que vende pacote turístico responde pelo dano decorrente da má prestação dos serviços" (AgRg no REsp 850.768/SC, Terceira T., j. 27.10.2009, rel. Min. Sidnei Beneti, *DJe* 23.11.2009). Veja os leading cases do STJ, no REsp 304738/SP, rel. Min. Sálvio de Figueiredo Teixeira, j. 08.05.2001e no REsp 305.566/DF, rel. Min. Sálvio de Figueiredo Teixeira, j. 22.05.2001.
76. Assim o leading case: "Código de Defesa do Consumidor – Responsabilidade do fornecedor – Culpa concorrente da vítima – Hotel – Piscina – Agência de viagens – Responsabilidade do hotel, que não sinaliza convenientemente a profundidade da piscina, de acesso livre aos hóspedes – Art. 14 do CDC. (...) A agência de viagens responde pelo dano pessoal que decorreu do mau serviço do hotel contratado por ela para a hospedagem durante o pacote de turismo. Recursos conhecidos e providos em parte" (REsp 287.849/SP, 4.ª T., Rel. Min. Ruy Rosado de Aguiar, j. 17.04.2001, DJ 13.08.2001).
77. Veja a ementa: "Esta eg. Corte tem entendimento no sentido de que a agência de turismo que comercializa pacotes de viagens responde solidariamente, nos termos do art. 14 do Código de Defesa do Consumidor, pelos defeitos na prestação dos serviços que integram o pacote" (REsp 888.751/BA, Quarta T., j. 25.10.2011, rel. Min. Raul Araújo, *DJe* 27.10.2011).

cadeia, no caso o único realmente empresário, mas também daquele que é fornecedor aparente, a destacar a importância dos seguros nesse tipo de empreendimento. Sugere que há solidariedade interna na cadeia, pois se o consumidor se arrepender, este arrependimento tem que poder ser demandado também do "vendedor" – leigo e daquele que atuou para o pagamento, paypal ou cartão de crédito. Descaracterizar essa relação como não sendo de consumo, prejudicaria este mercado, muito baseado na reputação. Nesse sentido, concluo que, se o STJ considerou relações gratuitas (remuneradas indiretamente) no mundo digital como de consumo,[78] sem dúvida considerará estas relações remuneradas diretamente do guardião de acesso como de consumo, a contaminar o vínculo contratual principal.

IV. Observações finais

Sem querer concluir essa reflexão, que é apenas uma contribuição ao debate e reúne textos da 8ª edição de meu livro e textos novos, gostaria de concluir reproduzindo uma sugestão a ser incluída na atualização do CDC e que resume o espírito deste artigo: na insegurança atual, mister que o direito procure contribuir para reconstrução dogmática e sistemática da sociedade e para a paz nas relações.

Se cabe aos juristas definir, caso a caso, a presença do consumidor e do fornecedor nos contratos existentes no mercado, inclusive os da economia compartilhada, porque não indicar claramente a aplicação do CDC a estes contratos como princípio, desde que não de comércio e de trabalho (art. 2º e 3º do CDC). Uma espécie de presunção que a presença do fornecedor-guardião de acesso foi decisiva para o "encontro P2P" do fornecedor-consumidor e do consumidor-verdadeiro nesse mundo digital e econômico, muito econômico. Como antes frisei em meus estudos sobre a tendência da gratuidade,[79] a remuneração mencionada no art. 3º, § 2º, do CDC, para definir os serviços é geralmente indireta, mas existe no mundo digital. O CDC foi visionário. Na

---

78. Veja o comentário sobre os casos Google, in MADALENA, Juliano. Comentários ao Marco civil da Internet – Lei 12.965, de 23 de abril de 2014. *Revista de Direito do Consumidor* 94, p. 329-350.

79. Veja MARQUES, Contratos, 8 ed., p. 421 ss.

economia compartilhada, a menção genérica à prestação de serviços do art. 3º, do CDC, parece ser suficiente. O problema foi identificado pelo Prof. Neuser, a "causa"... ou fim da causa. A tecnologia P2P como que esconde a causa do "negócio", que é o acesso viabilizado pelo fornecedor-guardião de acesso.

Assim, sugiro que, na atualização do CDC, no artigo sobre compras coletivas, que afinal usam o mesmo conceito de "coletivo" da economia compartilhada, mas explicitam a noção e a importância do "intermediador" legal da oferta de consumo[80] e "contaminador" da relação de consumo por ele intermediada no caminho *on-line*, se inclua um parágrafo sobre a economia compartilhada. A chave aqui é a informação,[81] dever de boa-fé essencial para a realização da confiança despertada.[82] Ou, em outras palavras, a correlação e vínculos entre os dois parceiros de compartilhamento e o fornecedor-guardião do acesso é mais importante, do que a "causa"[83] mesmo do que foi consumido!

A minha sugestão, seria incluir um parágrafo no art. 45-C, do PL 3514/2015, sobre comércio eletrônico na atualização do CDC, com o seguinte texto:

> "Art. 45-C. Os sítios e demais meios eletrônicos utilizados para ofertas de compras coletivas ou modalidades análogas de contratação deverão conter, além das informações previstas no art. 45-B, as seguintes:
>
> I – quantidade mínima de consumidores para a efetivação do contrato;
>
> II – prazo para utilização da oferta pelo consumidor;

---

80. Note-se as semelhanças e as diferenças, in MIRAGEM, Curso, p. 559 ss.
81. Assim frisa também MILLER, op. Cit., p. 155, apesar de atitude contrária à regulamentação.
82. Assim conclui in MARQUES, Claudia Lima. A chamada nova crise do contrato e o modelo de direito privado brasileiro: crise de confiança ou de crescimento do contrato?, in MARQUES, Claudia Lima (coord.). *A nova crise do contrato – Estudos sobre a nova teoria contratual*. São Paulo: Ed. RT, 2007, p. 31.
83. Inspiro-me em GHERSI, Carlos Alberto. *La posmodernidad jurídica*, Ed. Gowa: Buenos Aires, 1999, p. 84 ss., que afirma poder existir um contrato "sin sujecto", pois é apenas um processo econômico de fornecimento de um serviço na sociedade de consumo.

III – identificação do fornecedor responsável pelo sítio eletrônico e do fornecedor do produto ou serviço ofertado.

§ 1º O fornecedor de compras coletivas, como intermediador legal do fornecedor responsável pela oferta do produto ou serviço, responde solidariamente pela veracidade das informações publicadas e por eventuais danos causados ao consumidor.

§ 2º Quando o produto ou o serviço da economia compartilhada ou de aplicativos gratuitos for prestado no Brasil, aplica-se o disposto neste artigo, com as adaptações que se fizerem necessárias."

A sugestão é singela, talvez exagerada, mas seria um início de regulamentação. Como escrevi com Bruno Miragem,[84] inovar os papéis de consumidor e de fornecedor em rede, o uso compartilhado de produtos e serviços, sem perder os direitos básicos conquistados, é o grande desafio para conquistarmos um direito do consumidor adaptado à nova economia digital. Em minha opinião, a aplicação do CDC é a pedra de toque desta conquista.

---

84. Veja artigo escrito a quatro mãos para o site Conjur, intitulado: Economia do compartilhamento, consumo colaborativo e os direitos do consumidor (MIRAGEM, Bruno e MARQUES, Claudia Lima).

10

"SERVIÇOS SIMBIÓTICOS" DO CONSUMO DIGITAL E O PL 3.514/2015 DE ATUALIZAÇÃO DO CDC: PRIMEIRAS REFLEXÕES

Claudia Lima Marques e Bruno Miragem

SUMÁRIO: 1. Introdução. I. O que são estes novos "serviços simbióticos" ou inteligentes? A) Os novos "serviços simbióticos"/"objetos" do consumo digital. B) Do necessário diálogo das fontes na interpretação e na aplicação das normas ao consumo digital. II. O Projeto de Lei 3.514/2015 de atualização do CDC para o mundo digital diante da nova economia das plataformas e a inteligência artificial. A) O diálogo das fontes do CDC com a LGPD: da "opacidade" à transparência de dados diante da inteligência artificial. B) O PL 3.514/2015 de atualização do CDC e os desafios do consumo digital hoje. Consideração final.

1. Introdução

Em recente artigo sobre o futuro do direito do consumidor,[1] analisamos os novos objetos do consumo digital, em especial, o que denominamos de "serviços simbióticos", produtos que incluem um serviço, produtos e serviços inteligentes. Agora, utilizando parte desses textos, gostaríamos de aprofundar a análise. As transformações causadas pelo consumo digital e as relações de consumo estabelecidas pela internet são o objeto do Projeto de Lei 3.514/2015, em tramitação na Câmara dos Deputados após aprovação unânime pelo Senado Federal (o anterior número era PLS 281/2012), elaborado pela Comissão de Juristas do Senado Federal presidida pelo e. Min. Antônio Herman Benjamin. No seu estágio atual de tramitação permite,

---

1. Veja MARQUES, Claudia Lima e MIRAGEM, Bruno. Desafios do Superior Tribunal de Justiça e o futuro do direito do consumidor no Brasil: consumo digital, in SALOMÃO, Luiz Felipe e TARTUCE, Flávio. *Direito Civil – Diálogos entre a Doutrina e Jurisprudência*, Volume 2, Ed. GEN, 2020, no prelo.

inclusive, sugerirmos algumas modificações e temas não tratados, como o dos serviços e produtos inteligentes. Esse tema parece ser interessante para ser reproduzido aqui, com algum foco especial nos serviços de consumo.

Como afirmamos, o que caracteriza o mundo digital de consumo é sua onipresença[2] e envolvimento como uma "medusa"[3] na vida das pessoas comuns: vinte e quatro horas conectadas, sem barreiras entre a mídia, a mídia social e o mercado de consumo. Se é verdade que tudo passa a ser (ou é) consumo no meio digital, até mesmos as chamadas mídias sociais hoje já são instrumentos de consumo, "para além do consumo" há um grande desafio, pois como afirmou Pierre Levy, a tecnologia do digital provoca uma "dissolução interna" (e misturas) das categorias de "sujeito" e "objeto".[4]

Sobre o **sujeito**, hoje há uma expansão de fornecedores, de busca, de pesquisa, de conteúdo, de entretenimento, de intermediação, de fornecimento em si, na que está sendo chamada "economia das plataformas",[5] mas também o consumidor vira "*prosumer*"[6] nesse ambiente

---

2. Veja a "ironia" brilhante dos ensaios de BAUDRILLARD, Jean. *Tela total*. Trad. Juremir Machado da Silva, 5. Ed., Porto Alegre: Ed. Sulina, 2011 (1997), especialmente, p. 45 e seg.
3. A figura de linguagem é de Baudrillard: "Il y a aujourd"hui tout autour de nous une espèce d"évidence fantastique de la consommation et de l" abondance, constituée par la multiplication des objets, des services, des biens matériels, et qui constitue une sorte mutation fondamentale dans l"écologie de l" espèce humaine...[...]...sous le regard muet d" objets...de notre puissance médusée, de notre abondance virtuelle, de notre absence les uns aux autres." (BAUDRILLARD, Jean. *La societé de consommation*. Paris: Denoël, 1970. p. 17-18.) Mais recentemente apareceu a figura do "enxame" digital, HAN, Byung-Chul. *No enxame*: reflexões sobre o digital. Trad. Miguel Serras Pereira. Antropos: Lisboa, 2016. p. 36 e seg.
4. LEVY, Pierre. As tecnologias da Inteligência, Trad. Carlos da Costa, Rio de Janeiro: Ed; 34, 1993, p.
5. KENNEY, Martin; ZYSMAN, John. The Rise of the Platform Economy, in Issues, vol. XXXII, n. 3, Spring, 2016, acessível in https://issues.org/the-rise-of-the-platform-economy/ (15.04.2020): "A digital platform economy is emerging. Companies such as Amazon, Etsy, Facebook, Google, Salesforce, and Uber are creating online structures that enable a wide range of human activities."
6. A expressão "prosumer" foi criada por Alvin Tofler em 1980, no livro "A terceira onda", veja MELLER-HANNICH, Caroline. *Wandel der Verbraucherrollen – Das Recht der Verbraucher und Prosumer in der Sharing Economy*, Berlin: Duncker & Humbolt, 2019, p. 56.

digital.⁷ Há também o *revival* dos intermediários ou a valorização do fornecedor – "*gatekeeper*", o guardião da relação de consumo ou o controlador-mais-do-que-intermediário,⁸ hoje o grande fornecedor das relações de consumo. Sobre o tema já escrevemos acima, revisitando a teoria geral dos serviços.⁹

Quanto ao **objeto**, destaque-se o exemplo da União Europeia, que está revendo toda sua legislação sobre o tema, pois o digital e a nova economia das plataformas transforma tudo em "objeto", em especial os dados e as informações dos "sujeitos" e transforma em "acesso"/" *access*"/fazeres ou função, o que antes era "mercadoria/produto/", "*asset*" ou estrutura, desafiando nossas categorias de entendimento e julgamento.¹⁰ A nossa **pergunta principal** é se os serviços e os produtos com conteúdo digital, produtos e serviços "simbióticos" ou "inteligentes" desafiam as definições do CDC e do Código Civil de 2002, entre dares e fazeres e quais as consequências para a proteção dos consumidores.

O consumo digital caracteriza-se por certa complexidade,¹¹ seja pela inadaptação de nossos instrumentos clássicos,¹² que valorizam o

---

7. Veja MELLER-HANNICH, Caroline. Economia compartilhada e proteção do consumidor. In: MARQUES, Claudia Lima (Coord.) *Direito Privado e Desenvolvimento Econômico*: Estudos da Associação Luso-Alemã de Juristas (DLJV) e da Rede Alemanha-Brasil de Pesquisas em Direito do Consumidor. São Paulo: Revista dos Tribunais, 2019. p. 283 e seg.
8. Sobre o revival dos intermediários e "facilitadores", veja-se: ADAM, Leonie; MICKLITZ, Hans-W., Verbraucher und Online-Plattformen, in MICKLITZ, Hans--Wolfgang; REISCH, Lucia A.; JOOST, Gesche; ZANDER-HAYAT, Helga (Hrsg.). *Verbraucherrecht 2.0: Verbraucher in der digitalen Welt*. Baden-Baden: Nomos, 2017, p. 45.
9. Veja também MARQUES, Claudia Lima; MIRAGEM, Bruno. *Economia do compartilhamento deve respeitar os direitos do consumidor*. 2015. Disponível em: [www.conjur.com.br/2015-dez-23/garantias-consumo-economia-compartilhamento-respeitar-direitos-consumidor]. Acesso em: 09 jun. 2017.
10. BUSCH, Christoph. Wandlungen des Verbrauchervertragsrecht auf dem Weg zum digitalen Binnenmarkt, in ARTZ, Markus; GSELL, Beate. (Hrsg.) *Verbrauchervertragsrecht und digitaler Binnenmarkt*, Tübingen: Mohr, 2018, p. 12.
11. MIRAGEM, Bruno. *Curso de Direito do Consumidor*. 8. ed. São Paulo: Revista dos Tribunais, 2019. p. 153 e seg.
12. KLEE, Antônia Espíndola Longoni. *Comércio Eletrônico*. São Paulo: Revista dos Tribunais, 2014. p. 71 e seg.

CDC como mais atualizado documento legislativo sobre os fazeres e serviços em geral,[13] seja porque – apesar da abundância – é perceptível a "falha ou ausência de atividade legislativa", em especial pelo retardo da atualização do CDC no tema (o Projeto de Lei 3.514/2015) ainda não aprovada pelo Congresso Nacional. Na ordem jurídica brasileira, simples decreto (Decreto n. 7.962/2013) regulamenta aspectos esparsos do comércio eletrônico – aliás, de forma muito semelhante ao Projeto de Lei 3.514/2015 e mais recentemente um novo decreto (Decreto n. 10.271/2020) com disposições aplicáveis às relações envolvendo países do Mercosul.[14] Da mesma forma, há leis especiais, como a do cadastro positivo,[15] e ainda leis com objetos mais amplos sobre as relações digitais e seus efeitos, como é o caso do Marco Civil da Internet (Lei 12.965/2014), e a Lei Geral de Proteção de Dados – LGPD (Lei 13.709/2019).

Destaque-se que todas essas leis gerais "dialogam" entre si e com o CDC.[16] Por exemplo, a Lei 12.965, de 23 de abril de 2014, o chamado Marco Civil da Internet, estabeleceu princípios, garantias, direitos e deveres para o uso da Internet no Brasil[17] e afirmou expressamente a aplicação do Código de Defesa do Consumidor às relações de consumo

---

13. MARQUES, Claudia Lima. Proposta de uma teoria geral dos serviços com base no Código de Defesa do Consumidor – A evolução das obrigações envolvendo serviços remunerados direta ou indiretamente. *Revista de Direito do Consumidor*, São Paulo, v. 33, p. 79-122, 2000.
14. MUCELIN, Guilherme. Influências do Mercosul na proteção do consumidor no comércio eletrônico no Brasil: Comentários acerca de conteúdos normativos do Decreto n. 7.962/2013 e do Decreto n. 10.271/2020, in *Revista de Direito do Consumidor*, vol. 129, (2020).
15. BESSA, Leonardo Roscoe. *Cadastro Positivo*: Comentários à Lei 12.414, de 09 de junho de 2011. São Paulo: Revista dos Tribunais, 2014.
16. MENDES, Laura Schertel. O diálogo entre o Marco Civil da Internet e o Código de Defesa do consumidor. In: MARQUES, Claudia Lima (Coord.) *Direito Privado e Desenvolvimento Econômico*: Estudos da Associação Luso-Alemã de Juristas (DLJV) e da Rede Alemanha-Brasil de Pesquisas em Direito do Consumidor. São Paulo: Revista dos Tribunais, 2019. p. 255 e ss.
17. KLEE, Antônia Espíndola Longoni; MARQUES, Claudia Lima. Os direitos do consumidor e a regulamentação do uso da internet no Brasil: convergência no direito às informações claras e completas nos contratos de prestação de serviços de internet. In: SALOMÃO, George; LEMOS, Ronaldo (Coord.). *Marco Civil da Internet*. São Paulo: Atlas, 2014. p. 469-517.

estabelecidas por esse meio (Art. 7º).[18] Mas esse diálogo das fontes, pela "falha legislativa" antes apontada, não é fácil e exige grande sofisticação pelo intérprete e magistrado. Aqui talvez a visão do direito do consumidor possa também ajudar o direito privado em geral e a teoria do diálogo das fontes, apontar para uma harmonização de todas estas fontes. Vejamos.

I. O que são estes novos "serviços simbióticos" ou inteligentes?

Em seu trabalho seminal sobre a sociedade de consumo, Baudrillard chama atenção para a importância dos produtos/"objetos" e serviços como "substituição remunerada" das pessoas (ou família) na sociedade do fim do século XX.[19] O foco do renomado autor é o novo "ambiente" em que estão as pessoas, não mais em grupos/políticos ou famílias/Nações, mas no mercado e na sociedade "de consumo": estão sozinhas e cercadas por "objetos" mudos.

Aceitando o argumento de Baudrillard, no nosso "abundante" mundo digital atual, as pessoas continuam cercadas, mas agora de objetos "digitais"/serviços ou "caminhos imateriais" na Internet/produtos "inteligentes", não mais "mudos": todos são "comerciais", mesmo que em ambientes antes de amizade ("social media"),[20] com "objetos"/Apps/Sites e pessoas ("influenciadores",[21] publicidades e

---

18. Assim o art. 7º, XIII da Lei 12.965/2014: "Art. 7º O acesso à internet é essencial ao exercício da cidadania, e ao usuário são assegurados os seguintes direitos: [...] XIII – aplicação das normas de proteção e defesa do consumidor nas relações de consumo realizadas na internet."
19. BAUDRILLARD, Jean. La societé de consommation, Paris: ed. Denoël, 1970, p. 17-18: "Il y a aujourd"hui tout autor de nous une espèce d"évidence fantastique de la consommation et de l" abondance, constituée par la multiplication des objets, des services, des biens matériels, et qui constitue une sorte mutation fondamentale dans l"écologie de l" espèce humaine...[...]...sous le regard muet d" objets...de notre puissance médusée, de notre abondance virtuelle, de notre absence les uns aux autres."
20. RIEFA, Christine. Beyond e-commerce: some thoughts on regulating the disruptive effect of social (media) commerce, in *Revista de Direito do Consumidor*, vol. 128 (2020).
21. RIEFA, Christine; CLAUSEN, Laura. Towards Fairness in Digital Influencer" Marketing Practices, in EuCML – Journal of European Consumer and Market Law, 2/2019, p. 64-74.

"reviewers") "falando/comunicando/influenciando" ininterruptamente, vinte e quatro horas por dia, com foco no consumo.

Somos "sujeitos digitais" (conforme Teubner)[22] usando plataformas e "apps", que coletam nossos dados e perfis em "big data",[23] transformando em novos negócios/business e intermediando mundialmente, o que eram antes "desinteressadas"[24] caronas, hospedagem de amigos dos amigos, jantares ou empréstimos e doações de objetos usados.

A primeira das grandes questões relacionadas ao consumo no mundo digital já foi bem resolvida, que era a correta interpretação da noção de gratuidade da oferta de serviços pela internet (em especial diante do art. 3º, § 2º, do CDC). O Superior Tribunal de Justiça já decidiu que *a "a exploração comercial da Internet sujeita as relações de consumo daí advindas à Lei nº 8.078/90" e que "o fato de o serviço prestado pelo provedor de serviço de Internet ser gratuito não desvirtua a relação de consumo, pois o termo "mediante remuneração", contido no art. 3º, § 2º, do CDC, deve ser interpretado de forma ampla, de modo a incluir o ganho indireto do fornecedor."* (STJ, REsp 1316921/RJ, Rel. Min. Nancy Andrighi, 3ª Turma, j. 26/06/2012, DJe 29/06/2012).

Há, nesse consumo abundante digital e gratuito, um "sinalagma escondido", de modo que a oferta de produtos e serviços que não sejam necessariamente rentáveis por si mesmo, proporciona a atração e vantagens decorrentes de outros que sua própria gratuidade acaba promovendo. Ou seja, na prática "só existem três possibilidades: a) ou o serviço é remunerado diretamente pelo consumidor; b) ou o serviço não é oneroso para o consumidor, mas remunerado indiretamente, não havendo enriquecimento ilícito do fornecedor, pois o seu

---

22. TEUBNER, Gunther. Digitale Rechtssubjekte, in *Archiv des Civilistische Praxis – AcP* 218 (2018), p. 155 e seg.
23. Sobre a mudança digital como uma mudança de valor dos "dados", de uma economia de escassez de dados para uma economia de plataformas, com hiperabundância de dados e *bigdata*, veja SCHWEITZER, Heike. Digitale Plattformen als private Gesetzgeber: ein Perspektivwechsel für die europäische " Plattform-Regulierung", in *ZEUP* 1 (2019) 1-12, p. 1-2.
24. LATOUCHE, Serge. *Sortir de la société de consommation*, Paris: LLL, 2010, p. 105 e seg.

enriquecimento tem causa no contrato de fornecimento de serviço, causa esta que é justamente a remuneração indireta; c) ou o serviço não é oneroso de maneira nenhuma (serviço totalmente gratuito) e nem o fornecedor remunerado de nenhuma maneira, pois, se o fosse indiretamente, haveria enriquecimento sem causa de uma das partes. Conclui-se, pois, que no mercado de consumo, em quase todos os casos, há remuneração do fornecedor, direta ou indireta, como um exame da vantagem dos fornecedores pelos serviços ditos "gratuitos" pode comprovar."[25]

Uma segunda questão, que diz respeito à publicidade, também já foi resolvida pela interpretação correta do arts. 36 e seguintes do CDC, reconhecendo a vinculação das mensagens veiculadas pela internet.[26]

A) Os novos "serviços simbióticos"/"objetos" do consumo digital

A complexidade e a "dualidade"[27] do desafio digital, como já foi identificado pelo Superior Tribunal de Justiça[28] não se limita aos novos intermediários e às novas formas de oferta e contratação entre consumidores e fornecedores no mercado de consumo, mas também está no resultado do novo paradigma tecnológico da digitalização que significa uma "disruptiva"[29] transformação de produtos e serviços, dando causa a novos "objetos" inteligentes e digitais da relação de consumo.

---

25. MARQUES, Claudia Lima, Art. 3º, in MARQUES, Claudia Lima; BENJAMIN, Antônio Herman de Vasconcelos; MIRAGEM, Bruno. *Comentários ao Código de Defesa do Consumidor*. São Paulo: RT, 2019, p. 204-205.
26. MIRAGEM, Bruno. *Curso de direito do consumidor*. 8ª ed. São Paulo: RT, 2019, p. 343 e ss.
27. "Há uma certa dualidade – entre o material e o digital – que não pode ser ignorada neste julgamento, que está de maneira implícita em todos os precedentes mencionados, antes e após a publicação do Marco Civil da Internet. Nos autos, está a se remover um conteúdo digital – um conjunto mais ou menos extenso de bits que formam uma informação acessível via internet – e não os produtos propriamente ditos, fisicamente considerados, da plataforma mantida pela recorrente." (STJ, REsp 1.654.221/SP, Rel. p/ Acórdão Ministra Nancy Andrighi, Terceira Turma, julgado em 22/10/2019, DJe 28/10/2019)
28. STJ, REsp 1.721.669/SP, Rel. Min. Herman Benjamin, 2ª T., j. 17.04.2018, *DJe* 23.05.2018.
29. A expressão "inovação disruptiva", original de Clayton Christensen em sua obra de 1997 (CHRISTENSEN, Clayton M. The Innovator"s Dilemma. Boston:

Como já escrevemos, há "especial interesse, no atual estágio de desenvolvimento tecnológico, os denominados bens digitais, também denominado *digital assets* ou *digital property*. Assim, por exemplo, as mensagens de correio eletrônico arquivadas, informações, arquivos (fotos, documentos) disponibilizados em rede social ou em site de compras ou e plataformas de compartilhamento de fotos ou vídeos, os softwares que contrata licença de uso online (mediante senha ou código) pelo tempo assegurado de fruição, ou arquivos compartilhados em serviços de compartilhamento ou armazenamento de dados (p. ex. o armazenamento em nuvem – *cloud computing*). Há, nestes casos, interação entre a prestação de um serviço que poderá ser de oferta ou de custódia de bens digitais, espécies de bens incorpóreos[30] cujo interesse legítimo de uso fruição e disposição pertença ao consumidor. Da mesma forma, a aplicação da internet sobre produtos e serviços permite que passem a servir a novas utilidades, especialmente ao permitir a conectividade de produtos, de modo que possam coletar e transmitir dados com a finalidade de otimizar sua utilização, assegurando precisão, eficiência nos recursos e melhor atendimento do interesse do consumidor. Trata-se do que vem sendo comumente denominado de internet das coisas (*internet of things* ou *IoT*), e repercute nas relações de consumo, tanto na redefinição do dever de qualidade (finalidade legitimamente esperada do produto ou serviço), quanto

---

Harvard Business School Press, 1997) visava, sobretudo, o exame os aspectos relacionados à gestão empresarial e ao fenômeno da disrupção de mercados. A expressão, contudo, ganhou sentido mais largo pelo uso, especialmente relacionado às inovações decorrentes da tecnologia da informação e da internet, levando o próprio autor a revisitá-la em artigo, em coautoria, de 2015, incorporando de forma sistemática as inovações decorrentes desse novo paradigma tecnológico (Christensen, C. M., Raynor, M.; McDonald, R. What Is Disruptive Innovation?. Harvard Business Review, December/2015, p. 1-11). A utilização ampla da ideia de disrupção, contudo, não passou despercebida, sendo objeto de crítica mais recente daqueles que percebem a falta de critérios para seu emprego como causa do seu esvaziamento. Nesse sentido: GOBBLE, MaryAnne M. The case against disruptive innovation. Research-Technology Management, v. 58, (1), 2015, p. 59-61.

30. Uma vez bens sem existência material, mas que podem ser objeto de direito, como bem ensina a doutrina. Ver, por todos: GOMES, Orlando. Introdução ao direito civil. 19ª ed. Rio de Janeiro: Forense, 2007, p. 191-192.

em novos riscos que eventual defeito da prestação pode dar causa. Na mesma linha, a multiplicação da capacidade de processamento de dados dá causa ao desenvolvimento de softwares para interpretação de dados externos ou ambientais, de modo a determinar a atividade consequente de objetos inanimados (produtos, e.g.), o que está na origem da denominada inteligência artificial (*Artificial intelligence* ou *AI*), e permite, inclusive, a possibilidade de auto-aperfeiçoamento do próprio bem, a partir do uso da linguagem (*machine learning*)[31]. Neste caso, a adoção da inteligência artificial em produtos e serviços permite um grau de automatização na relação entre o fornecedor e o consumidor, reduzindo a interação entre ambos e intensificando a padronização do atendimento ou do fornecimento de produtos ou serviços. A repercussão na relação de consumo pode ser vislumbrada tanto pela maior agilidade ou precisão no atendimento do interesse do consumidor, quanto pela potencialização dos riscos decorrentes de um vício ou defeito na interpretação a ser feita pelo sistema informatizado em relação a dados externos e sua resposta automatizada."[32]

Se tivéssemos que resumir essa diversidade de "novos produtos e serviços" do mundo digital, três aspectos seriam estudados[33]: 1. Os denominados *bens digitais* (que incluem serviços digitais), em relação aos quais, tanto a oferta e o fornecimento quanto sua fruição, supõem a existência da internet; 2. A *conexão* entre esses bens digitais, o que vem sendo denominado como internet das coisas, que compreende a integração entre objetos e serviços que se realizem por intermédio

---

31. Machine learning é um dos modos de desenvolvimento da inteligência artificial. Por intermédio da padronização de um conjunto de dados, ou por repetidas tentativas usando aprendizado por reforço, pode-se conduzir um software a maximizar um critério de desempenho, a partir da interpretação de um determinado contexto, adotando a partir dali aquele significado para padronizar suas reações. Veja-se: ALPAIDYN, Ethem. Machine learning. Cambridge: MIT, 2016, p. 161-162.
32. MIRAGEM, Bruno. Novo paradigma tecnológico, mercado de consumo digital e o direito do consumidor. *Revista de Direito do Consumidor*, São Paulo, v. 125, set./out. 2019, p. 17-62.
33. Em especial, no já mencionado: MIRAGEM, Bruno. Novo paradigma tecnológico, mercado de consumo digital e o direito do consumidor. *Revista de Direito do Consumidor*, São Paulo, v. 125, set./out. 2019, p. 17 e seg.

deles, agregando-lhes utilidade a partir de infraestrutura que permite sua conexão à internet; e, por fim, 3. a *inteligência artificial*, crescentemente utilizada tanto no desenvolvimento de produtos e serviços como também no relacionamento entre os fornecedores e seus consumidores.

Relembre-se por fim, do objeto dos serviços. Mister destacar que esses serviços no mundo digital são múltiplos e complexos, e hoje há serviços conectados ou incluídos nos chamados "produtos digitais" ou "inteligentes". É uma nova fase do consumo, não exatamente só de serviços digitais, mas de produtos inteligentes ("*smarts objects*"), bens que apresentam uma nova simbiose entre produto e serviço, entre *hard* e *software*, bens que incluem um serviço ou conteúdo digital ("*embedded digital content*") até chegar na Internet das Coisas.[34] Estamos acostumados que um produto tenha o valor que o "bem" ou sua matéria possui, o *hardware*, na nova linguagem da informática. O novo aqui não é que os produtos prestam "serviços", até mais valiosos que os produtos materiais, mas sim que o produto tenha valor maior ou menor conforme o *software* (o serviço ou o aplicativo implantado, capacidades, utilidades ou *chips*) que possui. Realmente, os produtos receberam utilidades pela telefonia, pela televisão, pela internet. Duas consequências têm sido tiradas dessa nova "simbiose", como denominou o eminente Min. Antônio Herman Benjamin:[35] "a qualidade do produto é redefinida, pois ele só tem a qualidade esperada se o *software* nele instalado funcionar e de forma coadunada com o *hardware* ou produto em si; há responsabilidade solidária nessa nova cadeia de fornecimento de serviço do art. 14, que inclui o produtor [...]".[36]

---

34. BUSCH, Christoph. Wandlungen des Verbrauchervertragsrecht auf dem Weg zum digitalen Binnenmarkt. In: ARTZ, Markus; GSELL, Beate. (Hrsg.) *Verbrauchervertragsrecht und digitaler Binnenmarkt*, Tübingen: Mohr, 2018. p. 14.
35. Assim REsp 1.721.669/SP, Rel. Min. Herman Benjamin, 2ª T., j. 17.04.2018, *DJe* 23.05.2018.
36. Assim a decisão *leading case* do e. STJ: "Processual civil e consumidor. Telefonia. Responsabilidade solidária entre as empresas fornecedoras de produtos e serviços. Existência de simbiose. Sistema de Pabx. Falha na segurança das ligações internacionais. Risco do negócio.1. Trata-se, na origem, de Ação Declaratória de Inexistência de Débito, cumulada com Consignação em Pagamento contra a Telefônica Brasil S.A., com o escopo de declarar a inexigibilidade da dívida referente a ligações internacionais

Nessa nova realidade, a aproximação dos dares e fazeres no mundo digital: produtos e serviços inteligentes passam por uma simbiose e uma conexão nunca vistas, ganhando novas e impressionantes utilidades de consumo,[37] e repercutindo na própria divisão dos regimes de responsabilidade previstos pelo CDC.

---

constante das faturas telefônicas dos meses de outubro e novembro de 2014, nos respectivos valores de R$ 258.562, 47 (duzentos e cinquenta e oito mil e quinhentos e sessenta e dois reais e quarenta e sete centavos) e R$ 687.207, 55 (seiscentos e oitenta e sete mil e duzentos e sete reais e cinquenta e cinco centavos). 2. Consta dos autos que as partes celebraram contrato de consumo, cujo objeto é o fornecimento de linhas telefônicas, serviços especiais de voz, acesso digital, recurso móvel de longa distância DD e DDD e recurso internacional, local ou de complemento de chamada, para serem utilizadas em central telefônica – PABX, adquirida de terceira pessoa. 3. Conforme narrado, criminosos entraram no sistema PABX da empresa recorrente e realizaram ilicitamente diversas chamadas internacionais, apesar de esse serviço estar bloqueado pela operadora. 4. A interpretação do Tribunal de origem quanto à norma insculpida no art. 14 do CDC está incorreta, porquanto o serviço de telecomunicações prestado à recorrente mostrou-se defeituoso, uma vez que não ofereceu a segurança esperada pela empresa consumidora. 5. A responsabilidade pela reparação dos danos causados à recorrente não pode recair somente na empresa que forneceu o sistema PABX, mas também na operadora, que prestou o serviço de telefonia. Ademais, o conceito de terceiro utilizado pelo Tribunal bandeirante está totalmente equivocado, pois apenas pessoa totalmente estranha à relação de direito material pode receber essa denominação. Os Hackers que invadiram a central "obtiveram acesso ao sistema telefônico da vítima" e dispararam "milhares de ligações do aparelho" para números no exterior. 6. Não há dúvida de que a infração cometida utilizou as linhas telefônicas fornecidas pela recorrida, demonstrando que o seu sistema de segurança falhou na proteção ao cliente. Assim sendo, existe evidente solidariedade de todos os envolvidos na prestação dos serviços contratados, permitindo-se "o direito de regresso (na medida da participação na causação do evento lesivo) àquele que reparar os danos suportados pelo consumidor", REsp 1.378.284/PB, Relator o eminente Ministro Luis Felipe Salomão. 7. O risco do negócio é a contraparte do proveito econômico auferido pela empresa no fornecimento de produtos ou serviços aos consumidores. É o ônus a que o empresário se submete para a obtenção de seu bônus, que é o lucro. Por outro lado, encontra-se o consumidor, parte vulnerável na relação de consumo. 8. Os órgãos públicos e as suas empresas concessionárias são obrigados a fornecer serviços adequados, eficientes e seguros aos consumidores em conformidade com o art. 22 do CDC. 9. Recurso Especial provido" (REsp 1.721.669/SP, Rel. Min. Herman Benjamin, 2ª T., j. 17.04.2018, *DJe* 23.05.2018).

37. MARQUES, Claudia Lima. *Contratos no Código de Defesa do Consumidor*: o novo regime das relações contratuais. 9. ed. São Paulo: Revista dos Tribunais, 2019. p. 320 e ss.

A riqueza do século XXI são os "fazeres" globalizados, dos serviços clássicos aos produtos imateriais e inteligentes, os "serviços digitais" aos dados dos consumidores.[38] O Código de Defesa do Consumidor, já em 1990, aproximou o regime do fornecimento de produtos ("dares") e de serviços ("fazeres"), garantindo sua importância para regular o mercado de serviços e tratou dos bancos de dados negativos.

Como já escrevemos, uma "das principais repercussões das novas tecnologias da informação sobre o mercado de consumo, e sua aplicação em produtos e serviços, consiste na aproximação destas categorias. O CDC, ao definir produto e serviço como objetos da relação de consumo, distingue claramente o primeiro como um bem e o segundo como "qualquer atividade fornecida no mercado de consumo". Em certa medida, projetam na prestação objeto da relação de consumo a distinção clássica entre as obrigações de dar e fazer, consagradas no direito obrigacional.[39] Ao permitir a conectividade de produtos, a partir da qual passa a contar com novas funcionalidade – como é o caso, especialmente, da internet das coisas e da aplicação da inteligência artificial – passa a existir, em muitas situações, uma interdependência entre produto ou serviço, de modo que sua utilidade e valor supõe esta relação. A rigor, essa dependência acompanha o desenvolvimento da tecnologia da informação. Conectividade pressupõe serviços que se realizam por intermédio da utilização do produto. O modo como se dá o proveito do consumidor é que varia. Assim, o valor de um *smartphone* estará cada vez menos na sua utilidade original de realizar ligações telefônicas, e mais na capacidade de armazenamento de dados e aplicações de internet que permitem a realização de uma série de tarefas, com diferentes níveis de interação humana. No domínio da internet das coisas, a tecnologia acoplada ao produto permite a execução de tarefas, e dessa funcionalidade retira seu valor. Há situações paradigmáticas, inclusive, quando o próprio fornecimento

---

38. Assim a Diretiva Europeia 2019/770 de 20 de maio de 2019 sobre certos aspectos relativos aos contratos de fornecimento de conteúdos e serviços digitais e suas definições.
39. MIRAGEM, Bruno. Direito das obrigações. 3ª ed. Rio de Janeiro: Forense, 2021, p. 82 e ss.

de um novo produto tende a depender da correta execução de uma funcionalidade associada a outro produto (ex. das impressoras 3D que produzem novos objetos). O mesmo se diga em relação à aplicação da inteligência artificial, cujo principal aspecto distintivo diz respeito, justamente, à capacidade de atuação autônoma a partir de *software* para a realização de tarefas (serviços) no interesse do usuário. A relação entre a noção tradicional do produto, que oferece toda sua utilidade ao consumidor após a tradição, pelo qual se transfere, usualmente, a propriedade e a posse, é alterada a partir desse novo paradigma tecnológico da sociedade da informação. A principal situação diz respeito aos produtos cuja utilidade suponha sua conexão a um determinado *software* oferecido pelo mesmo fornecedor ou por terceiro. Nesse caso, o produto adquirido pelo consumidor com tecnologia da internet das coisas ou de inteligência artificial, tem seu uso e fruição dependente do correto funcionamento do *software*, hipótese na qual, havendo falha no fornecimento desse, restringe-se sua utilidade, ou mesmo perde todo o valor. Isso pode dar causa a maior catividade do consumidor quando dependa de uma licença de *software*, ou de sua atualização, inclusive implicando a transição do modelo de negócios em relação a "produtos inteligentes" do novo mercado de tecnologia da informação, da simples compra e venda de consumo tradicional, para um modelo de licenciamento,[40] exigindo uma relação continuada com o fornecedor para preservar a utilidade do bem."[41]

Em outras palavras, há agora dependência do fazer, ou do *software*, do imaterial (dados coletados e um chip ou celular), que são mais valiosos que o produto (hardware) em si. E a conexão do produto com a internet (das coisas ou de inteligência artificial em produtos), acaba por aumentar essa dependência e condiciona a plena utilidade esperada a um serviço que pode ou não ser prestado de forma contínua e, como afirmamos antes, resultam na conclusão de uma prevalência

---

40. SCHAUBE, Renate. Interaktion von Mensch und Maschine..., 373.
41. O texto a seguir é baseado no artigo MIRAGEM, Bruno. Novo paradigma tecnológico, mercado de consumo digital e o direito do consumidor. *Revista de Direito do Consumidor*, São Paulo, v. 125, set./out. 2019, p. 17-62.

do serviço prestado em relação ao produto em si, considerando que dele se retira a utilidade esperada pelo consumidor.[42]

B) Do necessário diálogo das fontes na interpretação e na aplicação das normas ao consumo digital

Já tivemos a oportunidade de afirmar que "a proteção do consumidor, frente a este novo paradigma tecnológico, não reside exclusivamente nas normas do direito do consumidor, mas na compreensão destas em comum com outras legislações, como é o caso das atinentes à proteção de dados pessoais, à defesa da concorrência, ao processo civil, dentre outras."[43]

Se os objetos dos negócios jurídicos de consumo atuais não são as "coisas" simples, corporais ou imateriais, mas sim bens digitais ou serviços complexos envolvendo produtos inteligentes e *software*, a complexidade dessas prestações, do prometido e do esperado, transforma o sinalagma dessa relação de consumo e o que é a qualidade da prestação, no tempo e na sua totalidade. Assim, vários fenômenos devem ser destacados e analisados: totalidade, cooperação, equilíbrio e conexidade.[44] Outros desafios se avistam,[45] principalmente quanto

---

42. Veja-se, neste sentido, as considerações do estudo coordenado pela União Europeia, sobre o desafio de atualização da sua Diretiva 85/374/EEC, sobre responsabilidade do fornecedor pelo fato do produto, frente às exigências da economia digital: EUROPEAN UNION. Evaluation of Council Directive 85/374/EEC on the approximation of laws, regulations and administrative provisions of the Member States concerning liability for defective products. Luxembourg: Publications Office of the European Union, 2018, p. 39.
43. MIRAGEM, Bruno. Novo paradigma tecnológico, mercado de consumo digital e o direito do consumidor. *Revista de Direito do Consumidor*, São Paulo, v. 125, set./out. 2019, p. 17-62.
44. MARQUES, Claudia Lima. Proposta de uma teoria geral dos serviços com base no Código de Defesa do Consumidor – A evolução das obrigações envolvendo serviços remunerados direta ou indiretamente. *Revista de Direito do Consumidor*, São Paulo, v. 33, p. 79 e seg.
45. Assim bem registra o relatório do Conselho de Especialistas em Direito do Consumidor (Sachverständigenrat für Verbraucherfragen – SVRV) do Ministério da Justiça e Defesa do Consumidor alemão publicado em: MICKLITZ, Hans-Wolfgang; REISCH, Lucia A.; JOOST, Gesche; ZANDER-HAYAT, Helga (Hrsg.). Verbraucherrecht 2.0: Verbraucher in der digitalen Welt. Baden-Baden: Nomos, 2017, p. 9.

ao consentimento, aos dados e às fraudes,[46] e sobre novos tipos de publicidade e *marketing* que os cruzamentos do "big data" permitem, em especial a crescente publicidade infantil[47] na Internet, os influenciadores[48] e as TVs adressáveis.

Um estudo[49] sobre a "Adressable TV"[50] demonstra que agora há um "omnichannel" *marketing*, que usa todas as telas e meios de comunicação ("cross-device media") no chamado "cross-screen-approach", pois é possível enviar publicidades "direcionadas" tanto nas telas móveis (celulares, tablets) e computadores em geral ("desktop") conectados à Internet, as redes de TV a cabo e aos streamings, quanto nas TVs, as *smarts* TVs (OTT) e as *on-line* TVs (OTV, TV conectadas à Internet, CTV), que permitem que cada "casa/TV/Tela" receba uma outra publicidade,[51] conforme os dados coletados pela própria TV e os outros produtos inteligentes e "IPs" daquela família, agora identificáveis geograficamente e pelo perfil ("profiling") para o *marketing* direcionado, tudo com um só "consentimento sequencial."[52]

---

46. STJ, REsp 1786157/SP, Rel. Ministra Nancy Andrighi, Terceira Turma, julgado em 03/09/2019, DJe 05/09/2019.
47. STJ, REsp. 1558086/SP, Rel. Ministro Humberto Martins, Segunda Turma, julgado em 10/03/2016, DJe 15/04/2016. E, na doutrina, DIAS, Lucia Ancona Magalhães. *Publicidade e direito*. São Paulo: Ed. RT, 2011 e D"AQUINO, Lúcia Souza. *Criança e publicidade – hipervulnerabilidade?* Rio de Janeiro: Lumen Juris, 2017.
48. RIEFA, Christine; CLAUSEN, Laura. Towards Fairness in Digital Influencer" Marketing Practices, in EuCML – Journal of European Consumer and Market Law, 2/2019, p. 64 e seg.
49. BERBER, Leyla Keser; ATABEY, Ayça. Adressable TV and Consent Sequencing, in *Global Privacy Law Review*, volume I, Issue I, 2020 (Kluwer), p. 14 a 38.
50. A definição de "Adressable TV" é a seguinte: "Addressable TV is a *method of delivering highly targeted advertising* to individual households in both live and playback modes. Ads are delivered through cable, satellite and Internet Protocol TV (IPTV) delivery systems and set-top boxes." Fonte (acesso 02.03.2020): www.eyeviewdigital.com/blog/addressable-tv-watching-future-television.
51. Veja a informação da Google: "Addressable TV advertising is the ability to show different ads to different households while they are watching the same program. With the help of addressable advertising, advertisers can move beyond large-scale traditional TV ad buys, to focus on relevance and impact." Fonte (acesso 02.03.2020): https://www.thinkwithgoogle.com/marketing-resources/addressable-tv-advertising-personal-video-experience.

Em outras palavras, há uma pluralidade de expectativas na prestação "inteligente" e no tempo, que necessitará de um necessário diálogo entre essas fontes.[53] Em especial, o diálogo das fontes, do CDC, do Marco Civil da Internet, da Lei Geral de Proteção de Dados e da Lei do Cadastro Positivo deve se dar.[54] O CDC, editado em 1990, considera que qualquer regra específica sobre a Internet deve ser a regra principal. Daí a importância de sua atualização – em especial do Projeto de Lei 3.514/2015 – com a inclusão de novo capítulo sobre comércio eletrônico, bem como do aperfeiçoamento das disposições sobre práticas abusivas no mundo digital, e a previsão de regras sobre a aplicação da lei brasileira ao comércio eletrônico internacional de consumo (por intermédio da alteração do art. 9º da Lei de Introdução às Normas de Direito Brasileiro – LINDB), mais adequado às características do consumo atual e ao novo turismo de massas.

Nos mesmos termos, destaca-se a utilidade do método do diálogo das fontes nestes tempos de simbioses tecnológicas, de complexidade de casos e da multiplicidade legislativa de diferentes aspectos dessas novas tecnologias.

Destaque-se em especial a importante decisão do e. STF que, ao suspender a eficácia da MP 954/20, que autorizava o compartilhamento

---

52. O estudo realizado na Turquia conclui pela necessidade de adaptar o consentimento a esse "ecosystema" de dados e que também na TV "adressable" devem ser incluídas formas de "trocar" o perfil para "família" (SwitchInFamily) ou crianças (SwitchIN Child), pois são telas "familiares" e não individuais: BERBER, Leyla Keser; ATABEY, Ayça. Adressable TV and Consent Sequencing, in *Global Privacy Law Review*, volume I, Issue I, 2020 (Kluwer), p. 38.
53. KLEE, Antônia Espíndola Longoni; MARQUES, Claudia Lima. Os direitos do consumidor e a regulamentação do uso da internet no Brasil: convergência no direito às informações claras e completas nos contratos de prestação de serviços de internet. In: SALOMÃO, George; LEMOS, Ronaldo (Coord.). *Marco Civil da Internet*. São Paulo: Atlas, 2014. p. 469-517. Igualmente: BESSA, Leonardo Roscoe. *Cadastro Positivo*: Comentários à Lei 12.414, de 09 de junho de 2011. São Paulo: Revista dos Tribunais, 2014; e MENDES, Laura Schertel. O diálogo entre o Marco Civil da Internet e o Código de Defesa do consumidor. In: MARQUES, Claudia Lima (Coord.) *Direito Privado e Desenvolvimento Econômico*: Estudos da Associação Luso-Alemã de Juristas (DLJV) e da Rede Alemanha-Brasil de Pesquisas em Direito do Consumidor. São Paulo: Revista dos Tribunais, 2019. p. 255 e ss.
54. MIRAGEM, Bruno. *Curso de Direito do Consumidor*. 8. ed. São Paulo: Revista dos Tribunais, 2019. p. 153 e ss.

de dados de consumidores de telefonia com o IBGE, acabou por reconhecer a existência de um direito fundamental à proteção de dados.⁵⁵

---

55. "MEDIDA CAUTELAR EM AÇÃO DIRETA DE INCONSTITUCIONALIDADE. REFERENDO. MEDIDA PROVISÓRIA Nº 954/2020. EMERGÊNCIA DE SAÚDE PÚBLICA DE IMPORTÂNCIA INTERNACIONAL DECORRENTE DO NOVO CORONAVÍRUS (COVID-19). COMPARTILHAMENTO DE DADOS DOS USUÁRIOS DO SERVIÇO TELEFÔNICO FIXO COMUTADO E DO SERVIÇO MÓVEL PESSOAL, PELAS EMPRESAS PRESTADORAS, COM O INSTITUTO BRASILEIRO DE GEOGRAFIA E ESTATÍSTICA. *FUMUS BONI JURIS. PERICULUM IN MORA.* DEFERIMENTO. 1. Decorrências dos direitos da personalidade, o respeito à privacidade e à autodeterminação informativa foram positivados, no art. 2º, I e II, da Lei nº 13.709/2018 (Lei Geral de Proteção de Dados Pessoais), como fundamentos específicos da disciplina da proteção de dados pessoais. 2. Na medida em que relacionados à identificação – efetiva ou potencial – de pessoa natural, o tratamento e a manipulação de dados pessoais hão de observar os limites delineados pelo âmbito de proteção das cláusulas constitucionais asseguratórias da liberdade individual (art. 5º, *caput*), da privacidade e do livre desenvolvimento da personalidade (art. 5º, X e XII), sob pena de lesão a esses direitos. O compartilhamento, com ente público, de dados pessoais custodiados por concessionária de serviço público há de assegurar mecanismos de proteção e segurança desses dados. 3. O Regulamento Sanitário Internacional (RSI 2005) adotado no âmbito da Organização Mundial de Saúde exige, quando essencial o tratamento de dados pessoais para a avaliação e o manejo de um risco para a saúde pública, a garantia de que os dados pessoais manipulados sejam "adequados, relevantes e não excessivos em relação a esse propósito" e "conservados apenas pelo tempo necessário." (artigo 45, § 2º, alíneas "b" e "d"). 4. Consideradas a necessidade, a adequação e a proporcionalidade da medida, não emerge da Medida Provisória nº 954/2020, nos moldes em que editada, interesse público legítimo no compartilhamento dos dados pessoais dos usuários dos serviços de telefonia. 5. Ao não definir apropriadamente como e para que serão utilizados os dados coletados, a MP nº 954/2020 desatende a garantia do devido processo legal (art. 5º, LIV, da CF), na dimensão substantiva, por não oferecer condições de avaliação quanto à sua adequação e necessidade, assim entendidas como a compatibilidade do tratamento com as finalidades informadas e sua limitação ao mínimo necessário para alcançar suas finalidades. 6. Ao não apresentar mecanismo técnico ou administrativo apto a proteger, de acessos não autorizados, vazamentos acidentais ou utilização indevida, seja na transmissão, seja no tratamento, o sigilo, a higidez e, quando o caso, o anonimato dos dados pessoais compartilhados, a MP nº 954/2020 descumpre as exigências que exsurgem do texto constitucional no tocante à efetiva proteção dos direitos fundamentais dos brasileiros. 7. Mostra-se excessiva a conservação de dados pessoais coletados, pelo ente público, por trinta dias após a decretação do fim da situação de emergência de saúde pública, tempo manifestamente excedente ao estritamente necessário para o atendimento da sua

O julgamento é exemplar, pois abre os olhos para a abundância de dados e uma nova economia que está por nascer e deve ser regulada.⁵⁶

Interessante que o compartilhamento foi comparado ao enviar de um livro de páginas amarelas... só que agora *on-line*. O plenário do STF de forma unânime negou que os dados *on-line*, mesmo que não sejam "dados sensíveis", uma vez na Internet, tenha apenas o efeito daqueles em papel... Os dados ganham escala, perenidade e principalmente possibilidades novas de cruzamento de *big data*, que antes não existiam. Essa decisão é um marco, nunca mais se poderá pensar a defesa do consumidor *on-line* da mesma forma que o consumidor analógico. A igualdade é de proteção (como impõe a UM-Guidelines de 2015), mas a possibilidade de danos é muito maior, como explicamos em capítulos anteriores.⁵⁷

---

finalidade declarada. 8. Agrava a ausência de garantias de tratamento adequado e seguro dos dados compartilhados a circunstância de que, embora aprovada, ainda não vigora a Lei Geral de Proteção de Dados Pessoais (Lei nº 13.709/2018), definidora dos critérios para a responsabilização dos agentes por eventuais danos ocorridos em virtude do tratamento de dados pessoais. O fragilizado ambiente protetivo impõe cuidadoso escrutínio sobre medidas como a implementada na MP nº 954/2020. 9. O cenário de urgência decorrente da crise sanitária deflagrada pela pandemia global da COVID-19 e a necessidade de formulação de políticas públicas que demandam dados específicos para o desenho dos diversos quadros de enfrentamento não podem ser invocadas como pretextos para justificar investidas visando ao enfraquecimento de direitos e atropelo de garantias fundamentais consagradas na Constituição. 10. *Fumus boni juris* e *periculum in mora* demonstrados. Deferimento da medida cautelar para suspender a eficácia da Medida Provisória nº 954/2020, a fim de prevenir danos irreparáveis à intimidade e ao sigilo da vida privada de mais de uma centena de milhão de usuários dos serviços de telefonia fixa e móvel. 11. Medida cautelar referendada." (STF, ADI 6387 MC-Ref, Rel. Min. Rosa Weber, Tribunal Pleno, j. 07/05/2020, p. 12/11/2020). Sobre a questão enfrentada no caso, veja-se: MENDES, Laura Schertel. A vulnerabilidade do consumidor quanto ao tratamento de dados pessoais. *In*: MARQUES, Claudia Lima; GSELL, Beate. (org.). *Novas tendências do Direito do Consumidor*: Rede Alemanha Brasil de Pesquisas em Direito do Consumidor. São Paulo: Revista dos Tribunais, 2015. p. 182-203.

56. Sobre a mudança digital como uma mudança de valor dos "dados", de uma economia de escassez de dados para uma economia de plataformas, com hiperabundancia de dados e bigdata, veja SCHWEITZER, Heike. Digitale Plattformen als private Gesetzgeber: ein Perspektivwechsel für die europäische " Plattform-Regulierung", in *ZEUP* 1 (2019) 1-12, p. 1-2.

57. Veja sobre os novos danos às pessoas no mundo digital, RIEFA, Christine; CLAUSEN, Laura. Towards Fairness in Digital Influencer" Marketing Practices, in

A decisão do caso do IBGE é um marco também para o diálogo das fontes, pois bem demonstra que tudo é consumo, e consumo é cidadania. Como afirmamos no início deste capítulo, o mundo digital de consumo é a "medusa",[58] onipresente pelo total acesso aos dados dos cidadãos-consumidores. Daí a necessidade de rever o PL 3.514/2015 diante da LGPD e desses novos desenvolvimentos do consumo digital.

II. O Projeto de Lei 3.514/2015 de atualização do CDC para o mundo digital diante da nova economia das plataformas e a inteligência artificial

O Projeto de Lei 3.514/2015 foi aprovado por unanimidade no Senado Federal, sem nenhuma emenda, tal a sua redação profunda e inspirada pelas lições do direito comparado, especialmente o europeu e o norte-americano. Porém, alguns fenômenos do mundo digital vieram ou foram acentuados depois de 2015. Neste texto gostaria de resumir as conclusões que chegamos em textos anteriores sobre matéria de inteligência artificial e dados[59] e, em especial, a importância do consumo compartilhado[60] e o aparecimento do *prosumer*,[61] assim como o crescimento dos serviços e dos produtos simbióticos, produtos

---

EuCML – Journal of European Consumer and Market Law, 2/2019, p. 64-74. E RIEFA, Christine. Beyond e-commerce: some thoughts on regulating the disruptive effect of social (media) commerce, in RDC 128 (2020). Na responsabilidade mais geral, veja SICILIANI, Paolo; RIEFA, Christine; GAMPER, Harriet. *Consumer Theories of Harm – An Economic Approach to Consumer Law Enforcement and Policiy Making*, Hart Publ., 2019.

58. A figura de linguagem é de BAUDRILLARD, Jean. *La societé de consommation*. Paris: Denoël, 1970. p. 17.
59. Veja, em especial, MARQUES, Claudia Lima; MUCELIN, Guilherme. Inteligência Artificial e "opacidade" no consumo: a necessária revalorização da transparência para a proteção do consumidor, in TEPEDINO, Gustavo; DA GUIA, Rodrigo (Org.) *O direito civil na era da inteligência artificial*. São Paulo: RT, 2020, p. 411 e ss.
60. Veja MELLER-HANNICH, Caroline. Economia compartilhada e proteção do consumidor, in MARQUES, Claudia Lima et ali (Coord.) *Direito Privado e Desenvolvimento Econômico*, São Paulo: RT, 2019, p. 283-294. E organizado pela mesma autora. Wandel der Verbraucherrollen-, Duncker e Bhumbolt, Berlin, 2019.
61. Veja MELLER-HANNICH, Caroline. *Wandel der Verbraucherrollen*, Duncker e Bhumbolt, Berlin, 2019.

com fazeres incluídos ou inteligentes, que estamos aqui destacando e a chamada economia das plataformas.[62] Vejamos.

A) O diálogo das fontes do CDC com a LGPD: da "opacidade" à transparência de dados diante da inteligência artificial

Como afirma a União Europeia, "a inteligência artificial (IA) comporta uma série de riscos potenciais, tais como a opacidade do processo de tomada de decisões, a discriminação com base no gênero ou outros tipos de discriminação, a intrusão na nossa vida privada ou a utilização maliciosa...".[63] Efetivamente, a proteção de dados pessoais é projeção de direitos fundamentais.[64]

Sem querer redefinir o que é Inteligência Artificial,[65] mister concluir que a sua utilização crescente (produtos e serviços inteligentes, Internet das Coisas, Plataformas de buscas, de intermediação, ajudantes virtuais, atendentes virtuais etc.) deve ter reflexos na proteção dos consumidores. Como ensina Hans Micklitz, mais do que definir, o

---

62. Veja o artigo de KENNEY, Martin; ZYSMAN, John. The Rise of the Platform Economy, in Issues, vol. XXXII, n. 3, Spring, 2016, acessível em https://issues.org/the-rise-of-the-platform-economy/ (15.04.2020). E também ADAM, Leonie; MICKLITZ, Hans-W., Verbraucher und Online-Plattformen, in MICKLITZ, Hans-Wolfgang; REISCH, Lucia A.; JOOST, Gesche; ZANDER-HAYAT, Helga (Hrsg.). *Verbraucherrecht 2.0: Verbraucher in der digitalen Welt*. Baden-Baden: Nomos, 2017, p. 45-102.
63. Livro Branco, COM(2020) 65 final, acessível em: https://ec.europa.eu/info/sites/info/files/commission-white-paper-artificial-intelligence-feb2020_pt.pdf.
64. MIRAGEM, Bruno. *Curso de Direito do Consumidor*. 8. Ed. São Paulo: RT, 2019, p. 160.
65. Segundo ensina Efing, "sistemas de Inteligência Artificial são apenas máquinas que cumprem suas tarefas conforme sua programação. Eles não são dotados (por enquanto) de capacidade de autodeterminação moral, livre-arbítrio ou de refletir sobre seus atos. Não possuem consciência e são indiferentes a quaisquer formas de repressão. Máquinas podem ser treinadas para tomar decisões a partir da avaliação das opções disponíveis para alcançar um objetivo. Qualquer decisão equivocada pode gerar danos colaterais, inclusive com risco à vida humana." Citando Luger, o autor ensina que hoje "inteligência artificial é corresponde ao ramo da ciência da computação que se ocupa da automação do comportamento inteligente, em todas as suas vertentes". EFING, Antônio Carlos; ARAÚJO, Jailson de Souza. O uso dos carros autônomos, seus riscos e perigos jurídicos, in *Revista de Direito do Consumidor*, vol. 126/2019, p. 81-102, nov.-dez. 2019.

importante é identificar o que essa tecnologia possibilita fazer e quais os impactos dessas ações na vida dos consumidores[66].

Em artigo recente, defendemos[67] que se os sistemas "de inteligência artificial comportam riscos, devem existir regras claras que permitam abordar os sistemas de inteligência artificial de alto risco (como os de saúde, brinquedos, cosméticos, carros automatizados, transporte etc.)[68] sem sobrecarregar as regras de defesa dos consumidores, em um diálogo das fontes que permita combater de modo efetivo as novas práticas comerciais desleais, proteger os dados pessoais e a privacidade dos consumidores, evitar o assédio e a discriminação de consumo. Efetivamente, os sistemas de inteligência artificial usados no mercado de consumo devem ser "transparentes, rastreáveis e garantir a supervisão humana", mantendo os direitos humanos"[69].

Neste artigo destacamos o que chamaremos de "opacidade" dos algoritmos, e que demonstra a necessidade de transparência e suas funções no mercado de consumo. O princípio da transparência está presente (veja os princípios da OEA)[70] na legislação de proteção de dados e no direito do consumidor (Art. 4º, *caput*, do CDC).

---

66. Há discussões acerca do conceito de Inteligência Artificial. Por se tratar de sistemas, processos e máquinas complexas, bem como por envolver questões filosóficas e até mesmo médicas acerca do que vem a ser *inteligência* e o que seria *artificialidade*, temos que a sua definição é menos importante do que seus efeitos para fins do Direito do Consumidor. Seu funcionamento e sua utilidade, assim, são relevantes no que toca às consequências jurídicas de tal tecnologia. (MICKLITZ, Hans-W. *et al. Consumer law and artificial intelligence:* Challenges to the EU consumer law and policy stemming from the business" use of artificial intelligence. Florença: European University Institute, 2018. p. 13).
67. MARQUES, Claudia Lima; MUCELIN, Guilherme. Inteligência Artificial e "opacidade" no consumo: a necessária revalorização da transparência para a proteção do consumidor, TEPEDINO, Gustavo; DA GUIA, Rodrigo (Org.). *O direito civil na era da inteligência artificial*. São Paulo: RT, 2020, cit.
68. Veja a análise de EFING, Antônio Carlos; ARAÚJO, Jailson de Souza. O uso dos carros autônomos, seus riscos e perigos jurídicos, in *Revista de Direito do Consumidor*, vol. 126/2019, p. 81-102, nov.-dez. /2019 (DTR\2019\42433).
69. Release do Livro Branco, acessível em: https://ec.europa.eu/commission/presscorner/detail/pt/ip_20_273.
70. Preliminary Principles and Recommendations on Data Protection (The Protection of Personal Data), OEA/Ser.G CP/CAJP-2921/10 rev. 1 corr. 1, 17 October 2011. Acessível em: http://www.oas.org/dil/CP-CAJP-2921-10_rev1_corr1_eng.pdf. (06.07.2020).

Chamamos atenção que traçar um perfil dos consumidores (perfilização ou *Profiling*) permite tomar decisões automatizadas, por isso a LGPD afirma que tais dados são equiparados a dados pessoais. A LGPD não menciona a perfilização,[71] e trata apenas de dados anonimizados (LGPD, "Art. 5º [...] III – dado anonimizado: dado relativo a titular que não possa ser identificado, considerando a utilização de meios técnicos razoáveis e disponíveis na ocasião de seu tratamento"). Porém, adverte, no Art. 12, § 2º, que "poderão ser igualmente considerados como dados pessoais, para os fins desta Lei, aqueles utilizados para formação do perfil comportamental de determinada pessoa natural, se identificada."

Aqui é importante lembrar a proibição de discriminação com base nos dados sensíveis (que segundo o art. 5º, II da LGPD são os de "[...] origem racial ou étnica, convicção religiosa, opinião política, filiação a sindicato ou a organização de caráter religioso, filosófico ou político, dado referente à saúde ou à vida sexual, dado genético ou biométrico [...]", pois, segundo o Art. 6º, *caput*, "as atividades de tratamento de dados pessoais deverão observar a boa-fé e os seguintes princípios: [...] IX – não discriminação: impossibilidade de realização do tratamento para fins discriminatórios ilícitos ou abusivos."

A LGPD traz claramente a noção de proteção da pessoa (consumidor), verdadeiro dono dos dados, e afirma seus princípios:

> "Art. 2º A disciplina da proteção de dados pessoais tem como fundamentos:
>
> I – o respeito à privacidade;
>
> II – a autodeterminação informativa;

---

71. Veja a definição Europeia no Regulamento Geral de Proteção de Dados, REGULAMENTO (UE) 2016/679 DO PARLAMENTO EUROPEU E DO CONSELHO de 27 de abril de 2016: "Art. 4º. Definições. Para efeitos do presente regulamento, entende-se por: 4) "Definição de perfis", qualquer forma de tratamento automatizado de dados pessoais que consista em utilizar esses dados pessoais para avaliar certos aspetos pessoais de uma pessoa singular, nomeadamente para analisar ou prever aspetos relacionados com o seu desempenho profissional, a sua situação económica, saúde, preferências pessoais, interesses, fiabilidade, comportamento, localização ou deslocações." Veja: https://eur-lex.europa.eu/legal-content/PT/TXT/PDF/?uri=CELEX:32016R0679 (22.07.2020).

III – a liberdade de expressão, de informação, de comunicação e de opinião;

IV – a inviolabilidade da intimidade, da honra e da imagem;

V – o desenvolvimento econômico e tecnológico e a inovação;

VI – a livre iniciativa, a livre concorrência e a defesa do consumidor; e

VII – os direitos humanos, o livre desenvolvimento da personalidade, a dignidade e o exercício da cidadania pelas pessoas naturais."

Também o CDC, nos Arts. 39 e 51, lista uma série de práticas e cláusulas abusivas. O Art. 4º, *caput*, do CDC impõe o princípio da transparência, e o Art. 4º, I, da vulnerabilidade do consumidor, que não sabe se foi ou não discriminado nesse novo grande mercado de dados,[72] daí a necessidade uma equidade nova de transparência e de revisão humana nesses algoritmos.

Também o Marco Civil da Internet (Lei 12.965/2014) exige transparência,[73] tanto como dever do "responsável pela transmissão, comutação ou roteamento" quanto no dever de agir com transparência e informar de modo transparente, claro e descritivo sobre práticas relacionadas ao gerenciamento, à mitigação de tráfego e à segurança da rede (art. 9º, *caput* e § 2º, II, do Marco Civil da Internet). O diálogo entre o Marco Civil da Internet e o CDC é completado pela LGPD, que menciona a transparência os artigos 6º, VII, 9º, § 1º, 10, § 2º, 40 e 50,

---

72. Assim MARQUES, Claudia Lima; MUCELIN, Guilherme. Responsabilidade civil dos provedores de aplicação por violação de dados pessoais na Internet: o método do diálogo das fontes e o regime do Código de Defesa do Consumidor. In: *Contraponto jurídico*: posicionamentos divergentes sobre grandes temas do Direito. São Paulo: Revista dos Tribunais, 2018. p. 393-415. p. 409: "Para se ter ideia, as transações entre empresas que envolvem coleta, tratamento e análise de dados pessoais representou, só no ano de 2011, receita de cerca de U$ 7,6 bilhões de dólares no mundo. Em 2015, o valor passou para U$ 22,6 bilhões e estimou-se que, no ano de 2017, o montante ultrapassou os U$ 34 bilhões, servindo de estímulo a fim de que se criassem as condições necessárias para que surgisse um modelo de negócios baseado totalmente na transferência, alienação ou cessão de dados pessoais".

73. Veja MIRAGEM, Bruno. *Curso de Direito do Consumidor*. 8. Ed. São Paulo: RT, 2019, p. 154 e seg.

§ 2º, I. A regra sobre o princípio da transparência fica claro no belo texto do Art. 6º da LGPD, que vale ser reproduzido:

> "Art. 6º As atividades de tratamento de dados pessoais deverão observar a boa-fé e os seguintes princípios:
>
> I – finalidade: realização do tratamento para propósitos legítimos, específicos, explícitos e informados ao titular, sem possibilidade de tratamento posterior de forma incompatível com essas finalidades;
>
> II – adequação: compatibilidade do tratamento com as finalidades informadas ao titular, de acordo com o contexto do tratamento;
>
> III – necessidade: limitação do tratamento ao mínimo necessário para a realização de suas finalidades, com abrangência dos dados pertinentes, proporcionais e não excessivos em relação às finalidades do tratamento de dados;
>
> IV – livre acesso: garantia, aos titulares, de consulta facilitada e gratuita sobre a forma e a duração do tratamento, bem como sobre a integralidade de seus dados pessoais;
>
> V – qualidade dos dados: garantia, aos titulares, de exatidão, clareza, relevância e atualização dos dados, de acordo com a necessidade e para o cumprimento da finalidade de seu tratamento;
>
> VI – transparência: garantia, aos titulares, de informações claras, precisas e facilmente acessíveis sobre a realização do tratamento e os respectivos agentes de tratamento, observados os segredos comercial e industrial;
>
> VII – segurança: utilização de medidas técnicas e administrativas aptas a proteger os dados pessoais de acessos não autorizados e de situações acidentais ou ilícitas de destruição, perda, alteração, comunicação ou difusão;
>
> VIII – prevenção: adoção de medidas para prevenir a ocorrência de danos em virtude do tratamento de dados pessoais;
>
> IX – não discriminação: impossibilidade de realização do tratamento para fins discriminatórios ilícitos ou abusivos;
>
> X – responsabilização e prestação de contas: demonstração, pelo agente, da adoção de medidas eficazes e capazes de comprovar a observância e o cumprimento das normas de proteção de dados pessoais e, inclusive, da eficácia dessas medidas."

O diálogo entre estas fontes, CDC, LGPD, Marco Civil da Internet e Lei dos Cadastros Positivos, deixa bem claro os direitos dos consumidores. Note-se que o art. 43, § 1º, do CDC traz o embrião de um direito de explicação, agora desenvolvido pela LGPD, ao estabelecer que "os cadastros e dados de consumidores devem ser objetivos, claros, verdadeiros e em linguagem de fácil compreensão [...]", devendo ser "[...] disponibilizadas em formatos acessíveis, inclusive para a pessoa com deficiência [...]" (art. 43, § 6º). Isso significa um "esclarecimento adequado", que teria o condão de assegurar os direitos à comunicação sobre a inclusão em arquivos de consumo, ao acesso, à correção, à retificação e à exclusão de informações[74]. O Art. 43 do CDC é útil hoje, pois inclui todas as formas de "arquivo" ou compilação de dados e em diálogo com a LGPD, quando esta entrar em vigor, já assegura uma boa proteção dos dados negativos. A Lei dos Cadastros Positivos também menciona o diálogo com o CDC e a legislação de proteção de dados.

Mister agora verificar se esse diálogo das fontes poderia ser reforçado com o projeto de atualização do CDC que mira nas transformações do mercado de consumo digital, caso do PL 3.514/2015, que ainda aguarda deliberação da Câmara dos Deputados.

B) O PL 3.514/2015 de atualização do CDC e os desafios do consumo digital hoje

Se o mundo digital propõe desafios e novos danos exsurgem, as Diretrizes da ONU sobre direitos do consumidor (UNGCP) são claras ao afirmar o princípio da equivalência/igualdade entre o consumo *on-line e off-line*. A Diretriz 5 da UNGCP afirma que é expectativa legítima do consumidor (*legitimate needs*) hoje esse princípio e a proteção da privacidade:

> "(j) A level of protection for consumers using electronic commerce that is not less than that afforded in other forms of commerce;
> (k) The protection of consumer privacy and the global free flow of information."

O Projeto de Lei 3.514/2015 de atualização do CDC reforça pelo menos cinco dimensões da proteção de dados antes mencionadas:

---
74. MIRAGEM, Bruno. *Curso de Direito do Consumidor*. São Paulo: RT, 2019, cit.

a autodeterminação, a privacidade, a transparência, a segurança das informações e o combate à discriminação.

O Projeto de Lei 3.514/2015 inclui no CDC um novo capítulo, que desde sua abertura menciona a privacidade, a autodeterminação e o diálogo com a proteção de dados, cumprindo a ideia de proteção da UNGCP e afirma:

> "Seção VII Do Comércio Eletrônico"
>
> "Art. 45-A. Esta seção dispõe sobre normas gerais de proteção do consumidor no comércio eletrônico e a distância, visando a fortalecer sua confiança e assegurar sua tutela efetiva, mediante a diminuição da assimetria de informações, a preservação da segurança nas transações e a proteção da autodeterminação e da privacidade dos dados pessoais."

Também o PL 3.514,215 inclui na lista dos direitos do consumidor os seguintes direitos básicos diretamente ligados à proteção no mundo digital e de compartilhamento de dados e à sustentabilidade:

> "Art. 6º ....
>
> XI – a privacidade e a segurança das informações e dados pessoais prestados ou coletados, por qualquer meio, inclusive o eletrônico, assim como o acesso gratuito do consumidor a estes e a suas fontes;
>
> XII – a liberdade de escolha, em especial frente a novas tecnologias e redes de dados, vedada qualquer forma de discriminação e assédio de consumo;
>
> XIII – a informação ambiental veraz e útil, observados os requisitos da Política Nacional de Resíduos Sólidos, instituída pela Lei nº 12.305, de 2 de agosto de 2010. .... (NR)."

O texto do PL 3.514,2015 menciona na regra de abertura do capítulo também a autodeterminação, agora expressa e garantida na LGPD, como vimos, motivo por que tal redação deveria ser melhorada e incluir expressamente a autodeterminação informativa:

> "Art. 6º ....
>
> XI – *a autodeterminação informativa*, a privacidade e a segurança das informações e dados pessoais prestados ou coletados, por

qualquer meio, inclusive o eletrônico, assim como o acesso gratuito do consumidor a estes e a suas fontes;"

O PLS 281/2012 mencionava neste inciso que deveria ser "preservada a confidencialidade das informações e dados pessoais prestados ou coletados" e essa parte não mais existe. Interessante seria assegurar um direito fundamental dos consumidores à correção de seus dados pessoais, assim como o direito a um cadastro de bloqueio de mensagens, com o "não perturbe" agora criado. A redação poderia ser inspirada na regra projetada do PLS 281/2012 como instrumento da ação do Estado e que era a seguinte:

> "Art. 5º ....
> VI – cadastro de bloqueio de recebimento de oferta ou comunicação telefônica, eletrônica ou de dados;"

Agora seria incluída na lista de direitos fundamentais do consumidor e poderia ter a seguinte redação:

> "Art. 6º ....
> XIV – a correção de seus dados pessoais coletados pelos fornecedores, assim como ao acesso e à inscrição em cadastro de bloqueio de recebimento de oferta ou comunicação mercadológica por telefone ou eletrônica de seus fornecedores;"

Outra norma importante do PLS 283/2012 que desapareceu no PL 3.514/2015 e que poderia retornar após a aprovação da LGPD é o direito fundamental à confirmação para o consumidor de que o fornecedor recebeu sua manifestação, inclusive a eletrônica, prática que já é usual no Brasil, pois essencial para a confiança no mundo digital. Tal norma não foi aceita, pois era sobre todas as ofertas, mas agora poderia ser reduzida ao mundo digital de um lado e, de outro, poderia ser expandida para o caso de manifestação do direito de arrependimento do CDC. A redação poderia ser a seguinte:

> "Art. 6º ....
> XV – a confirmação pelo fornecedor de recebimento da manifestação do consumidor de aceitação da oferta, se eletrônica ou à distância, assim como da manifestação do exercício do direito de arrependimento previsto neste Código;"

O Projeto de Lei de atualização do CDC também cria um novo dever de identificar vazamentos de dados, afirmando:

> "Art. 45-D. É obrigação do fornecedor que utilizar meio eletrônico ou similar:
>
> (...)
>
> VII – informar imediatamente às autoridades competentes e ao consumidor sobre vazamento de dados ou comprometimento, mesmo que parcial, da segurança do sistema."

A importância dessa norma está na necessidade de alertar os consumidores de possíveis danos, em virtude de vazamentos, a semelhança dos artigos 8º, 9º e 10 do CDC, que instituíram a noção de *recall*. Um *recall* de dados é impossível, mas pelo menos o alerta já ajuda que medidas de contenção dos danos sejam tomadas e serve de base para ações possíveis futuras de melhoria dos sistemas.

Nesse sentido, vale mencionar as novas sanções que estão previstas no PL 3.514/2015. A primeira é sobre descumprimentos reiterados, em que seria permitida a multa civil. O texto aprovado por unanimidade no Senado Federal é o seguinte:

> "Art. 60-A. O descumprimento reiterado dos deveres do fornecedor previstos nesta Lei ensejará a aplicação, pelo Poder Judiciário, de multa civil em valor adequado à gravidade da conduta e suficiente para inibir novas violações, sem prejuízo das sanções penais e administrativas cabíveis e da indenização por perdas e danos, patrimoniais e morais, ocasionados aos consumidores. Parágrafo único. A graduação e a destinação da multa civil observarão o disposto no art. 57."

Outra sanção nova prevista é bem adaptada ao mundo digital, em que é difícil identificar o verdadeiro fornecedor e onde ele se encontra para conseguir a efetividade da sanção, assim inspirados no direito norte-americano, o PL 3.514/2015 traz a ideia do *"follow the money"*:

> "Art. 59.
>
> § 4º Caso o fornecedor que utilize meio eletrônico ou similar descumpra a pena de suspensão ou de proibição de oferta e de comércio eletrônico, sem prejuízo de outras medidas administrativas

ou judiciais de prevenção de danos, o Poder Judiciário poderá determinar, no limite estritamente necessário para a garantia da efetividade da sanção, que os prestadores de serviços financeiros e de pagamento utilizados pelo fornecedor, de forma alternativa ou conjunta, sob pena de pagamento de multa diária:

I – suspendam os pagamentos e transferências financeiras para o fornecedor de comércio eletrônico;

II – bloqueiem as contas bancárias do fornecedor."

A ideia principal dessa nova sanção é que se no mundo digital, muitas vezes sem estabelecimentos fixos ou físicos, e mesmo com muitos CNPJs, as empresas dessa área geralmente têm contas bancárias fixas e que podem ser identificadas.

Por fim, o PL 3.514/2015 também atualiza as sanções administrativas:

"CAPÍTULO VII DAS SANÇÕES"

"Art. 56. ....

XIII – suspensão temporária ou proibição de oferta e de comércio eletrônico. .... (NR)."

"Art. 60-B. Sem prejuízo das sanções previstas neste Capítulo, em face de reclamação fundamentada formalizada por consumidor, a autoridade administrativa, em sua respectiva área de atuação e competência, poderá instaurar processo administrativo, assegurados o contraditório e a ampla defesa, para aplicar, isolada ou cumulativamente, em caso de comprovada infração às normas de defesa do consumidor, as seguintes medidas corretivas, fixando prazo para seu cumprimento:

I – substituição ou reparação do produto;

II – devolução do que houver sido pago pelo consumidor mediante cobrança indevida;

III – cumprimento da oferta pelo fornecedor, sempre que esta conste por escrito e de forma expressa;

IV – devolução ou estorno, pelo fornecedor, da quantia paga pelo consumidor, quando o produto entregue ou o serviço prestado não corresponder ao que foi expressamente acordado pelas partes;

V – prestação adequada das informações requeridas pelo consumidor, sempre que tal requerimento guarde relação com o produto adquirido ou o serviço contratado.

§ 1º Em caso de descumprimento do prazo fixado pela autoridade administrativa para a medida corretiva imposta, será imputada multa diária, nos termos do parágrafo único do art. 57.

§ 2º A multa diária de que trata o § 1º será revertida, conforme o caso, ao Fundo de Defesa de Direitos Difusos ou aos fundos estaduais ou municipais de proteção ao consumidor."

Quanto ao PL 3.514/2015 de atualização do CDC e a economia compartilhada, falta ao projeto qualquer menção a essa nova economia, daí que regras que poderiam ser incluídas no PL 3.514/2015 para a economia das plataformas, a exemplo do que ocorreu na Europa. A jurisprudência já está sendo confrontada com a responsabilidade do fornecedor *gatekeeper*,[75] que apõe a marca na relação de consumo e cria a confiança no consumidor,[76] que usa a plataforma para encontrar

---

75. Veja como exemplo TJSC, Apelação Cível n. 0301222-37.2018.8.24.0039, de Lages, rel. Des. Marcus Tulio Sartorato, Terceira Câmara de Direito Civil, j. 16-04-2019, em cuja ementa se lê: "Código de Defesa do Consumidor aplicável na hipótese. Plataforma que integra a cadeia de fornecedores, pois realiza a divulgação de imóveis de anfitriões a si vinculados. Princípio da solidariedade. Consumidor que pode escolher quem irá acionar. Faculdade da empresa ré de ingressar posteriormente com ação regressiva contra a anfitriã. Responsabilidade objetiva. Exegese dos artigos 2º, 3º, 7º, 14 e 30 do CDC. Responsabilização cabível na hipótese. Dano moral. Configuração...". Veja também TJSP; Apelação Cível 1101154-11.2018.8.26.0100; Relator (a): Ricardo Pessoa de Mello Belli; Órgão Julgador: 19ª Câmara de Direito Privado; Foro Central Cível, 3ª Vara Cível; Data do Julgamento: 09/09/2019; Data de Registro: 24/09/2019: "Plataforma de serviços ré que, de toda sorte, responderia por promessa de fato de terceiro não realizado, nos exatos termos do art. 439 do CC, sem que se pudesse cogitar da escusa prevista no art. 440 do mesmo estatuto, quer por não demonstrada a ratificação da obrigação pelo terceiro, quer porque a eventual desistência do negócio, pelo terceiro, se inseriria no risco da atividade empresarial da demandada. Consequente responsabilidade civil da ré pelo ocorrido, pouco importando os motivos invocados pelos participantes da relação para o respectivo inadimplemento."
76. Veja parte da ementa da decisão do TJSP; Apelação Cível 1009888-93.2017.8.26.0320; Relator (a): Lino Machado; Órgão Julgador: 30ª Câmara de Direito Privado; Foro de Limeira, 4ª Vara Cível; Data do Julgamento: 25/07/2018; Data de Registro:

o parceiro contratual,⁷⁷ assim devemos exigir desse fornecedor maior diligência em caso de não ser possível a prestação do primeiro fornecedor direto,⁷⁸ pois o fornecedor-*gatekeeper* atua como "garante" do

---

27/07/2018: "Ainda que o Airbnb não seja o efetivo anfitrião ou locador dos imóveis oferecidos, é dessa empresa que o consumidor busca a prestação do serviço que lhe garanta uma hospedagem tranquila, no local ali divulgado, pelo preço previamente ajustado, e com a garantia da empresa de que o consumidor não está sendo vítima de uma fraude ao aceitar se hospedar em um imóvel indicado na plataforma; logo, Airbnb responde, sim, por eventuais danos causados aos consumidores, incumbindo a ela, querendo, e se for o caso, buscar eventual reparação de danos causados por atos praticados por terceiros – Se o consumidor enfrentou problemas durante a hospedagem, a empresa ré tinha a obrigação de tomar as medidas necessárias para verificar o que estava ocorrendo com o hóspede, o qual contatou diretamente o anfitrião porque a própria Airbnb lhe deu essa opção para que dificuldades fossem solucionadas, em tese, de maneira mais rápida, em razão das alegadas milhões de hospedagens que a plataforma administra."

77. Bom exemplo é a decisão do TJSP; Apelação Cível 1013261-89.2017.8.26.0011; Relator (a): João Camillo de Almeida Prado Costa; Órgão Julgador: 19ª Câmara de Direito Privado; Foro Regional XI – Pinheiros, 3ª Vara Cível; Data do Julgamento: 13/05/2019; Data de Registro: 17/05/2019, cuja ementa é : "Responsabilidade Civil. Danos materiais e morais. Prestação de serviço. Locação de imóvel de temporada pela plataforma digital AIRBNB. 1. Hipótese em que autora locou imóvel situado na Austrália, país em que iria fazer curso de inglês. Infestação do imóvel por percevejos, que provocou na autora reação alérgica, causando-lhe inúmeras erupções e feridas pelo corpo. Tentativa frustrada de solucionar o problema com a limpeza e desinsetização do imóvel. Circunstância em que a autora foi obrigada a deixar o imóvel bem antes do término da locação. Falha na prestação do serviço configurada. 2. Danos materiais. Acolhimento, em parte, da pretensão recursal, com a majoração da indenização por danos materiais para inclusão do valor total despendido pela autora com a locação do imóvel. 3. Danos morais. Fixação pela sentença em R$ 4.000,00. Majoração para R$ 10.000,00. 4. Sentença reformada, em parte. Pedido inicial julgado parcialmente procedente, em maior extensão. Recurso, em parte, provido. Dispositivo: deram parcial provimento ao recurso."

78. Veja: "Recurso inominado. Reparação de danos. AIRBNB. Plataforma digital que permitiu reservas para o mesmo local na mesma data. Infração ao dever de assistência ao consumidor. Reacomodação dos consumidores em outro local por iniciativa própria. Reembolso que atesta fato do serviço. Imóvel locado em alta temporada. Frustração inicial da viagem de lazer. Responsabilidade civil por perda do tempo útil. Recurso provido para condenar o recorrido à obrigação de indenizar por danos morais." (TJSP; Recurso Inominado Cível 1006295-03.2017.8.26.0079; Relator (a): Fábio Fernandes Lima; Órgão Julgador: 1ª Turma Cível; Foro de Taubaté, 5ª. Vara Cível; Data do Julgamento: 23/07/2019; Data de Registro: 24/07/2019).

sucesso da relação, da sua qualidade esperada[79] e pode ser solidariamente responsável. Assim, a regra poderia completar o artigo que abre a seção e poderia ser assim redigido:

> "Seção VII Do Comércio Eletrônico"
> "Art. 45-A. Esta seção [...]
> Parágrafo único. O presente capítulo aplica-se também às relações de consumo contratadas através de plataformas de intermediação, podendo o fornecedor que despertou a confiança dos consumidores e concedeu o uso de sua marca ser responsabilizado solidariamente, quando houver vício ou falha de informações e da qualidade legitimamente esperada na prestação pelos demais fornecedores, assegurado o direito de regresso, ou quando houver omissão ou falha na diligência e atuação esperada das plataformas, sem prejuízo das demais hipóteses de responsabilização previstas na legislação."

Outra possibilidade é apenas seguir a lei argentina e incluir entre as "atividades dos fornecedores", a "concessão da marca", pois é essa marca (UBER,[80] AirBnb, BlaBlaBla car etc.) que cria a confiança do consumidor.[81]

---

79. Veja: "Prestação de serviços de intermediação de hospedagem – Relação de consumo – Consumidoras que encontram, no exterior, acomodações totalmente divergentes daquelas apresentadas na plataforma da recorrente – Responsabilidade objetiva da fornecedora – Fortuito interno – Risco da própria atividade na internet – Danos morais configurados – Transtornos incomuns e anormais – Angústia, aflição e desespero evidentes – Valor da reparação moral razoável e proporcional – Sentença mantida – Recurso não provido (TJSP; Recurso Inominado Cível 1011124-90.2015.8.26.0016; Relator (a): Luís Eduardo Scarabelli; Órgão Julgador: Segunda Turma Cível; N/A – N/A; Data do Julgamento: 21/06/2016; Data de Registro: 21/06/2016).

80. Veja "Consumidor – Contrato de transporte firmado através de plataforma digital (Uber) – Acidente causado por vício de qualidade do veículo que transportava a vítima – Defeito na tampa do porta-malas que atingiu abruptamente a cabeça da vítima causando lesão corporal – Responsabilidade civil da operadora da plataforma eletrônica uma vez integrante da cadeia de consumo auferindo evidente lucro sobre a atividade de transporte viabilizada pelo aplicativo – Danos materiais não comprovados documentalmente – Danos morais reconhecidos e restritos ao sofrimento com a lesão corporal sofrida (corte na região da sobrancelha agravado pelo processo de tratamento a que se sujeitou a vítima) – Dano estético não demonstrado – Arbitramento da indenização em R$12.000,00 – Sentença reformada em parte – Recurso

O Projeto de Lei 3.514/2015 ainda traz muitas normas úteis no reforço dos cuidados da informação, comprovação de manifestações e controle das práticas abusivas no mundo digital,[82] além de aspectos internacionais (ou de conflitos de leis e jurisdição) das relações de consumo, que sem dúvida ajudaram muito aos consumidores uma vez aprovados.

Consideração final

O que aqui denominamos de "serviços simbióticos", produtos que incluem um serviço, produtos e serviços inteligentes, podem ter muitas denominações,[83] e o importante é a certeza da análise dos desafios que impõem à efetividade do direito do consumidor. Realmente, as transformações causadas pelo consumo digital e as relações de consumo estabelecidas pela internet merecem estar no capítulo do CDC previsto no Projeto de Lei 3.514/2015, em tramitação na Câmara dos Deputados depois de sua aprovação unânime pelo Senado Federal. Dos estudos realizados, em especial diante do diálogo das fontes com a LGPD, o Marco Civil da Internet e a Lei do Cadastro Positivo, exsurge a necessidade de sugerir pequenas modificações e melhorias ao PL 3.514/2015, mas confirma sua urgência e necessidade.

---

parcialmente provido." (TJSP; Recurso Inominado Cível 1014379-51.2018.8.26.0016; Relator (a): Rogério Marrone de Castro Sampaio; Órgão Julgador: Primeira Turma Cível; Foro das Execuções Fiscais Municipais – SERV AN FAZ EST MUN; Data do Julgamento: 26/04/2019; Data de Registro: 26/04/2019).

81. Veja na Argentina, a Ley nº 24.240, Normas de Protección y Defensa de los Consumidores. Autoridad de Aplicación. Procedimiento y Sanciones. Disposiciones Finales, de 22 de Setembro de 1993: "Artículo 2º – PROVEEDOR. Es la persona física o jurídica de naturaleza pública o privada, que desarrolla de manera profesional, aun ocasionalmente, actividades de producción, montaje, creación, construcción, transformación, importación, concesión de marca, distribución y comercialización de bienes y servicios, destinados a consumidores o usuarios. Todo proveedor está obligado al cumplimiento de la presente ley."

82. Veja detalhes em MIRAGEM, Bruno. *Curso de Direito do Consumidor*. 8. ed. São Paulo: Revista dos Tribunais, 2019. p. 153 e seg.

83. Veja a polêmica em relação a divisão realizada pela Diretiva sobre compra e venda e a diretiva sobre conteúdo digital na Europa, em FAUST, Florian. Regelungsbereich und Harmonisierungsintensität DES Richtilienvroschlags zur Bereitstellung digitaler Inhalte, in ARTZ, Markus; GSELL, Beate. (Hrsg.) *Verbrauchervertragsrecht und digitaler Binnenmarkt*, Tübingen: Mohr, 2018. p. 99 e seg.

11
CONTRATOS DE LONGA DURAÇÃO

Ricardo Luis Lorenzetti

Sumário: I) A problemática dos contratos de longa duração. II) Elementos tipificantes. 1. Contratos de execução imediata e dilatada. 2. Contratos de longa duração. 3. A duração no objetivo e nas obrigações. 4. Período pré-contratual de longa duração: práticas comerciais abusivas. III) A dinâmica de cumprimento. 1. Reciprocidade dinâmica nos contratos de longa duração. 2. Julgamento da reciprocidade dinâmica. 3. Adaptabilidade e teste de equivalência. 4. A regra moral: duração justa e duração útil. IV) A modificação das obrigações em curso de execução. 1. O requisito da determinação do objeto e da prestação. 2. A nulidade da modificação unilateral. 3. Modificação ajustada a um *standard* objetivo. 4. Modificações por excessiva onerosidade posterior. V) A extinção. VI) Casuística. 1. Modificação do preço: preço imposto por provedores. 2. Modificações na lista dos prestadores na medicina pré-paga. 3. A relação preço-mudança-tecnológica na medicina pré-paga.

I) A problemática dos contratos de longa duração

A problemática dos contratos de longa duração surpreendeu a doutrina. Os serviços públicos privatizados, os colégios privados, os serviços de saúde, os seguros, o contrato de trabalho e as instalações de imóveis são vínculos temporariamente estendidos.

Relações que em outros tempos eram imediatas se alongam no tempo, a aquisição de bens industriais se faz através do *leasing*, o qual transforma progressivamente uma situação de mudança numa finalidade de renda de longa duração. Outros vínculos como o do depósito, que sempre foram de duração, apresentam novos problemas derivados da evolução tecnológica: deve o banco que guarda caixas de segurança incorporar as novas tecnologias de segurança?

A aquisição de bens de consumo segue a mesmo rumo: comprar um automóvel através da locação ou do *leasing*; adquirir uma moradia com um prazo de pagamento de trinta anos. De igual forma acontece com os consórcios e contratos de financiamento para a aquisição de determinados bens.

Também nos contratos de abastecimento entre empresas provedoras de insumos ou mercadorias e nos contratos de assistência técnica, que através de cláusulas de exclusividade geram uma dependência de uma das partes, ocasionando problemas, quando são de longa duração, por exemplo, na determinação arbitrária do preço. A empresa que recebe a assistência ou o abastecimento não pode discuti-lo pois não pode se dirigir a outro provedor em virtude da cláusula de exclusividade.

Esses vínculos de longa duração apresentam muitos desafios[1], que se referem tanto ao preço, quanto às obrigações de fazer, de dar e do prazo.

Vejamos o caso da medicina pré-paga, o seguro de saúde, que por incluir serviços com muitas variáveis, que é um dos casos mais complexos. Na gênese do contrato, se acorda um serviço médico de acordo a um determinado nível de qualidade, uma lista de médicos, um determinado equipamento tecnológico específico, resultado do pagamento de um valor. Com o transcorrer do tempo, que pode significar muitos anos, aquilo que era bom tornasse antigo, surgem novas tecnologias, os médicos envelhecem, surgem outros médicos mais especializados ou atualizados, as possibilidades de cura aumentam, aparecem novas doenças, as expectativas do paciente são outras, os custos sobem, e o preço pago na contratação pode se tornar insuficiente.

Qual é o significado da regra de imobilidade do objeto e do conteúdo da obrigação? Como pode ser mantida a relação de equivalência? Qual é o significado diante da incorporação de todos os novos fatores mencionados?

O tempo é um elemento que modificou substancialmente o modo de apreciar as obrigações na contratação moderna.

No caso dos contratos denominados de "longa duração", devemos nos perguntar se o preço inicialmente acordado pode ser modificado,

---

1. Veja uma excelente descrição sobre esta temática em LIMA MARQUES, Claudia, "Contratos no Código de defesa do Consumidor", Ed. Rev. Dos tribunais, 3. ed., São Paulo, 1998. No direito argentino, sustenta Morello a necessária influência do direito processual na renegociação permanente do contrato. conf. MORELLO, Augusto, "Os contratos: respostas substanciais e processuais a plurais mudanças e emergenciais" LL: 25.8.98.

se as prestações de serviços devem de ser atualizadas, se os prazos determinados anuais, renovados sucessivamente, não se modificam tornando-se indeterminados, e muitas outras questões,

A ideia de que com o consentimento, ou na adesão a condições gerais da contratação, se define definitivamente e para sempre o conteúdo das obrigações das partes não pode ser sustentada nesse tipo de vínculo.

A primeira luz de advertência, no direito argentino, foi dada pelo fenômeno inflacionário, o que motivou uma trabalhosa elaboração com vistas a adquirir um reajuste do preço pautado em uma moeda sujeita a alterações em seu valor intrínseco. Daí surgiu a conhecida aplicação de numerosos institutos destinados a preservar a relação de equivalência, alterada por circunstâncias alheias às partes[2].

Posteriormente, percebeu-se que, ainda que a moeda permaneça imutável, são numerosas as circunstâncias econômicas que variam num mundo em que imperam o flexível, o aceleramento das inovações tecnológicas, as mudanças nas expectativas dos contratantes e os surpreendentes vencimentos dos bens.

Nesse contexto, um contrato de longa duração não é mais que um acordo provisório, submetido a permanentes mutações. A obrigação é percebida como um processo[3], com um contínuo desenvolvimento no tempo que tudo domina. Por isso, Morello indica que o contrato de duração requer uma permanente adaptação contínua[4].

Diante desse fenômeno surge o dilema de encontrar fórmulas que harmonizem a necessidade de adaptação às mudanças, a segurança jurídica diante das modificações posteriores do pautado e da prevenção de práticas abusivas que através de modificações unilaterais alterem a relação de equivalência.

---

2. Ampliaremos em MOSSETITURRASPE-LORENZETTI, "Direito Monetário", Ed Rubinzal e Culzoni, Santa Fé, 1989, e doutrina e jurisprudência ali citadas.
3. Conf: DO COUTO E SILVA, Clovis, "a Obrigação como processo". S. Paulo. S. Butschasky, 1976.
4. MORELLO, Augusto. "Contrato e Processo". Abeledo Perrot. BS.As., 1990, pag 43 y ss. Do mesmo autor: "Os contratos: respostas substanciais e processuais a plurais mudanças e emergencias", LL. 25.8.98.

Logo tentaremos esclarecer esses aspectos, mas previamente é conveniente assinalar que esse tema tem uma grande importância na teoria econômica, principalmente a vinculada à empresa, a qual concebida como acordos contratuais de longa duração entre os proprietários dos fatores de produção[5].

A empresa vai substituindo os preços pelos salários, o intercâmbio de mercado por relações hierárquicas, os acordos imediatos nos quais há que estabelecer preços por vínculos de longa duração nos quais o recurso não se compra, mas se administra; quando obtém uma ótima situação, mudam as condições do mercado, porque se alteram os preços relativos, surge a necessidade de novos produtos, e então se terceiriza o que tinha se internalizado, e se fazem novas alianças. Desde o ponto de vista do consumidor, os acordos de longa duração diminuem os custos de informação, já que seria muito caro ter que contratar muitas empresas individualmente para comprar um produto composto.

Todas as transações que teriam que se realizar nesse caso requereriam que um grande número de indivíduos tivessem um grande conhecimento dos diferentes componentes do produto e que se tomassem muitas medidas e valorizações da produção. Portanto, o custo que suporia para um consumidor o fato de determinar o preço dos distintos componentes é provável que fosse alto se a produção do mencionado produto se realizasse dentro do sistema de preços. Como alternativa, a produção pode-se organizar dentro de uma empresa onde existe um agente central que estabelece contratos bilaterais de longa duração com cada um dos proprietários dos fatores de produção e que vende

---

5. Veja-se, por exemplo, Alchian, Armen A. (1965). "The Basis Of Some Recent Advances in the Theory of Management of the Firm". *Journal of Industrial Economics* 14: 30-41; idem (1984). "Specificity, Specialization, and Coalitions". *Journal of Law and Theoretical Economics 140.* (núm. 1): 34-39; Klein, Benjamin; Crawford, Robert G.; and Alchian, Armen A. (1978). "Vertical Integration, Appropriable Rents, and the Competitive Contracting Process". *Journal of Law and Economics 21* (núm. 2): 297-326. Alchian, Armen A., and Demsetz, Harold (1972). "Production, Information Costs, and Economic Organization". *American Economic Review 62* (diciembre, núm. 5): 777-795. Williamson, Oliver E. (1975). *Markets and Hierarchies: Analysis and Antritrust Implications.* Nueva York: Free Press; idem (1985). *The Economic Institutions of Capitalism: Firms, Markets, Relational Contracting.* Nueva York: Free Press.

o produto final para os compradores. A eleição da forma contratual depende do custo relativo de contratação de cada um dos distintos acordos contratuais.

Formalmente, podemos dizer que uma empresa que pode começar sendo uma empresa individual, se expandirá até que os benefícios marginais advindos da interiorização de uma atividade adicional (a redução do custo de realizar em muitos mercados) sejam iguais aos custos marginais da interiorização de uma atividade adicional (o aumento dos custos de agência internos). Daí a permanente oscilação entre interiorização e terceirização de atividades, as que têm uma relação direta com os custos dos acordos contratuais e com os novos produtos complexos que requerem acordos estratégicos de empresas muito diferentes.

II) Elementos tipificantes

1. Contratos de execução imediata e dilatada

Para depurar o conceito que estamos analisando, convém definir previamente a celebração e a execução do contrato, e dentro disso, a execução imediata e dilatada.

No aperfeiçoamento o contrato se constitui, se forma, se cria a obrigação, devendo-se reunir para isso todos os elementos que a lei requer: sujeitos, objeto, causa. Esse vínculo perfeito pode ser eficaz ou não, posto que os efeitos podem ser submetidos a uma condição, prazo ou ao cumprimento de pressupostos, tais como a legitimação[6].

Aperfeiçoado o vínculo, abre-se a etapa dinâmica de cumprimento.

Nesse momento dinâmico, as apresentações prometidas podem se cumprir de forma imediata ou dilatada. No primeiro caso, o tempo é irrelevante já que não é levado em consideração pelas partes. Na segunda hipótese, o tempo é um elemento acidental da obrigação que subordina sua eficácia a um prazo ou a uma condição.

Os contratos de longa duração se assemelham aos contratos de execução dilatada, porque em ambos o tempo é juridicamente relevante.

---

6. GAMARRA, Jorge, "Tratado de direito civil uruguaio", Fundação de Cultura Universitária, Montevideo, 1993, 3. edição, pag. 173.

Porém, a classificação é diferente, porque na execução dilatada, o tempo é considerado como "distância", porque separa diferentes atos: a celebração se afasta da execução[7]. Essa classificação põe a ênfase no fato de que o tempo é levado em conta pelas partes para separar a execução da celebração[8].

Outros autores[9], fazendo alusão ao mesmo fenômeno, utilizam o termo "duração da existência" do contrato, supondo que o contrato existe, mas seus efeitos começam a se produzir após o prazo ou condição suspensiva. De tal maneira, trata-se de uma "duração da existência" que se separa dos efeitos. Também se faz referência, segundo nós com maior precisão, à "duração da eficácia", já que o contrato existe, mas uma ou várias de suas obrigações submetem sua eficácia ao cumprimento de um elemento acidental, como a condição ou o prazo suspensivo. Essa qualificação é a que mais se ajusta ao direito argentino, no qual, as referidas modalidades afetam as obrigações e ocasionalmente o contrato, e se referem à eficácia e não à existência[10].

2. Contratos de longa duração

Diferente do caso anterior, nos contratos de longa duração, o tempo é essencial no cumprimento, e não um acessório, como acontece na execução dilatada. Neste último, a temporalidade incorpora-se através de modalidades acidentais da obrigação, por exemplo, o prazo ou o cargo, ou então através da falta de pressupostos que têm autonomia, como a de separar a celebração do cumprimento.

Em contraposição, na duração, o interesse do credor só é satisfeito através de um serviço contínuo ou reiterado no tempo. Por isso, diz-se

---

7. O tempo como "distância" é introduzido por Carnelutti em "Teoria Geral do Direito", Madrid, 1941, pag 316.
8. Na execução instantânea, não há separação temporal; na diferida, separa-se a celebração da execução. Tomemos por exemplo a compra e venda de execução instantânea, e a compra e venda a prestações (execução diferida). Nesta última, celebra-se o contrato, mas a execução está subordinada ao tempo: se pagará dentro de um ano (prazo suspensivo), ou se pagará em doze prestações mensais (prazo resolutório).
9. GHESTIN, Jacques- BILLIAU, Marc, "O preço nos contratos de longa duração", Trad Luis Moisset de Espanes y Ricardo de Zavalia, Ed Zavalia, Bs.As. 1990.
10. Conf: CAZEAUX-TRIGO REPRESAS, "Curso de Obligações", Lep.

que o tempo está vinculado com o objetivo do contrato, já que ele só pode se cumprir através de uma prolongação temporal[11].

O contrato de longa duração é "aquele no qual a dilatação do cumprimento de certa duração é uma condição para que o contrato produza efeitos desejados pelas partes e satisfaça a necessidade (durável e continua) que as induz a contratar; a duração não é tolerada pelas partes, e sim desejada por elas, por isto a utilidade do contrato é proporcional à sua duração"[12].

Na doutrina anglo-saxônica se destacou esse aspecto da duração, ao se assinalar que o desenho do objetivo é profundamente diferente nos contratos imediatos e nos de duração[13]. Nos primeiros, as partes apresentam os futuros serviços que se obrigam a prestar; assim, obrigam-se a entregar uma coisa em troca do preço. Nos segundos, ao contrário, é frequente que não estabeleçam os termos "casa" ou "preço", mas que estabeleçam um acordo nas regras que se utilizarão para determinar no futuro o conteúdo exato desses termos.

Nos contratos de duração não se "apresenta" o conteúdo substancial do acordo, pois não é possível fazê-lo. As partes pretendem satisfazer seus interesses ao longo de um vínculo prolongado, e por isso não estabelecem seu acordo definindo materialmente os bens, e sim estabelecendo normas de procedimento. Dessa maneira, não estabelecem o preço definitivo, porque supõem que haverá mudanças inflacionárias, não estabelecem as características definitivas do objeto, pois sabem que haverá avanços tecnológicos, não estabelecem uma determinada obrigação, pois com certeza haverá distintas maneiras de cumprir tal obrigação ao longo do tempo.

As partes definem um tempo prolongado e isso os deixa diante dos desafios da mudança econômica, tecnológica ou das expectativas

---

11. Os que entendem que a causa é a finalidade econômico-social, estimam que o da duração temporal é um elemento da causa, já que o contrato não cumpre a finalidade econômico-social se não se prolonga no tempo. Conf. GAMARRA, op. cit, pag. 186.
12. MESSINEO, "Doutrina geral do contrato", Trad. Fontanarrosa.Sentis Melendo. Volterra, Ed. Ejea, Bs.As., 1986, T. I pag 429.
13. Conf MAC NEIL, Ian, "The new social contract. An Inquiery into Modern Contractual Relations", New Haven, Yale Univ. 1980.

recíprocas. Por essa razão, a "presença" definitiva dos termos do intercâmbio seria imprudente. É por isso que optam por definir as regras de procedimento para estabelecer o conteúdo de uma obrigação que fica indeterminado.

Na frente aprofundaremos esse tema na dogmática jurídica argentina.

3. A duração no objetivo e nas obrigações

Façamos a distinção entre:
* <u>contratos de execução dilatada</u>: o tempo afasta a celebração do cumprimento, e é um elemento acidental das obrigações, pois estão submetidas a prazo ou condição.[14]
* <u>contratos de longa duração</u>: o tempo é resultado do interesse do credor e é essencial, porque o contrato só desenvolve seus efeitos através do tempo.[15]

Uma venda a prestações, por exemplo, é um contrato de execução dilatada, mas o tempo não é essencial, pois é possível que se execute à vista. As partes desejaram, no caso particular, incorporar o prazo como um elemento acessório de uma das obrigações, a do pagamento do preço.

A medicina pré-paga ou o seguro, em contraposição, não podem ser executados de forma imediata, pois seria impossível.

De tal maneira podemos afirmar que nos vínculos de longa duração o prazo é essencial e de interesse para ambas as partes.

Dentro dos contratos de duração devemos distinguir, agora, duas hipóteses, segundo o tempo incida sobre o objetivo ou sobre as obrigações.

---

14. O art. 351 do Código Civil e Comercial da Nação Argentina dispõe que, como regra geral, o prazo se supõe estabelecido para o obrigado ao cumprimento da prestação, a menos que pela natureza do ato ou pelas circunstâncias tenha sido disposto para o credor ou ambas as partes.

15. Por exemplo, o contrato de seguro pode consistir no pagamento de uma renda vitalícia; produzido o sinistro, o assegurador assume uma obrigação de cumprimento periódico, porque deve abonar uma soma de dinheiro idêntica, fraccionada em períodos mensais.

O objetivo do contrato deve de ser completo, já que a oferta deve de ter todos os elementos constitutivos ou essenciais para que, logo após aceita, o vínculo fique aperfeiçoado. Em muitos vínculos, como o da medicina pré-paga, o seguro, ou a educação, a operação jurídica considerada pelas partes, tem o tempo como elemento essencial. Dessa forma, a duração se situa aqui no plano do objetivo.

Ao contrário, em outros vínculos, são as obrigações as que precisam de um tempo para o cumprimento. Assim temos:

* <u>obrigações de cumprimento periódico</u>: contêm serviços que obrigam o devedor a manter o credor numa situação estável e prolongada no tempo[16].

Diez Picazo[17], diz que pode se pautar o pagamento do preço à vista (prestação imediata) e uma obrigação de prestar serviços prolongados (prestação de duração), produzindo-se uma mistura entre obrigações de cumprimento imediato e de longa duração. Um exemplo pode ser o contrato de compra e venda a crédito, no qual existem obrigações com várias prestações.

Nos contratos de duração o característico é que o tempo se incorpora no objetivo, como medida para satisfazer o interesse das partes. Não se trata somente de que haja obrigações de cumprimento periódico ou contínuo, mas de que o tempo seja essencial para que o objetivo possa se cumprir.

Isso faz que o contrato consista na definição de uma operação jurídica que contém elementos indeterminados, regras de contextura aberta e procedimentos para a determinação. Esses contratos podem causar obrigações de cumprimento imediato, dilatado, de cumprimento periódico ou contínuo.

O relevante não está nas obrigações, mas no objetivo, no tipo de operação considerada pelas partes. O problema vem do fato de que as partes determinam o objeto, mas o fazem utilizando regras de textura aberta e normas de procedimento, a fim de serem permeáveis às mudanças externas. A maioria das obrigações são de conteúdo determinável.

---

16. Por exemplo, o uso e goze de um imóvel. Conf. GAMARRA, op. cit, pag. 185.
17. DIEZ PICAZO, Luis, "Fundamentos de Dereito Civil Patrimonial", Tecnos, Madrid, 1970, V. I, pag. 512.

Esse leque de indeterminações faz com que se possa produzir, no futuro, uma determinação que produza um vaivém na reciprocidade prevista no objeto ou uma frustração dele, como veremos mais adiante.

Ao chagar um conflito no futuro, a tarefa do intérprete será preencher o conteúdo das normas abertas e julgar a lentidão das regras de procedimento.

A continuação, veremos esses problemas tanto no período pré-contratual como contratual.

4. Período pré-contratual de longa duração: práticas comerciais abusivas

A duração pode afetar tanto o período pré-contratual quanto o contratual.

Com relação aos contratos paritários, tem se falado que "a complexidade dos contratos modernos, os estudos que exigem, a fim de conhecer não somente os dados de fato, mas também as regras de ordem pública aplicáveis, as autorizações que frequentemente se precisam, especialmente em matéria de mudanças, ou de urbanismo, se conjugam para prolongar o período pré-contratual"[18], o qual pode fazer com que o preço levado em conta no momento de iniciar as tratativas não seja o mesmo no momento da contratação.

Essas diferenças podem apresentar o conflito entre uma parte que solicita que se mantenha o preço fixado nas tratativas iniciais, porque modificá-lo arbitrariamente é um fato de responsabilidade pré-contratual, e outra parte que solicita que se leve em conta o preço considerado no momento da contratação[19], devendo-se julgar a *standard* de boa-fé (art. 961 Código Civil e Comercial argentino)

Nas relações de consumo pode haver normas especiais. Nesse sentido, o Direito Brasileiro oferece uma importante técnica de tratamento normativo dos momentos prévios, ao regulamentar as "práticas abusivas" de forma separada das "cláusulas abusivas", para as relações de consumo. As segundas correspondem ao contrato, enquanto as

---

18. GHESTIN, Jacques- BILLIAU, Marc, "O preço nos contratos de longa duração", Trad. Luis Moisset de Espanes e Ricardo de Zavalia, Ed. Zavalia, Bs. As. 1990, pag. 10.
19. GHESTIN-BILLAU, op. cit. nota anterior.

primeiras se referem a um *standard* de regulamentação da negociação, que deve se ajustar "aos padrões mercadológicos de boa conduta", como o chama Benjamin[20], evitando-se incorrer em "condições irregulares de negociação", como é indicado por Stiglitz[21].

Dentro dessa noção, o Código brasileiro estabelece que é abusiva a prática consistente em condicionar a oferta de um produto à aquisição de outro (art. 39, inc. I), ou exigir uma vantagem manifestadamente excessiva (art. 39, inc. V). Essas regras, no direito argentino, podem estar fundamentadas na norma constitucional, que estabelece o direito dos consumidores ao "trato equitativo e digno!" O "trato" não é contrato, e sim seu momento prévio.

Isso quer dizer que a duração afeta tanto as relações pré-contratuais nas relações de consumo quanto nos contratos paritários, estendendo-se o período e apresentando problemas específicos.

III) A dinâmica de cumprimento

1. Reciprocidade dinâmica nos contratos de longa duração

As mutações são frequentes no mundo atual, oferecendo diversos graus de complexidade. Essas modificações podem alterar o preço ou bem a contraprestação, que pode consistir em obrigações de dar ou de fazer em produtos ou serviços.

A doutrina estrangeira tem estudado o primeiro aspecto, como ocorre, por exemplo, na obra de GUESTIN-BILLAU[22]. Porém, o preço em forma isolada é só um aspecto do problema, muito mais complexo, que significa estabelecer o critério com que se julga a relação preço/bem, ou seja, o equilíbrio ao longo do tempo.

Para precisar a questão, convém dizer que o objeto do contrato, concebido como a operação jurídica considerada pelas partes, pode prever uma operação temporalmente extensa, como o pagamento de serviços educativos, e que requer uma compreensão dinâmica.

---

20. BENJAMIN, Antonio Herman, "Código Brasileiro de Defesa do consumidor", Forense, 4. ed. 1995, pag. 237.
21. STIGLITZ, Gabriel, "Proteção jurídica do consumidor", Depalma, 1990, pag. 81.
22. GHESTIN-BILLAU, op. cit.

As modificações não se produzem no objeto do contrato, que continua sendo a mesma operação, nem também se alteram as obrigações de dar uma soma de dinheiro, de dar uma coisa ou de fazer, de prestar um serviço, pois essas são definidas no momento genético.

As mudanças se produzem no aspecto das obrigações, quer dizer, nos serviços. O valor econômico devido pode variar pela depreciação da moeda, dos meios que se usam para cumprir com um serviço podem se alterar pelas mudanças tecnológicas; o produto pode estar inserido num contrato de provisão continua e requerer atualizações.

Porém, o notável é que as mudanças nos serviços se refletem na equação de equilíbrio e impactam na compreensão do contrato.

Nos contratos de longa duração, o objetivo é um envoltório, um cálculo probabilístico, um sistema de relações que se modifica constantemente em seu interior com finalidades adaptativas. Essa qualidade deve de ser preservada já que, do contrário, toda fixação produz a inadaptabilidade do contrato.

É importante advertir que a relação mencionada não é estática e sim dinâmica, tipicamente relacional. Num contrato de execução imediata ou de duração breve, estamos diante de conceitos nítidos: entregar um imóvel, pagar uma quantidade de dinheiro a cada 30 dias. Se as partes decidiram que era um bom negócio fazê-lo, não é necessário fazer mais nada.

Mas, fornecer bens para uma empresa durante cinco anos, prestar serviços educativos ou pagar parcelas de consórcio ou financiamento para comprar um veículo em 50 pagamentos não é um conceito nítido nem estático, já que os bens fornecidos sofreram mudanças tecnológicas, porque os conteúdos educativos vão mudar e porque haverá novos modelos de automóvel que substituirão o previsto ao assinar o contrato original.

A diferença fundamental nos vínculos não submetidos a tempo extenso, é que devemos interpretar a comutatividade do negócio mediante um conceito racional e dinâmico.

A empresa médica não é obrigada a manter a carteira de médicos, nem manter os mesmos equipamentos de exames, nem o mesmo prédio, e sim oferecer uma prestação de serviço médico relacionada com o preço pago. O colégio não é obrigado a manter os mesmos professores ou o mesmo programa, tampouco o mesmo equipamento de informática para os alunos.

De tal maneira, o conteúdo das obrigações pode ser variado ao se manterem a reciprocidade das obrigações e a operação jurídica considerada. Em continuação definiremos um *standard* para estabelecer quando estamos diante de uma modificação relevante, para depois examinar os critérios de sua licitude.

2. *Julgamento da reciprocidade dinâmica*

Com o propósito de verificar se se está diante de uma "modificação", há que se estabelecer o modificado e a extensão dessa modificação.

Num primeiro momento, comparativo, corresponde a:
- Descrever o objeto e o conteúdo das obrigações segundo o que acordaram as partes no momento genético.
- Detalhar as modificações que se pretendem fazer de modo comparativo, quer dizer, indicando que mudam em relação ao acordo genético.

Efetuada essa comparação, temos que estabelecer se há uma afetação da relação de equivalência[23]. Essa afetação acontece quando há uma mudança substancial que altera a relação, como a mudança de preço ou de qualidade. Essa mudança pode provocar:
- uma melhora na situação da outra parte. Nesse caso não há ilicitude contratual alguma.[24]
- uma piora da outra parte. Isso pode acontecer de uma maneira perceptível, como quando se mudam o preço ou a qualidade, ou de maneira indireta, como quando se alteram as obrigações acessórias ou secundárias impactando, dessa forma, no resultado final.

---

23. Nessas relações a mudança é normal: se se poupa para a compra futura de um automóvel, é normal que se entregue um veículo distinto do previsto no momento genético. O credor não aceitaria esse veículo porque ao longo de cinquenta pagamentos tem mudado várias vezes as marcas e os acessórios dos automotores.
24. Com referência aos contratos de consumo a lei é explicita ao assinalar que a clausula é abusiva quando restringe os direitos dos consumidores (art. 37, Lei 24.240 – Lei de Defesa do Consumidor argentina). Nos contratos paritários, se não há prejuízo, não há descumprimento relevante.

A análise deve encaminhar-se então para detectar se houve uma mudança que afete a relação de equivalência prejudicando a situação de uma das partes.

3. Adaptabilidade e teste de equivalência

O conflito diante da mudança consiste no seguinte: se uma empresa incorpora novas tecnologias, a outra parte poderia lhe dizer que se opõe à mudança de preço; inversamente, se uma delas quer uma adaptação às mudanças, a outra poderia argumentar que não o faz porque ele não está disposto a pagar mais por isso. Em outros casos, como no fornecimento, várias são as necessidades do credor e o contrato está focado na satisfação dessas necessidades[25].

A solução autônoma das partes tende a que cada um, à sua maneira, pretenda resolver a relação de equivalência a seu favor. Se uma delas tem maior poder de negociação, imporá à outra seu critério. Essa função de translação de riscos mediante a modificação unilateral é o que faz que cláusulas desse tipo sejam consideradas abusivas.

Uma solução heterônoma, através da intervenção jurídica, é complexa, pois resulta difícil a manutenção da equação econômica que deu origem ao vínculo, ao longo do tempo. A isso há que agregar a mudança permanente das relações de força entre as partes, a maior ou menor competitividade do mercado e as modificações na conduta e nos interesses das partes.

Apresentando o conflito, o Direito deve responder tentando conseguir a adaptabilidade às mudanças numa relação de equivalência. Isso significa que, tratando-se de um vínculo contratual e de base comunicativa, torna-se necessário que essas modificações não alterem a relação de mudança. Por isso, devem de ser incorporados preservando a relação de equivalência desenhada na celebração do contrato.

Avaliar essa relação, depois de vários anos de desenvolvimento do vínculo, não é fácil. Há duas ferramentas:
— Se a mudança é tanta que altera o objeto do negócio, pois afeta a qualidade comprometida de um modo substancial, pode

---

25. Esta solução é geral no direito comparado, conforme assinala o projeto da comissão criada por Decreto 468/92, art. 997, ao citar os códigos italiano e peruano.

dar lugar à qualificação de abusivo ou à rescisão por parte da parte contrária.
- A avaliação pode se fazer através do *standard* do contratante médio, examinando se a empresa quer modificar o vínculo porque oferece novas tecnologias, por um preço distinto, a uma pessoa com a qual tem uma relação contratual prolongada. Pode se obter um indício de razoabilidade da pretensão, analisando se uma pessoa, no momento presente, contrataria nessas condições.

Podem se adicionar dois critérios complementários:
- No Chile tem se dito[26] que a faculdade das empresas de adequar os contratos de saúde às mudanças não pode ser interpretada de uma maneira tão ampla que possa ser, nos fatos, uma substituição unilateral de um plano por outro, pois se mudam substancialmente as condições do contrato cuja vigência no tempo a própria lei pretende assegurar. Na realidade, as modificações não se julgam por se mesmas, mas sim por seu resultado final.
- Outro critério que acrescenta a Corte de Santiago é a da generalidade. As mudanças devem prescindir de condições pessoais do afiliado e serem gerais. Não devem ser discriminatórios.

Dessa maneira, dispomos de alguns testes para julgar a licitude:
* as mudanças no conteúdo das obrigações não devem desnaturar o objeto contratual.
* essa afetação se produz se seus resultados são tais que um contratante médio não as aceitaria.

4. *A regra moral: duração justa e duração útil*

A duração não é somente um acontecimento empírico temporal que as partes adotam como elemento da contratação. Ela tem conotações valorativas que permitam seu julgamento.

A "duração" é útil porque é necessária para que o contrato produza seus efeitos próprios e é por isso que a interpretação deve de levar em

---

26. Corte de Apelaciones de Santiago, "Promepart c. Superintendencia de Instituciones de Salud", 5.4.95; Rev de Der y Jurisprudencia y Gacela de los Tribunales, T. XCII, Num 1, 1995, Ed. Jurid de Chile, 1995, pag. 27.

conta esse elemento para não frustrar a finalidade "econômico-social" que adquire o vínculo.

A "duração" também deve de ser justa, no sentido de justiça comutativa, aplicável aos contratos. A equidade e o equilíbrio devem estar presentes em toda a etapa temporal, desde as tratativas do cumprimento.

Ambos os elementos valorativos devem de ser levados em conta, já que há uma "duração justa" que se não fosse respeitada colocaria uma das partes sob a dominação de seu cocontratante, e há uma "duração útil" sem a qual o contrato careceria de toda coerência, pois se frustraria a rentabilidade econômica[27].

O problema mais importante é então como conseguir que o elemento comutativo, o equilíbrio, junto com a finalidade econômica, persistam ao longo do tempo.

Esse tema está claro nos contratos de execução imediata, para os quais há uma regra geral, mas nos contratos de longa duração há que aprofundar alguns desses conceitos.

IV) A modificação das obrigações em curso de execução

1. O requisito da determinação do objeto e da prestação

O Código Civil argentino estabelece que a oferta deve versar "sobre um contrato especial, com todos os antecedentes constitutivos dos contratos", dos quais se deduz que "não pode haver contrato se o objeto não é uma operação jurídica determinada"[28].

O objeto das obrigações, causadas pelo contrato, deve de ser determinado ou determinável até o momento do cumprimento[29]. A isso se refere o artigo 1.005 do Código Civil e Comercial argentino, quando estabelece "Determinação. Quando o objeto se refere aos

---

27. GHESTIN-BILLAU, op. cit, pag. 19.
28. Conf: Mosset Iturraspe, Jorge, "Contratos",Ed. Rubinzal y Culzoni, ed. actualizada, pag. 231.- No mismo sentido Lopez de Zavalia, Fernando, "Teoria General de los contratos" Ed. Zavalia; Stiglitz, Ruben, "Contratos-Teoria Geral", Ed. Depalma; Ghersi, Carlos, "Contratos Civís e Comerciais", Astrea, T. I.
29. ALTERINI, AMEAL, LOPEZ CABANA, "Dereito de obligações civis e comerciais", Abeledo Perrot, Bs.As., 1997, pag 37.

bens, os mesmos devem estar determinados em relação à sua espécie ou gênero, segundo seja o caso, embora não estejam determinados na sua quantidade e sempre que a mesma possa ser determinada. É determinável quando se estabelecem os critérios suficientes para sua individualização".

A regra jurídica é que a operação jurídica considerada pelas partes e que é o objeto do contrato, e as prestações, que são o objeto das obrigações causadas, devem de ser determinadas ou determináveis no momento genético.

2. A nulidade da modificação unilateral

A determinabilidade deve sempre responder a critérios objetivos que devem se estabelecer na gênese contratual, já que deixar a fixação na faculdade de uma das partes, acarreta a nulidade, conforme a doutrina que menciona o artigo 1.133 do Código Civil e Comercial argentino para a compra venda, mas aplicável in genere[30]. A regra é que o objeto do contrato e a obrigação devem ser determinados ou determináveis, nos quais não se aceita deixar que uma das partes o estabeleça unilateralmente.

No direito do consumo, como regra geral, a cláusula que permite a modificação unilateral do conteúdo da prestação tem sido qualificada como abusiva e, portanto, acarreta a nulidade parcial. A lei brasileira (Lei 8.078, art. 51, XIII), considera abusiva a cláusula que autoriza modificar unilateralmente o conteúdo ou a qualidade, depois da assinatura. Na Argentina, é uma cláusula que pode incluir-se no *standard* do artigo 37 da Lei 24.240 (Lei de Defesa do Consumidor), referindo-se à desnaturalização das obrigações, requerendo um juízo de concretização para sua desqualificação.

Em matéria de cláusulas gerais, na União Europeia, a Diretiva 93/13/CEE considera abusiva a cláusula que autoriza o profissional a modificar unilateralmente, sem motivos válidos especificados no contrato, os termos dele; ou quaisquer das características do produto que tem que fornecer ou do serviço a prestar. Também é o fato de

---

30. COMPAGNUCCI DE CASO, Ruben, "Manual de Obligações", Astrea, Bs.As., 1997, pag. 37.

conceder ao profissional o direito de determinar se a coisa ou o serviço se ajusta ao estipulado no contrato (art. 3º, alíneas k, l e m do anexo à norma). Na lei portuguesa (Decr. 446.85, art. 19, inc. i), considera-se relativamente proibida a cláusula que autoriza a faculdade de modificar prestações, sem compensação correspondente nas alterações de valor solicitadas[31].

3. Modificação ajustada a um standard objetivo

As partes podem estabelecer, na celebração do contrato, as causas objetivas pelas quais pode ser modificado, com direito de rescisão por parte do consumidor.

As partes têm previsto mecanismos contratuais de modificação do conteúdo obrigacionista atendendo ao que é previsível que se produzam mudanças. Nesses casos, a questão é examinar se esses instrumentos contratuais resguardam devidamente os direitos das partes mediante mecanismos objetivos que inibam as imposições unilaterais ou de potestade. Pode acontecer que exista uma decisão unilateral da empresa, não arbitrária, mas fundamentada em necessidades comprováveis e, por conseguinte, lícitas.

Também pode se pautar uma cláusula de renegociação permanente que pode ser lícita nos contratos paritários, e constitui um fenômeno de autocomposição. Porém, nos contratos de consumo, não é admissível, pois através desse mecanismo conseguirá prevalecer fornecedor em face de uma violação legal.

4. Modificações por excessiva onerosidade posterior

A modificação unilateral por circunstâncias posteriores extraordinárias e imprevisíveis, fora do curso normal do contrato, que torna excessivamente onerosa a prestação, é lícita (art. 1.091 Código Civil

---

31. Com anterioridade à lei conf.: VALLESPINOS, "O contrato por adesão a condições gerais", Ed Universidad; REZONICO, Juan C, "Contratos com cláusulas predispostas", Ed. Astrea; com posterioridade à lei: MOSSET ITURRASPE-LORENZETTI, "Proteção do Consumidor", Ed. Rubinzal y Culzoni; STIGLITZ, Ruben-STIGLITZ, Gabriel, "Direitos Defesa do consumidor", Ed. La Rocca; FARINA, "Defesa do consumidor e o usuário", Ed Astrea.

e Comercial argentino), tendo a outra parte uma pretensão autônoma de revisão ou a resolução.

Na medicina pré-paga, o aparecimento de uma nova doença ou de uma nova tecnologia que se diferencie substancialmente das utilizadas no momento em que o contrato foi assinado, podem constituir-se em supostos de fato previstos no art. 1.091 Código Civil e Comercial argentino, e dar lugar à resolução ou à pretensão autônoma de modificação do preço. É uma hipótese de apreciação restritiva, já que se trata de um contrato aleatório, e a aplicação da excessiva onerosidade deve estar fora do "risco normal" previsto pelas partes (art. 1.091 CCC), de tal modo que em circunstâncias na qual o paciente adoeça, ou surjam novos tratamentos ou doenças, não é por si uma circunstância extraordinária, tampouco imprevisível. Ao contrário, podem assumir esse caráter enfermidades massivas e inexistentes no momento da contratação ou uma revolução nos tratamentos médicos que mude a natureza dos previstos na celebração do vínculo.

V) A extinção

A extinção dos vínculos de longa duração tem provocado uma profusa atividade jurídica e doutrinária no suposto específico dos contratos de distribuição, razão pela qual remetemos o tratamento dessa questão ao capítulo em que tratamos esses contratos.

VI) Casuística

1. Modificação do preço: preço imposto por provedores

O preço deve ser correto, e a falta de cumprimento desse requisito acarreta a nulidade do contrato. Contam Ghestin-Billiau que a jurisprudência francesa tem utilizado o recurso da nulidade pela indeterminação do preço para proteger uma das partes do arbítrio da outra tanto na compra e venda quanto em outros contratos.

Quando uma das partes se comprometeu a se aprovisionar com outra ou com um provedor designado por ele, o jogo da competência fica excluído, pois não há outra possibilidade de efetuar os pedidos ao provedor imposto, o qual se encontra em condições de fixar unilateralmente o preço[32]. Também apresenta dificuldades a cláusula de exclusividade, mediante a qual uma das partes é obrigada a não comprar. No primeiro caso há uma obrigação positiva, no segundo caso, negativa, mas ambas surtem o mesmo efeito.

Com esses argumentos se tornou nulo por determinação do preço o contrato de provisionamento exclusivo celebrado entre estações de serviços e empresas petrolíferas.

O preço teve que necessariamente variar. O que não é admissível é que se faça em função do simples arbítrio de uma das partes, e sim em função de parâmetros objetivos. Assim, segundo os autores citados, admitiu-se num contrato de franquia, que o preço variasse em função dos preços fixado pelos provedores a que obtém a franquia, os gastos de publicidade e manutenção da marca.

As maiores dificuldades surgem nos casos mistos, nos quais há uma parte do preço determinado objetivamente e outra que depende da vontade de uma das partes.

Quando intervém a vontade de uma das partes, a maneira de julgá-la é se é justo aos parâmetros objetivos, quer dizer, se foi exercida dentro dos limites objetivos traçados pelo próprio contrato, sobre os quais o juiz possa exercer um controle efetivo.

Regra similar se aplica no direito argentino, pois como já vimos ut supra, sendo o preço uma obrigação de dar, a prestação deve de ser determinada ou determinável. Nos contratos de longa duração, nos quais resulta determinável, não pode permanecer o arbítrio de uma das partes, e sim, deve se ajustar a parâmetros objetivos.

Essa conclusão resulta de aplicação da regra que torna nula as obrigações sujeitas a condições, meramente de potestade (art. 344 Código Civil e Comercial argentino), e por interpretação analógica da norma referida à compra e venda, na qual a determinabilidade do preço é um requisito da validade, cujo não cumprimento provoca a nulidade.

2. Modificações na lista dos prestadores na medicina pré-paga

Num caso judicial, a demanda tinha déficit operativo, então ofereceu dar serviços por 25 anos em troca do pagamento de uma

---

32. GHESTIN-BILLIAU, op. cit., pag. 46.

soma de dinheiro que o autor pagou. Após, a acionada vendeu seus estabelecimentos e continuou dando suas prestações através de outra organização senatorial, sem contrato escrito, difundindo essa delegação. O autor opõe-se porque o novo hospício é grande demais e se viola uma obrigação com intuito pessoal. A câmara considerou que a prestação durante um quarto de século não pode ser personalíssima. Uma vez que "os médicos envelhecem e serão substituídos por outros, as técnicas biológicas, químicas e sanitárias serão modificadas e até os móveis e aparatos se desgastarão", torna-se impossível supor que o débito de atender uma ou várias pessoas fixado de modo insuscetível de cumprimento por outra pessoa que ostente as mesmas qualificações. Pronuncia-se pela mutabilidade[33]. Por isso, se o contrato foi de longa duração, haveria que atender essa fenomenologia especialmente dinâmica e a mudança não é abusiva.

3. A relação preço-mudança-tecnológica na medicina pré-paga

GHERSI-WEINGARTEN-IPPOLITO dizem que decidir se devem ou não assumir mudanças tecnológicas implica colocar os serviços de acordo com o avanço do saber científico; "entendemos que esta é uma situação que não pode ficar unilateralmente em mãos da empresa e trataremos de dar nossos fundamentos: o primeiro, é que a atenção médico assistencial em se mesma impõe a obrigação de utilizar metodologias e técnicas atualizadas, pois do contrário se veria seriamente comprometida a responsabilidade do médico e da empresa, já que o objetivo da prestação é atuar, minimamente, sem a omissão de diligências em quanto à natureza de obrigação e as circunstâncias de pessoa, tempo e lugar (art. 512 y 902, C. C.)[34]."

Com relativo ao momento em que se deve operar a decisão, se bem essa não é uma avaliação muito difícil de fazer abstratamente, podemos assinalar, como regra geral, que a empresa tem a prioridade da seleção do momento; porém, se essa não se concretiza, entendemos

---

33. CNCOM SALA D. "ZALTSMAN, ALBERTO C. SANATORIO METROPOLITANO". LL.1983-A-180.
34. Nota do Tradutor: Trata-se dos atuais arts. 1.724 e 1.725 do CCC argentino.

que existe um direito do usuário de reclamá-la, ainda com a fixação do prazo através da justiça.

"Em relação ao custo, não temos nenhuma dúvida de que deve de ser suportado na empresa, e de maneira nenhuma deve se materializar num incremento do valor nas quotas. Isto é assim por várias razões: a) está dentro do denominado risco-custo; b) ao incorporar o usuário, assumiu a obrigação implícita de um adequado serviço, quer dizer, tacitamente estava envolta a atualização tecnológica (e de acordo com o que verossimilmente as partes entenderam ou puderam entender, atuando com cuidado e previsão – art. 961, CCC, e c) a incorporação constante de novos usuários, vai financiando a incorporação tecnológica. Em última instância, o cálculo de ação – como nos seguros – demonstra que a expectativa de serviços é menor que a massa de dinheiro incorporada".[35]

Por nossa parte, entendemos que, no momento de celebrar o contrato, estabeleceu-se um conteúdo da obrigação de fazer, segundo a relação preço/qualidade, que geralmente se expressa no tipo de plano subscrito. O paciente tem direito a que esse nível de qualidade se mantenha ao longo do contrato, segundo o seu critério dinâmico e não estático. Em virtude disso, a empresa não cumpre com sua obrigação, se pretende fazê-lo, utilizando a tecnologia médica existente na celebração do contrato (que poderia ser vinte anos antes, por exemplo).

Deve se utilizar a tecnologia e os conhecimentos médicos vigentes no momento da prestação, e não os da celebração do contrato.

O conteúdo de prestação se determina segundo a relação de equivalência dinâmica que temos descrito nos pontos anteriores.

---

35. "Contrato de medicina prepaga". Bs. As. Astrea 1993.

12

CONTRATOS CATIVOS DE LONGA DURAÇÃO E A EXCEÇÃO DA RUÍNA: TEMPO E BOA-FÉ, CATIVIDADE E CONFIANÇA

Claudia Lima Marques

Sumário: Introdução. 1. A noção de 'contratos cativos de longa duração' e seus elementos: catividade, tempo e conexidade. A) A 'catividade' ou dependência: o 'cocontratante' cativo no tempo. B) Conexidade no tempo e as lições do direito comparado: contratos relacionais, grupos de contratos, contratos conexos ou coligados. 2. A noção de 'exceção da ruína' nos contratos cativos de longa duração e a jurisprudência brasileira. A) Contratos cativos de longa duração e a manutenção do vínculo: o limite é a exceção da ruína. B) As regras do CDC quanto à exceção da ruína e a visão da jurisprudência do e. STJ sobre os 'contratos cativos de longa duração'. Observações finais.

Introdução

Apesar de muito escrever sobre o tema dos contratos,[1] nunca tinha organizado um texto somente sobre os contratos que denominei 'cativos de longa duração', a não ser na edição argentina do livro com Ricardo Lorenzetti, 'Contratos de servicios a los consumidores' de 2004. Agora aproveito para revisitar esse tema também e suas inspirações e utilidades práticas.

Em 1995, o saudoso Professor Carlos Alberto Ghersi[2] lançou na Argentina seu livro "La posmodernidad jurídica" comentando a criação de um "contrato sem sujeito" ou um contrato tão coletivo que seria despersonalizado, de vontade altamente fragmentada, contrato plural e quase permanente, de adesão e de execução continuada no tempo

---

1. Veja o capítulo específico na obra, MARQUES, Claudia Lima. *Contratos no Código de Defesa do Consumidor*: o novo regime das relações contratuais. 8. ed. São Paulo: Revista dos Tribunais, 2019, p. 73 e seg.
2. GHERSI, Carlos Alberto, *La Posmodernidad Jurídica – Una discussión abierta*, Buenos Aires, Ed. Gowa, 1995, p. 13 e ss.

(com um modelo assemelhado aos contratos do Direito do trabalho),[3] chamando atenção para um elemento novo que denominou 'catividad' intrínseca desses contratos 'sem sujeito'. Nesse mesmo ano, tive a oportunidade de assistir na Academia de Haia o visionário curso geral de meu mestre, Erik Jayme, que estudou os efeitos da pós-modernidade no direito, em especial destacando o pluralismo de agentes, de sujeitos de direitos, de vínculos conexos, de leis aplicáveis ao mesmo caso, assim como a importância dos direitos humanos no novo direito privado, e considerou um contrato de serviço, o *time-sharing*, como modelo de contrato 'pós-moderno'.[4]

Assim, já na segunda edição de meu livro sobre Contratos, em 1995, influenciada por essas lições, resolvi denominar esses contratos novos da sociedade pós-moderna de 'contratos cativos de longa duração',[5] emprestando de Ghersi a expressão catividade, de Karl Larenz (e no Brasil, da obra de Clóvis de Couto e Silva)[6] a noção de obrigação como processo e como totalidade de cooperação e boa-fé, para aceitar a teoria do grande mestre de Heidelberg, Erik Jayme, de que existe uma crise de pós-modernidade que afeta os contratos e seu modelo, a exigir uma adaptação da dogmática dos contratos para poder fazer frente aos desafios do final do século XX e início do século XXI, sem, porém, denominá-los de 'pós-modernos'. A denominação "contratos cativos de longa duração" é original minha e foi fortemente influenciada por Ricardo Lorenzetti,[7] em especial a sua original teoria sobre teoria sistêmica dos contratos, que abre esta obra.

---

3. Veja a atualidade dessa discussão na obra "La nouvelle crise du contrat", Direção de JAMIN, Christophe e MAZEAUD, Denis, Dalloz, 2003, em especial no artigo de VERKIND, Pierre-Yves, Le contrat de travail. Modèle ou anti-modèle du droit civil des contrats?, p. 197 a 224.
4. JAYME, Erik. Identité culturelle et intégration: le droit internationale privé postmoderne. *Recueil des Cours de l'Académie de Droit International de La Haye*, Kluwer, Doordrecht, 1995, p. 31 e seg.
5. MARQUES, Claudia Lima, *Contratos no Código de Defesa do Consumidor*, 2a Edição, São Paulo, Ed. RT, 1995, p. 57 e ss.
6. Veja COUTO E SILVA, Clóvis V. do Couto. *A obrigação como processo*. São Paulo: José Bushatsky, 1976.
7. A expressão longa duração ou *larga duración* é usada por LORENZETTI, Ricardo L. *Tratado de los contratos*. Buenos Aires: Rubinzal-Culzoni, 1999-2000. t. I, p. 113 ss.

A denominação "contratos cativos de longa duração" acabou sendo feliz,[8] pois ajudou a caracterizar o fenômeno, descrevendo-o de certa maneira na própria expressão: o peso do tempo,[9] a importância da boa-fé e seus deveres de conduta nesse 'processo' de convivência contratual, a condição de catividade com o peso da 'dependência' e a importância do novo paradigma da confiança, que já destaquei como o mais importante no mundo digital.

Esses contratos de serviços cativos e no tempo também existem no mercado digital, ou melhor dizendo, sejam contratos de bancários, *fintechs*, *bitcoins* ou seguros de vida, viagens, seguros-saúde, são serviços parcial ou totalmente digitalizáveis. No mundo digital, sempre tão rápido e desmaterializado,[10] existem também relações de longa duração, como *streaming*, TV a cabo etc. Assim, parece valer a pena revisitar e aprofundar aquela análise inicial, agora adaptada aos tempos digitais. Trata-se de serviços que prometem segurança e qualidade, serviços cuja prestação se protrai no tempo, de trato sucessivo, com uma fase de execução contratual longa e descontínua, de fazer e não fazer, de informar e não prejudicar, de prometer e cumprir, de manter sempre o vínculo contratual e o usuário cativo.

Esses contratos de serviços sempre foram conhecidos, mas, segundo alguns doutrinadores, o mercado atual apresenta relações contratuais com características tão especiais que as destacariam.

---

8. O e. Superior Tribunal de Justiça utiliza a expressão 'contratos cativos de longa duração' em pelo menos 560 decisões, segundo o *site* oficial (Acesso 18.07.2020): https://scon.stj.jus.br/SCON/pesquisar.jsp.
9. Veja, sobre a importância do tempo hoje nas contratações, in NOGLER, Luca; REIFNER, Udo (Ed.). *Life Time Contracts – Social Long-term Contracts in Labour Tenancy and Consumer Credit Law*, The Hague, Eleven Int. Publ., 2014, em especial os princípios dos contratos de longa duração e essenciais à existência da pessoa ("à temps essentiels à l'existence de la personne", "social long term contracts"), p. XVII e seg. E, no Brasil, as interessantes e originais obras de Marcus Dessaune (DESSAUNE, Marcos. *Desvio Produtivo do Consumidor: o prejuízo do tempo desperdiçado*. São Paulo: Ed. RT, 2011) e de Laís Bergstein (BERGSTEIN, Laís. *O tempo do consumidor e o menosprezo planejado*. São Paulo: Ed. RT, 2019).
10. Veja MARQUES, Claudia Lima. *Confiança no comércio eletrônico e a proteção do consumidor – Um estudo dos negócios jurídicos de consumo no comércio eletrônico*. São Paulo: Ed. RT, 2004, p. 81 e seg.

São relações envolvendo fazeres, normalmente serviços privados ou mesmo públicos (serviços privatizados, em verdade, ex-públicos), serviços prestados de forma contínua, cativa, massificada, serviços autorizados pelo Estado ou privatizados, prestados por pequeno grupo de empresas, geralmente com a utilização de "terceiros" para realização do verdadeiro objetivo contratual (a realização da prestação direta ao consumidor), organizando para tal verdadeiras cadeias invisíveis (*pool* ou *mix*) de fornecedores diretos e indiretos (por exemplo: hotéis, transportadoras e agentes de turismo, nos contratos de viagem fechada ou de pacote turístico; médicos e hospitais, nos contratos e planos de saúde; instituições bancárias, nos contratos de cartão de crédito, fornecedores de Internet, de conteúdo, plataformas etc.).

Para não repetir o que está em outros livros,[11] analisarei não só a noção de contratos cativos de longa duração, mas também a sua vinculação com a continuidade do vínculo de boa-fé, e seu limite, a chamada 'exceção da ruína'. Como ensina Menezes Cordeiro, desde a Idade Média, mas especialmente após a primeira guerra mundial, conhece a teoria da boa-fé objetiva, uma *exceção da ruína*.[12] Em tempos de superendividamento e dificuldades ligadas a uma pandemia de COVID-19, essa teoria pode ser útil.[13]

Em outras palavras, não pode ser de acordo com a boa-fé levar o devedor à ruína! A verdade dessa afirmação parece incontestável, tanto em contratos individuais de consumo quanto mais em contratos coletivos. Da mesma forma, o dever de renegociar diante do superendividamento do consumidor é baseado na exceção da ruína,[14] que

---

11. Veja a análise detalhada in MARQUES, Claudia Lima. *Contratos no Código de Defesa do Consumidor*: o novo regime das relações contratuais. 8. ed. São Paulo: Revista dos Tribunais, 2019, p. 73 e seg.
12. Assim ensina MENEZES CORDEIRO, António. *Da boa-fé no direito civil*. Coimbra: Almedina, 1997.p. 1007.
13. Veja MARQUES, Claudia Lima, BERTONCELLO, Karen; LIMA, Clarissa Costa de. Exceção dilatória para os consumidores frente à força maior da pandemia de COVID-19: Pela urgente aprovação do PL 3.515/2015 de atualização do CDC e por uma moratória aos consumidores, in *Revista de Direito do Consumidor*, vol. 129/2020, Maio-Jun. / 2020.
14. BENJAMIN, Antônio H. Prefácio, in MARQUES, Claudia Lima; CAVALLAZZI, Rosângela Lunardelli, LIMA, Clarissa Costa (coord). *Direitos do Consumidor Endividado II: vulnerabilidade e exclusão*. São Paulo: RT, 2016, p. 9 e seg.

qualifica o dever de cooperar para que o vínculo chegue ao seu bom fim, que é o pagamento por parte do consumidor superendividado,[15] mesmo diante de uma pandemia, como essa de COVID-19.

Assim, neste texto quero destacar o uso que a jurisprudência tem feito da noção de contrato cativo de longa duração, principalmente em contratos coletivos de seguro-saúde e de seguro de vida, procurando a manutenção do vínculo, sem desconsiderar a exceção da ruína e a necessidade de flexibilizar o contrato, para manter o vínculo e o sistema. Vejamos.

1. A noção de 'contratos cativos de longa duração' e seus elementos: catividade, tempo e conexidade

Como já afirmei sobre a noção de contratos cativos de longa duração,[16] trata-se de uma série de novos contratos ou relações contratuais que utilizam os métodos de contratação de massa (através de contratos de adesão ou de condições gerais dos contratos) para fornecer serviços especiais no mercado, criando relações jurídicas complexas de longa duração, envolvendo uma cadeia de fornecedores organizados entre si e com uma característica determinante: a posição de "catividade" ou "dependência" dos clientes, em especial dos consumidores.

As palavras-chave aqui são a aparência de unidade da operação econômica, o tempo, a pluralidade de agentes econômicos e a dependência do contratante mais fraco. Tempo, que chama o princípio da boa-fé, catividade, que chama o princípio da confiança. Catividade e conexidade no tempo 'contínuo' contratual são os três elementos a examinar. Vejamos esses elementos.

---

15. Veja o PL 3515,2015 de atualização do CDC e MARQUES, Claudia Lima. Sugestões para uma lei sobre o tratamento do superendividamento de pessoas físicas em contratos de crédito ao consumo: proposições com base em pesquisa empírica de 100 casos no Rio Grande do Sul. In: MARQUES, Claudia Lima; CAVALLAZZI, Rosângela Lunardelli (coord.). Direitos do consumidor endividado: superendividamento e crédito. São Paulo: ED. RT, 2006. p. 255.
16. MARQUES, Claudia Lima. *Contratos no Código de Defesa do Consumidor*: o novo regime das relações contratuais. 8. ed. São Paulo: Revista dos Tribunais, 2019, p. 73.

A) A 'catividade' ou dependência: o 'cocontratante' cativo no tempo

A posição de dependência ou, como aqui estamos denominando, de "catividade", só pode ser entendida no exame do contexto das relações atuais, em que determinados serviços prestados no mercado asseguram (ou prometem) ao consumidor e a sua família *"status"*, "segurança", "crédito renovado", "escola ou formação universitária certa e qualificada", "moradia assegurada", "lazer" ou mesmo "saúde" ou "informação" no futuro.

Como afirmei,[17] a catividade há de ser entendida no contexto do mundo atual, de indução ao consumo de bens materiais e imateriais, de publicidade massiva e métodos agressivos de *marketing*, de graves e renovados riscos na vida em sociedade, e de grande insegurança quanto ao futuro, de um lado e de facilidade de contratar de outro, ainda mais se parte ou totalmente é prestado no mundo digital.

Esses novos contratos complexos envolvendo fazeres na sociedade representam o novo desafio da teoria dos contratos porque vinculam o consumidor de tal forma que, ao longo dos anos de duração da relação contratual complexa, torna-se esse cliente "cativo" daquele fornecedor ou cadeia de fornecedores, tornando-se dependente mesmo da manutenção daquela relação contratual ou verá frustradas todas as suas expectativas. Em outras palavras, para manter o vínculo com o fornecedor aceitará facilmente qualquer nova imposição por esse desejada. Essa fática submissão garante um "poder de imposição" em grau mais elevado do que o conhecido na pré-elaboração dos instrumentos contratuais massificados, pois aqui o poder se renova constantemente durante a obrigação de longa duração, permitindo inclusive modificações formalmente "bilaterais" do conteúdo da obrigação e do preço, pois contam com a teórica "aceitação" do cocontratante mais vulnerável. Tal novo poder reflete-se nas cláusulas do contrato massificado e em suas futuras modificações e permite mesmo que o fornecedor se libere do vínculo contratual, sempre que esse não lhe

---

17. MARQUES, Claudia Lima. *Contratos no Código de Defesa do Consumidor*: o novo regime das relações contratuais. 8. ed. São Paulo: Revista dos Tribunais, 2019, p. 74.

seja mais favorável ou interessante (rescindindo, denunciando, resolvendo o vínculo, cancelando o plano etc.).

Como já mencionei,[18] uma vez que tais relações contratuais cativas podem durar anos e visam, na maioria das vezes, a transferência de riscos futuros ou o suprimento de uma necessidade futura, estabelecendo um verdadeiro processo de convivência necessária entre a empresa fornecedora de serviços e os consumidores, notou-se que a ótica escolástica tradicional, de uma análise estática e unitemporal da relação obrigacional de execução diferida ou contínua não mais oferecia respostas adequadas. O lapso de tempo que se situa entre o nascimento da obrigação e o momento previsto para a satisfação da obrigação principal não pode mais ser visto como um "espaço vazio",[19] ao longo do qual o devedor não é obrigado a qualquer comportamento particular, não se lhe impõe qualquer dever de conduta. Ao contrário, a relação obrigacional é um todo contínuo, em que desde o seu nascimento (e mesmo antes) as partes estão vinculadas por uma série de deveres anexos de conduta (*Nebenpflichten*), impostos, pelo princípio geral de boa-fé na execução das obrigações. Mesmo antes do vencimento ou da ocorrência do evento futuro e incerto, que dá ensejo à prestação principal, já estão as partes vinculadas a uma série de atos, de condutas gerais, instrumentais ou acessórias em relação ao adimplemento principal, condutas essas não menos importantes para o bom cumprimento das obrigações, para a realização dos interesses legítimos das partes do que a obrigação principal.

Nessa nova visão da obrigação oriunda do contrato de serviço, como um complexo de atos, condutas, deveres a prolongar-se no tempo, do nascimento à extinção do vínculo, mister aceitar-se a existência de deveres de conduta anexos aos contratos, deveres anexos contratuais ou obrigações acessórias oriundas do princípio da boa-fé objetiva (como o dever de informar, de cooperar, dever de cuidado, de sigilo, de conselho, de lealdade etc.). Isto é, significa reconhecer a

---

18. MARQUES, Claudia Lima. *Contratos no Código de Defesa do Consumidor*: o novo regime das relações contratuais. 8. ed. São Paulo: Revista dos Tribunais, 2019, p. 86-87.
19. A expressão é de MURARO, Giovanni, L'implemento prima del termine, em *Rivista di Diritto Civile*, n. 3, ano XXI, maio-jun./1975, p. 270.

imposição de um novo patamar de boa-fé no mercado, boa-fé criadora de deveres de conduta contratual.[20] A noção de boa-fé objetiva, enquanto novo princípio a guiar a conduta dos contraentes nos contratos cativos significa uma nova e importante limitação ao exercício de direitos subjetivos. O princípio da boa-fé objetiva, limitadora de direitos (= poderes), definirá um novo "grau" de abusividade das cláusulas e das práticas comerciais presentes nos contratos oferecidos no mercado.

Como exemplo de contratos cativos, além dos serviços ex-públicos ou de interesse geral, temos as novas relações banco-cliente, os contratos de uso de cartão de crédito, nos seguros em geral, nos serviços de organização e aproximação de interessados (como os exercidos pelas empresas de consórcios), nos serviços de transmissão de informações e de investimento de numerário alheio, de representação etc.[21] Como mencionamos, outras denominações são usadas, como as de "contratos múltiplos", "serviços contínuos", "relações contratuais triangulares", "contratos de serviços complexos de longa duração" e mesmo contratos "pós-modernos".[22] O novo aqui não é a espécie de contrato (seguro, por exemplo), mas a sua relevância no contexto atual, a sociedade de consumo atual beneficia e fomenta esses serviços, considerados, então, socialmente essenciais, a necessitar uma nova disciplina. O próprio fornecimento de Internet passou a ser considerado essencial com a pandemia de COVID-19, por Decreto Presidencial.

Para disciplinar tais relações contratuais complexas, cativas, de longa duração, passou-se, portanto, a uma visão dinâmica desses contratos massificados, de como sua especialidade e indiscutível importância social imprimem a necessidade de uma nova interpretação das obrigações assumidas, de uma visualização mais precisa da gama de deveres principais e secundários existentes nessas relações contratuais

---

20. Veja LARENZ, Karl, Lehrbuch des Schuldrechts, I, 14.Aufl., Beck, Munique, 1987, p. 26 e ss.
21. Veja também CONSTANTE, Carla Regina Santos. Contrato de tempo compartilhado como contrato cativo de longa duração, in *Revista de Direito do Consumidor*, vol. 57/2006, p. 183 – 214, Jan.-Mar. / 2006.
22. Veja especialmente GHERSI, Carlos Alberto, *La Posmodernidad Jurídica – Una discussión abierta*, Buenos Aires, Ed. Gowa, 1995, p. 13.

e de que, em virtude da confiança despertada, o paradigma máximo aqui há de ser o princípio da boa-fé objetiva.

Nesse sentido, correta a observação de que o mundo que se desenha no horizonte é o mundo dos serviços. Serviços que, prestados por entes públicos ou por privados, constituem-se em simples abstrações, fazeres e informações, os quais passam a ser, além de úteis, imprescindíveis para a vida e o conforto do homem do final do séc. XX.

Vivemos, portanto, um momento de mudança: da acumulação de bens materiais, para a acumulação de bens imateriais; dos contratos de dar para os contratos de fazer; do modelo imediatista da compra e venda para um modelo de relação contratual continuada, reiterada; da substituição, privatização ou terceirização do estado como prestador de serviços, de relações meramente privadas para relações particulares de iminente interesse social ou público.[23] Momento de uma crescente importância da fase pré-contratual, em que nascem as expectativas legítimas das partes e de uma exigente fase contratual de realização da confiança despertada, com o aparecimento mesmo de alguma pós-eficácia dos contratos já cumpridos.

Trata-se da crise dos antigos paradigmas e aparecimento de novos paradigmas do direito[24] e, mais do que isso, contamos nós, os aplicadores do direito, com instrumentos jurídicos antigos e novos; instrumentos da ciência moderna do direito, esculpidos pelos ideais da Revolução Francesa, de liberdade, igualdade e fraternidade, com a necessária leitura atual da sociedade industrial e massificada.

Acrescente-se que para enfrentar essa crise de paradigmas não basta mais a utilização apenas do princípio da boa-fé (que é um paradigma

---

23. Quanto a essas mudanças veja GHERSI, Carlos Alberto. La estrutura contratual posmoderna o posfordista – El contrato sin sujeto y la contratendencia. *Jurisprudencia Argentina*, Doutrina, p. 620-633, 1993, p. 626: "... el estado posfordista produce la revolución de los servicios y el modelo de contratación prevalente será otro o mejor otros, más regulativos, duraderos o de tracto sucesivo; con intervención estatal; con rígida distribuición en los beneficios de contrato...; de estructura de adhesion, pero más férrea, con un perfil más objetivo que subjetivo."

24. Sobre a crise dos paradigmas e a teoria de Thomas Kuhn analisando o desenvolvimento científico, veja AMARAL JÚNIOR, Alberto do. *Proteção do consumidor no contrato de compra e venda*. São Paulo: Ed. RT, 1993, p. 17 e ss.

repersonalizador, logo voltado para o sujeito e sua conduta, mesmo que objetiva a boa-fé não deixa de ser um paradigma do sujeito visto na sociedade). Mister acrescentar, como afirma o título deste capítulo, uma visão verdadeiramente coletiva e social do contrato (art. 422 do CC/2002), que é o princípio da confiança. Esse inicia no indivíduo, mas não em sua conduta, e sim no reflexo social que a conduta do indivíduo atinge na sociedade.

Como afirmei anteriormente,[25] a confiança é um elemento central da vida em sociedade e, em sentido amplo, é a base da atuação/ação organizada (*geordneten Handelns*) do indivíduo.[26] Segundo Niklas Luhman,[27] em uma sociedade hipercomplexa como a nossa, quando os mecanismos de interação pessoal ou institucional, para assegurar a confiança básica na atuação, não são mais suficientes, pode aparecer uma generalizada 'crise de confiança' na efetividade do próprio Direito. Essa crise tem efeitos no contrato e sua dogmática, o que está sendo chamado de 'nova crise do contrato'. Em outras palavras, o Direito dos Contratos encontra legitimidade justamente no proteger das expectativas[28] legítimas e da confiança (*Vertrauen*) dos sujeitos de direito.

---

25. Veja meu livro, MARQUES, Claudia Lima, *A confiança no comércio eletrônico e a proteção do consumidor- Um estudo dos negócios jurídicos de consumo no comércio eletrônico*, RT: São Paulo, 2004, p. 31 e ss.
26. Citando passagem de Luhmann, assim SCHMIDT-ROST, Reinhard, in *Wörterbuch des Christentums*, Drehsen, Volker (Hrsg.), Zurique, Benziger Verlag, 1988, p. 1322. Veja sobre os processos de elaboração de decisões e a função do Direito (considerado programação condicional para tal atuar), LUHMANN, Niklas, *Sociologia do direito II*. Trad. Gustavo Bayer. Rio de Janeiro: Tempos Modernos, 1985, p. 27 e ss.
27. Assim ensina LUHMANN, Niklas. *Das Recht der Gesellschaft*, Frankfurt: Suhrkamp, 1997, p. 132: "...Man kann in einer komplexeren Gesellschaft leben, in der personale oder interaktionelle Mechanismen der Vertrauenssicherung nicht mehr ausreichen. Damit ist das Recht aber auch anfällig für symbolisch vermittelte Vertrauenskrisen." Também WEINGARTEN, Célia. *La confianza en el sistema jurídico – Contratos y derecho de daños*. Mendoza: Cuyo, 2002, p. 46, citando outra obra de Luhman (Vetrauen), afirma: "la confianza emerge gradualmente en las expectativas de continuidad, que se forman como princípios firmes con los que podemos conducir nuestras vidas cotidianas."
28. Assim LUHMANN, *Das Recht der Gesellschaft*, op. Cit., p. 559: "Gerade weil dies so ist und sich mehr und mehr aufdrängt, behalten jedoch normative Erwartungen und deren Absicherung durch das Recht ihre Bedeutung..., dass es im Recht zum Schutz von besonders ausgezeichneten Erwartungen, also um kontrafaktische Stabilisierung von

Vertrauen em alemão significa confiar (*trauen*), estar certo, firme (*sicher sein, fest*), esperar (*hoffen*), acreditar (*glauben*), ser fiel (*treu*)[29], e está na fonte das expressões *bona fides* e *Treu und Glauben* (ou boa-fé em Direito Alemão).[30]

Segundo Karl Larenz, a confiança é princípio imanente de todo o Direito (*Vertrauensprinzip*).[31] Hoje, a confiança é um princípio diretriz das relações contratuais[32], merece proteção (*Vertrauenschutz*)[33] e é fonte autônoma (*Vertrauenstatbestand*) de responsabilidade (*Vertrauenshaftung*).[34] Em outras palavras, as condutas na sociedade e no mercado de consumo, sejam atos, sejam dados, sejam omissões, fazem nascer expectativas (agora) legítimas naqueles em que despertamos a confiança, os receptores de nossas informações ou dados.[35] Em resumo, confiar é acreditar (*credere*), é manter, com fé (*fides*) e fidelidade,

---

Zufunftprojektionen geht. Es bleibt auch beim Generalprinzip des Vertrauensschutzes für Fälle, in denen man sich auf geltendes Recht veranlassen hatte."

29. Assim KLUGE, Friedrich, *Etymologisches Wörterbuch der deutschen Sprache*, 23. ed. Berlin, Walter de Gruyter, 1999, p. 833.
30. Assim também ZIPPELIUS, Reinhold. *Das Wesen des Rechts – Eine Einführung in die Rechtsphilosophie*. 5. ed. Munique: Beck, 1997, p. 110, relembrando que a conduta (*Verhalten*) cria expectativas e confiança no outro e que as antigas linhas da boa-fé, como o *venire contra factum proprium* foram construídas sobre a ideia central de proteção da confiança como base para uma vida em sociedade.
31. LARENZ, Karl. *Methodenlehre der Rechstwissenschaft*. 6. ed. Berlin: Springer, 1991, p. 424:"*Das Vertrauensprinzip ist ein immanentes Prinzip unserer Rechtsorndung...*"
32. Assim também REZZÓNICO, Juan Carlos. *Principios fundamentales de los contratos*. Buenos Aires: Astrea, 1999, p. 377, que ensina: "*El principio de confianza se basa en un deber ético de no defraudar las expectativas suscitadas en otros...Las expectativas deben ser legítimas y fundadas, lo que excluye tanto la confianza ingenua como la temeraria...El principio de confianza –al igual que el de buena fe – cubre toda la posibilidad contractual y, por tanto, no sólo el tronco mismo del contrato, sino también el período anterior y el posterior.*"
33. Assim LARENZ, Karl. *Methodenlehre der Rechstwissenschaft*. 6. ed. Berlin: Springer, 1991, p. 425.
34. Assim Canaris, *Vertrauenshaftung*, p. 490 e ss.
35. Assim REZZÓNICO, Juan Carlos. *Principios fundamentales de los contratos*. Buenos Aires: Astrea, 1999, p. 391:"*...la confianza es un acontecer de naturaleza social se evidencia con la simple comprobación de que nuestro comportamiento sirve para fundar la confianza de otro u otros...*"

a conduta, as escolhas e o meio; confiança é aparência, informação, transparência, diligência e ética no exteriorizar vontades negociais.[36]

Se o consumidor do futuro será não só um acumulador de bens, mas um acumulador de serviços, de fazeres que assegurarão a ele e a sua família o bem-estar, a segurança, a saúde, o lazer, o *status*, as informações, o crédito e todos os outros "bens imateriais" e serviços oferecidos (e desejados) no mercado brasileiro, o direito terá de acompanhar essa mudança. Uma melhor análise dessa nova realidade pode indicar características importantes da estrutura contratual do futuro, facilitando a sua interpretação e a aplicação das normas (de direito privado, de ordem pública e mesmo de direito público), entre elas as de defesa do consumidor, as quais regulam esses novos (velhos) contratos de serviços.

O outro elemento é o tempo, que a sociologia[37] e o direito destacam como um dos elementos mais difíceis de serem tratados, pois, apesar de "exterior" ao fenômeno (no caso, o contrato), passa a fazer parte da sua própria natureza ("participe de leur nature même").[38] Ou, como afirmava Reale, o tempo abstrato é vazio, o tempo vivido é o que vale.[39]

Mister frisar que, nesses tempos "de urgência",[40] a noção de tempo «no contrato» mudou. E mudou no sentido inverso, alongando-se:

---

36. Assim ensina REZZÓNICO, Juan Carlos. *Principios fundamentales de los contratos*. Buenos Aires: Astrea, 1999, p. 398. O mesmo autor esclarece que a confiança é um fato social e jurídico, pois atuamos em um mundo de 'incertezas': "*y, en verdad, si queremos participar en las relaciones humanas y particularmente en el tráfico jurídico, no hay opción: la inceridumbre debe ser substituida por nuestra confianza, que actúa como mecanismo de remplazo del conocimiento*" (REZZÓNICO, Juan Carlos. *Principios fundamentales de los contratos*. Buenos Aires: Astrea, 1999, p. 375).
37. Assim ELIAS, Norbert. Norbert. *Über die Zeit*. Frankfurt: STW, 1988, p. VII: "Eu sei o que é o tempo, até que me perguntem o que ele é".
38. Assim a primeira tese de OST, Françoise. *Le temps du droit*. Paris: Odile Jacob, 1999, p. 12 ss.
39. REALE, Miguel. As faculdades de direito na história. *RT*, edição histórica – 98 anos, p. 402-411, dez. 2009, p. 402: "O tempo... enquanto mero fluxo ou seriação de momentos, pouco ou nada representa. O tempo é igual, trate-se de séculos, de anos, de segundos. O tempo em si mesmo é vazio, incolor, adiáforo, mas se enriquece com a substância de nossas atividades e pensamentos. O que importa é o tempo vivido".
40. A expressão é de Nicole Aubert, in AUBERT, Nicole. *Le culte de l'urgence – La société malade du temps*. Paris: Flammarion, 2003, p. 19 ss, afirma existir um "culto

o contrato é agora «um longo tempo». Do imediato e bilateral «dar», passamos a uma cooperação de uma vida, seja em contratos de produtos imateriais e sempre financiados, seja em serviços, e a um «contato social» (ou um processo, como afirma Couto e Silva) com plúrimos fornecedores, unidos em redes (de contratos também) para realizar esse objetivo ou missão comum. Mudou o tempo contratual, desde a atual valorização dos momentos pré e pós-contratual, mas também no que se refere à relevância jurídica da passagem do tempo durante a execução dos contratos (agora mais repetitiva, e 24 horas do dia, sem os limites do espaço de trabalho e da casa, do território ou do Estado-nação), o que a sociologia denomina novo *Zeit-Raum* (tempo-espaço).[41] O acesso ao contrato sempre foi valorizado (econômica e) juridicamente, pois era a possibilidade de circular a riqueza, mas hoje o próprio "estar" (e permanecer) no contrato e no vínculo com certo fornecedor de produtos (e em especial de serviços) pode ser "a riqueza".

Estar vinculado por contratos cativos e fiéis no tempo é um valor (econômico) novo, um instrumento de poder ou sujeição, como nas cláusulas de fidelização. É, sobretudo, um símbolo de "acesso" a algo (como ao crédito rotativo), de um "ter" ou "ser" especial, de um pertencer a um grupo seleto e fiel, que pode ter valor econômico e ser uma *commodity* ou pelo menos uma "credencial" deste *homo aeconomicus* novo. Em outras palavras, em nossa nova sociedade de consumo e de informação de massa, com a crescente desmaterialização da riqueza, o próprio contrato pode ser uma nova forma de "riqueza"! Há bastante tempo defendo que a passagem do tempo deveria ser favorável ao consumidor, sujeito vulnerável e constitucionalmente protegido em suas relações com os fornecedores.[42] Vejamos as lições do direito comparado sobre isso.

à urgência" e inclui como subtítulo de seu belo livro "la société malade du temps" (algo como "a sociedade atormentada pelo tempo").

41. LUHMAN, Niklas. Niklas. *Beobachtung der Moderne*. 2. ed. Wiesbaden: VS, 2006, p. 19-21.
42. MARQUES, Claudia Lima. *Prefácio, in*: DESSAUNE, Marcos. *Desvio Produtivo do Consumidor*: o prejuízo do tempo desperdiçado. São Paulo: Revista dos Tribunais, 2011, p. 15.

B) Conexidade no tempo e as lições do direito comparado: contratos relacionais, grupos de contratos, contratos conexos ou coligados

A jurisprudência brasileira muitas vezes denomina os contratos cativos de longa duração como sinônimo dos contratos relacionais. O realismo norte-americano[43] denominou esses contratos de "relacionais" (*relational contracts*),[44] destacando os elementos sociológicos que condicionam o nascimento e a estabilidade desses contratos complexos de longa duração. A contribuição desses estudos, que remontam a 1974, foi grande.[45] Os estudos analisavam as relações "não contratuais", as projeções de troca dos empresários e sua organização em *networks*, baseadas mais na confiança, na solidariedade e na cooperação no que em vínculos contratuais expressos. Assim desenvolveram uma noção de um contrato aberto, de uma relação contínua, duradoura, ao mesmo tempo que modificável pelos usos e costumes ali desenvolvidos e pelas atuais necessidades das partes.[46]

O potencial desse modelo é fascinante. Identificar um contrato relacional em que há vínculo, mas não necessariamente contratual, como nas parcerias econômicas furtivas e momentâneas de hoje, identificar um contrato relacional, em que o vínculo oficialmente já acabou, mas há relacionamento *a posteriori*, como em um contrato cumprido, não renovado, mas novado ou mesmo reescrito. Identificar

---

43. Assim OECHSLER, Jürgen. Wille und Vertrauen im privaten Austauschvertrag Die Rezeption der Theorie des Relational Contract im deutschen Vertragsrecht in rechtsvergleichender Kritik, RABELsZ 1996 (Bd. 60, p. 91-124), p. 92.
44. O iniciador dessa teoria foi Ian Macneil (veja MACNEIL, Ian R. The many futures of contracts. *Southern California Law Review* 47, p. 691-816, 1974, p. 691 e ss.). Veja também seus outros artigos, Contracts: adjustement of long-term economic relations under classical, neoclassical, and relational contract law. *Northwestern University Law Review* 72, p. 854-905, 1979.; Values in contract: internal and external, em *Northwestern U.L.* 78(1983), 340 e ss.; Relational contract: what we do and do not know, em *Wis. L. Rev.* 1985, 483 e ss.
45. Veja a reprodução in MACNEIL, Ian. *The new social contract – An inquiry into modern contractual relations*. Londres: Yale University Press, 1980.
46. Veja a adaptação desta doutrina para o Brasil, em MACEDO JR., Ronaldo Porto. *Contratos relacionais e defesa do consumidor*. São Paulo: Max Limonad, 1998, p. 127 e ss.

um contrato relacional, em que existem vários contratos, com várias e diferentes pessoas jurídicas, como os contratos com bancos múltiplos, seis contratos em um só, ou um contrato com quatro pessoas diferentes (banco, corretora, financeira, seguradora ou fornecedora de serviços outros), tudo em um só relacionamento de consumo.[47]

Como já afirmei,[48] esse modelo contratual 'relacional' foi criado em virtude de dificuldades específicas e imanentes ao sistema da *commom law* com as relações de longa duração.[49] Essas dificuldades de englobar na relação contratual as promessas e as informações não formais ou não escritas, de preencher as lacunas contratuais com uma interpretação integrativa pelo Judiciário, são menores em um sistema contratual não solene, como o brasileiro ou o continental europeu.[50] Os demais problemas apresentados podem ser solucionados, no direito brasileiro, pelos princípios da confiança, da boa-fé, da acessoriedade das relações de consumo ou pela teoria da aparência.[51] Assim, a mais importante

---

47. Veja MARQUES, Claudia Lima. Boa-fé nos serviços bancários, financeiros, de crédito e securitários e o código de defesa do consumidor: informação, cooperação e renegociação? In *Revista de Direito do Consumidor* 43, São Paulo: RT, p. 23ss.
48. MARQUES, Claudia Lima. Contratos no Código de Defesa do Consumidor. 8. ed. São Paulo: RT, 2019, p. 76-77.
49. Assim OECHSLER, Jürgen. Wille und Vertrauen im privaten Austauschvertrag Die Rezeption der Theorie des Relational Contract im deutschen Vertragsrecht in rechtsvergleichender Kritik, RABELsZ 1996 (Bd. 60, p. 91-124), p. 93. Especial dificuldade apresenta a doutrina da *Consideration* na conclusão de renegociações ou modificações contratuais não formais.
50. O sistema do CDC, que será analisado mais adiante, segue essa linha não solene e ainda a amplia nos arts. 30, 34 e 48, incluindo toda e qualquer informação na relação contratual de consumo. Sobre o sistema continental europeu, veja OECHSLER, Jürgen. Wille und Vertrauen im privaten Austauschvertrag Die Rezeption der Theorie des Relational Contract im deutschen Vertragsrecht in rechtsvergleichender Kritik, RABELsZ 1996 (Bd. 60, p. 91-124), p. 109 e ss.
51. Segundo OECHSLER, Jürgen. Wille und Vertrauen im privaten Austauschvertrag Die Rezeption der Theorie des Relational Contract im deutschen Vertragsrecht in rechtsvergleichender Kritik, RABELsZ 1996 (Bd. 60, p. 91-124), p. 114, a teoria do contrato relacional é uma "reimportação" do modelo jurídico alemão. A solução alemã baseada na responsabilidade pela confiança teria sido recebida nos EUA justamente para suprir os problemas da *common law* com relações de longa duração e que agora estaria retornando ao continente. A leitura do original de Macneil, ao contrário, parece partir de observações básicas sociológicas, quanto às raízes do

contribuição desses estudos à nova teoria contratual brasileira é a criação de um modelo teórico contínuo que engloba as constantes renegociações e as novas promessas, bem destacando que a situação externa e interna de catividade e interdependência dos contratantes faz com que as revisões, as novações ou as renegociações contratuais naturalmente continuem ou perenizem a relação de consumo, não podendo essas, porém, autorizar abusos da posição contratual dominante ou validar prejuízos sem causa ao contratante mais fraco ou superar deveres de cooperação, solidariedade e lealdade que integram a relação em toda a sua duração.[52] Assim, a teoria do *contrato relacional* pode contribuir, especialmente, nos contratos de mútuo e em geral de fornecimento de serviços, para uma nova compreensão da confiança despertada pela atividade dos fornecedores e para a aceitação de uma readaptação constante das relações de longa duração de forma a não frustrar as expectativas legítimas das partes, apesar da limitada vontade manifestada inicialmente.[53]

Aqui um elemento interessante que é a manutenção da relação no tempo, em virtude da interdependência. MacNeil chega mesmo a afirmar a existência de uma solidariedade "orgânica": "*uma crença comum na interdependência futura efetiva.*"[54] Outro ponto importante dessa visão da análise econômica do direito é a necessidade de ajustes para garantir o futuro da prestação. Trata-se de um contrato muitas vezes

---

contrato, para só então aprofundar-se na relação de confiança, veja MACNEIL, Ian. *The new social contract – An inquiry into modern contractual relations.* Londres: Yale University Press, 1980, p. 701 e ss. em especial.

52. Como ensina MACEDO JR., Ronaldo, *Contratos relacionais e defesa do consumidor*. São Paulo: Max Limonad, 1998, p. 335, a teoria contratual relacional tem função descritiva, analítica, mas "o modelo relacional tem também caráter normativo e prescritivo. Assim é que ele recomenda uma revalorização e ampliação do uso do princípio da boa-fé, justiça e equilíbrio contratual como princípios capazes de orientar os agentes contratuais e operadores do direito na direção do reconhecimento das circunstâncias fáticas concretas".
53. Assim também conclui OECHSTER, Jürgen. Wille und Vertrauen im privaten Austauschvertrag Die Rezeption der Theorie des Relational Contract im deutschen Vertragsrecht in rechtsvergleichender Kritik, RABELsZ 1996 (Bd. 60, p. 91-124), op. cit. p. 117 e ss.
54. MACNEIL, Ian R., *O novo contrato social*, Rio de Janeiro: Elsevier, 2009, p. 88.

aleatório e, se não, um contrato fictamente comutativo, pois o importante passa a ser o nexo das prestações e seu equilíbrio (*synalagma*), não a prestação em si, mas seus anexos, sua qualidade, sua funcionalidade, a informação que a acompanha, o *status* que a assegura, a rapidez e a segurança quanto ao seu prestar.[55]

Para muitos, a noção de equilíbrio e equidade contratual está inserida no princípio da boa-fé ou no princípio formulador máximo, o da confiança. A boa-fé objetiva valoriza os interesses legítimos que levam cada uma das partes a contratar, e assim o direito passa a valorizar, igualmente e de forma renovada, o nexo entre as prestações, sua interdependência, isto é, o sinalagma contratual (*nexum*). Da mesma forma, ao visualizar, sob influência do princípio da boa-fé objetiva, a obrigação como uma totalidade de deveres e direitos no tempo e ao definir também como abuso a unilateralidade excessiva ou o desequilíbrio irrazoável da engenharia contratual, valoriza-se, por consequência, o equilíbrio intrínseco da relação em sua totalidade e redefine-se o que é razoável em matéria de concessões do contratante mais fraco (*Zumutbarkeit*).[56]

Ronaldo Porto Macedo, que popularizou as análises sobre os contratos relacionais de MacNeil no Brasil, destaca a importância dos deveres anexos de boa-fé no tempo, quase principal. E, em páginas inspiradas, analisa os contratos de previdência privada, afirmando:

> "Ora, os contratos relacionais, à medida que questionam os pressupostos microeconômicos neoclássico do 'Homo economicus', apontam para uma dimensão não-acessória, mas sim central, do princípio jurídico da cooperação. Conforme visto, a estratégia de cooperação em muitos casos de contratação relacional constituiu-se na obrigação principal...em síntese, o caráter acessório dos deveres de cooperação se transfigura, pois, de três maneiras. Em primeiro lugar, a cooperação assume um caráter central no contrato. E, segundo , o dever acessório de cooperação deixa de

---

55. MACNEIL, Ian R. Contracts: adjustement of long-term economic relations under classical, neoclassical, and relational contract law. *Northwestern University Law Review* 72, p. 854-905, 1979.
56. FIKENTSCHER, Wolfgang. *Schuldrecht*. Berlim: Walter de Gruyter, 1992, p. 130.

ser um princípio subsidiário na interpretação dos contratos, que deve ser invocado apenas para preencher lacunas, quando os demais princípios básicos (autonomia da vontade, vinculatividade da obrigação, liberdade contratual etc.) não bastem para resolver o problema, e passa a ser um princípio básico de todos os contratos relacionais...Por fim, o dever de solidariedade impõe a obrigação moral e legal de agir em conformidade com determinados valores comunitários, e não apenas segundo uma lógica individualista de maximização de interesses de caráter econômico."[57]

Na América Latina, em especial na Argentina e no Brasil, o foco foi a conexidade no tempo, como um feixe de contratos para um objetivo único, que é submetido às 'intempéries' do tempo,[58] pandemias,[59] superendividamento[60] etc. Assim alerta a doutrina argentina,[61] a qual considera um novo imperativo a visualização deste *continuum* e da conexidade dos vínculos e deveres no tempo, requerendo cooperação renegociadora contínua em matéria de contratos de longa duração. Da mesma forma, a doutrina francesa manifesta-se pela necessidade de uma razoável equivalência de prestações, em face do princípio da igualdade no direito privado.[62]

---

57. MACEDO JR., Ronaldo, *Contratos relacionais e defesa do consumidor*. São Paulo: Max Limonad, 1998, p. 153.
58. LORENZETTI, Ricardo L. *Tratado de los contratos*. Buenos Aires: Rubinzal-Culzoni, 1999-2000. t. I.
59. MIRAGEM, Bruno. Nota relativa à pandemia de coronavírus e suas repercussões sobre os contratos e a responsabilidade civil. In Revista dos Tribunais, vol. 1015/2020, maio 2020. E FACHIN, Luis Edson. Fato de força maior e o adimplemento contratual, in *Soluções Práticas – Fachin*, vol. 1, p. 231 – 276, Jan. 2012.
60. Veja a obra MARQUES, Claudia Lima; CAVALLAZZI, Rosângela Lunardelli, LIMA, Clarissa Costa (coord). *Direitos do Consumidor Endividado II: vulnerabilidade e exclusão*. São Paulo: RT, 2016.
61. LORENZETTI, Ricardo L. *Tratado de los contratos*. Buenos Aires: Rubinzal-Culzoni, 1999-2000. t. I, p. 115 e 116.
62. Assim BERTHIAU, Denis. *Le principe d'égalité et le droit civil des contrats*. Paris: LGDJ, 1999, p. 429: ...l'équivalence dans l'économie générale du contrat s'impose en définitive comme étant le point d'orgue de toute réflexion sur le principe d'égalité dans le droit civil des contrats, car s'il est évident aue l'exploitation de la faiblesse d'une partie contractante par l'autre doit juridiquement être traitée, il n'y a un

Também a doutrina alemã, dessa vez, com base nos deveres de cooperação da boa-fé e na antiga exceção da ruína, está ativamente estudando a existência de um dever geral de renegociação nos contratos de longa duração.[63] Partindo da premissa de que há uma cláusula ou um dever de modificação de boa-fé (no caso brasileiro, com previsão expressa no art. 6º, inciso V, do CDC) dos contratos de longa duração, sempre que há quebra da base objetiva do negócio (*Wegfall der Geschäftsgrundlage*) e onerosidade excessiva daí resultante, considera parte majoritária da doutrina, que haveria uma espécie de dever *ipso jure* de adaptação (*ipso jure-Anpassungspflicht*)[64] ou dever de antecipar e cooperar na adaptação, logo, dever (ou para alguns *Obligenheit*)[65] de renegociar (*Neuverhandlungspflicht*).[66] A todas essas tendências

---

intérêt à le faire que dans la mesure où l'équivalence dans l'économie génèerale du contrat s'en trouve affectée. Prende une autre position conduit à mettre en péril les équilibre contractuels, liés à la voluntée des parties, à l'utilité du contrat et à la nécessité de sa stabilité. ...En d'autres termes la manifestation unitaire du principe d'égalité dans le contrat devrait s'orienter vers la composante de l'équivalence des prestations, entendue largement comme l'équivalence des droits et des obligations contractuels. Veja também, PAISANT, Gilles. El tratamiento de las situaciones de sobreendeudamiento de los consumidores en Francia. *Revista de Direito do Consumidor* 89, 2013, p. 13 e seg., o qual explica a importância de prevenir o superendividamento na França.

63. Veja o estudo de MARTINEK, Michael. Die Lehre von den Neuverhandlungspflichten – Bestandaufnahme, Kritik... und Ablehnung. *Archiv für die Civilistische Praxis (AcP)* 198, p. 396, 199, p. 330 e ss., o qual apesar de negar a existência deste dever geral de renegociação (*Neuverhandlungspflicht*) em todos os contratos de longa duração, concorda que a doutrina majoritária o identifica em muitíssimos deles, em especial os de longa duração de consumo, p. 356 e ss.
64. MARTINEK, Michael. Die Lehre von den Neuverhandlungspflichten – Bestandaufnahme, Kritik... und Ablehnung. *Archiv für die Civilistische Praxis (AcP)* 198, p. 396, 1998, relata essa teoria, que é majoritária na Alemanha, à p. 363 e ss.
65. Sobre *Obligenheit*, que é um dever de boa-fé menos forte, tão reduzido, que se parece quase ao ônus, porém com sanções mais importantes, veja a dissertação de mestrado de Christoph Fabian na UFRGS, FABIAN, Christoph. *O dever de informar no direito civil*. São Paulo: Ed. RT, 2002.
66. MARTINEK, Michael. Die Lehre von den Neuverhandlungspflichten – Bestandaufnahme, Kritik... und Ablehnung. *Archiv für die Civilistische Praxis (AcP)* 198, p. 396, 1998, p. 367, relata esta teoria de Horn, Jürgen Bauer, Horst Eidemüller, Wolfgang Harms, Herbert Kronke, Karsten Schmidt e Ernst Steindorff.

atuais, Canaris denominou de "tendências de materialização do direito das obrigações contratuais" (*Tendenz zu einer Materialisierung des Schuldvertragsrechts*).[67]

Agora cabe analisar o tempo, como elemento. O contrato é de longa duração, de execução sucessiva e protraída, trazendo em si expectativas outras que os contratos de execução imediata. Esses contratos baseiam-se mais na confiança, no convívio reiterado, na manutenção do potencial econômico e da qualidade dos serviços, pois trazem implícita a expectativa de mudanças das condições sociais, econômicas e legais na sociedade nesses vários anos de relação contratual. A satisfação da finalidade perseguida pelo consumidor (por exemplo, futura assistência médica para si e sua família) depende da continuação da relação jurídica fonte de obrigações. A capacidade de adaptação, de cooperação entre contratantes, de continuação da relação contratual é aqui essencial, básica.[68]

Tais serviços envolvem normalmente obrigações denominadas "duradouras" nas quais "o adimplemento sempre se renova sem que se manifeste alteração no débito".[69] O débito contratual continua o mesmo, isto é, o dever de prestar continua total, assim, mesmo que, por exemplo, o segurado tenha usado os serviços, o dever de prestar assistência médica ou de reembolsar os gastos com saúde, renova-se, continua o mesmo e total, conforme o objetivo do contrato. Não se trata, nesses casos, de mera divisão da prestação contratual no tempo ou de obrigação divisível, fracionável no tempo e no espaço, mas de obrigações renovadas no tempo, que "são adimplidas permanentemente e assim perduram sem que seja modificado o conteúdo de dever de prestação, até seu término".[70]

---

67. Canaris, *Acp* 2000, p. 276 e ss.
68. Veja, por todos, MARTINEK, Michael. Die Lehre von den Neuverhandlungspflichten – Bestandaufnahme, Kritik... und Ablehnung. *Archiv für die Civilistische Praxis (AcP)* 198, p. 396, 1998, p. 330 e ss.
69. Assim ensinava o grande mestre da Faculdade de Direito da UFRGS, COUTO E SILVA, Clóvis V. do Couto. *A obrigação como processo*. São Paulo: José Bushatsky, 1976, p. 211 e 212.
70. Assim ensina COUTO E SILVA, Clóvis V. do Couto. *A obrigação como processo*. São Paulo: José Bushatsky, 1976, p. 212.

O tempo aqui corresponde a um interesse do credor[71] e é essencial, uma vez que o contrato desenvolve seus efeitos justamente através da passagem do tempo, da divisão de riscos no tempo e da cooperação entre os contratantes. Entre as relações que podem ser denominadas "cativas", outras existem que se aproximam mais do modelo da compra e venda a prazo, de forma divisível, pois, aqui, apenas observa-se o outro lado da relação jurídica, o lado passivo do devedor-consumidor. A obrigação do consumidor-devedor pode ser divisível nos contratos de consórcios ou mesmo na locação envolvendo os serviços de uma imobiliária, mas a obrigação do administrador do consórcio e do grupo, da empresa imobiliária, administradora e do locador não são divisíveis ou fracionáveis, ao contrário, renovam-se, são obrigações reiteradas até o término do vínculo contratual e a realização total de seu objetivo.

O objeto principal desses contratos muitas vezes é um evento futuro, certo ou incerto, é a transferência (onerosa e contratual) de riscos referentes a futura necessidade, por exemplo, de assistência médica ou hospitalar, pensão para a viúva, formação escolar para os filhos do falecido, crédito imediato para consumo. Para atingir o objetivo contratual os consumidores manterão relações de convivência e dependência com os fornecedores desses serviços por anos, pagando mensalmente suas contribuições, seguindo as instruções (por vezes, exigentes, burocráticas e mais impeditivas do que) regulamentadoras dos fornecedores, usufruindo ou não dos serviços, a depender da ocorrência ou não do evento contratualmente previsto.

Como são serviços contínuos e não mais imediatos, serviços complexos e geralmente prestados por fornecedores indiretos, fornecedores "terceiros", aqueles que realmente realizam o "objetivo" do contrato, daí a grande importância da noção de cadeia ou organização interna de fornecedores e sua solidariedade (arts. 3º e 7º, parágrafo único, do CDC).

A conexidade é a chave para tal solidariedade. Como vimos, para manter o vínculo com o fornecedor, aceitará facilmente qualquer nova

---

71. Assim LORENZETTI, Ricardo L. *Tratado de los contratos*. Buenos Aires: Rubinzal--Culzoni, 1999-2000. t. I, p. 120.

imposição por esse desejada. A visão da conexidade contratual das operações econômicas intermediárias e anexas ao consumo complexo de produtos e serviços dos dias hoje é uma necessidade.[72]

Como já ensinei, os contratos conexos são aqueles cuja finalidade é justamente facilitar ou realizar o consumo. O aplicador do CDC deve estar atento para o fenômeno da conexidade, pois se de uma visão real e socialmente útil da multiplicidade e complexidade das relações contratuais pós-modernas, pode se apor a uma visão formalista e reduzida a impedir a realização da função social dos contratos. Mister, portanto, ao analisar as relações cativas e de longa duração, analisar também os chamados "atos de consumo por conexidade" ou relações de consumo acessórias, que também podem durar no tempo e serem instrumentos de fática catividade dos consumidores, apesar de pontuais.

Destaque-se, pois, que hoje podemos classificar as relações de consumo como relações de consumo principal (por finalidade de consumo), relações de consumo por conexidade, por catividade, por acidente (art. 17 do CDC) e incidentais (art. 29 e parágrafo único do art. 2º do CDC). Para a conexidade das relações a explicação é simples: na sociedade moderna por vezes as relações contratuais são tão conexas, essenciais, interdependentes e complexas que é impossível distingui-las, realizar uma sem a outra, deixar de realizá-las ou separá-las. E, assim, se uma das atividades (ou fins) é de consumo acaba por "contaminar", por determinar a natureza acessória de consumo da relação ou do contrato comercial... Há que se dar destaque a essa conexidade de consumo, pois é essa determinante da interpretação (do regime e dos efeitos) que se dará aos contratos e às relações acessórias (talvez não de consumo *stricto sensu*). Mister, pois estudar e estar ciente das redes de contratos... é o novo meio que se utiliza o mercado para a satisfação de um interesse, que o encadeamento/simultaneidade de

---

72. Assim ensina BACACHE-GIBEILI, Mireille. *La relativité des conventions et les groupes de contrats*. Paris: LGDJ, 1996, p. 1. Note-se que a famosa tese de Christian Larroumet é de 1968 e versava sobre os contratos triangulares, com a presença de terceiros (cofornecedor, fiador, beneficiário etc.). Hoje, essa divisão entre terceiros e partes, no contrato de consumo, está desaparecendo... os terceiros são agora consumidores e fornecedores.

contratos permite.⁷³ A conexidade é, pois, o fenômeno operacional econômico de multiplicidade de vínculos, contratos, pessoas e operações para atingir um fim econômico unitário e nasce da especialização das tarefas produtivas, da formação de redes de fornecedores no mercado e, eventualmente, da vontade das partes.⁷⁴

Na doutrina,⁷⁵ distinguem-se três tipos de contratos conexos de acordo com as suas características básicas de possuírem fim unitário (elemento objetivo), de se existir uma eventual vontade de conexão ou união (elemento subjetivo) ou se a conexão foi determinada por lei (compra e venda com financiamento do art. 52 do CDC), quais sejam:

1. *Grupos de contratos* – contratos vários que incidem de forma paralela e cooperativa para a realização do mesmo fim. Cada contrato (por exemplo, contratos com um banco múltiplo popular e um consumidor com conta corrente) tem um objetivo diferente (cartão de extratos, crédito imediato limitado ao cheque especial, depósito bancário simples), mas concorrem para um mesmo objetivo (conta corrente especial do consumidor) e somente unidos podem prestar adequadamente.⁷⁶

---

73. Assim LORENZETTI, Ricardo L. Redes contractuales: conceptualización jurídica, relaciones internas de colaboración, efectos frente a terceros. *Revista de Direito do Consumidor* 28, p. 22-58, 1999, p. 22 e ss.
74. Veja por todos, LORENZETTI, Ricardo L. Redes contractuales: conceptualización jurídica, relaciones internas de colaboración, efectos frente a terceros. *Revista de Direito do Consumidor* 28, p. 22-58, 1999, p. 22 e ss.
75. Aqui aproveitamos dos ensinamentos da doutrina italiana sobre "collegamento" (Messineo, Gandolfi, Galgano), da doutrina francesa sobre *groupes de contrats* (Teyssié, Larroumet), da doutrina alemã sobre *komplexe Langzeitverträge* (Martinek) e *verbundene Geschäfte* (Medicus), da doutrina argentina sobre *redes contractuales* (Lorenzetti) e sobre *conexidad negocial* (Mosset Iturraspe), da doutrina norte-americana sobre *relational contracts* (Macneil), da doutrina inglesa do *collateral contracts* (Atiyah) e da doutrina brasileira sobre coligamento e contrato relacional (Orlando Gomes e Ronaldo Porto Macedo), em classificação que esperamos unificadora. Veja nosso artigo, MARQUES, Claudia Lima. Proposta de uma teoria geral dos serviços com base no Código de Defesa do Consumidor – A evolução das obrigações envolvendo serviços remunerados direta ou indiretamente. *Revista de Direito do Consumidor* 33, p. 79-122, 2000, p. 79 e ss. ou capítulo revisitado neste livro.
76. Assim concorda LORENZETTI, Redes contractuales, p. 47, frisando a garantia e responsabilidade pelo êxito comum. Na XVII Jornada Nacionales de Derecho Civil,

2. *Rede de contratos* – em que cada contrato tem sucessivamente por objeto a mesma coisa, o mesmo serviço, o mesmo objeto da prestação. É a estrutura contratual mais usada pelos fornecedores ao organizar a suas cadeias de prestação ao consumidor com fornecedores diretos e indiretos, como no caso do seguro-saúde, também usada nas colaborações entre fornecedores para a produção (e terceirizações) e distribuição no mercado.[77]

3. *Contratos conexos* stricto sensu – são aqueles contratos autônomos que por visarem a realização de um negócio único (nexo funcional), celebram-se entre as mesmas partes ou entre partes diferentes e vinculam-se por essa finalidade econômica supracontratual comum, identificável seja na causa, no consentimento, no objeto ou nas bases do negócio. Assim, se a finalidade supracontratual comum é de consumo, todos os contratos são de consumo por conexidade ou acessoriedade. Essa nova visão qualificada e ampliadora das relações de consumo é necessária para uma boa aplicação do CDC. A conexidade é o método de comercialização e *marketing*, é a consequência, que hoje pode ser facilmente fotografada no mercado nacional.[78-79]

Tendo em vista essa conexidade com o consumo é que o art. 52 e o art. 3º, § 2º, do CDC expressamente incluem o crédito e o financiamento ao consumidor entre os serviços de consumo. Agora o

---

em Santa Fé, Argentina, foi dada nova denominação, desta vez de "sistema de contratos", que seria "un grupo de contratos individuales conectados por una operación económica diferente de cada uno de los vínculos individuales" (Conclusões ainda inéditas).

77. Assim concorda MOSSET ITURRASPE, Jorge. *Contratos conexos – Grupos y redes de contratos*. Santa Fé: Rubinzal-Culzoni, 1999, p. 119 e ss. Destaca o autor, op. cit., p. 46, que existem "cadeias independentes de contratos" de fornecedores onde pode haver conexidade, mas não "nexo funcional", pois esses contratos não têm destinação comum, por isso preferimos a expressão de Lorenzetti, "redes". Veja, no Brasil, a tese de Marcelo De Nardi e a obra de LEONARDO, Rodrigo Xavier. *Redes contratuais no mercado habitacional*. São Paulo: Ed. RT, 2003.

78. Veja o nosso artigo sobre contratos bancários, na *Revista de Direito do Consumidor* 25, p. 21.

79. Assim nosso texto MARQUES, Claudia Lima Proposta de uma teoria geral dos serviços com base no Código de Defesa do Consumidor – A evolução das obrigações envolvendo serviços remunerados direta ou indiretamente. *Revista de Direito do Consumidor* 33, p. 79-122, 2000, p. 79 e ss.

PL 1805/2021, (anterior PL 3515/2015), que dispõe sobre a atualização do CDC[80] no que concerne à prevenção e ao tratamento do superendividamento menciona expressamente essa conexidade:

> "Art. 54-F. São conexos, coligados ou interdependentes, entre outros, o contrato principal de fornecimento de produto ou serviço e os contratos acessórios de crédito que lhe garantam o financiamento, quando o fornecedor de crédito:
>
> I – recorre aos serviços do fornecedor de produto ou serviço para a preparação ou a conclusão do contrato de crédito;
>
> II – oferece o crédito no local da atividade empresarial do fornecedor de produto ou serviço financiado ou onde o contrato principal é celebrado.
>
> § 1º O exercício do direito de arrependimento nas hipóteses previstas neste Código, seja no contrato principal, seja no de crédito, implica a resolução de pleno direito do contrato que lhe seja conexo.
>
> § 2º Nos casos dos incisos I e II do caput, havendo inexecução de qualquer das obrigações e deveres do fornecedor de produto ou serviço, o consumidor poderá requerer a rescisão do contrato não cumprido contra o fornecedor do crédito.
>
> § 3º O direito previsto no § 2º deste artigo caberá igualmente ao consumidor:
>
> I – contra o portador de cheque pós-datado, emitido para aquisição de produto ou serviço a prazo;
>
> II – contra o administrador ou emitente do cartão de crédito ou similar quando o cartão de crédito ou similar e o produto ou serviço forem fornecidos pelo mesmo fornecedor ou por entidades pertencentes a um mesmo grupo econômico.

---

80. O Projeto de Lei 1805/2021 atualiza o Código de Defesa do Consumidor em seus 30 anos, introduzindo – a exemplo do Código do Consumo da França – dois capítulos novos sobre o tema da prevenção e do tratamento do superendividamento dos consumidores pessoas físicas. Na parte sobre prevenção, o PL 3515,2015 inaugura práticas de crédito responsável e combate de assédio ao consumo de idosos e analfabetos existentes em outras sociedades democratizadas de crédito. Veja BENJAMIN, Antônio Herman e MARQUES, Claudia Lima. Relatório-Geral da Comissão de Juristas – Atualização do Código de Defesa do Consumidor, Presidência do Senado Federal: Brasília, 2012, p. 19 e seg.

§ 4º A invalidade ou a ineficácia do contrato principal implicará, de pleno direito, a do contrato de crédito que lhe seja conexo, nos termos do caput deste artigo, ressalvado ao fornecedor do crédito o direito de obter do fornecedor do produto ou serviço a devolução dos valores entregues, inclusive relativamente a tributos."

Realmente, a regra parece necessária, pois a relação principal é de consumo, contrato entre consumidor e fornecedor e a acessória de crédito. Lorenzetti,[81] tendo como exemplo os cartões de crédito, destaca que há a mesma finalidade econômica: são passos e instrumentos do consumo massificado.

A visão da conexidade, a visão sistêmica é destacada por Lorenzetti, pois é a única que permite distinguir: "1) El nivel contractual: a) el contrato celebrado entre el emisor y el usuario, que da origen al documento; b) el contrato entre el emisor y el establecimiento, que es fuente de legitimación del documento como medio de pago; c) el contrato para cuya celebración se precisa el crédito, celebrado entre el comerciante adherido y el usuario; 2) el nivel sistémico: los contratos referidos sólo funcionan si hay masividad, articulada de manera coherente en un sistema. De ello se siguen obligaciones de las partes respecto del sistema y elementos propios de la conexidad, diferentes de los que contienen los elementos que los integran; 3) nivel institucional: las reglas institucionales que establecen la organización bancaria, el crédito, la organización del mercado, influyen sobre el modo de la contratación. ... En esta definición legal puede advertirse claramente la noción de finalidad supracontractual, propia de los sistemas; es el conjunto sistematizado de contratos el que debe permitir la realización contratos ... mediante crédito..., con pago al negocio adherido...".[82]

Como destaca Lorenzetti,[83] uma cumulação necessária de contratos a formar um sistema, com complexidade, massividade, coerência funcional e conexidade, elementos que influenciarão em muito a

---

81. Assim ensina LORENZETTI, Ricardo L. *Tratado de los contratos*. Buenos Aires: Rubinzal-Culzoni, 1999-2000. t. II, p. 57.
82. Assim ensina LORENZETTI, Ricardo L. *Tratado de los contratos*. Buenos Aires: Rubinzal-Culzoni, 1999-2000. t. II, p. 58.
83. Assim ensina LORENZETTI, Ricardo L. *Tratado de los contratos*. Buenos Aires: Rubinzal-Culzoni, 1999-2000. t. II, p. 56 e ss.

relação com os consumidores, que deverão pautar-se, em minha opinião, justamente em paradigmas e princípios compensadores: 1. informação prévia e transparência para atenuar a complexidade do sistema; 2. um grau elevado de não abusividade no texto contratual, ou, com a massividade, as práticas abusivas e a dubiedade do texto podem ter efeitos muito negativos para um grande grupo de consumidores; 3. solidariedade e uso da teoria da "aparência", a compensar a atuação coerente e sistêmica dos múltiplos operadores profissionais/fornecedores do sistema de cartão de crédito; 4. união de "destinos" dos contratos coligados, conexos ou unidos nessa operação econômica, em que as vicissitudes da relação principal de consumo reflitam na relação acessória de crédito do cartão de crédito.

Por fim, destaque-se que a conexidade de vínculos e dos partícipes em uma cadeia, seja de fornecimento, a unir em solidariedade os destinos e as responsabilidades dos fornecedores para o bom cumprimento do contrato principal, seja de consumo. Vejamos, pois, o uso que a jurisprudência brasileira fez dessa teoria e a noção de limite, a chamada exceção da ruína.

2. A noção de 'exceção da ruína' nos contratos cativos de longa duração e a jurisprudência brasileira

O saudoso professor da UFRGS, Couto e Silva, ensinava que a boa-fé é, em última análise, um "*dever de consideração para com a outra parte*".[84] Efetivamente, boa-fé objetiva é 'enxergar' o outro, o parceiro contratual, suas necessidades e circunstâncias, inclusive o limite, que é a ruína do cocontratante. Vejamos essa noção e o uso que faz a jurisprudência da noção de contrato cativo de longa duração.

A) Contratos cativos de longa duração e a manutenção do vínculo: o limite é a exceção da ruína

Como escrevemos, nesses contratos de trato sucessivo a relação é movida pela busca de uma segurança, pela busca de uma futura

---

84. COUTO E SILVA, Clóvis. O Princípio da boa-fé no direito brasileiro e português, in CAETANO, Marcello et alii, *Estudos de Direito civil Brasileiro e Português*, São Paulo: RT, 1908, p. 71.

prestação, *status* ou de determinada qualidade nos serviços, o que reduz o consumidor a uma posição de "cativo" – cliente do fornecedor e de seu grupo de colaboradores ou agentes econômicos. Após anos de convivência, da atuação da publicidade massiva identificando o *status* de segurado, de cliente ou de conveniado a determinada segurança para o futuro, de determinada qualidade de serviços, após anos de contribuição, após atingir determinada idade e cumprir todos os requisitos exigidos, não interessa mais ao consumidor desvencilhar-se do contrato.

Trata-se, igualmente, não só de contratos comutativos, mas geralmente de contratos aleatórios, cuja contraprestação principal do fornecedor fica a depender da ocorrência de evento futuro e incerto. Os profissionais do direito estão mais acostumados a analisar contratos comutativos. Em especial nas relações securitárias, a presença do *aleas*, do risco inerente a essa relação contratual, pode levar a interpretações nem sempre corretas. Nesse sentido, não é demais frisar que incerta nesses contratos é a "necessidade" da prestação e não "se" e "como", com que qualidade, segurança e adequação, deve ela ser prestada. A aproximação no tratamento jurídico dos contratos aleatórios e comutativos será observada nas novas leis.

Verifica-se, igualmente, uma nova solenidade envolvendo esses contratos, concluídos todos por escrito e, no caso dos seguros, através de apólices especiais: são em sua maioria contratos regulamentados, subordinados às disposições das leis especiais, de leis gerais imperativas e das demais regulamentações administrativas aplicáveis.[85]

Esses novos contratos de longa duração envolvem, em sua maioria, serviços "autorizados", são controlados, fiscalizados pelo Estado ou por conselhos profissionais, todos, porém, são prestados por um grupo reduzido de fornecedores, únicos que possuem o poder econômico, o *know-how*, a autorização ou a concessão estatal para oferecê-los no mercado. Trata-se de negócios jurídicos privados, mas

---

85. Sobre a definição de contrato regulamentado, como no Brasil, os contratos de planos de consórcios, de seguros, veja os ensinamentos de GOMES, Orlando. Seguro-saúde – Regime jurídico – Seguro de reembolso de despesas de assistência médico-hospitalar – Contrato semipúblico. *Revista de Direito Público* 76, p. 251 e ss.

cuja importância econômica e social leva o Estado a autorizar o seu fornecimento, controlar e fiscalizar o seu fornecimento e mesmo ditar o conteúdo do contrato.[86]

No princípio da boa-fé há um limite que é a exceção da ruína.[87] Mister analisar em detalhes a sua base principiológica de boa-fé e a chamada "exceção da ruína", que é uma exceção liberatória do vínculo original e adaptadora às novas circunstâncias no tempo para manter a relação jurídica, sem quebra do sistema, mas cooperando para mudar o "contrato"... e continuar no tempo.

O primeiro aspecto a destacar, é que a exceção da ruína tem sua origem na boa-fé, e, como ensina Jorge Mosset Iturraspe, visa à manutenção dos contratos em um certo estado de equilíbrio, de modo que: *"em um contrato todos ganhem ou, ao menos, que ninguém seja arruinado."*[88] Em outras palavras, a manutenção de um contrato como foi contratado, em especial os de longa duração, não pode levar o devedor à ruína ou à inviabilidade do sistema.

O segundo aspecto a ser destacado, é a função ou as funções dessa exceção da ruína. Antônio Menezes Cordeiro ensina que, desde a jurisprudência do *Reichsgericht* da Alemanha após a Primeira guerra mundial, a exceção da ruína é uma circunstância liberatória: *"sublinha-se a situação de ruína em que o devedor poderia incorrer, caso a execução do contrato, atingida por alterações fáticas, não fosse sustada e entende-se essa circunstância como liberatória: é a exceção da ruína do devedor."*[89]

---

86. Veja, nesse sentido, o parecer de Orlando Gomes, GOMES, Orlando. Seguro-saúde – Regime jurídico – Seguro de reembolso de despesas de assistência médico-hospitalar – Contrato semipúblico. *Revista de Direito Público* 76, p. 250; note-se que o art. 20 do Código Civil brasileiro já mencionava formalidades especiais e autorizações para se constituir determinadas pessoas jurídicas, que irão atuar em determinados setores econômicos, como o mercado financeiro, bancário, securitário etc.
87. Assim ensina MENEZES CORDEIRO, António. *Da boa-fé no direito civil*. Coimbra: Almedina, 1997. p. 1007. No direito brasileiro: MIRAGEM, Bruno. *Direito das obrigações*. 3ª ed. Rio de Janeiro: Forense, 2021, p. 188.
88. MOSSET ITURRASPE, Jorge. *La frustación del contrato*. Santa Fé: Rubinzal-Culzoni, 1991, p. 30.
89. Assim ensina MENEZES CORDEIRO, António. *Da boa-fé no direito civil*. Coimbra: Almedina, 1997. p. 1007.

No Brasil, também a doutrina destaca as funções interpretativas e integrativas da boa-fé.[90] No Código Civil de 2002 é cláusula geral, cânone interpretativo, limite e fonte criadora de direitos. No Código de Defesa do Consumidor, a interpretação é sempre a favor do consumidor (art. 47), mas os esforços de integração devem levar em conta a onerosidade excessiva para qualquer das partes (art. 51, § 2º, do CDC). Já o princípio é o da manutenção do contrato de consumo, sendo abusivas as cláusulas de fim de vínculo, que somente poderão ser alternativas e a escolha do consumidor, se terminará o vínculo (art. 54, § 2º, do CDC).

Leis especiais, como a de planos de saúde, também possuem regras sobre a manutenção do contrato, seja para demitidos, seja para aposentados.[91] Especificamente, nas relações de consumo e crédito destaca a doutrina brasileira recente a necessidade de prevenção da ruína do consumidor, retirando daí o dever de renegociar com lealdade, cooperando com o superendividado no momento de risco.[92] No caso não seria uma "liberação" do vínculo, mas uma adaptação do vínculo original às dificuldades atuais do devedor, guiada pela boa-fé e razoabilidade. Valoriza-se hoje não só o tempo, que pode corroer as bases da contratação, como também as mudanças legislativas ocorridas, com a intervenção do poder estatal no contrato e as exigências de boa-fé nas relações entre consumidores e fornecedores. Em outras palavras, o tempo deve correr a favor do vínculo dos consumidores e não contra eles.

Mas há circunstâncias excepcionais. Couto e Silva considerava que o ideal, quando *"as circunstâncias que serviram de base para o contrato se houverem modificado substancialmente"* seria a *"revalorização das prestações, quando com a aplicação da equidade se estabelece o equilíbrio*

---

90. Veja por todos, a obra de MARTINS COSTA, Judith. *A boa-fé no direito privado.* São Paulo: Ed. RT, 1999.
91. Veja a obra do Brasilcon, MARQUES, Claudia Lima; PFEIFFER, Roberto A. Castellanos; LOPES, José Reinaldo de Lima (org.). *Saúde e responsabilidade: seguros e planos de assistência privada à saúde.* São Paulo: Ed. RT, 1999.
92. Veja detalhes in MARQUES, Claudia Lima e CAVALLAZZI, Rosângela (Org.). *Direito do consumidor endividado: superendividamento e crédito.* São Paulo: Ed. RT, 2004.

perdido."[93] Pois pondera a importância de manter-se o contrato: "*Essa solução é a mais consentânea com o negócio jurídico, que se reestrutura materialmente, do que a atribuição de um direito de resolução, a outra faculdade titulada pela parte prejudicada.*"[94]

Enquanto a quebra da base do negócio objetiva de Larenz como teoria parece merecer mais recepção, relata Menezes Cordeiro, ao examinar as decisões alemãs após a primeira guerra mundial, que a exceção da ruína, como base subjetiva do negócio, coloca "*problemas dogmáticos insolúveis, até hoje*",[95] pois acaba criando uma espécie de reconhecimento judicial de "*inexigibilidade*"[96] da prestação como foi contratada. Explica: "*A exceção de ruína do devedor coloca, numa leitura apressada, o problema da alteração das circunstâncias em termos de equidade. A ponderação das decisões que a consagram revelam porém, algo de muito diferente...O Reichsgericht preocupou-se antes com os efeitos que a execução de um contrato teria noutros contratos similares, não submetidos à sua apreciação. A decisão de revelar a alteração das circunstâncias impôs-se porque, a não ser tomada, todo um sector jurídico-social seria afetado.*"[97]

Dois novos aspectos nascem dessa visão histórica da exceção da ruína. O primeiro, que a exceção se desenvolveu na jurisprudência alemã da boa-fé justamente para visualizar a coletivização dos contratos (de adesão), merecendo ponderação dos interesses presentes no caso e no tempo do exame em que as circunstâncias já tinham mudado. E, o segundo, que essa jurisprudência alemã visualizou o efeito sistêmico

---

93. COUTO E SILVA, Clóvis. O Princípio da boa-fé no direito brasileiro e português, in CAETANO, Marcello et alii, *Estudos de Direito civil Brasileiro e Português*, São Paulo: RT, 1980, p. 71.
94. COUTO E SILVA, Clóvis. O Princípio da boa-fé no direito brasileiro e português, in CAETANO, Marcello et alii, *Estudos de Direito civil Brasileiro e Português*, São Paulo: RT, 1980, p. 71.
95. MENEZES CORDEIRO, António. *Da boa-fé no direito civil*. Coimbra: Almedina, 1997.p. 1009.
96. MENEZES CORDEIRO, António. *Da boa-fé no direito civil*. Coimbra: Almedina, 1997.p. 1010.
97. MENEZES CORDEIRO, António. *Da boa-fé no direito civil*. Coimbra: Almedina, 1997.p. 1011-1012.

das próprias decisões judiciais, em que favorecer a um indivíduo, que efetivamente possuía direitos, acabaria por ter um efeito "social" de dominó (e de ruína) para todo um grupo, uma parte da sociedade ou um sistema ou um setor econômico. E ensina o autor português:

> "A integração colectiva dos contratos é, de algum modo, o contraponto das condições contratuais gerais, também ditas de contratos por adesão. Certos contratos, integrados numa massificação do tráfego negocial, formam-se por reprodução de um modelo-base. Ficam, pois, irmanados, seja no seu conteúdo, seja na sua função. Um juízo valorativo, a ser formulado sobre un desses contratos, isoladamente, atingiria o conjunto. E como não teve por base o conjunto, seria falaz. O contrato em integração colectiva só poderia ser ponderado no conjunto em causa. Foi o que fez o RG[Reichsgericht].
>
> O princípio do tratamento igualitário ou do tratamento mais favorável desenvolveu-se, inicialmente, no Direito do trabalho. Manda que, numa série de contratos celebrados ao mesmo nível, pela mesma entidade empregadora, não possa haver discriminações, ainda que não pequem por defeito perante os instrumentos de regulação laboral colectiva. Há boas razões para aplicar este princípio a áreas determinadas do Direito civil. O tribunal não poderia, mediante decisão, favorecer um contratante, em detrimento de outros que com ele se encontrem colectivamente integrados, numa série de contratos similares. Deve-se ter presente que, nas decisões relativas à excepção da ruína, o beneficiário do contrato mandado executar sem alterações seria satisfeito no todo, o que poderia não ocorrer com os restantes contratantes, prejudicados à medida que a ruína do devedor se fosse concretizando."[98]

Menezes Cordeiro destaca, assim, os dois mencionados aspectos, que os esforços de integração de boa-fé devem ter em conta ser o contrato "coletivo" ou um modelo aplicável a um grupo, cuidando também do princípio do tratamento igualitário, para evitar que o benefício de um prejudique a continuidade do contrato para todos, em uma 'lealdade externa". Em trabalho mais recente, Menezes Cordeiro considera que a modificação legislativa ocorrida no Código Civil Alemão ou

---

98. MENEZES CORDEIRO, António. *Da boa-fé no direito civil*. Coimbra: Almedina, 1997.p. 1014.

BGB em 2002, no parágrafo 313, que codificou as modificações das circunstâncias, trouxe uma combinação da quebra da base do negócio objetiva e subjetiva.[99] E traduz a nova norma alemã da seguinte forma:

> "§ 313 (Pertubações da base do negócio)
> (1) Quando, depois da conclusão contratual, as circunstâncias que constituiram a base do contrato se tenham consideravelmente alterado e quando as partes, se tivessem previsto esta alteração, não tivessem concluído ou o tivessem feito com outro conteúdo, pode ser exigida a adaptação do contrato, desde que, sob consideração de todas as circunstâncias do caso concreto, e em especial a repartição contratual ou legal do risco, não possa ser exigível a manutenção inalterada do contrato."

A regra alemã bem demonstra os elementos a considerar: a vontade das partes se soubessem da ruína e a necessidade de cooperação no tempo, a repartição legal do risco e a exigibilidade da "manutenção inalterada do contrato".[100]

Os princípios da manutenção dos contratos e da boa-fé objetiva estão abarcados no CDC, assim mesmo antes da atualização do Código pelo PL 3515/2015, que estabelece claramente o dever de cooperar em matéria de superendividamento do consumidor, já é possível analisar a presença da exceção da ruína na Lei 8.078/1990. Vale também ressaltar a união que a jurisprudência realiza dos temas aqui tratados.

B) *As regras do CDC quanto à exceção da ruína e a visão da jurisprudência do e. STJ sobre os 'contratos cativos de longa duração'*

Conforme ensina Gernhuber, sinalagma é um elemento imanente estrutural do contrato, é a dependência genética, condicionada e funcional de pelo menos duas prestações correspectivas, é o nexo final

---

99. MENEZES CORDEIRO, *Da modernização do Direito Civil, I – Aspectos gerais*, Coimbra: Almedina, 2004, p. 115.
100. MIRAGEM, Bruno. *Direito das obrigações*. 3ª ed. Rio de Janeiro: Forense, 2021, p. 185 e ss.

que, oriundo da vontade das partes, é moldado pela lei.[101] Sinalagma não significa apenas bilateralidade, como muitos acreditam,[102] mas sim contrato, convenção, é um modelo de organização (*Organisationsmodell*) das relações privadas.[103] O papel preponderante da lei sobre a vontade das partes, a impor uma maior boa-fé nas relações no mercado, conduz o ordenamento jurídico a controlar mais efetivamente este sinalagma e, por consequência, o equilíbrio contratual. Ou, conforme já escrevi, solidariedade é vínculo recíproco em um grupo (*wechselseitige Verbundenheit*); é a consciência de pertencer ao mesmo fim, à mesma causa, ao mesmo interesse, ao mesmo grupo, apesar da independência de cada um de seus participantes (*Zusammengehörigkeitsgefühl*). Solidariedade possui também sentido moral, é relação de responsabilidade, é relação de apoio, é adesão a um objetivo, plano ou interesse compartilhado. No meio caminho entre o interesse centrado em si (*egoismus*) e o interesse centrado no outro (*altruismus*) está a solidariedade, com seu interesse voltado para o grupo.[104] A grande metanarrativa do direito civil moderno era a fraternidade, hoje é a solidariedade e a realização dos direitos humanos em pleno direito privado.[105]

Menciono isso, para frisar que os contratos de plano de saúde são contratos de cooperação e solidariedade, cuja essência é justamente o vínculo recíproco de cooperação (*wechselseitige Verbundenheit*), é a consciência da interdependência de cada um de seus participantes, consciência da necessidade de direcionar-se para o mesmo fim, de

---

101. GERNHUBER, Joachim. Synallagma und Zession. *Funktionswandel der Privatrechtsinstitutionen – Festschrift für Ludwig Raiser*. Tübingen: Mohr, 1974, p. 57.
102. Criticando essta visão reducionista de contrato o que denomina "modelo labeoniano de contrato", veja muito interessante: ESBORRAZ, David Fabio. *Contrato y Sistema em América Latina*, Santa Fé: Rubinzal-Culzoni, 2006, p. 165 a 187.
103. Etimologicamente a palavra grega significa contrato ou convenção, e só no direito romano, e em sua interpretação na Idade Média, passou a ser considerada sinônimo de bilateralidade perfeita nos contratos. Conforme GERNHUBER, GERNHUBER, Joachim. Synallagma und Zession. *Funktionswandel der Privatrechtsinstitutionen – Festschrift für Ludwig Raiser*. Tübingen: Mohr, 1974, p. 57ss.
104. HÖFFE, Otfried (org.), *Lexikon der Ethik*. Munique: C. H. Beck, 1986, p. 287.
105. MARQUES, Claudia Lima. Contratos no Código de Defesa do Consumidor. São Paulo: RT, 2019, p. 79.

manter uma relação de apoio e de adesão ao objetivo compartilhado (*Zusammengehörigkeitsgefühl*), única forma de realizar as expectativas legítimas de todos. Como ensina Ronaldo Porto Macedo, apoiando-se nos ensinamentos de Durkheim e MacNeil, cooperar é "dividir com outro uma tarefa comum",[106] "é associar-se com outro para benefício mútuo ou para a divisão mútua dos ônus";[107] solidariedade é "o elemento moral pressuposto nas relações de cooperação, entendidas como divisão com outrem de uma tarefa comum",[108] é "o elemento de coesão social (de natureza moral) que permite aos homens estabelecerem relações de cooperação",[109] é "a unidade (de grupos ou classe) que produz ou está baseada em comunidade de interesses, objetivos e padrões".[110]

Segundo ensina Sebastien Pimont, como decorrência do respeito e atenção à equação econômica do contrato surge, entre outros efeitos, um dever de adaptação, mediante revisão das prestações devidas[111]. Essa noção de economia do contrato nos é útil, pois justamente foi a expressão usada pela Corte de Cassação francesa, na impossibilidade de usar as teorias da imprevisão ou da quebra da base do negócio para estabelecer algo semelhante a uma "readequação" do fim do contrato no tempo, a evitar sua frustração.

A quebra do sistema não beneficia ninguém, muito menos os consumidores, vistos sob o aspecto coletivo, a frustação do fim do contrato também, se bem que individualmente algum parceiro pode momentaneamente dela se beneficiar, mas a longo prazo, ambos os casos são negativos para todos os atores da sociedade de consumo. Por isso é preciso preservar, mesmo que minimamente, a base do contrato e, como afirmam os franceses, a sua "economia". Concluindo, se há uma função promocional do direito, aqui é de evitar risco à manutenção dos

---

106. MACEDO, op. cit., p. 171, citando Durkheim, *The division of labor in society*, p. 79.
107. Ibidem, p. 172.
108. Ibidem, p. 171.
109. Ibidem, p. 171, citando Durkheim, *The division of labor in society*, p. 337-338.
110. Ibidem, p. 175.
111. PIMONT, Sebastien. *L'economie du contrat*. Aix-em-Provence: Presses Universitaires d'Aix-Marseille, 2004, p. 245.

sistemas e incentivar práticas solidárias em contratos. Esta é a essência da exceção da ruína, que é, como a boa-fé, bilateral.

Se sabemos que nas relações entre iguais, a boa-fé é bilateral, o Código de Defesa do Consumidor geralmente a impõe unilateralmente aos "fortes" e profissionais do mercado de consumo, os fornecedores de produtos e serviços, aqueles que redigem os contratos e organizam os sistemas de contratos coletivos (como são exemplos os arts. 30, 31, 46, 47 e 48 do CDC).

O CDC prevê a bilateralidade da ponderação, mas há uma exceção. É o artigo 51, § 2º, do CDC que, ao dispor sobre o princípio da manutenção do contrato, que excepcionalmente indica ao magistrado que seus "esforços de integração" devem levar em consideração o perigo de ruína de "qualquer das partes" ou ônus excessivo mesmo quanto à parte mais forte, afirmando expressamente:

> "Art. 51 [...]
> § 2º A nulidade de uma cláusula contratual abusiva não invalida o contrato, exceto quando de sua ausência, apesar dos esforços de integração, decorrer ônus excessivo a qualquer das partes." (grifamos)

Daí retira-se o princípio da manutenção dos contratos de boa-fé, mas também a exceção da ruína, mesmo que do fornecedor (empresa aérea, automobilística etc.) ou do sistema (por SFH, a que pertence o contrato), em um caso excepcional de bilateralização dos deveres de boa-fé no CDC.

Vejamos agora, como a jurisprudência brasileira vê os contratos cativos de longa duração e sua manutenção no tempo. As decisões do e. STJ que mencionam a expressão 'contratos cativos de longa duração' (3 acórdãos e 557 decisões monográficas) tem como fundo a discussão de manutenção do contrato e geralmente em seguros de vida e planos de saúde.[112]

---

112. Bom exemplo é a decisão: "Recurso Especial. Civil. Plano de saúde coletivo empresarial. Trabalhador aposentado. Migração para plano novo. Extinção do contrato anterior. Legalidade. Redesenho do modelo de contribuições pós-pagamento e pré-pagamento. Aumento da base de usuários. Unificação de empregados ativos e inativos. Diluição dos custos e dos riscos. Cobertura assistencial preservada.

Nos contratos cativos de longa duração, a satisfação da finalidade perseguida pelo consumidor-contratante, mais fraco e no caso geralmente idoso, depende intrinsecamente da continuidade da relação jurídica com o fornecedor/organizador. Essa circunstância exige a capacidade de adaptação, de cooperação entre as partes, de modo que a execução do contrato não se refere apenas ao diferimento da prestação no tempo, mas, sobretudo, de obrigações que se renovam no tempo. Na jurisprudência do e. STJ, encontram-se vários acórdãos tratando os contratos de seguro-saúde como contratos cativos de longa duração, principalmente em caso de continuidade dos contratos no tempo: "[...] 'os contratos de planos de saúde e de seguros privados de assistência à saúde são contratos cativos de longa duração, a envolver por muitos anos um fornecedor e um consumidor, com uma finalidade em comum: assegurar para o consumidor o tratamento e ajudá-lo a suportar os riscos futuros envolvendo a saúde deste, de sua família, dependentes ou beneficiários' [...]" (STJ, REsp 1.716.027/SP, Rel. Ministra Nancy Andrighi, Terceira Turma, julgado em 11/12/2018, DJe 13/12/2018).

Nesse caso específico do REsp 1.716.027/SP, ficava clara a catividade, pois se discutia a interpretação da Lei especial quando assegura ao aposentado, o direito a manter o plano (ou um de igual qualidade), se pagar integralmente o valor que antes era pago pelo empregador. Ocorre que a empresa criara dois planos, um para ativos e outro para inativos e com preços diferentes. O e. STJ responde que o preço deve ser o do 'paradigma', do plano dos ativos, de forma a manter o espírito da lei.

Outro caso a ementa menciona expressamente a exceção da ruína, ensinando:

> Razoabilidade das adaptações. Exceção da ruína. [...] 5. Nos contratos cativos de longa duração, também chamados de relacionais, baseados na confiança, o rigorismo e a perenidade do vínculo existente entre as partes pode sofrer, excepcionalmente, algumas flexibilizações, a fim de evitar a ruína do sistema e da empresa, devendo ser respeitados, em qualquer caso, a boa-fé, que é bilateral, e os deveres de lealdade, de solidariedade (interna e externa) e de cooperação recíprocos..." (STJ, REsp 1.479.420/SP, Rel. Ministro Ricardo Villas Bôas Cueva, Terceira Turma, julgado em 01/09/2015, DJe 11/09/2015).

"Recurso especial. Civil. Plano de saúde coletivo empresarial. Trabalhador aposentado. Migração para plano novo. Extinção do contrato anterior. Legalidade. Redesenho do modelo de contribuições pós-pagamento e pré-pagamento. Aumento da base de usuários. Unificação de empregados ativos e inativos. Diluição dos custos e dos riscos. Cobertura assistencial preservada. Razoabilidade das adaptações. Exceção da ruína.

1. Discute-se se o aposentado e o empregado demitido sem justa causa, migrados para novo plano de saúde coletivo empresarial na modalidade pré-pagamento por faixa etária, mas sendo-lhes asseguradas as mesmas condições de cobertura assistencial da época em que estava em vigor o contrato de trabalho, têm direito de serem mantidos em plano de saúde coletivo extinto, possuidor de sistema de contribuições pós-pagamento, desde que arquem tanto com os custos que suportavam na atividade quanto com os que eram suportados pela empresa.

2. É garantido ao trabalhador demitido sem justa causa ou ao aposentado que contribuiu para o plano de saúde em decorrência do vínculo empregatício o direito de manutenção como beneficiário nas mesmas condições de cobertura assistencial de que gozava quando da vigência do contrato de trabalho, desde que assuma o seu pagamento integral (arts. 30 e 31 da Lei nº 9.656/1998). Os valores de contribuição, todavia, poderão variar conforme as alterações promovidas no plano paradigma, sempre em paridade com os que a ex-empregadora tiver que custear. Precedente.

3. Por "mesmas condições de cobertura assistencial" entende-se mesma segmentação e cobertura, rede assistencial, padrão de acomodação em internação, área geográfica de abrangência e fator moderador, se houver, do plano privado de assistência à saúde contratado para os empregados ativos (art. 2º, II, da RN nº 279/2011 da ANS).

4. Mantidos a qualidade e o conteúdo de cobertura assistencial do plano de saúde, não há direito adquirido a modelo de custeio, podendo o estipulante e a operadora redesenharem o sistema para evitar o seu colapso (exceção da ruína), desde que não haja onerosidade excessiva ao consumidor ou a discriminação ao idoso.

5. Nos contratos cativos de longa duração, também chamados de relacionais, baseados na confiança, o rigorismo e a perenidade do vínculo existente entre as partes pode sofrer, excepcionalmente, algumas flexibilizações, a fim de evitar a ruína do sistema e da empresa, devendo ser respeitados, em qualquer caso, a boa-fé, que é bilateral, e os deveres de lealdade, de solidariedade (interna e externa) e de cooperação recíprocos.

6. Não há ilegalidade na migração de inativo de plano de saúde se a recomposição da base de usuários (trabalhadores ativos, aposentados e demitidos sem justa causa) em um modelo único, na modalidade pré-pagamento por faixas etárias, foi medida necessária para se evitar a inexequibilidade do modelo antigo, ante os prejuízos crescentes, solucionando o problema do desequilíbrio contratual, observadas as mesmas condições de cobertura assistencial. Vedação da onerosidade excessiva tanto para o consumidor quanto para o fornecedor (art. 51, § 2º, do CDC). Função social do contrato e solidariedade intergeracional, trazendo o dever de todos para a viabilização do próprio contrato de assistência médica.

7. Não há como preservar indefinidamente a sistemática contratual original se verificada a exceção da ruína, sobretudo se comprovadas a ausência de má-fé, a razoabilidade das adaptações e a inexistência de vantagem exagerada de uma das partes em detrimento da outra, sendo premente a alteração do modelo de custeio do plano de saúde para manter o equilíbrio econômico-contratual e a sua continuidade, garantidas as mesmas condições de cobertura assistencial, nos termos dos arts. 30 e 31 da Lei nº 9.656/1998.

8. Recurso especial provido."
(STJ, REsp 1.479.420/SP, Rel. Ministro Ricardo Villas Bôas Cueva, Terceira Turma, julgado em 01/09/2015, DJe 11/09/2015).

Ainda não foi possível examinar todas as 557 decisões monográficas, mas sim as 100 primeiras. Em sua totalidade são sobre seguros e planos de saúde e a maioria as decisões do e. STJ tem ligação com a passagem do tempo, deixando o contratante mais fraco em extrema posição de dependência (cativida de) quanto à continuidade do vínculo. Muitas decisões, denominam este contrato de relacional, mas não deixam de reconhecer que para compensar a cativida de o princípio da boa-fé deve ser qualificado,[113] com cooperação e cuidado para assegurar a continuidade do vínculo sem onerosidade excessiva para nenhuma das partes, como afirma o art. 51, § 2º, do CDC.[114]

---

113. Bom exemplo é a decisão: "Agravo regimental na medida cautelar. Agregação de efeito suspensivo a recurso especial admitido. Plano de saúde coletivo. Contrato relacional. Associação de religiosas. Não renovação. Aparente afronta aos princípios que regem as relações privadas, como a boa-fé objetiva, a cooperação, e a confiança. Fumus boni iuris e periculum in mora evidenciados. Medida cautelar deferida. Agravo regimental desprovido. (STJ, 3.ª T., AgRg na MC 22.163/DF, rel. Min. Paulo de Tarso Sanseverino, j. 20.02.2014, *DJe* 05.03.2014).

114. Assim o *leading* case: "Direito do consumidor. Contrato de seguro de vida, renovado ininterruptamente por diversos anos. Constatação de prejuízos pela seguradora, mediante a elaboração de novo cálculo atuarial. Notificação, dirigida ao consumidor, da intenção da seguradora de não renovar o contrato, oferecendo-se a ele diversas opções de novos seguros, todas mais onerosas. Contratos relacionais. Direitos e deveres anexos. Lealdade, cooperação, proteção da segurança e boa-fé objetiva. Manutenção do contrato de seguro nos termos originalmente previstos. Ressalva da possibilidade de modificação do contrato, pela seguradora, mediante a apresentação prévia de extenso cronograma, no qual os aumentos são apresentados de maneira suave e escalonada. 1. No moderno direito contratual reconhece-se, para além da existência dos contratos descontínuos, a existência de contratos relacionais, nos quais as cláusulas estabelecidas no instrumento não esgotam a gama de direitos e deveres das partes.2. Se o consumidor contratou, ainda jovem, o seguro de vida oferecido pela recorrida e se esse vínculo vem se renovando desde então, ano a ano, por mais de trinta anos, a pretensão da seguradora de modificar abruptamente as condições do seguro, não renovando o ajuste anterior, ofende os princípios da boa fé objetiva, da cooperação, da confiança e da lealdade que deve orientar a interpretação dos contratos que regulam relações de consumo. 3. Constatado prejuízos pela seguradora e identificada a necessidade de modificação da carteira de seguros em decorrência de novo cálculo atuarial, compete a ela ver o consumidor como um colaborador, um parceiro que a tem acompanhado ao longo dos anos. Assim, os aumentos necessários para o reequilíbrio da carteira têm de ser estabelecidos de maneira suave e gradual, mediante um cronograma extenso, do qual o segurado tem de ser cientificado previamente. Com isso, a seguradora colabora com o particular, dando-lhe a oportunidade de se preparar para os novos custos que onerarão, ao longo do tempo, o seu seguro de vida, e o particular também colabora com a seguradora, aumentando sua participação e mitigando os prejuízos constatados. 4. A intenção de modificar abruptamente a relação jurídica continuada, com simples notificação entregue com alguns meses de antecedência, ofende o sistema de proteção ao consumidor e não pode prevalecer. 5. Recurso especial conhecido e provido. (STJ, REsp 1.073.595/MG, Rel. Ministra Nancy Andrighi, Segunda Seção, julgado em 23/03/2011, DJe 29/04/2011).

Observações finais

Efetivamente, há uma nova geração de contratos de consumo de massa, a qual demonstra uma importância renovada (e mesmo avassaladora) na prática jurisprudencial atual e que estamos aqui denominando de *"contrato cativo de longa duração"*, mas que também pode ser considerada "relacional". Mais importante do que acrescentar uma nova denominação a esses novos e velhos contratos, hoje, complexos, é identificar essa nova prática e os desafios propostos por essas relações contratuais em cadeia, fluídas, complexas, solidárias, múltiplas, formalmente desconectadas, mas intrinsecamente acessórias ao consumo e que reduzem a uma impressionante posição de catividade e de extrema vulnerabilidade técnica e jurídica o leigo, o consumidor.[115]

Mister concluir que a "riqueza" ou o economicamente interessante (útil) no século XXI não é mais o "produto/serviço" ou a prestação em si do serviço (fim do contrato), mas o próprio contrato (ou vínculo que traz garantia no tempo, como o seguro); riqueza é o acesso em abstrato à prestação no tempo. Um tempo contratual, que agora, mesmo se formalmente renovável anualmente, deve ser a favor do consumidor. Mencione-se por fim, que a consequência direta de se reconhecer esses contratos como cativos de longa duração é justamente assegurar-lhes a manutenção e a perenidade no tempo, protegendo a confiança dos consumidores e a continuidade do vínculo, como dever de cooperar de boa-fé. A exceção única, é a ruína da outra parte.

A denominação "contratos cativos de longa duração" chama atenção para o tempo e a necessidade de boa-fé, do dever de cooperar para o bom fim dos contratos, assim como para a renegociação, como em casos de superendividamento ou de exceção da ruína. A expressão chama atenção também para a posição de catividade e dependência do contratante mais fraco, que só aumenta com o tempo e com a idade, como vimos na jurisprudência, daí a necessidade de proteger a confiança legítima, as expectativas dos vulneráveis, mesmo em tempos como os atuais.

---

115. Veja MARQUES, Claudia Lima; MIRAGEM, Bruno. *O novo direito privado e a proteção dos vulneráveis*. 2. ed. São Paulo: Ed. RT, 2014. p. 131.

BIBLIOGRAFIA GERAL

ADAM, Leonie; MICKLITZ, Hans-W., Verbraucher und Online-Plattformen, in MICKLITZ, Hans-Wolfgang; REISCH, Lucia A.; JOOST, Gesche; ZANDER-HAYAT, Helga (Hrsg.). *Verbraucherrecht 2.0: Verbraucher in der digitalen Welt*. Baden-Baden: Nomos, 2017, p. 45-91.

AGUIAR JÚNIOR, Ruy Rosado de. A boa-fé na relação de consumo, *Revista de Direito do Consumidor*, v. 14, p. 20-27, abr. 1995.

AGUIAR, Ruy Rosado Júnior, *Extinção dos contratos por incumprimento do devedor*. Rio de Janeiro: Aide, 2004.

AIRA, Cesar. *El sueño*. Buenos Aires: Emece, 1998.

ALBA, Isabel Espín. La cláusula penal. Especial referencia a la moderación de la pena. Madrid: Marcial Pons, 1997.

ALBALADEJO, Manuel. *Derecho Civil*. t. 2. v. 2. Barcelona: Bosch, 1989.

ALCHIAN, Armen A. (1978). "Vertical Integration, Appropriable Rents, and the Competitive Contracting Process". *Journal of Law and Economics 21* (núm. 2) : 297-326.

ALCHIAN, Armen A. The Basis Of Some Recent Advances in the Theory of Management of the Firm. *Journal of Industrial Economics,* n. 14, p. 30-41, 1965; idem, 1984.

ALCHIAN, Armen A., "Specificity, Specialization, and Coalitions". *Journal of Law and Theoretical Economics 140.* (núm. 1) : 34-39.

ALCHIAN, Armen A., and DEMSETZ, Harold (1972). "Production, Information Costs, and Economic Organization". *American Economic Review 62* (diciembre, núm. 5) : 777-795.

ALCOVER GARAU, Guillermo, "La transmisión del riesgo en la compraventa mercantil. Derecho español e internacional", Civitas, Madrid, 1991.

ALMEIDA COSTA, Mário Júlio. *Direito das obrigações*. Almedina: Coimbra, 7. ed., 1999.

ALMEIDA COSTA, Mário Júlio. *Nocoes de direito civil*. 3. ed. Coimbra, 1991.

ALONSO PEREZ, El riesgo en el contrato de compraventa, Madrid, 1972.

ALSINA ATIENZA, Dalmiro. *La carga de la prueba en la responsabilidad civil del* medico, en JA, 1958-III-589.

ALTERINI- AMEAL- LOPEZ CABANA, "Derecho de obligaciones", Abeledo Perrot, Bs. As.

ALTERINI, Atilio, "La inseguridad jurídica", Abeledo Perrot, Bs.As. 1993.

ALTERINI, Atilio, *Contratos Civiles, Comerciales y de Consumo*, Abeledo Perrot, Bs.As. 1998.

ALTERINI, Atilio. Obligaciones de hacer. *Enciclopedia Jurídica Omeba*, XX.

ALTERINI; AMEAL; LOPEZ CABANA. *Dereito de obligações civis e comerciais*. Buenos Aires: Abeledo Perrot, 1997.

AMARAL JÚNIOR, Alberto do. A boa-fé e o controle das cláusulas contratuais abusivas nas relações de consumo. *Revista de Direito do Consumidor* 6, p. 27-33.

AMARAL JÚNIOR, Alberto do. *Proteção do consumidor no contrato de compra e venda.* São Paulo: Ed. RT, 1993.

AMARAL, Junior Alberto, "Proteção do consumidor no contrato de compra e venda", São Paulo, RT, 1993.

ANDORNO, Luis O., "La securitizaciòn de activos y las letras hipotecarias en la ley 24.441", JA, 17-9-97, N° 6055, Bs. As., p. 9..

ANDRADE, Manuel A. Domingues de. *Teoria Geral da Relação Jurídica.* v. 1. Reimpressão do original de 1944. Coimbra: Almedina, 1997.

ANDRE-VICENT, Ph.-I. *Les Révolutions et le Droit.* Paris: LGDJ, 1974.

APELACIONES DE SANTIAGO. Promepart c. Superintendencia de Instituciones de Salud, 5.4.95, *Rev de Der y Jurisprudencia y Gacela de los Tribunales,* t. 42, n. 1, 1995, Ed. Jurid de Chile.

ARANGIO RUIZ, La compravendita in Diritto romano, volumen II, Nápoles, 1980.

ARIAS, J. *Contratos Civiles:* Teoría y práctica. Buenos Aires: Cía. Argentina de Editores, 1939.

ARRUDA ALVIM, José Manoel Netto. A função social dos contratos no novo Código Civil, in Revista dos Tribunais, vo. 815/2003, p. 11-31, Set./2003.

ARTZ, Markus; GSELL, Beate (Hrsg.) *Verbrauchervertragsrecht und digitaler Binnenmarkt,* Tübingen: Mohr, 2018.

ASCENSÃO, José de Oliveira. As pautas de valoração do conteúdo dos contratos no Código de Defesa do Consumidor e no Código Civil, in LOTUFO, Renan; MARTINS, Fernando Rodrigues (coord.). *20 anos do Código de Defesa do consumidor,* São Paulo: Saraiva, 2011, p. 217-235.

ASCENSÃO, José de Oliveira. *Cláusulas contratuais gerais, cláusulas abusivas e boa-fé.* Lisboa: Ordem dos Advogados, 2000. Separata.

ASCENSÃO, José de Oliveira. *Direito civil:* teoria geral. Coimbra: Almedina, 2002.

ATIYAH, p. S. *The rise and fall of freedom of contract.* Londres: Clarendon Press, 1979.

ATIYAH, P.S. *An Introduction to the Law of Contract.* 5. ed. Londres: Oxford, 1995.

AUBERT, Nicole. *Le culte de l'urgence – La société malade du temps.* Paris: Flammarion, 2003.

AXELROD, Robert, "The Evolucion of cooperation", N.York, Basic Books, 1984.

AZEVEDO, Antônio Junqueira de. *A boa-fé na formação dos contratos. Revista de Direito do Consumidor,* São Paulo, v. 13, p. 78-87, set./dez. 1992.

AZEVEDO, Antônio Junqueira de. Insuficiências, deficiências e desatualização do Projeto de Código Civil na questão da boa-fé objetiva nos contratos. *Revista Trimestral de Direito Civil* 1, p. 3-12, 2000.

AZEVEDO, Antônio Junqueira de. *Negócio Jurídico:* Existência, Validade e Eficácia. São Paulo: Saraiva, 1986.

AZEVEDO, Antônio Junqueira de. O princípio da boa-fé nos contratos. *Revista do Centro de Estudos Judiciários* 9, p. 41, Brasília, CJF, set.-dez. 1999.

AZEVEDO, Antônio Junqueira de. Princípios do novo direito contratual e desregulamentação do mercado – Direito de exclusividade nas relações contratuais de fornecimento – Função social do contrato e responsabilidade aquiliana do terceiro que contribui para o inadimplemento contratual. *RT* 750, p. 113-120.

BACACHE-GIBEILI, Mireille. *La relativité des conventions et les groupes de contrats.* Paris: LGDJ, 1996.

BAGGIO, Andreza Cristina. *Teoria contratual pós-moderna – As redes contratuais na sociedade de consumo*. Curitiba: Juruá, 2007.

BARBOSA MOREIRA, José Carlos, "Tutela jurisdicional dos interesses coletivos ou difusos", publ. em "Temas de direito processual", 8va serie, Rio do Janeiro, 1984.

BARROSO, Lucas Abreu. *Contemporary Legal Theory in Brazilian Civil Law*, Curitiba: Juruá, 2014.

BAUDRILLARD, Jean. *La societé de consommation*, Paris: ed. Denoël, 1970.

BAUMGARTNER, Ulrich; EWALD, Konstantin. *Apps und Recht*, 2. Aufl, Beck: Munique, 2016.

BÉCHILLON, Marielle de. *La notion de principe général en droit privé*. Aix-en Provence: Presses Universitaires d'Aix-Marseille, 1998.

BELLUSCIO, A. C. y ZANNONI, E.A. "Código Civil y leyes complementarias", Bs. As., Astrea, 1986. v.5 y 6.

BELMONTE, Cláudio. *Proteção contratual do consumidor. Conservação e redução do negócio jurídico no Brasil e em Portugal*. São Paulo: RT, 2002.

BENEDETTI, Giuseppe. *Il Diritto Comune dei contratti e degli atti unilaterali tra vivi a contenudo patrimoniale*. 2. ed. Napoles: Jovene Editore, 1997.

BENJAMIN, Antônio Carlos Herman de Vasconcellos e; DENARI, Zelmo; FILOMENO, José Geraldo Brito; FINK, Daniel Roberto; GRINOVER, Ada Pellegrini; NERY JÚNIOR, Nelson; WATANABE, Kazuo. *Código Brasileiro de Defesa do Consumidor*: Comentado pelos autores do Anteprojeto. 5. ed. Rio de Janeiro: Forense Universitária, 1998.

BENJAMIN, Antônio H. Prefácio, in MARQUES, Claudia Lima; CAVALLAZZI, Rosângela Lunardelli, LIMA, Clarissa Costa (coord). *Direitos do Consumidor Endividado II: vulnerabilidade e exclusão*. São Paulo: RT, 2016, p. 9 e seg.

BENJAMIN, Antônio Herman de Vasconcellos et al. *Comentários ao Código de Proteção ao Consumidor*, São Paulo: Saraiva, 1991.

BENJAMIN, Antônio Herman e MARQUES, Claudia Lima. Relatório-Geral da Comissão de Juristas- Atualização do Código de Defesa do Consumidor, Presidência do Senado Federal: Brasília, 2012, p. 19 e seg.

BENJAMIN, Antonio Herman. *Código Brasileiro de Defesa do consumidor*. Forense, 4. ed. 1995.

BENJAMIN, Antonio Herman. Prefácio. In: LIMA, Clarissa Costa de. O tratamento do superendividamento e o direito de recomeçar dos consumidores. São Paulo: Ed. RT, Mulheres, idosos e o superendividamento dos consumidores: cinco anos de dados empíricos do Projeto-Piloto em Porto Alegre. 2014.

BERGEL-PAOLANTONIO, "Anotaciones sobre la ley de defensa del consumidor", ED.22.11.93.

BERGSTEIN, Laís. *O tempo do consumidor e o menosprezo planejado*. São Paulo: Ed. RT, 2019.

BERMAN, Marshall, "Todo lo sólido se desvanece en el aire. La experiencia de la modernidad", Siglo XXI, 1989.

BERTHIAU, Denis. *Le principe d'égalité et le droit civil des contrats*. Paris: LGDJ, 1999.

BESSA, Leonardo Roscoe. *Cadastro Positivo- Comentários à Lei 12.414, de 09 de junho de 2011*, São Paulo: RT, 2014.

BESSA, Leonardo Roscoe. Diálogo das fontes no direito do consumidor. In: MARQUES, Claudia Lima, (Org.) *Diálogo das fontes. Do conflito à coordenação das normas do direito brasileiro*. São Paulo: Ed. RT, 2012, *p*. 183-204.

BESSA, Leonardo Roscoe. Fornecedor equiparado. *Revista de Direito do Consumidor* 61, p. 127 e seg.

BETTI, Emilio. *Teoría general de las obligaciones*. Tradução de José Luis de los Mozos. Madrid: Revista de Derecho Privado, 1969.

BEWES, Timothy. *Cynism and postmodernity*. London: Verso, 1997.

BIERWAGEN, Mônica Yoshizato. *Princípios e regras de interpretação do contrato no novo Código Civil*. São Paulo: Saraiva, 2003.

BITTAR, Carlos Alberto, O dirigismo econômico e o direito contratual. *Revista de Informação Legislativa* 66, p. 239-255, Brasília, a. 17, abr.-jun. 1980.

BOBBIO, Norberto. *Da estrutura à função*. Barueri: Manole, 2008.

BOBBIO, Norberto. Des critères pour résoudre les antinomies. In PERELMAN, Chaim (coord.). *Les antinomies en droit*. Bruxelas: Bruylant, 1965.

BOBBIO, Norberto. *Teoria do ordenamento jurídico*. São Paulo/Brasília: Pollis/Universidade de Brasília, 1990.

BORDA, Guillermo, "Tratado de Derecho Civil-Contratos", 7ma de. Actualizada, Abeledo Perrot, Bs.As., 1997.

BORDA, Guillermo. *Tratado de Derecho Civil*: Contratos. t. 2. Buenos Aires: Abeledo Perrot, 1969.

BORGES, Alexandre Walmott. *Preâmbulo da Constituição e a ordem econômica*. Curitiba: Juruá, 2003.

BOULANGER, "Tratado de Derecho civil según el tratado de Planiol", t.VIII, ed. La Ley, Bs.As, 1979.

BRANCO, Gerson Luiz Carlos. *Função Social dos Contratos interpretação à luz do Código Civil*, São Paulo: Saraiva, 2009.

BRANCO, Gerson Luiz Carlos. *Função social dos contratos – Interpretação à luz do Código Civil*. São Paulo: Saraiva, 2009.

BULGARELLI, Waldírio, *Direito empresarial moderno*. Rio de Janeiro: Forense, 1992.

CACHAPUZ, Maria Claudia Mércio, *O conceito de totalidade concreta aplicado ao sistema jurídico aberto*, in Revista AJURIS, v. 71, 1997.

CAGNASSO, Oreste. *Tratatto Di Diritto Commerciale e di Diritto Publico Dell Economia*, Diretto da Francesco Galgagno. v. 16. Padova: Cedam, 1991.

CALMON, Eliana. As gerações de direitos e as novas tendências. *Revista de Direito do Consumidor* 39, p. 41-48.

CAMUS, Albert. *El mito de Sisifo*. Buenos Aires: Losada, 1953.

CANARIS, Claus Wilhelm, "Pensamento sistemático e conceito de sistema na ciência do direito", Trad. Nemezes Cordeiro, 2da de. Fund Calouste Gulbenkian, Lisboa 1996.

CANARIS, Claus Wilhelm. A influência dos direitos fundamentais sobre o direito privado na Alemanha. In: SARLET, Ingo Wolfgang (Org.). *Constituição, direitos fundamentais e direito privado*. Porto Alegre: Livraria do Advogado, 2003.

CANARIS, Claus, "Norme di protezione, obblighi del traffico, doveri di protezione", Rivista Critica del Diritto Privato, 1983, A.I, dezembro, p. 802.

CARNELUTTI. Teoria Geral do Direito. Madrid, 1941.

CARPENA, Heloísa. *Abuso do direito nos contratos de consumo*. Rio de Janeiro: Renovar, 2001.

CARTWRIGHT, Peter (Ed.). *Consumer protection in financial services*. Haia: Kluwer Int., 1999.

CARVALHO, Diógenes Faria de. *Do Princípio da boa-fé objetiva nos contratos de consumo*. Goiânia: PUC-Goiás, 2011.

CASTAN TOBEÑAS. *Derecho Civil Español, Común y Foral*. t. 4. Madrid: Reus, 1988.

CAVALLAZZI, Rosângela Lunardelli. O princípio da boa-fé no Tribunal de Justiça do Rio de Janeiro. *Revista de Direito do Consumidor* 51, p. 212-222.

CAZEAUX-TRIGO REPRESAS, "Curso de Obligações", Lep. T. I .

CAZEAUX-TRIGO REPRESAS, "Derecho de las obligaciones", Lep, T. I.

CHARDIN, Nicole. *Le contrat de consommation de crédit et l'autonomie de la volont*. Paris: LGDJ, 1988. (Bibliothèque de Droit Privé, Tome CXCIX)

CHIRELSTEIN, Marvin A. *Concepts and Case Analysis in the Law of Contracts*. 3. ed. Nova Iorque: Foundation Press, 1998.

CHIRICO, Antonio. *E-commerce – I sistemi di pagamento via Internet e la moneta elettronica*, Napoli: Ed. Simone, 2006.

CNAT, SALA II, DT. 1992.A.52.

CNAT, sala III, DT. 1972.665.

CNAT, SALA IV, DT. 19192.A.903.

CNAT, voto Dr. Goyena, Rev. Trab y SS-1973.74, p. 346.

CNCOM SALA D. "ZALTSMAN, ALBERTO C. SANATORIO METROPOLITANO".LL.1983-A-180.

CNCOM., sala B, Litwak, Manuel c. Rancano, Alberto – L-L 1993-E, 563.

CNTrab., sala I, "Espinosa, Angela c. Pami". JA del 24/7/96; sala VI, "Pérsico, Liberato c. Suc. de Pablo Zubizarreta Ward", DJ. 4/9/91, Nº 5.771 – DT, 1991-B-1211.

CNTrab., sala IV, DT, 1996-B, 2768.

CNTrab., sala V, abril 25-995. Fernández de Marino, María c. Aloha de Eduardo Resa s/despido.

CNTrab., sala VI, Vera, Manuel M. c. Georgalos de Counaridis, María, DT-1997-B, p. 1793.

CNTrab., sala VII, "Chichowolski, Víctor c. Martorano, Francisco", DT, 1993-B, 1860.

CNTrab., sala VII, octubre 18-996, Abaca, Alicia S. c. Aberg Cobo, Juan E. y otro, DT-1997-B, p. 1802.

COASE, Ronald, "The nature of the firm".

COMPAGNUCCI DE CASO, Ruben. "Derecho de obligaciones", Astrea.

COMPAGNUCCI DE CASO, Ruben. Manual de Obligações. Buenos Aires: Astrea,1997.

COMPARATO, Fábio Konder. Função social do jurista no Brasil contemporâneo. *RT* 670, p. 7-13.

CONSTANTE, Carla Regina Santos. Contrato de tempo compartilhado como contrato cativo de longa duração, in *Revista de Direito do Consumidor*, vol. 57/2006, p. 183 – 214, Jan – Mar / 2006.

CORDOBA, Marcos M. *Tratado de la bune fe en el derecho*. Buenos Aires: La Ley, 2004.

CORREIA, Armênio Lopes e POMPEU, Renata Guimarães. Considerações sobre o regime legal de tributação na operação de crowdfunding por recompensa, in *Revista Tributária e de Finanças Públicas*, vol. 129/2016, p. 83 – 95, Jul – Ago / 2016.

CORTE DE APELACIONES DE SANTIAGO, "Promepart c. Superintendencia de Instituciones de Salud", 5.4.95; Rev de Der y Jurisprudencia y Gacela de los Tribunales, T. XCII, Num 1, 1995, Ed. Jurid de Chile, 1995, pag 27.

COSTA DE LIMA, Clarissa. A resolução do contrato na nova teoria contratual. *Revista de direito do consumidor*, nº 55. São Paulo: RT, julho-setembro/2005.

COSTA DE LIMA, Clarissa. O tratamento do superendividamento e o direito de recomeçar dos consumidores. São Paulo: Ed. RT, 2014.

COSTA JÚNIOR, Olímpio. *A Relação Jurídica Obrigacional*. São Paulo: Saraiva, 1994.

COUTO E SILVA, Clóvis. *A obrigação como processo*. São Paulo: Bushtasky, 1976.

COUTO E SILVA, Clóvis. O princípio da boa-fé e as condições gerais dos negócios. *Simpósio sobre as condições gerais dos contratos bancários e a ordem pública e econômica*. Curitiba: Juruá, 1988.

COUTO E SILVA, Clóvis. O Princípio da boa-fé no direito brasileiro e português, in CAETANO, Marcello et alii, *Estudos de Direito civil Brasileiro e Português,* São Paulo: RT, 1980.

D'ALLGNOL, Antonio. Direito do consumidor e serviços bancários e financeiros: Aplicação do CDC nas atividades bancárias, *Revista de Direito do Consumidor*, v. 27.

DA CUNHA CONCALVES, Luiz. *Tratado de Direito Civil em comentário ao código civil português*. t. 2. v. 8. São Paulo.

DE AGUILAR VIEIRA, "Deveres de proteção e contrato", Rev Dos Tribunais, São Paulo, ano 1999, v.761.

DE LORENZO, Federico, "La protección extracontractual del contrato", LL.1998-E-921.

DELGADO, José Augusto. A ética e a boa-fé no novo Código Civil. *Revista de Direito do Consumidor* 49, p. 164-176.

DELLA GIUSTINA, Vasco. *Responsabilidade Civil dos Grupos- Inclusive no Código do Consumidor.* Rio de Janeiro: Aide, 1991.

DEMSETZ. The estructure of ownership and the theory of the firm. *Journal of Law and Economics*, 1983.

DESHAYES, Olivier; GENICON, Thomas; LAITHIER, Yves-Marie. Réforme du Droit des contrats du régime général et de la preuve des obligations-Commentaire article par article, Lexis--Nexis, Paris, 2015.

DESSAUNE, Marcos. *Desvio Produtivo do Consumidor: o prejuízo do tempo desperdiçado*. São Paulo: Ed. RT, 2011.

DICKSTEIN, Marcelo. *A boa-fé objetiva na modificação tácita da relação jurídica – Surrectio e suppressio*. Rio de Janeiro: Lumen Juris, 2010.

DIEZ PICAZO, Luis, "Fundamentos de Dereito Civil Patrimonial", Tecnos, Madrid, 1970, V.I, pag. 512.

DÍEZ-PICAZO, Luis. *Derecho y masificación social. Tecnologia y derecho privado (Dos esbozos)*. Madri: Civitas, 1979.

DO COUTO E SILVA, Clovis. *A Obrigação como processo*. São Paulo: S. Butschasky, 1976.

DONATTO, Maria Antonieta Zanardo. *Proteção ao Consumidor*: Conceito e Extensão. São Paulo: RT, 1994.

DUARTE, Ronnie Preuss. Boa-fé, abuso de direito e o novo código civil. *Revista dos Tribunais*, São Paulo, v. 817, p. 62, 2003.

DUQUE, Marcelo Schenk. *Direito Privado e Constituição*: Drittwirkung dos direitos fundamentais – Construção de um modelo de convergência à luz dos contratos de consumo. São Paulo: RT, 2013.

DWORKIN, Ronald. *Levando os direitos a sério*. Tradução de Nelson Boeira. São Paulo: Martins Fontes, 2002.

ECHEBARRIA SAENZ, Joseba. *El contrato de franquicia*: Definicion y conflictos en las relaciones internas. Madrid: Mc Graw-Hill, 1995.

EFFING, Antonio Carlos. *Contratos e Procedimentos Bancários à Luz do Código de Defesa do Consumidor*. São Paulo: RT, 1999.

EFFING, Antonio Carlos. Direito do consumidor e serviços bancários e financeiros: Aplicação do CDC nas atividades bancárias, *Revista Direito do Consumidor*, v. 27.

EFFING, Antonio Carlos. *Prestação de Serviços*. São Paulo: Revista dos Tribunais, 2005.

ELIAS, Norbert. Norbert. *Über die Zeit*. Frankfurt: STW, 1988.

EMMERICH, Volker. *Das Recht der Leistungsstörungen*. Munique: Beck, 1991.

ENNECCERUS-LEHMANN. Tratado de Derecho Civil: Direito de Obrigações. t. 2, v. 2. Bosch: Barcelona.

EPTEIN, Richard. *Simple rules for a complex world*. Harvard Univ. Press, 1995.

EPTSTEIN-MARTIN-HENNING-NICKLES, "Basic Uniform Commercial Code- Teadhing Materials", 3ra de. West, 1988.

ESBORRAZ, David Fabio. *Contrato y Sistema em América Latina*, Santa Fé: Rubinzal-Culzoni, 2006.

ESSER, Josef. *Principio y norma en la elaboración jurisprudencial del derecho privado*. Tradução Eduardo Valentí Fiol. Barcelona: Bosch, 1961.

ETCHEVERRY, "Derecho comercial y económico", cit, T. I.

FABIAN, Christoph. *O dever de informar no direito civil*. São Paulo: RT, 2002.

FACHIN, Luis Edson. Fato de força maior e o adimplemento contratual, in *Soluções Práticas – Fachin*, vol. 1, p. 231 – 276, Jan / 2012 (DTR\2012\110).

FANSWORTH-YOUNG, "Contracts", 4ta de. 1988, Foundation Press, N.York, 1988.

FARINA, "Defesa do consumidor e ol usuário", Ed Astrea.

FERREIRA DA SILVA, Luis Renato. A função social do contrato no novo código civil e sua conexão com a solidariedade social, in SARLET, Ingo Wolfgang (org.). *O novo Código civil e a Constituição*. Porto Alegre: Ed. Livraria dos Advogados, 2003, p. 127-150.

FERREIRA DE ALMEIDA, Carlos. Negócio jurídico de consumo. *Boletim do Ministério da Justiça* 273, p. 5-37, 1978.

FERREIRA DE ALMEIDA, Carlos. *Texto e enunciado na teoria do negócio jurídico*, v. 1. Coimbra: Almedina, 1992.

FIECHTER-BOULVARD, Frédérique. La notion de vulnérabilité et sa consécration par le droit. In: COHET-CORDEY, Frédérique (org.). *Vulnérabilité et droit: le développement de la vulnérabilité et ses enjeux en droit*. Grenoble: Presses Universitaires de Grenoble, 2000.

FIKENTSCHER, Wolfgang. *Schuldrecht*. Berlim: Walter de Gruyter, 1992.

FORBES, Annual Report, January 1999.

FRANCO, Alice Moreira. Função social do contrato. *Revista de Direito Renovar*, v. 23. Rio de Janeiro: Renovar, maio-agosto/2002.

FRANZOLIN, Cláudio José. *O princípio da boa-fé objetiva na relação jurídico-contratual*. São Paulo: Pontifícia Universidade Católica de São Paulo. 249f. Dissertação (Mestrado em Direito) – Faculdade de Direito, PUC de São Paulo, 2004.

FRIED, Charles, "The contract as a promise", com tradução ao idioma espanhol.

FUHRMANN, Heiner. *Vertrauen im Electronic Commerce*. Baden-Baden: Nomos, 2001.

FUNDACIÓN DRUKER. *La organización del futuro*. Buenos Aires: Granica, 1998.

GAMARRA, Jorge, "Tratado de Derecho Civil Uruguayo", T. III, v.I y 2, Fundaciòn de Cultura Universitaria, Montevidéu, 1992.

GARCIA MARTINEZ, Roberto. *La relación de dependencia en la Ley de contrato de trabajo*. LT, 25.

GARCIA, Rebeca. Marco Civil da Internet no Brasil: repercussões e perspectivas, in Revista dos Tribunais, vol. 964/2016, p. 161 – 190, Fev / 2016.

GERGEN, Kenneth, "El yo saturado. Dilemas de identidad en el mundo contemporàneo", Paidos, 1992.

GERNHUBER, Joachim. Synallagma und Zession. *Funktionswandel der Privatrechtsinstitutionen – Festschrift für Ludwig Raiser*. Tübingen: Mohr, 1974, p. 57ss.

GHERSI, Carlos Alberto (Coord.), *Teoría General de la Reparación de Daños*, Buenos Aires: Astrea, 1997.

GHERSI, Carlos Alberto. La estructura contractual posmoderna o posfordista – El contrato sin sujeto y la contratendencia. *Jurisprudencia Argentina*, Doutrina, p. 620-633, 1993.

GHERSI, Carlos Alberto. *La Posmodernidad Jurídica* – Una discusión abierta. Buenos Aires: Gowa, 1995.

GHERSI, Carlos, "Contratos Civiles y Comerciales", Astrea, Bs.As.

GHESTIN, Jacques. FONTAINE, Marcel. *Les effets du contrat à l'égard des tiers*. Paris: LGDJ, 1992.

GHESTIN, Jacques; BILLIAU, Marc. *O preço nos contratos de longa duração*. Trad. Luis Moisset de Espanes e Ricardo de Zavalia. Buenos Aires: Zavalia, 1990.

GODOY, Cláudio Luiz Bueno de. *Função social do contrato*. São Paulo: Saraiva, 2004.

GOMES, Orlando, "Contratos", Forense, Rio, 1975, *Transformações gerais do direito das obrigações*. São Paulo: RT, 1980.

GOMES, Orlando. *Transformações gerais do direito das obrigações*. São Paulo: Ed. RT, 1980.

GOMES, Orlando. *Novos temas de direito civil*. Rio de Janeiro: Forense, 1983.

GOMES, Orlando. Seguro-saúde – Regime jurídico – Seguro de reembolso de despesas de assistência médico-hospitalar – Contrato semipúblico. *Revista de Direito Público* 76, p. 251 e ss.

GOMES, Rogério Zuel. *Teoria contratual contemporânea – Função social do contrato e boa-fé*. Rio de Janeiro: Forense, 2004.

GONÇALVES, Carlos Roberto.*Principais inovações no Código Civil de 2002*. São Paulo: Saraiva, 2002.

GRAU, Roberto. Interpretando o código de Defesa do Consumidor: algumas notas, *Revista de Direito do Consumidor*, v. 5.

GRINOVER, Ada Pellegrini et al. (Org.). Código Brasileiro de Defesa do Consumidor: Comentado pelos autores do Anteprojeto. Rio de Janeiro: Forense Universitária, 1998.

GUIMARÃES, Octávio Moreira. *Da boa-fé no direito civil brasileiro*. São Paulo: Saraiva, 1953.

HALABI, Ernesto c/ P.E.N. – ley 25.873 – dto. 1563/04 s/ amparo ley 16.986.

HEDDEMANN, J.W. Tratado de Derecho Civil. Derecho de Obligaciones, Rev. *Der. Priv. Madrid*, 1958, v. 3.

HERZOG, Benjamin. *Anwendung und Auslegung von Recht in Portugal und Brasilien*. Mohr: Tübingen, 2014.

HESSE, Konrad; *Derecho constitucional y derecho privado*. Madrid: Civitas, 1995.

HIRONAKA, Giselda M. F. Novaes. A Função social do contrato. In *Doutrinas Essenciais Obrigações e Contratos*, vol. 3, p. 739-754, jun./2011.

HONNOLD-REITZ. *Sales Transactions*: Domestic and internacional law. Nova York: Foundation Press, N.York, 1992.

HOWELLS, Geraint. Seeking social justive for poor consumers in credit markets, ambos *in* CARTWRIGHT, Peter (Ed.). In: CARTWRIGHT, Peter (Ed.). *Consumer protection in financial services*. Haia: Kluwer Int., 1999.

IRTI, Natalino. *La cultura del Diritto Civile*, UTET.

JAMENSON, Fredric. *Pós-modernismo* – A lógica cultural do capitalismo tardio. São Paulo: Ática, 1996.

JAMIN, Christophe; MAZEAUD, Cenis. *La nouvelle crise du contrat*. Dalloz, 2003.

JAUERNIG, Othmar et alii, Bürgerliches Gesetzbuch. 7. ed. München: Beck, 1994.

JAYME, Erik, "Osservazioni per una teoria postmoderna della comparazione giuridica", Rivista Di Diritto Civile, 1997. nun 6, Cedam, Padova.

JAYME, Erik. Direito internacional privado e cultura pós-moderna. *Cadernos do PPGD/UFRGS* 1, n. 1, p. 59-68, mar. 2003.

JAYME, Erik. Identité culturelle et intégration: le droit internationale privé postmoderne. In: _____ . *Recueil des Cours de l'Académie de Droit International de La Haye*. Doordrecht: Kluwer, 1995.

JAZULOT, Béatrice. *La bonne foi dans les contrats*: étude comparative, de droit français, allemand et japonais. Paris: Université Jean-Moulin- Lyon, 605 f. Tese (Doctorat d'Etat en droit) – Université Jean – Molin-Lyon, 2000.

JORDAN.WARREN, "Sales", 3ra de 1992, N.York, Foundation Press.

JUSTEN, Marçal Filho. Abrangência e incidência da Lei, in PEIXOTO MARQUES, Floriano Neto; RODRIGUES, Otavio Luiz Jr.; XAVIER LEONARDO, Rodrigo. *Comentários à Lei da Liberdade econômica – Lei 13.874/2019*, São Paulo: RT, 2019, p. 19-38.

KEMELMAJER DE CARLUCCI, Aída. A responsabilidade profissional nas diretivas da Comunidade Econômica Européia. In: *Las responsabilidades profesionales*. Homenagem ao Dr. Luis Andorno. LaPlata, 1992.

KENNEY, Martin; ZYSMAN, John. The Rise of the Platform Economy, in Issues, vol. XXXII, n. 3, Spring, 2016, acessível in https://issues.org/the-rise-of-the-platform-economy/

KLEE, Antônia L.; MARQUES, Claudia Lima. Direito (fundamental) a informações claras e completas constantes dos contratos de prestação de serviços de internet. In: SALOMÃO, George; LEMOS, Ronaldo (Coord.). *Constituição e Internet*. São Paulo: Saraiva, 2014.

KLEE, Antônia. Antonia Espíndola Longoni. *Comércio Eletrônico*. São Paulo: Revista dos Tribunais, 2014.

KLUGE, Friedrich. *Etymologisches Wörterbuch der deutschen Sprache*. 23. ed. Berlin: Walter de Gruyter, 1999.

KOETZ, Hein. *Europäisches Vertragsrecht*. Tübingen: Mohr, 1996; ZANONI, Eduardo. *Elementos de la obligación*. Buenos Aires: Astrea, 1996.

KÖHLER, Markus; ARNDT, Hans-Wolfgang. *Recht des Internet*, Heidelberg: Müller, 2000.

KÖTZ, Hein. *Europäisches Vertragsrecht*. Tübingen: Mohr, 1996.

KROTOSCHIN, Ernesto. *Tratado práctico de derecho del trabajo*. Buenos Aires: Depalma, 1878.

LACOUR, Clémence. *Vieillesse et vulnerabilité*. Marseilles: Presses Universitaires d`Aix Marseille, 2007.

LACRUZ BERDEJO-SANCHO; REBULLIDA-LUNA; SERRANO-DELGADO; ECHERRIA-RIVERO HERNANDEZ. *Derecho de Obligaciones*. v. 3. Barcelona: Bosch,1986.

LAFAILLE, Hector. Curso de Contratos. *Bibl. Jur*, t. 2, n. 274, Buenos Aires, 1928.

LARENZ, Karl, "Derecho de Obligaciones", Trad. Santos Briz, Rev Der Priv, Madrid, 1958.

LARENZ, Karl. *Base del negocio jurídico y cumplimiento de los contratos*. Trad. Carlos Fernández Rodríguez. Granada: Editorial Comares, 2002.

LARENZ, Karl. *Lehrbuch des Schuldrechts*: Bd. 1 – Allgemeiner Teil. 14. ed. Munique: Beck, 1987.

LARROUMET, Christian. *Droit civil – Les obligations. Le contrat*. 5. ed. Paris: Economica, 2003. t. III.

LATOUCHE, Serge. *Sortir de la société de consommation*, LLL: Paris, 2010.

LAUN, Rudolf. *Der Satz vom Grunde:* Ein System der Erkenntnistheorie. 2. ed. Tuebingen, 1956.

LEITE, George Salomão; LEMOS, Ronaldo (coord.). *Marco Civil da Internet*. São Paulo: Ed. Atlas, 2014.

LEONARD, Peter. *Postmodern welfare* – Reconstructing an emancipatory project. Londres: Sage, 1997.

LEVY Strauss, Claude, "Antropologia estructural", Eudeba, 1977.

LISBOA, Roberto Senise. *A relação de consumo e seu alcance no direito brasileiro*. São Paulo: Ed. Oliveira Mendes, 1997.

LISBOA, Roberto Senise. *Contratos Difusos e Coletivos*. São Paulo: RT, 1997.

LISBOA, Roberto Senise. *Manual elementar de direito civil*. São Paulo: RT, 2002.

LISOPRAWSKI, Silvio, "La securitizaciòn. Necesidad de una regulaciòn del fideicomiso financiero", LL.1994-B-1177.

LLAMBIAS-ALTERINI. *Codigo Civil Comentado*. t. 3. Buenos Aires: Abeledo Perrot.

LÔBO, Paulo Luiz Neto, Contrato e mudança social, in *Revista dos Tribunais*, vol. 722.

LÔBO, Paulo Luiz Netto. *Direito das Obrigações*. Brasília: Brasília Jurídica, 1999.

LOBO, Paulo Luiz Netto. Princípios sociais dos contratos no Código de Defesa do Consumidor e no novo Código Civil. *Revista de direito do consumidor*, n. 42. São Paulo: RT, abril-junho/2002.

LÔBO, Paulo Luiz Netto. Responsabilidade por vício do produto ou do serviço, *Brasília Jurídica*, Brasília, 1996.

LOEWENHEIT, Ulrich. *Bereicherungsrecht*. Munique: Beck, 1989.

LOMNICK, Eva. Unilateral variation in banking contract: an unfair term? In: CARTWRIGHT, Peter (Ed.). *Consumer protection in financial services*. Haia: Kluwer Int., 1999.

LOPEZ DE ZAVALIA, "Contratos-Parte general", p. 484, nota 1.

LOPEZ DE ZAVALIA, Fernando, "Teoria General de los contratos Contratos",Ed. Rubinzal " Ed. Zavalia;

LOPEZ DE ZAVALIA, Fernando. *Teoría de los Contratos*. t. 2. Buenos Aires: Zavalia, 1985.

LOPEZ, Guillermo. *Reflexiones sobre la naturaleza de la vinculación de los médicos de cabecera del sistema Pami.* DT. XLVII-A-635.

LOPEZ; CENTENO; FERNANDEZ MADRID. *Ley de contrato de trabajo comentada.*

LORENZETTI, "La responsabilidad precontractual como atribución de los riesgos de la negociación", Rev. La Ley, 5 de abril de 1993.

LORENZETTI, "Las normas fundamentales de derecho privado", Rubinzal y Culzoni 1995.

LORENZETTI, Ricardo Luis, Contratos. Santa Fé: Rubinzal-Culzoni, 2003.

LORENZETTI, Ricardo Luis, Analisis crítico de la autonomia privada contractual. In: *Revista de Direito do Consumidor*, número 14, abril/junho de 1995.

LORENZETTI, Ricardo Luis. *Comercio electrónico*, Buenos Aires: Abeledo-Perrot, 2001.

LORENZETTI, Ricardo Luis. *Fundamentos do Direito Privado.* São Paulo: RT, 1998.

LORENZETTI, Ricardo Luis. *Teoria da decisão judicial.* Tradução de Bruno Miragem. Revisão e notas de Claudia Lima Marques. São Paulo: RT, 2009.

LORENZETTI, Ricardo Luis. *Tratado de los Contratos.* Tomo I. Buenos Aires: Rubinzal-Culzoni, 2000.

LORENZETTI, Ricardo Luis; MARQUES, Claudia Lima. *Contratos de servicios a los consumidores.* Santa Fé/Buenos Aires: Rubinzal-Culzoni, 2005.

LORENZETTI, Ricardo. La relación de consumo: conceptualização dogmática en base al Derecho del Mercosur, *Revista de Direito do Consumidor*, v. 21.

LORENZETTI, Ricardo. Redes Contractuales: Conceptualización juridica, relaciones internas de colaboracion, efectos frente a terceros, *Revista da Faculdade de Direito UFRGS*, v. 16, 1999.

LORENZETTI. "Redes contractuales: contratos conexos y responsabilidad", publicado em Revista de Derecho Privado y Comunitario, De Rubinzal y Culzoni, Num 17.

LORENZETTI. *El objeto y las prestaciones en contratos de larga duración* (a propósito de la medicina prepaga, servicios educativos, contratos de suministro y asistencia)", LL.1997-E-1103.

LORENZETTI. *Responsabilidad civil de los médicos.* Santa Fe: Rubinzal y Culzoni, 1986.

LOS MOZOS, José Luis de. *Derecho civil – Métodos, sistemas y categorias jurídicas.* Madri: Civitas, 1988.

LOS MOZOS, José Luis de. El Princípio de la Buena Fé, Barcelona: Bosch, 1965.

LUHMANN, Niklas, *Sociologia do direito II.* Trad. Gustavo Bayer. Rio de Janeiro: Tempos Modernos, 1985.

LUHMANN, Niklas. *Das Recht der Gesellschaft*, Frankfurt: Suhrkamp, 1997.

LYOTARD, Jean-François, *Das postmoderne Wissen – Ein Bericht*, Peter Engelmann (Hrsg.), Wien: Passagen Verlag, 1994.

MAC NEIL, Ian. *The new social contract*: An Inquiery into Modern Contractual Relations. New Haven: Yale Univ., 1980.

MACEDO Jr., Ronaldo Porto. *Contratos relacionais e defesa do consumidor.* São Paulo: Max Limonad, 1998.

MACEDO, Ronaldo Porto. Relação de consumo sem contratação de consumo direta: quando o empresário paga a conta, *Revista de Direito do Consumidor*, v. 27.

MACEDO, Ronaldo Porto. *Sociologia Jurídica e Teoria do Direito*: A teoria Relacional e a Experiência Contratual, USP, 1997.

MACHADO, "Exposición y comentario del Código Civil Argentino". 2. ed., Bs. As., La Jouane, 1899. v. IV.

MACNEIL, Ian, "The many futures of contracts", California law review, v.47.

MACNEIL, Ian. *Contracts*: adjustment to long-term economic relations under classical, neoclassical, and relational contract law. *Northwestern U.L.Rev.*, 1977/78.

MACNEIL, Ian. *The new social contract – An inquiry into modern contractual relations*. Londres: Yale University Press, 1980.

MADALENA, Juliano. Comentários ao Marco civil da Internet – Lei 12.965, de 23 de abril de 2014. *Revista de Direito do Consumidor* 94, p. 329-350.

MADALENA, Juliano. Regulação das fronteiras da Internet: um primeiro passo para uma Teoria Geral do Direito Digital, in *Revista dos Tribunais*, vol. 974/2016, p. 81 – 110, Dez / 2016.

MAGGS, Peter B. Consumer protection on the Internet. *Ajuris*, edição especial, vol. 1, p. 105-112, Porto Alegre, mar. 1998.

MAK, Vanessa; TERRYN, Evelyne. Circular Economy and Consumer Protection: The Consumer as a Citizen and the Limits of Empowerment Through Consumer Law, in *Journal of Consumer Policy* (2020) 43:227–248.

MANCEBO, Rafael. *A Função Social dos Contratos*. São Paulo: Quartier Latin, 2005.

MARES, Horacio. Derecho comercial y económico. In: ETCHEVERRY; Raul. *Contratos*: Parte especial. Buenos Aires: Depalma, 1991.

MARIGHETTO, Andrea. *O Acesso ao Contrato: Sentido e Extensão da Função Social do Contrato*. São Paulo: Quartier Latin, 2012.

MARQUES, C. L. A vulnerabilidade dos analfabetos e dos idosos na sociedade de consumo brasileira: primeiros estudos sobre a figura do assédio de consumo. In: MARQUES, Claudia Lima; GSELL, Beate. (Org.). Novas tendências do Direito do Consumidor: Rede Alemanha-Brasil de pesquisas em Direito do Consumidor. 1ed.São Paulo: Revista dos Tribunais, 2015, p. 46 e seg.

MARQUES, C. L. Criança e Consumo: Contribuição ao Estudo da Vulnerabilidade das Crianças no Mercado de Consumo Brasileiro. *Revista de Direito Civil Contemporâneo*, v. 14/2018, p. 101-129, 2018.

MARQUES, C. L.. Schutz der Schwächeren im Privatrecht: Eine Einführung. In: Lena Kunz; Vivianne Ferreira Mese. (Org.). *Rechtssprache und Schwächerenschutz*. 1ed.Heidelberg: Nomos, 2018, v. 1, p. 63-81.

MARQUES, C. L.; WEI, Dan. (Org.). *Consumer Law and Socioeconomic Development: National and International Dimensions*. 1ed.Cham: Springer, 2017.

MARQUES, Claudia Lima . Função social do contrato: visão empírica da nova teoria contratual. In: Luís Felipe Salomão; Flávio Tartuce. (Org.). Direito civil: diálogos entre a doutrina e a jurisprudência. 1ed.São Paulo: Atlas, 2018, v. 1, p. 100-136.

MARQUES, Claudia Lima et ali (Coord.) *Direito Privado e Desenvolvimento Econômico*, São Paulo: RT, 2019.

MARQUES, Claudia Lima, (Org.) *Diálogo das fontes. Do conflito à coordenação das normas do direito brasileiro*. São Paulo: Ed. RT, 2012.

MARQUES, Claudia Lima, BERTONCELLO, Karen; LIMA, Clarissa Costa de. Exceção dilatória para os consumidores frente à força maior da pandemia de COVID-19: Pela urgente aprovação do PL 3.515/2015 de atualização do CDC e por uma moratória aos consumidores, in *Revista de Direito do Consumidor*, vol. 129/2020, Maio – Jun / 2020.

MARQUES, Claudia Lima, Diálogo das Fontes, in BENJAMIN, Antônio Herman; MARQUES, Claudia Lima; BESSA, Leonardo Roscoe. *Manual de direito do consumidor*. 8. ed. São Paulo: Ed. RT, 2017.

MARQUES, Claudia Lima. "Três tipos de diálogos entre o Código de Defesa do Consumidor e o Código Civil de 2002: superação das antinomias pelo 'diálogo das fontes'", in *Código de Defesa do Consumidor e o Código Civil de 2002-Convergências e Assimetrias*, Roberto A. C. Pfeiffer e Adalberto Pasqualotto (Coord.), RT: São Paulo, 2005.

MARQUES, Claudia Lima. A chamada nova crise do contrato e o modelo de direito privado brasileiro: crise da confiança ou do crescimento do contrato? in MARQUES, Claudia Lima (coord.). A nova crise do contrato: estudos sobre a nova teoria contratual. São Paulo: Ed. RT, 2007, p. 17-86.

MARQUES, Claudia Lima. A crise científica do Direito na pós-modernidade e seus reflexos na pesquisa, *Cidadania e Justiça – Revista da AMB*, ano 3, n. 6, 1999.

MARQUES, Claudia Lima. *A nova crise do contrato – estudos sobre a nova teoria contratual*, RT:São Paulo, 2006.

MARQUES, Claudia Lima. A nova noção de fornecedor no consumo compartilhado: um estudo sobre as correlações do pluralismo contratual e o acesso ao consumo. *Revista de Direito do Consumidor*, São Paulo, vol. 111, p. 247-268, maio-jun. 2017.

MARQUES, Claudia Lima. A teoria do 'Diálogo das fontes' hoje no Brasil e os novos desafios: uma homenagem à magistratura brasileira, in MARQUES, Claudia Lima e MIRAGEM, Bruno. Diálogo das Fontes II, São Paulo: Ed. RT, 2020.

MARQUES, Cláudia Lima. Boa-fé nos serviços bancários, financeiros, de crédito e securitários e o código de defesa do consumidor: informação, cooperação e renegociação? in *Revista de Direito do Consumidor* 43, São Paulo: RT.

MARQUES, Claudia Lima. Comentário à Diretiva (UE) 2019/770 do Parlamento Europeu e do Conselho, de 20 de maio de 2019, sobre certos aspectos relativos aos contratos de fornecimento de conteúdos e serviços digitais, in *Revista de Direito do Consumidor*, vol. 127 (2020).

MARQUES, Claudia Lima. *Confiança no comércio eletrônico e a proteção do consumidor – Um estudo dos negócios jurídicos de consumo no comércio eletrônico*. São Paulo: Ed. RT, 2004.

MARQUES, Claudia Lima. Contratos bancários em tempos pós-modernos, *Revista de Direito do Consumidor*, v. 25.

MARQUES, Claudia Lima. *Contratos no Código de Defesa do Consumidor*, Ed. RT: São Paulo, 2016.

_____; MIRAGEM, Bruno; BENJAMIN, Antônio Herman. *Comentários ao Código de Defesa do Consumidor*. São Paulo: Ed. RT, 2016.

_____; MIRAGEM, Bruno. *O Novo Direito Privado e a proteção dos vulneráveis*. 2. ed., São Paulo: Ed. RT, 2004.

_____.*Confiança no comércio eletrônico e a proteção do consumidor: um estudo dos negócios jurídicos de consumo no comércio eletrônico*. São Paulo: Ed. RT, 2004.

_____. (Org.) *Diálogo das fontes. Do conflito à coordenação das normas do direito brasileiro*. São Paulo: Ed. RT, 2012.

MARQUES, Claudia Lima. *Contratos no Código de Defesa do Consumidor*. 9. ed. São Paulo: RT, 2019.

MARQUES, Claudia Lima. *Contratos no Código de Defesa do Consumidor*. 2. ed. São Paulo: RT, 1995.

MARQUES, Claudia Lima. *Contratos no Código de defesa do Consumidor*. 3. ed. São Paulo: RT, 1998.

MARQUES, Claudia Lima. Estudo sobre a vulnerabilidade dos analfabetos na sociedade de consumo: o caso do crédito consignado a consumidores analfabetos. in Revista de Direito do Consumidor | vol. 95/2014 | p. 99 – 145 | Set – Out / 2014).

MARQUES, Claudia Lima. O 'diálogo das fontes' como método da nova teoria geral do direito: um tributo a Erik Jayme, in MARQUES, Claudia Lima, (Org.) *Diálogo das fontes. Do conflito à coordenação das normas do direito brasileiro*. São Paulo: Ed. RT, 2012, p. 17-66.

MARQUES, Claudia Lima. Proposta de uma teoria geral dos serviços com base no Código de Defesa do Consumidor – A evolução das obrigações envolvendo serviços remunerados direta ou indiretamente. *Revista de Direito do Consumidor*, São Paulo, v. 33, p. 79-122, 2000.

MARQUES, Claudia Lima. Relação de consumo entre os depositantes de cadernetas de poupança e os bancos ou instituições que arrecadam a poupança popular, *Revista dos Tribunais*, n. 760.

MARQUES, Claudia Lima. Sugestões para uma lei sobre o tratamento do superendividamento de pessoas físicas em contratos de crédito ao consumo: proposições com base em pesquisa empírica de 100 casos no Rio Grande do Sul. In: MARQUES, Claudia Lima; CAVALLAZZI, Rosângela Lunardelli (coord.). *Direitos do consumidor endividado: superendividamento e crédito*. São Paulo: ED. RT, 2006. p. 255 e seg.

MARQUES, Claudia Lima. Vinculação própria através da publicidade? A nova visão do Código de Defesa do Consumidor, *Revista de Direito do Consumidor*, São Paulo, v. 10, 1994.

MARQUES, Claudia Lima. Violação do dever de boa-fé de informar corretamente, atos negociais omissivos afetando o direito/liberdade de escolha. Nexo causal entre a falha/defeito de informação e defeito de qualidade dos produtos de tabaco e o dano final morte. Responsabilidade do fabricante do produto, direito a ressarcimento dos danos materiais e morais, sejam preventivos, reparatórios ou satisfatórios (Parecer). *RT* 835, p. 75-133, maio 2005.

MARQUES, Claudia Lima; ALMEIDA, João Bastista de; PFEIFFER, Roberto (coord.). *Aplicação do Código de Defesa do Consumidor aos bancos – ADin 2.591*. São Paulo: Ed. RT, 2006.

MARQUES, Claudia Lima; BENJAMIN, Antônio Herman de Vasconcelos; MIRAGEM, Bruno. *Comentários ao Código de Defesa do Consumidor*. 6. ed. São Paulo: Ed. RT, 2019.

MARQUES, Claudia Lima; BENJAMIN, Antonio Herman. Consumer over-indebtedness in Brazil and the need of a new consumer bankruptcy legislation. In: NIEMI, J.; RAMSAY, I.; WHITFORD, W. C. (ed.). consumer credit, debt, and bankruptcy – Comparative and international perspective. Oxford: Hart Publishing, 2009, p. 55-73.

MARQUES, Claudia Lima; CAVALLAZZI, Rosângela Lunardelli (coord.). Direitos do consumidor endividado: superendividamento e crédito. São Paulo: ED. RT, 2006.

MARQUES, Claudia Lima; CAVALLAZZI, Rosângela Lunardelli, LIMA, Clarissa Costa (coord). *Direitos do Consumidor Endividado II: vulnerabilidade e exclusão*. São Paulo: RT, 2016.

MARQUES, Claudia Lima; GSELL, Beate. (Org.). Novas tendências do Direito do Consumidor: Rede Alemanha-Brasil de pesquisas em Direito do Consumidor. 1ed.São Paulo: Revista dos Tribunais, 2015.

MARQUES, Claudia Lima; LIMA, Clarissa Costa de. Notas sobre as Conclusões do Relatório do Banco Mundial sobre o tratamento do superendividamento e insolvência da pessoa física. *Revista de Direito do Consumidor*, v. 89/2013, p. 453-457, Set – Out / 2013.

MARQUES, Claudia Lima; MAZZUOLI, Valério. O consumidor-"depositário infiel", os tratados de direitos humanos e o necessário diálogo das fontes nacionais e internacionais: a primazia da norma mais favorável ao consumidor. *Revista de Direito do Consumidor*, v. 71, p. 1-32, jul.-set. 2009.

MARQUES, Claudia Lima; MIRAGEM, Bruno. (Org.) *Diálogo das fontes: Novos Estudos sobre a coordenação das normas do direito brasileiro*. São Paulo: Ed. RT, 2020.

MARQUES, Claudia Lima; MIRAGEM, Bruno. *O novo direito privado e a proteção dos vulneráveis*. 2. ed. São Paulo: Ed. RT, 2014. p. 131.

MARQUES, Claudia Lima; MUCELIN, Guilherme. Inteligência artificial e "opacidade" no consumo: a necessária revalorização da transparência para a proteção do consumidor. In: TEPEDINO, Gustavo; SILVA, Rodrigo da Guia. *O direito civil na era da inteligência artificial*. São Paulo: RT, 2020.

MARQUES, Claudia Lima; PFEIFFER, Roberto A. Castellanos; LOPES, José Reinaldo de Lima (org.). *Saúde e responsabilidade: seguros e planos de assistência privada à saúde*. São Paulo: Ed. RT, 1999.

MARQUES, Claudia Lima; PFEIFFER, Roberto A. Castellanos; LOPES, José Reinaldo de Lima (org.). *Saúde e responsabilidade 2: A nova assistência privada à saúde*. São Paulo: Ed. RT, 2008.

MARQUES, Claudia Lima; PFEIFFER, Roberto. Nota sobre o Projeto de Lei n. 1200/2020 que "Institui a moratória de obrigações contratuais de consumidores afetados economicamente pela pandemia de coronavírus (COVID-19)" e sobre o Projeto de Lei (PL) nº 1.179, de 2020, que dispõe sobre o Regime Jurídico Emergencial e Transitório das relações jurídicas de Direito Privado (RJET) no período da pandemia do Coronavírus (Covid-19), in Revista de Direito do Consumidor, vol. 130 (2020).

MARTINEK, Michael. Die Lehre von den Neuverhandlungspflichten – Bestandaufnahme, Kritik... und Ablehnung. *Archiv für die Civilistische Praxis (AcP)* 198, p. 396, 1998.

MARTINS DA COSTA, Geraldo de Faria. *Superendividamento. A proteção do consumidor de crédito em direito comparado brasileiro e francês*. São Paulo: RT, 2002.

MARTINS, Flávio Alves. *A boa-fé objetiva e sua formalização no direito das obrigações brasileiro*. 2. ed. Rio de Janeiro: Lumen Juris, 2001.

MARTINS, Guilherme Magalhães. Sociedade da informação e promoção à pessoa, in Revista de Direito do Consumidor, vol. 96/2014, p. 225 – 257, Nov – Dez / 2014.

MARTINS, Guilherme Magalhães. Formação dos Contratos eletrônicos de Consumo via Internet. 2. Ed., Lumen Iuris: Rio de Janeiro, 2010.

MARTINS, Plínio Lacerda, O caso fortuito e a força maior como causas de exclusão da responsabilidade no Código do consumidor. In: *Revista dos Tribunais*, São Paulo, v. 690, abr. 1993.

MARTINS, Plínio Lacerda. *O abuso nas relações de consumo e o princípio da boa-fé*. Rio de Janeiro: Forense, 2002.

MARTINS-COSTA, Judith. *A Boa-fé no Direito Privado*. São Paulo: RT, 1999.

MARTINS-COSTA, Judith. *Comentários ao novo Código Civil. Do inadimplemento das obrigações*, v. V, t. II. Rio de Janeiro: Forense, 2004.

MARTINS-COSTA, Judith. Os campos normativos da boa-fé objetiva: as três perspectivas do direito privado brasileiro. In: AZEVEDO, Antonio Junqueira; TORRES, Heleno Taveira; CARBONE, Paolo. *Princípios do novo Código Civil brasileiro e outros temas*. São Paulo: Quartier Latin, 2008. p. 387-421.

MARTINS-COSTA, Judith.. Art. 3, V, Presunção de boa-fé, in PEIXOTO MARQUES, Floriano Neto; RODRIGUES, Otavio Luiz Jr.; XAVIER LEONARDO, Rodrigo. *Comentários à Lei da Liberdade econômica – Lei 13.874/2019*, São Paulo: RT, 2019, p. 125-132.

MAXIMILIANO, Carlos. *Hermenêutica e aplicação do direito*. 19ª ed. Rio de Janeiro: Forense, 2003.

MAYER, Hans-Jochem. *Die "obligations accessoires" im französischen Allgemeinen Vertragsrecht und ihr deutsches pendant*. Tese de doutorado, Tübingen, Brenner, 1988.

MEDICUS, Dieter. *Bürgerliches Recht-Eine nach Anspruchsgrundlagen geordnete Darstellung zur Examensvorbereitung*. 13. ed. Colônia: Carl Heymanns, 1987.

MEDICUS, Dieter. *Schuldrecht II*. Munique: Beck, 1987.

MELLER-HANNICH, Caroline. Economia compartilhada e proteção do consumidor, in MARQUES, Claudia Lima et ali (Coord.) *Direito Privado e Desenvolvimento Econômico*, São Paulo: RT, 2019, p. 283-294.

MELLER-HANNICH, Caroline. *Wandel der Verbraucherrollen – Das Recht der Verbraucher und Prosumer in der Sharing Economy*, Berlin: Duncker & Humbolt, 2019.

MELLO GONÇALVES, Camila de Jesus. *Princípio da Boa-fé – Perspectivas e aplicações*, Rio de Janeiro: Elsevier/Campus Jurídico, 2008.

MENEZES CORDEIRO, Antônio Manuel da Rocha e. *Da Boa-fé no Direito Civil*. Coimbra: Almedina, 1984. vol. 1 e 2 (reimp. 1997)

MENEZES CORDEIRO, António. *Da boa-fé no direito civil*. Coimbra: Almedina, 1997.

MENEZES DE CORDEIRO, Antônio Manuel da Rocha e. *Da Boa-fé no Direito Civil*, v. 2. Coimbra: Almedina, 1984.

MENEZES DE CORDEIRO, Antônio Manuel da Rocha e. *Tratado de direito civil português*. Coimbra: Almedina, 2001.

MENEZES DE CORDEIRO, Antônio. Ciência do Direito e Metodologia Jurídica, na *Revista da Ordem dos Advogados*, 48, dez. 1988.

MESSINEO, Francesco. *Doutrina geral do contrato*. Trad. Fontanarrosa, Sentis Melendo, Volterra. Buenos Aires: Ejea, 1986.

MESSINEO, Francesco. *Manual de Derecho Civil y Comercial*. t. 5. Buenos Aites: Ejea, 1979.

MILLER, Stephen. First Principles for Regulating the Sharing Economy, in *Harvard Journal on Legislation*, vol. 53, p. 147-202, 2016.

MIRAGEM, Bruno, *Contrato de transporte*. São Paulo: RT, 2014.

MIRAGEM, Bruno. Abuso do direito. Proteção da confiança e limites ao exercício de prerrogativas jurídicas no direito privado brasileiro. Rio de Janeiro: Forense, 2009.

MIRAGEM, Bruno. *Abuso do Direito*: Ilicitude objetiva e limite ao exercício de prerrogativas jurídicas no Direito Privado. 2. ed. São Paulo: RT, 2013.

MIRAGEM, Bruno. *Curso de Direito do Consumidor*. 8ª ed. São Paulo: RT, 2019.

MIRAGEM, Bruno. *Direito das obrigações*. 3ª ed. Rio de Janeiro: Forense, 2021.

MIRAGEM, Bruno. Diretrizes interpretativas da função social do contrato. *Revista de Direito de Consumidor* vol. 56/2005, p. 22-45, out.-dez./2005.

MIRAGEM, Bruno. Nota relativa à pandemia de coronavírus e suas repercussões sobre os contratos e a responsabilidade civil. In Revista dos Tribunais, vol. 1015/2020, maio/2020.

MIRAGEM, Bruno. Novo paradigma tecnológico, mercado de consumo digital e o direito do consumidor. *Revista de Direito do Consumidor*, São Paulo, v. 125, set./out. 2019.

MIRAGEM, Bruno. O artigo 1228 do Código Civil e os deveres do proprietário em matéria de preservação do meio ambiente. *Cadernos do Curso de Pós-Graduação em Direito da UFRGS*. Edição especial sobre direito ambiental. Porto Alegre: UFRGS, maio/2005.

MIRAGEM, Bruno. *Responsabilidade civil*. 2ª ed. Rio de Janeiro: Forense, 2021.

MIRAGEM, Bruno. *Teoria geral do direito civil*. Rio de Janeiro: Forense, 2021.

MIRAGEM, Bruno. Transporte coletivo de passageiros, in RDC 100, p. 87-88.

MOATI, Philippe. *La societé malade de l'hyperconsommation*, Odile Jacob: Paris, 2016.

MONTOYA MELGAR, Alfredo. Derecho del Trabajo. 5 ed. Madrid: Tecnos, 1984.

MORALES MORENO, Antonio Manuel, "La compraventa Internacional de Mercaderias", Dir. por Luis Diez Picazo, Civitas, 1998.

MORELLO, Augusto, "Los contratos : respuestas sustanciales y procesales a plurales cambios y emergencias", LL :25.8.98.

MORELLO, Augusto. *Contrato e Processo*. Buenos Aires: Abeledo Perrot, 1990.

MORELLO, Augusto. *Os contratos*: respostas substanciais e processuais a plurais mudanças e emergências. LL.25.8.98.

MOSSET ITURRASPE, Jorge, "Contratos", ediciòn actualizada, Rubilzal y Culzoni.

MOSSET ITURRASPE, Jorge. *Contratos Conexos*. Buenos Aires: Rubinzal-Culzoni, 1999.

MOSSET ITURRASPE, Jorge. *Contratos médicos*. Buenos Aires: La Roca, 1989.

MOSSET ITURRASPE, Jorge. *Contratos*. Santa Fé: Rubinzal-Culzoni, 1995.

MOSSET ITURRASPE, Jorge. *La frustación del contrato*. Santa Fé: Rubinzal. Culzoni, 1991.

MOSSET ITURRASPE, Jorge. *Responsabilidad por daños*. t. 3. Buenos Aires: Ediar, 1980.

MOSSET ITURRASPE-LORENZETTI, "Proteção do Consumidor", Ed. Rubinzal y Culzoni.

MOSSETITURRASPE-LORENZETTI. Direito Monetário. Santa Fé: Rubinzal e Culzoni, 1989.

MOTTA FILHO, Marcello Martins. Ensaio jurídico sobre a computação em nuvem (cloud computing), in Revista Tributária e de Finanças Públicas, vol. 116/2014, p. 175-200, maio-jun./2014.

MUCELIN, Guilherme. Peers Inc.: a nova estrutura da relação de consumo na economia do compartilhamento. *Revista de Direito do Consumidor*, São Paulo, v. 118, p. 77-126, jul./ago. 2018.

MUCELIN, Guilherme; D'AQUINO, Lúcia. O papel do direito do consumidor para o bem-estar da população brasileira e o enfrentamento à pandemia de COVID-19. In: *Revista de Direito do Consumidor*, v. 129, maio-jun. 2020. (RTonline).

MUKAI, Toshio, em "Comentários ao código de proteção do consumidor", Saraiva, 1991.

MURARO, Giovanni. L'implemento prima del termine. *Rivista di Diritto Civile*, n. 3, ano XXI, maio/jun. 1975.

NEGREIROS, Teresa. *Fundamentos para uma interpretação constitucional do princípio da boa-fé*. Rio de Janeiro: Renovar, 1998.

NEGREIROS, Teresa. *Teoria dos contratos*: novos paradigmas. Rio de Janeiro: Renovar, 2002.

NERY JR., Nelson; NERY, Rosa Maria de Andrade. *Novo Código Civil e legislação extravagante anotados*. São Paulo: RT, 2002.

NEUSER, Wolfgang. Wissensgesellschaft – vom individuellen Wissen zum Allegeinwissen, 10.04.2017, palestra de 10.04.2017, UFRGS, Papers CDEA,inédito.

NISHIYAMA, Adolfo Mamoru; ARAUJO, Luiz Alberto David. O estatuto da pessoa com deficiência e a tutela do consumidor: novos direitos?. *Revista de Direito do Consumidor*. vol. 105. ano 25. p. 103-121. São Paulo: Revista dos Tribunais, maio-jun. 2016, p. 103 e seg.

NOGLER, Luca; REIFNER, Udo (Ed.). *Life Time Contracts – Social Long-term Contracts in Labour Tenancy and Consumer Credit Law*, The Hague, Eleven Int. Publ., 2014.

NORH, Douglas, "Institucions, Institucional Change and Economic Perfomance", 1990, Cabridge Univ Prees.

NUNES, Luiz Antônio Rizzatto. *Curso de direito do consumidor*: com exercícios. São Paulo: Saraiva, 2004.

NYSHIANA, Adolfo; DENSA, Roberta. A proteção dos consumidores hipervulneráveis: os portadores de deficiência, os idosos, as crianças e os adolescentes. *Revista de Direito do Consumidor*. vol. 76. ano 19. p. 13-45. São Paulo: Revista dos Tribunais, out.-dez. 2010, p. 13 e seg.

ODY, Lisiane Wingert. *Einführung in das brasilianische Recht*. München: Beck, 2017.

OECHSLER, Jürgen. Wille und Vertrauen im privaten Austauschvertrag Die Rezeption der Theorie des Relational Contract im deutschen Vertragsrecht in rechtsvergleichender Kritik, RABELsZ 1996, Bd. 60, p. 91-124.

OLIVEIRA, Juarez de. *Novo Código Civil*. São Paulo: Oliveira Mendes, 1998.

OLIVEIRA, Juarez de; AMARAL JÚNIOR, Alberto do; BENJAMIN, Antônio Carlos Herman de Vasconcellos e; COELHO, Fábio Ulhoa; COSTA JÚNIOR, Paulo José da; GRECO FILHO, Vicente; MANCUSO, Rodolfo de Camargo. *Comentários ao Código de Proteção ao Consumidor*. São Paulo: Saraiva, 1991.

OST, Françoise. *Le temps du droit*. Paris: Odile Jacob, 1999.

PAISANT, Gilles. El tratamiento de las situaciones de sobreendeudamiento de los consumidores en Francia. *Revista de Direito do Consumidor* 89, 2013, p. 13 e seg.

PAOLANTONIO, Martin. *Fondos comunes de inversiòn*. Buenos Aires: Depalma, 1994.

PASQUALOTTO, Adalberto. A boa-fé nas obrigações civis. In: CACHAPUZ DE MEDEIROS, Antonio Paulo (org.). *O ensino jurídico no limiar do novo século*. Porto Alegre: EDIPUCRS, 1997.

PASQUALOTTO, Adalberto. Children, Consumption and Advertising: Brazil´s Point of View, in MARQUES, C. L.; WEI, Dan. (Org.) *Consumer Law and Socioeconomic Development: National and International Dimensions*. 1ed.Cham: Springer, 2017, p. 277-286.

PASQUALOTTO, Adalberto. Conceitos fundamentais do Código de Defesa do Consumidor. *Revista de Direito do Consumidor* 66, p. 48 e seg.

PASQUALOTTO, Adalberto. *Os efeitos obrigacionais da publicidade no Código de Defesa do Consumidor*. São Paulo: RT, 1997.

PASQUALOTTO, Adalberto. PFEIFFER, Roberto. Código de Defesa do Consumidor e o Código Civil de 2002. Convergências e assimetrias. São Paulo: RT, 2005.

PÉDAMON, Michel. *Le contrat en droit allemande*. Paris: LGDJ, 1993, p. 156 e ss. Assim também TIMM, 1998.

PELLEGRINI GRINOVER-BENJAMIN-FINK-BRITO FILOMENO-WATANABE-NERY JUNIOR--DENARI, "Código Brasileiro de Defesa do Consumidor", Forense, 4ta ed.1995.

PERELMAN, Chaim (coord.). *Les antinomies en droit*. Bruxelas: Bruylant, 1965.

PERLINGIERI, Pietro. *Il diritto civile nella legalità constituzionale*. 2. ed. Roma: Edizione Scientifiche Italiane, 1991.

PERLINGIERI, Pietro. *Perfis de direito civil*. Rio de Janeiro: Renovar, 2000.

PERUGINI, Eduardo. *Algunas consideraciones sobre la dependencia laboral*. DT, 1874.

PEZZELLA, Maria Cristina Cereser. O princípio da boa-fé objetiva no direito privado alemão e brasileiro. *Revista de Direito do Consumidor*, São Paulo, v. 23-24, p. 200, jul./dez., 1997.

PEZZELLA, Maria Cristina Cereser. O princípio da boa-fé objetiva no direito privado alemão e brasileiro. *Revista Estudos Jurídicos da Universidade do Vale do Rio dos Sinos*, São Leopoldo, v. 30, n. 78, p. 47-76, 1997.

PICASSO, Sebastian, Wajntraub, Javier, "Las leyes 24.787 y 24999- Consolidando la protección del consumidor", JA. 14.11.98.

PIMONT, Sebastien. *L'economie du contrat*. Aix-em-Provence: Presses Universitaires d'Aix-Marseille, 2004.

PONTES DE MIRANDA, Francisco Cavalcante. *Tratado de direito privado*, t. XXIV. Rio de Janeiro: Borsoi, 1959.

PONTES DE MIRANDA, Francisco Cavalcanti. *Tratado de direito privado*, t. XXVI. Rio de Janeiro: Borsoi, 1959.

PORTER, Michael. *La ventaja competitiva de las naciones*. Buenos Aires: Vergara, 1971.

POSE, Carlos. *Algunas reflexiones referidas a la proyección y aplicación del artículo 23 de la ley de contrato de trabajo*. Buenos Aires: DT, 1997-A.

POSNER, Richard A. *Gratuitous Promises in Economic and Law*. In: KRONMAN, Anthony; POSNER, Richard A. *The Economics of Contract Law*. Boston: LB, 1979.

POUGHON, Jean-Michel. Histoire doctrinal de l'echange. Paris: LGDJ, 1987.

REALE, Miguel. As faculdades de direito na história. *RT*, edição histórica – 98 anos, p. 402-411, dez. 2009.

REALE, Miguel. *História do novo Código Civil*. São Paulo: RT, 2005, p. 38.

REALE, Miguel. *O projeto do novo Código Civil*. São Paulo: Saraiva, 2001.

RÊGO, Nelson Melo de Moraes. *Da boa-fé objetiva nas cláusulas gerais de direito do consumidor e outros estudos consumeristas*. São Paulo: Gen/Forense, 2009.

REZONICO, Juan C, "Contratos com cláusulas predispostas",Ed. Astrea.

REZZÓNICO, Juan Carlos. *Principios fundamentales de los contratos*. Buenos Aires: Astrea, 1999.

REZZONICO, Luis Maria. *Estudio de los contratos en nuestro derecho civil*. 3. ed. Buenos Aires: Depalma, 1969.

RIEFA, Christine. Beyond e-commerce: some thoughts on regulating the disruptive effect of social (media) commerce, in *Revista de Direito do Consumidor*, vol. 128 (2020).

RIEFA, Christine; CLAUSEN, Laura. Towards Fairness in Digital Influencer' Marketing Practices, in EuCML – Journal of European Consumer and Market Law, 2/2019, p. 64-74.

RIPERT, Georges. *A regra moral das obrigações civis*. Campinas: Bookseller, 2000.

RIPERT-BOULANGER. *Tratado de Derecho civil según el tratado de Planiol*. t. 8. Buenos Aites: La Ley, 1979.

RIZZATTO NUNES, Luiz Antônio. *O Código de Defesa do Consumidor e sua interpretação jurisprudencial*. São Paulo: Saraiva, 1997.

RODRIGUES, Otávio Luiz Jr. A doutrina do terceiro cúmplice: autonomia da vontade, o princípio res inter alios acta, função social do contrato e a interferência alheia na execução dos negócios jurídicos, in *Revista dos Tribunais*, vol. 821/2004, p. 80 – 98, Mar / 2004.

RODRIGUES, Otávio Luiz Jr.; XAVIER LEONARDO, Rodrigo; PRADO, Augusto Cézar L. A liberdade contratual e a função social do contrato – Alteração do Art. 421-A do Código Civil – Art. 7º, in PEIXOTO MARQUES, Floriano Neto; RODRIGUES, Otávio Luiz Jr.; XAVIER LEONARDO, Rodrigo. *Comentários à Lei da Liberdade econômica – Lei 13.874/2019*, São Paulo: RT, 2019, p. 309-325.

RODRIGUEZ, Silvio, "Direito Civil", Parte Geral, V.1, São Paulo, Ed. Max Limonad, 1964.

ROPPO, Enzo. *O contrato*. Coimbra: Almedina, 1988.

ROSENAU, Pauline Marie. *Post-modernism and the social sciences*. Princenton: Princeton Univ. Press, 1992.

ROSENVALD, Nelson. *Dignidade humana e boa-fé no Código Civil*. São Paulo: Saraiva, 2005.

ROUSSEAU, Jean Jaques, "Julie ou la nouvelle Hèloise", citada por Berman en op cit, pag 4.

RULLI NETO, Antonio. *Função Social do Contrato*, São Paulo: Saraiva, 2011.

SALOMO, Jorge Lages. *Contratos de prestação de serviços*, 3. Ed. São Paulo: Juarez Oliveira, 2005.

SALVAT, R., "Tratado de derecho civil argentino. Fuentes de las obligaciones. Contratos", Bs. As., LA LEY, 1946. v. 1.

SANTIAGO, Mariana Ribeiro. *O princípio da função social do contrato*. Curitiba: Juruá, 2005.

SANTOS BRIZ, Jaime. *La contratación privada*. Madrid: Montecorvo, 1966.

SANTOS, Antônio Jeová. *Direito intertemporal e o novo Código Civil*. São Paulo: Ed. RT, 2003.

SANTOS, Eduardo Sens dos. O novo Código Civil e as cláusulas gerais: exame da função social do contrato. *Revista Forense* 364, p. 83-102, nov.-dez. 2002.

SARAIVA, *Dicionário latino-português*. Rio de Janeiro: Livraria Garnier, 2000, verbete *fides*.

SARLET, Ingo, *Dignidade da pessoa humana e direitos fundamentais*. Porto Alegre: Livraria do Advogado, 2001.

SAUPHANOR, Nathalie. *L'influence du droit de la consommation sur le système juridique*. Paris: LGDJ, 2000.

SAUPHANOR-BROUILLAUD, Natacha ; VINCELLES, Carole Aubert de ; BRUNAUX, Geoffray ; USUNIER, Laurence. *Les contrats de consommation – Règles communes*, 2. Ed., Paris : L.G.D.J., 2018.

SAYEG, Ricardo H. Práticas Comerciais Abusivas, in *Revista de Direito do Consumidor*, vol. 7/1993, p. 37 – 58, Jul – Set / 1993.

SCHERTEL MENDES, Laura. O diálogo entre o Marco Civil da Internet e o Código de Defesa do consumidor, in MARQUES, Claudia Lima et ali (Coord.) *Direito Privado e Desenvolvimento Econômico*, São Paulo: RT, 2019, p. 255 e seg.

SCHMIDT NETO, André Perin. *Contrato na sociedade de consumo: vontade e confiança*, São Paulo: Ed. RT, 2015.

SCHMIDT, Jan Peter. *Zivilrechtskodifikation in Brasilien*. Tübingen: Mohr, 2009.

SCHMIDT-ROST, Reinhard. in *Wörterbuch des Christentums*, Drehsen, Volker (Hrsg.), Zurique, Benziger Verlag, 1988.

SCHWARTS-SCOTT, "Sales Law and the contracting process", 2da de 1992, Foundation Press, N.York.

SCHWEITZER, Heike. Digitale Platformen als private Gesetzgeber: ein Perspektivwechsel für die europäische 'Plattform-Regulierung', in *ZEUP* 1 (2019) 1-12.

SEGOVIA, L. "El Código Civil de la República Argentina con su explicación y crítica bajo la forma de notas". Bs. As., Cony. 1981, T. I.

SENADO FEDERAL, *Atualização do Código de Defesa do Consumidor – Anteprojetos -Relatório*, Presidência do Senado Federal, 2012.

SILVA, Luis Renato Ferreira da. A função social do contrato no novo Código Civil e sua conexão com a solidariedade social. In: SARLET, Ingo (Org.) *O novo Código Civil e a Constituição*. Porto Alegre: Livraria do Advogado, 2003.

SILVA, Luis Renato Ferreira da. *Revisão dos contratos. Do Código Civil ao Código de Defesa do Consumidor*. Rio de Janeiro: Forense, 1999.

SILVEIRA, Alípio. *A boa-fé no código civil*. São Paulo: Universitária de Direito, 1972.

SLAWINSKI, Célia Barbosa Abreu. *Contornos dogmáticos e eficácia da boa-fé objetiva – O princípio da boa-fé no ordenamento jurídico brasileiro*. Rio de Janeiro: Lumen Juris, 2002.

SOLER, Sebastián, "Las palabras de la ley", Abeledo Perrot, Bs.As.

SOUZA, Carlos Affonso Pereira de; LEMOS, Ronaldo. Aspectos jurídicos da economia do compartilhamento: função social e tutela da confiança, in *Revista de Direito da Cidade*, vol. 08, nº 4. pp. 1757- 1777.

SPOTA, A. "Instituciones de derecho civil: Contratos". Bs. As., Depalma, 1979.

STIGLITZ, Gabriel. Modificaciones a la Ley Argentina de Defensa del Consumidor y su insuficiencia en el Mercosur, *Revista de Direito do Consumidor*, v. 29.

STIGLITZ, Gabriel. *Proteção jurídica do consumidor*. Depalma, 1990.

STIGLITZ, Rubén (Coord.). *Contratos: Teoría General*, v. 1. Buenos Aires: Depalma, 1990.

STIGLITZ, Ruben, "Contratos-Teoria Geral", Ed. Depalma.

STIGLITZ, Ruben, "Derecho de Se Seguros", Abeledo Perrot, Bs.As.

STIGLITZ, Ruben, *Contratos civiles y comerciales*, Abeledo Perrot, 1998.

STIGLITZ, Ruben-STIGLITZ, Gabriel, "Direitos Defesa do consumidor", Ed. La Rocca;

STONE, "Uniform Commercial Code in a nutshell", West. 1989.

STONE, "Uniform Commercial Code, Oficial Text with comments", West. 1987.

TARTUCE, Flávio. *A função social dos contratos- do Código de Defesa do Consumidor ao novo Código civil*, São Paulo: Ed. Método, 2005.

TARTUCE, Flávio. *Direito civil*, vol. 1- Lei de Introdução e Parte Geral, Rio de Janeiro: Ed. Forense, 2019.

TARTUCE, Flávio. *Função social dos contratos. Do Código de Defesa do Consumidor ao novo código Civil*. São Paulo: Método, 2007.

_____. *Direito Civil – Teoria geral dos contratos e contratos em espécie*, 12. Ed., Rio de Janeiro: GEN/Forense, 2017.

TARUFFO, Michelle. Le prove. *Rivista Trimestrale di Diritto e Procedura Civile*, n. 4, ano XLIX, Roma: Giuffrè, dezembro/1995.

TEIZEN JÚNIOR, Augusto Geraldo. *A função social no Código Civil*. São Paulo: Ed. RT, 2004.

TEPEDINO, Gustavo, *Temas de direito civil*. Rio de Janeiro: Renovar, 1999.

TEPEDINO, Gustavo. Art. 421, in TEPDINO, Gustavo. BARBOZA, Heloisa Helena; MORES, Maria Celina Bodin de. *Código Civil Interpretado conforme a Constituição da República*, Rio de Janeiro: Renovar, 2006, p. 5 e seg.

_____. Notas sobre função social dos Contratos, in TEPEDINO, Gustavo. *Temas de Direito Civil*, Tomo III. Rio de Janeiro: Renovar, 2009, p.145-155.

TEPEDINO, Gustavo. BARBOSA, Heloísa Helena. MORAES, Maria Celina Bodin de. *Código Civil interpretado conforme a Constituição da República*. Rio de Janeiro: Renovar, 2006, vol. II.

TEPEDINO, Gustavo. *Direito civil-constitucional*. Rio de Janeiro: Renovar, 2001.

TEPEDINO, Gustavo. MORAES, Maria Celina Bodin de. BARBOSA, Heloísa. *Código Civil interpretado conforme a Constituição da República*, t. I. Rio de Janeiro: Renovar, 2004.

TEPEDINO, Gustavo. *Obrigações. Estudos na perspectiva civil-constitucional*. Rio de Janeiro: Renovar, 2005.

TEPEDINO, Gustavo. *Problemas de direito civil-constitucional*. Rio de Janeiro: Renovar, 2000.

TEUBNER, Gunther, "O direito como sistema autopoiético", Fund Calouste Gulbenkian, Lisboa, 1989.

TEUBNER, Gunther. Digitale Rechtssubjekte, in *Archiv des Civilistische Praxis -AcP* 218 (2018), p. 155 e seg.

THEODORO DE MELLO, Adriana Mandim. A função social do contrato e o princípio da boa-fé no novo Código Civil brasileiro. *Revista Forense* 364, p. 3-19, nov.-dez. 2002.

THUROW, Lester. *La guerra del siglo XXI*. Buenos Aires: Vergara,1992.

TIMM, Luciano B. *Da Prestação de Serviços*. Porto Alegre: Síntese, 1998.

TOURRAINE, Alain, *Crítica da modernidade*, Instituto Piaget, Lisboa, 1994.

TRABUCCHI, Alberto. *Istituzioni di diritto civile*. Pádua: cedam, 2001.

TREITEL, "Remedies for breach of contract", Osford, 1989.

TRIMARCHI, Pietro. *Istituzioni di diritto privato*. 8. ed. Milan: Giufre,1989.

ULHOA COELHO, Fábio. *Código comercial e legislação complementar anotados*. São Paulo: Saraiva, 1997.

VALLESPINOS, "O contrato por adesão a condições gerais", Ed Universidad.

VASCONCELOS, Pedro Pais de. *Contratos atípicos*. Coimbra: Almedina, 1995.

VAZQUEZ VIALARD, Antonio. *Tratado de Derecho del Trabajo*. t. 2. Buenos Aires: Astrea, 1982.

VERBICARO, Dennis; *Pedrosa*, Nicolas Malcher. "O impacto da economia de compartilhamento na sociedade de consumo e seus desafios regulatórios", *Revista de Direito do Consumidor*, vol. 113/2017, p. 457-482, set.-out. 2017.

VILLELA, João Baptista. Por uma nova teoria dos contratos. *Revista Forense* 261, p. 27-35, 1978.

WALD, Arnoldo. A função social e ética do contrato como instrumento jurídico de parcerias e o novo Código Civil de 2002. *Revista Forense* 364, p. 29, nov.-dez. 2002.

WEINGARTEN, Célia. *La confianza en el sistema jurídico – Contratos y derecho de daños*. Mendoza: Cuyo, 2002.

WIEACKER, Franz. *História do direito privado moderno*. Trad. Botelho Hespanha. Lisboa: Fundação Calouste Gulbenkian, 1980.

WILLIAMSON, Oliver E. (1975). *Markets and Hierarchies : Analysis and Antritrust Implications*. Nueva York : Free Press.

WILLIAMSON, Oliver E.(1985). *The Economic Instituions of Capitalism : Firms, Markets, Relational Contracting*. Nueva York : Free Press.

WINDSCHEID, Bernhard. Lehrbuch des Pandektenrechts, Bd 1. 6. Aufl, Frankfurt, 1887.

ZANELLATO, Marco Antônio. Da boa-fé no direito privado. São Paulo: Faculdade de Direito. 219f, p. 66, *Dissertação* (Mestrado em Direito) – Faculdade de Direito, Universidade de São Paulo, 2002.

ZANELLATTO, Marco Antonio. Boa-fé objetiva: formas de expressões e aplicações. *Revista de Direito do Consumidor* 100 (Julho-Agosto 2015), p. 141-190.

ZANNONI, Edardo. La obligación. *Rev. Jur. San Isidro*, n. 20, 1983.

ZANONI, Eduardo. *Elementos de la Obligación*. Buenos Aires: Astrea, 1996.

ZIMMERMANN, Reinhard. *Service contracts*. Rur 15. Tubingen: Mohr Siebeck, 2010.

ZIPPELIUS, Reinhold. *Das Wesen des Rechts – Eine Einführung in die Rechtsphilosophie*. 5. ed. Munique: Beck, 1997.

ZUEL GOMES, Rogério. *Teoria contratual contemporânea – Função social do contrato e boa-fé*. Rio de Janeiro: Forense, 2004.

Diagramação eletrônica:
Linotec Fotocomposição e Fotolito Ltda., CNPJ 60.442.175/0001-80

Impressão e encadernação:
Eskenazi Indústria Gráfica Ltda., CNPJ 61.069.100/0001-69